# 2018年 枠組壁工法建築物 構造計算指針

2×4

一般社団法人 日本ツーバイフォー建築協会 編

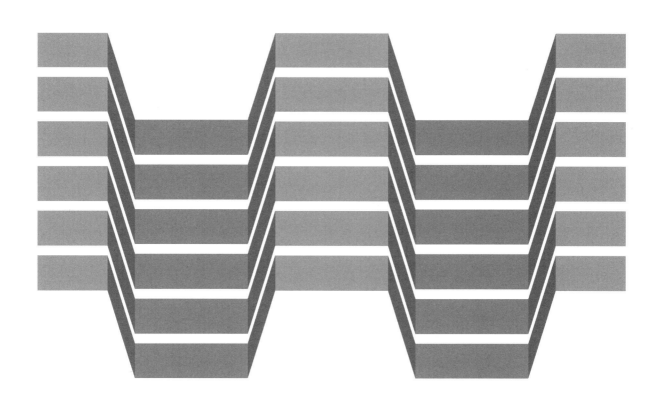

丸善出版

# まえがき

　枠組壁工法が正式にわが国の木造構法の一つとして認められたのは，昭和49年7月に建設省告示第1019号として制定された技術基準が初めてである。以来，昭和57年の全面改正を経て，既に44年を経過した。建設戸数も平成29年には119千余戸と新設住宅着工戸数の12.6%を占め10年間で4.4%シェアを拡大するに至っている。

　これは，枠組壁工法を用いた住宅の性能，デザインが国民のニーズに合致したこと，技術開発を踏まえた技術基準の改正が行われ，建築規模，階数，仕様等の拡大が図られてきたこと，同時に，企業努力や研究開発を通じ，様々なニーズに応えてきた関係各位の努力に負うところは明らかであろう。

　平成16年に枠組壁工法の主要構造部について，耐火構造の国土交通大臣認定を取得し，防火地域での住宅，非住宅建築物等への新たな道を開いた。また，枠組壁工法耐火構造4階建て実験棟を経て，平成28年には木造6階建て実大実験棟を建設し耐震・耐火構造をはじめとする技術の開発と技術検証を行うに至った。

　枠組壁工法は住宅から幅広く建物用途を拡大することとなり，使用できる材料が追加されるとともに構造方法等の拡大の措置がなされることとなった。これにより，技術開発，国産材等資材調達の多様化が進み，構造設計の自由度の拡大や多様な材料が使用できることとなった，設計者や建築審査担当者としては，今まで以上に構造計算基準や告示の詳細について，より一層の理解が求められることとなった。

　そこで，日本ツーバイフォー建築協会に学識経験者，協会委員等で構成する編集委員会を設け，現在までの改正も含め枠組壁工法技術基準，告示の解説および構造計算法に関して，詳細な検討を加え編集作業を進めてきた。

　「2018年枠組壁工法建築物設計の手引」は，それらを踏まえて，今までの枠組壁工法の技術の経緯を説明しながら，改正の趣旨と新たな技術基準を解説したものである。従前と同様に告示本文の内容を項目ごとに解説を加えその内容が理解できるように配慮している。

　本書「2018年枠組壁工法建築物構造計算指針」については「2018年枠組壁工法建築物設計の手引」の別冊として発刊し，告示基準の仕様に基づく構造計算，性能規定にともなう構造計算について編集したもので，あわせて活用されることでより一層明確な枠組壁工法による建築物が建設されていくことを願うものである。

　最後に，本書の作成にあたり，種々ご協力を賜った関係各位に対し，心から厚く謝意を表する次第である。

平成30年10月

編集委員会委員長　　有馬　孝禮

# 本書の構成と使い方

## 1．本書の適用範囲

　枠組壁工法建築物の設計に当たっては，建築物各部の仕様が安全に構成されるとともに，必要な場合には構造計算等によって建築物全体が各種の荷重・外力に対して安全な構造であることを確かめる必要がある。建築基準法令においては，枠組壁工法建築物に使用する各種の材料，構成方法等について，枠組壁工法技術基準告示（平成13年10月15日国土交通省告示第1540号，以下告示と呼ぶ。）を定めており，告示の前文及び第1から第8までに規定されている内容を遵守し，延べ床面積が500 $m^2$ 以下で地階を除く階数が2階建て以下の建築物においては，告示で規定されている壁量による設計により安全を確認してもよいが，特定の場合には構造計算によってその安全性を確認することを義務付けている。本書は，主に後者の場合の構造計算手法及び考え方を統括的にまとめたものである。

## 2．本書の構成

　本書は，枠組壁工法建築物に必要となる構造計算について，網羅的にその方法と設計上の留意点をまとめているものであるが，整理の都合上から構造計算を分類し，編ごとにまとめる構成をとっている。具体的には第Ⅰ編から第Ⅶ編により構成されており，第Ⅰ編においては，枠組壁工法建築物構造計算指針についてまとめており，各編において記載されている構造計算の内容は以下の通りである。また，建物の用途あるいは形態によっては該当する編の内容をすべて満足するよう設計を行う必要がある。

　　第Ⅰ編：枠組壁工法建築物構造計算指針
　　第Ⅱ編：材料の力学特性値
　　第Ⅲ編：建物形態別構造計算指針
　　第Ⅳ編：建築基準法第37条に規定する指定建築材料及び建築基準法施行規則第8条の3に基づく
　　　　　　耐力壁の試験・評価方法
　　第Ⅴ編：材料及び接合部の許容応力度等を定める試験・評価方法とその解説
　　第Ⅵ編：計算事例
　　第Ⅶ編：参考計算例

　本書の内容については，予告なく正誤表などにより変更されることがある。
　また，平成30年10月以後に施行された法改正については，本書の内容訂正は行われていないので，使用時点での内容確認については，利用者の責任において実施していただきたい。
　なお，本書の内容に起因して発生する直接，間接，特別または必然の損害について編集委員会，発行者並びに販売元は何らの責任を負うことはない。

## 2018年枠組壁工法建築物 設計の手引・構造計算指針
### 編集委員会委員

(順不同，敬称略)

| | | | |
|---|---|---|---|
| 委員長 | 有馬 | 孝禮 | 東京大学名誉教授 |
| 委　員 | 五十田 | 博 | 京都大学　生存圏研究所　教授 |
| 〃 | 稲山 | 正弘 | 東京大学大学院　農学生命科学研究科　教授 |
| 〃 | 大橋 | 好光 | 東京都市大学　工学部　建築学科　教授 |
| 〃 | 大宮 | 喜文 | 東京理科大学　理工学部　建築学科　教授 |
| 〃 | 河合 | 直人 | 工学院大学　建築学部　教授 |
| 〃 | 菅原 | 進一 | 日本大学大学院　理工学研究科　教授 |
| 〃 | 中島 | 史郎 | 宇都宮大学　地域デザイン科学部　建築都市デザイン学科　教授 |
| 〃 | 安村 | 基 | 静岡大学名誉教授 |
| 〃 | 成瀬 | 友宏 | 国土交通省　国土技術政策総合研究所　建築研究部　室長 |
| 〃 | 荒木 | 康弘 | 国土交通省　国土技術政策総合研究所　建築研究部　主任研究官 |
| 〃 | 槌本 | 敬大 | 国立研究開発法人　建築研究所　材料研究グループ　上席研究員 |
| 〃 | 城地 | 哲哉 | 独立行政法人　住宅金融支援機構　地域支援部技術統括室　技術支援グループ長 |
| 〃 | 下鳥 | 利光 | 日本建築行政会議構造部会<br>(㈱都市住居評価センター　確認検査事業部　構造確認審査部　構造統括部長) |
| 〃 | 末田 | 史朗 | 日本建築行政会議防災部会<br>(千葉市　都市局　建築部　建築審査課　主査) |
| 〃 | 岡田 | 恒 | 公益財団法人　日本住宅・木材技術センター　参与 |
| 〃 | 神谷 | 文夫 | セイホク㈱　技師長 |
| 協力委員 | 青木 | 亮 | 国土交通省住宅局　建築指導課　課長補佐 |
| 〃 | 高木 | 淳一郎 | 国土交通省住宅局　建築指導課　課長補佐（平成30年3月まで） |
| 〃 | 恵﨑 | 孝之 | 国土交通省住宅局　住宅生産課　木造住宅振興室　企画専門官 |
| 〃 | 楠田 | 勝彦 | 国土交通省住宅局　住宅生産課　木造住宅振興室　企画専門官（平成30年3月まで） |
| 協会委員 | 川本 | 俊明 | (一社)日本ツーバイフォー建築協会　専務理事 |
| 〃 | 清野 | 明 | (一社)日本ツーバイフォー建築協会　技術部会長 |
| 〃 | 太田 | 啓明 | (一社)日本ツーバイフォー建築協会　技術委員 |
| 〃 | 中澤 | 正文 | (一社)日本ツーバイフォー建築協会　技術委員 |
| 〃 | 中村 | 孝 | (一社)日本ツーバイフォー建築協会　技術委員 |
| 〃 | 檜山 | 智子 | (一社)日本ツーバイフォー建築協会　技術委員 |
| 協力コンサルタント | | | |
| | 岡崎 | 友也 | ㈱日本システム設計　開発設計室　主任 |
| | 栗田 | 紀之 | 建築環境ワークス協同組合　専務理事 |
| | 戸田 | 淳二 | ㈱中央設計　代表取締役 |
| | 宮林 | 正幸 | ㈲ティー・イー・コンサルテイング一級建築士事務所　所長 |
| | 山﨑 | 正己 | ㈲ろふと　所長 |

2018年枠組壁工法建築物 設計の手引・構造計算指針 編集委員会委員

### 設計ワーキング

| | | | |
|---|---|---|---|
| 主 査 | 岡田 | 恒 | 公益財団法人 日本住宅・木材技術センター 参与 |
| 委 員 | 中川 | 貴文 | 京都大学 生存圏研究所 准教授 |
| 〃 | 荒木 | 康弘 | 国土交通省 国土技術政策総合研究所 建築研究部 主任研究官 |
| 〃 | 槌本 | 敬大 | 国立研究開発法人 建築研究所 材料研究グループ 上席研究員 |
| 〃 | 城地 | 哲哉 | 独立行政法人 住宅金融支援機構 地域支援部技術統括室 技術支援グループ長 |
| 協会委員 | 太田 | 啓明 | (一社)日本ツーバイフォー建築協会 技術委員 |
| 〃 | 石川 | 一 | (一社)日本ツーバイフォー建築協会 技術委員 |
| 〃 | 中澤 | 正文 | (一社)日本ツーバイフォー建築協会 技術委員 |
| 〃 | 野嶋 | 洋 | (一社)日本ツーバイフォー建築協会 技術委員 |
| 〃 | 清水 | 真 | (一社)日本ツーバイフォー建築協会 技術委員 |
| 協力コンサルタント | | | |
| | 栗田 | 紀之 | 建築環境ワークス協同組合 専務理事 |
| | 山﨑 | 正己 | ㈲ろふと 所長 |

### 構造ワーキング

| | | | |
|---|---|---|---|
| 主 査 | 河合 | 直人 | 工学院大学 建築学部 教授 |
| 委 員 | 中川 | 貴文 | 京都大学 生存圏研究所 准教授 |
| 〃 | 荒木 | 康弘 | 国土交通省 国土技術政策総合研究所 建築研究部 主任研究官 |
| 〃 | 槌本 | 敬大 | 国立研究開発法人 建築研究所 材料研究グループ 上席研究員 |
| 協会委員 | 中村 | 孝 | (一社)日本ツーバイフォー建築協会 技術委員 |
| 協会委員 | 石川 | 一 | (一社)日本ツーバイフォー建築協会 技術委員 |
| 〃 | 簏 | 英彦 | (一社)日本ツーバイフォー建築協会 技術委員 |
| 〃 | 大橋 | 修 | (一社)日本ツーバイフォー建築協会 技術委員 |
| 〃 | 古田 | 昌弘 | (一社)日本ツーバイフォー建築協会 技術委員 |
| 協力コンサルタント | | | |
| | 岡崎 | 友也 | ㈱日本システム設計 開発設計室 主任 |
| | 栗田 | 紀之 | 建築環境ワークス協同組合 専務理事 |
| | 山﨑 | 正己 | ㈲ろふと 所長 |

### 材料・耐久性ワーキング

| | | | |
|---|---|---|---|
| 主 査 | 中島 | 史郎 | 宇都宮大学 地域デザイン科学部 建築都市デザイン学科 教授 |
| 委 員 | 中川 | 貴文 | 京都大学 生存圏研究所 准教授 |
| 〃 | 荒木 | 康弘 | 国立研究開発法人 建築研究所 構造研究グループ 主任研究員 |
| 〃 | 長尾 | 博文 | 国立研究開発法人 森林研究・整備機構 森林総合研究所 構造利用研究領域チーム長 |
| 委 員 | 渋沢 | 龍也 | 国立研究開発法人 森林研究・整備機構 森林総合研究所 複合材料研究領域長 |
| 〃 | 伴 | 勝彦 | (一社)日本CLT建築協会 |
| 協会委員 | 檜山 | 智子 | (一社)日本ツーバイフォー建築協会 技術委員 |
| 〃 | 宮田 | 英二郎 | (一社)日本ツーバイフォー建築協会 技術委員 |
| 〃 | 安池 | 淳二 | (一社)日本ツーバイフォー建築協会 技術委員 |
| 〃 | 村上 | 知徳 | (一社)日本ツーバイフォー建築協会 技術委員 |
| 協力コンサルタント | | | |
| | 戸田 | 淳二 | ㈱中央設計 代表取締役 |

防耐火ワーキング
主　査　大宮　喜文　東京理科大学　理工学部　建築学科　教授
委　員　成瀬　友宏　国土交通省　国土技術政策総合研究所　建築研究部　室長
　〃　　鈴木　淳一　国土交通省　国土技術政策総合研究所　建築研究部　主任研究官
協会委員　中澤　正文　（一社）日本ツーバイフォー建築協会　技術委員
　〃　　　檜山　智子　（一社）日本ツーバイフォー建築協会　技術委員
　〃　　　泉　　潤一　（一社）日本ツーバイフォー建築協会　技術委員
協力コンサルタント
　　　　　宮林　正幸　㈲ティー・イー・コンサルテイング一級建築士事務所　所長

# 2018 年枠組壁工法建築物 構造計算指針

● 目　次 ●

まえがき
本書の構成と使い方
2018 年枠組壁工法建築物 設計の手引・構造計算指針 編集委員会委員

＊

## 第Ⅰ編　枠組壁工法建築物構造計算指針

### 第1章　構造計算の原則 ……………………………………………………………………… 3
- 1.1　適用範囲 ………………………………………………………………………………… 3
- 1.2　要求される確認事項 …………………………………………………………………… 3

### 第2章　構造計算のルート …………………………………………………………………… 7
- 2.1　構造計算フロー ………………………………………………………………………… 7
- 2.2　構造設計ルートにより，遵守すべき告示仕様及び必要な構造計算 ……………… 8

### 第3章　構造計算手法 ……………………………………………………………………… 11
- 3.1　許容応力度計算—1（耐力壁の剛性，耐力を壁倍率から求める場合）………… 11
  - 3.1.1　適用範囲　11
  - 3.1.2　構造計算の原則　11
  - 3.1.3　構造計算項目　14
  - 3.1.4　構造計算の詳細　18
- 3.2　許容応力度計算—2 …………………………………………………………………… 58
  - 3.2.1　適用範囲　58
  - 3.2.2　構造計算の原則　58
  - 3.2.3　構造計算項目　60
  - 3.2.4　構造計算の詳細　65
- 3.3　接合部及び耐力壁の設計 …………………………………………………………… 68
  - 3.3.1　接合部の許容耐力，降伏耐力，剛性，終局耐力　68
  - 3.3.2　耐力壁の設計　84
  - 3.3.3　直交集成板を床版・屋根版に使用する場合　89
- 3.4　詳細な構造計算法 …………………………………………………………………… 95
  - 3.4.1　枠組壁工法建築物の構造の特徴と構造計算法　95
  - 3.4.2　構造の特徴と構造計算法　96
  - 3.4.3　耐力壁の剛性計算　96
  - 3.4.4　架構の応力解析　100
  - 3.4.5　モデル化の詳細　113

### 第4章　層間変形角，剛性率，偏心率，及び保有水平耐力の計算法 ………………… 115
- 4.1　層間変形角，剛性率，偏心率の計算 ……………………………………………… 115
  - 4.1.1　計算の原則　115
  - 4.1.2　層間変形角の計算　115
  - 4.1.3　剛性率の計算　116

         4.1.4 偏心率の計算　*116*
　4.2 保有水平耐力の確認　*119*
　　　 4.2.1 計算の原則　*119*
　　　 4.2.2 保有水平耐力の算出　*119*
　　　 4.2.3 必要保有水平耐力　*120*
　　　 4.2.4 部材の安全性の確認　*123*
　　　 4.2.5 接合部の安全性の確認　*123*
　4.3 保有水平耐力計算時の応力算定モデル　*123*
　　　 4.3.1 耐力壁に作用するせん断力に関して　*123*
　　　 4.3.2 耐力壁応答算定モデル　*124*

## 第5章　限界耐力計算
　5.1 限界耐力計算の概要　*131*
　5.2 枠組壁工法建築物への適用　*133*

# 第II編　材料の力学特性値

## 第1章　軸材料の力学特性値
　1.1 軸材料の許容応力度　*139*
　1.2 圧力，引張り，曲げ及びせん断に対する特性値　*139*
　1.3 めり込みに対する特性値　*154*

## 第2章　面材の力学特性値
　2.1 構造用合板1級　*157*
　2.2 構造用合板2級等　*159*
　2.3 構造用パネルの基準強度及び定数　*160*
　2.4 せっこうボード　*160*
　2.5 大臣認定を受けた面材　*160*

## 第3章　各種調整係数
　3.1 劣化影響係数　*161*
　3.2 荷重継続時間に係る強度調整係数　*161*
　3.3 含水率に係る強度調整係数及び剛性調整係数　*161*
　3.4 クリープに係る剛性調整係数　*162*
　3.5 システム係数　*162*

## 第4章　その他材料
　4.1 ミディアムデンシティーファイバーボード（MDF），火山性ガラス質複層板　*163*
　4.2 木質接着成形軸材料，木質複合軸材料，木質断熱複合パネル，木質接着複合パネル　*163*
　4.3 薄板軽量形鋼　*163*
　　　 4.3.1 薄板軽量形鋼に使用する鋼材の機械的性質，基準強度及び許容応力度　*163*
　　　 4.3.2 薄板軽量形鋼の断面性能　*164*
　　　 4.3.3 薄板軽量形鋼のドリルねじ接合部の許容せん断力　*166*
　　　 4.3.4 薄板軽量形鋼のボルト接合部の許容せん断耐力　*167*
　4.4 一般構造用溶接軽量H形鋼　*167*
　　　 4.4.1 種類及び記号　*167*

4.4.2　軽量 H 形鋼の標準断面寸法とその断面積，単位質量　*168*

## 第Ⅲ編　建物形態別構造計算指針

### 第 1 章　枠組壁工法 3 階建て共同住宅構造計算指針 …… *171*
1.1　適用範囲 …… *171*
1.2　構造計算の原則 …… *171*
1.3　層間変形角 …… *171*
1.4　架構のじん性 …… *172*

### 第 2 章の 1　1 階または 1, 2 階が鉄骨造または鉄筋コンクリート造で 2, 3 階または 3 階が枠組壁工法である建築物の構造設計方法 …… *173*
2.1.1　適用の範囲 …… *173*
2.1.2　各種構造規定 …… *173*
2.1.3　設計荷重について …… *178*

### 第 2 章の 2　木造と異種工法の接合部の構造設計及び構造計算 …… *181*
2.2.1　接合部の構造計画 …… *181*
　2.2.1.1　一般事項　*181*
　2.2.1.2　アンカーボルトの配置計画　*181*
　2.2.1.3　浮き上がりに対する緊結方法　*182*
2.2.2　S 造との接合部の設計 …… *183*
　2.2.2.1　土台と下部構造体との緊結方法　*183*
　2.2.2.2　引き寄せ金物と下部構造体との緊結方法　*187*
2.2.3　RC 造との接合部の設計 …… *188*
　2.2.3.1　土台と下部構造体との緊結方法　*188*
　2.2.3.2　引き寄せ金物と下部構造体との緊結方法　*190*

### 第 3 章　高さ 13 m または軒高 9 m を超える枠組壁工法建築物構造計算指針 …… *193*
3.1　適用範囲 …… *193*
3.2　構造計算の原則 …… *193*
3.3　層間変形角 …… *193*
3.4　剛性率，偏心率等 …… *194*
3.5　保有水平耐力 …… *194*
3.6　耐力壁の終局耐力 …… *195*

### 第 4 章　中層（5 階建て以上）枠組壁工法建築物の構造設計上のポイント …… *197*
4.1　対象建築物 …… *197*
4.2　構造計算の原則 …… *197*
4.3　構造設計におけるポイント …… *197*
4.4　高耐力壁の導入の検討 …… *198*
　4.4.1　両面構造用合板張り耐力壁　*198*
　4.4.2　有開口耐力壁に対する設計法（軸力抵抗要素の設置を軽減するための設計法）　*202*
　　4.4.2.1　技術的な背景　*202*
　　4.4.2.2　設計法　*203*
　　4.4.2.3　適用条件　*204*

## 目次

  4.4.3 Midply Wall System（ミッドプライウォールシステム） *205*
    4.4.3.1 部材構成と設計概要 *205*
    4.4.3.2 構造計算概要 *210*
 4.5 浮上りに対する緊結方法 ………………………………………………………………………………216

## 第Ⅳ編　建築基準法第37条に規定する指定建築材料及び建築基準法施行規則第8条の3に基づく耐力壁の試験・評価方法

### 第1章　関係法令の概要 ……………………………………………………………………………………221
 1.1 法第37条及び令第144条の3の概要 ……………………………………………………………221
 1.2 平12建告第1446号の概要 ………………………………………………………………………222
 1.3 平13国交告第1540号第2（材料）第三号に規定された指定建築材料の解説 ………………223
 1.4 施行規則第8条の3に基づく大臣認定の概要 …………………………………………………224

### 第2章　平12建告第1446号別表第二に規定された指定建築材料の品質基準と測定方法 …………225
 2.1 木質接着成形軸材料 ………………………………………………………………………………226
 2.2 木質複合軸材料 ……………………………………………………………………………………235
 2.3 木質断熱複合パネル ………………………………………………………………………………241
 2.4 木質接着複合パネル ………………………………………………………………………………248
 2.5 直交集成板（CLT） …………………………………………………………………………………250

### 第3章　施行規則第8条の3に基づく大臣認定における指定性能評価機関の耐力壁の試験・評価方法 ………255
 3.1 試験体 ………………………………………………………………………………………………255
 3.2 試験装置 ……………………………………………………………………………………………257
 3.3 試験方法 ……………………………………………………………………………………………258
 3.4 測定項目 ……………………………………………………………………………………………259
 3.5 評価方法 ……………………………………………………………………………………………259
  3.5.1 せん断変形角の算出 *259*
  3.5.2 短期基準せん断耐力の算定 *259*
  3.5.3 短期許容せん断耐力の算出 *260*
  3.5.4 壁倍率の算出 *261*

## 第Ⅴ編　材料及び接合部の許容応力度等を定める試験・評価方法とその解説

### 第1章　材料及び接合部の許容応力度等を定める試験・評価方法 ………………………………………265
 1.1 枠組材または面材の材料強度及び許容応力度と弾性係数 ……………………………………265
  1.1.1 基準材料強度及び基準弾性係数 *266*
  1.1.2 含水率の強度調整係数 *271*
  1.1.3 荷重継続時間の強度調整係数 *273*
  1.1.4 接着耐久性の合否判定試験 *274*
  1.1.5 含水率の剛性調整係数 *276*
  1.1.6 クリープの剛性調整係数 *277*
  1.1.7 事故的な水掛かりを考慮した強度調整係数及び剛性調整係数 *278*
 1.2 接合部の許容応力，終局耐力及び剛性 …………………………………………………………279
  1.2.1 接合部の基準許容応力及び基準剛性（単調加力接合部試験によるもの） *280*

1.2.2　接合部の基準許容応力及び基準剛性（くぎ，ねじまたはこれらに類する接合具の曲げ試験
　　　　　　並びに枠組材及び面材のめりこみ試験によるもの）　281
　　　1.2.3　接合部の基準許容応力及び基準終局耐力並びに基準剛
　　　　　　（繰り返し加力接合部試験によるもの）　285
　　　1.2.4　接合部の含水率の耐力調整係数及び荷重継続時間の耐力調整係数　287
　　　1.2.5　接合部の含水率の剛性調整係数及びクリープの剛性調整係数　287

## 第2章　材料及び接合部の許容応力度等を定める試験・評価方法の解説 …………………………289
### 2.1　枠組材または面材の材料強度及び許容応力度と弾性係数 ……………………………………289
　　　2.1.1　基準材料強度及び基準弾性係数　291
　　　2.1.2　含水率の強度調整係数　294
　　　2.1.3　荷重継続時間の強度調整係数　295
　　　2.1.4　接着耐久性の合否判定試験　297
　　　2.1.5　含水率の剛性調整係数　297
　　　2.1.6　クリープの剛性調整係数　298
### 2.2　接合部の許容応力，終局耐力及び剛性 …………………………………………………………299
　　　2.2.1　接合部の基準許容応力及び基準剛性（単調加力接合部試験によるもの）　300
　　　2.2.2　接合部の基準許容応力及び基準剛性（くぎまたはこれに類する接合具の曲げ試験
　　　　　　並びに枠組材及び面材のめりこみ試験によるもの）　302
　　　2.2.3　接合部の基準許容応力及び基準終局耐力並びに基準剛性
　　　　　　（繰り返し加力接合部試験によるもの）　303
　　　2.2.4　接合部の含水率の耐力調整係数及び荷重継続時間の耐力調整係数　305
　　　2.2.5　接合部の含水率の剛性調整係数及びクリープの剛性調整係数　305

# 第Ⅵ編　計算事例

## 事例1　基礎の簡略設計例 ……………………………………………………………………………309
### 1．布基礎形状とフーチング配筋 ……………………………………………………………………309
### 2．基礎ばりの設計 ……………………………………………………………………………………311
　　2.1　鉛直荷重について ……………………………………………………………………………311
　　2.2　水平荷重について ……………………………………………………………………………311
　　2.3　基礎ばりの断面設計 …………………………………………………………………………313

## 事例2　枠組壁工法3階建て構造計算例 ………………………………………………………………315
### 1．一般事項 ……………………………………………………………………………………………315
　　1.1　建物概要 ………………………………………………………………………………………315
　　1.2　設計方針 ………………………………………………………………………………………315
　　1.3　計算ルート ……………………………………………………………………………………315
　　1.4　使用材料及び基準材料強度・許容応力度 …………………………………………………316
### 2．建物概要 ……………………………………………………………………………………………317
### 3．設計荷重 ……………………………………………………………………………………………320
　　3.1　固定荷重 ………………………………………………………………………………………320
　　3.2　積載荷重 ………………………………………………………………………………………320
　　3.3　積雪荷重（一般地） …………………………………………………………………………321
　　3.4　風圧力 …………………………………………………………………………………………321
　　3.5　地震力 …………………………………………………………………………………………323

- 4. 必要壁量及び分担水平力の算定 … 323
  - 4.1 耐力壁仕様 … 323
  - 4.2 耐力壁配置 … 324
  - 4.3 必要壁量及び分担水平力の算定 … 325
  - 4.4 分担水平力一覧 … 326
- 5. 木造部分の設計 … 327
  - 5.1 暴風時,地震時外周壁応力解析 … 327
  - 5.2 壁の軸力分担 … 329
  - 5.3 屋根の設計 … 330
    - 5.3.1 屋根下張り 330
    - 5.3.2 たるき 330
    - 5.3.3 接合部 332
  - 5.4 3階の設計 … 332
    - 5.4.1 頭つなぎ・上枠 332
    - 5.4.2 たて枠 333
    - 5.4.3 まぐさ 337
    - 5.4.4 床下張り 339
    - 5.4.5 根太 339
    - 5.4.6 端(側)根太 341
  - 5.5 2階の設計 … 341
    - 5.5.1 頭つなぎ・上枠 341
    - 5.5.2 たて枠 342
    - 5.5.3 まぐさ 344
    - 5.5.4 床下張り 347
    - 5.5.5 根太 347
    - 5.5.6 端(側)根太 348
  - 5.6 1階の設計 … 349
    - 5.6.1 頭つなぎ・上枠 349
    - 5.6.2 たて枠 349
    - 5.6.3 まぐさ 352
    - 5.6.4 床下張り 353
    - 5.6.5 根太 353
    - 5.6.6 大引き 353
    - 5.6.7 土台 354
- 6. 基礎 … 354
  - 6.1 鉛直荷重 … 354
  - 6.2 フーチングの設計 … 354
  - 6.3 基礎ばりの設計 … 355
- 7. 建物の転倒 … 356

その他 ホームページに掲載する計算事例等 … 359

# 第VII編 参考計算例

## 第1章 接合部 … 363
- 1.1 枠組材の相互間の接合について … 365

          1.1.1　たて枠と上枠または下枠との接合　*365*
          1.1.2　たて枠とたて枠またはまぐさ受け　*365*
          1.1.3　たるきと天井根太　*366*
          1.1.4　たるきとむなぎ　*367*
    1.2　水平構面と垂直構面との接合について ……………………………………………………… *368*
          1.2.1　屋根から壁への水平力の伝達　*368*
          1.2.2　壁から床への水平力の伝達　*369*
          1.2.3　床から壁及び土台への水平力の伝達　*370*
    1.3　枠組材と構造用面材との接合について ……………………………………………………… *371*
          1.3.1　床の枠組と床材　*371*
          1.3.2　屋根の枠組と屋根下地材　*372*
          1.3.3　壁の枠組と壁材　*373*

**第 2 章　耐火建築物の壁量考察** …………………………………………………………………… *375*
　2.1　検討結果 …………………………………………………………………………………………… *375*
　2.2　詳細検討 …………………………………………………………………………………………… *376*
          2.2.1　耐火建築物の固定荷重　*376*
          2.2.2　建物重量の算定　*377*
　2.3　必要壁量表の検証 ……………………………………………………………………………… *377*

**ホームページのご案内** ……………………………………………………………………………… *379*

# 枠組壁工法建築物構造計算指針

第1章　構造計算の原則　　*3*
第2章　構造計算のルート　　*7*
第3章　構造計算手法　　*11*
第4章　層間変形角，剛性率，偏心率，及び保有水平耐力の計算法　　*115*
第5章　限界耐力計算　　*131*

# 第1章 構造計算の原則

## 1.1 適用範囲

> 本構造計算指針は，平13国交告第1540号（以下，告示という）に定める枠組壁工法を用いた建築物の構造計算に適用する。

　平13国交告第1540号（改正平成30年3月26日）（以下，告示という）は，構造耐力上主要な部分に枠組壁工法または木質プレハブ工法を用いた建築物または建築物の構造部分の構造方法に関する安全上必要な技術基準を定めている。告示の第1から第8では，地階を除く階数が3以下の場合について，材料，土台，床，耐力壁等，根太等の横架材，小屋及び防腐措置等について規定されており，また，第9及び第10では，構造計算によって構造耐力上安全であることが確かめられたものについては，第1及び第3から第7までの規定の全部または一部が適用除外となることを規定している。なお，第11において，耐久性関係規定の指定がなされている。

　本構造計算指針は告示による建築物の構造計算に適用するが，建築物の規模，告示第9及び第10の適用の有無等によって，要求される構造計算の内容が異なる。詳細については，（1.2節　要求される確認事項）及び第2章以降の各構造計算における適用範囲を参照されたい。

　また，1階または2，3階が鉄筋コンクリート造または鉄骨造，2，3階または3階が枠組壁工法である建築物の構造計算は，第Ⅲ編によるものとする。

　なお，本指針においては木質プレハブ工法に関する内容（解説）は割愛する。

## 1.2 要求される確認事項

> 　建築物の規模または構造部分の材料及び各部の仕様に応じて，以下の構造計算によって安全性の確認を行うものとする。
> （1）告示第1から第8に適合する建築物は，以下のaの計算及び確認を行う。
> （2）告示第12に該当する建築物は，以下のa，b，c，dの計算及び確認を行う。
> （3）告示第4第二号（床根太の支点間の距離に係る部分に限る）及び第七号，第5第五号，第六号，第七号（交さ部に設けた外壁の耐力壁の長さの合計が九十センチメートル以上である場合に限る），第十二号及び第十五号並びに第7第九号の規定のうち，いずれかに適合しない建築物は，以下のa及びfの計算及び確認を行う。
> （4）告示第3第二号，第4第三号及び第七号，第5第五号，第九号，第十一号及び第十五号並びに第7第二号および第九号の規定のうち，いずれかに適合しない建築物は，以下のaの計算及び確認を行う。
> （5）高さ31m以下で13mを超え，または軒の高さ9mを超える建築物は，以下のa，c，e，fの計算及

び確認，またはa，c，dの計算及び確認を行う。
a．許容応力度計算等
　　イ．令第3章第8節第2款に規定する荷重及び外力によって建築物の構造耐力上主要な部分に生じる応力を計算する。
　　ロ．イ．の構造耐力上主要な部分の断面に生じる長期及び短期の各応力度を令第82条第二号の表に掲げる組み合わせによる各応力の合計によって計算する。
　　ハ．ロ．の規定によって計算した長期及び短期の各応力度が，それぞれ令第3章第8節第3款の規定による長期の応力または短期の応力に対する各許容応力度を超えないことを確認する。
　　ニ．構造耐力上主要な部分に使用する構造部材相互の接合部が，その部分の存在応力を伝えることができるものであることを確認する。
b．風圧力による層間変形角の確認
　　イ．建築物の地上部分について，令第87条第1項に規定する風圧力により各階に生じる水平方向の層間変位の当該各階の高さに対する割合（以下，風圧力による層間変形角という）を計算する。
　　ロ．イ．の規定によって計算した各階の風圧力による層間変形角が200分の1ラジアン（風圧力による構造耐力上主要な部分の変形によって建築物の部分に著しい損傷が生じるおそれのない場合にあっては，120分の1ラジアン）以内であることを確認する。
c．地震力による層間変形角の確認
　　イ．建築物の地上部分について，令第88条第1項に規定する地震力により各階に生じる水平方向の層間変位の当該各階の高さに対する割合（以下，地震力による層間変形角という）を計算する。
　　ロ．イ．の規定によって計算した各階の地震力による層間変形角が200分の1ラジアン（地震力による構造耐力上主要な部分の変形によって建築物の部分に著しい損傷が生じるおそれのない場合にあっては，120分の1ラジアン）以内であることを確認する。
d．保有水平耐力の確認
　　イ．建築物の地上部分について，令第82条及び第82条の3の規定によって各階の保有水平耐力を計算する。
　　ロ．令第82条の3第二号の規定によって，地震力に対する各階の必要保有水平耐力を計算する。
　　ハ．イ．の規定によって計算した保有水平耐力が，ロ．の規定によって計算した必要保有水平耐力以上であることを確認する。
　　ニ．各階の保有水平耐力に相当する水平力作用時に，構造耐力上主要な部分の断面に生じる応力度が，当該部材の基準材料強度を超えないことを確認する。
　　ホ．各階の保有水平耐力に相当する水平力作用時に，構造耐力上主要な部分に使用する構造部材相互の接合部に生じる応力が，当該接合部の終局耐力を超えないことを確認する。
e．剛性率の確認
　　イ．建築物の地上部分について，令第82条の6第二号イの規定により，各階の剛性率を計算し，それらの剛性率がそれぞれ10分の6以上であることを確認する。
f．偏心率の確認
　　イ．建築物の地上部分について，令第82条の6第二号ロの規定により，各階の偏心率を計算し，それらの偏心率がそれぞれ100分の15を超えないことを確認する。

　階数3以上または延べ面積500 m²を超える枠組壁工法建築物は，法第20条の規定により，許容応力度計算による安全性の確認（接合部についての耐力の確認を含む）が必要である。
　階数2以下かつ延べ面積500 m²以下の場合には，告示第1から第8の規定にしたがえば，法令上特に許容応力度計算等は要求されない。しかしながら，構造計算による安全性の確認を妨げるものではなく，むしろ実況に応じて適切な構造設計を行うという観点から，推奨されるものである。
　告示第9及び第12を適用する場合には，第9の規定により，許容応力度計算の他に，風圧力に対する層間変形角，地震力に対する層間変形角，保有水平耐力の計算及び確認が要求される。また，耐力壁線間距離が12 mを超えること等により，告示第10第一号を適用する場合には，許容応力度計算の他に，偏心率の計算及び確認

が要求される。さらに耐力壁のくぎ打ちの仕様を変える等により，告示第10第二号を適用する場合には，許容応力度計算を要求される。

一方，高さ13mまたは軒の高さ9mを超える枠組壁工法建築物は，構造計算適合性判定の対象建築物となり，許容応力度計算のほか，令第82条の2により地震時の層間変形角の確認が要求され，令第82条の6の規定により剛性率，偏心率の確認を行う（許容応力度等計算（以下ルート2））か，または令第82条の3に規定する保有水平耐力の確認が要求される。また，高さ13mまたは軒の高さ9mを超える場合には，法第21条及び令第129条の2により，主要構造部を準耐火構造とすることが必要であり，令第109条2の2の規定により，原則として地震時の層間変形角が1/150 rad. 以下であることを確認しなければならない。ただしルート2の場合，ルート2審査対応確認検査機関では，構造計算適合性判定は不要となる。

これらの構造計算において，耐力壁については計算または実験により，降伏耐力と剛性を用いて許容応力度計算を行う。平13国交告第1541号第1第五号で壁倍率が与えられている特定仕様の壁のみを用いる場合には，許容応力度計算は壁倍率を用いた計算（第Ⅰ編第3章3.1　許容応力度計算-1）を用いることができるが，異なる仕様の耐力壁を用いる場合には，接合部の特性値から降伏耐力と剛性を算出するか，または耐力壁の試験によりこれらを求めなければならない。

保有水平耐力の確認には，各階の構造特性係数$D_s$及び各階の保有水平耐力が必要である。構造用合板，構造用パネル，せっこうボード等の特定の耐力壁については，これらによる階の$D_s$の値，及び耐力壁の降伏せん断耐力に対する終局せん断耐力の比が，既往の実験によりおおむねわかっているので，改めて実験によりこれらを求める必要はない。しかしながら，耐力壁周辺の接合部を含め，各階の終局耐力時に部材，接合部が破断しないことを確認する必要がある。

# 第2章
# 構造計算のルート

## 2.1 構造計算フロー

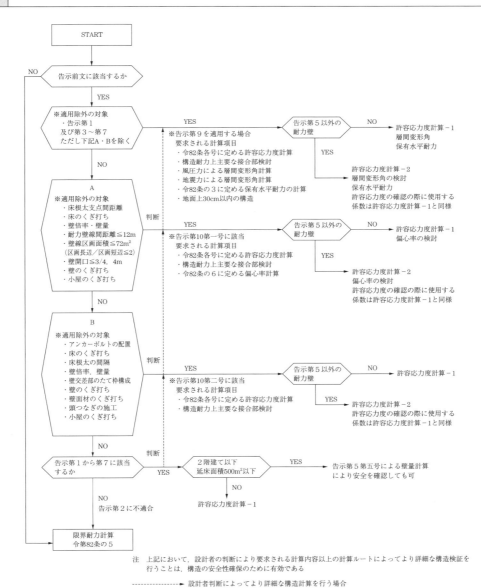

図2.1 構造計算フロー（全てのルートにおいて告示第8は必須である）

## 2.2 構造設計ルートにより，遵守すべき告示仕様及び必要な構造計算

表 2.2.1 構造設計ルートにより，遵守すべき告示仕様及び必要な構造計算

| 構造設計方法<br>建物概要（※1）<br>遵守すべき告示仕様<br>必要な構造計算 | | | 仕 様 規 定 | | | | | 一部仕様規定 | | 性能規定 | 限界耐力計算 |
|---|---|---|---|---|---|---|---|---|---|---|---|
| | | | 告示第1～第8をすべて満たすもの | | | | | 第10第二号 | 第10第一号 | 第12（第9） | |
| | | | 2階建て以下，かつ500 m²以下 | 3階建てまたは500 m²超 | 木造3階建て共同住宅 | 構造計算適合性判定対象（高さ13 m超，軒高9 m超） | | 混構造（※2） | 部位の仕様が告示仕様からはずれる建物 | 空間・開口のサイズが告示仕様からはずれる建物 | 建物形態に制限なし | 建物形態に制限なし |
| | | | | | | （ルート2）※6 | （ルート3） | | | | | |
| 告示仕様 | 第1 | 階数 | 2階建てまで | 3階建てまで | 3階建てまで | 3階建てまで | 3階建てまで | 3階建てまで | 3階建てまで | 3階建てまで | 制限なし | 制限なし |
| | 第2 | 材料 | ○ | ○ | ○ | ○ | ○ | ○ | ○ | ○ | ○ | ― |
| | 第3 土台 | 二 アンカーボルトの仕様 | ○ | ○ | ○ | ○ | ○ | ○ | | | | |
| | 第4 床版 | 二 床根太支点間距離8 m | ○ | ○ | ○ | ○ | ○ | ○ | ○ | | | |
| | | 三 床根太間隔65 cm | ○ | ○ | ○ | ○ | ○ | ○ | | | | |
| | | 七 くぎ打ち仕様 | ○ | ○ | ○ | ○ | ○ | ○ | | | | |
| | 第5 壁等 | 五 壁量計算 | ○ | ○（※3） | ○（※3） | ○（※3） | ○（※3） | ○（※3） | | | | |
| | | 六 耐力壁線区画60（72）m² | ○ | ○ | ○ | ○ | ○ | ○ | ○ | | | |
| | | 七 コーナーが合計90 cm | ○ | ○ | ○ | ○ | ○ | ○ | | | | |
| | | 九 たて枠材の仕様 | ○ | ○ | ○ | ○ | ○ | ○ | | | | |
| | | 十一 頭つなぎの設置 | ○ | ○ | ○ | ○ | ○ | ○ | | | | |
| | | 十二 開口幅4 m，開口比3/4 | ○ | ○ | ○ | ○ | ○ | ○ | | | | |
| | | 十五 くぎ打ちの仕様 | ○ | ○ | ○ | ○ | ○ | ○ | | | | |
| | 第6 | 根太等の横架材 | ○ | ○ | ○ | ○ | ○ | ○ | ○ | ○ | | |
| | 第7 小屋組等 | 二 たるき間隔65 cm | ○ | ○ | ○ | ○ | ○ | ○ | | | | |
| | | 九 くぎ打ちの仕様 | ○ | ○ | ○ | ○ | ○ | ○ | | | | |
| | 第3～第7の上記以外 | | ○ | ○ | ○ | ○ | ○ | ○ | ○ | ○ | | |
| | 第8 | 防腐措置等 | ○ | ○ | ○ | ○ | ○ | ○ | ○ | ○ | ○ | ○ |
| 構造計算 | 許容応力度計算（接合部，屋根ふき材を含む） | | ― | ○ | ○ | ○ | ○ | ※5 | ○ | ○ | ○ | ― |
| | 剛性率の確認 | | ― | ― | ― | ○ | ― | ※2 | ― | ― | ― | ― |
| | 偏心率の確認 | | ― | ― | ― | ○ | ― | ※2 | ― | ○ | ― | ― |
| | 風圧力による層間変形角の確認 | | ― | ― | ― | ― | ― | ― | ― | ― | ○ | ― |
| | 地震力による層間変形角の確認 | | ― | ― | ― | ○ | ― | ※2 | ― | ― | ○ | ― |
| | 保有水平耐力の計算 | | ― | ― | ― | ― | ○ | ― | ― | ― | ○ | ― |
| | その他 | | ― | ― | 架構のじん性 | ※4 | ― | ※2 ※5 | ― | ― | ― | 限界耐力計算 |

※1：建物概要が重複する場合には，双方に要求される構造計算を全て行わなければならない。
※2：平19国交告第593号に混構造の場合の規定がある。併用される構造（鉄骨造，鉄筋コンクリート造等）により，必要とされる構造計算等が異なる。
※3：第10第二号が適用される場合には，壁量計算を適用しても，必要とされる構造計算は実質的に変わらない。
※4：昭55建告第1791号（改正平成29年9月26日）第1に定める構造計算。
※5：混構造のルートにより屋根ふき材の検討，塔状比の検討が必要となる場合がある。
※6：建築基準法施行令第9条の3により構造計算適合性判定を省略できる場合がある。

表 2.2.2　平 13 国交告第 1540 号第 1 から第 7 等において各部位の形態に応じて規定されている構造計算

| 表部位 | 各部位の形態 | 当該条文 | 許容応力度計算 | | | | | | 偏心率 | 剛性率 | 塔状比 |
|---|---|---|---|---|---|---|---|---|---|---|---|
| | | | 対象部位 | 対象荷重 | | | | | | | |
| | | | | 常時 | 積雪 | 地震 | 風 | | | | |
| 土台 | 地階を除く階数が 3 の建築物のアンカーボルトの配置 | 第 3 第二号 | 建物全体 | | | ● | ● | | | | |
| 床版 | 床根太相互及び床根太と側根太との間隔が 65 cm を超える（ただし，1 m 以下） | 第 4 第三号 | 〃 | ● | ● | ● | ● | | | | |
| | 2 階以上の床版を鉄筋コンクリート造とする | 第 4 第八号 | 〃 | ● | ● | ● | ● | | ● | ● | ● |
| | 2 階以上の床版に CLT を用いる | 〃 | 〃 | ● | ● | ● | ● | | ● | ● | ● |
| | 2 階以上の床根太に軽量 H 形鋼規格に規定する型鋼又は軽量 H 形鋼を用いる | 〃 | 〃 | ● | ● | ● | ● | | ● | ● | ● |
| | 1 階床を鉄筋コンクリート造とする | 第 4 第九号 | 当該部位 | ● | | | | | | | |
| | 1 階の床版に CLT を用いる | 〃 | 当該部分 | ● | | | | | | | |
| | 1 階の床根太に軽量 H 形鋼を用いる | 〃 | 〃 | ● | | | | | | | |
| | 37 条認定木質断熱複合パネルを用いる | 〃 | 〃 | ● | | | | | | | |
| | 床根太・端根太・側根太に 37 条認定の木質接着成形軸材料・木質複合軸材料を用いる | 〃 | 〃 | ● | | | | | | | |
| | 1 階の床根太に軽量 H 型鋼を用いる | 〃 | 〃 | ● | | | | | | | |
| | 大引き・床つかを用いる | 第 4 第十号 | 〃 | ● | ● | | | | | | |
| 壁等 | 鉛直力を負担する柱を設ける | 第 5 第二号 | 〃 | ● | ● | | | | | | |
| | たて枠間隔を計算で求める | 第 5 第八号 | 〃 | ● | ● | | | | | | |
| | 耐力壁交さ部の規定外の構造方法 | 第 5 第九号 | 建物全体 | ● | ● | ● | ● | | | | |
| | 頭つなぎを省略する場合の構造方法 | 第 5 第十一号 | 〃 | | | ● | ● | | | | |
| 小屋組等 | 屋根面開口幅を自由に設定する | 第 7 第十号 | 当該部位 | ● | ● | | | | | | |
| | 小屋組に母屋・小屋つかを用いる | 第 7 第十二号 | 〃 | ● | ● | | | | | | |
| | 屋根版に 37 条認定木質断熱複合パネルを用いる | 〃 | 〃 | ● | ● | | | | | | |
| | 屋根版に CLT を用いる | 第 7 第十三号 | 建物全体 | ● | ● | ● | ● | | ● | ● | |
| | 天井根太に軽量 H 形鋼を用いる | 第 7 第十四号 | 〃 | ● | ● | ● | ● | | ● | ● | |

# 第3章 構造計算手法

　この章では，実際に構造計算を行う上での考え方や具体的な手法及び局部的な安全性の確認を，耐力壁の剛性耐力を壁倍率から求める場合（許容応力度計算-1）と，それ以外（許容応力度計算-2）の2つの場合に分けて述べる。なお，許容応力度計算-2では，考え方や検討手法が許容応力度計算-1と同様のものについては記述していないため，記述されていない部分に関しては，許容応力度計算-1を参照されたい。また，その他に接合部及び耐力壁の設計，及びさらに詳細な構造計算手法についてもふれる。

## 3.1 許容応力度計算-1（耐力壁の剛性，耐力を壁倍率から求める場合）

### 3.1.1 適用範囲

階数3以上または延べ面積500 m² 以上（これ以下に用いてもよい）の場合で，次のいずれかの場合に適用する。
(1) 告示第1から第8の仕様を満たす場合，または
(2) 告示第9または第10を適用する場合で，告示第2に掲げる材料のみを用い，告示第5に掲げる仕様の耐力壁のみを使用する場合は壁倍率の上限は5倍までとなる。
(3) 国交省告示第1541号第1第五号表1及び表1，2に示すよう同告示に示される面材を両面張りにする場合，各耐力壁倍率の合計が5倍を超えるものについては，5倍として扱う必要がある。
(4) 両側面材の耐力壁倍率合計が5を越えるような耐力壁については，許容応力度計算-2よって耐力壁の性能を評価して使用する必要がある。

### 3.1.2 構造計算の原則

**（1）　材料の許容応力度に関する確認**

　枠組壁工法構造用製材，枠組壁工法用たて継ぎ材，MSR枠組材，MSRたて継ぎ材，集成材及び構造用単板積層材の許容応力度に関する確認は，令第82条に規定する長期及び短期の応力度が，材料の荷重継続時間を考慮した（設計用）許容応力度を超えないことを確認する。

　式で表せば以下のとおりである。ただし，枠組壁工法においては，通常は使用環境Ⅲにて計算する。

使用環境Ⅰ：常時湿潤状態におかれる環境
使用環境Ⅱ：継続的に湿潤状態となる環境
使用環境Ⅲ：通常の使用環境（使用環境Ⅰ及びⅡ以外）　含水率影響係数 $K_m=1.0$

$F$ ：基準材料強度
$_0f$ ：基準許容応力度 $=F/3$
$K_d$ ：荷重継続期間影響係数　　長期　1.10　　中短期　1.60
　　　　　　　　　　　　　　　中長期　1.43　　短期　　2.00
$K_s$ ：システム係数

$K_z$：寸法効果係数

$K_m$：含水率影響係数（枠組壁工法では，使用環境Ⅲに該当する1.0を用いる）

〈一般の場合〉

| | | |
|---|---|---|
| 長期 | $G+P$ | ≦設計用許容応力度 $f(={}_0 f \times K_d \times K_z \times K_s \times K_m = F/3 \times 1.10 \times K_z \times K_s \times 1.0)$ |
| 中短期 | $G+P+S_0$ | ≦設計用許容応力度 $f(={}_0 f \times K_d \times K_z \times K_s \times K_m = F/3 \times 1.60 \times K_z \times K_s \times 1.0)$ |
| 短期（風圧時） | $G+P+W$ | ≦設計用許容応力度 $f(={}_0 f \times K_d \times K_z \times K_s \times K_m = F/3 \times 2.00 \times K_z \times K_s \times 1.0)$ |
| 短期（地震時） | $G+P+K$ | ≦設計用許容応力度 $f(={}_0 f \times K_d \times K_z \times K_s \times K_m = F/3 \times 2.00 \times K_z \times K_s \times 1.0)$ |

〈多雪区域の場合〉

| | | |
|---|---|---|
| 長期 | $G+P$ | ≦設計用許容応力度 $f(={}_0 f \times K_d \times K_z \times K_s \times K_m = F/3 \times 1.10 \times K_z \times K_s \times 1.0)$ |
| 中長期 | $G+P+0.7 S_0$ | ≦設計用許容応力度 $f(={}_0 f \times K_d \times K_z \times K_s \times K_m = F/3 \times 1.43 \times K_z \times K_s \times 1.0)$ |
| 中短期 | $G+P+S_0$ | ≦設計用許容応力度 $f(={}_0 f \times K_d \times K_z \times K_s \times K_m = F/3 \times 1.60 \times K_z \times K_s \times 1.0)$ |
| 短期（風圧時） | $G+P+0.35 S_0+W$ | ≦設計用許容応力度 $f(={}_0 f \times K_d \times K_z \times K_s \times K_m = F/3 \times 2.00 \times K_z \times K_s \times 1.0)$ |
| 短期（地震時） | $G+P+0.35 S_0+K$ | ≦設計用許容応力度 $f(={}_0 f \times K_d \times K_z \times K_s \times K_m = F/3 \times 2.00 \times K_z \times K_s \times 1.0)$ |

ここに，$G$，$P$，$W$，$K$ は，それぞれ施行令第82条第二号に規定する固定荷重，積載荷重，風圧力，地震力による応力を，$S_0$ は短期の応力を求める場合の積雪荷重による応力を表す。また，$K_z$ は，第Ⅱ編の表1.3及び第Ⅱ編の表1.6に示す寸法型式及び応力の種類に応じて乗じる数値を，$K_s$ は以下に述べるシステム係数を，1.1，1.43，1.6，2.0の数値は，第Ⅱ編の表3.1に示す荷重継続時間に由来する調整係数 $K_d$ を表す。

ただし，MSR製材，せい30 cm 以下の集成材，及び構造用単板積層材の $K_z$ は1，集成材及び構造用単板積層材の $K_s$ は1とする。

システム係数 $K_s$ は，曲げを受ける部材についてのみ適用される割増係数で，部材の構成に応じて以下の数値を用いることができる。

1）以下の①から③までに適合する床，または屋根に用いる枠組壁工法構造用製材，または枠組壁工法構造用たて継ぎ材のシステム係数：$K_s=1.25$

① 根太またはたるき，もしくはトラスの本数が3本以上，かつその相互の間隔が60 cm 以下であること。

② 床材または屋根下地材が次のイ），ロ）またはハ）に掲げるものであること。

　イ）厚さ15 mm 以上（床根太相互またはたるき相互の間隔を50 cm 以下とする場合においては，12 mm 以上）の構造用合板

　ロ）厚さ18 mm 以上（床根太相互またはたるき相互の間隔を50 cm 以下とする場合においては，15 mm 以上）のパーティクルボード

　ハ）構造用パネルの1級（床根太相互またはたるき相互の間隔が31 cm を超え50 cm 以下とする場合においては1級または2級，床根太相互またはたるき相互の間隔を31 cm 以下とする場合においては1級，2級または3級）

③ 床材と根太または屋根下地材とたるき，もしくはトラスの接合方法が，次のイ），ロ）またはこれらと同等以上のものによること。

　イ）CN50（CNZ50）により，くぎの間隔が1枚の面材の外周部分は15 cm 以下，その他の部分は20 cm 以下で緊結するもの。

　ロ）BN50により，くぎの間隔が1枚の面材の外周部分は10 cm 以下，その他の部分は15 cm 以下で緊結するもの。

2）1）以外の根太等の本数が3本以上，かつその相互の間隔が60 cm 以下の床または小屋に用いる枠組壁工法構造用製材，枠組壁工法構造用たて継ぎ材，MSR枠組材，MSRたて継ぎ材のシステム係数：$K_s=1.15$

3）1），2）以外の場合のシステム係数：$K_s=1.00$

1）において，構造用合板の継ぎ手を本実加工する等により受け材を省略する場合には，継ぎ手部分以外の要件を満たし，接着剤の充てん等により面材間での圧縮力を伝達できる仕様であれば，③のイ）またはロ）と同等と見なしてよい。

なお，2）の場合には曲げを生じさせる荷重が3本以上の部材に分配されることが条件であり，面材がくぎ打ちされて荷重の分配がなされるか，または3本以上の部材を合わせばりとして，均等に曲げ変形が生じるようくぎ打ち等により一体化したものに適用される。

構造用合板，構造用パネルについても同様の確認を行う。

〈一般の場合〉

| | | |
|---|---|---|
| 長期 | $G+P$ | ≦設計用許容応力度 $f(={}_0f \times K_d \times K_m = F/3 \times 1.10 \times 1.0)$ |
| 中短期 | $G+P+S_0$ | ≦設計用許容応力度 $f(={}_0f \times K_d \times K_m = F/3 \times 1.60 \times 1.0)$ |
| 短期（風圧時） | $G+P+W$ | ≦設計用許容応力度 $f(={}_0f \times K_d \times K_m = F/3 \times 2.00 \times 1.0)$ |
| 短期（地震時） | $G+P+K$ | ≦設計用許容応力度 $f(={}_0f \times K_d \times K_m = F/3 \times 2.00 \times 1.0)$ |

〈多雪区域の場合〉

| | | |
|---|---|---|
| 長期 | $G+P$ | ≦設計用許容応力度 $f(={}_0f \times K_d \times K_m = F/3 \times 1.10 \times 1.0)$ |
| 中長期 | $G+P+0.7S_0$ | ≦設計用許容応力度 $f(={}_0f \times K_d \times K_m = F/3 \times 1.43 \times 1.0)$ |
| 中短期 | $G+P+S_0$ | ≦設計用許容応力度 $f(={}_0f \times K_d \times K_m = F/3 \times 1.60 \times 1.0)$ |
| 短期（風圧時） | $G+P+0.35S_0+W$ | ≦設計用許容応力度 $f(={}_0f \times K_d \times K_m = F/3 \times 2.00 \times 1.0)$ |
| 短期（地震時） | $G+P+0.35S_0+K$ | ≦設計用許容応力度 $f(={}_0f \times K_d \times K_m = F/3 \times 2.00 \times 1.0)$ |

ただし，使用環境及び使用する材料によっては，含水率に係る強度調整係数，事故的な水掛かり等を考慮した係数を乗じる必要がある。

なお，告示第4，第5及び第7の仕様による面材並びに規則第8条の3に基づく大臣認定を受けた面材については，あらかじめ安全性の確認がなされているので，改めて面材の許容応力度の確認を行う必要はない。

(2) 接合部の許容応力に関する確認

一般の接合部に対する許容耐力に関する確認は，同様に存在応力が設計許容耐力を超えないことを確認する。木材等の，荷重継続時間に係る強度調整係数 $K_2$（第Ⅴ編第1章表1.2参照）が 0.55 である材料の接合部においては，以下の式による。ただし，ここでいう長期許容耐力とは 250 年相当の数値である。

〈一般の場合〉

| | |
|---|---|
| $G+P$ | ≦1.1×長期許容耐力 |
| $G+P+S_0$ | ≦1.6×長期許容耐力 |
| $G+P+W$ | ≦2×長期許容耐力（＝短期許容耐力） |
| $G+P+K$ | ≦2×長期許容耐力（＝短期許容耐力） |

〈多雪区域の場合〉

| | |
|---|---|
| $G+P$ | ≦1.1×長期許容耐力 |
| $G+P+0.7S_0$ | ≦1.43×長期許容耐力 |
| $G+P+S_0$ | ≦1.6×長期許容耐力 |
| $G+P+0.35S_0+W$ | ≦2×長期許容耐力（＝短期許容耐力） |
| $G+P+0.35S_0+K$ | ≦2×長期許容耐力（＝短期許容耐力） |

長期許容耐力には，含水率に係る強度調整係数が含まれる。耐力壁，床版及び屋根の面材と枠材のくぎ等による接合部及び地震時風圧時に発生する浮き上がり力に抵抗するくぎ接合は，一般に降伏耐力後の耐力の余裕があることが知られているので，短期許容耐力の代わりに降伏耐力を用いて，以下の式により確認を行ってよい。

また，地震時，風圧時に発生する浮き上がり力に抵抗するボルト，ねじ等の接合に関しても，実験により，降伏耐力と終局耐力の余裕が 1.5 倍程度あることが確認できた場合は，同様に以下の式により確認を行ってよい。なお，第Ⅴ編に準じた実験を行った場合，ここでいう降伏耐力は接合部の基準許容応力に 1.5 を乗じたものに相当する。

〈一般の場合〉

| | |
|---|---|
| $G+P+W$ | ≦降伏耐力 |
| $G+P+K$ | ≦降伏耐力 |

〈多雪区域の場合〉

| | |
|---|---|
| $G+P+0.35S_0+W$ | ≦降伏耐力 |
| $G+P+0.35S_0+K$ | ≦降伏耐力 |

ただし，降伏耐力には，含水率に係る耐力調整係数 $K_m$ が含まれる。

## （3） 耐力壁の許容耐力に関する確認

耐力壁の許容せん断耐力は，本章 3.3.2 項で述べたように，壁倍率×1.96 kN/m（層間変形角 1/150 rad. 時）としてよい。具体的な計算は，本章 3.1.3（1）構造計算の手順を参照されたい。

### 3.1.3 構造計算項目

ここでは，構造計算を行う際に考慮するべき項目とその内容，考え方について述べる。

#### （1） 構造計算の手順

構造計算はおおむね以下の手順にしたがって行う。

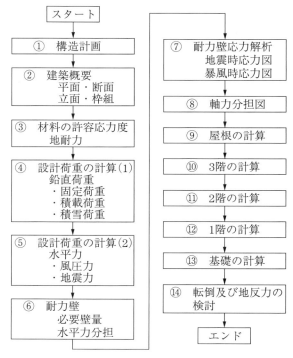

図 3.1.1

#### （2） 設計荷重の計算

積載荷重，積雪荷重，地震力，風圧力は，政令に準じて定める。

固定荷重は建物自重及び固定設備の重量である。建物自重は以下のような各種材料の単位重量を参考に算出する。なお，ここに取り上げていない材料については，製品の仕様により設計者が判断することが必要である。

##### 1） 主要な構造部材及び防火被覆材の重量

① 構造用製材

| | | |
|---|---|---|
| 204——30 N/m | 204@455—— 50 N/m² | （くぎ受け材含む場合 70 N/m²） |
| 206——40 〃 | 206@455—— 80 〃 | （ 〃 100 〃 ） |
| 208——50 〃 | 208@455——100 〃 | （ 〃 120 〃 ） |
| 210——60 〃 | 210@455——120 〃 | （ 〃 140 〃 ） |
| 212——70 〃 | 212@455——150 〃 | （ 〃 170 〃 ） |
| 404——50 〃 | | |
| 406——80 〃 | | |

② 構造用集成材

| | |
|---|---|
| 408——100 N/m | 610——200 N/m |
| 410——130 〃 | 612——210 〃 |
| 412——160 〃 | 614——290 〃 |
| 414——180 N/m | 616——330 N/m |

416――210 〃
③ 構造用合板
　　厚 9 mm――60 N/m² 　　　厚 15 mm――100 N/m²
　　厚 12 mm――80 〃
④ 構造用パネル
　　厚 9.5 mm――70 N/m² 　　厚 15 mm――110 N/m²
　　厚 11 mm――80 〃　　　　厚 18 mm――130 〃
⑤ せっこうボード（普通，構造用，強化）
　　厚 9.5 mm―― 90 N/m² 　厚 15 mm 及び厚 16 mm――150 N/m²
　　厚 12.5 mm――120 〃 　　厚 21 mm――200 N/m²

2） 仕上材等の重量
① 屋根仕上材
　・住宅屋根用化粧スレート（厚 5.2 mm）　220 N/m²
　・住宅屋根用化粧スレート（厚 6 mm）　　255 N/m²
　・金属板　　　　　　　　　　　　　　　100 N/m²
　・日本瓦（葺き土なし）　　　　　　　　600 N/m²
② 外壁仕上材
　・モルタル（厚 16 mm）　　　　　　　　320 N/m²
　・軽量モルタル（厚 16 mm）　　　　　　160 N/m²
　・鉄鋼（ラス）　　　　　　　　　　　　10 N/m²
　・窯業系サイディング（厚 15 mm）　　　170 N/m²
③ 内部仕上材
　・畳（厚 55 mm）　　　　　　　　　　　180 N/m²
　・フローリング（厚 15 mm）　　　　　　180 N/m²（くぎ，接着材含む）
　・クロス　　　　　　　　　　　　　　　10 N/m²

3） その他材料の重量
　・アスファルトルーフィング 940 　　　　10 N/m²
　・F. R. P 防水　　　　　　　　　　　　　30 N/m²
　・グラスウール（厚 50 mm）　　　　　　10 N/m²
　・ロックウール（厚 50 mm）　　　　　　20 N/m²
　・軽量気泡コンクリート（厚 35 mm）　　190 N/m²

（3） 材料の許容応力度等

　使用材料の許容応力度及び定数等は第Ⅱ編第 1 章に示されているものを用いる。なお，これに示されていないものについては，「木質構造設計規準・同解説―許容応力度・許容耐力設計法―」2006 年改訂版，（一社）日本建築学会（以下，木質構造設計規準という）の値を用いてよい。

（4） 耐力壁量の計算

1） 耐力壁の条件

　耐力壁は，地震時及び風圧時における必要壁量に対して，十分な量を確保しなければならない。この場合の設計壁量は，構造耐力上有効な壁のみに着目して算出する。
　構造耐力上，有効な壁とは，以下の条件を満たす壁である。
① 耐力壁線上の壁であること（開口比，最大開口幅，壁線間距離等の告示規定を遵守したもの）。
② 脚長が 60 cm 以上ある無開口壁。
③ 告示に定められた面材（ボード），または筋かいが規定の仕様で接合されていること。
④ 耐力壁の床版への接合が外力に対して安全であること。

### 2) 必要壁量と設計壁量

必要壁量と設計壁量の検討は，建物のはり間方向，けた行方向に分けて，以下の手順で行う。

① はり間方向

各階ごとに以下の計算を行う。ただし，告示第10第二号を適用した許容応力度計算の場合は，ロ）のみでよい。

イ）告示第5第五号表1及び表2によって必要壁量を計算する。

床面積によって決まる壁量 $L_{E1}$

見付面積によって決まる壁量 $L_{W1}$

ロ）構造計算フロー⑤で求めた地震力（$Q_E$）と風圧力（$Q_W$）によって必要壁量を計算する。$Q_E$，$Q_W$ の単位は kN とする。

$$L_{E2} = \frac{Q_E}{1.96}, \quad L_{W2} = \frac{Q_W}{1.96}$$

ハ）$L_{E1}$ と $L_{E2}$ の大きいほうを $L_{NE}$ とする。$L_{W1}$ と $L_{W2}$ の大きいほうを $L_{NW}$ とする。

ニ）$L_{NE}$，$L_{NW}$ のいずれよりも大きくなるように設計壁量 $L_D$ を決める。

ホ）$L_{NE}/L_D$，$L_{NW}/L_D$ を計算しておく。

② けた行方向

各階ごとに①と同様の計算を行う。$L_{E1}$，$Q_E$，$L_{E2}$ の値は，はり間方向と同じであるので再計算は不要。

以上の計算結果を一覧表にとりまとめておくと便利である。

### （5）壁の分担水平力の計算

上で求めた設計壁量をつり合いよく建物平面に配置した後，おのおのの耐力壁の分担水平力を計算する。この計算は，各階ごと各方向ごとに行う。ある階，ある方向の計算は，次のようにする。

#### 1）地震力の分担

壁倍率 $\alpha$，長さ $l$（m）の壁の分担する水平力 $Q$ は，壁倍率が剛性と比例するものとみなし，

$$Q = \alpha \cdot l \cdot 1.96 \cdot \frac{L_{NE}}{L_D} \quad (\text{kN})$$

計算結果は略平面図上に要領よく記入する。

#### 2）風圧力の分担

同じく次式によって分担水平力を計算し，略平面図上に記入する。

$$Q = \alpha \cdot l \cdot 1.96 \cdot \frac{L_{NW}}{L_D} \quad (\text{kN})$$

### （6）耐力壁架構の応力計算

（4）で述べたように，耐力壁の脚部はそこに発生する引き抜き力に応じて，金物等でしっかりと補強する必要がある。引き抜き力を求めるためには，建物のはり間，けた行の両方向について，適切なモデル化を行い，応力解析を行う。詳細な方法は，本章3.1.4（5）耐力壁で述べる。

### （7）軸力分担図

構造計算フロー⑧の軸力分担図は，たるき，根太等の方向による荷重の流れを考慮し，それぞれの耐力壁，支持壁が負担する荷重の分担範囲を平面的に図示し，固定荷重及び積載荷重を考慮して上階から順次計算を行い浮き上がり力及び圧縮力算定用軸力を図に表示する。

多雪区域では，積雪荷重を考慮し，浮き上がり力，圧縮力算定用軸力の計算を行うが，一般地域においては，短期積雪時の浮き上がり力，圧縮力算定用軸力の計算は行わない。

多雪区域の地震時における積雪時の積雪荷重は $0.35 S_0$ とし，浮き上がり力及び圧縮力算定用軸力を計算する。さらに，多雪区域においては，荷重継続期間により長期（積雪荷重なし），中長期（$0.7 S_0$），中短期（$S_0$）の荷重状態あるが，たて枠等の部材検討は，上記の荷重で最も不利となる応力に対して安全の確認を行う。また，一般地域における部材の検討においては，長期及び短期積雪荷重（屋根スパン勾配による加算有）に対する検討を

行い，最も不利となる応力に対して安全の確認を行う。

浮き上がり力，圧縮力算定用軸力の計算においては，床の積載荷重を適切に低減することが必要とされることから，住宅の場合は，圧縮力の算定において積載荷重 1,300 N/m² とし長期軸力に等しい値を用い，浮き上がり力の算定においては，地震力算定用積載荷重である 600 N/m² を用い算定することを原則としている。

上記の圧縮力算定用の軸力は，基礎用軸力を算定する場合に用いることができる。

### （8） 屋根の計算
構造計算フロー⑨の屋根の計算は次の2点の検討が必要となる。
1） たるきの応力とたわみ，及びたるきの接合部の検討

長期及び短期についての検討があるが，長期のほかに短期暴風時の検討も重要である。屋根傾斜や風向により複雑な荷重状態となる。

2） 水平荷重時の屋根面の面内強度の検討

屋根は最上部の水平ダイヤフラムとして，屋根にかかる水平力を直下階の耐力壁に伝達する役割をもつ。詳細は本章 3.1.4.（4）小屋及び屋根の設計で述べるが，屋根下張りのくぎ接合の検討が主となる。

### （9） 1～3階の各部詳細に関する計算
構造計算フロー⑩～⑫では各階の各部の検討を行う。主要な検討事項は以下のとおりである。
1） たて枠の軸力及び曲げの検討

たて枠の軸力については，たて枠材自体と脚部の検討がある。脚部は圧縮についてはめり込み，浮き上がりが生ずる場合は金物の検討を行う。

外壁のたて枠は暴風時の風圧により曲げを生ずる。特に開口端のたて枠では軸力と曲げの複合応力について検討する。

2） まぐさの鉛直（強軸）及び弱軸方向の曲げの検討

まぐさは，鉛直荷重によって生じる長期と短期の応力について検討するほか，外壁面のまぐさについては，風圧によって弱軸まわりの曲げ応力が生じるので，これと強軸まわりの長期曲げとの複合応力についても検討する。

### (10) 床の計算
（9）と併せて，構造計算フロー⑩～⑫では床の検討が必要である。床の計算は以下の2点が重要である。
1） 床の鉛直荷重に対する検討

床根太，天井根太，床ばりのたわみ，曲げ，せん断の検討，及び床根太と床ばりについては，使用上の支障が起こらないことを構造計算等で確認が必要である。

2） 床ダイヤフラムの検討

暴風時及び地震時に床構面が受ける水平力を，下階の耐力壁線に安全に伝達されるよう検討する。

### (11) 土台の計算
構造計算フロー⑫の1階に計算においては，土台の計算も行う。建物に入力される水平力は，最終的には土台を介して基礎に伝達されるため，土台をとめているアンカーボルトの検討が必要である。また，水平力により耐力壁の脚部に浮き上がりが生じる場合は，必要に応じて土台とアンカーボルトの強度検討を行う。

### (12) 基礎の計算
構造計算フロー⑬に基礎の設計では次の3点が重要である。
1） 基礎は，長期荷重及び水平力に対して沈下や浮き上がりが生じないこと，また強度上安全であること。
2） 建物の一体化のため十分な剛性を確保する。
3） 地盤，杭，基礎底版及び基礎ばりは，それらに生じる応力に対して安全であること。

構造計算に当たっては，平 13 国交告第 1113 号に定める地盤調査等により地盤の許容応力度を判定の上，基礎底盤，基礎ばりの設定を行う。

この計算では，次の点に注意する。

1) 枠組壁工法の床の荷重は，主に根太方向に伝達された後，壁によって直交方向に分配される。このため基礎の設計荷重は不確定の要素が大きく，この点を考慮した計算とする。

2) 1階開口部の幅が大きい場合は，基礎ばりに作用する鉛直荷重より地反力のほうが大きくなり，その結果基礎ばりには逆向きの曲げモーメントが生じることが多い。

3) 木質構造は自重が小さいため，風や地震により建物が転倒するおそれがある。これらは構造計画段階で検討すべきである。

(13) 転倒及び地反力の検討

構造計算フロー⑭の計算の主な目的は，地震時あるいは暴風時の水平力によって布基礎底盤に生じる地反力が，短期許容地耐力を超えないこと，及び建物全体が転倒しないことを確認することである。

### 3.1.4 構造計算の詳細

ここでは，3.1.3項で述べた各項目の具体的な計算法や注意点，及び部材の基本的な計算法について述べる。

(1) 部材断面の検定

1) 部材断面の検定の方針

部材断面の検定は木質構造設計規準等に準じて行う。ただし，実状に応じて適切な計算法を採用することができる。

建物の各部位に生じる応力度が求められたら，その応力の種類とその組み合わせに応じて部材の断面検定を行う。その断面の検定は木質構造設計規準等にしたがって行う。以下に，「圧縮材」，「引張り材」，「曲げ材」，「複合応力を受ける材」について，その算定方法を示した。いずれも基本的には木質構造設計規準に準じている。また，上記以外の応力の部材に対する検定も木質構造設計規準等によるものとする。ただし，曲げ材には他に「重ね梁」「トラス梁」「充腹梁」等がある。これらの構造材については木質構造設計規準を参照の上，適切なモデル化により検討を行うこと。

なお，接着重ね梁を使用する場合は指定建築材料に基づく認定が取得されていること。

2) 圧縮材

① 算定式

中心圧縮を受ける単一圧縮材は（3.1.1）式によって算定する。

$$N/A \leq \eta \cdot f_c \tag{3.1.1}$$

ここに，$N$：圧縮力（N）
　　　　$A$：全断面積（mm²）
　　　　$\eta$：材の細長比に応じて決まる座屈低減係数
　　　　$f_c$：許容圧縮応力度（N/mm²）

② 許容座屈応力度：$f_k$

イ) $f_k$ の値は次式により算出する。

$$f_k = \eta f_c \tag{3.1.2}$$

ここに，$\eta$：座屈低減係数
　　　　$f_c$：許容圧縮応力度

ロ) 座屈低減係数 $\eta$ は，材の細長比 $\lambda$ に応じて次式により算出する。

$$\begin{aligned} &\lambda \leq 30 &&\eta = 1 \\ &30 < \lambda \leq 100 &&\eta = 1.3 - 0.01\lambda \\ &100 < \lambda &&\eta = 3{,}000/\lambda^2 \end{aligned} \tag{3.1.3}$$

ハ) $\lambda$ が100以上で実験によって基準弾性係数を求めた場合は，材の短期許容圧縮力 $N_s$ は次式によって求めることができる。

$$N_s = \pi^2 E A_e / \lambda^2 \tag{3.1.4}$$

ここに，$E$：設計用弾性係数（N/mm²）で
　　　　　　材料個々について試験した場合　　$E = 2/3 \times E_0$
　　　　　　抜き取り試験した場合　　　　　　$E = 1/2 \times E_0$
　　　　$E_0$：実験で求めた基準弾性係数（N/mm²）
　　　　$A_e$：有効断面積（mm²）

③　細長比

圧縮材の細長比 $\lambda$ は（3.1.5）式から算出する。ただし，細長比は 150 以下とする。

$$\lambda = l_x/i \tag{3.1.5}$$
$$i = \sqrt{(I/A)} = h/3.46 \quad （長方形断面の場合）$$

ここに，$\lambda$：圧縮材の細長比
　　　　$l_x$：④項に示す座屈長さ（mm）
　　　　$i$：座屈方向の断面 2 次半径（mm）
　　　　$I$：全断面積に対する座屈方向の断面 2 次モーメント（mm⁴）
　　　　$A$：全断面積（mm²）
　　　　$h$：長方形断面材の座屈方向のせい（mm）

④　座屈長さ

圧縮材の座屈長さ $l_x$ は材長，及び材端の支持状況に応じて定める。通常の場合，次によることができる。

イ）　たて枠材では上下の横架材間の距離
ロ）　トラス部材では節点間の距離
ハ）　支柱等ではその材長

3）引張り材

①　断面計算

引張り材の断面は次式によって算定する。

$$N/A_e \leq f_t \tag{3.1.6}$$

ここに，$N$：引張り力（N）
　　　　$A_e$：②で定める有効断面積（mm²）
　　　　$f_t$：許容引張り応力度（N/mm²）

②　有効断面積

引張り材の有効断面積は，全断面積から断面欠損の総和を控除した正味断面積を，欠損の状況に応じて適切に低減した値とする。

引張り材の断面欠損は全断面積の 1/4 以下とする。

③　注意事項

引張り材の材端接合部においては，材のせん断，割れ裂き等に対して安全でなければならない。

4）曲げ材

①　曲げ応力度の算定

曲げ材の断面は（3.1.7）式により算定する。

$$M/Z_e \leq K_s \times f_b \tag{3.1.7}$$

ここに，$M$：曲げモーメント（N・mm）
　　　　$f_b$：許容曲げ応力度（N/mm²）
　　　　$K_s$：システム係数
　　　　$Z_e$：有効断面係数（mm³）

イ）　有効断面係数

有効断面係数は切り欠きの有無に応じ（3.1.8）式により算定する。ただし，引張り側の切り欠きは曲げ材のせいの 1/4 以下とする。

切り欠きのない場合　　　　　　　$Z_e = $ 全断面係数 $Z$ 　　　　　　　　　　　　　　　　　(3.1.8)
圧縮側に切り欠きのある場合　　　$Z_e = $ 正味断面係数 $Z_0$（図 3.1.2 参照）　　　　　　　(3.1.8)

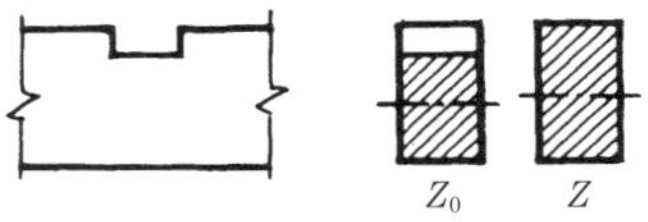

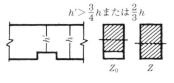

図 3.1.2

引張り側に切り欠きのある場合　　製材等の割れ裂きの影響が大きい材料（切り欠きは材せいの 1/3 以下に制限）

$Z_e = 0.45 \times$ 正味断面係数 $Z_0$

割れ裂きの影響が小さい材料（切り欠きは材せいの 1/4 以下に制限）

$Z_e = 0.6 \times$ 正味断面係数 $Z_0$　（図 3.1.3 参照）　　　　　　　　　　(3.1.8)

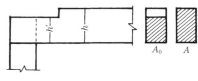

図 3.1.3

ロ）システム係数

システム係数は第Ⅰ編第 3 章 3.1.2 節による。

② せん断応力度の算定

曲げ材のせん断応力度は (3.1.9) 式により算定する。

$\alpha Q / A_e \leq f_s$ 　　　　　　　　　　(3.1.9)

ここに，$\alpha$：断面形状で定まる値で，長方形の場合は 3/2

　　　　$Q$：せん断力（N）

　　　　$f_s$：許容せん断応力度（N/mm²）

　　　　$A_e$：有効断面積（mm²）

支持点付近における有効断面積は切り欠きの有無に応じ (3.1.9) 式によって算定する。ただし，引張り側の切り欠きは曲げ材のせいの 1/3 以下とする。

切り欠きのない場合　　　　　　　$A_e =$ 全断面積 $A$

圧縮側に切り欠きのある場合　　　$A_e =$ 正味断面積 $A_0$（図 3.1.4 参照）

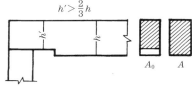

図 3.1.4

引張り側に切り欠きのある場合（切り欠きは材せいの 1/3 以下に制限）　　$A_e = ($正味断面積 $A_0)^2 /$ 全断面積 $A$
（図 3.1.5 参照）

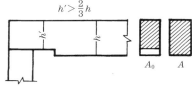

図 3.1.5

③ たわみの算定

たわみ計算に使用する断面 2 次モーメントは，断面欠損を無視して算出してよい。

④ 横座屈及び横補剛

材幅に比べてせいの大きい曲げ材を用いる場合は，曲げ材が横座屈することがないよう適切な横補剛を設ける。

⑤ 主軸以外の方向に曲げを受ける場合

主軸に斜めに力の加わる場合，図 3.1.6 の曲げ応力度は（3.1.10）式によって計算する。

$$\frac{M_x}{Z_{ex}\cdot f_{b,x-x}}+\frac{M_y}{Z_{ey}\cdot f_{b,y-y}}\leqq 1 \tag{3.1.10}$$

ここに，
- $M_x$：$x$ 分力 $P_a$ による曲げモーメント（N·mm）
- $M_y$：$y$ 分力 $P_b$ による曲げモーメント（N·mm）
- $Z_{ex}$：$x-x$ 軸に関する有効断面係数（mm³）
- $Z_{ey}$：$y-y$ 軸に関する有効断面係数（mm³）
- $f_{b,x-x}, f_{b,y-y}$：各軸に関する許容曲げ応力度（N/mm²）

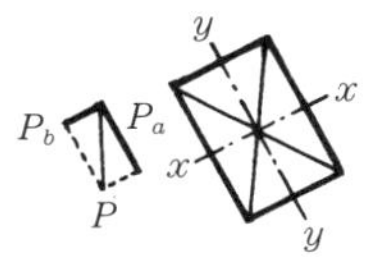

図 3.1.6

5) 複合応力を受ける材

① 曲げと引張りを受ける材

曲げと引張りを受ける材の断面は，（3.1.11）式によって算定する。

$$\frac{N}{A_e}+\frac{M}{f_b\cdot Z_e}\leqq f_t \tag{3.1.11}$$

ここに，$N$：引張り力（N）
- $M$：曲げモーメント（N·mm）
- $A_e$：有効断面積（mm²）
    単一材については 3) 参照，複合材については，その結合方法に応じた値をとる。集成材による変断面材については，引張り側断面係数を実断面について算定する。
- $Z_e$：有効断面係数（mm³）
- $f_t$：許容引張り応力度（N/mm²）

② 曲げと圧縮を受ける材

曲げと圧縮を受ける材の断面は（3.1.12）式によって算定する。

$$\frac{\eta N}{A_e}+\frac{f_c\cdot M}{f_b\cdot Z_e}\leqq \eta f_c \tag{3.1.12}$$

ここに，$N$：圧縮力（N）
- $M$：曲げモーメント（N·mm）
- $A_e$：正味断面積（mm²）
- $f_c$：許容圧縮応力度（N/mm²）
- $f_b$：許容曲げ応力度（N/mm²）
- $Z_e$：有効断面係数（mm³）
    単一材については，4) 参照，複合材についてはその結合方法に応じた値をとる。
- $\eta$：座屈低減係数　2) 圧縮材②ロ) 参照

（2） 土台および基礎

1） 土　台

1 階の耐力壁に大きな浮き上がり力が生じる場合は，図 3.1.7 のように引き寄せ金物によって浮き上がりを抑える。土台を連続ばりと考えると，土台に生じる応力は次のようになる。

$$M=\frac{2}{3}\times\frac{P\times 0.3}{4}=0.05P$$

$$Q=\frac{P}{2}$$

これらの応力による土台の応力度は，以下の式を満足しなければならない。

$$\sigma=\frac{M}{Z}<{}_sf_b$$

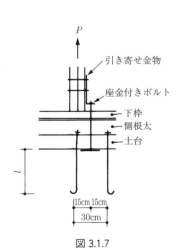

図 3.1.7

$$\tau = \frac{1.5\,Q}{A} < {}_s f_s$$

ここに，

$M$：曲げモーメント（N·mm）　　$Z$：断面係数　　　　　　　　（mm³）
$P$：浮き上がり力（N）　　　　${}_s f_b$：短期設計許容曲げ応力度（N/mm²）
$Q$：せん断力（N）　　　　　${}_s f_s$：短期設計許容せん断応力度（N/mm²）
$A$：断面積（mm²）

**2） アンカーボルトの検討**

1本のアンカーボルトの負担する軸力は，

$$N = \frac{P}{2}$$

これによる応力度及び定着長さは，下式を満足しなければならない。

$$\sigma = \frac{N}{a} < {}_s f_t$$

$$l = \frac{N}{f_a \psi}$$

$N$：アンカーボルト1本に働く浮き上がり力（N）
$a$：アンカーボルトの断面積（mm²）
${}_s f_t$：アンカーボルトの短期許容引張り応力度（N/mm²）
$f_a$：アンカーボルトのコンクリートに対する短期許容付着応力度（N/mm²）
$\psi$：アンカーボルトの周長（mm）
$l$：定着長さ（mm）

**3） アンカーボルトの配置計画**

土台を基礎に緊結するアンカーボルトは，暴風時あるいは地震時のせん断力によって，土台と基礎とが互いにずれるのを防ぐ役目をもっている。

アンカーボルトは図3.1.7のような特殊なものを除き，隅角部及び土台の継ぎ手部分，その他の部分については2m間隔以下に配置する。また3階建ての場合は，1階の床に達する開口部の両端のたて枠から15cm以内の部分にも配置する。

なお，アンカーボルトの必要本数を計算により求める場合は，以下の方法で検討する。

$$n = \frac{Q}{P_a}$$

$n$：耐力壁縦上に必要なアンカーボルトの必要本数（本）
$Q$：その耐力壁線上にある耐力壁が負担する水平力の合計（N）
$P_a$：アンカーボルトの短期許容せん断耐力（N）

アンカーボルトの短期許容せん断耐力は，次式により求められる。

$$P_a = (2/3) \times C \times F_{c2} \times d \times l \quad (\text{N})$$

$F_{c2}$：土台の圧縮強度（繊維方向）
$d$：ボルト径（mm）
$l$：土台の高さ（mm）
$C$：接合形式とその破壊形式によって決まる係数（1面せん断）

$$C = \min\left(1,\ \sqrt{2 + \sqrt{\frac{4 M_y}{F_{c2} d l^2}}} - 1,\ \frac{d}{l}\sqrt{\frac{4 M_y}{F_{c2} d^3}}\right)$$

$M_y$：ボルトの曲げ降伏モーメント，$M_y = F d^3 / 6$

参考　ボルトM12，土台404 Hem-Fir 2級　（$F_{c2} = 18.6$，$d = 12$，$l = 90$，

$M_y = (235 \times 12^3)/6$，$C = 0.388$）$\rightarrow P_a = \dfrac{2}{3} \times 0.388 \times 18.6 \times 12 \times 90 = 5{,}196\,\text{N}$

### 4） 布基礎フーチング幅の計算

1階耐力壁が負担する固定荷重及び積載荷重を計算する。さらに1階床荷重及び基礎周りの荷重（フーチング及びその上の埋め戻し土も含む）を計算する。これらによって基礎底盤に生じる接地圧が地盤の許容耐力を超えないようにフーチングの幅を決定する（図 3.1.8 参照）。

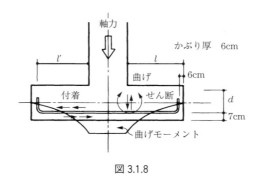

図 3.1.8

耐力壁の負担する荷重は，3.1.4項（6）1)たて枠の項に準じて計算する。これに1階床荷重と基礎周りの荷重を加算する。単位長さ当たりの基礎周りの荷重は，基礎のコンクリートと埋め戻し土の平均単位重量を20 kN/m³ として次式で略算する。

$$20 \text{ kN/m}^3 \times (根入れ深さ h\text{m}) \times (底盤の幅 b\text{m})$$

耐力壁が均等に配置されているときは，建物全体の鉛直荷重を計算し，それを布基礎の総延長で割って単位長さ当たりの負担荷重を求めてもよい。ただし，完全に荷重が均等化されることはないから，応力集中を適宜考慮して増減すべきである。

実務においては底盤幅は，次のように計算する。

作用荷重　　　$W_{max}$＝布基礎単位長さ当たりの有効荷重（耐力壁の負担荷重，1階床及び多雪地域においては常時荷重の和）

有効許容応力度　$f_e' = f_e - 20 \text{ (kN/m}^3) \times h$

布基礎幅　　　$b = W_{max}/f_e'$ （m）

### 5） 基礎フーチングの設計

基礎フーチングには上向きの接地圧と，基礎フーチングと埋め戻し土重量の和に相当する下向き荷重とが作用する。これに対して基礎フーチングを片持ちばりと仮定して，曲げ主筋の決定とコンクリートのせん断の検討を行う（図 3.1.9 参照）。

① フーチングの曲げ配筋の計算

フーチングに作用する反力　　$W_{max}' = W_{max}/b$

フーチングの曲げモーメント　$M_c = W_{max}' \cdot l^2/2$ （N·m/m）

ここで，$l$＝(フーチング幅－基礎ばり幅)/2

必要鉄筋量　　$a_t = M_c/(f_t \cdot j)$ （mm²）

ここで，$f_t$ は鉄筋の許容引張り応力度

$$d = フーチング厚 - 70 \text{ mm}, \quad j = (7/8)d$$

参考　D10－@300→$a_t$＝236.7 mm²
　　　D10－@200→$a_t$＝355.0 mm²

② フーチングのせん断応力度の検討

せん断力(N/m)　$Q = W_{max}' \cdot l$

せん断応力度　$\tau = Q/(1000j)$ （N/mm²）

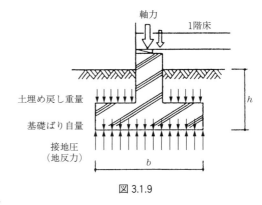

図 3.1.9

コンクリートの許容せん断応力度より小さいことを確認する。

フーチング幅が極端に大きいと，曲げ応力が過大になるおそれがあるため，付着の検討が必要になる場合もある。以下に付着の検討手法を述べる。

③ フーチングの曲げ主筋の付着強度の検討

曲げ主筋引張り許容応力度　$f_t$ （N/mm²）

必要付着長さ $l_{ab}$ は次式による。

$$l_{ab} = \frac{\sigma_t a_t}{K f_b \psi} \text{ (mm)}$$

ここで, $\sigma_t$：付着検定断面位置における短期，長期荷重時の鉄筋存在応力度，鉄筋端に標準フックを設ける場合にはその値の 2/3 倍とすることができる。(N/mm²)
　　　　$a_t$：当該鉄筋の断面積 (mm²)
　　　　$\psi$：当該鉄筋の周長 (mm)
　　　　$f_b$：許容付着応力度。多段配筋の1段目（断面外側）以外の鉄筋に対してはさらに 0.6 を乗じる。
　　　　$K$：鉄筋配置と横補強筋による以下の修正係数で 2.5 以下とする。

　　　長期荷重時　$K = 0.3 \dfrac{C}{d_b} + 0.4$

　　　短期荷重時　$K = 0.3 \left( \dfrac{C+W}{d_b} \right) + 0.4$

ここで，$C$：鉄筋間のあき，もしくは最小かぶり厚さの3倍のうちの小さいほうで，鉄筋径の5倍を超える値としてはならない。(mm)
　　　　$W$：付着割裂面を横切る横補強筋効果を表す換算長さで，次式により与えられる。鉄筋径の 2.5 倍を超える値としてはならない。

$$W = 80 \frac{A_{st}}{sN} \text{ (mm)}$$

ここで，$A_{st}$：当該鉄筋列の想定される付着割裂面を横切る1組の横補強筋全断面積 (mm²)
　　　　$s$：1組の横補強筋（断面積 $A_{st}$）の間隔 (mm)
　　　　$N$：当該鉄筋列の想定される付着割裂面における鉄筋本数 (本)
　　　　$d_b$：曲げ補強鉄筋径 (mm)
　　　　D10 － @300 → $\psi = 30 \times 1{,}000/300 = 100$　(mm/m)
　　　　D10 － @200 → $\psi = 30 \times 1{,}000/200 = 150$　(mm/m)

フーチング配筋の定着長さは，鉄筋の長さ方向のかぶり厚さを 60 mm として，次のように測る。

　　　$l' = (盤幅 - 基礎ばり幅)/2 - 60$　(mm)

### 6) 基礎ばりの応力計算

耐力壁線上の耐力壁と基礎ばりを一体として考えることができるが，耐力壁の剛性を無視して，以下のように安全側の略算を行う。

長期荷重は，前項にならい，接地圧と基礎周りの荷重の差を計算する。これが基礎ばりに作用する有効荷重である。耐力壁部分を支持点として応力解析する。応力解析に当たっては端部の固定度を考慮する（図 3.1.10 参照）。

水平荷重時応力は，耐力壁の負担せん断力から計算される。負担せん断力は，架構の応力解析の結果から得られた存在せん断力を用いるのがよいが，耐力壁の壁倍率から決まる許容せん断力を用いてもよい。

支点を中心としているが圧縮側に移動した場合もほぼ結果に影響がない。

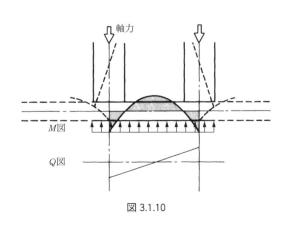

図 3.1.10

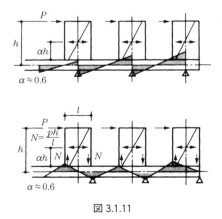

図 3.1.11

応力解析は図 3.1.11 に示した 2 つの方法が考えられる。いずれの場合も反曲点高さ比は，0.6 くらいが適当である。ただし，後述する許容応力度計算-2 の場合は，反曲点を 1.0 とする場合もあるので注意が必要である。

### 7) 基礎ばりの断面計算

一部の 2 階建ての枠組壁工法建築物の基礎はシングル配筋であるが，3 階建ての建築物では条件によりダブル配筋となる場合もある（図 3.1.12 参照）。

計算は以下のとおり。

かぶり厚を 60 mm とする。はり幅を $b$，有効はりせい $d = D - 70$ mm，$j = (7/8)d$ とする。

長期必要主筋断面積 　　$_L a_t = {_L M}/({_L f_t \cdot j})$ 　（mm²）
短期曲げ必要主筋断面積 　$_s a_t = ({_L M} + {_s M})/({_s f_t \cdot j})$ 　（mm²）
長期せん断応力度 　　　　$_L \tau = {_L Q}/(b \cdot j) \leq {_L f_s}$ 　（N/mm²）
短期せん断応力度 　　　　$_s \tau = ({_L Q} + {_s Q})/(b \cdot j) \leq {_s f_t}$ 　（N/mm²）

ここで，$_L M$：長期設計曲げモーメント （N·mm）
$_s M$：地震または暴風時設計曲げモーメント （N·mm）
$_L Q$：長期設計せん断力 （N）
$_s Q$：地震または暴風時設計せん断力 （N）
$b \cdot D$：基礎ばり幅・せい （mm）
$f_t$：鉄筋の許容引張り応力度 （N/mm²）
$f_s$：コンクリートの許容せん断応力度 （N/mm²）

図 3.1.12 　3 階建て基礎配筋例

### 8) 換気口周りの補強

計算は開口部位置の応力を算定し，欠損部分の断面にて断面積算定を行う。特にせん断力に対して十分な補強を行うこと。

参考として，配筋要領を図 3.1.13 に示す。またコンクリート収縮クラック防止のため，開口部周囲のはり両面をワイヤーメッシュ等で補強することも有効である。

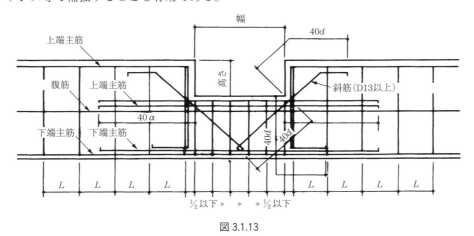

図 3.1.13

### (3) 床

#### 1) 床材に用いる各種床下張り材

床は上階からのせん断力を下階に伝達する役割に加え，床上の荷重に対して，十分な強度剛性を保持する必要がある。ここでは床下張り材について検討を行う（床根太については（7）を参照）。使用可能な面材の種類と床根太間隔については，枠組壁工法建築物設計の手引を参照。これらの材料を使用する場合，比重，強度試験値等を入手しそれぞれ固定荷重，許容応力を算出する（表 3.1.1 参照）。

固定荷重 $(W_s)$ を算出する場合の重量は以下のとおり。

表 3.1.1 各種面材の固定荷重

| | 比　重 | 重量（N/m²） | | | |
|---|---|---|---|---|---|
| | | 12 mm 厚 | 15 mm 厚 | 18 mm 厚 | 25 mm 厚 |
| 構造用合板 | 0.67 で計算 | 78.85 | 98.56 | 118.27 | 164.3 |
| パーティクルボード | 0.73 で計算 | 不可 | 107.38 | 128.86 | 178.97 |
| 構造用パネル | 0.73 で計算 | 不可 | 107.38 | 128.86 | 178.97 |
| 硬質木片セメント板 | 1.10 で計算 | 不可 | 不可 | 194.17 | 269.68 |

2）　床下張り材に要求される曲げ性能

床下張り材に要求される曲げ性能は積載荷重 1,800 N/m²（住宅の居室の場合）として，その荷重が

(1)　床下張り材の許容曲げ応力度
(2)　床下張り材のたわみ量が床根太間隔の 1/300

を超えていないかどうかを検討する。

〔許容曲げ応力度の計算〕

床下張り材は通常 3 本以上の床根太に取り付けられるので 2 連続ばりと仮定して計算する。

$$M = \sigma_b Z \tag{3.1.13}$$

ここで，$M$：曲げモーメント，$\sigma_b$：曲げ応力，$Z$：断面係数

$$Z = (1/6)bh^2 \tag{3.1.14}$$

ここで，$b$：板幅，$h$：板厚

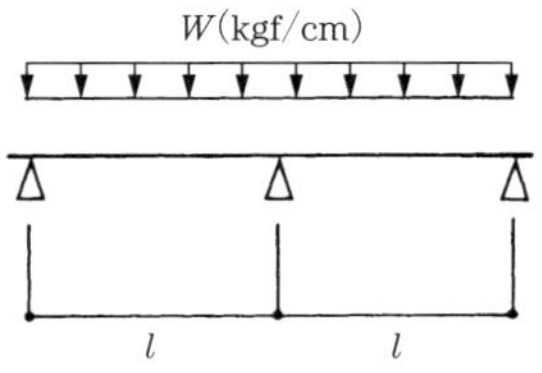

最大曲げモーメント

$$M_{max} = (1/8)Wl^2$$

最大たわみ

$$\sigma_{max} = \frac{1}{185}\frac{Wl^4}{EI}$$

上式で $E$ は面材の弾性係数，$I$ は断面 2 次モーメント。

$$I = (1/12)bh^3$$

構造用合板 2 級（針葉樹）を例にとり，板厚 1.2 cm，板幅 91 cm，床根太間隔を 45.5 cm とすると，

$$Z = (1/6) \times b \times h^2 = (1/6) \times 910 \times 12^2 = 21,840 \text{ mm}^3 \tag{3.1.15}$$

$$F_b = 9.9 \text{ N/mm}^2 \tag{3.1.16}$$

設計許容応力度は

$$_{soy}f_b = \frac{1.1}{3} \times 9.9 = 3.63 \text{ N/mm}^2$$

(3.1.13) 式の $\sigma_b$ の代わりに $f$ を代入し，

$$M = 3.63 \times 21,840 = 79,279 \text{ (N·mm)} \tag{3.1.17}$$

等分布荷重の場合

$$M = (1/8) \times W \times l^2 = (1/8) \times W \times 455^2 = 25,878 \times W$$

$$79,279 = 25,878 \times W$$

$$W = 3.06 \text{ N/mm}$$

　　∴ m² 換算すると 6,725 N/m² となる。

$$6,725 \text{ N/m}^2 > 1,800 \text{ N/m}^2 \quad \text{O.K.}$$

同様に，このときの床中央部の最大たわみ（$\sigma_{max}$）について検討すると，

$$\sigma_{max} = \frac{1}{185}\frac{Wl^4}{EI} \qquad W = (80 + 180 + 1,800) \times 0.455/1,000 = 0.937 \text{ N/mm}$$

$$= \frac{1}{185} \times 0.937 \times 455^4 / (4,000 \times 131,040)$$

$$= 0.414 \text{ mm}$$

　　∴ $0.414/455 = 1/1,099 < 1/300$　　O.K.

図 3.1.14

また、ピアノ等重量物の脚部等の点荷重を床面で負担する場合、床根太で囲まれた床下張り材全体で荷重を負担できるわけではないので、床根太・床下張り材の補強をするのが望ましい。

### 3) 小屋裏利用における床構面の補強

小屋裏利用3階建て（小屋裏利用4階建て）で、小屋組がたるき方式のAフレーム、またはトラスとなっている場合、合掌尻部のたるきと床根太が交差するため、3階（4階）の床合板を外壁の所まで張りつめることができない。このような床については、棟に平行な方向に水平力が作用した場合の面内せん断力の伝達に関して、以下のいずれかの措置を講じる。ただし、床下張り材の欠損は、原則として外壁から455mm以内に限る。

(1) 小屋裏階の直下の階に、小屋裏階部分に作用する棟に平行な方向の風圧力、及び地震力に見合うだけの内部耐力壁を設ける（図3.1.15参照）。

(2) 妻面及び床面に作用する水平力（$P$）によって、床根太に生じる曲げモーメント（$M$）、及びせん断力（$Q$）を計算し、これによる床根太の応力度が許容応力度を超えないことを確かめる（図3.1.16参照）。

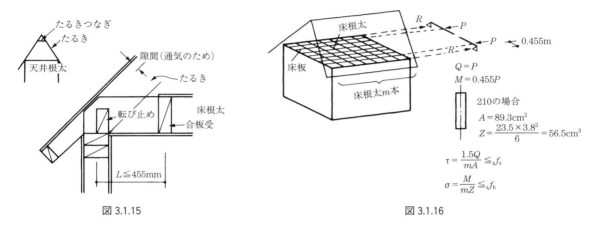

図3.1.15　　　　　　　　　図3.1.16

(3) 合板等によって継ぎ合わせされた転び止めを床根太間に敷き並べて、せん断力を耐力壁に伝達する（図3.1.17参照）。

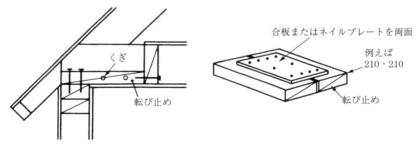

図3.1.17

### 4) 床ばり

床版に床ばりを用いる場合で、告示第4の「床版」の第一号から第七号の仕様規定を遵守しないものについては、鉛直力・水平力作用時に床版に発生する応力が長期もしくは短期許容応力度以内である確認をとらなくてはならない。

床ばりに鋼製ばりを用いる場合、鉛直荷重の負担においては、原則として単純ばりとして強度とたわみを検討するものとし、スパンを8m以下とする。以下に鋼製床ばりを使用する場合の注意点を述べる。

① はり端部において回転を起こしたときに、接合具付近で木部スタッドに引き裂きが生じないよう、図3.1.18に示すようなピン接合に近い接合（回転を拘束しないような接合）とする。

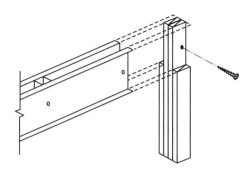

図 3.1.18　はり端部の納まり例

② はり端部に大きな荷重を受けるため，まぐさを受けない等の配慮をし，はりを受けるたて枠の断面とかかり代，及びたて枠相互のくぎ打ちを十分検討する（図 3.1.20 参照）。
③ 鋼製ばりに貫通口を設ける場合には「鋼構造設計規準－許容応力度設計法－」（一社）日本建築学会編（以下，鋼構造設計規準という）を参照するとともに，切断面の防錆処理を行い，電触にも配慮する。
④ 鋼構造設計規準により，構造的及び使用上の障害に対してたわみを通常 1/300 以下に抑える。平 12 建告第 1459 号は使用上の障害に対して，地震力を計算する場合の積載荷重によるたわみを 1/250 以下としており，1/300 以下として設計を行えば同時に告示も満たすことになる。

水平荷重も伝達する場合にはさらに以下の点にも注意する。

⑤ 上階のせん断力を下階に伝達できるよう，床版と上階耐力壁及び下階耐力壁との接合を検討する。
⑥ 床ばりを入れることにより水平構面が分断されないようにしなければならない。すなわち，面材に打たれたくぎのせん断抵抗によって，床構面内で水平力を伝達できる納まりとする（図 3.1.22 参照）。
⑦ 鋼製床ばりを使用する建物は，大空間をとっている場合が多いことが予想される。このような建物の場合，耐力壁の量が相対的に少なくなりがちであり，大変形時の安全性確保のため，建物全体の壁量に余裕をもたせることが望ましい。
⑧ 上階耐力壁からの短期軸力により鋼製床ばりに局部座屈が生じないよう，図 3.1.19 に示すように耐力壁端部直下にスチフナを設ける。
⑨ 大変形時にも建物の安全性を確保するため，鉛直力負担の大きい鋼製ばりが脱落しないような納まりとする（図 3.1.20 参照）。

図 3.1.19　スチフナの設置

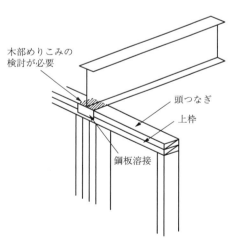

図 3.1.20　支持点の納まり例

具体的な納まりの例を図 3.1.21，図 3.1.22 に示す。

[鉛直荷重のみを負担する場合]

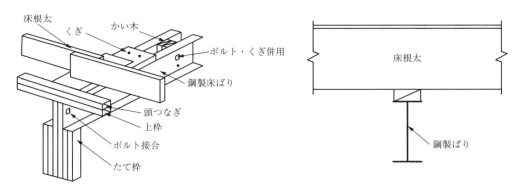

図 3.1.21 鉛直荷重のみを負担する鋼製床ばりの納まり

[水平荷重を伝達する場合]

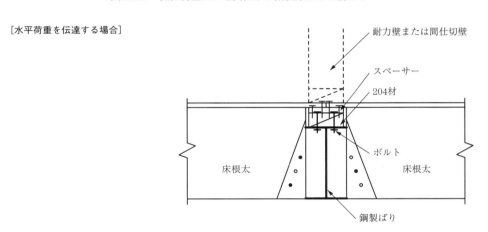

図 3.1.22 水平荷重を伝達する鋼製床ばりの納まり例

## 5） 水平ダイヤフラムとしての検討

床版は，水平力作用時に上階のせん断力を下階に伝達する役割をもっている。このため，床下張り材と床枠組との接合は，上下階の耐力壁のせん断力差により床版に発生するせん断力（図 3.1.23 参照）に対して十分な強度を持つように検討しなければならない。

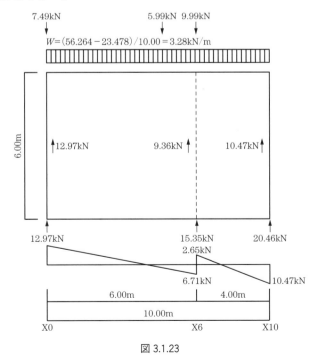

図 3.1.23

### （4） 小屋及び屋根の設計

小屋及び屋根の設計に当たっては長期，短期時（特に風圧時）の荷重に対して各構成部材に発生する応力が許容応力度以内であることを確認するとともに，最上階の水平構面として受ける水平力を両サイドの耐力壁線に安全に伝達できるように検討しなければならない。また，屋根面に開口部等が設けられている場合は，開口部の状況に応じて有効に補強を行わなくてはならない。これらに関する主な検討事項は，次の8点である。

1） 屋根下地材（野地合板）の強度とたわみ
2） たるきの強度とたわみ
3） 軒先とけらば部の風力係数について
4） たるき支持部の接合強度について
5） 屋根ばりの強度とたわみ
6） けらばの強度
7） 水平ダイヤフラムとしての検討
8） 屋根開口周りの検討

#### 1） 屋根下地材（野地板）の強度とたわみ

野地板は，構造用合板9mm（亜鉛鉄板または住宅屋根用化粧スレート葺きの場合），または12mm（J形瓦葺き）が一般的である。しかし，多雪区域では，たるき間隔によっては，これでは強度が不足する場合がある。

#### 2） たるきの強度とたわみ

たるきの応力とたわみは，おおよそ図3.1.24のようになる。設計に当たっては，たるきの曲げ，せん断及びたわみを許容値以内となるようにする。屋根の構造形式がたるき方式の場合，たるきは天井根太とともにトラスを形成する。この場合トラス材としてのたるきに生じる軸力が，たるきや接合部の設計に大きく影響することがある。

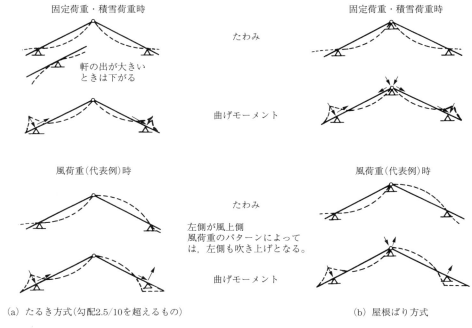

図3.1.24 たるきの応力とたるみ

〔応力算定表〕

従来のたるきの設計に用いられてきたスパン表は，軒先の影響やトラス的効果は無視されている。また固定荷重にも違いがあるので注意しなければならない。なお，寒冷地の建物の設計に必要と思われるつららや雪庇の荷重については何らの配慮もしていないので，注意されたい。

#### 3） 軒先とけらば部の風力係数について

① けらば部

けらばの部分は平12建告第1454号にしたがうと−1.0であるが，この場合妻面に当たる風が図3.1.25に示すようにまわりこむため，−1.0に加え壁面の$0.8Kz$を考慮する。

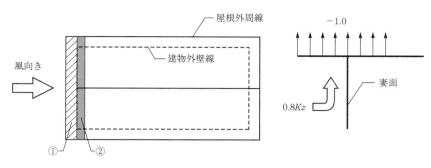

図 3.1.25　けらば部の風力係数

② 軒先部

軒の部分はけらばと同様な考え方で計算すると －1.5 を下回るが，安全側の数値として －1.5 とし，その他の部分は告示通りとする。

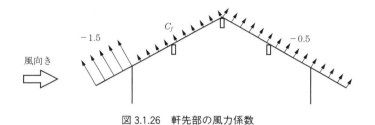

図 3.1.26　軒先部の風力係数

図 3.1.27　たるき支持部の接合

4） たるき支持部の接合強度について

支持部は上向きの風圧力と，前記トラスの軸力の伝達に対して安全であることを確認しなければならない。たるきと天井根太の接触面のめり込み強度，あおり止め金物，及び接合くぎのせん断強度の検討が必要である（図 3.1.27 参照）。

5） 屋根ばり，小屋ばりの強度とたわみ

屋根構造が屋根ばり形式の場合は，荷重は屋根頂部の棟にも伝達され屋根ばりで支持される。この屋根ばりは単純ばりとして，強度とたわみを検討しなければならない。屋根ばりのたわみはたるきのトラス効果を誘発し，軸力と支持部のスラストせん断力の増加を引き起こす。また，屋根構造が束立て形式の場合の小屋ばりも，単純ばりとして検討する。

はりに鋼製ばりを用いる場合，鉛直荷重のみを負担するものとし，スパンは 8 m 以下とする。

はり端部において回転を起こしたときに，接合具付近で木部スタッドに引き裂きが生じないよう，ピン接合に近い接合（回転を拘束しないような接合）とする等の注意が必要である。詳細は鋼製床ばりにおける注意点を参照されたい。

鋼製ばりの具体的な納まりの例を図 3.1.28，図 3.1.29 に示す。

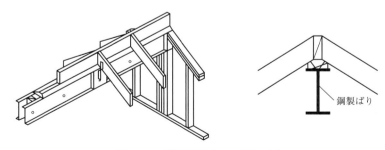

図 3.1.28　鋼製屋根ばりの納まり例

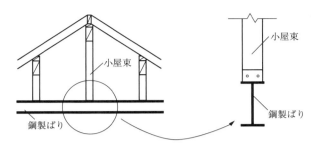

鋼製ばりと小屋束の緊結は金物を介して行う

図 3.1.29 小屋ばりとしての使用例

### 6) けらばの強度

けらばは上向きの大きな局部風圧を受ける。したがって，この部分は風圧力に対して入念に設計しなければならない（図 3.1.30 参照）。

### 7) 水平ダイヤフラムとしての検討

屋根部分は最上部の水平ダイヤフラムとして，この部分で受ける水平力を両サイドの耐力壁線に構造的に安全に伝達するように設計しなければならない。また，その際の面材と枠材の接合に関しては，その接合状況に応じた設計を行わなければならない。一般的には，面材に多数本のくぎ（少なくとも仕様規定で規定されているピッチ以下）が打たれていると判断できる場合は，表 3.1.2 に示すくぎの降伏せん断耐力を用いて設計を行う。

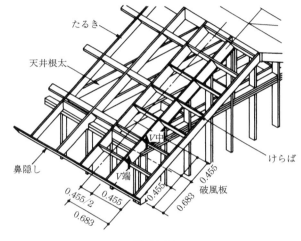

図 3.1.30

表 3.1.2 各種面材を側材とするくぎ接合部の 1 面降伏せん断耐力

| 面材の種類 | くぎの種類 | 面材の厚さ (mm) | 降伏せん断耐力 (N) | | | | | |
|---|---|---|---|---|---|---|---|---|
| | | | D Fir-L | Hem-Fir | S-P-F | JS I | JS II | JS III |
| 構造用合板<br>構造用パネル | BN50 | 9 | 490 | 480 | 470 | | | |
| | | 12 | 560 | 550 | 530 | | | |
| | | 15 | 630 | 610 | 590 | | | |
| | | 18 | 630 | 610 | 590 | | | |
| | BN65 | 9 | 620 | 610 | 590 | | | |
| | | 12 | 690 | 670 | 650 | | | |
| | | 15 | 770 | 750 | 730 | | | |
| | | 18 | 820 | 790 | 770 | | | |
| | CN50<br>CNZ50 | 9 | 620 | 610 | 590 | 590 | 570 | 600 |
| | | 12 | 690 | 670 | 650 | 660 | 630 | 660 |
| | | 15 | 770 | 750 | 730 | 740 | 710 | 750 |
| | | 18 | 820 | 790 | 770 | 780 | 740 | 780 |
| | CN65<br>CNZ65 | 9 | 760 | 740 | 720 | 730 | 690 | 730 |
| | | 12 | 830 | 810 | 790 | 800 | 760 | 800 |
| | | 15 | 920 | 900 | 880 | 890 | 850 | 890 |
| | | 18 | 1020 | 990 | 960 | 970 | 920 | 980 |
| せっこうボード | GNF40 | 12.5 | 200 | 200 | 200 | 200 | 190 | 200 |
| | | 15 | 210 | 200 | 200 | 200 | 200 | 200 |
| | GNF50 | 12.5 | 210 | 210 | 210 | 210 | 210 | 210 |
| | | 15 | 230 | 220 | 220 | 220 | 210 | 220 |
| 強化せっこうボード | GNF40 | 12.5 | 230 | 230 | 220 | 220 | 220 | 220 |
| | | 15 | 230 | 230 | 230 | 230 | 220 | 230 |
| | GNF50 | 12.5 | 250 | 250 | 240 | 240 | 240 | 240 |
| | | 15 | 250 | 250 | 250 | 250 | 240 | 250 |

## 8) 屋根開口周りの検討

屋根に開口を設ける場合は，図 3.1.31 に示す A，B，C，D 等の部材を開口の状況に応じて補強する必要がある。また，屋根の開口の幅が 3 m を超えた場合には，特に開口部周りのせん断力，あるいは軸力が構造上安全に伝達できるように，くぎ打ちの検討等を行わなければならない。以下に，これらの補強に関する構造計算の方法，及び屋根開口幅が 3 m を超えた場合の開口部周りのせん断力，軸力の検討の例を示す（**例-1** 参照）。

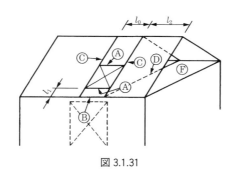

図 3.1.31

① 部　材Ⓐ（まぐさ，図 3.1.31 参照）

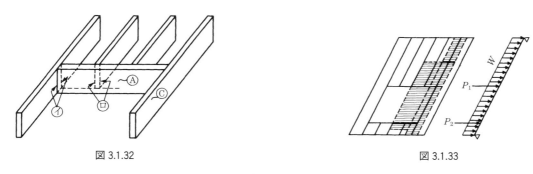

図 3.1.32　　　　　　　　　　　　　　　図 3.1.33

Ⓐの負担する荷重は，

イ）上方のたるきが負担する屋根自重，風圧力，積雪荷重
ロ）開口部の重量，風圧力，積雪荷重

である。これらに対して，Ⓐに生じる曲げモーメント，せん断力を計算して断面を設計する。開口幅 $l_0$ が大きいときは，410 などの寸法型式を採用する。

Ⓐの両端とそれを支えるたるきとの接合部㋑，及び上方のたるきとⒶとの接合部㋺には，大きなせん断力が作用するので，この部分にはかならずそれに見合う金物を使用する（**図 3.1.32** 参照）。

以上の計算は，下側まぐさⒶについても同様である。

② 部　材Ⓒ（たるき）

たるきⒸが負担する荷重は，一般部のたるきが負担する荷重 $w$ のほかに，開口部のまぐさⒶを通じて作用する集中荷重 $P_1$，$P_2$ がある。したがって，たるきⒸは，これらの荷重による曲げモーメントや，せん断力に対して安全なように断面を設計しなければならない（**図 3.1.33** 参照）。

なお，たるき方式の屋根架構においては，たるきⒸの負担する荷重の増加に応じて，天井根太等の部材Ⓓに生じる引張り力が増大するので，この引張り力に対して，ⒹとⒸの接合部，及びⒹの途中に設ける継ぎ手の安全性を検討しなければならない。

③ 屋根開口が屋根のけらばに接して設けられる場合

図 3.1.31 において $l_2 <$ 90 cm である場合は，部材Ⓒに妻面からの風圧力による応力が生じるので，これに対しても安全であるよう設計しなければならない。

④ 屋根開口が軒先に接して設けられた場合

図 3.1.31 において，$l_1 <$ 90 cm であって，かつ天井面Ⓕが吹き抜けになっている場合，屋根開口部下の外壁に作用する風圧を部材Ⓑがすべて負担することになる。このような場合，Ⓑには屋根開口部が負担する鉛直荷重による応力のほかに，外壁の負担する風圧力による応力が生じるので，これに対して安全なように，Ⓑの断面を設計する必要がある。

なお，このような屋根開口部下の外壁にも開口がある場合は，屋根面のせん断力伝達に伴って部材Ⓑに引張り力が生じることがあるので，このような場合には，部材Ⓑに継ぎ手等を設けないよう注意する。

⑤ 屋根開口部壁体の設計

屋根開口部の軒先側は水平力によって振られやすいので，適切に補強する。開口幅が大きい場合は，壁（図 3.1.34 参照）を設ける。

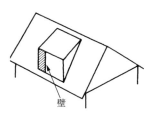

図 3.1.34

〔例-1〕3,000 mm×3,000 mm の開口部を有する屋根構面の検討

図 3.1.35 に示すような小屋裏利用 3 階建ての屋根面に 3 m×3 m の開口部を 2 個有するモデルを 2 通り想定し，安全性を確認する。

開口部周りの応力は，木質構造設計ノート（一社）日本建築学会にしたがい算定する。

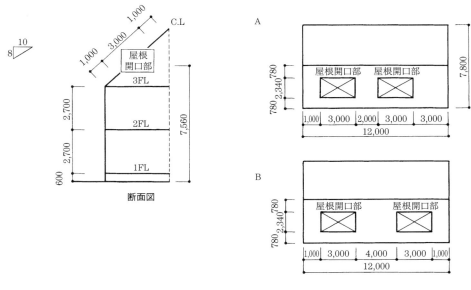

図 3.1.35

**開口部脇のたるきの検討（図 3.1.36 参照）**

〔S Ⅱ，S-P-F，甲種 2 級，206，@455〕 一般地，積雪 30 cm，3-206 とする。

$A = 159.6$ cm$^2$，$Z = 372.4$ cm$^3$，$I = 2,607$ cm$^4$，$f_s = 6$ kgf/cm$^2$

$_Lf_b = 1.1 \times Kz \times K_s \times F_b/3 = 1.1 \times 0.84 \times 1.15 \times 21.6/3 = 7.7$ N/mm$^2$

$_sf_b = 1.6 \times Kz \times K_s \times F_b/3 = 11.1$ N/mm$^2$

$E = 9,600$ N/mm$^2$

**たるきの曲げの検討（図 3.1.36 参照）**

固定荷重　勾配　8 寸

| | |
|---|---|
| 住宅屋根用化粧スレート | 260 |
| 屋根下地（構造用合板⑦9 mm | 80 |
| たるき（206 @455） | 100 |
| （くぎ受け材含む） | |
| 断熱材 | 10 |
| せっこうボード⑦12.5 | 120 |
| | 570 N/m$^2$（屋根面） |

$570 \times 1/\cos \theta = 730$ N/m$^2$（水平面）

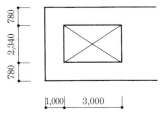

図 3.1.36

（1） 非積雪時

$W = 730 \times 0.455 = 332$ N/m $= 3.32$ N/cm

$P = 730 \times \left[ \dfrac{1}{4} \times 3.0 \times (2.34 + 0.78) \right] = 1,708$ N

$M_{max} = \dfrac{1}{8} \times 3.32 \times 390^2 + \left[ 1,708 \times \dfrac{390}{2} - 1,708 \times \left( \dfrac{390}{2} - 78 \right) \right] = 196,346$ N·cm

$Q_{max} = \dfrac{1}{2} \times 3.32 \times 390 + 1,708 = 2,355$ N

$\sigma_b = \dfrac{M_{max}}{Z} = \dfrac{196,346}{372.4} = 527$ N/cm$^2$ = 5.3 N/mm$^2$

∴ $_L f_b = 7.7 > 5.3$   O.K.

$\tau = \dfrac{1.5 \times 2,355}{159.6} = 22.1$ N/cm$^2$ = 0.2 N/mm$^2$ < $1.1 \times F_s/3 = 1.1 \times 1.8/3 = 0.7$ N/mm$^2$   O.K.

$\delta_{max} = \dfrac{5 \times 0.332 \times 3,900^4}{384 \times 9,600 \times 2,607 \times 10^4} + \dfrac{1,708 \times 780}{24 \times 9,600 \times 2,607 \times 10^4} (3 \times 3,900^2 - 4 \times 780^2) = 13.6$ mm $< \dfrac{l}{200} = 19.5$ mm   O.K

（2） 積雪時

$W = (730 + 20 \times 30) \times 0.455 = 605$ N/m $= 6.05$ N/cm

$P = 1,330 \times \left[ \dfrac{1}{4} \times 3.0 \times (2.34 + 0.78) \right] = 3,112$ N

∴ $M_{max} = \dfrac{1}{8} \times 6.05 \times 390^2 + \left[ 3,112 \times \dfrac{390}{2} - 3,112 \times \left( \dfrac{390}{2} - 78 \right) \right] = 357,762$ N·cm

$Q_{max} = \dfrac{1}{2} \times 6.05 \times 390 + 3,112 = 4,292$ N

$\sigma b = \dfrac{M_{max}}{Z} = \dfrac{357,762}{372.4} = 961$ N/cm$^2$ = 9.6 N/mm$^2$

∴ $_s f_b = 11.1 > 9.6$   O.K.

$\tau = \dfrac{1.5 \times 4,292}{159.6} = 40.3$ N/cm$^2$ = 0.4 N/mm$^2$ < $1.6 \times F_s/3 = 1.0$ N/mm$^2$   O.K.

＊ たわみに関しては，非積雪時のみの検討とする。

**設計風圧の算定（図 3.1.37 参照）**

建築平均高さ $H = 7,560$ mm（軒高と最高高さの平均）

粗度区分Ⅲ  $Z_b = 5.0$ m，$Z_G = 450$ m，$a = 0.20$

$H > Z_b$，$E_r = 1.7 \times \left( \dfrac{H}{Z_G} \right)^\alpha = 1.7 \times \left( \dfrac{7.560}{450} \right)^{0.2} = 0.751$

ガスト影響係数　粗度区分Ⅲ　$H < 10$ m → $G_f = 2.5$

$E = E_r^2 \times G_f = 0.751^2 \times 2.5 = 1.410$

基準風速 40 m/s

$q = 0.6 \times E \times V_0^2 = 0.6 \times 1.410 \times 40^2 = 1,354$ N/m$^2$

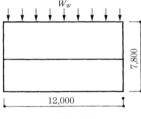

図 3.1.37

**風力係数の算定**

屋根　勾配 8 寸 $\theta = 38.66$ 度

風上側正の風力係数は，平 12 建告第 1454 号第 3 の表 3 に $\theta$ の数値 30 度と 45 度の係数を直線補間して算定する。

屋根勾配　30 度　0.2　45 度　0.4

風上面風力係数 $= \dfrac{0.4 - 0.2}{45 - 30} \times (38.66 - 30) + 0.2 = 0.315$

風下面風力係数 $= -0.5$

建物全体に対する屋根面風力係数 $= 0.315 + 0.5 = 0.815$

$W = 0.815 \times 1,354 \times (1.0 + 3.0 + 1.0) \times \sin \theta = 3,447$ N/m

A　パターンの検討（図 3.1.38 参照）

開口部周り応力算定………………応力の厳しい妻側の開口部において検討

各通りせん断力　$Q_x = \dfrac{W_w l}{2} - W_w x$　より

| 通り位置 | $W_w$ (N/m) | 距離 (m) | せん断力 (N) |
|---|---|---|---|
| Ⅰ | | 0 | 20,682 |
| Ⅱ | 3,447 | 1.0 | 17,235 |
| Ⅲ | | 4.0 | 6,894 |
| OP | | 2.5 | 12,065 |

OP：開口中心位置

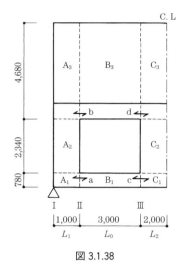

図 3.1.38

$\therefore d_1 = 4.68$ m　　$d_2 = 0.78$ m
　　$d_0 = 2.34$ m　　$d = 7.80$ m
　　$L_1 = 1.00$ m　　$L_2 = 1.00$ m
　　$L_0 = 3.00$ m　　$L_x = 5.00$ m

$\alpha = \dfrac{d_0}{d - d_0} = \dfrac{2.34}{7.80 - 2.34} = 0.43$

$\beta = \dfrac{L_0}{L_x - L_0} = \dfrac{3.00}{5.00 - 3.00} = 1.5$

〈$A_1$ 部分せん断力の算定〉

$Q_{A1} = \dfrac{Q_x - \alpha \beta Q_{op}}{d}$　より

Ⅰ通り側　$\dfrac{20,682 - 0.43 \times 1.5 \times 12,065}{7.80} = 1,654$ N/m

Ⅱ通り側　$\dfrac{17,235 - 0.43 \times 1.5 \times 12,065}{7.80} = 1,212$ N/m

〈$A_2$ 部分せん断力の算定〉

$Q_{A2} = \dfrac{Q_x + \beta Q_{op}}{d}$　より

Ⅰ通り側　$\dfrac{20,682 + 1.5 \times 12,065}{7.80} = 4,972$ N/m

Ⅱ通り側　$\dfrac{17,235 + 1.5 \times 12,065}{7.80} = 4,530$ N/m

〈$B_1$ 部分せん断力の算定〉

$Q_{B1} = \dfrac{Q_x}{d - d_0}$

Ⅱ通り側　$\dfrac{17,235}{7.80 - 2.34} = 3,157$ N/m

Ⅲ通り側　$\dfrac{6,894}{7.80 - 2.34} = 1,263$ N/m

〈$C_1$ 部分せん断力の算定〉

$Q_{C1} = \dfrac{Q_x - \alpha \beta Q_{op}}{d}$

Ⅲ通り側　$\dfrac{6,894 - 0.43 \times 1.5 \times 12,065}{7.80} = -114$ N/m

〈$C_2$ 部分せん断力の算定〉

$Q_{C2} = \dfrac{Q_x + \beta Q_{op}}{d}$

Ⅲ通り側　$\dfrac{6,894 + 1.5 \times 12,065}{7.80} = 3,204$ N/m

〈開口部周り軸力算定〉

a 点　$\alpha d_2 \dfrac{Q_{\text{Ⅱ}} + \beta Q_{op}}{d} = 0.43 \times 0.78 \times \dfrac{17,235 + 1.5 \times 12,065}{7.80} = 1,519$ N

b 点　$-\alpha d_1 \dfrac{Q_{\text{Ⅱ}} + \beta Q_{op}}{d} = -0.43 \times 4.68 \times \dfrac{17,235 + 1.5 \times 12,065}{7.80} = -9,116$ N

c 点　$-\alpha d_2 \dfrac{Q_{\text{Ⅲ}} + \beta Q_{op}}{d} = -0.43 \times 0.78 \times \dfrac{6,894 + 1.5 \times 12,065}{7.80} = -1,075$ N d 点　$\alpha d_1 \dfrac{Q_{III} + \beta Q_{op}}{d} = 0.43 \times 4.68 \times \dfrac{6,894 + 1.5 \times 12,065}{7.80} = 6,448\,\mathrm{N}$

〈野地坂くぎ打ちの検討〉

最大せん断力　$4,972\,\mathrm{N/m}$

告示規準によるくぎ打ち→CN 50　@150　構造用合板　⑦9 mm（針葉樹合板⑦9 mm　B2類）

1 m 当たりのせん断力　$\left(\dfrac{1,000}{150} + 1\right) \times 590 = 4,523\,\mathrm{N/m}$

開口脇のたるきは 206 を 3 丁合わせ

∴ $4,523 \times 3 > 4,972\,\mathrm{N/m}$　O.K.

〈軸力伝達の検討〉

開口部脇に発生する軸力は，野地合板をその部分でかけわたして施工し，軸力に抵抗させる。

最大軸力 = $9,116\,\mathrm{N}$

野地合板 = 構造用合板 2 級⑦　9 mm　$F_s = 2.4\,\mathrm{N/mm^2}$

∴ せん断耐力 = $2.4/3 \times 2.0 \times 1,000 \times 9 = 14,400\,\mathrm{N} > 9,116\,\mathrm{N}$　O.K.

**B パターンの検討（図 3.1.39 参照）**

〈開口部周り応力算定〉……………左右対称のため，左側の開口にて検討

〈$A_1$ 部分せん断力の算定〉

$Q_{A1} = \dfrac{Q_x - \alpha\beta Q_{op}}{d}$　より

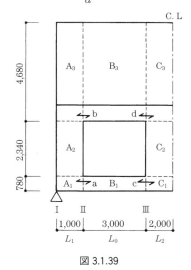

図 3.1.39

| 通り位置 | $W_W$ (N/m) | 距離 (m) | せん断力 (N) |
|---|---|---|---|
| Ⅰ | | 0 | 20,682 |
| Ⅱ | 3,447 | 1.0 | 17,235 |
| Ⅲ | | 4.0 | 6,894 |
| OP | | 2.5 | 12,065 |

OP：開口中心位置

各通りのせん断力　$Q_x = \dfrac{W_W l}{2} - W_W x$　より

∴ $d_1 = 4.68\,\mathrm{m}$　　$d_2 = 0.78\,\mathrm{m}$
　$d_0 = 2.34\,\mathrm{m}$　　$d = 7.80\,\mathrm{m}$
　$L_1 = 1.0\,\mathrm{m}$　　$L_2 = 2.0\,\mathrm{m}$
　$L_0 = 3.0\,\mathrm{m}$　　$L_z = 6.0\,\mathrm{m}$

$\alpha = \dfrac{d_0}{d - d_0} = 0.43$

$\beta = \dfrac{L_0}{L_z - L_0} = \dfrac{3.00}{6.00 - 3.00} = 1.0$

Ⅰ 通り側　$\dfrac{20,682 - 0.43 \times 1.0 \times 12,065}{7.8} = 1,986\,\mathrm{N/m}$

Ⅱ 通り側　$\dfrac{17,235 - 0.43 \times 1.0 \times 12,065}{7.8} = 1,544\,\mathrm{N/m}$

〈$A_2$ 部分せん断力の算定〉

$Q_{A2} = \dfrac{Q_x + \beta Q_{op}}{d}$　より

Ⅰ 通り側　$\dfrac{20,682 + 1.0 \times 12,065}{7.8} = 4,198\,\mathrm{N/m}$

Ⅱ 通り側　$\dfrac{17,235 + 1.0 \times 12,065}{7.8} = 3,756\,\mathrm{N/m}$

〈$B_1$ 部分せん断力の算定〉

$Q_{B1} = \dfrac{Q_x}{d - d_0}$　より

Ⅱ 通り側　$\dfrac{17,235}{7.8 - 2.34} = 3,157\,\mathrm{N/m}$

Ⅲ 通り側　$\dfrac{6,894}{7.8 - 2.34} = 1,263\,\mathrm{N/m}$

〈$C_1$ 部分せん断力の算定〉

$Q_{C1} = \dfrac{Q_x - \alpha\beta Q_{op}}{d}$　より

Ⅲ通り側  $\dfrac{6{,}894 - 0.43 \times 1.0 \times 12{,}065}{7.80} = 219$ N/m

〈$C_2$ 部分せん断力の算定〉

$$Q_{C2} = \dfrac{Q_x + \beta Q_{op}}{d}$$

Ⅲ通り側  $\dfrac{6{,}894 + 1.0 \times 12{,}065}{7.8} = 2{,}431$ N/m

〈開口部周り軸力算定〉

a 点  $\alpha d_2 \dfrac{Q_{\mathrm{II}} + \beta Q_{op}}{d} = 0.43 \times 0.78 \times \dfrac{17{,}235 + 1.0 \times 12{,}065}{7.80} = 1{,}260$ N

b 点  $-\alpha d_1 \dfrac{Q_{\mathrm{II}} + \beta Q_{op}}{d} = -0.43 \times 4.68 \times \dfrac{17{,}235 + 1.0 \times 12{,}065}{7.80} = -7{,}559$ N

c 点  $-\alpha d_2 \dfrac{Q_{\mathrm{III}} + \beta Q_{op}}{d} = -0.43 \times 0.78 \times \dfrac{6{,}894 + 1.0 \times 12{,}065}{7.80} = -815$ N

d 点  $\alpha d_1 \dfrac{Q_{\mathrm{III}} + \beta Q_{op}}{d} = 0.43 \times 4.68 \times \dfrac{6{,}894 + 1.0 \times 12{,}065}{7.80} = 4{,}891$ N

〈野地板くぎ打ちの検討〉

最大せん断力　　　　　　　4,198 N/m
告示規準によるくぎ打ち　　CN 50 @150　構造用合板 2 級⑦ 9 mm

∴ 1 m 当たりのせん断力  $\left(\dfrac{1{,}000}{150} + 1\right) \times 590 = 4{,}523$ N/m

開口脇のたるきは 206 を 3 丁合わせ

∴ $4{,}523 \times 3 > 4{,}198$ N/m　　O.K.

〈軸力伝達の検討〉

開口部脇に発生する軸力は野地合板をその部分でかけわたして施工し、軸力に抵抗させる

最大軸力 = 7,559 N

野地合板………構造用合板 2 級⑦　9 mm　　$F_s = 2.4$ N/mm$^2$

∴ せん断耐力 = $2.4/3 \times 2.0 \times 1{,}000 \times 9 = 14{,}400$ N $> 7{,}559$ N　　O.K.

## (5) 耐力壁

### 1) 必要壁量

必要壁量は，構造耐力上有効な壁のみに着目して算出する。有効な壁とは以下の条件を満たす壁である。

① 耐力壁線上の壁であること（両端規定，開口比，最大開口幅，耐力壁線間距離，耐力壁区間）。
② 脚長が 60 cm 以上ある無開口壁。
③ 告示に定められた面材（ボード），または筋かいが規定の仕様でくぎ打ちされていること。
④ 耐力壁の床版への接合が外力に対して安全であること。

### 2) 耐力壁の応力解析

① 外力状態の選択

地震時及び暴風時の必要壁量の一覧表より，地震力と風圧力のいずれの外力が架構に生じる応力に関して支配的であるかを判断する。

例えば，はり間方向について $L_{NE}$ と $L_{NW}$ を比較したとき，$L_{NE}$ のほうが大きければ，この方向については地震力が支配的であると判断し，けた方向に関して $L_{NE} < L_{NW}$ であれば，この方向については風圧力が支配的であると判断する。

② はり間方向，けた方向の耐力壁

おのおのについて，支配的な外力の作用下における架構の応力を求める。計算方法は③の例示による。

③ 計算方法

図 3.1.40 の架構について，暴風時の応力を計算する。

イ) 耐力壁面のおのおのについて，ラーメン置換した架構図を書く。
ロ) 各耐力壁の負担風圧力（$_wQ_{1A}$, $_wQ_{2A}$, $_wQ_{3A}$, ……）をラーメン図に記入する。
ハ) 各耐力壁について，柱頭と柱脚（耐力壁の上部と下部）の曲げモーメントを計算する。このとき，柱の反曲点高比 $y$（0.5 または別途の数値を仮定してもよい）とする。したがって，

$M_{1A上} = {_wQ_{1A}} \times h_1 \times (1 - y)$

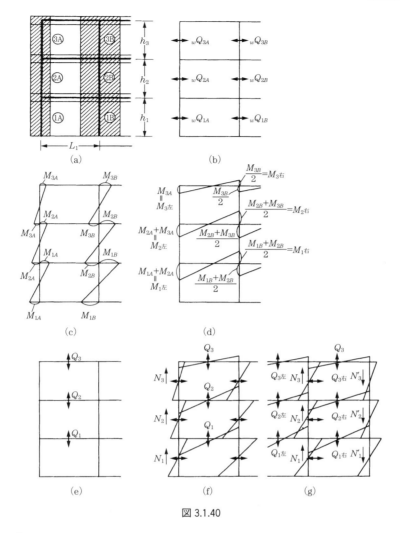

図 3.1.40

$$M_{1A下} = {}_wQ_{1A} \times h_1 \times y$$
$$M_{1B上} = {}_wQ_{1B} \times h_1 \times (1-y)$$
$$M_{1B下} = {}_wQ_{1B} \times h_1 \times y$$
$$M_{1C上} = {}_wQ_{1C} \times h_1 \times (1-y)$$
$$M_{1C下} = {}_wQ_{1C} \times h_1 \times y$$

のように，曲げモーメントを計算できる。

ニ) はりの曲げモーメントを計算する。はりの曲げモーメントは，柱とはりの節点に集まる柱の曲げモーメントの総和を，その節点につながるはりの本数で割ればよい。

ホ) はりのせん断力を計算する。はりのせん断力は，上で計算したはりの両端の曲げモーメントの和をはりの長さで割ればよい。すなわち，

$${}_BQ = \frac{M_{左} + M_{右}}{L}$$

例えば，${}_BQ_1, {}_BQ_2, {}_BQ_3$ は，次のように計算する。

$${}_BQ_1 = \frac{M_{1左} + M_{1右}}{L_1}$$

$${}_BQ_2 = \frac{M_{2左} + M_{2右}}{L_1}$$

$${}_BQ_3 = \frac{M_{3左} + M_{3右}}{L_1}$$

ヘ) 最終的に図中の $N_1, N_2, N_3$ は，左側の柱に作用する軸力（この場合は暴風時の引き抜き力）で，次の

ように計算する。

$$N_3 = {}_BQ_3$$
$$N_2 = N_3 + {}_BQ_2 \, (= {}_BQ_3 + {}_BQ_2)$$
$$N_1 = N_2 + {}_BQ_1 \, (= {}_BQ_3 + {}_BQ_2 + {}_BQ_1)$$

ト）図 3.1.40(g) の右側の柱の場合は，柱の軸力は暴風時の圧縮力となり，次のように計算する。

$$N_3' = Q_{3右}$$
$$N_2' = N_3' + Q_{2右}$$
$$N_1' = N_2' + Q_{1右}$$

チ）図 3.1.40(g) の左側の柱の軸力は，次のように計算する。

$$N_3 = Q_{3右} - Q_{3左}$$
$$N_2 = N_3 + Q_{2右} - Q_{2左}$$
$$N_1 = N_2 + Q_{1右} - Q_{1左}$$

計算の結果，$N_1$, $N_2$, $N_3$ が正のときは，引き抜き力であり，負のときは圧縮力である。

④ 架構の応力図

風圧力や地震力等が架構の右側または左側のどちらかから作用した場合について作るが，それと反対側から作用する場合があることを忘れてはならない。たとえば，左側から地震力が作用したとき，ある柱（耐力壁）に 20 kN の圧縮力が算出されたとすると，それと逆方向から地震力が作用した場合には，その柱には 20 kN の引き抜き力が作用することになることに注意しなければならない。

3）耐力壁脚部の検討

耐力壁脚部の圧縮，及び浮き上がり力の検討は次のように行う。

① 耐力壁に生じる応力は図 3.1.41 のようになる。図中 $N_L$ は長期荷重時に耐力壁が全体として負担する軸力であり，$N_S$ は耐力壁架構の応力解析で求める地震力，あるいは風圧力によって耐力壁に生じる引き抜き力または圧縮力である。また，$M_S$ はそのときの耐力壁上下端に生じる曲げモーメントである。

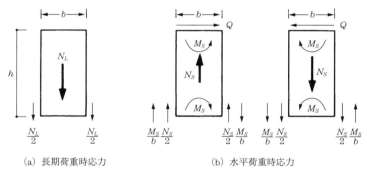

(a) 長期荷重時応力　　(b) 水平荷重時応力

図 3.1.41

② 耐力壁両端部の圧縮力，引張り力の計算

イ）水平荷重時により軸引張り力が生じる場合（図 3.1.41(b) 参照）

左端部　$N = \dfrac{N_L}{2} - \dfrac{M_S}{b} - \dfrac{N_S}{2}$

右端部　$N = \dfrac{N_L}{2} + \dfrac{M_S}{b} - \dfrac{N_S}{2}$

上記 $N$ が正であれば圧縮力であり，負であれば引き抜き力である。

ロ）水平荷重時に軸圧縮力が生じる場合（図 3.1.41(b) 参照）

左端部　$N = \dfrac{N_L}{2} + \dfrac{M_S}{b} + \dfrac{N_S}{2}$

右端部　$N = \dfrac{N_L}{2} - \dfrac{M_S}{b} + \dfrac{N_S}{2}$

上記 $N$ が正であれば圧縮力であり，負であれば引き抜き力である。

なお，上式中の $M_S$ の計算は次式によってよい。

$$M_S = Q \times h \times y$$

ここに，$Q$：耐力壁の負担せん断力
　　　　$h$：壁パネルの高さ
　　　　$y$：耐力壁の反曲点高さ比（0.5 としてよい）

引き抜き力が生じる場合は金物等で補強する必要がある。

### 4）開口部周りの面材

開口部周りにおける構造用合板等ボードの張り方は，図 3.1.42 のようにするのが望ましい。

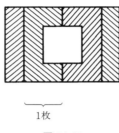

図 3.1.42

## （6）各部設計

### 1）たて枠

#### ① 軸力負担面積

たて枠の軸力は鉛直荷重時に耐力壁脚部に生じる圧縮力と，水平力作用時に耐力壁脚部に生じる引き抜き力を検討するために，2 種類の積載荷重，すなわち 1,300 N/m² の場合と 600 N/m² の場合を想定して計算する。

床及び屋根の自重と積載荷重は，以下のように耐力壁線に負担されると仮定する。

イ）根太またはたるきに平行する耐力壁線は，すぐ隣にある根太またはたるきまでの距離の 1/2 の距離の範囲内にある床，または屋根の重量及び同じ範囲内の積載荷重を負担する。

ロ）根太またはたるきが耐力壁線に直交する場合，その耐力壁線は根太またはたるきのスパンの中央までの距離（根太またはたるきが片持ちばりとして耐力壁線にかかっているときは，その先端までの距離）の範囲内にある床，または屋根の自重及び積載荷重を負担する（図 3.1.43 参照）。

#### ② 長期軸力

一般のたて枠の長期軸力は，次のように計算する。

　　　耐力壁が負担する重量　　　　　　　　　　　　$W$（N）
　　　耐力壁の負担長さ（耐力壁両端の開口の 1/2 を含む）　$L$（m）
　　　たて枠の間隔　　　　　　　　　　　　　　　　$a$（m）
　　　たて枠の負担する長期軸力　　　　　　　　　　$N_1$（N/本）

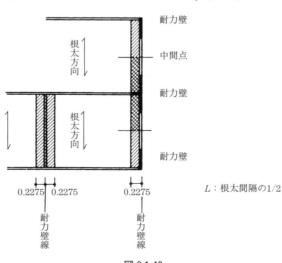

図 3.1.43

とすると，

$$N_1 = \frac{W}{\frac{L}{a}+1}$$

③ 断面算定

長期軸力に対して，次のように断面を設計する。耐力壁線の交差部（図 3.1.43 参照）や開口脇のように複数のたて枠が配置される部分では，それらを複合材として適切に設計する（図 3.1.44 参照）。

$$\frac{N}{A} \leq f_k$$

ここに，$f_k = \eta \cdot f_c$ （N/mm$^2$）
　　　　$N$：長期軸力（N）
　　　　$A$：たて枠の断面積（mm$^2$）
　　　　$\eta$：座屈低減係数
　　　　$f_c$：長期許容圧縮応力度（N/mm$^2$）
　　　　$f_k$：長期許容座屈応力度（N/mm$^2$）

座屈低減係数は，材の細長比 $\lambda$ に応じて次式から算出する。

$\lambda \leq 30$　　　　　$\eta = 1$
$30 < \lambda \leq 100$　　$\eta = 1.3 - 0.01\lambda$
$\lambda > 100$　　　　$\eta = \dfrac{3,000}{\lambda^2}$

$\lambda$ が 100 以上のときは，$_sf_k = \pi^2 E/\lambda^2$ としてもよい。

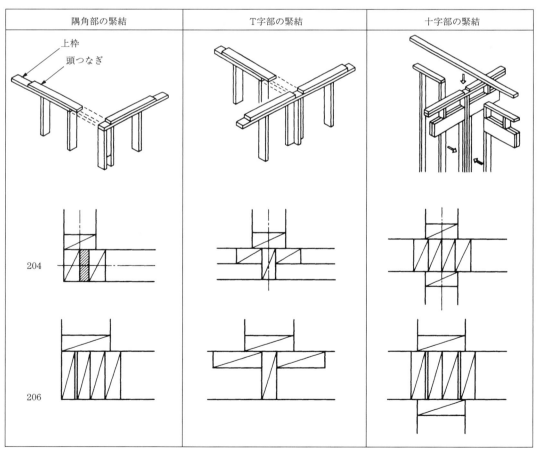

図 3.1.44

$_sf_k$：短期許容座屈応力度（N/mm²）
$E$：設計用弾性係数（N/mm²）

圧縮材の細長比 $\lambda$ は次式により算出する。ただし，細長比は150以下とする。

$$\lambda = \frac{l_k}{i}$$

$$i = \sqrt{\frac{I}{A}} \fallingdotseq \frac{h}{3.46} \cdots\cdots 長方形断面の場合$$

$$= \frac{D}{4.0} \cdots\cdots 円形断面の場合$$

ここに，$\lambda$：圧縮材の細長比
　　　　$l_k$：座屈長さ（mm）
　　　　$i$：座屈方向の断面2次半径（mm）
　　　　$I$：全断面積に対する座屈方向の断面2次モーメント（mm³）
　　　　$A$：たて枠の断面積（mm²）
　　　　$h$：長方形断面の座屈方向の材せい（mm）
　　　　$D$：円形断面の直径（mm）

④　短期軸力

水平力により耐力壁脚部に生じる反力と長期軸力との和（圧縮力）と差（浮き上がり力）を求める。

住宅の場合，圧縮力検討用の長期軸力は積載荷重を1,300 N/m²として求める。浮き上がりの検討用の長期軸力は，積載荷重を適切に低減（低減した値600 N/m²）して求める。また，暴風時に対しては外壁のたて枠について面外曲げ圧縮に対する安全性を検討する。その場合の長期軸力は，積載荷重を1,300 N/m²として求める。

イ）　圧縮力に関する計算

$$N_c = N + N_0$$

$$\sigma = \frac{N_C}{mA} \leqq {_sf_k} = \eta \cdot {_sf_c}$$

ここに，$N_c$：短期圧縮力（N）
　　　　$N$：長期軸力（積載荷重＝1,300 N/m²）
　　　　$N_0$：水平力により耐力壁脚部に生じる圧縮力（N）
　　　　$\sigma$：垂直応力度（N/mm²）
　　　　$\eta$：座屈低減係数
　　　　$A$：たて枠の断面積（mm²）
　　　　$m$：圧縮力を負担するたて枠及びまぐさ受けの本数
　　　　$_sf_k$：短期許容座屈応力度（N/mm²）
　　　　$_sf_c$：短期許容圧縮応力度（N/mm²）

ロ）　浮き上がり力に関する計算

$$N_t = N - N_0$$

$N_t \geqq 0 \rightarrow$ 浮き上がりが生じない。

$N_t < 0 \rightarrow$ 浮き上がりが生じるので，ディテールの検討をし，必要に応じて金物を設ける。

浮き上がり力が小さいときは図3.1.45(a)のように，構造用合板を土台または側（端）根太に被せてくぎ打ちすることもできる。ただしこの場合は，くぎの必要本数をせん断耐力計算により確認すること。浮き上がりが大きいときは，浮き上がり力以上の耐力のあるCマーク表示金物〔(財)日本住宅・木材技術センター〕または同等品を用いて緊結する。

耐力壁が根太に支えられている場合は，圧縮力及び浮き上がり力に対する根太の安全性を検討する。

ハ）　面外曲げ圧縮に関する計算

外壁のたて枠は，軸力以外に面外曲げを受ける。特に，開口部が0.91 mを超える開口に隣接するたて枠は，計算によって安全を確かめる必要がある。たて枠に作用する速度圧 $q$ は

$$q = 0.6 V_0^2$$

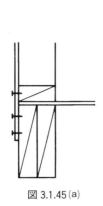
図 3.1.45(a)

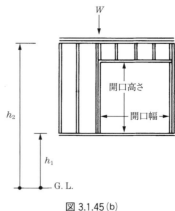
図 3.1.45(b)

風圧力は速度圧 $q$ に風力係数 $C_f$ を乗じることにより求められる。
この際の $C_f$ は以下の式で与えられるが，内圧を考慮する点，注意が必要である。

$$C_f = C_{pe} - C_{pi}$$

$C_{pe}$：外圧係数

$C_{pi}$：内圧係数（閉鎖型建築物の場合は 0 及び $-0.2$）

また速度圧を求めるときの各部高さ（当該高さ $Z$）は，以下の式により求めることができる（図 3.1.45(b)参照）。

$$\text{各部高さ} = \frac{h_1 + h_2}{2}$$

たて枠に作用する風圧力の範囲は図 3.1.46 の(c)のようになるが，簡単にするため図(a)または図(b)のような風圧を仮定してもよい。

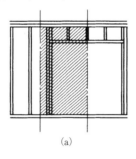
(a)

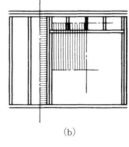
(b)

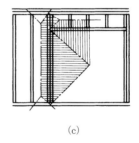
(c)

図 3.1.46

まぐさ受けとたて枠とが図 3.1.47 のくぎ打ちによって結合されれば，曲げモーメントに対して一体に働くとみなして計算してよい。この場合の計算は次のようにする。

$$\frac{1.5 Q_{\max}}{A} \leq 2 \times f_s$$

$$\frac{W_1}{mA \cdot {}_s f_k} + \frac{M_{\max}}{mZ \cdot {}_s f_b} \leq 1.0$$

ここに，$Q_{\max}$：設計用最大せん断力（N）

$M_{\max}$：設計用最大曲げモーメント（N·mm）

$m$：荷重を負担するたて枠及びまぐさ受けの本数

$W_1$：短期圧縮力（N）

$A$：たて枠 1 本の断面積（mm²）

$Z$：たて枠 1 本の断面係数（mm³）

${}_s f_k$：短期許容座屈応力度（N/mm²）

${}_s f_b$：短期許容曲げ応力度（N/mm²）

⑤ 通したて枠

イ) 接合（**図 3.1.47** 参照）

座屈長さが長くなるだけで，計算方法はすべて前記に同じである。

通常のたて枠は上（下）枠から CN 90 E にて接合する。

通したて枠は一般のたて枠に比較し，大きな風圧力による面外曲げを受けるため，特に開口部脇のたて枠は，計算により安全を確認する必要がある。

$$m \geqq \frac{Q}{2 \times \frac{2}{3} \times N}$$

ここに，$m$：必要本数（本）
　　　　$Q$：せん断力（N）
　　　　$N$：くぎの長期許容1面せん断耐力（N）

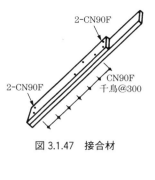

図 3.1.47　接合材

ロ) ブロッキング補強

水平構面である床版が外力を受けた場合，側（端）根太位置に軸力（引張り力，圧縮力）が発生するが，通したて枠のある部分には，側（端）根太が設けられないので，たて枠間にブロッキング材（**図 3.1.48** 参照）を設け，これと構造用合板によってこの部分の補強をする。

構造用合板が引張り力を，ブロッキング材が圧縮力を負担する。補強の計算に当たっては次式を満足させるほか，補強用合板の両端のくぎ接合耐力を検討する。

$$A_1 \times 2 \times {}_Lf_c > C$$
$$A_2 \times 2 \times {}_Lf_t > T$$

ここに，$A_1$：2つのブロッキング材の合計断面積（mm²）
　　　　$A_2$：構造用合板の断面積（mm²）
　　　　${}_Lf_c$：ブロッキング材の許容圧縮応力度（N/mm²）
　　　　${}_Lf_t$：構造用合板の許容引張り応力度（N/mm²）
　　　　$C$：圧縮力（N）
　　　　$T$：引張り力（N）

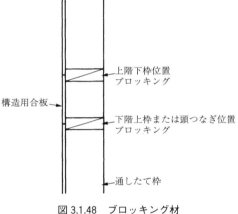

図 3.1.48　ブロッキング材

⑥ 隅角部

建物隅角部には，204 材の場合 3 本以上，204 より大きい断面の場合でも 2 本以上のたて枠を配置する。また，3 階建ての 1 階のこの部分に引き寄せ（ホールダウン）金物を必要なときは設けることになっている（**図 3.1.49** 参照）。

引き寄せ金物の耐力を $F$，$x$ 方向の水平力による浮き上がり力（鉛直力を差し引いた値）を $N_x$，$y$ 方向の水平力による浮き上がり力（鉛直力を差し引いた値）を $N_y$ とするとき，以下のようにこの部分を補強する。

イ) $F \geqq N_x$ または $N_y$ のいずれか大きいほうの値。

ロ) 引き寄せ金物の取り付けは，$x$ 方向または $y$ 方向のいずれか金物の取り付けやすい側に付ける。帯金物は両側につけてもよい。

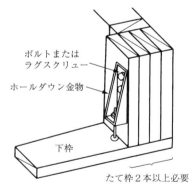

図 3.1.49

引き寄せ金物を取り付けるためのラグスクリューやボルトは，少なくとも 2 本以上のたて枠に打ち込む。

ハ) 隅角部に構造用合板が張られない場合は，$x$ 方向と $y$ 方向のたて枠をくぎ（CN 90 F）で緊結する。その場合に必要な CN 90 F の本数 $m$ は，

$$m \geqq \frac{N_x \text{ または } N_y \text{ のいずれか大きいほうの値}}{2 \times N}$$

　　　$N$：CN 90 の長期許容1面せん断耐力

必要本数 $m$ は，壁パネル高さにたて枠が割れないよう適切な間隔で配置し，少なくとも CN 90 F　@300 以下とする。

$m$ が大きすぎて十分なくぎ間隔が保持できない場合は，$x$，$y$ それぞれの方向の構面ごとに $N_x$，$N_y$ 以上の耐

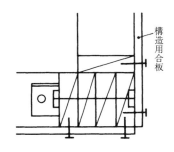 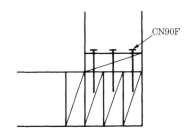

図 3.1.50

力のある金物を取り付ける。

ニ) ある方向の水平力によって隅角部に浮き上がりが生じる場合，隅角部から外力と直交する方向に 1 m 内外離れた所に取り付けられた金物は，それが耐力壁によって隅角部と一体に結合されている限り，隅角部の浮き上がり防止に有効な金物とみなすことができる。

3) まぐさ

3 階部分には大きい風圧力が作用するので，幅の広い開口部においては，まぐさおよび周辺各部の安全を確かめる。

① 鉛直力による曲げ（長期）

$$\frac{1.5\,Q_x}{A} \leqq {}_L f_s$$

$$\frac{M_x}{Z_x} \leqq {}_L f_b$$

$$\frac{5\,wl^4}{384\,EI_x} \leqq \frac{l}{300} \text{ かつ } 1\,\text{cm 以下}$$

② 風圧力による弱軸曲げ（短期）

$$\frac{1.5\,Q_y}{A} \leqq 2 \times {}_L f_s$$

$$\frac{M_y}{Z_y} \leqq 2 \times {}_L f_b$$

$$\frac{5\,wl^4}{384\,EI_y} \leqq \frac{l}{150} \text{ かつ } 2\,\text{cm 以下}$$

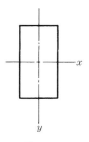

図 3.1.51

また，複合応力を受ける場合

$$\frac{M_x}{Z_x} + \frac{M_y}{Z_y} \leqq {}_s f_b$$

③ 端部接合

鉛直力によるまぐさ端部のせん断力はまぐさ受けが負担し，風圧力によるまぐさ端部の弱軸せん断力はたて枠とまぐさとのくぎ接合が負担する。

風圧に対するくぎの必要本数 $m$ は

$$m \geqq \frac{Q}{2 \times \frac{2}{3} \times N}$$

$N$：くぎの長期許容せん断力

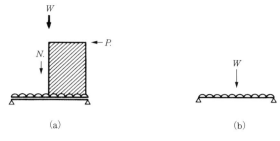

図 3.1.52

④　まぐさ検討

次のような場合はまぐさを検討する。

イ）　上階の耐力壁がまぐさの途中に載る場合（**図 3.1.52**(a)参照）。

ロ）　床ばり等からの荷重が，まぐさに集中する場合（**図 3.1.52**(b)参照）。

4）　両面開口の計算

両面開口の開口幅が大きくなると隅柱に大きな圧縮力がかかるため，隅柱にかかる応力を算出し安全性を検討する。

①　鉛直力による曲げ（長期）

$$\frac{N}{A} \leq f_k \tag{3.1.18}$$

ここに，$f_k : \eta \times f_c$ (3.1.19)

　　　　$N$：長期軸力

　　　　$A$：断面積

　　　　$\eta$：座屈低減係数　　$\lambda \leq 30$　　のとき　$\eta = 1$

　　　　　　　　　　　　　　$30 < \lambda \leq 100$　のとき　$\eta = 1.3 - 0.01\lambda$

　　　　　　　　　　　　　　$\lambda > 100$　　のとき　$\eta = 3{,}000/\lambda^2$

　　　　$f_C$：長期設計許容圧縮応力度（N/mm²）

$$i = \frac{h}{3.46}（長方形断面の場合），\lambda = \frac{l_k}{i}$$

（3.1.18），（3.1.19）式より

$$\frac{N}{A \times \eta} \leq f_c$$

②　風圧力による曲げ（短期）

風圧力による面外曲げ圧縮を検討する。

$$\frac{1.5 \times Q}{A} \leq 2 \times {}_L f_S$$

複合応力を受ける場合

$$\frac{N}{A \times {}_S f_k} + \frac{M_{\max}}{Z \times {}_S f_b} \leq 1.0$$

## ③ 両面開口の計算例

建物概要等は,「事例2 枠組壁工法3階建て構造計算例」を参照に,2階建てに変更して計算する。

### (1) 建物概要
検討プラン参照。

### (2) 設計荷重
・固定荷重,積雪荷重は事例2参照。

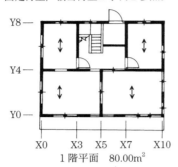
1階平面 80.00m²

2階平面 80.00m²

・風圧力

風荷重算定一般式　　$q = 0.6 \cdot E \cdot V_0^2$

　$q$：速度圧 (N/m²)

$V_0$：基準風速 (36 m/s)

$E = Er^2 \cdot G_f$　　$Er = 1.7 \times [H/Z_G]^\alpha$

$G_f$：構造骨組用ガスト影響係数

　$H$：建築物の高さと軒の高さとの平均 (m)

$Z_G$ 及び $\alpha$：地表面粗度区分に応じて与えられる数値

地表面粗度区分　Ⅲ地域

| $Z_b$ (m) | 5 |
| --- | --- |
| $Z_G$ (m) | 450 |
| $\alpha$ | 0.20 |

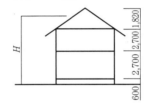

$H = (10.52 - 8.70)/2 + 8.70 = 6.91$ m

$H \leq 10.0$ m にてガスト影響係数　$G_f = 2.5$

$H \geq Z_b$ にて　$Er = 1.7 \times [H/Z_G]^\alpha$

$Er = 1.7 \times (6.91/450)^{0.20} = 0.737$

$E = 0.737^2 \times 2.5 = 1.359$

$q = 0.6 \times 1.359 \times 36^2 = 1{,}057$ N/m²

風力係数

壁面に対する風力係数　　風上側　$0.8\,Kz$

　　　　　　　　　　　　　風下側　$-0.4$

屋根面に対する風力係数　屋根勾配　5寸（$\theta = 26.6$ 度）

| 勾　配 | 風　上　面 | | 風下面 |
| --- | --- | --- | --- |
| | 正の係数 | 負の係数 | |
| 10度以下 | 0 | $-1.0$ | $-0.5$ |
| 30度 | 0.2 | $-0.3$ | |

直線補間を行い屋根面の風力係数の算定を行う。

風上面　正の係数
$0.20/(30-10) \times (26.6-10) = 0.17$

　　　　負の係数
$-1.0 + (1.0-0.3)/(30-10) \times (26.6-10) = -0.42$

$kz$ の値

| $Z \leq Z_b$ | $Z_b < Z$ |
| --- | --- |
| $(Z_b/H)^{2\alpha}$ | $(Z/H)^{2\alpha}$ |

$Z$：当該高さ (m)

各階風圧力の算定（風力係数を考慮）

| 階 | 壁高さ | $q$(N·m²) | $Z_b$ | $\alpha$ | $H$(m) | $kz$ | 風力係数 | 風荷重（N/m²） |
|---|---|---|---|---|---|---|---|---|
| 屋根（Y方向） | 6.91 | 1,057 | 5 | 0.20 | 6.91 | 0.67 | | 704 |
| （X方向） | | | | | | 1 | 1.20 | 1,268 |
| 2階外壁 | 4.65 | 1,057 | 5 | 0.20 | 6.91 | 0.879 | 1.10 | 1,166 |
| 1階外壁 | 1.95 | 1,057 | 5 | 0.20 | 6.91 | 0.879 | 1.10 | 1,166 |

風圧力の計算

| 方向 | 階 | 風荷重（N/m²） | 面積（m²） | $Q_w$(kN) | $_iQ_w$(kN) | $\Sigma Q_w$(kN) |
|---|---|---|---|---|---|---|
| Y方向 | 2 | 704 | $(9.10+2\times0.45)\times1.82=18.20$ | 12.81 | 27.14 | 27.14 |
| | | 1,166 | $9.10\times1.35\ =12.29$ | 14.33 | | |
| | 1 | 1,166 | 〃　　　　　$=12.29$ | 14.33 | 28.66 | 55.80 |
| | | 1,166 | 〃　　　　　$=12.29$ | 14.33 | | |
| X方向 | 2 | 1,268 | $7.28\times1.82\times1/2\ =6.63$ | 8.41 | 19.87 | 19.87 |
| | | 1,166 | $7.28\times1.35\ =9.83$ | 11.46 | | |
| | 1 | 1,166 | 〃　　　　　$=9.83$ | 11.46 | 22.92 | 42.79 |
| | | 1,166 | 〃　　　　　$=9.83$ | 11.46 | | |

・地震力

1) 各階重量の計算

| 階 | 部位 | $W$ ($D+L$) (kN/m²) | 長さまたは面積 (m), (m²) | $H$ (m) | 下 $H/2$ (kN) | $W_i$ または 上 $H/2$ (kN) | $\Sigma W_i$ (kN) |
|---|---|---|---|---|---|---|---|
| RF | 屋根 | 0.72 | $(9.1+0.91)\times(7.28+0.91)$ | | | 59.0 | |
| | 外壁（矢切） | 0.53 | $7.28\times2\times1/2$ | 1.82 | | 7.0 | |
| | 外壁 | 0.53 | $(9.1+7.28)\times2$ | 2.70 | 23.4 | 23.4 | |
| | 外部建具 | 0.40 | 外壁とみなす | | | | |
| | 間仕切り壁 | 0.34 | $9.1+3.64\times3$ | 2.42 | 8.2 | 8.2 | |
| | 内部建具 | 0.2 | 内壁とみなす | | | | |
| | | | | | 31.7 | 97.7 | 97.7 |
| 2F | 床 | 0.64+0.6 | $9.1\times7.28-1.82\times2.275$ | | | 31.7 77.0 | |
| | バルコニー | 0.64+0.6 | $7.28\times0.91$ | | | 8.2 | |
| | 〃 手すり | 0.53 | $7.28+0.91\times2$ | 1.30 | | 4.8 | |
| | 外壁 | 0.53 | $(9.1+7.28)\times2$ | 2.70 | 23.4 | 23.4 | |
| | 外部建具 | 0.40 | 外壁とみなす | | | | |
| | 間仕切り壁 | 0.34 | $9.1+3.64\times3$ | 2.42 | 8.2 | 8.2 | |
| | 内部建具 | 0.2 | 内壁とみなす | | | | |
| | | | | | 31.7 | 153.4 | 251.1 |

2) 地震力の計算

$C_i = Z \times R_t \times A_i \times C_o$　　　$Z=1.0,\ R_t=1.0,\ C_o=0.2$

$T = 0.03h = 0.03 \times (6.0 + 1.82 \times 1/2) = 0.21$ 秒

$$A_i = 1 + \left(\frac{1}{\sqrt{\alpha_i}} - \alpha_i\right)\frac{2T}{1+3T}$$

| 階 | $W_i$ | $\Sigma W_i$ | $\alpha_i$ | $A_i$ | $C_o$ | $C_i$ | $Q_E$(kN) |
|---|---|---|---|---|---|---|---|
| 2 | 97.7 | 97.7 | 0.389 | 1.313 | 0.2 | 0.263 | 25.66 |
| 1 | 153.4 | 251.1 | 1.000 | 1.000 | 0.2 | 0.200 | 50.23 |

**（3）材料の基準許容応力度等**

　耐力壁の壁倍率については，外壁構造用合板仕様は，構造用合板2級厚さ9mmとして壁倍率3，内部せっこうボード仕様は構造用せっこうボードB種厚さ12.5mmとして壁倍率1.5で算定した。

(4) 必要壁量及び分担水平力

1) Y方向（X通り）

| 階 | 地震時 $Q_E$ | 地震時 $L_{NE}$ | 暴風時 $Q_W$ | 暴風時 $L_{NW}$ | $L_D$ | $L_{NE}/L_D$ | $L_{NW}/L_D$ |
|---|---|---|---|---|---|---|---|
| 2 | 25.66 | 13.09 (7.28) | 27.14 | 13.85 (15.25) | 51.87 | 0.25 | 0.27 |
| 1 | 50.23 | 25.63 (19.21) | 55.80 | 28.47 (27.54) | 50.23 | 0.51 | 0.57 |
| 単位 | kN | m | kN | m | m | | |

（　）内は，告示で要求される必要壁量

2) X方向（Y通り）

| 階 | 地震時 $Q_E$ | 地震時 $L_{NE}$ | 暴風時 $Q_W$ | 暴風時 $L_{NW}$ | $L_D$ | $L_{NE}/L_D$ | $L_{NW}/L_D$ |
|---|---|---|---|---|---|---|---|
| 2 | 25.66 | 13.09 (7.28) | 19.87 | 10.14 (9.12) | 55.97 | 0.23 | 0.18 |
| 1 | 50.23 | 25.63 (19.21) | 42.79 | 21.83 (18.95) | 55.97 | 0.46 | 0.39 |
| 単位 | kN | m | kN | m | m | | |

（　）内は，告示で要求される必要壁量

3) 分担水平力

2階

| | 壁倍率 | 壁長 (P) | 有効壁長 (m) | 分担水平力 (kN) 地震力 | 分担水平力 (kN) 風圧力 |
|---|---|---|---|---|---|
| X0 | 4.5 | 4 | 16.38 | 8.10 | 8.57 |
| X3 | 3.0 | 3 | 8.19 | 4.05 | 4.29 |
| X5 | 3.0 | 2 | 5.46 | 2.70 | 2.86 |
| X7 | 3.0 | 2 | 5.46 | 2.70 | 2.86 |
| X10 | 4.5 | 4 | 16.38 | 8.10 | 8.57 |
| 計 | | | 51.87 | 25.65 | 27.15 |

| | 壁倍率 | 壁長 (P) | 有効壁長 (m) | 分担水平力 (kN) 地震力 | 分担水平力 (kN) 風圧力 |
|---|---|---|---|---|---|
| Y0 | 4.5 | 4 | 16.38 | 7.51 | 5.82 |
| Y4 | 3.0 | 7 | 19.11 | 8.76 | 6.78 |
| Y8 | 4.5 | 5 | 20.48 | 9.39 | 7.27 |
| 計 | | | 55.97 | 25.66 | 19.87 |

1階

| | 壁倍率 | 壁長 (P) | 有効壁長 (m) | 分担水平力 (kN) 地震力 | 分担水平力 (kN) 風圧力 |
|---|---|---|---|---|---|
| X0 | 4.5 | 4 | 16.38 | 15.86 | 17.62 |
| X3 | 3.0 | 3 | 8.19 | 7.93 | 8.81 |
| X5 | 3.0 | 2 | 5.46 | 5.29 | 5.87 |
| X7 | 3.0 | 2 | 5.46 | 5.29 | 5.87 |
| X10 | 4.5 | 4 | 16.38 | 15.86 | 17.62 |
| 計 | | | 51.87 | 50.23 | 55.80 |

| | 壁倍率 | 壁長 (P) | 有効壁長 (m) | 分担水平力 (kN) 地震力 | 分担水平力 (kN) 風圧力 |
|---|---|---|---|---|---|
| Y0 | 4.5 | 4 | 16.38 | 14.70 | 12.52 |
| Y4 | 3.0 | 7 | 19.11 | 17.15 | 14.61 |
| Y8 | 4.5 | 5 | 20.48 | 18.38 | 15.66 |
| 計 | | | 55.97 | 50.23 | 42.79 |

（5） 暴風時，地震時外周壁応力計算

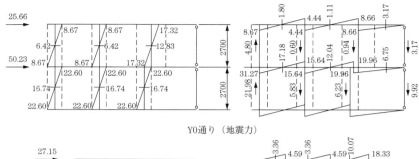

Y0通り（地震力）

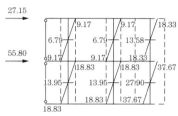 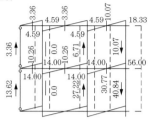

X10通り（地震力）

（6） Y0―X10柱軸力分担図

2階部分軸力図省略

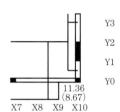

1階軸力図

（7） 短期荷重

（単位：kN）

| 階 | 通り | Y0 | | X10 | |
|---|---|---|---|---|---|
| | 耐力壁脚部検討部位 | X10 | | Y0 | |
| | 加力方向 | R | L | R | L |
| 1 | $M_s/L$ | — | — | — | — |
| | $N_s$ | 9.92 | −9.92 | −13.62 | 13.62 |
| | $\Sigma N_s$ | 9.92 | −9.92 | −13.62 | 13.62 |
| | $NL_t$ | 8.67 | | 8.67 | |
| | $\Sigma NL_t$ | 18.59 | −12.5 | −4.95 | 22.29 |
| | $NL_c$ | 11.36 | | 11.36 | |
| | $\Sigma NL_c$ | 21.28 | — | — | 24.98 |

（8） 両面開口端角部柱のチェック

1） 圧縮

長期軸力 $N = 11.36$ kN 短期 $N = 24.98$ kN

断面 404 89 mm × 89 mm $A = 79.21$ cm$^2$, $Z = 117.5$ cm$^3$, $I = 522.9$ cm$^4$, $i = \sqrt{\dfrac{522.9}{79.21}} = 2.57$ cm

基準材料強度 S.P.F 甲種2級 $F_c = 17.4$ N/mm$^2$, $F_b = 21.6$ N/mm$^2$, $F_s = 1.8$ N/mm$^2$

$L = 2,450 − 38 × 3 = 2,336$ mm $\lambda = 233.6/2.57 = 90.9$

$\eta = 1.3 − 0.01 × 90.9 = 0.39$

長期圧縮応力度 $= \dfrac{11.36 × 10^3}{79.21 × 10^2} = 1.43$ N/mm$^2$ ＜ $1.10 × 0.39 × 17.4/3 = 2.49$ N/mm$^2$ O.K.

短期圧縮応力度 $= \dfrac{24.98 × 10^3}{79.21 × 10^2} = 3.15$ N/mm$^2$ ＜ $2.00 × 0.39 × 17.4/3 = 4.52$ N/mm$^2$ O.K.

下枠めり込みの検討（下枠 S.P.F 甲種2級 $F_{cv} = 6.0$ N/mm$^2$）

長期応力度 $= 1.43$ N/mm$^2$ ＜ $1.10 × 6.0/3 × 1.5 = 3.30$ N/mm$^2$ O.K.

短期応力度 $= 3.15$ N/mm$^2$ ＜ $2.00 × 6.0/3 × 1.5 = 6.0$ N/mm$^2$ O.K.

2） 面外曲げ

設計風圧 $q = 1,057$ N/m$^2$ 1階 $Kz = 0.879$

風力係数 外圧 $C_{pc} = 0.8 Kz = 0.8 × 0.879 = 0.70$ 内圧 $C_{pi} = −0.2$

外壁に作用する風力係数　$C_p = C_{pc} - C_{pi} = 0.7 - (-0.2) = 0.90$

$W = 0.90 \times 1,057 \times 2.73/2 = 1,299 \text{ N/m}$

$M = \dfrac{1,299 \times 2.336^2}{8} = 886.06 \text{ N·m}$

$Q = \dfrac{1,299 \times 2.336}{2} = 1,517 \text{ N}$

$\tau = \dfrac{1.5 \times 1,517}{79.21 \times 10^2} = 0.3 \text{ N/mm}^2 \quad < \quad 2.0 \times 1.8/3 = 1.2 \text{ N/mm}^2 \quad \text{O.K.}$

短期許容圧縮応力度 $= 2.00 \times 0.39 \times 17.4/3 = 4.52 \text{ N/mm}^2$

短期許容曲げ応力度 $= 2.00 \times 21.6/3 = 14.40 \text{ N/mm}^2$

$\dfrac{\sigma c}{{}_s f_c} + \dfrac{\sigma b}{{}_s f_b} = \dfrac{11.36 \times 10^3}{79.21 \times 10^2 \times 4.52} + \dfrac{886.06 \times 10^3}{117.5 \times 10^3 \times 14.40} = 0.32 + 0.52 = 0.84 < 1.0 \quad \text{O.K.}$

### （7）　根太等の横架材

根太等の横架材は，構造計算により安全を確かめる。条件により単純支持形態の床ばり，床根太については，平12建告第1459号についても確認する。この場合に限り，変形増大係数＝2.0，たわみ≦$L/250$とする。

#### 1）　一般の根太等

鉛直力による曲げ，せん断，たわみについて検討する。

曲げ検討に用いるシステム係数（$K_s$）は根太等間隔や，床下張り材の仕様等の条件により値が異なるので注意する。

$$\dfrac{M}{Z} \leqq \dfrac{1.1}{3} \times Kz \times K_s \times F_b$$

$$\dfrac{1.5Q}{A} \leqq \dfrac{1.1}{3} \times Kz \times F_s$$

たわみ　≦$l/300$　かつ2cm以内

ここに，

$M$：曲げモーメント（N·mm）　　$Kz$：寸法効果係数
$Q$：せん断力（N）　　　　　　　$K_s$：システム係数　　　　　　　　（第3章参照）
$Z$：断面係数（mm³）　　　　　　$F_b$：材料の曲げ基準材料強度（N/mm²）
$A$：断面積（mm²）　　　　　　　$F_s$：材料のせん断基準材料強度（N/mm²）

#### 2）　根太等に切り欠きがある場合

材料に切り欠きを行う場合は，切り欠きの位置を根太等の支点からスパンの1/3以内とし，断面欠損による耐力低下を考慮して計算する。

材の下部（引張り側）に欠き込みをする場合には，単に断面欠損によって強度が低下するばかりではなく，引き裂き等によりさらに強度が低下するので十分注意を払う必要がある。

#### 3）　計算例

図3.1.53のような2階床根太について計算例を次に示す。

床根太　S-P-F甲種2級210間隔＠455（床下張り：構造用合板板厚15）

$\dfrac{1.1}{3} \times Kz \times K_s \times F_b = \dfrac{1.1}{3} \times 0.68 \times 1.25 \times 21.6 = 6.73 \text{ N/mm}^2$

$\dfrac{1.1}{3} \times Kz \times F_s = \dfrac{1.1}{3} \times 1.0 \times 1.8 = 0.66 \text{ N/mm}^2$

$A = 8.93 \times 10^3 \text{ mm}^2$, $Z = 3.497 \times 10^5 \text{ mm}^3$, $I = 4.11 \times 10^7 \text{ mm}^4$, $E = 9,600 \text{ N/mm}^2$

$W = (700 + 1,800) \times 0.455 = 1,137.5 \text{ N/m} = 1.14 \text{ kN/m}$

$M = \dfrac{1.14 \times 3.64^2}{8} = 1.889 \text{ kN·m}$

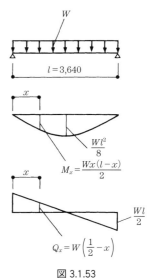

図3.1.53

$$Q = \frac{1.14 \times 3.64}{2} = 2.075 \text{ kN}$$

●通常の場合の $\sigma$, $\tau$, $\delta$ の算定（切り欠きが無い場合）

$$\sigma = \frac{1.889 \times 10^6}{3.497 \times 10^5} = 5.40 \text{ N/mm}^2 \quad < \quad 6.73 \text{ N/mm}^2 \quad \text{O.K.}$$

$$\tau = \frac{1.5 \times 2.075 \times 10^3}{8.93 \times 10^3} = 0.349 \text{ N/mm}^2 \quad < \quad 0.66 \text{ N/mm}^2 \quad \text{O.K.}$$

$$\delta = \frac{5 \times 1.14 \times 3.64^4 \times 10^{12}}{384 \times 9{,}600 \times 4.11 \times 10^7} = 6.6 \text{ mm} = \frac{l}{551} \quad < \quad l/300 \text{ かつ 2 cm 以内} \quad \text{O.K.}$$

●根太支点付近の上端に切り欠きがある場合（図 3.1.54 参照）

端部は曲げモーメントがかからないので，せん断について検討する。

$A_e = A_0 = 38 \times 157 = 5{,}966 \text{ mm}^2$

$Q = 2.075 \text{ kN}$

$$\tau = \frac{1.5 \times 2075}{5{,}966} = 0.52 \text{ N/mm}^2 \quad < \quad 0.66 \text{ N/mm}^2 \quad \text{O.K.}$$

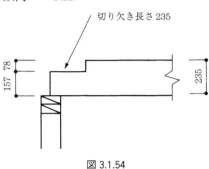

図 3.1.54

●根太中間部の下端に切り欠きがある場合（図 3.1.55 参照）

$$Z_e = 0.6 \times Z_0 = 0.6 \times \frac{38 \times 196^2}{6} = 1.46 \times 10^5 \text{mm}^3$$

$$A_e = \frac{A_0^2}{A} = \frac{(38 \times 196)^2}{8.93 \times 10^3} = 6.21 \times 10^3 \text{mm}^2$$

$$M_x = \frac{1.14 \times 0.5 \times (3.64 - 0.5)}{2} = 0.895 \text{ kN·m}$$

$$Q_x = 1.14 \times \left(\frac{3.64}{2} - 0.5\right) = 1.50 \text{ kN}$$

$$\sigma = \frac{0.895 \times 10^6}{1.46 \times 10^5} = 6.13 \text{ N/mm}^2 \quad < \quad 6.73 \text{ N/mm}^2 \quad \text{O.K.}$$

$$\tau = \frac{1.5 \times 1.5 \times 10^3}{6.21 \times 10^3} = 0.362 \text{ N/mm}^2 \quad < \quad 0.66 \text{ N/mm}^2 \quad \text{O.K.}$$

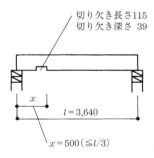

図 3.1.55

●根太中間部の上端に切り欠きがある場合（図 3.1.56 参照）

$$Z_e = Z_0 = \frac{38 \times 196^2}{6} = 2.43 \times 10^5 \text{mm}^3$$

$$A_e = A_0 = 38 \times 196 = 7.45 \times 10^3 \text{mm}^2$$

$$M_x = \frac{1.14 \times 1.0 \times (3.64 - 1.0)}{2} = 1.50 \text{ kN·m}$$

$$Q_z = 1.14 \times \left(\frac{3.64}{2} - 1.0\right) = 0.935 \text{ kN}$$

$$\sigma = \frac{1.50 \times 10^6}{2.43 \times 10^5} = 6.17 \text{ N/mm}^2 \quad < \quad 6.73 \text{ N/mm}^2 \quad \text{O.K.}$$

$$\tau = \frac{1.5 \times 0.935 \times 10^3}{7.45 \times 10^3} = 0.188 \text{ N/mm}^2 \quad < \quad 0.66 \text{ N/mm}^2 \quad \text{O.K.}$$

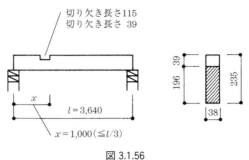

図 3.1.56

（8） 転倒及び地反力の検討

地震時あるいは暴風時の水平力によって布基礎底盤に生じる地反力が，短期許容地耐力を超えないこと，及び建物全体が転倒しないことを確認する必要がある。この計算は，次のように行う。

1) 建物平面の奥行き長さが短い方向に水平力が作用する場合について検討する。
2) その方向に作用する地震力や風圧力のうち，どちらが大きいかを判断する。
3) その水平力が建物に作用した場合に，沈み込む側の布基礎の底面に短期許容地耐力に等しい地反力を仮定する。
4) 布基礎底面に作用する地反力が0になる点を図 3.1.57 のように仮定する。
5) 建物自重及び床積載荷重の和と地反力の合計とが等しくなるように，4) で仮定した点を確定する。例えば，図 3.1.57 の場合は，

$$W = \sigma_s \cdot b \cdot L_2 + 3 \times \frac{1}{2} \sigma_s \cdot x \cdot b$$

を解いて $x$ を求める。

6) 任意の点に関する水平力による転倒モーメントを計算する。例えば，図 3.1.57 の場合の0点（自重，積載荷重の合力と基礎底面の交点）のまわりの転倒モーメントは，

$$_sM = H_1 \cdot P_1 + H_2 \cdot P_2 + H_3 \cdot P_3$$

7) 上と同じ点に関する自重，積載荷重及び地反力による安定モーメントを計算する。例えば，図 3.1.57 の場合の0点まわりの安定モーメントは，

$$M_0 = \sigma_s \cdot b \cdot L_2 \cdot l + 3 \times \frac{1}{2} \sigma_s \cdot x \cdot b \left( l - \frac{x}{3} \right)$$

8) 安定モーメント＞転倒モーメントであることを確かめる。逆の場合は基礎の設計を再検討する。

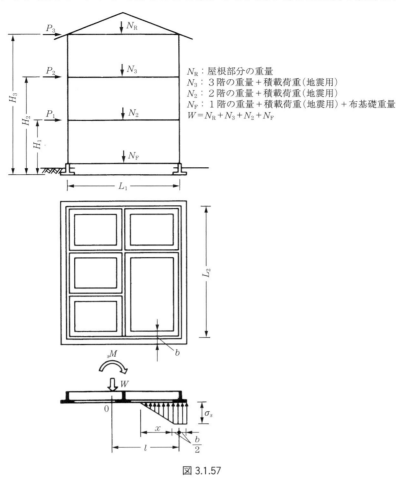

図 3.1.57

9) べた基礎について

$N_1 \sim N_5$：各通りの壁が負担する軸力，1階床荷重及び各通りの負担する基礎自重（kN）

$\Sigma N$：基礎自重を含む軸力の総和（kN）

$l_1 \sim l_3, l_a \sim l_c$：基礎底盤外端から上記軸力の作用する点までの距離（m）

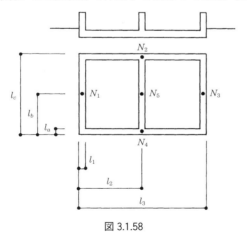

図 3.1.58

① 重心の算定

$$X_G = \frac{N_1 \times l_1 + N_2 \times l_2 + N_4 \times l_2 + N_5 \times l_2 + N_3 \times l_3}{\Sigma N} \text{ m}$$

$$Y_G = \frac{N_1 \times l_b + N_2 \times l_c + N_3 \times l_b + N_4 \times l_a + N_5 \times l_b}{\Sigma N} \text{ m}$$

② 基礎底盤図心の算定

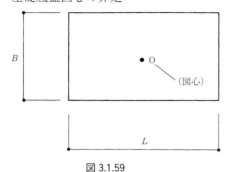

$X_o = L/2$ (m)
$Y_o = B/2$ (m) （長方形の場合）

（注）長方形の組み合わせとなる場合は，それぞれの面積とそれぞれの図心から底盤全体に対する図心の位置を算定する。

図 3.1.59

③ 接地圧について

イ) 長期接地圧について

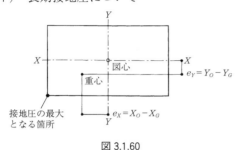

$Y$―$Y$，$X$―$X$ は中立軸
$A$：底盤面積　　（m²）
$Z$：底盤の断面係数　（m³）

図 3.1.60

下式による地盤の長期許容耐力以下であることを確認する。

$$\sigma_{Lmax} = \Sigma N/A + (\Sigma N \times e_X)/Z_Y + (\Sigma N \times e_Y)/Z_X \leqq \sigma_L$$

$\sigma_L$：長期許容地耐力（kN/m²）

ロ) 短期接地圧について

地震時における転倒モーメント

$$M_e = {}_{RF}P_e \times H_3 + {}_{3F}Pe \times H_2 + {}_{2F}P \times H_1 \quad (kN \cdot m)$$

$${}_X\sigma_{max} = M_e/Z_x$$

$${}_Y\sigma_{max} = M_e/Z_y$$

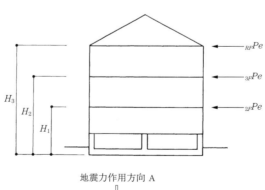

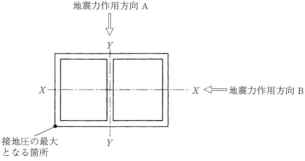

図 3.1.61

$Z$ は接地圧が増大する方向に地震力が作用する場合のその方向に対する断面係数で，地震の作用方向が A なら $Z_x$，B なら $Z_y$ を用いる。

地震力作用時の短期接地圧

$$\sigma_{eX} = {}_X\sigma_{Smax} + \sigma_{Lmax} \leqq 2 \times \sigma_L \quad (kN/m^2)$$

$$\sigma_{eY} = {}_Y\sigma_{Smax} + \sigma_{Lmax} \leqq 2 \times \sigma_L \quad (kN/m^2)$$

④ 転倒について

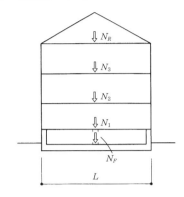

$N_R, N_3, N_2, N_1$：各階の地震用積載荷重を含む軸力（kN）
$N_F$：基礎自重（kN）
$L$：底盤幅（m）

図 3.1.62

安定モーメントを下式により算定する。

$$M_o = (N_R + N_3 + N_2 + N_1 + N_F) \times L/2 \quad (kN \cdot m)$$

$M_o \geqq M_e$ を確認する。

なお，基礎の計算方法については小規模建築物基礎設計(一社)日本建築学会，建築基礎構造設計指針(一社)日本建築学会等の参考図書がある。

## 3.2 許容応力度計算-2

本節では耐力壁の仕様が告示第5に掲げるものと異なる場合に留意するべき点について述べる。基本的な構造計算の流れ，考え方は3.1 許容応力度計算-1と共通であるので，本節に記述されていない部分は，3.1節を参照されたい。

### 3.2.1 適用範囲

本章の許容応力度計算は，平13国交告第1540号（以下，告示という）に規定する枠組壁工法を用いた，階数が3以上または延べ面積が500 m² を超える建築物で，同告示第9または第10を適用するもののうち，次の場合に適用する。

・告示第5に掲げる仕様以外の耐力壁を使用する場合（材料は告示第2に示されたものに限る）。

建築基準法では，階数3以上または延べ面積500 m² 以上の木造建築物について，許容応力度計算が要求されるが，階数2以下または延べ面積500 m² 以下の建築物に適用しても差し支えない。
また，告示第1から第8の仕様に準じて作られる建築物に適用しても差し支えない。

### 3.2.2 構造計算の原則

**（1）材料の許容応力度に関する確認**

建築基準法施行令（以下，令という）に規定する荷重外力に対する各部の応力が，材料の許容応力度以下であることを確認する。応力計算に際して特殊な材料については，第V編に示す試験法によって求められる剛性を必要に応じて用い，第V編に示す試験法によって求められる短期許容応力度，及び荷重継続時間に係る調整係数 $K_2$ を用いて以下の確認を行う。もちろん，一般的な材料を使用した場合は，許容応力度計算-1に示すやり方を適用しても差し支えない。

ただし，使用環境及び使用する材料によっては，含水率に係る強度調整係数，事故的な水掛かり等を考慮した係数を乗じる必要がある。

〈一般地の場合〉

$$G+P \leqq K_2 \times \frac{2}{3} \times 基準材料強度$$

$$G+P+S_0 \leqq \left[(1-K_2) \times \frac{0.5}{0.9} + K_2\right] \times \frac{2}{3} \times 基準材料強度$$

$$G+P+W \leqq \frac{2}{3} \times 基準材料強度$$

$$G+P+K \leqq \frac{2}{3} \times 基準材料強度$$

〈多雪区域の場合〉

$$G+P \leqq K_2 \times \frac{2}{3} \times 基準材料強度$$

$$G+P+0.7S_0 \leqq \left[(1-K_2) \times \frac{0.33}{0.9} + K_2\right] \times \frac{2}{3} \times 基準材料強度$$

$$G+P+S_0 \leqq \left[(1-K_2) \times \frac{0.5}{0.9} + K_2\right] \times \frac{2}{3} \times 基準材料強度$$

$$G+P+0.35S_0+W \leqq \frac{2}{3} \times 基準材料強度$$

$$G+P+0.35S_0+K \leqq \frac{2}{3} \times 基準材料強度$$

ただし，$G$，$P$，$W$，$K$ はそれぞれ令第82条第二号に規定する固定荷重，積載荷重，風圧力，地震力による応

力，$S_0$ は短期の応力を求める場合の積雪荷重による応力を表す。

### （2） 接合部の許容耐力に関する確認

令に規定する荷重外力に対する各接合部の応力が，接合部の許容応力以下であることを確認する。応力計算に際して特殊な材料を用いた接合部については，第Ⅴ編に示す試験法によって求められる剛性を必要に応じて用い，第Ⅴ編に示す試験法によって求められる短期許容応力，及び荷重継続時間に係る調整係数 $K_{j2}$ を用いて以下の確認を行う。

ただし，使用環境及び使用する材料によっては，含水率に係る強度調整係数，事故的な水掛かり等を考慮した係数を乗じる必要がある。

〔一般の接合部〕
〈一般地の場合〉

$$G+P \leqq K_{j2} \times \frac{2}{3} \times 降伏耐力$$

$$G+P+S_0 \leqq \left[(1-K_{j2}) \times \frac{0.5}{0.9} + K_{j2}\right] \times \frac{2}{3} \times 降伏耐力$$

$$G+P+W \leqq \frac{2}{3} \times 降伏耐力$$

$$G+P+K \leqq \frac{2}{3} \times 降伏耐力$$

〈多雪区域の場合〉

$$G+P \leqq K_{j2} \times \frac{2}{3} \times 降伏耐力$$

$$G+P+0.7S_0 \leqq \left[(1-K_{j2}) \times \frac{0.33}{0.9} + K_{j2}\right] \times \frac{2}{3} \times 降伏耐力$$

$$G+P+S_0 \leqq \left[(1-K_{j2}) \times \frac{0.5}{0.9} + K_{j2}\right] \times \frac{2}{3} \times 降伏耐力$$

$$G+P+0.35S_0+W \leqq \frac{2}{3} \times 降伏耐力$$

$$G+P+0.35S_0+K \leqq \frac{2}{3} \times 降伏耐力$$

〔耐力壁，ダイヤフラムの面材と枠材のくぎ及び地震時，風圧時に発生する浮き上がり力に抵抗するくぎ，ボルト，ねじ等の接合部〕
〈一般地の場合〉

$$G+P+W \leqq 降伏耐力$$
$$G+P+K \leqq 降伏耐力$$

〈多雪区域の場合〉

$$G+P+0.35S_0+W \leqq 降伏耐力$$
$$G+P+0.35S_0+K \leqq 降伏耐力$$

ただし，$G$，$P$，$W$，$K$ は，それぞれ令第82条第二号に規定する固定荷重，積載荷重，風圧力，地震力による応力，$S_0$ は短期の応力を求める場合の積雪荷重による応力を表す。

また，降伏耐力に関する考え方は3.1.2項を参照されたい。

### （3） 耐力壁の許容耐力に関する確認

告示第5に規定する以外の特殊な仕様の耐力壁を用いる場合は以下による。
1） 耐力壁の剛性及び降伏せん断耐力を，実験または計算により求める。
2） 適切な構造モデル化を行い，地震力，風圧力に対する各耐力壁の応力を算出する。
　　その際，複数の種類の面材や耐力壁が用いられる層については，層間変形角の予想値に基づく構面剛性

を用いて，応力配分を適切に算出する。
3） 耐力壁の許容耐力に関する以下の確認を行う。
　　ただし，ここでの降伏耐力は，含水率に係る耐力調整係数が含まれる。また，面材のせん断破壊のおそれがある場合には，これを考慮して降伏耐力を定める。
〈一般地の場合〉
　　$G+P+W$　　　　　　　≦降伏耐力
　　$G+P+K$　　　　　　　≦降伏耐力
〈多雪区域の場合〉
　　$G+P+0.35S_0+W$　　≦降伏耐力
　　$G+P+0.35S_0+K$　　≦降伏耐力
　　ただし，$G$，$P$，$W$，$K$は，それぞれ令第82条第二号に規定する固定荷重，積載荷重，風圧力，地震力による応力，$S_0$は短期の応力を求める場合の積雪荷重による応力を表す。

### 3.2.3　構造計算項目

本節では主に告示第9または第10を適用することとなるため，構造計算を行う際には，特に以下に掲げる項目について留意する必要がある。

**（1）耐力壁**

1） 耐力壁は，建築物に作用する水平力，及び鉛直力に対して安全であるように，釣り合いよく配置しなければならない。
2） 告示第10第一号を適用する建築物にあっては，以下の場所に1辺の長さが90 cm以上の，またはL字形の耐力壁を配置することが望ましい。
　　① 床根太の支点間距離が8 mを超える室の4隅
　　② 耐力壁線相互の距離が12 mを超える室の4隅
　　③ 幅が4 mを超える開口部を持つ耐力壁線の両端部
　　④ 耐力壁線上にある開口部の幅の合計が，当該耐力壁線の長さの3/4を超える場合における当該耐力壁線の両端部
3） 告示第10第一号または同第二号を適用する建築物の耐力壁のうち，長さ1 m当たり10 kN以上の水平せん断力を負担する耐力壁，並びに告示第10第一号を適用する建築物の耐力壁に接続する腰壁，まぐさ等からなるはり状の部材は，これらの耐力壁に過大な曲げモーメントを伝達しないように耐力壁と結合しなければならない。
4） 面材を下地に留め付けるくぎは以下によらなければならない。
　　① 直径3.8 mm以下であること。
　　② くぎ打ち間隔は50 mm以上200 mm以下とすること。
　　③ 1本の枠材に2列にくぎを打つ場合は，力の伝達に支障がないようにすること。

上記1）～4）についての解説を以下に記す。

イ）　告示第10第一号または同第二号を適用すると，平面計画上の自由度が増すことになる。その結果，耐力壁が少なくなるという傾向が助長されるであろうと予測される。耐力壁が減ると個々の耐力壁が架構全体の挙動に及ぼす影響は相対的に大きくなる。したがって，告示第10第一号または同第二号を適用する建物においては，耐力壁を平面的かつ立体的に釣り合いよく配置するということが，構造設計者が真剣に取り組まなければならない重要な課題となる。

ロ）　告示第10第一号を適用する建物は，開口が多く，壁の少ない建物になりがちである。このような建物は，耐力壁の配置が不適切であった場合は，地震時あるいは暴風時に手痛い被害を被ることになる。このような懸念から，2）では耐力壁を配置することが望ましい場所とそこにおける耐力壁の平面形状を指定している。これらを図示してみると図3.2.1のようになる。
　　図3.2.2のような間口の非常に狭い建物の場合は，図3.2.1の㈧あるいは㈢で指定された場所に耐力壁を設けることができないことがある。このような場合には，無理をして壁を設けるよりは，2階あるい

第3章 構造計算手法 **61**

イ　スパンが8mを超える室の4隅

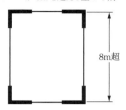

ロ　耐力壁線間距離が12mを超える室の4隅

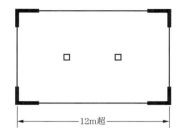

ハ　4m超の開口を持つ耐力壁線の両端

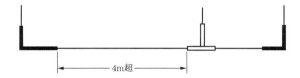

ニ　3/4超が開口である耐力壁線の両端

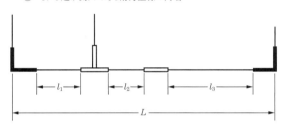

$$\frac{l_1 + l_2 + l_3}{L} > \frac{3}{4}$$

図 3.2.1

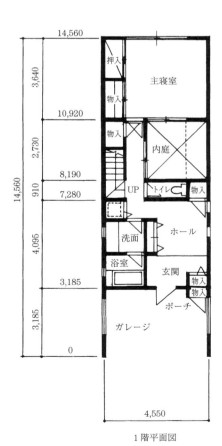

1階平面図

2階平面図

3階平面図

図 3.2.2

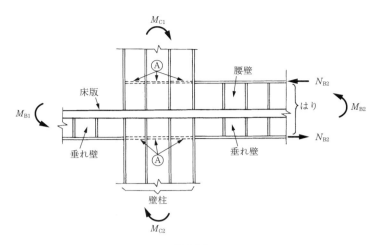

図 3.2.3

は3階に作用する短辺方向の水平力を，2階あるいは3階の床構面を通じて1階の耐力壁に確実に伝えることができるように設計するほうがよい。そのときは，当然のことながら偏心率が0.15以下になるように1階の耐力壁の配置を工夫すること。また，ガレージ両側にある横方向の補剛がない壁が長手方向の水平力によって座屈することがないように，面外剛性を十分に高めること等の配慮が必要である。

ハ) 一般に剛接架構では，はり材の曲げモーメントの負担量を増加させると，柱材の反曲点高さが層高の1/2に近づき，その結果柱頭柱脚に生ずる曲げモーメントを減少させることができる。枠組壁工法の架構を見ると，腰壁や垂れ壁が相当多量にあり，それらを含んだせいの高い合成ばりに曲げモーメントを負担させれば，上述のように柱の曲げモーメントを低減させることができ，その結果柱脚の引き寄せ金物等を軽微なものにすることが可能のように見える（図 3.2.3 参照）。

しかしながら，これを可能にするためには，図 3.2.3 に見られるように，はりとみなす部材が負担する曲げモーメント（例えば，$M_{B2}$）によってはりフランジに生ずる軸方向力（$N_{B2}$）を，壁柱内に確実に伝達することが必要であるが，これははりの負担する曲げモーメントが大きい場合は容易には実現しにくい。なぜなら，大きなフランジ軸力を壁柱に伝達するためにはAのような部材を壁柱内に設けることが必要となるが，この部材はその途中にたて枠が存在するために短材を連結したようなものとなり，その連結部の引張補強が容易でないからである。

たて枠を切断してA部材を貫通させれば，応力伝達に関する設計上の処理はより容易になるが，そのような処理を追求してでき上がる架構は，軸組構法の特性を持ったものに近づき，枠組壁工法の力学的かつ工法的特性を失うことになる。枠組壁工法においては，この部分が伝達することのできる軸力は，たかだかそこをまたいで張られる合板の引張り強度相当の軸力にとどめるのが適当である。本文の第3) 項は，以上のような配慮を喚起することを目的としている。

結局，開口を多量に含む枠組壁工法の架構は，図 3.2.4 に見られるような架構，すなわち，片持ちの壁柱の最下部を基礎ばり等に剛に連結した基本架構に，両端がピン支持の線材を取り付けたモデルと 4.3.2 耐力壁応力算定モデルに記載されている垂れ壁等の曲げ戻しを考慮するモデルがある。高耐力の耐力壁を使用する場合，設計者が適切なモデル化を行うことが望ましい。

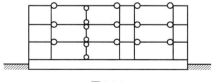

図 3.2.4

ニ) 3.3.2(2)項に述べる耐力壁のせん断耐力あるいは剛性の算出法によれば，耐力壁のせん断耐力や剛性は，面材を打ち付けるくぎの直径や本数が増すとともに増大する。しかしながら，くぎ打ちの相手方である枠組材の断面はそれに応じて増大されるわけではない。したがって，くぎ径を大にし，本数を増していくと，

くぎや面材が降伏する以前に，枠組材が破壊することになる。本文第4）項はこのような現象を防止するために，くぎの直径やピッチに制限を設けているものである。

(2) 床の構造

1) 床構面には，風圧力，地震力等による面内せん断力の伝達に支障がないような剛性と強度を持たせなければならない。
2) 床根太等の横架材の長期荷重によるたわみは，スパンの1/300（オーバハング等の部分にあっては，1/150）以下となるようにしなければならない。
3) 床の振動によって建築物の使用上の支障が起こらないことを確かめなければならない。
4) 床の枠材と床下地材の緊結に用いるくぎの直径は3.8 mm 以下とし，くぎ打ちの間隔は，50 mm 以上 200 mm 以下としなければならない。
5) 各階の床付近においては，屋根面に作用する負の風圧力が，その位置から上にある固定荷重及び積載荷重の和を上回る場合には，根太と土台または頭つなぎとは，その位置から上に作用する風圧力による水平力に対して剥離が生じないように緊結しなければならい。

上記1)～5)についての解説を以下に記す。

イ) 床構面は，固定荷重や積載荷重等の鉛直荷重に対して十分な強さと曲げ剛性を有すると同時に，地震力や風圧力等の水平荷重によって生じる面内せん断力に対しても，これを確実に耐力壁に伝えることのできる強さと，面内せん断剛性を有しなければならない。

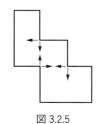

図 3.2.5

平面形が複雑で凹凸の多い場合は，凹部における力の伝達（図 3.2.5 参照）が円滑に行われるよう，その部分を十分に強補する。

階段室周り及び吹き抜け部周りについても，床構面の一体性が保たれるように，要所要所を適切に補強することが必要である。

ロ) スパンが大きくなると床の固有振動数が小さくなり，人間がもっとも不快に感じるとされる 4～5Hz 前後の振動数になることがある。したがって，スパンを大きくする場合は，床の曲げ剛性が十分高くなるように設計することが必要である。

近年，床の遮音性が問題になる場合がある。床の遮音性は，通常の床構法を採用する限り，それを高めることは困難である。したがって，高い遮音性を要求される場合は，設計当初から特殊な床構法の採用を検討しなければならない。

ハ) 床根太の長期荷重によるたわみの制限は，スパンの1/300とした。これは，1/300を満足していれば，従来，大きな障害を生じていないためである。しかしながら，スパンが大きくなると，たわみが1/300以

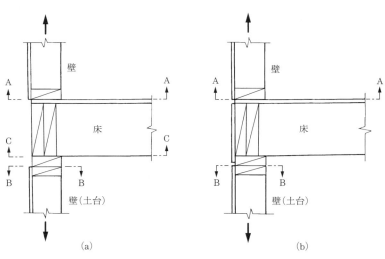

図 3.2.6

下であっても，たわみの絶対量はかなり大きくなり，それによって間仕切りが圧迫されたり，建具の開閉に支障を生じたりするおそれもでてくる。したがって，スパンが大きい場合には，たわみの絶対値についても問題を生じないかどうかを検討する必要がある。また当然，平12建告第1459号によるたわみの確認も必要である。

ニ) 床材と床下地材を留め付けるくぎの直径，くぎ打ち間隔等は，耐力壁の場合に準じて一定の制限を設けた。

ホ) 床と土台及び床と壁の接合部断面は，一般に図3.2.6(a)あるいは同図(b)のようになる。図中A-A，B-Bあるいは C-C 断面では，壁に張られる合板等の面材がその面の上下で切り止まるため，その断面に作用する引張り力に抵抗するのはその面を貫通して打たれるくぎだけとなる。このくぎは引張り力によって引き抜かれることになり，それによってこれらの面が口を開けることになる。

　本文第5)項は，風圧力による上向きの力が，その面から上の自重，及び積載荷重の和を上回る場合には，その面がいったん口を開けると連鎖的にそれが拡大して建物上部が吹き飛ばされてしまうという現象を防止することを主眼としている。このような現象を防ぐためには，床をはさんで土台と壁あるいは壁と壁を帯金物やボルト等によって緊結することが必要である。

(3) 小屋及び最上階の頂部水平構面

1) 小屋及び屋根は，これに作用する荷重及び外力に対して構造耐力上安全なものとすること。
2) 最上階の頂部に水平のダイヤフラムを設けない場合は，屋根面あるいは小屋組によって地震時及び暴風時の水平せん断力の伝達に支障がないようにしなければならない。
3) 小屋及び屋根を構成する構造部材の長期荷重によるたわみは，スパンの1/200（片持ちばりにあっては張り出し長さの1/150）以下とする。

上記1)〜3)についての解説を以下に記す。

イ) 小屋及び屋根に働く鉛直方向荷重としては，自重，積雪荷重（場合によっては，これらのほかに積載荷重）がある。また，水平方向荷重には，地震力，及び台風等による風圧力がある。小屋及び屋根の計算では，これらの荷重外力に対して構造的に安全であることを確認する。

　なお，計算による場合であっても，告示第7 小屋組等の各号は，構造計算等による適用除外の規定がない限り，満足していなければならない。

ロ) 枠組壁工法における屋根は，荷重を壁に伝達させるばかりでなく，最上階の壁頂部を立体的に一体化する役割を果たしている。したがって，小屋組は壁や床と一体となって「箱」を構成するような形態，構造が望ましい。箱を構成するためには，最上階の頂部にも水平ダイヤフラムを設けることが好ましい。それができない場合には，屋根面が同等の働きをするように，屋根下地面の強度，剛性を高める。水平ダイヤフラムの構造計算の進め方は基本的に床の場合と同様である。

ハ) 小屋及び屋根の長期荷重時のたわみは，スパンの1/200以下として，絶対量の制限を定めなかった。しかし，スパンが大きくなると，1/200でも絶対量が大きくなるので，適宜絶対量の面からの検討も加える。

ニ) 台風等の暴風時には，屋根面には水平力だけでなく吹き上げ力が作用する。したがって，屋根とそれを支えている壁の頂部の間には，水平方向のせん断力と上向きの引き抜き力が同時に作用することになる。この時，風の吹き上げ力が小屋組各部の自重を上回る場合には，その部分の壁と屋根をつなぐくぎ等の耐力が風による水平力を上回ることを確認する必要がある。

(4) 基 礎

1) 基礎は，建築物に作用する荷重及び外力を安全に地盤に伝えることのできる構造としなければならない。
2) 基礎底面の根入れ深さは，所要の地耐力が得られる深さ以下で，かつ凍結深度以下とする。

上記1)，2)の解説を以下に記す。

イ) 建築物に作用する荷重及び外力を安全に地盤に伝えることのできる基礎を設計するためには，敷地及び地盤について調べることが先決である。敷地については，周辺の地形を観察してその敷地の地図を推定す

ることと，造成地盤である場合は造成年代や現状地盤の状況等の調査が必要である。

地盤の調査は，地層構成及び各層の厚さ，深さ，土質等の敷地内の変化の状況，あるいは地下水の位置等を知るために行う。木造住宅を建てる場合に十分な地盤調査を行うことはまれであるが，軟弱な地盤や厚く盛り土した造成地盤等の場合は，簡単な方法でもよいので地盤調査を行うことが望ましい。

ロ） 敷地及び地盤の状況がわかったら，それに応じた適切な基礎形式を選択する。平坦で良質の自然地盤であれば，布基礎を採用するのが一般的である。軟弱な地盤や厚い盛土を含む造成地盤等では，状況に応じて杭基礎その他の基礎形式を採用するか，または地盤改良をしたうえで基礎形式を選択する。

ハ） 基礎形式の選択あるいは基礎底面の根入れ深さの判断にあたって重要なことは，荷重及び外力の作用下で建物が沈下，あるいは不同沈下しないように配慮することである。沈下あるいは不同沈下を防ぐためには，すべての基礎を同じ地層に着底させること，また基礎を剛強にしたうえ一体化することが望ましい。

このような配慮は，敷地が傾斜地である場合，造成地で元の地山に大きな高低差がある場合，一部に地下室を設ける場合等においては特に重要である。

ニ） 1階に大きな荷重を負担する独立柱を設ける場合に，その基礎を独立基礎とすると，不同沈下が生じやすくなる。そのような独立柱は，周辺の基礎と一体化した基礎ばりで支持することが望ましい。

ホ） 沖積層のゆるい砂地盤が地表5m以浅にあり，それが地下水位面下にある場合は，地震時の地盤は液状化現象の発生の有無について検討し，必要に応じて防止対策を講じる。

ヘ） 基礎の構造設計の方法については3.1節3.1.4(2)項を参照のこと。また，基礎の計画等については，小規模建築物基礎設計の手引き(一社)日本建築学会等を参考にされたい。

### 3.2.4 構造計算の詳細

#### （1） 荷重及び外力
荷重及び外力は，令第3章第8節第2款に規定する荷重及び外力とする。

#### （2） 架構の応力解析
1） 部材の応力を計算するに当たっては，床を剛床とみなし，全体架構を平面架構に分解できる。
2） 平面架構を力学モデルに置換するに当たっては，構造耐力上主要な部分の力学的特性及び各部分の接合の実況を適切に勘案すること。
3） 耐力壁の水平力分担率は，水平力による架構の応答変形量に応じて適切に設定する。
4） 水平力によって生ずる層間変形角が1/200 rad. 程度であることが予測される場合には，耐力壁の面内せん断剛性を次式より算出し，耐力壁の負担する水平力は当該面内せん断剛性に比例するとすることができる。

$$K = \min\left(\frac{200(Q_1 + Q_2)}{H}, \frac{Q_1 + Q_2}{\delta_m}\right) \tag{4.1}$$

ここに，$K$：耐力壁の面内せん断剛性（N/mm）
　　　　$Q_1, Q_2$：3.3.2項に示す方法により求めた耐力壁各面の降伏せん断耐力（N）
　　　　$H$：耐力壁の高さ（mm）

$$\delta_m = \max\left(\frac{Q_1}{K_1}, \frac{Q_2}{K_2}\right) \quad (\text{mm})$$

　　　　$K_1, K_2$：3.3.2項に示す方法により求めた耐力壁各面の面内せん断剛性（N/mm）

上記1）～4）の解説を以下に記す。

イ） 第I編で述べたように，枠組壁工法の床は剛床とみなすことができる。しかしながら，はり状の形をした非常に細長い平面を持つ床，長方形や正方形からかけ離れた複雑な平面を持つ床等においては，剛床とみなすことが妥当でない場合がある。そのような場合には，床を弾性体とする立体架構として解析することが必要である。

ロ） 枠組壁工法の平面架構は，ラーメンモデル，トラスモデル，ラーメン／トラス複合モデル等に置換することができる。どのような力学モデルに置換しようとも，それを構成する部材要素及び接合要素の復元力

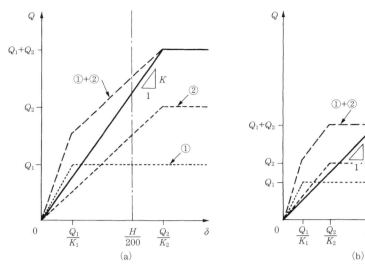

図 3.2.7

特性は，架構各部の実際の挙動に反映したものとしなければならない。

ハ) 地震時あるいは暴風時の応力を計算する場合には，耐力壁の水平力分担率を想定する必要がある。水平力分担率は，耐力壁が線形の特性を持った弾性系であれば，その剛性に比例する。第 3 章 3.1「許容応力度計算-1」では，層間変形角が 1/150 rad. に達するまでには耐力壁は線形の弾性挙動をすると仮定して，水平力分担率を決定した。本編では，耐力壁は完全弾塑性型の復元力特性を持つとして，その降伏耐力及び降伏変位を面材のくぎ打ち状況等に応じて算出することとしている。そのため，耐力壁は面材の種類やくぎの打ち方によって異なる降伏変位，及び降伏耐力を持つことになる。したがって，水平力が作用したときの応答量が小さい場合は，耐力壁の水平力分担率は耐力壁の初期剛性に比例するとすることができるが，応答量が大きい場合は繰り返し計算等を行わないと力学的に正しい解は得られない。このような複雑な計算をせずに簡単に近似解を得る方法が，4) 項に述べられている。

ニ) 地震力あるいは風圧力によって生じる層間変形角は，1/300 rad. ないし 1/150 rad. の範囲内にあると予測されるので，これを 1/200 rad. と仮定する。耐力壁の降伏せん断力及び剛性は，片面ごとに計算される。計算の結果，片面が図 3.2.7 の①のような復元力特性を持ち，他の面が②のような特性を持つとすると，全体としては①+②のような特性になる。1/200 rad. の変形を生じたときに，耐力壁が過大な水平力を負担しないようにするためには，耐力壁の剛性を少なめに評価する必要がある。ここでは，(a)図の場合は原点と①+②の最終折れ曲がり点を結んだ線，一方 (b) 図の場合は，原点と横座標が 1/200 rad. で縦座標が $(Q_1+Q_2)$ である点を結んだ線を耐力壁の復元力特性と仮定して剛性を評価することにした。

なお，図 3.2.7 を見ると 1/200 rad. の変形を受けると，耐力壁が相当に破壊しているかのようにうつるが，実際には面材を打ちつけているくぎのまわりに若干のめり込み変形が生じる程度の損傷に過ぎない。この程度のめり込み変形は，枠組壁工法においては本来的に避けえないものである。

### (3) 床構面の面内応力解析

1) 風圧力または地震力によって床構面に生じる応力あるいは変形は，床面の形状，床構面に接続する耐力壁の配置状況を考慮して，その弾性剛性に基づいて適切な方法によって計算する。
2) 床に大きな開口がある場合は，その影響を考慮する。

上記 1)，2) についての解説を以下に記す。

イ) 床構面は，そこに載っている耐力壁が負担している水平力と，床自身が負担する水平力を下階の耐力壁に分配伝達する役割を持つ。分配伝達の状況は，床の形状及び剛性並びに上下階の耐力壁の配置状況によって異なる。告示第 9 または第 10 の規定を適用する建物においては，耐力壁量が少なくなることが多く，その場合には特に床面内の力の分配伝達の状況を的確に把握し，それに対して必要な床構面の強度，剛性を適切に設計しておくことが重要である。

上下階間の応力伝達を検討するときは，床構面をせいの高いはりとみなすのが通常である。その場合は，床面に張られる合板等の面材がウェブとしてせん断力を負担し，端根太や側根太がフランジとして機能する。応力解析は，このはりが下階の耐力壁の位置で支持されているとし，これに上階の耐力壁の負担するせん断力，及び床自身の負担する水平力が集中荷重あるいは分布荷重として作用するというようなモデル化をして行う（図 3.2.8 参照）。

ロ）　床開口周りの補強は，このようにして算出された応力等に対して適切に行う。

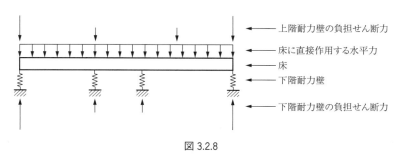

図 3.2.8

## 3.3 接合部及び耐力壁の設計

### 3.3.1 接合部の許容耐力，降伏耐力，剛性，終局耐力

**（1） くぎ等接合部—1**

**1） 適用範囲**

本項は円形断面のくぎを用いた1面せん断接合について，許容耐力，降伏耐力及び剛性を，接合具の曲げ降伏モーメントと枠材，面材のめり込み終局強度から算出する場合に適用する。ただし，主材に対するくぎの打ち込み長さは，くぎ径の9倍以上とする。

くぎ接合部の1面せん断降伏耐力は，接合具の曲げ降伏モーメントと，枠材，面材のめり込み終局強度から，降伏理論に基づいて算出することができ，これにより，許容耐力を求めることができる。ただし，3）で述べる降伏耐力の式の誘導に当たっては，主材に対するくぎの打ち込み長さが十分大きいことを想定している。そのため，くぎ径の9倍以上の打ち込み長さのものに適用することとしている。

長方形断面のくぎやステープルを用いた接合部についても，降伏理論等に基づいて同様に1面せん断許容耐力，降伏耐力，剛性を算出することが可能である。ただし，接合具または枠材，面材の降伏で降伏耐力が決まるよう，早期の頭抜け（パンチングシアー）や引き抜け，接合具の破断等が生じないことが前提となる。また，以下に示す式は原則として円形断面に対する式なので，長方形断面にそのまま適用することはできない。

**2） 原則**

製材または面材をくぎによって1面せん断接合した部分の許容耐力及び剛性は，それぞれ「第V編第1章1.2節 接合部の許容応力，終局耐力及び剛性」のうち，「1.2.2項 接合部の基準許容応力及び基準剛性（くぎ，ねじまたはこれに類する接合具の曲げ試験並びに枠組材及び面材のめり込み試験によるもの）」に示す方法による許容応力及び剛性とする。降伏耐力は許容耐力に1.5を乗じた値とする。

接合部の使用環境に応じた含水率に係る強度調整係数及び剛性調整係数は，接合部を構成する材料の当該係数のうちの最小の値とする。

くぎ接合部の1面せん断許容耐力等は，原則として第V編に示す方法によるが，そのうち特に，接合具の曲げ試験と枠材，面材のめり込み試験による方法が第V編第1章1.2.2項に示されている。ただしこの方法によると，一般に終局耐力やじん性は求めることができない。したがって，地震力を負担する接合部について，終局耐力やじん性の値を求める必要がある場合には，「3.3.1項（2） くぎ等接合部—2」の方法によらなければならない。

なお，主要な材料とJIS規格のくぎについては，上記の試験結果に相当する値が求められており，改めてこれらの試験を行う必要はない。

**3） 降伏耐力**

製材または面材をくぎ打ちによって接合した部分の1面せん断降伏耐力は，(3.3.1)式による。ただし，使用環境Ⅰ及びⅡで使用するくぎ接合部では，さらに含水率に係る耐力調整係数$K_{j1}$を乗じる。ここに$K_{j1}$は，主材および側材の含水率に係る強度調整係数のうち小さいほうの値とする。

$$P_y = N \cdot C \cdot F_{e1} \cdot d \cdot t \tag{3.3.1}$$

ここに

$P_y$：1面せん断降伏耐力（N）

$N$：表3.3.1に示すくぎの打ち方に応じた低減係数

表3.3.1 くぎの打ち方による低減率

| 打 ち 方 | | 低 減 率 |
|---|---|---|
| 平 打 ち | F | 1 |
| 斜 め 打 ち | T | 5/6 |
| 木 口 打 ち | E | 2/3 |

$F_{e1}$：側材のめり込みの終局強度（木材については表3.3.2，その他の材料は実験による）（N/mm²）

表 3.3.2 木材のめり込みの終局強度（下限値）

| 樹　種 | めり込みの終局強度（下限値）($N/mm^2$) |
|---|---|
| D Fir-L | 36 |
| Hem-Fir | 32 |
| S-P-F | 28 |
| JS I | 25 |
| JS II | 24 |
| JS III | 29 |

$d$ ：くぎの径（mm）
$t$ ：側材の厚さ（mm）
$C$ ：(3.3.2) 式による数値

$$C = \min\left(1, \; \frac{1}{2+\beta}\left\{\sqrt{2\beta(1+\beta)+\frac{4\beta(2+\beta)M_y}{F_{e1}dt^2}}-\beta\right\}, \; \frac{1}{t}\sqrt{\frac{4\beta M_y}{(1+\beta)F_{e1}d}}\right) \tag{3.3.2}$$

ここに，
$\beta$ ：主材と側材のめり込みの終局強度の比（$F_{e2}/F_{e1}$）
ただし，$F_{e2}$ は主材のめり込みの終局強度（$N/mm^2$）
$M_y$ ：くぎの曲げ降伏モーメント（N·mm）

表 3.3.2 における下限値とは，信頼水準 75% の 95% 下側許容限界値（5% 下限値）を示す。以下，本項において同じ。

図 3.3.1 に示すようなくぎ接合部の 1 面せん断降伏耐力は，図 3.3.2 の降伏モードを仮定して求めることができる。本項の降伏耐力の式はくぎの打ち込み長さが十分大きいことを仮定して誘導したものである。

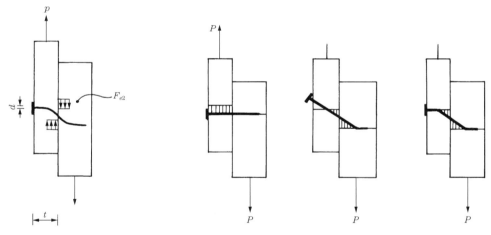

図 3.3.1　くぎの 1 面せん断接合部　　　図 3.3.2　くぎ接合部の降伏モード

(3.3.1) 式は，ボード類等側材の厚さにかかわらず適用が可能である。側材の厚さが十分大きい場合（くぎ径の 7 倍以上の場合）は，(3.3.1) 式の $C$ 値は (3.3.2) 式の 3 番目の項で決まるので，(3.3.1) 式は (3.3.3) 式となる。

$$P_y = N \cdot F_{e1} \cdot d \sqrt{\frac{4\beta M_y}{(1+\beta)F_{e1}d}} \tag{3.3.3}$$

(3.3.2) 式の $M_y$ すなわちくぎの曲げ降伏モーメントは，原則として第Ⅴ編第 1 章 1.2.2 の試験による値とするが，円形断面スムースのくぎでその材料の降伏強度がわかれば，(3.3.4) 式により求めてもよい。

JIS 規格のくぎの降伏強度は，JIS G 3532 のくぎ用鉄線の引張り強度の下限値である表 3.3.3 の値を用いてよい。これは，曲げ試験によるくぎの降伏強度にほぼ対応する。

$$M_y = F_y \cdot d^3 / 6 \tag{3.3.4}$$

ただし，$F_y$：くぎの降伏強度（N/mm$^2$）

表3.3.3　くぎの降伏強度 $F_y$

| くぎ径（mm） | 基準値（N/mm$^2$） |
|---|---|
| 2.3 以下 | 740 |
| 2.3 を超え 3.2 以下 | 690 |
| 3.2 を超え 4.0 以下 | 590 |
| 4.0 を超えるもの | 540 |

また，表3.3.2に示す木材のめり込みの終局強度の数値は，めり込みの終局強度にほぼ対応している。各種面材のめり込み終局強度は，現在のところ資料が十分整備されていないため，第Ⅴ編第1章1.2節に示す試験を行って定める。なお，参考までに，同節の試験によって求めた各種面材のめり込み終局強度の下限値の例を表3.3.4に示す。平13国交告第1540号（以下，告示という）第2に規定する面材で，試験を行わない場合は，この表の数値をめり込み強度の下限値としてよい。

耐力壁，床版，屋根における枠材等と面材とのくぎ接合では，めり込みの終局強度の下限値の代わりに平均値を用いてよい。これらについては，7）を参照されたい。

表3.3.4　くぎ接合部の許容せん断耐力算出用の面材のめり込み強度

| 面材の種類 | めり込み強度の下限値（N/mm$^2$） |
|---|---|
| 構造用合板<br>構造用パネル | 31 |
| 硬質木片セメント板 | 26 |
| 強化せっこうボード | 7.5 |
| せっこうボード | 5.5 |

**4）くぎ接合部の1面せん断降伏耐力**

鋼板を添え板とするくぎ接合部の1面せん断降伏は（3.3.5）式により求める。ただし，使用環境Ⅰ及びⅡではさらに含水率に係る耐力調整係数 $K_{j1}$ を乗じる。ここに，$K_{j1}$ は主材の含水率に係る強度調整係数とする。

$$P_y = 2\sqrt{F_{e2} \cdot d \cdot M_y} \tag{3.3.5}$$

**5）許容せん断耐力**

くぎ接合部の短期許容せん断耐力は，降伏耐力の3分の2とする。

$$_sP_a = (2/3)P_y \tag{3.3.6}$$

また，長期許容せん断耐力は，短期許容せん断耐力に，荷重継続時間に係る調整係数を乗じた値とする。

$$_LP_a = K_{j2} \cdot {_sP}$$
$$= (2/3)K_{j2} \cdot P_y \tag{3.3.7}$$

ここに，

$K_{j2}$：接合部の荷重継続時間に係る耐力調整係数。主材及び側材の荷重継続時間に係る強度調整係数のうち小さいほうの値とする。

「第Ⅱ編　材料の力学特性値」で述べるように，使用環境Ⅱ及びⅢにおける通常の木材及び木質系材料の荷重継続時間に係る強度調整係数は2分の1.1であるので，降伏耐力，短期許容耐力，長期許容耐力はそれぞれ，$P_y$，$(2/3)P_y$，$(1.1/3)P_y$ となる。

（3.3.4）式，（3.3.7）式及び表3.3.2，表3.3.3の数値を用いて求めたくぎ接合部の長期許容せん断耐力（250年相当，$N=1$ の場合）を表3.3.5に示す。同表中のCNはCNZと読み替えてよい。

ただし，設計においては6）で述べるように，荷重継続時間の区分，すなわち長期（50年相当），長期積雪時（3か月相当），短期積雪時（3日相当），短期（5分相当）に応じて調整係数を乗じた値を設計許容せん断耐力として用いることとなる。

第3章 構造計算手法

表3.3.5 くぎ接合部の長期許容1面せん断耐力（N）250年相当

| くぎの種類 | 胴部の径 $d$(mm) | 基準値（$N$） | | | | | |
|---|---|---|---|---|---|---|---|
| | | D Fir-L | Hem-Fir | S-P-F W. Cedar | JS I | JS II | JS III |
| BN 50 | 2.51 | 190 | 180 | 170 | | | |
| BN 65 | 2.87 | 250 | 240 | 220 | | | |
| BN 75 | 3.25 | 300 | 280 | 260 | | | |
| BN 90 | 3.43 | 330 | 310 | 290 | | | |
| CN50 CNZ50 | 2.87 | 250 | 240 | 220 | 200 | 200 | 220 |
| CN65 CNZ65 | 3.33 | 310 | 290 | 270 | 250 | 250 | 270 |
| CN75 CNZ75 | 3.76 | 380 | 360 | 330 | 310 | 310 | 350 |
| CN90 CNZ90 | 4.11 | 450 | 430 | 400 | 370 | 370 | 400 |

注 ① 上記の値は側材厚がくぎ径の7倍以上の場合に適用する。
　② 添え板が鋼材の場合は，上記の値を$\sqrt{2}$倍してよい。
　③ 異なる樹種をくぎ打ちする場合には，各々の樹種に対応する数値のうち，低いほうの数値を用いる。

6) 設計許容せん断耐力

くぎ接合部の設計許容せん断耐力は，長期許容せん断耐力（250年相当）に，荷重継続時間の区分に応じて，表3.3.6に示す調整係数$K_{DL}$を乗じた値とする。

$$P_a = K_{DL} \cdot {}_L P_a \tag{3.3.8}$$

設計に際しては，荷重継続時間に応じて調整された設計許容せん断耐力を用いる。本項はそのために，長期許容せん断耐力（250年相当）に乗じる係数を定めている。

枠組壁工法構造用製材，枠組壁工法構造用たて継ぎ材，MSR枠組材，MSRたて継ぎ材，構造用単板積層材，構造用集成材，構造用合板，構造用パネルを用いた接合部では，使用環境II及びIIIにおける接合部の荷重継続時間に係る調整係数$K_{j2}$が1.1/2となるので，表3.3.6右側の$K_{j2}=1.1/2$の場合の調整係数を用いる。

表3.3.6 設計許容耐力算出用の調整係数

| 荷重継続時間の区分 | 調整係数$K_{DL}$ | $K_{j2}=1.1/2$の場合の$K_{DL}$ |
|---|---|---|
| 長期（50年相当） | $2 \times K_{j2}$ | 1.1 |
| 長期積雪時（3か月相当） | $2 \times \left[(1-K_{j2}) \times \dfrac{0.33}{0.9} + K_{j2}\right]$ | 1.43 |
| 短期積雪時（3日相当） | $2 \times \left[(1-K_{j2}) \times \dfrac{0.5}{0.9} + K_{j2}\right]$ | 1.6 |
| 短期（5分相当） | — | 2 |

7) 耐力壁，床版，屋根における枠組材等と面材のくぎ接合部の1面せん断降伏耐力

耐力壁，床版，屋根における枠組材等と面材のくぎ接合部の1面せん断降伏耐力は，(3.3.1)式において，$F_{e1}$及び$F_{e2}$として，側材及び主材のめり込みの終局強度の平均値（木材については表3.3.7に示す数値，面材については第V編に示す試験により求めた平均値）を用いたものとする。ここで平均値とは，信頼水準75%の50%下側許容限界値を示す。以下本項において同じ。

ただし，使用環境I及びIIでは，さらに含水率に係る耐力調整係数$K_{j1}$を乗じる。ここに$K_{j1}$は，主材及び側材の含水率に係る強度調整係数のうち小さいほうの値とする。

表3.3.7 木材のめり込みの終局強度（平均値）

| 樹　種 | めり込みの終局強度 (N/mm$^2$) |
|---|---|
| D Fir-L | 45 |
| Hem-Fir | 40 |
| S-P-F | 35 |
| JS I | 38 |
| JS II | 31 |
| JS III | 39 |

耐力壁やいわゆるダイヤフラム（床版，屋根等の水面構面に相当するもの）を構成する面材を緊結するくぎ接合部では多数にくぎが打たれることから，くぎ接合部の耐力のばらつきが平均化されるので，降伏耐力は，めり込みの終局強度の平均値を用いることとした。

実験により求めた各種面材に対するめり込みの終局強度を表3.3.8に，これをもとに算出した各種面材を緊結するくぎ接合の1面せん断降伏耐力を表3.3.9に示す。同表中のCNはCNZと読み替えてよい。

なお，使用環境Ⅱで使用する場合のくぎ接合部の1面せん断降伏耐力は，これに含水率に係る接合部の耐力調整係数を乗じなければならない。構造用合板，構造用パネルと木材の使用環境Ⅱにおける接合部では，耐力調整係数は構造用合板，構造用パネルの材料の含水率に係る強度調整係数で決まり，4/5となる。

表3.3.8　面材のめり込み終局強度（平均値）

| 面材の種類 | めり込み強度の平均値 (N/mm$^2$) |
|---|---|
| 構造用合板<br>構造用パネル | 41 |
| 硬質木片セメント板 | 35 |
| 強化せっこうボード | 9 |
| せっこうボード | 7 |

表3.3.9　各種面材を側材とするくぎ接合部の1面せん断降伏耐力

| 面材の種類 | くぎの種類 | 面材の厚さ (mm) | 降伏せん断耐力（N） | | | | | |
|---|---|---|---|---|---|---|---|---|
| | | | D Fir-L | Hem-Fir | S-P-F | JSⅠ | JSⅡ | JSⅢ |
| 構造用合板<br>構造用パネル | BN50 | 9 | 490 | 480 | 470 | | | |
| | | 12 | 560 | 550 | 530 | | | |
| | | 15 | 630 | 610 | 590 | | | |
| | | 18 | 630 | 610 | 590 | | | |
| | BN65 | 9 | 620 | 610 | 590 | | | |
| | | 12 | 690 | 670 | 650 | | | |
| | | 15 | 770 | 750 | 730 | | | |
| | | 18 | 820 | 790 | 770 | | | |
| | CN50<br>CNZ50 | 9 | 620 | 610 | 590 | 590 | 570 | 600 |
| | | 12 | 690 | 670 | 650 | 660 | 630 | 660 |
| | | 15 | 770 | 750 | 730 | 740 | 710 | 750 |
| | | 18 | 820 | 790 | 770 | 780 | 740 | 780 |
| | CN65<br>CNZ65 | 9 | 760 | 740 | 720 | 730 | 690 | 730 |
| | | 12 | 830 | 810 | 790 | 800 | 760 | 800 |
| | | 15 | 920 | 900 | 880 | 890 | 850 | 890 |
| | | 18 | 1020 | 990 | 960 | 970 | 920 | 980 |
| せっこうボード | GNF40 | 12.5 | 200 | 200 | 200 | 200 | 190 | 200 |
| | | 15 | 210 | 200 | 200 | 200 | 200 | 200 |
| | GNF50 | 12.5 | 210 | 210 | 210 | 210 | 210 | 210 |
| | | 15 | 230 | 220 | 220 | 220 | 210 | 220 |
| 強化せっこうボード | GNF40 | 12.5 | 230 | 230 | 220 | 220 | 220 | 220 |
| | | 15 | 230 | 230 | 230 | 230 | 220 | 230 |
| | GNF50 | 12.5 | 250 | 250 | 240 | 240 | 240 | 240 |
| | | 15 | 250 | 250 | 250 | 250 | 240 | 250 |

8）　耐力壁，床版，屋根における枠組材等と面材のくぎ接合部の許容せん断耐力

耐力壁，床版，屋根における枠組材等と面材のくぎ接合部の短期許容せん断耐力は，1面せん断降伏耐力の3分の2とする。

$$_sP_a = (2/3)P_y \tag{3.3.9}$$

長期許容せん断耐力（250年相当）は，短期許容せん断耐力の2分の1の値とする。

$$_LP_a = (1/2) \cdot {_sP_a}$$
$$= (1/3) \cdot P_y \tag{3.3.10}$$

設計許容せん断耐力は，長期許容せん断耐力（250年相当）に，荷重継続時間の区分に応じて，表3.3.6に示す調整係数 $K_{DL}$ を乗じた値とする。ただし，この際の $K_{DL}$ を求める場合の $K_{j2}$ は，主材及び側材の荷重継続時間に係わる強度調整係数のうち，小さいほうの値とする。

$$P_a = K_{DL} \cdot {}_L P_a \tag{3.3.11}$$

耐力壁，床版，屋根における枠組材等と面材のくぎ接合部については，一般にくぎ接合部が降伏した後も十分大きな耐力の余裕を残している。したがって，地震や風に対する計算においては，3.3.2（2）項で述べるように降伏耐力を用いてよいこととする。

しかしながら，告示第4及び第7において，必要とされる許容せん断応力と比較する場合には，本項の短期許容せん断耐力により比較しなければならない。

これらの接合部では，固定荷重，積載荷重や積雪荷重等，荷重継続時間の長い荷重を負担することは通常の設計ではまずありえないが，必要な場合は本項により設計許容せん断耐力を求めて使用する。

9) **耐力壁，床版，屋根における枠組材等と面材のくぎ接合部のすべり剛性**

耐力壁，床版，屋根における枠組材等と面材のくぎ接合部のすべり剛性は，適切な力学モデルを用いて推定する。円形断面スムースのくぎで，打ち込み長さが十分に長い場合には（3.3.12）式を用いてよい。

$$k_n = C \frac{k_1 \cdot d}{\lambda} \tag{3.3.12}$$

ここに，
$$\lambda = 1.5 \frac{k_1^{0.25}}{E^{0.25} \cdot d^{0.75}}$$

$$C = \frac{\gamma(\gamma H + \gamma^{0.75})}{2(\gamma L + \gamma^{0.25})(\gamma H + \gamma^{0.75}) - (\gamma J - \gamma^{0.5})^2}$$

$$L = \frac{\sinh(\lambda t)\cosh(\lambda t) - \sin(\lambda t)\cos(\lambda t)}{\sinh^2(\lambda t) - \sin^2(\lambda t)}$$

$$J = \frac{\sinh^2(\lambda t) + \sin^2(\lambda t)}{\sinh^2(\lambda t) - \sin^2(\lambda t)}$$

$$H = \frac{\sinh(\lambda t)\cosh(\lambda t) + \sin(\lambda t)\cos(\lambda t)}{\sinh^2(\lambda t) - \sin^2(\lambda t)}$$

ここに，$d$：くぎの直径（mm）
$E$：くぎの基準弾性係数（N/mm$^2$）
$\gamma$：枠組材と面材のめり込み剛性の比（$k_2/k_1$）
$k_1, k_2$：面材および枠組材のめり込み剛性（第V編第1章1.2節に示す試験により求めた数値）（N/mm$^3$）

（3.3.12）式は，弾性床上のはり理論に基づく初期剛性の算出で，円形断面スムースのくぎで打ち込み長さが十分大きい場合を想定したものである。

木材および面材のめり込み剛性，くぎの基準弾性係数は第V編の試験法によることを原則とする。ただし，JIS規格のくぎ用鉄線を用いたくぎの基準弾性係数は $2.05 \times 10^5$（N/mm$^2$）としてよい。

また，参考までに，木材及び面材のめり込み剛性の値を表3.3.10に，これをもとに計算した各種面材を緊結するくぎのすべり剛性を表3.3.11に示す。同表中のCNはCNZと読み替えてよい。

表3.3.10　木材及び各種面材のめり込み剛性

| 木材および各種面材の種類 | めり込みの剛性 $k$ (N/mm$^3$) |
|---|---|
| D Fir-L<br>Hem-Fir<br>S-P-F<br>JS I<br>JS II<br>JS III | 61 |
| 構造用合板<br>構造用パネル | 71 |
| 硬質木片セメント板 | 96 |
| 強化せっこうボード<br>せっこうボード | 11 |

表 3.3.11　各種面材を側材とする1面せん断くぎ接合部のすべり剛性

| 面材の種類 | くぎの種類 | 面材の厚さ (mm) | すべり剛性 (N/mm) | | |
|---|---|---|---|---|---|
| | | | D Fir-L | Hem-Fir | S-P-F |
| 構造用合板 構造用パネル | BN 50 | 9 | 320 | | |
| | | 12 | 330 | | |
| | | 15 | 350 | | |
| | | 18 | 380 | | |
| | BN 65 | 9 | 400 | | |
| | | 12 | 410 | | |
| | | 15 | 430 | | |
| | | 18 | 460 | | |
| | くぎの種類 | 面材の厚さ (mm) | D Fir-L JS I | Hem-Fir JS II | S-P-F JS III |
| | CN 50 CNZ50 | 9 | 400 | | |
| | | 12 | 410 | | |
| | | 15 | 430 | | |
| | | 18 | 460 | | |
| | CN 65 CNZ65 | 9 | 520 | | |
| | | 12 | 530 | | |
| | | 15 | 550 | | |
| | | 18 | 570 | | |
| 強化せっこうボード せっこうボード | GNF 40 | 12 | 140 | | |
| | | 15 | 150 | | |
| | GNF 50 | 12 | 160 | | |
| | | 15 | 160 | | |

10）くぎ接合部の終局せん断耐力

終局耐力は原則として 3.3.1（2）項による。

保有水平耐力の確認に用いるためのくぎ接合部の終局せん断耐力は，原則として「3.3.1（2）くぎ接合部—2」のくぎ接合部の試験によることとする。これは，くぎ接合部の終局性状がくぎと枠組材，面材などの材料の組み合わせや，くぎ打ち間隔その他の仕様に依存するためである。

ただし，木材相互のくぎ接合部においては，安全側の仮定として降伏耐力を終局耐力と見なすことができる。

また，既往の実験に基づき，日本農林規格の構造用合板または日本農林規格の構造用パネルを，JIS 規格の CN 50 または BN 50 を用いて，木材に 50 mm 以上の間隔でくぎ打ちした接合部の終局耐力は，降伏耐力の 1.5 倍とすることができる。また，JIS 規格のせっこうボードを，JIS 規格の GNF 40 により木材に 50 mm 以上の間隔でくぎ打ちした接合部の終局耐力は，降伏耐力の 1.2 倍とすることができる。

（2）くぎ等接合部—2

1）適用範囲

本項はくぎ，ねじ，ステープル等の接合部を用いた1面せん断接合について，許容耐力，降伏耐力，終局耐力を接合部の試験から求める場合に適用する。

くぎ等の接合部そのものの試験に基づいて許容耐力等を求める場合の方法で，接合具の形状等によらず適用可能である。

2）原則

くぎ，ねじ，ステープル等の接合具を用いた1面せん断接合耐力及び剛性は，それぞれ第V編の「1.2節　接合部の許容応力，終局耐力及び剛性」のうち，「1.2.1項　接合部の基準許容応力及び基準剛性（単調加力接合部試験によるもの）」または，「1.2.3項　接合部の基準許容応力及び基準終局耐力並びに基準剛性（繰り返し加力接合部試験によるもの）」に示す方法による許容応力及び剛性とする。また，降伏耐力は短期許容耐力に 1.5 を乗じた値とする。

終局耐力は，第V編の「1.2節　接合部の許容応力，終局耐力及び剛性」のうち，「1.2.3項　接合部の基準許容応力及び基準終局耐力並びに基準剛性（繰り返し加力接合部試験によるもの）」に示す方法による終局耐力と

する。

接合部の使用環境に応じた含水率に係る強度調整係数及び剛性調整係数は，接合部を構成する材料の当該係数のうちの最小の値とする。

くぎ等接合部の1面せん断許容耐力等は，原則として第Ⅴ編に示す方法によるが，そのうち特に，接合部の単調加力試験による方法が1.2.1項に，接合部の繰り返し試験による方法が1.2.3項に示されている。ただし，前者の方法によると，一般に終局耐力やじん性は求めることができない。したがって，地震力を負担する接合部について終局耐力やじん性の値を求める必要がある場合には，1.2.3項の方法によらなければならない。

3）　降伏耐力

くぎ等接合部の降伏耐力は，「第Ⅴ編1.2.1項　接合部の基準許容応力及び基準剛性（単調加力接合部試験によるもの）」または，「第Ⅴ編1.2.3項　接合部の基準許容応力及び基準終局耐力並びに基準剛性（繰り返し加力接合部試験によるもの）」に示す方法による試験許容応力の5％下限値（耐力壁，床版，屋根の枠材等と面材との接合部にあっては，試験許容応力の50％下限値）とする。ただし，使用環境Ⅰ及びⅡで用いられる接合部については，これに含水率に係る強度調整係数を乗じた数値とする。

試験許容応力は，各試験体の降伏耐力に相当する値で，一般に接合部ではその95％下側許容限界（5％下限値）を，耐力壁，床版及び屋根の枠材等と面材の接合部では，おおむね平均値に相当する50％下側許容限界を，降伏耐力とする。

4）　許容せん断耐力

くぎ等接合部の短期許容せん断耐力は，降伏耐力の3分の2とする。

$$_sP_a = (2/3)P_y \tag{3.3.13}$$

長期許容せん断耐力は，短期許容せん断耐力の2分の1の値とする。

$$_LP_a = (1/2) \cdot {_sP_a}$$
$$= (1/3) \cdot P_y \tag{3.3.14}$$

設計許容せん断耐力は，長期許容せん断耐力に，荷重継続時間の区分に応じて，表3.3.6に示す調整係数 $K_{DL}$ を乗じた値とする。ただし，この際の $K_{DL}$ を求める場合の $K_{j2}$ は主材及び側材の荷重継続時間に係る強度調整係数のうち小さいほうの値とする。

$$P_a = K_{DL} \cdot {_LP_a} \tag{3.3.15}$$

一般の接合部の短期許容せん断耐力は上記による。

3.3.2（2）で述べるように，耐力壁，床版及び屋根の枠材等と面材の接合部において地震や風に対する計算を行う場合は，第Ⅴ編1.2.1項（5）に示す2/3耐力の50％下限値を超えない範囲で，すなわち，おおむね最大耐力の3分の2を超えない範囲で，3）に示す降伏耐力を用いてよい。

しかしながら，告示第4及び第7において，必要とされる許容せん断応力と比較する場合には，本項の短期許容せん断耐力により比較しなければならない。

5）　剛　性

くぎ等接合の短期の応力に対する剛性は，「第Ⅴ編1.2.1　接合部の基準許容応力及び基準剛性（単調加力接合試験によるもの）」または，「第Ⅴ編1.2.3項　接合部の基準許容応力及び基準終局耐力並びに基準剛性（繰り返し加力試験によるもの）」によることとする。ただし，使用環境Ⅰ及びⅡで用いられる接合部については，これに含水率に係る剛性調整係数を乗じた数値とする。

6）　終局耐力

くぎ等接合部の終局耐力は，「第Ⅴ編1.2.3　接合部の基準許容応力及び基準終局耐力並びに基準剛性（繰り返し加力試験によるもの）」による基準終局耐力とする。ただし，使用環境Ⅰ及びⅡで用いられる接合部については，これに含水率に係る強度調整係数を乗じた数値とする。

（3）　ボルト接合部—1

1）　適用範囲

本項は，木材相互のボルト接合部の許容引張り耐力，木材相互または鋼板を添え板等に用いたボルト接合部の許容せん断耐力を，ボルトの曲げ降伏モーメント（または鋼材の基準材料強度）及び木材のめり込みの終局強度から算出する場合に適用する。

### 2） ボルト接合部の降伏引張り耐力

ボルト接合部の降伏引張り耐力は，(3.3.16) 式による値と (3.3.17) 式による値のうち，小さいほうの値とする。ただし，座金はこれらの引張り力に耐えられるだけの十分な厚さを有するものとする。

$$P_{ty} = (3/4)F \cdot A_Z \tag{3.3.16}$$

$$P_{ty} = F_e \cdot A_W \tag{3.3.17}$$

ここに，$P_{ty}$：ボルト接合部の降伏引張り耐力（N）
　　　　$F$：ボルトの鋼材の基準材料強度（N/mm$^2$）
　　　　$F_e$：木材のめり込みの終局強度（N/mm$^2$）
　　　　$A_Z$：ボルトの軸断面積（mm$^2$）
　　　　$A_W$：座金の面積（mm$^2$）

引張りの降伏耐力は，ボルト自体の引張り耐力と，木材に対する座金のめり込み耐力との小さいほうの値で決まる。(3.3.16) 式の (3/4) は，ボルトの軸部の断面積とねじ部の断面積の比である。

(3.3.16) 式におけるボルトの鋼材の基準材料強度は，強度区分 4.6 のボルト（従来の中ボルト）では，235 N/mm$^2$ である。また，(3.3.17) 式における木材のめり込み終局強度は，圧縮面積が大きくなるため，くぎ接合部の場合と違って通常のめり込みの材料強度をとる。木質構造設計規準(一社)日本建築学会の該当する樹種について長期許容応力度（250 年相当）の 3 倍とすれば，**表 3.3.12** に示すとおりである。

**表 3.3.12　木材のめり込みの材料強度**

| 木材の種類 | めり込みの強度<br>（N/mm$^2$） |
|---|---|
| D Fir-L | 9 |
| Hem-Fir | 7.8 |
| S-P-F | 6 |
| JS I | 7.8 |
| JS II | 6.0 |
| JS III | 7.8 |

ただし，使用環境 II で用いるボルト接合部では，表 3.3.11 の値に含水率に係る強度調整係数として 7/8 を，使用環境 I の常時湿潤状態では，0.7 を乗じた値とする。

### 3） ボルト接合部の許容引張り耐力

ボルト接合部の短期許容引張り耐力は，(3.3.16) 式と，(3.3.17) 式に (2/3) を乗じた値のうち，小さいほうの値とする。

長期許容引張り耐力（250 年相当）は，(3.3.16) 式に (2/3) を乗じた値と，(3.3.17) 式に (1/3) を乗じた値のうち，小さいほうの値とする。

設計許容引張り耐力は，短期の応力（短期積雪時を含む）に対しては，(3.3.16) 式と (3.3.17) 式に (1/3) $K_{DL}$（ただし，$K_{DL}$ は荷重継続時間に応じた調整係数。表 3.3.6 による）を乗じた値のうち，小さいほうの値とする。長期の応力（長期の積雪時を含む）に対しては，(3.3.17) 式に (2/3) を乗じた値と，(3.3.17) 式に (1/3) $K_{DL}$ を乗じた数値のうち，小さいほうの値とする。

設計許容耐力については，ボルト自体の引張りの許容耐力は，短期と長期の 2 種類でその比は 1.5：1 であるが，木材に対する座金のめり込みは，荷重継続時間に応じて，表 3.3.6 に示すように，2：1.6：1.43：1.1 となるため，荷重継続時間によって決定要因が変わることも考えられる。

### 4） ボルト接合部の降伏せん断耐力

ボルト接合部の降伏せん断耐力は (3.3.18) 式による。ただし，使用環境 II で使用する場合には，これに接合部の含水率に係る耐力調整係数 $K_{j1}$（木材の場合には $K_{j1} = 7/8$），使用環境 I の常時湿潤状態で使用する木材相互の接合部の場合には 0.7 を乗じた数値とする。

$$P_y = C \cdot F_{C2} \cdot d \cdot l \tag{3.3.18}$$

ここに，$P_y$：ボルト接合部の降伏せん断耐力（N）
　　　　$F_{C2}$：主材の支圧強度（N/mm$^2$）
　　　　　　　木材の場合は，繊維方向については圧縮強度，繊維直角方向についてはめり込み強度。

$d$：ボルト径（mm）

$l$：主材厚（mm）

$C$：接合形式とその破壊形式によって定まる係数

係数$C$の値は，接合部の形式に応じて以下の値とする。ただし，式中の記号は以下による。

$\alpha$：側材厚／主材厚（$l'/l$）

$\beta$：側材と主材の支圧強度の比（$F_{C1}/F_{C2}$）

$M_y$：ボルトの曲げ降伏モーメント（Nmm）

$F_{C1}$及び$F_{C2}$：側材及び主材の支圧強度（N/mm$^2$）

　　　　木材の場合は，繊維方向については圧縮強度，繊維直角方向についてはめり込み強度。

イ．主材及び側材が木材である2面せん断接合部

$$C = \min\left(2\alpha\beta,\ 1,\ \sqrt{\frac{8\alpha^2\beta^2(1+\beta)}{(2\beta+1)^2} + \frac{16\beta M_y}{(2\beta+1)F_{C2}dl^2}} - \frac{2\alpha\beta}{2\beta+1},\ \frac{d}{l}\sqrt{\frac{16\beta M_y}{(1+\beta)F_{C2}d^3}}\right)$$

ロ．主材が木材で，側材が鋼材である2面せん断接合部

$$C = \min\left(1,\ \frac{d}{l}\sqrt{\frac{16 M_y}{F_{C2}d^3}}\right)$$

ハ．主材が木材で，その中心に鋼材を挿入したボルト接合部

$$C = \min\left(1,\ \sqrt{2+\frac{16 M_y}{F_{C2}dl^2}} - 1,\ \frac{d}{l}\sqrt{\frac{16 M_y}{F_{C2}d^3}}\right)$$

ニ．主材及び側材が木材である1面せん断接合部

$$C = \min\left(1,\ \alpha\beta,\ \frac{\sqrt{\beta+2\beta^2(1+\alpha+\alpha^2)+\alpha^2\beta^3}-\beta(1+\alpha)}{1+\beta},\ \sqrt{\frac{2\beta(1+\beta)}{(2+\beta)^2} + \frac{4\beta M_y}{(2+\beta)F_{C2}dl^2}}\right.$$
$$\left. -\frac{\beta}{2+\beta},\ \sqrt{\frac{2\alpha^2\beta^2(1+\beta)}{(2\beta+1)^2} + \frac{4\beta M_y}{(2\beta+1)F_{C2}dl^2}} - \frac{\alpha\beta}{2\beta+1},\ \frac{d}{l}\sqrt{\frac{4\beta M_y}{(1+\beta)F_{C2}d^3}}\right)$$

ホ．主材が木材で，側材が鋼材である1面せん断接合部

$$C = \min\left(1,\ \sqrt{2+\frac{4 M_y}{F_{C2}dl^2}} - 1,\ \frac{d}{l}\sqrt{\frac{4 M_y}{F_{C2}d^3}}\right)$$

本項は，ボルト接合部の許容せん断耐力等を，「第Ⅴ編1.2.2　接合部の基準許容応力及び基準剛性（くぎ，ねじまたはこれらに類する接合具の曲げ試験並びに枠組材及び面材のめり込み試験によるもの）」の方法によって求める場合に適用されるが，主要な材料，鋼材については，上記の試験結果に相当する値が求められており，改めてこれらの試験を行う必要はない。

主材の支圧強度$F_C$は，原則として第Ⅴ編1.2.2項に示す試験によるが，木材の繊維方向については，圧縮強度，繊維直角方向についてはめり込み強度としてよい。

また，ボルトの曲げ降伏モーメント$M_y$は，原則として第Ⅴ編1.2.2項に示す試験によるが，使用する鋼材の基準材料強度$F$を用いて，$M_y = Fd^3/6$により算出してもよい（ここで$d$は軸部径）。

$C$の値は，5種類のボルト接合形式に対して与えられている。これらの接合形式は，図3.3.3に示す各図に対応している。

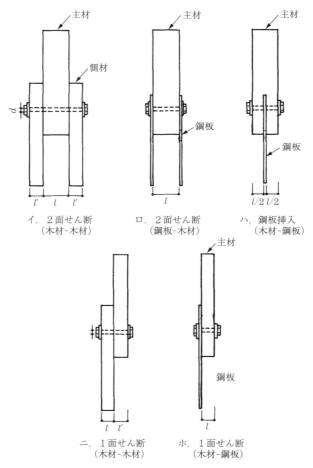

図 3.3.3 せん断を受けるボルトの接合形式

**5) ボルト接合部の許容せん断耐力**

ボルト接合部短期許容せん断耐力は，降伏せん断耐力に（2/3）を乗じた値とする。

$$_sP_a = (2/3)P_y \tag{3.3.19}$$

ボルト接合部の長期許容せん断耐力（250年相当）は短期許容せん断耐力に，1/2（木材相互，または木材と鋼材の接合部にあっても同様）を乗じた値とする。

$$_LP_a = (1/2) \cdot {_sP_a} = (1/3)P_y \tag{3.3.20}$$

設計許容せん断耐力は，長期許容せん断耐力に荷重継続時間に応じた調整係数 $K_{DL}$（表 3.3.6 による）を乗じた値とする。

$$P_a = K_{DL} \cdot {_LP_a} \tag{3.3.21}$$

**6) ボルト接合部の終局耐力**

本項によるボルト接合部の終局耐力は，2）または4）に述べたボルト接合部降伏耐力の値とする。

一般に引張りを受けるボルト接合部で，木材に対する座金のめり込みで降伏耐力が決まる場合には，降伏耐力後も耐力は上昇する。また，せん断を受けるボルト接合部では，ボルトの曲げ変形がボルトの引張り力により拘束されるいわゆるロープ効果により，終局耐力は降伏耐力からさらに上昇する。しかしながら，これらの効果が種々の条件に対して定量化されていないため，ここでは降伏耐力をもって終局耐力と見なすこととする。

ただし，「（4）ボルト接合部—2」により，接合部の実験によって終局耐力を明らかにした場合は，その値を用いることができる。

**（4） ボルト接合部—2**

**1) 適用範囲**

本項は，ボルト接合部の降伏耐力，許容耐力，剛性及び終局耐力を接合部試験に基づいて定める場合に適用す

### 2) ボルト接合部の降伏耐力

ボルト接合部の降伏耐力は，「第Ⅴ編 1.2.1　接合部の基準許容応力及び基準剛性（単調加力試験によるもの）」または，「第Ⅴ編 1.2.3　接合部の基準許容応力及び基準終局耐力並びに基準剛性（繰り返し加力接合試験によるもの）」によって求めた試験許容応力の5%下限値とする。ただし，使用環境Ⅱで使用する接合部の場合は，接合部の含水率に係る耐力調整係数 $K_{j1}$（木材相互の接合部においては $K_{j1}=7/8$）を，使用環境Ⅰの常時湿潤状態で使用する木材相互の接合部の場合は0.7を乗じた数値とする。

### 3) ボルト接合部の許容耐力

ボルト接合部の短期許容耐力は，降伏耐力 $P_y$ に（2/3）を乗じた値とする。

$$_sP_a = (2/3)P_y \tag{3.3.22}$$

ボルト接合部の長期許容耐力は短期許容耐力に，1/2（木材相互，または木材と鋼材の接合部にあっても同様）を乗じた値とする。

$$\begin{aligned}_LP_a &= (1/2)\cdot{_sP_a} \\ &= (1/3)P_y\end{aligned} \tag{3.3.23}$$

設計許容耐力は，長期許容耐力に荷重継続時間に応じた調整係数 $K_{DL}$（表3.3.6による）を乗じた値とする。

$$P_a = K_{DL}\cdot{_LP_a}$$

### 4) ボルト接合部の剛性

ボルト接合部の剛性は，「第Ⅴ編 1.2.1　接合部の基準許容応力及び基準剛性（単調加力接合部試験によるもの）」または，「第Ⅴ編 1.2.3　接合部の基準許容応力及び基準終局耐力並びに基準剛性（繰り返し加力接合部試験によるもの）」によって求めた基準剛性とする。ただし，使用環境Ⅰ及びⅡに使用する接合部の場合は，接合部の含水率に係る剛性調整係数 $K_{ja}$（使用環境Ⅱにおける木材相互の接合部においては $K_{ja}=9/10$）を，乗じた値とする。

設計においてボルト接合部の剛性が必要となるのは，主として地震や風等による短期の応力に対して詳細モデル化を行う場合であり，本項では接合部のクリープ変形は考慮していない。

長期の応力に対しては，必要に応じて接合部のクリープ変形を考慮して，剛性調整係数を用いるか，または適切な変形予測をしなければならない。

### 5) ボルト接合部の終局耐力

ボルト接合部の終局耐力は，「第Ⅴ編 1.2.3　接合部の基準許容応力及び基準終局耐力並びに基準剛性（繰り返し加力試験によるもの）」によって求めた基準終局耐力とする。ただし，使用環境Ⅱで使用する接合部の場合は，接合部の含水率に係る耐力調整係数 $K_{j1}$（木材相互の接合部においては $K_{j1}=7/8$）を，使用環境Ⅰの常時湿潤状態で使用する木材相互の接合部の場合は，0.7を乗じた数値とする。

## （5） ラグスクリュー接合部

### 1) 適用範囲

本項は，鋼板を添え板に用いたラグスクリュー接合部の降伏せん断耐力，及び許容せん断耐力を，ラグスクリューの曲げ降伏モーメント（または鋼材の基準材料強度）及び木材のめり込みの終局強度から算出する場合に適用する。ただし，ラグスクリューの胴部直径に対する有効挿入長さの比は8以上とする。

本項は（3）ボルト接合部—1項の方法をラグスクリュー接合部にも準用したものである。

### 2) ラグスクリュー接合部の降伏せん断耐力

ラグスクリュー接合部の降伏せん断耐力は（3.3.25）式による。ただし，使用環境Ⅱで使用する場合には，これに接合部の含水率に係る耐力調整係数 $K_{j1}$（木材の場合には $K_{j1}=7/8$），使用環境Ⅰの常時湿潤状態で使用する木材相互の接合部の場合には0.7を乗じた数値とする。

$$P_y = C\cdot F_c\cdot d\cdot l \tag{3.3.25}$$

ここに，$P_y$：ラグスクリュー接合部の降伏せん断耐力（N）
　　　　$F_c$：主材の支圧強度（N/mm²）
　　　　　　木材の場合は，繊維方向については圧縮強度，繊維直角方向についてはめり込み強度。
　　　　$d$：ラグスクリューの胴部の直径（mm）

$l$：ラグスクリューに有効挿入長さ（mm）
$C$：破壊形式によって定まる係数で，以下による

$$C = \min\left(1, \sqrt{2 + \frac{4M_y}{F_c d l^2}} - 1, \frac{d}{l}\sqrt{\frac{4M_y}{F_c d^3}}\right)$$

ただし，
　$M_y$：ラグスクリューの曲げ降伏モーメント（N・mm）

ラグスクリューの曲げ降伏モーメントは，ラグスクリューの曲げ試験によるか，または胴部の径$d$，ラグスクリューの材料の基準材料強度$F$を用いて，$M_y = Fd^3/6$により算出する。

#### 3) ラグスクリュー接合部の許容せん断耐力

ラグスクリュー接合部の短期許容せん断耐力は降伏せん断耐力に（2/3）を乗じた値とする。

$$_sP_a = (2/3)P_y \tag{3.3.26}$$

ラグスクリュー接合部の長期許容せん断耐力は短期許容せん断耐力に，1/2（木材相互，または木材と鋼材の接合部にあっても同様）を乗じた値とする。

$$_LP_a = (1/2)\cdot{}_sP_a$$
$$= (1/3)P_y \tag{3.3.27}$$

設計許容せん断耐力は，長期許容せん断耐力に荷重継続時間に応じた調整係数$K_{DL}$（表3.3.6による）乗じた値とする。

$$P_a = K_{DL}\cdot{}_LP_a \tag{3.3.28}$$

#### 4) ラグスクリュー接合部の終局耐力

ラグスクリュー接合部の終局耐力は，（2）に述べたラグスクリュー接合部の降伏せん断耐力の値をとる。

### (6) 薄板軽量形鋼のドリルねじ接合部の許容せん断耐力（適用板厚：0.8 mm～1.6 mm）

#### 1) 鋼板→鋼板　ドリルねじ接合部の長期許容せん断耐力（単位：kN，短期は長期の1.5倍）

| ねじ頭側板厚 $t_1$(mm) | ねじ先側板厚 $t_2$(mm) | | | | |
|---|---|---|---|---|---|
| | 0.8 | 1.0 | 1.2 | 1.4 | 1.6 |
| 0.8 | 0.648 | 0.839 | 1.07 | 1.22 | 1.37 |
| 1.0 | 0.811 | 0.905 | 1.11 | 1.41 | 1.71 |
| 1.2 | 0.980 | 1.08 | 1.19 | 1.40 | 1.71 |
| 1.4 | 1.06 | 1.32 | 1.37 | 1.50 | 1.72 |
| 1.6 | 1.14 | 1.43 | 1.62 | 1.69 | 1.83 |

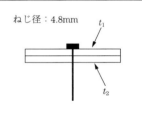

1. ねじの斜め抜け出し耐力　　$R_{as1} = 2.2\,\eta^{1/2} \times (t_2/d_1)^{3/2} \times Ad_1 \times F_2$
　　　　　　　　　　　　　　ただし，$\eta = 3.1 - 5.6(t_{e1}/t_{e2}) + 3.5(t_{e1}/t_{e2})^2$
2. ねじ回りの鋼板の支圧耐力　$R_{as2} = 0.43\{0.6 + 12(t_{e2}/d_1)\} \times (t_{e1}/d_1) \times Ad_1 \times F_1$
3. ねじ回りの鋼板の支圧耐力　$R_{as3} = 0.43\{1.5 + 6.7(t_{e1}/d_1)\} \times (t_{e2}/d_1) \times Ad_1 \times F_2$
4. ねじ自身の軸部せん断耐力　$R_{as4} = f_s \times Ad_1 = 570/1.5(3)^{1/2} \times 0.56 \times Ad_1 \fallingdotseq 120 \times Ad_1$
5. 長期許容せん断耐力　　　　$R_{as} = \min(R_{as1}, R_{as2}, R_{as3}, R_{as4})$

#### 2) 鋼板↔面材　ドリルねじ接合部の長期許容せん断耐力（単位：kN，短期は長期の1.5倍）

| 構造用面材 | | 鋼板→面材 接合部 | | 面材→鋼板 接合部 | |
|---|---|---|---|---|---|
| | | 図a | | 図b | |
| 面材の種類 | 板厚(mm) | ねじ径4.2 | ねじ径4.8 | ねじ径4.2 | ねじ径4.8 |
| 構造用合板，構造用パネル，MDF，パーティクルボード | 9.0 | 0.229 | 0.262 | 0.382 | 0.436 |
| | 12.0 | 0.305 | 0.349 | 0.509 | 0.582 |
| | 15.0 | 0.382 | 0.436 | 0.636 | 0.727 |
| せっこうボード | 12.5 | 0.085 | 0.097 | 0.142 | 0.162 |

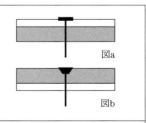

鋼板と面材のドリルねじ接合部の許容せん断耐力　　$R_{as} = \alpha \times f_{e1} \times d_1 \times t_b$
ここに，$\alpha$：鋼板→面材のとき0.6，面材→鋼板のとき1.0
　　　　$f_{e1}$：面材の長期許容めり込み応力度で，木質面材 10.1 N/mm$^2$，せっこうボード 2.70 N/mm$^2$
　　　　$d_1$：ドリルねじ径，$t_b$：面材の公称板厚

3) 鋼板→製材　ドリルねじ接合部の長期許容せん断耐力（単位：kN，短期は長期の1.5倍）

| ドリルねじ径 (mm) | 埋め込み長さ(mm) | | | | |
|---|---|---|---|---|---|
| | 20 | 25 | 30 | 40 | 50 |
| 4.2 | 0.314 | 0.393 | 0.471 | 0.628 | 0.785 |
| 4.8 | 0.359 | 0.449 | 0.539 | 0.718 | 0.898 |

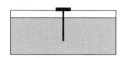

鋼板と製材のドリルねじ接合部の長期許容せん断耐力　$R_{as} = \beta \times f_{e2} \times d_1 \times L_1$
ここに，$\beta$：支圧応力の影響係数で，鋼板→製材のとき0.55，製材→鋼板のとき1.0
　　　　$f_{e2}$：製材の長期めり込み強度で6.8 N/mm²
　　　　$d_1$：ドリルねじ径，$L_1$：ドリルねじの木材に埋め込まれる部分の長さ（mm）

4) 製材→鋼板　ドリルねじ接合部の長期許容せん断耐力（単位：kN，短期は長期の1.5倍）

| ドリルねじ径 (mm) | 製材の厚さ(mm) | | | | |
|---|---|---|---|---|---|
| | 20 | 25 | 30 | 38 | 40 |
| 4.2 | 0.571 | 0.714 | 0.857 | 1.09 | 1.14 |
| 4.8 | 0.653 | 0.816 | 0.979 | 1.24 | 1.31 |

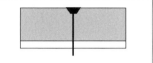

5) 鋼板のドリルねじ接合部の長期許容支圧耐力（単位：kN，短期は長期の1.5倍）

| ドリルねじ径 (mm) | 鋼板の厚さ(mm) | | | | |
|---|---|---|---|---|---|
| | 0.8 | 1.0 | 1.2 | 1.4 | 1.6 |
| 4.2 | 0.889 | 1.11 | 1.33 | 1.56 | 1.78 |
| 4.8 | 1.02 | 1.27 | 1.52 | 1.78 | 2.03 |

2) 3) 4) の耐力は，5) の値を超えないこと

鋼板のドリルねじ接合部の長期許容支圧耐力　$R_{as} = 1.05 \times F \times d_1 \times t_e = 1.05 \times 280 \times d_1 \times 0.9 \times t$
ここに，$F$：鋼板の$F$値，$1.05 F$：鋼板の長期許容支圧応力度，
　　　　$d_1$：ドリルねじ径，$t_e$：鋼板の設計用板厚　$t$：鋼板の公称板厚

### （7）薄板軽量形鋼のボルト接合部の許容せん断耐力

鋼板→鋼板又は木材　ボルト接合部の長期許容せん断耐力（単位：kN，短期は長期の1.5倍）

| ボルト呼び径 | 薄い方の鋼板の公称厚さ(mm) | | | | |
|---|---|---|---|---|---|
| | 0.8 | 1.0 | 1.2 | 1.4 | 1.6 |
| M 8 | 1.69 | 2.12 | 2.54 | 2.96 | 3.39 |
| M 10 | 2.12 | 2.65 | 3.18 | 3.70 | 4.23 |
| M 12 | 2.54 | 3.18 | 3.81 | 4.45 | 5.08 |
| M 16 | 3.39 | 4.23 | 5.08 | 5.93 | 6.77 |
| M 20 | 4.23 | 5.29 | 6.35 | 7.41 | 8.47 |

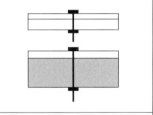

1. 鋼板のボルト接合部の長期許容せん断耐力（支圧）　$R_{as} = 1.05 \times F \times d_2 \times t_e = 1.05 \times 280 \times d_2 \times 0.9 \times t$
　ここに，$F$：鋼板の$F$値，$1.05 F$：鋼板の長期許容支圧応力度，
　　　　$d_2$：ボルト呼び径，$t_e$：鋼板の設計用板厚　$t$：鋼板の公称板厚
2. ボルト軸部の長期許容せん断耐力　$R_{as} = f_{s2} \times A_{d2}$
　ここに，$f_{s2}$：ボルトの長期許容せん断応力度で69 N/mm²，$A_{d2}$：ボルトの断面積：$\pi \times d_2^2 / 4$
3. ボルトと木材の接合部耐力は別途計算し，1，2，3の最小値とする必要がある。

### （8）金物接合

　金物接合の終局耐力，許容耐力，剛性は，3.3.1（1）項から（5）項に述べた接合部の特性値，及び金物材料である鋼材等の特性値に基づく計算，または第Ⅴ編第1章1.2節の接合部実験に基づく値とする。ただし，接合部の試験を実施した場合で，降伏耐力と終局耐力の余裕が1.5倍程度あることが確認できた場合は，降伏耐力を短期許容耐力としてよい。

　なお，第Ⅴ編に準じた試験を行った場合，ここでいう降伏耐力は接合部の基準許容応力に1.5を乗じたものに相当する。

　特にCマーク表示金物，Zマーク表示金物等が木材に対して用いられた場合の許容耐力は，（公財）日本住宅・木材技術センターの定めた許容耐力とする。**表3.3.13**に引き寄せ金物の短期許容耐力，**表3.3.14**に枠組壁工法金物の短期許容耐力を示す。長期許容耐力（250年相当）は短期許容耐力の1/2とする。また，**表3.3.15**に枠組壁工法金物の長期許容耐力（250年相当）を示す。短期許容耐力は長期許容耐力（250年相当）の2倍とする。

　また，これらに対する設計許容耐力は，長期許容耐力（250年相当）に木材の荷重継続時間に由来する調整係数$K_{DL}$を乗じた値とする。降伏耐力及び終局耐力は短期許容耐力の1.5倍とする。

第Ⅰ編　枠組壁工法建築物構造計算指針

**表 3.3.13　引き寄せ金物（Z マーク表示金物および C マーク表示金物）**

| 名　称 | 記　号 | 樹　種 | | | 接合具 |
| --- | --- | --- | --- | --- | --- |
| | | D.Fir-L<br>ベイマツ類*1 | Hem-Fir<br>ヒノキ類*2 | S.P.F<br>スギ類*3 | |
| 引き寄せ金物<br>（ホールダウン金物） | HD-B 10 | 11.3 | 10.4 | 10.0 | 六角ボルト M 12（2 本）又は<br>ラグスクリュー LS 12（2 本） |
| | S-HD 10 | | | | |
| | HD-B 15 | 17.0 | 15.6 | 15.0 | 六角ボルト M 12（3 本）又は<br>ラグスクリュー LS 12（3 本） |
| | S-HD 15 | | | | |
| | HD-B 20 | 22.7 | 20.8 | 20.0 | 六角ボルト M 12（4 本）又は<br>ラグスクリュー LS 12（4 本） |
| | S-HD 20 | | | | |
| | HD-B 25 | 28.4 | 26.0 | 25.0 | 六角ボルト M 12（5 本）又は<br>ラグスクリュー LS 12（5 本） |
| | S-HD 25 | | | | |
| | HD-N 5 | 7.5 | 6.5 | 5.8 | 太めくぎ ZN 90（6 本） |
| | HD-N 10 | 12.6 | 11.4 | 9.8 | 太めくぎ ZN 90（10 本） |
| | HD-N 15 | 20.1 | 18.2 | 15.6 | 太めくぎ ZN 90（16 本） |
| | HD-N 20 | 22.6 | 20.5 | 17.6 | 太めくぎ ZN 90（20 本） |
| | HD-N 25 | 29.4 | 26.6 | 22.9 | 太めくぎ ZN 90（26 本） |

（注1）　耐力の算出方法は，木構造計算基準（(一社)日本建築学会）による．
（注2）　表中の短期許容耐力は，枠組材と金物を直接接合した場合の耐力である．
（注3）　＊1　ベイマツ類：ベイマツ，クロマツ，アカマツ，カラマツ，ツガ，リュウキュウマツ
　　　　＊2　ヒノキ類：ヒノキ，ベイツガ，ベイヒ，ヒバ，モミ，アスナロ
　　　　＊3　スギ類：スギ，ベイスギ，トドマツ，エゾマツ，ベニマツ，スプルース
　　　　これらの樹種分類は，密度ベースで整理した(一社)日本建築学会基準の趣旨を援用して整理している．
（注4）　枠組壁工法構造用製材及び枠組壁工法構造用たて継ぎ材の日本農林規格における JS Ⅰ，Ⅱ，Ⅲの樹種群の対応は，個別に樹種を確認し，上記（注3）により C マーク樹種類を特定し C マーク金物を選定する．

**表 3.3.14　枠組壁工法金物（C マーク表示金物）の短期許容耐力**

| 名　称 | 記　号 | 樹　種 | | | 接合具 |
| --- | --- | --- | --- | --- | --- |
| | | D.Fir-L<br>ベイマツ類*1 | Hem-Fir<br>ヒノキ類*2 | S.P.F<br>スギ類*3 | |
| 柱脚金物 | PB-33 | 11.3 | 10.4 | 10.0 | 六角ボルト M 12（1 本） |
| | PB-42 | 22.7 | 20.8 | 20.0 | 六角ボルト M 12（2 本） |
| 柱頭金物 | PC | 10.3 | 9.3 | 8.1 | 太めくぎ ZN 65（24 本） |
| 帯金物 | S-45 | 2.5 | 2.3 | 2.0 | 太めくぎ ZN 40（6 本） |
| | S-50 | 5.1 | 4.6 | 4.0 | 太めくぎ ZN 65（12 本） |
| | S-65 | 5.1 | 4.6 | 4.0 | 太めくぎ ZN 65（15 本） |
| | S-90 | 5.1 | 4.6 | 4.0 | 太めくぎ ZN 40（12 本） |
| | SW-67 | 10.3 | 9.3 | 8.1 | 太めくぎ ZN 65（26 本） |
| ストラップアンカー | SA-65 | 10.3 | 9.3 | 8.1 | 太めくぎ ZN 65（12 本）<br>六角ボルト M 8（1 本） |
| あおり止め金物 | TS | 3.4 | 3.1 | 2.7 | 太めくぎ ZN 40（8 本） |
| | TW-23 | 4.3 | 3.8 | 3.3 | 太めくぎ ZN 40（10 本） |
| | TW-30 | | | | |
| かど金物 | CP・L | 4.3 | 3.8 | 3.4 | 太めくぎ ZN 65（10 本） |
| | CP・T | | | | |

（注1）　耐力の算出方法は，木構造計算基準（(一社)日本建築学会）による．
（注2）　PC は 2 枚組で使用する値である．SA-65 に使用する座金は，平座金 W 1.6×2.3 とする．
（注3）　表中の短期許容耐力は，枠組材と金物を直接接合した場合の耐力である．
（注4）　＊1　ベイマツ類：ベイマツ，クロマツ，アカマツ，カラマツ，ツガ，リュウキュウマツ
　　　　＊2　ヒノキ類：ヒノキ，ベイツガ，ベイヒ，ヒバ，モミ，アスナロ
　　　　＊3　スギ類：スギ，ベイスギ，トドマツ，エゾマツ，ベニマツ，スプルース
　　　　これらの樹種分類は，密度ベースで整理した(一社)日本建築学会基準の趣旨を援用して整理している．
（注5）　枠組壁工法構造用製材及び枠組壁工法構造用たて継ぎ材の日本農林規格における JS Ⅰ，Ⅱ，Ⅲの樹種群の対応は，個別に樹種を確認し，上記（注4）により C マーク樹種類を特定し C マーク金物を選定する．

表 3.3.15 枠組壁工法金物（C マーク表示金物）の長期許容耐力

| 名　　称 | 記　　号 | 長期許容耐力 (kN) | | | 主 な 用 途 等 |
| --- | --- | --- | --- | --- | --- |
| | | D.Fir-L ベイマツ類*1 | Hem-Fir ヒノキ類*2 | S.P.F スギ類*3 | |
| 根太受け金物 | JH-S 204・206 | 3.4 | 3.1 | 2.7 | 端根太へ太めくぎ ZN 40（8 本）<br>根太へ太めくぎ ZN 40（8 本） |
| | JH 204・206 | 2.5 | 2.3 | 2.0 | 端根太へ太めくぎ ZN 40（6 本）<br>根太へ太めくぎ ZN 40（4 本） |
| | JH 2-204・2-206 | 2.5 | 2.3 | 2.0 | 端根太へ太めくぎ ZN 65（6 本）<br>根太へ太めくぎ ZN 65（4 本） |
| | JH 208・210 | 3.4 | 3.1 | 2.7 | 端根太へ太めくぎ ZN 65（8 本）<br>根太へ太めくぎ ZN 40（6 本） |
| | JH 212 | 4.3 | 3.8 | 3.3 | 端根太へ太めくぎ ZN 65（10 本）<br>根太へ太めくぎ ZN 40（6 本） |
| | JHS 208・210 R | 4.3 | 3.8 | 3.3 | 端根太へ太めくぎ ZN 65（10 本）<br>根太へ太めくぎ ZN 40（6 本） |
| | JHS 208・210 L | 4.3 | 3.8 | 3.3 | 端根太へ太めくぎ ZN 65（10 本）<br>根太へ太めくぎ ZN 40（6 本） |
| はり受け金物 | BH 2-208 | 4.3 | 3.8 | 3.3 | 端根太へ太めくぎ ZN 65（10 本）<br>根太へ太めくぎ ZN 65（6 本） |
| | BH 2-210 | 4.3 | 3.8 | 3.3 | 端根太へ太めくぎ ZN 65（10 本）<br>根太へ太めくぎ ZN 65（6 本） |
| | BH 2-212 | 7.5 | 6.8 | 5.8 | 端根太へ太めくぎ ZN 90（12 本）<br>根太へ太めくぎ ZN 65（6 本）<br>太めくぎ ZN 90（6 本） |
| | BH 3-208 | 8.7 | 7.9 | 6.8 | 端根太へ太めくぎ ZN 90（14 本）<br>根太へ太めくぎ ZN 90（6 本） |
| | BH 3-210 | 8.7 | 7.9 | 6.8 | 端根太へ太めくぎ ZN 90（14 本）<br>根太へ太めくぎ ZN 90（6 本） |
| | BH 3-212 | 10.0 | 9.1 | 7.8 | 端根太へ太めくぎ ZN 90（16 本）<br>根太へ太めくぎ ZN 90（6 本） |
| | BH 4-208 | 8.7 | 7.9 | 6.8 | 端根太へ太めくぎ ZN 90（14 本）<br>根太へ太めくぎ ZN 90（6 本） |
| | BH 4-210 | 8.7 | 7.9 | 6.8 | 端根太へ太めくぎ ZN 90（14 本）<br>根太へ太めくぎ ZN 90（6 本） |
| | BH 4-212 | 10.0 | 9.1 | 7.8 | 端根太へ太めくぎ ZN 90（16 本）<br>根太へ太めくぎ ZN 90（6 本） |
| | BHS 2-210 R | 5.1 | 4.6 | 4.0 | 端根太へ太めくぎ ZN 65（12 本）<br>根太へ太めくぎ ZN 65（4 本） |
| | BHS 2-210 L | 5.1 | 4.6 | 4.0 | 端根太へ太めくぎ ZN 65（12 本）<br>根太へ太めくぎ ZN 65（4 本） |
| ヘビータイプはり受け金物 | BHH 2-210 | 9.8 | 8.8 | 7.7 | 端根太へ太めくぎ ZN 80（10 本）<br>根太へ太めくぎ ZN 65（6 本） |
| | BHH 3-210 | 13.7 | 12.3 | 10.7 | 端根太へ太めくぎ ZN 80（14 本）<br>根太へ太めくぎ ZN 90（6 本） |
| まぐさ受け金物 | LH 204 | 2.5 | 2.3 | 2.0 | 端根太へ太めくぎ ZN 65（6 本）<br>根太へ太めくぎ ZN 65（2 本） |
| | LH 206 | 4.3 | 3.8 | 3.3 | 端根太へ太めくぎ ZN 65（10 本）<br>根太へ太めくぎ ZN 65（2 本） |

※耐力算出方法は，「木構造計算基準」（（一社）日本建築学会）による。
※JH-S 204・206 は，2 枚組で使用する値である。
※枠組壁工法構造用製材及び枠組壁工法構造用たて継ぎ材の日本農林規格における JS Ⅰ，Ⅱ，Ⅲ の樹種群の対応は，個別に樹種を確認し，表 3.3.13 の（注 3）により C マーク樹種類を特定し C マーク金物を選定する。

　ただし，これらの許容耐力，終局耐力については，使用環境Ⅱで使用される場合は，接合部の含水率に係る耐力調整係数 $K_{j1}$（＝7/8）を，使用環境Ⅰの常時湿潤状態で使用される木材相互の接合部の場合には，0.7 を乗じることとする。なお，こうした箇所に使用する金物には，亜鉛めっきなどの防錆措置を講ずる必要がある。
　なお，浮き上がりに抵抗する金物で，くぎ打ち接合によるものは，一般に降伏後の耐力の余裕があることが知られているため，表 3.3.17 に示す耐力を，地震時，風圧時に発生する浮き上がり力に対して適用してもよい。

表 3.3.16 接合金物用くぎ許容耐力

| 名称 | 記号 | 短期許容耐力 (kN) | | | 主な用途等 |
| --- | --- | --- | --- | --- | --- |
| | | D.Fir-L ベイマツ類[*1] | Hem-Fir ヒノキ類[*2] | S.P.F スギ類[*3] | |
| 太めくぎ | ZN 40 | 0.86 | 0.77 | 0.68 | 長期許容せん断耐力は，表値の1/2とする。鋼板添え板のため，25％割り増しによる数値とする。 |
| | ZN 65 | 0.86 | 0.77 | 0.68 | |
| | ZN 90 | 1.26 | 1.14 | 0.98 | |
| | ZN 80 | 1.96 | 1.77 | 1.54 | |

※表中の短期許容耐力は，枠組材と金物を直接接合した場合の耐力である。
※太めくぎ及びスクリューくぎの耐力は，枠組材と接合部を直接接合した場合の耐力である。

表 3.3.17 接合部設計用金物降伏耐力

| 名称 | 記号 | D Fir-L | Hem-Fir | S.P.F |
| --- | --- | --- | --- | --- |
| 帯金物 | S-45 | 3.89 | 3.48 | 3.05 |
| | S-50 | 7.77 | 6.98 | 6.09 |
| | S-65 | 7.77 | 6.98 | 6.09 |
| | S-90 | 7.77 | 6.98 | 6.09 |
| | SW-67※ | 12.71 | 11.41 | 9.96 |
| ストラップアンカー | SA-65※ | 12.71 | 11.41 | 9.96 |
| あおり止め金物 | TS | 5.18 | 4.65 | 4.07 |
| | TW-23 | 6.47 | 5.81 | 5.07 |
| | TW-30 | 6.47 | 5.81 | 5.07 |

※は金物形状，及びくぎ本数の関係から低減されている。
※表中の耐力は，枠組材と金物を直接接合した場合の耐力である。

### 3.3.2 耐力壁の設計

#### （1） 耐力壁の耐力及び剛性—1

1） 適用範囲

本項は，平13国交告第1541号（以下，告示1541という）第1に掲げる仕様の耐力壁について，許容せん断耐力，終局耐力及び剛性を壁倍率から求める場合に適用する。

2） 耐力壁の許容せん断耐力

耐力壁の許容せん断耐力は壁倍率1の壁1m当たり1.96 kNとする。

$$Q_a = 1.96\,\alpha \cdot L \tag{3.3.29}$$

ここに，$Q_a$：耐力壁の許容せん断耐力（kN）
$\alpha$：壁倍率（告示1541第1に規定する倍率）
$L$：耐力壁の長さ（m）

3） 終局せん断耐力

耐力壁の終局せん断耐力は，原則として3.3.2（2）項または3.3.2（3）項による。

4） 耐力壁の剛性

耐力壁の剛性は，許容せん断耐力時の層間変形角が1/150 rad.であるとして，(3.3.30)式により算出する。

$$K = 150 Q_a / H \tag{3.3.30}$$

ここに，$K$：耐力壁の剛性（kN/mm）
$H$：階高（mm）

#### （2） 耐力壁の耐力及び剛性—2

1） 適用範囲

① 本項は，枠組壁工法の耐力壁について，許容せん断耐力，終局せん断耐力及び剛性を，接合部の特性等から算出する場合に適用する。

② ここでいう耐力壁は，荷重及び外力によって建築物各部に生じる応力を算出するための力学モデルを想定する場合において，当該モデルの一構成要素とみなされる壁の部分をいう。

③ 耐力壁は，上枠，下枠及びたて枠で構成される矩形の枠組に，告示 1541 第 1 第五号の表 1 及び表 1-2 に掲げる面材のうち，表 3.3.18 に掲げる数値以上に厚さを有するものをくぎ打ちしたものとする。

耐力壁の高さは，下枠から上枠までの距離，耐力壁の長さは構造耐力上主要な面材が張られている部分の最左端から最右端までの距離をいう（図 3.3.4 参照）。

表 3.3.18 面材の最小板厚（単位 mm）

| 面 材 の 種 類 | 最小板厚 | 面 材 の 種 類 | 最小板厚 |
| --- | --- | --- | --- |
| 構造用合板 | 7.5 | フレキシブル板 | 6 |
| 化粧ばり構造用合板 | 7.5 | パルプセメント板 | 8 |
| 構造用パネル | 7.5 | シージングボード | 12 |
| パーティクルボード | 12 | ミディアムデンシティファイバーボード | 7.5 |
| ハードボード | 5 | 火山性ガラス質複層板 | 9 |
| 硬質木片セメント板 | 12 | せっこうボード（普通，構造用，強化） | 12 |

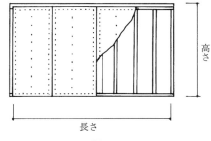

図 3.3.4

④ 耐力壁は以下の各号を満たす開口（たて枠材等で区切られた開口が複数個連続している場合は，その全体を一開口とみなす）を含むことができる。

イ） 開口の両側に 45 cm 以上かつ当該開口部の内法高さの 0.3 倍以上の幅をもつ壁があること。

ロ） 開口部の内法高さが，耐力壁の高さの 1/3 以下かつ 100 cm 以下であること。

ハ） 開口部の幅が 100 cm 以下であること。

ニ） 複数の開口部を含む場合は，各開口部の幅の合計が耐力壁の長さの 1/3 以下であること。

なお，本項は，告示 1541 第 1 に掲げる仕様と異なる仕様（材料は同一のものとする）の耐力壁について，壁倍率によらずに降伏耐力を接合部の特性値等から計算で求める場合に用いることを想定している。ただし，第 1 に掲げる仕様の耐力壁に適用することも可能である。

2） 耐力壁の許容せん断耐力

① 耐力壁の許容せん断耐力 $Q_a$ は，降伏せん断耐力 $Q_y$ にじん性による低減係数 $K_d$ を乗じて算出する。ただし，保有水平耐力計算を行う場合の基準許容応力度計算においては，許容せん断耐力 $Q_a$ として，降伏せん断耐力 $Q_y$ をそのまま用いてもよい。

$$Q_a = K_d \cdot Q_y \tag{3.3.31}$$

② じん性による低減係数 $K_d$ は，次式による。

$$K_d = \frac{0.2 Q_u \sqrt{2\mu - 1}}{Q_y} \tag{3.3.32}$$

ただし，$\mu$：耐力壁の塑性率
$Q_u$：耐力壁の終局耐力
$K_d > 1$ の場合は $K_d = 1$ とする。

なお，ある仕様の耐力壁の降伏耐力 $Q_{y1}$，終局耐力 $Q_{u1}$，塑性率 $\mu_1$ が実験等によりわかっている場合で，接合具間隔の異なる耐力壁については，じん性による低減係数 $K_d$ は次式によることができる。

$$K_d = \frac{0.2 Q_{u1} \sqrt{2\mu_2 - 1}}{Q_{y1}} \tag{3.3.33}$$

ただし，$\mu_2$：接合具間隔の異なる耐力壁の塑性率の予測値

$$\mu_2 = \frac{K_2}{K_1} \cdot \frac{s_1}{s_2} \mu_1$$

ただし，

$K_1$, $K_2$：それぞれの耐力壁の面内せん断剛性（(3.3.38)式による）

$s_1$, $s_2$：耐力壁のくぎの本数により定まる数値（(3.3.35)式中の$s$）

### 3) 耐力壁の降伏せん断耐力

① 耐力壁の降伏せん断耐力は，各面につき（3.3.34）式により求める。

$$Q_a = \min \begin{cases} Q_o \cdot \dfrac{1-\alpha}{1-\alpha+\alpha\beta} \\ f_s \cdot (1-\alpha) \cdot L \cdot t \end{cases} \tag{3.3.34}$$

ここに，$Q_a$：開口を含む耐力壁のみかけの降伏せん断耐力（N）

$Q_o$：次項に規定する無開口耐力壁の降伏せん断耐力（N）

$H$：耐力壁の高さ（mm）

$L$：耐力壁の長さ（開口を含む）（mm）

$h_w$：開口の高さの最大値（mm）

$l_w$：開口の長さの合計（mm）

$\alpha = \dfrac{l_w}{L}$

$\beta = \dfrac{h_w}{H}$

$t$：面材の厚さ（mm）

$f_s$：面材の短期許容せん断応力度（N/mm²）

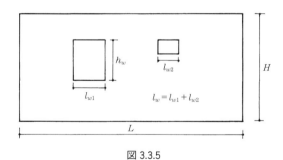

図 3.3.5

② 無開口耐力壁の降伏せん断耐力は，(3.3.35)式により求める。

$$Q_0 = q \cdot s \cdot \frac{L}{l_0} \tag{3.3.35}$$

ここに，$Q_0$：無開口耐力壁の降伏せん断耐力（N）

$l_0$：基準パネルの長さ（mm）

$q$：3.3.1項に示すくぎ等接合部の1面せん断降伏耐力（N）

$s$：くぎの本数により定まる数値で，下式により求める。

$$s = \min\left(m-1,\ (n_1-1)\frac{l_0}{h_1},\ (n_2-1)\frac{l_0}{h_2}\right)$$

$h_1$, $h_2$：面材の高さ（mm）

$m$, $n_i$：基準パネルの長さ方向及び高さ方向の面材外周部におけるくぎ本数。ただし，面材の左右または上下でくぎ本数が異なる場合は，それぞれの数値の小さいほうの値をとる。

$m = \min(m_i 上,\ m_i 下)$    $n_i = \min(n_i 左,\ n_i 右)$

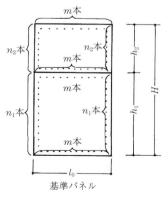

基準パネル

図 3.3.6

③ 基準パネルは高さが $H$ で，幅が耐力壁にくぎ打ちされる面材の標準幅に等しい無開口パネルであって，面材のくぎ打ちがその耐力壁内の標準的仕様によっているものをいう。

④ 耐力壁に基準パネルと異なる幅のパネルが含まれる場合は，当該パネルの面材外周部各辺のくぎ本数は以下の条件を満たすこと。

$$n \geq \frac{s \cdot x}{l_0} + 1 \tag{3.3.36}$$

ここに，$n$：当該パネルにおける各面材外周部各辺のくぎ本数
　　　　　$x$：当該パネルにおける各面材外周部各辺の長さ（mm）

⑤ 開口を有する耐力壁で，開口部脇の無開口部分に面材に継ぎ手がある場合には，面材における継ぎ手部分のくぎ本数は，以下の条件を満たすこと。

$$n \geq \frac{Q_a \cdot x}{(1-\alpha) \cdot q \cdot L} + 1 \tag{3.3.37}$$

⑥ 表裏両面に面材が張られている耐力壁の降伏せん断耐力は，各面の降伏せん断耐力及び剛性を勘案して定める。

本基準における開口を有する耐力壁の降伏せん断耐力は，図3.3.7に示すパネルの境界条件及びそのときのせん断応力度の分布をもとに誘導したもので，開口を無視した場合の壁の降伏せん断耐力に，開口の存在による低減係数を乗じて求める。なお開口を持たない耐力壁では (3.3.34) 式において $\alpha=0$ とする。

無開口パネルにおける耐力壁の降伏せん断耐力は，1枚の面材を張った要素について，面材周辺において高さ方向，及び長さ方向に打たれたくぎに面材に作用するせん断力と平行方向の力が作用するものと仮定し，その場合にくぎに作用するせん断力がくぎの降伏せん断耐力以下となるように定めている。したがって，本基準では枠組材の曲げ剛性を無視しており，枠組材の曲げ剛性が高く，枠組材の面材に対する回転モーメントによる抵抗が無視できない場合には，別途これを考慮した解析を行ってよい。

高さが $H$ で，幅が耐力壁にくぎ打ちされる面材の標準幅に等しい無開口パネルで，面材のくぎ打ちがその耐力壁内の標準的仕様によっているものを基準パネルとし，このパネルの降伏せん断耐力を基準として耐力壁の降伏せん断耐力を求めることとした。したがって，耐力壁に基準パネルと異なる幅のパネルが含まれる場合は，当該パネルの面材外周部各辺のくぎ本数を (3.3.36) 式により検定する必要がある。また，開口部脇の無開口部分の面材に継ぎ手がある場合は，継ぎ手部分のくぎの本数を (3.3.37) 式により検定する。なお，開口部脇の片方の無開口部分のみに継ぎ手がある場合は，その部分が負担するせん断力を当該部分の長さより算定し，くぎ本数の検定を行う。

表裏に種類の違う面材が張られた耐力壁では，本章3.2節に述べる方式により，耐力壁全体の降伏せん断耐力を求める。

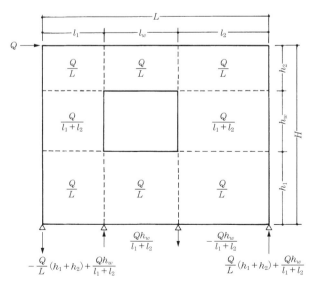

図 3.3.7　開口パネルにおけるせん断応力の仮定

4) 耐力壁の面内せん断剛性

① 耐力壁各面の面内せん断剛性は，(3.3.38) 式により求める。

$$K = K_0 \cdot \frac{1-\alpha}{1-\alpha+\alpha\beta} \tag{3.3.38}$$

ここに，$K$：開口を含む壁の1つの面の面内せん断剛性（N/mm）
　　　　$K_0$：次項に示す無開口耐力壁の面内せん断剛性（N/mm）
　　　　$H$：耐力壁の高さ（mm）
　　　　$L$：耐力壁の長さ（mm）
　　　　$h_w$：開口の高さの最大値（mm）
　　　　$l_w$：開口の長さの合計（mm）

$$\alpha = \frac{l_w}{L}$$

$$\beta = \frac{h_w}{H}$$

② 無開口耐力壁の面内せん断剛性は，(3.3.39) 式による。

$$\frac{1}{K_0} = \frac{l_0}{L}\left(\frac{1}{K_1} + \frac{1}{K_2} + \cdots\cdots\right) \tag{3.3.39}$$

ここに，$K_0$：無開口耐力壁の面内せん断剛性（N/mm）
　　　　$K_i$：基準パネルの当該面に張られる面材のうち，$i$ 番目の面材が張られる壁の部分の面内せん断剛性（N/mm）で，(3.3.40) 式により求める。

$$\frac{1}{K_i} = \frac{2h_i}{k_n}\left(\frac{1}{h_i \cdot (m-1)} + \frac{h_i}{l_0^2 \cdot (n_i-1)}\right) + \frac{h_i}{G \cdot l_0 \cdot t} \tag{3.3.40}$$

ここに，$k_n$：くぎのすべり剛性（N/mm）
　　　　$t$：面材の厚さ（mm）
　　　　$G$：面材のせん断弾性係数（N/mm²）
　　　　$l_0$：基準パネルの長さ（mm）
　　　　$h_i$：$i$ 番目の面材の高さ（mm）
　　　　$m, n_i$：$i$ 番目の面材の外周各辺における長さ方向及び高さ方向のくぎ本数。ただし，外周の左右または上下でくぎ本数が異なる場合は，それぞれの数値の平均値をとる。
　　　　$m = (m_i 上 + m_i 下)/2 \quad n_i = (n_i 左 + n_i 右)/2$

③ 表裏両面に面材が張られている耐力壁の面内せん断剛性は，外力によって生じるせん断力に対する応答変位の大きさを勘案して定める。

本基準における開口を有する耐力壁の面内せん断剛性は，図 3.3.5 に示したような耐力壁を想定して誘導したもので，開口を無視した場合の壁の面内せん断剛性に，開口の存在による低減係数を乗じて求める。

無開口耐力壁の面内せん断剛性は，1枚の面材を張った要素について，耐力壁の高さ方向及び長さ方向に面材周辺に打たれたくぎがそれぞれに作用するせん断力と，平行方向に変形するものと仮定し，仮想仕事の原理に基づきこの要素の面内せん断剛性を算出し，これをもとに壁パネルのせん断剛性を求めることとした。

基準パネルの定義は，2) と同じである。

表裏に種類の異なる面材の張られた耐力壁では，3.2 節に述べる方法により，耐力壁全体の降伏せん断剛性を求める。

また，LW 改良法またはツーレールシアー法により求めた各種面材のせん断弾性係数及びせん断強度の実験値を表 3.3.19 に示す。なお，ここでは材料のばらつきを勘案し，実験より求めたせん断強度の平均値の 1/3 を暫定的に耐力壁設計用せん断強度とした。この値を短期許容せん断応力度 $f_s$ として計算してよい。

表 3.3.19 各種面材のせん断弾性係数及びせん断強度

| ボードの種類 | せん断弾性係数 (N/mm²) | せん断強度 (N/mm²) | |
|---|---|---|---|
| | | 平均値 | 耐力壁設計用 |
| 構造用合板（ラワン） | 400 | 9.8 | 3.2 |
| 構造用合板（ベイマツ） | 600 | 9.8 | 3.2 |
| 構造用パネル | 1,400 | 6 | 2 |
| 硬質木片セメント板 | 1,300〜1,700 | 2.5 | 0.8 |
| 普通せっこうボード 強化せっこうボード | 700 | 0.8 | 0.26 |

5) 終局せん断耐力

耐力壁の終局せん断耐力 $Q_u$ は，降伏せん断耐力を求める（3.3.34）式，（3.3.35）式において，くぎ等接合部の降伏耐力 $q$ の代わりに 3.3.1（1）項または（2）項に示すくぎ等接合部の終局耐力を，また，面材の短期許容せん断応力度 $f_s$ の代わりにせん断強度（短期許容せん断応力度 $f_s$ の 1.5 倍，使用環境ⅠまたはⅡで使用する場合は，材料の含水率に係る強度調整係数を乗じた値）を用いたものとする。

既往の実験に基づき，開口部を持たない耐力壁で，構造用合板または構造用パネルを CN 50, CNZ 50 または BN 50 により打ち付けた耐力壁にあっては，降伏せん断耐力の 1.5 倍，せっこうボードを GNF 40 により打ち付けた耐力壁にあっては，降伏せん断耐力の 1.2 倍とすることができる。

（3） 耐力壁の耐力及び剛性—3

1) 適用範囲

枠組壁工法の耐力壁の降伏耐力，終局耐力及び剛性を耐力壁の加力試験により求める場合に適用する。ただし，使用する材料は告示第 2 に指定しているものに限る。

2) 耐力壁の降伏せん断耐力

耐力壁の降伏せん断耐力は，「第Ⅳ編第 3 章 施行規則第 8 条の 3 に基づく大臣認定における指定性能評価機関の耐力壁の試験・評価方法」による耐力壁の基準許容応力に耐力壁長さを乗じた値とする。ただし，使用環境ⅠまたはⅡで使用される耐力壁の場合は，さらに含水率に係る耐力調整係数を乗じたものとする。

3) 耐力壁の面内せん断剛性

耐力壁の面内せん断剛性は，「第Ⅳ編第 3 章 施行規則第 8 条の 3 に基づく大臣認定における指定性能評価機関の耐力壁の試験・評価方法」による耐力壁の基準剛性に耐力壁長さを乗じた値とする。ただし，使用環境ⅠまたはⅡで使用される耐力壁の場合は，さらに含水率に係る剛性調整係数を乗じたものとする。

4) 終局せん断耐力

耐力壁の終局せん断耐力は，「第Ⅳ編第 3 章 施行規則第 8 条の 3 に基づく大臣認定における指定性能評価機関の耐力壁の試験・評価方法」による耐力壁の基準終局耐力に耐力壁長さを乗じた値とする。ただし，使用環境ⅠまたはⅡで使用される耐力壁の場合は，さらに含水率に係る剛性調整係数を乗じたものとする。

### 3.3.3 直交集成板を床版・屋根版に使用する場合

（1） 直交集成板の特徴と計画時留意点

直交集成板（以下 CLT という）は，ラミナ（板材）を交差し接着するパネルでラミナの層数より，3 層 3 プライ，3 層 4 プライ，5 層 5 プライ，5 層 7 プライ，7 層 7 プライ，9 層 9 プライに分けられる。CLT は最外層ラミナがスパンに平行な場合強軸となり直交する場合は弱軸となる（図 3.3.8 参照）。

CLT により床が構成できるようになったことで，2 方向跳ね出しバルコニーやオーバーハング庇などが容易に行える特長がある。

理屈上，図 3.3.9 のような 4 方向はね出し床も可能であるが，これを実現するには床を CLT 1 枚板で計画する必要がある。CLT 版製作や現場搬入を考え，CLT 1 枚の巾を計画し，割り付ける必要がある。CLT 1 枚あたりの最大巾は，CLT 製作工場により異なるため，事前に確認しておく必要がある。また現場搬入に際し運搬可能な大きさ（道路等の制約から進入できるトラックの大きさ）が定まるので注意する必要がある。CLT が小割りパ

ネルになった場合，一般的な枠組壁工法床組同様，はね出しスパンの1.5～2.0倍ののみ込み長さをとる必要がある。のみ込み長さが取れない場合，設計者が的確な構造モデルを作成し，計算により安全を確かめる必要がある。

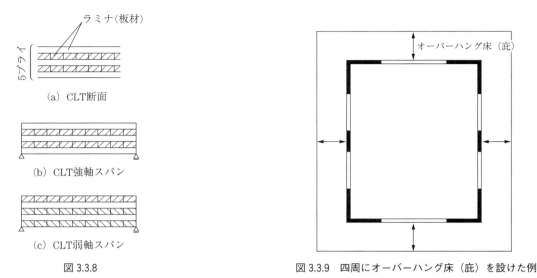

図 3.3.8　　　　　　　　　　　　　　　　図 3.3.9　四周にオーバーハング床（庇）を設けた例

### （2）　直交集成板（CLT）を使用する枠組壁工法の構造計算

平成29年の改正により告示第2第三号で床版・屋根版にCLTが追加となった。床版・屋根版にCLTを使用する場合，建物全体の構造計算が必要となる（1階床にCLTを使用する場合に限りCLTに生ずる応力が許容応力以下であることを確認いわゆる部分計算で良い）。2階以上の階の床版にCLTを使用する場合，告示第4第八号等の規定により建物全体の許容応力度計算・剛性率・偏心率の検討・建物の塔状比4以下であることの確認が必要となっている。

屋根版にCLTを使用する場合は，告示第7第十三号の規定に従い建物全体の許容応力度計算及び剛性率偏心率の検討が必要となる。

CLTの比重は0.4～0.45であり，固定荷重の算定に注意をすること。例えば，比重0.4とし150 mm厚のCLTを屋根版に使用するとCLTの重量は $0.4 \times 0.15 \times 10000 = 600$ N/m$^2$ となる。たるきを206@455野地板9 mmとすると $100 + 60 = 160$ N/m$^2$ となるためかなり重量増加となり，必要壁量の増加につながるので注意を要する。

CLT床版に対する構造計算は，CLTの曲げ・せん断検討と接合部検討の2種類がある。

CLTの曲げ・せん断検討は，先に述べたような特殊な場合を除き床・屋根に対しCLT割付（ある巾のCLTを敷き並べる）を行う（後述するようCLT相互の接合部検討を行わなければならないので，CLTの割付は構造設計者がおこなう必要がある）のでCLT相互の接合部分が発生し床・屋根を1枚の剛体とみなせないため，一方向スラブとして単純梁計算となる場合が多い。

CLTの許容応力度については，CLT関連告示等解説書およびCLTを用いた建築物の設計施工マニュアル（公財）日本住宅・木材技術センターを参照すること。

### （3）　直交集成板（CLT）接合部の検討

CLT構面に作用する応力は，図3.3.10に示すよう支点部分（CLTと下階耐力壁線との接合）に作用するせん断力CLT相互に作用するせん断力（CLT割付により位置が異なる），構面に作用する曲げによるCLT相互接合部に作用する引張力がある。それぞれの部位に作用する応力に対して接合部の検討が必要である。

図3.3.11にそれぞれの部位の接合例を示す。以下に示す詳細例の他，CLT上面に構造用合板を敷き並べくぎ打ちする方法も考えられる。但しこの場合CLT相互の接合は合板の掛け渡しを行うようにすること。

他に（公財）日本住宅・木材技術センターの×マーク金物の規格の利用も可能である。

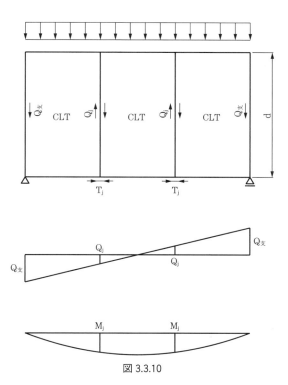

図 3.3.10

1) 直交集成板(CLT)支点部分(CLTと下階耐力壁との接合)

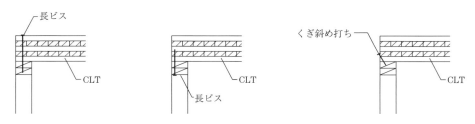

2) CLT相互接合部

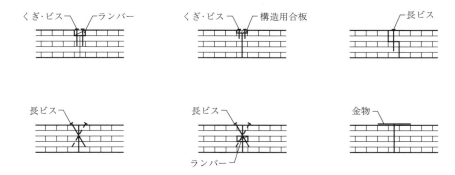

3) 曲げによるCLT相互接合部（$T_j = M_j/d$）

図 3.3.11

### （4） 直交集成板（CLT）屋根・床に開口がある場合

図 3.3.12 のように CLT 床・屋根に開口部がある場合，開口部隅角部に引張力 T が生ずる。この力に対し帯金物等を設置する必要がある。又 CLT 相互の接合部の長さは $d_0$ 分短くなるので注意すること。

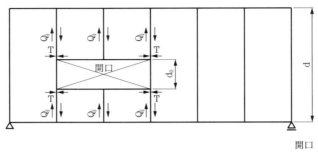

図 3.3.12

#### 1） 開口部を有する床面の応力分布

日本合板工業組合連合『中層・大規模木造建築物への合板利用マニュアル』より。

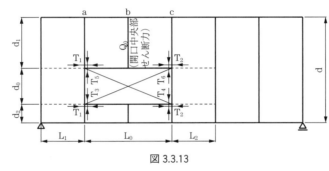

図 3.3.13

$Q_0$：開口部中央のせん断力　N/m
$q_0 = b$ 点せん断力 $/d$
$\alpha = (L_1 + L_2)$　　$\beta = d_0/(d_1 + d_2)$
$T_1 = \pm \alpha(1+\beta) \cdot L_1 \cdot q_0$
$T_2 = \pm \alpha(1+\beta) \cdot L_2 \cdot q_0$

点線部分に CLT 継ぎ手がある場合

$T_3 = \pm \beta \cdot d_2(qa + \alpha q_0)$　　$T_4 = \pm \beta \cdot d_2(qc + \alpha q_0)$
$T_5 = \pm \beta \cdot d_1(qa + \alpha q_0)$　　$T_4 = \pm \beta \cdot d_1(qc + \alpha q_0)$

『中層・大規模木造建築物への合板利用マニュアル』では開口部脇床下張りに生ずるせん断力分布の式も記載されているが，CLT については $L_1$ $L_2$ 部分の版全体でせん断力負担を行うものと考え局部応力としてとらえればよいのでないかと思われる。同書で $d_1$ は開口脇合板の巾を用いているが CLT の場合 $d_1$ の寸法を上図のようにとらえた。

開口を含む床の応力部分に関するその他の参考文献

　　木造軸組工法住宅の許容応力度設計（公財）日本住宅・木材センター
　　木質構造基礎理論（一社）日本建築学会
　　木質構造設計ノート（一社）日本建築学会

## （5） 長ビス短期許容せん断力（参考値）

床版としてCLTを使用する枠組壁工法建築物の開発 成果報告書(一社)日本CLT協会より抜粋。

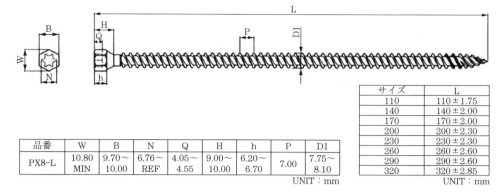

| 品番 | W | B | N | Q | H | h | P | D1 |
|---|---|---|---|---|---|---|---|---|
| PX8-L | 10.80 MIN | 9.70～10.00 | 6.76～REF | 4.05～4.55 | 9.00～10.00 | 6.20～6.70 | 7.00 | 7.75～8.10 |

UNIT：mm

| サイズ | L |
|---|---|
| 110 | 110±1.75 |
| 140 | 140±2.00 |
| 170 | 170±2.00 |
| 200 | 200±2.30 |
| 230 | 230±2.30 |
| 260 | 260±2.60 |
| 290 | 290±2.60 |
| 320 | 320±2.85 |

UNIT：mm

図 3.3.14

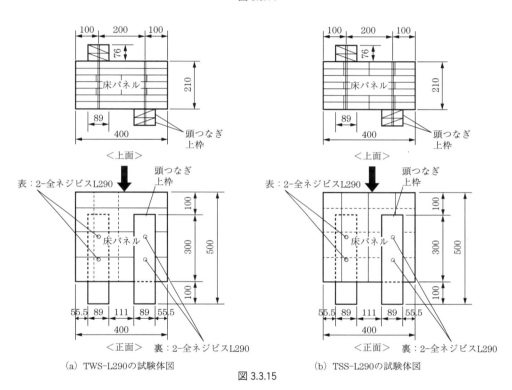

(a) TWS-L290の試験体図　　(b) TSS-L290の試験体図

図 3.3.15

表 3.3.20　TWS-L290　特性値

| 項目 \ 試験体記号 | TWS-L290 1 | 2 | 3 | 4 | 5 | 6 | 平均値 | 標準偏差 | 変動係数 | ばらつき係数 | 5%下限値 |
|---|---|---|---|---|---|---|---|---|---|---|---|
| 2/3Pm (kN) | 27.8 | 29.6 | 24.2 | 26.2 | 29.2 | 26.7 | 27.3 | 2.02 | 0.074 | 0.827 | 22.5 |
| 2/3δm (mm) | 10.06 | 8.32 | 10.33 | 7.34 | 7.73 | 9.10 | 8.81 | 1.23 | | | |
| Pm (kN) | 41.8 | 44.4 | 36.4 | 39.4 | 43.8 | 40.0 | 41.0 | 2.99 | | | |
| δm (mm) | 18.26 | 17.94 | 19.57 | 14.46 | 17.13 | 17.22 | 17.43 | 1.70 | | | |
| 降伏耐力　Py (kN) | 16.7 | 17.8 | 14.5 | 15.7 | 17.5 | 16.0 | 16.4 | 1.23 | 0.075 | 0.825 | 13.5 |
| δy (mm) | 5.10 | 4.15 | 5.12 | 3.30 | 3.62 | 4.08 | 4.23 | 0.75 | | | |
| 初期剛性　K (kN/mm) | 3.27 | 4.29 | 2.83 | 4.76 | 4.83 | 3.92 | 3.98 | 0.81 | | | |
| 終局耐力　Pu (kN) | 38.4 | 40.5 | 33.6 | 35.9 | 39.9 | 36.0 | 37.4 | 2.66 | 0.071 | 0.834 | 31.1 |
| δu (mm) | 30.00 | 30.00 | 30.00 | 30.00 | 30.00 | 30.00 | 30.00 | 0.00 | | | |
| 降伏点変位　δv (mm) | 11.70 | 9.50 | 11.80 | 7.50 | 8.20 | 9.20 | 9.65 | 1.78 | | | |
| 塑性率　$\mu=\delta u/\delta v$ | 2.56 | 3.16 | 2.54 | 4.00 | 3.66 | 3.26 | 3.20 | 0.58 | | | |
| 構造特性係数　Ds | 0.49 | 0.43 | 0.50 | 0.38 | 0.40 | 0.43 | 0.44 | 0.05 | | | |
| 短期基準耐力 (kN) | | | | | | | | | | | 13.5 |
| 接合具1本あたりの短期基準耐力 (kN) | | | | | | | | | | | 3.4 |
| 接合具1本あたりの初期剛性 (kN/mm) | | | | | | | | | | | 1.00 |

表 3.3.21　TSS-L290　特性値

| 項目 \ 試験体記号 | TSS-L290 1 | 2 | 3 | 4 | 5 | 6 | 平均値 | 標準偏差 | 変動係数 | ばらつき係数 | 5%下限値 |
|---|---|---|---|---|---|---|---|---|---|---|---|
| 2/3Pm (kN) | 28.7 | 26.0 | 26.7 | 27.4 | 27.7 | 28.2 | 27.5 | 0.99 | 0.036 | 0.916 | 25.1 |
| 2/3δm (mm) | 8.68 | 8.80 | 9.15 | 8.07 | 7.62 | 9.77 | 8.68 | 0.76 | | | |
| Pm (kN) | 43.1 | 39.0 | 40.1 | 41.1 | 41.5 | 42.3 | 41.2 | 1.48 | | | |
| δm (mm) | 16.01 | 17.79 | 17.82 | 18.56 | 15.26 | 18.63 | 17.35 | 1.39 | | | |
| 降伏耐力　Py (kN) | 17.2 | 15.6 | 16.0 | 16.4 | 16.6 | 16.9 | 16.5 | 0.59 | 0.036 | 0.916 | 15.1 |
| δy (mm) | 4.04 | 3.72 | 4.32 | 3.71 | 3.40 | 4.82 | 4.00 | 0.51 | | | |
| 初期剛性　K (kN/mm) | 4.26 | 4.19 | 3.70 | 4.42 | 4.88 | 3.51 | 4.16 | 0.50 | | | |
| 終局耐力　Pu (kN) | 38.8 | 35.1 | 36.2 | 37.1 | 36.9 | 38.7 | 37.1 | 1.43 | 0.039 | 0.909 | 33.7 |
| δu (mm) | 30.00 | 30.00 | 30.00 | 30.00 | 30.00 | 30.00 | 30.00 | 0.00 | | | |
| 降伏点変位　δv (mm) | 9.10 | 8.40 | 9.80 | 8.40 | 7.60 | 11.00 | 9.05 | 1.21 | | | |
| 塑性率　$\mu=\delta u/\delta v$ | 3.30 | 3.57 | 3.06 | 3.57 | 3.95 | 2.73 | 3.36 | 0.43 | | | |
| 構造特性係数　Ds | 0.42 | 0.40 | 0.44 | 0.40 | 0.38 | 0.47 | 0.42 | 0.03 | | | |
| 短期基準耐力 (kN) | | | | | | | | | | | 15.1 |
| 接合具1本あたりの短期基準耐力 (kN) | | | | | | | | | | | 3.8 |
| 接合具1本あたりの初期剛性 (kN/mm) | | | | | | | | | | | 1.04 |

# 3.4 詳細な構造計算法

## 3.4.1 枠組壁工法建築物の構造の特徴と構造計算法

### （1） 構造の特徴

　枠組壁工法は壁構造の一種であるが，壁式鉄筋コンクリート構造等とは異なるところが多い。その主な特徴は，壁を構成する面構造部材が合板と枠組材から成り立っていることと，1階と基礎あるいは1階と2階等の接合がくぎや金物等によってなされることである。

　合板と枠組材から構成される面構造部材は，力の流れに方向性がある直交異方性板であり，均一な等方性板とは異なった性質を持つ。また，合板と枠材がくぎで接合されていて，面内せん断力を受けるところの部分の変形が卓越し，これによって全体的にもせん断変形が卓越することも特徴である。

　後者は，枠組壁構造特有のもので，この部分で剛性や強度が低下しがちである。この部分では，圧縮力は木材相互のめり込みで，また引張り力は接合金物により伝達される。設計外力は，建物自重が小さいために，地震力より風圧力が大きくなることが多く，壁柱脚部で引張りを生じることも多い。

　枠組壁工法の架構は，剛な面内剛性を持つ床構面と鉛直荷重と，水平荷重を負担する鉛直構面から構成されている。また，開口上部にはまぐさを配置することになっており，鉛直構面は外見上はラーメン構造（その力学特性はラーメン構造とはやや異なるが）となっている。

### （2） 本構造計算法の特色

　このような特徴から，枠組壁工法はRC造や鋼構造とは違った複雑な挙動をする。したがって，従来，実験や経験に基づく構造規定による設計が主となっていた。そして，鉛直荷重に対しては，スパン表によって根太，床ばり，まぐさのたわみや断面応力の検討が行われてきた。また，水平荷重については，各種標準仕様の壁についての実験に基づいて，壁の水平剛性と許容耐力を定義し，これを使って外力に対して必要な壁量を配置するという考えで設計が行われてきた。

　しかしながら，実際には垂れ壁，腰壁，直交壁の影響及び上下階の壁の影響等を受けて，各部の水平応力分布は複雑なものとなり，単純な必要壁量という概念では十分でない場合が多い。本来，ボードの種類や形状，あるいはくぎ打ち及び脚部の緊結の仕様によって，耐力壁の剛性や耐力は異なるものである。従来，一定の仕様に限定して実験に基づく壁倍率という形でその剛性と耐力を規定しており，また，一定の仕様の面材とくぎの組み合わせに関して剛性と耐力が設計可能となっている。今後の枠組壁工法の発展のためには，材料や仕様をできる限り自由に選択し，計算による設計を可能にする必要がある。本構造設計法は，そのような設計を実現するための第一歩として，構造材料と仕様，緊結方法及び壁，床，小屋の作り方及び平面立面計画の自由度の拡大を図ったものである。

### （3） 必要検討事項

　構造計算により構造安全性を確認すべき事項は，下記のとおりである。

1） 鉛直荷重について
　　横架材の強度，たわみ，振動障害
　　たて枠の軸力と支持強度
　　基礎の強度と沈下
2） 水平荷重について
　　屋根や床板（ダイヤフラム）の面内強度と剛性
　　屋根の風圧力や地震力に対する構造安全性
　　耐力壁の面外強度（外壁，面外風圧）
　　耐力壁の面内強度，脚部の強度
　　外周のまぐさや腰壁の耐風強度
　　基礎の強度と沈下

建物の転倒

これらの検討は，個別に計算できる場合と，構造全体的な見地からその部分の応力やたわみを求めなければならない場合とがある。

後者に類するものが，上下階の鉛直荷重の流れと地震や風に対する架構の応力計算である。特に水平荷重時応力計算においては，架構の性質をふまえて構造を適切な力学モデルに置換することが重要である。

本計算法を適用する場合の利点は，主に下記のとおりである。

① 耐力壁の仕様や性能を設計者が設定できる。
② 接合部の仕様を設計者が設定できる。
③ 開口幅や耐力壁線間隔等を自由に設定できる。

### 3.4.2 構造の特徴と構造計算法

#### （1） 部材の線材置換

RC造や鋼構造の柱やはりの変形は，曲げ変形が主であり，ラーメン力学が適用できる。また，開口を有する耐力壁は，壁柱，壁ばり及び接合パネル部と見ることができ，ラーメンとして扱ってよいこともある。しかしながら，壁式構造の場合のように部材断面のせいが材長に比べ大きいときは，曲げ変形に比較してせん断変形が大きくなりがちである。枠組壁工法は，この壁式構造と同じ形状的な性質を持つ。さらに，壁柱や壁ばりの断面構成はRC構造よりせん断変形が大きくなる性質を持っている。すなわち，

1) 軸力に対しては面材は脇役であり，主としてたて枠材が抵抗する。
2) 曲げ変形よりせん断変形が卓越しやすい。
3) 接合パネル部（柱とはりの交差部）は大きい面積を有するが，剛域ではない。
4) 接合部が多く，かつ，この部分の変形が大きく，また強度不足となりやすい（特に壁柱脚部）。

等の特徴がある。構造計算に当たっては，これらを十分考慮した架構モデルが望ましい。架構の応力分布を求めるには，壁を線材に置換したラーメン架構とみなすことは合理的である。しかしながら，剛性の評価は困難で，変形まで正確に求めることは難しい。

#### （2） 部材の架構せん断パネル置換

開口を有する耐力壁の水平力に対する特性は，図3.4.1(4)の完全せん断変形に若干曲げ変形が加わったものとなる。この特性を考察して，耐力壁及び垂れ壁の腰壁部分をくぎのせん断変形を考慮したせん断パネルに置換することができる。1枚のパネルを均一な等せん断応力場とみなすものであるが，簡単で比較的正確な応力と変形を求めることができる。

#### （3） 鉛直構面各部の応力と変形

鉛直構面が水平力を受けたときの各部の応力と変形について，非線形有限要素法による解析値と実大実験における測定値を比較した例がある。図3.4.2及び図3.4.3は，その結果を示している。これらの結果から定性的に推測されることは，以下の点である。

1) 非線形有限要素法による解析は，線材置換モデルによる解析に比較して精度の高い方法であるが，それでも実際の応力や変形を正確に把握するにはいたっていない。
2) 解析値は応力を大きく，また変形を小さく見積る傾向がある。この傾向は特に塑性域において顕著である。
3) 腰壁や垂れ壁は，面材を壁開口の両側端をまたぐように張った場合には，鉛直構面の水平力に対する剛性を著しく高める効果がある。その場合，腰壁や垂れ壁の中にある面材の目地部，並びに無開口耐力壁の中にある面材の目地部には，非常に大きなせん断力が発生する。

架構の応力解析や，各部詳細の設計に当たっては，以上のような点を十分考慮しなければならない。

### 3.4.3 耐力壁の剛性計算

架構の応力計算に当たっては，耐力壁，腰壁，垂れ壁等剛性計算がはじめに必要となる。弾性体では，剛性により各部の応力が決まるからである。また，3.4.2（1）で述べたように，枠組壁工法の耐力壁は水平力に対してせん断変形が卓越する。このことと計算の便を考えると，以下のような部材モデル化が考えられる。

第 3 章 構造計算手法　**97**

(1) 曲げ変形し
やすい形状

(2) せん断変形し
やすい形状

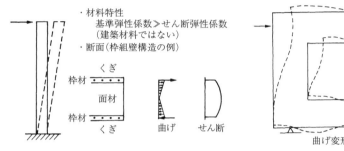

(3) せん断変形しやすい断面

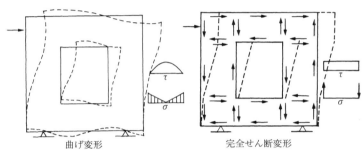

(4) 面材の接合がない場合

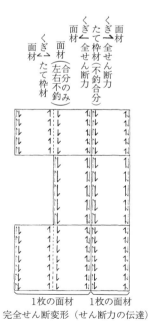

(5) 面材が複合されている場合

図 3.4.1　曲げ変形とせん断変形

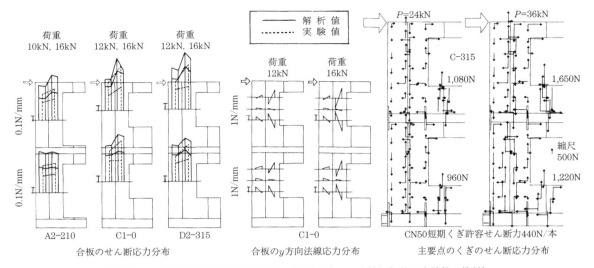

図 3.4.2 2階建て門形架構の応力分布（非線形有限要素法解析値と実験値の比較）

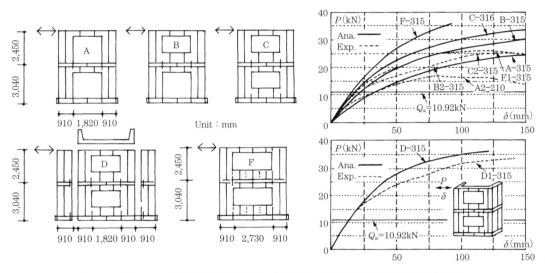

図 3.4.3 腰壁，まぐさ及び直交壁の影響（実験値と非線形有限要素法解析値の比較）

### （1） 簡略化ラーメンモデル

3.1節のように，変形を求めることなく応力状態だけを略算的に求める場合に，簡略化ラーメンモデルが用いられる。各耐力壁の剛性比は，3.3.2（2）項の剛性や壁倍率等を用いる。しかしながら，壁倍率は標準的な仕様に限られ，さらに垂れ壁やまぐさのはり効果が考慮されていない。これに垂れ壁やまぐさのはり効果を適切に反映できれば，簡単で比較的精度の良い解法となろう。例えば次のような略算が考えられる。

略算手法——数値解析や実験値を用い剛性上昇率，反曲点高さ比を決定し，これにより架構の変形と応力を計算する（図 3.4.4 参照）。

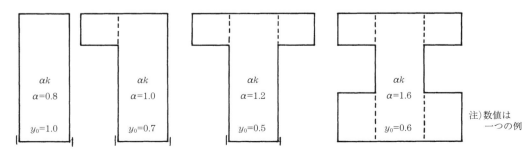

図 3.4.4 簡略化ラーメン部材の例

### （2） せん断変形を考慮したラーメンモデル

耐力壁は主にたて枠材が曲げを負担（合板も一部負担）し，合板がせん断力を負担する。水平力を受けたときの耐力壁の変形は，合板と枠材を接合するくぎのすべりと合板のせん断変形が卓越する。これらを考慮して，以下のようにしてせん断変形を考慮したラーメン部材モデルを考えることができる。

#### 1） 断面性能の計算

断面積　　　　　　　＝たて枠材

断面2次モーメント＝たて枠材（外端）＋面材全断面（数枚の面材から構成されていることを考慮）の図心周りの断面2次モーメントの和

せん断剛性　　　　＝くぎのすべり＋合板のせん断変形を考慮して計算（3.4.5（2）項を参照）

くぎのすべりが無視できれば，3.4.5（1）項のような曲げ置換も可能であろう。

#### 2） 部材剛性の計算

剛性マトリクスを作成する。応力計算は簡単なプログラムを作れば，パソコンでできる。市販のソフトでもせん断変形が考慮できるものが多い。剛性マトリクス表示は3.4.5（3）項を参照。

### （3） トラス置換

耐力壁の曲げ要素を一対の鉛直材，そしてせん断要素を一対のブレースに置換する方法である（3.4.5（1）項と3.4.5（2）項を参照）。

曲げ置換は外端たて枠材について，そしてせん断置換はくぎのすべり＋合板のせん断変形について行う。

### （4） せん断パネルモデル1

耐力壁各部のせん断剛性を理論的に求めておき，これに基づいて耐力壁のせん断応力や変形を計算することを目的にしたモデルで，応力解析は簡略化ラーメンモデルで別途行うことが必要である。

#### 1） 各パネルのせん断剛性の計算（図 3.4.5 参照）

面材のせん断変形とくぎのすべりを考慮して3.3.2（2）項により各部のせん断剛性を計算する。

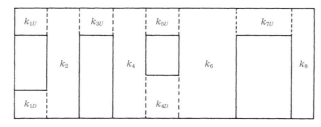

図 3.4.5　耐力壁各部のパネルせん断剛性

#### 2） 各耐力壁の等価層せん断剛性の計算（図 3.4.6 参照）

無開口部分の壁及びその左右の開口部上下の垂れ壁と腰壁（長さは，開口幅の1/2とする）のせん断剛性から，1本の壁柱としての等価層せん断剛性を計算する。

このとき各壁柱は等価せん断剛性に比例してせん断力を負担し，それによってせん断変形する。変形の適合条件として，1つの鉛直構面の壁頂部の水平変位が同じとする。厳密には，腰壁や垂れ壁の変形は，壁頂部だけでなく開口中央部の腰壁，垂れ壁の上下変位も同じでなければならないから，この変形適合は近似であって，十分なものではない。

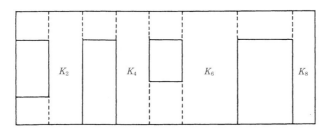

図 3.4.6　壁柱の等価層せん断剛性

この仮定から，図 3.4.7 により等価剛性は以下のように計算される。ここで，$h_u$ は左右の平均値を取ることとする。原モデルと等価置換モデルの層間変位が等しいという条件から

$$\frac{H}{K_e \cdot l_0} = \frac{h_D}{k_{LD} \cdot l_L + k_D \cdot l_0 + k_{RD} \cdot l_R} + \frac{h_O}{k_0 \cdot l_0}$$
$$+ \frac{h_U}{k_{LU} \cdot l_L + k_U \cdot l_0 + k_{RU} \cdot l_R}$$

$k_{LU} = k_{RU} = k_{LD} = k_{RD} = k_U = k_D = k_0 = k$ の時は，

$$K_e = \frac{H}{(h_D + h_U) l_0 / L + h_0} k$$

となる。

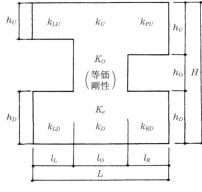

図 3.4.7　壁柱の等価層せん断剛性

### （5）せん断パネルモデル 2

耐力壁のせん断変形に着目したモデル化で，応力解析はラーメンモデルでもせん断パネルモデルでもよい。計算方法は以下の手順による。

#### 1）各パネルのせん断剛性の計算

モデル 1 と同様に各部のせん断剛性を計算する。1 つの耐力壁内でも面材の張り方やくぎ打ちにより，場所によって剛性が異なることがあるが，ここでは計算の簡略化のため同じとする。

#### 2）各耐力壁の等価層せん断剛性の計算

開口付き耐力壁 1 枚の等価せん断層剛性を以下のように求める。形状を図 3.4.8 のように定義する。ここで，$l_W$ と $h_W$ は開口の寸法で，開口が 2 つ以上のときはその和とする。ただし，開口があまり大きくなると，想定したパネルのせん断変形の仮定が成立しなくなる。

等価剛性は，原モデルと等価置換モデルの層間変位が等しいという条件から，

$$\frac{H}{K_e \cdot L} = \frac{h_D}{k_{LD} \cdot l_L + k_D \cdot l_w + k_{RD} \cdot l_R} + \frac{h_W}{k_L \cdot l_L + k_R \cdot l_R}$$
$$+ \frac{h_U}{k_{LU} \cdot l_L + k_U \cdot l_w + k_{RU} \cdot l_R}$$

$k_{LU} = k_{RU} = k_{LD} = k_{RD} = k_U = k_D = k_L = k_R = k$ の時は，

$$K_e = \frac{1-\alpha}{1-\alpha+\alpha\beta} K$$

ここで，$\alpha = \Sigma l_W / L$　　$\beta = \Sigma h_W / H$
Σ は小開口の和

となる。

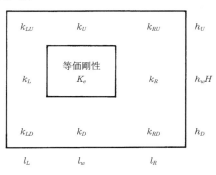

図 3.4.8　小開口を有する壁

## 3.4.4　架構の応力解析

### （1）架構のモデル化

#### 1）モデル化のための仮定

建築物は 3 次元構造物であるので，その応力や変形は立体解析を行って求めるのが理想的であるが，モデル化や計算作業が難しくなる。したがって，実務では立体架構を平面架構に分解し，2 次元の応力解析を行う。いずれにしても，枠組壁工法の特性を考慮しつつ，解の精度をあまり落とすことなく適切に簡単なモデルを想定して計算することが望ましい。架構のモデル化を考えるに当たって，技術慣行として一般に設けられる仮定は，おおよそ以下のようになる。

① 剛床仮定

水平力によって生じる応力を解析する時，床は面内変形に対して剛体であるとみなしてよい。

② 平面架構の仮定

　イ）立体架構を平面架構に分解できる。

　ロ）作用荷重は平面架構ごとに計算できる。

③ 水平力に対する抵抗要素のせん断力負担に関する仮定
　イ）　各壁柱の負担せん断力は，弾性剛性（例えば，壁倍率×壁長）に比例する。
　ロ）　平面架構各層の負担せん断力は，当該構面のその層の弾性剛性（枠組壁工法の場合，壁柱剛性の和）に比例する。
④ 耐力壁の変形モデルの仮定
　軸　力：たて枠材が負担する。
　曲　げ：耐力壁では主に外端たて枠材が，垂れ壁や腰壁ではまぐさ，端根太，側根太または窓台が負担する。
　せん断：面材が負担する。
　変　形：面材のせん断変形，くぎのすべり変形が卓越し，たて枠材と合板の軸変形は小さい。
　剛　域：ラーメンモデルを考える場合，壁柱と腰壁や垂れ壁の交差部は剛域のようにみなされやすい。しかしながら，この部分のせん断剛性及び壁長と隣接する開口部の長さの関係に注意すると，かならずしも剛域とはならないことが多く，せん断パネルとみなすほうが適当である。
⑤ 上下階間の水平接合
　イ）　上下階の接続部には，鉛直方向に圧縮力や引張り力が作用し，これらの力によって沈み込みや浮き上がりが生じる。このため，精密な解析を行う場合には，この部分に等価置換ばねを仮定することが望ましい。このとき圧縮ばねは下枠材等のめり込み，引張りばねは金物の引張り剛性と接合金物等の変形を考慮する。
　ロ）　金物によって浮き上がりが防止される場合，壁長さが大きい場合は，この部分の変形を無視してもよい。
⑥ 架構モデル
トラス，ラーメン，せん断パネルモデル等が考えられる。簡略化ラーメンモデルでは壁柱の水平剛性は壁の面内せん断剛性や壁倍率に応じて設定し，また反曲点高さ比は既往の研究等を参考に決定する。
⑦ 階　高
1階は基礎ばり芯，2，3階は各階構面の芯，屋根は天井構面の芯とするのが一般的である。腰壁や垂れ壁をはりと考える場合は，水平力の作用点との関連に注意が必要である（計算例参照）。

2) 架構のモデル化の例
① トラスモデル（図 3.4.9 参照）
トラス構造に置換するもので，手計算は困難であるが，パソコンで解析可能である。トラスの斜材は，耐力壁のせん断変形を考慮して，そして鉛直部材は曲げ変形を考慮して等価断面を設定する。腰壁やまぐさも同様な置換を行う。水平接合部の浮き上がりや沈み込みの剛性を理論や実験により推定することができる場合は，それを考慮したモデル化をすることができる。具体の置換方法は，「3.4.5　モデル化の詳細」を参照されたい。
② 簡略化ラーメンモデル（図 3.4.10 参照）
前述のように，このモデルは架構の応力を略算的に求めるものである。算出される応力の正確さは，腰壁，垂れ壁を含む壁の剛性評価と反曲点高さ比の仮定の精度に依存する。

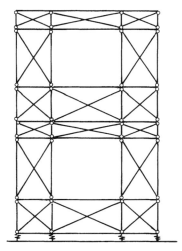
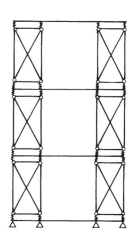
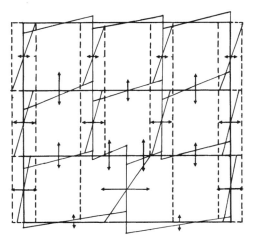

　　　　図 3.4.9　トラスモデル　　　　　　　　　　　　　　　図 3.4.10　簡略化ラーメンモデル

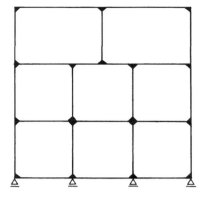

図 3.4.11　ラーメンモデル

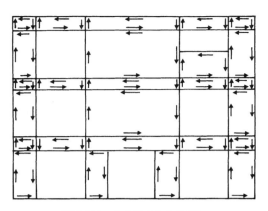

図 3.4.12　せん断パネルモデル

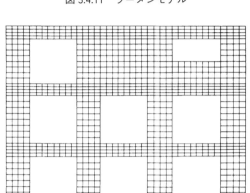

図 3.4.13　有限要素法モデルの一例

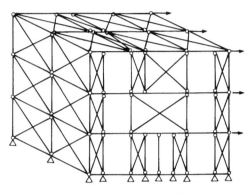

図 3.4.14　立体モデル（トラス置換の例）

③　ラーメンモデル（**図 3.4.11** 参照）

壁柱の剛性を簡略化ラーメンモデルより正確に評価して，解析を行うものである。部材剛性を曲げとせん断変形を考慮して評価する。上下階間の水平接合部の浮き上がりや沈み込み剛性が理論や実験により推定できる場合は，その特性を導入することが望ましい。具体の置換方法は「3.4.5　モデル化の詳細」を参照されたい。

④　せん断パネルモデル（**図 3.4.12** 参照）

耐力壁のせん断変形に着目したモデルで，手計算が可能である。水平接合部の浮き上がりや沈み込みがなく，せん断変形が卓越し，曲げ変形が無視できる場合，例えば開口の少ない壁勝ちの構面等に適用できる。

⑤　有限要素法（**図 3.4.13** 参照）

有限要素法のプログラムには，上述のトラス，ラーメン，せん断パネルも含めていろいろな要素が準備されており，それを単独にまたは組み合わせて用いることによって，より適当なモデルを作ることができる。

多くの汎用プログラムがあるが，問題はむしろ枠組壁工法の部材や接合部をどの程度正確にモデル化できるかにかかっている。

⑥　立体モデル（**図 3.4.14** 参照）

前項までのモデルはすべて平面構造モデルであったが，剛床仮定を設けることに極度の無理がある場合や，立体として各部の変形を予測したい場合は，立体モデルを設定して解析をすることが必要となる。立体モデルは研究的には意義があるが，モデル化にかかる手間を考えると設計実務においては実用的価値は少ないと思われる。

### （2）　鉛直構面の水平加力時応力解析法

ここでは，前節に述べた各種モデル化のうちの1つであるせん断変形を考慮したラーメンモデルによる水平加力時応力解析について，例題を用いて解説する。また，この方法における各種のパラメータの影響についても調べよう。

1）　ラーメンモデルによる応力解析（**図 3.4.15** 参照）

①　部材剛性の計算

せん断変形を考慮して剛性を計算する。剛性マトリクスは「3.4.5　モデル化の詳細」の（3）項を用いる。

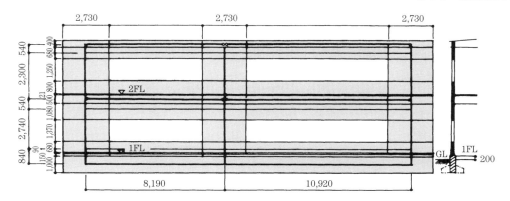

図 3.4.15 応力解析用部材軸心寸法

イ) 壁柱

軸 剛 性：たて枠材

曲げ剛性：外端たて枠材＋面材（数枚から構成されているが，それぞれの断面2次モーメントの和とする）

せん断剛性：面材のせん断変形とくぎのすべり

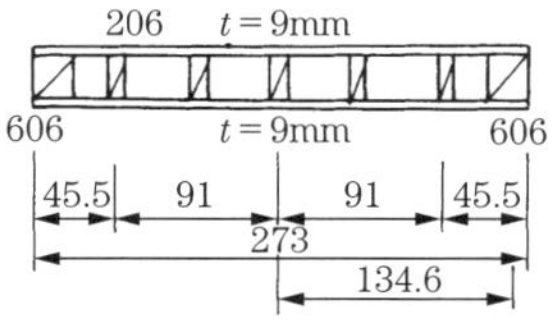

図 3.4.16 壁柱断面（1階）

〈計算例〉1 階壁柱（図 3.4.16 参照）

解析上の設定は以下のとおり。

断面積

$A = 5 \times 53.2 + 2 \times 196 = 658.0 \text{ cm}^2$

断面2次モーメント

合板 $E_P = 4,413 \text{ N/mm}^2$，たて枠材 $E_J = 6,865 \text{ N/mm}^2$，その比 $E_P/E_J = 0.643$

$I = 2\left\{196 \times 134.6^2 + 0.643\left(\dfrac{1.8 \times 45.5^3}{12} + \dfrac{1.8 \times 91^3}{12} + 45.5 \times 1.8 \times 113.75^2 + 91 \times 1.8 \times 45.5^2\right)\right\}$

$= 9.064 \times 10^6 \text{ cm}^4$

せん断剛性

$K_S = 253.1 \times 273 = 69.07$　kN/rad./単位材長 cm/壁長 273 cm

$K_S' = 69.07 \times 273 = 1.886 \times 10^7$ N/rad./壁長 273 cm

これを等価せん断置換すると，

$GA_S = k_Q \cdot l = K_S'$

また等価せん断有効断面は，たて枠材のせん断弾性係数を仮りに $G = 392 \text{ N/mm}^2$ とすれば，次のようになる。

$A_S = K_S'/(G \times 10^2) = 481 \text{ cm}^2$

ロ) 壁ばり（図 3.4.17 参照）

軸 剛 性：端根太，まぐさ，窓枠

曲げ剛性：端根太，まぐさ，窓枠

せん断剛性：面材のせん断変形とくぎのすべり

〈計算例〉2 階壁ばり

断面積

$A = \underset{620}{714} + 3 \times 53.2 + \underset{LVL}{250} + \underset{606}{196} + \underset{床合板}{29.4}$

$= 1,349.0 \text{ cm}^2$

断面2次モーメント

合板 $E_P = 4,413 \text{ N/mm}^2$，横架材 $E_B = 9,807 \text{ N/mm}^2$，

その比 $E_P/E_B = 0.45$

図心の計算

$N_a = \Sigma y_i A_i / \Sigma A_i = 94.72$ cm（下端上り）

$I = \Sigma A_i (y_i - N_a)^2$

$= 9.418 \times 10^6 \text{ cm}^4$

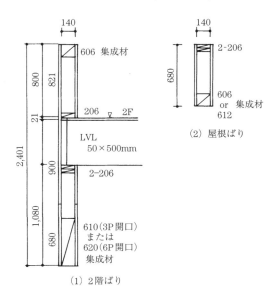

図 3.4.17 壁ばり断面

せん断剛性

$K_S = 89.14 \times 240 = 21.39$ kN/rad./単位材長 cm/断面せい 240 cm

$K_S' = 21.39 \times 546 = 1.168 \times 10^7$ N/rad./断面せい 240 cm

これを等価せん断置換すると

$GA_S = k_Q \cdot l = K_S'$

せん断力を面材だけに負担させたが，実際は LVL や集成材 620 等も負担する。したがって，上記のせん断剛性は小さめの評価である。

ハ) 座標，節点番号，部材特性

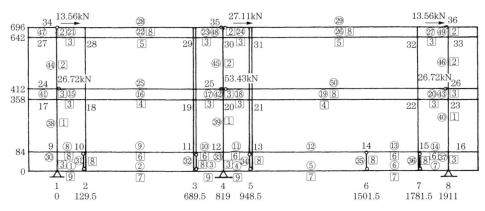

図 3.4.18　有限要素法架構データ

表 3.4.1　有限要素法断面特性データ

| No. | $A$(cm²) | $I$(cm⁴) | $GA_s = K_s'$ (N/rad) | $E$(N/mm²) | No. | $A$(cm²) | $I$(cm⁴) | $GA_s = K_s'$ (N/rad) | $E$(N/mm²) |
|---|---|---|---|---|---|---|---|---|---|
| 1 | 685.0 | $9.190 \times 10^6$ | $1.887 \times 10^7$ | 6,865 | 6 | 506.8 | $2.516 \times 10^5$ | $3.306 \times 10^6$ | 9,807 |
| 2 | 658.0 | $7.676 \times 10^6$ | $6.637 \times 10^6$ | 6,865 | 7 | 3,500 | $2.917 \times 10^6$ | $9.807 \times 10^{20}$ | 20,594 |
| 3 | 10,000 | $1.000 \times 10^{10}$ | $9.807 \times 10^{20}$ | 6,865 | 8 | 10,000 | 0 | $9.807 \times 10^{20}$ | 9,807 |
| 4 | 1,349.0 | $9.418 \times 10^6$ | $1.167 \times 10^7$ | 9,807 | 9 | 3,500 | $1.000 \times 10^{10}$ | $9.807 \times 10^{20}$ | 20,594 |
| 5 | 506.8 | $2.304 \times 10^5$ | $1.167 \times 10^6$ | 9,807 | | | | | |

ニ) 解析結果

上記データによる解析結果と各パラメータの影響を図 3.4.19～図 3.4.24 に示す。

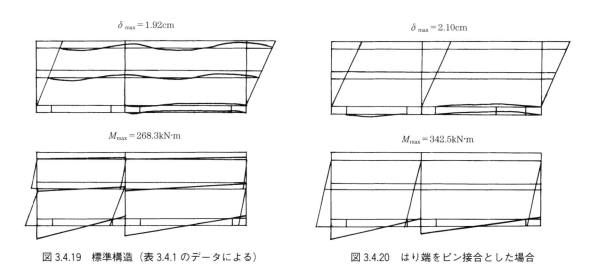

図 3.4.19　標準構造（表 3.4.1 のデータによる）　　図 3.4.20　はり端をピン接合とした場合

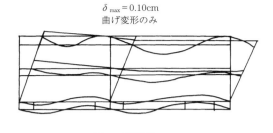

δ max＝0.10cm
曲げ変形のみ
Mmax＝175.1kN·m

図 3.4.21　壁柱・はり曲げ変形のみの場合

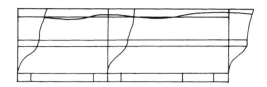

δ max＝2.00cm
曲げ変形のみ，柱曲げ剛性/100
Mmax＝143.9kN·m

図 3.4.22　壁柱・はり曲げ変形のみで，壁柱の曲げ剛性を/100 にした場合

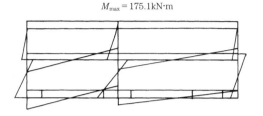

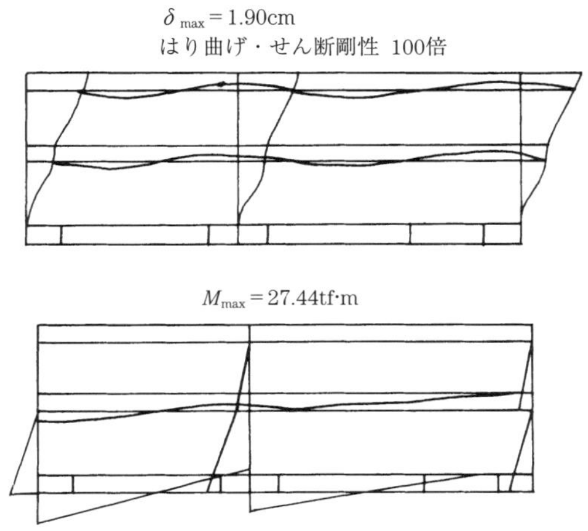

δ max＝1.90cm
はり曲げ・せん断剛性 100倍
Mmax＝27.44tf·m

図 3.4.23　壁ばり曲げ・せん断剛性を 100 倍した場合

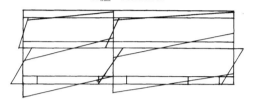

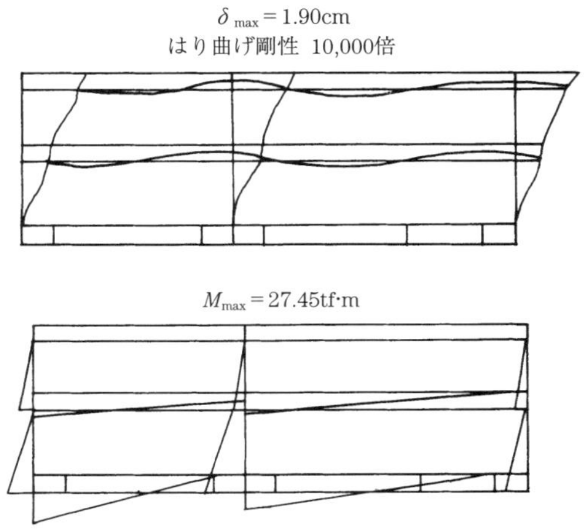

δ max＝1.90cm
はり曲げ剛性 10,000倍
Mmax＝27.45tf·m

図 3.4.24　壁ばり曲げ剛性を 10,000 倍した場合

2）　せん断パネルモデルによる応力解析

①　開口を有する耐力壁の応力と力の釣り合い（図 3.4.25 参照）

パネル内の各部のせん断剛性が等しい場合は，各部の応力と反力は以下のようになる。層せん断力が作用していると，各部のせん断応力は図 3.4.25 のようになる。また，反力の作用位置を耐力壁外端及び開口両端のたて枠脚部とすると鉛直反力は，

$$R_1 = R_4 = \frac{Q(h_1 + h_2)}{L} + \frac{Qh_W}{l_1 + l_2}$$

$$R_2 = R_3 = \frac{Qh_W}{l_1 + l_2}$$

L
Q
l1
lw
l2
τ＝Q/L
Q/L
Q/L
τ＝Q/(l1＋l2)
Q/(l1＋l2)
τ＝Q/L
Q/L
Q/L
h2
hw
h1
H
R1
R2
R3
R4

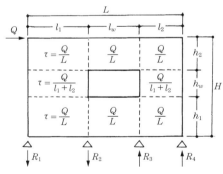

図 3.4.25　小開口を有するせん断パネルの釣り合い

となる。水平反力は脚部近傍のせん断パネルのせん断応力との釣り合いから決まるが，下枠材の軸剛性に依存する。直接問題にならないので，4 等分しても長さ比に分けてもよい。

鉛直反力は開口が偏って非対称の架構でも対称な反力となり，現実的でなく，極端な偏りには適用できない。

②　計算例

この方法を 2 階建ての架構に適用すると**図 3.4.26** のようになる。この例では図 3.4.25 に示したような壁脚部の反力が直接下階のたて枠に伝達されるので，特別の問題は生じないが，下階に開口部がある場合は単純ばりま

〈せん断パネル理論〉

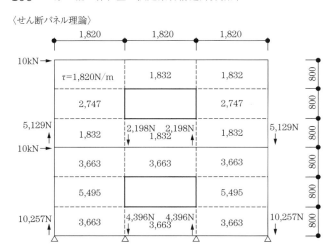

図 3.4.26　せん断パネル理論による解

〈比較解（簡略化ラーメンモデル）〉

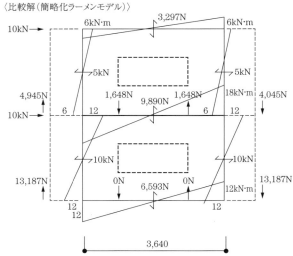

図 3.4.27　簡略化ラーメンモデルの解

たは連続ばりとして下階への伝達力を計算する。

　このせん断パネル理論の解を簡略化ラーメンモデルの解（図 3.4.27 参照）と比較すると，両者は比較的近い値となっている。簡略化ラーメンモデルは応力の推定はできても変形の推定が困難であるが，せん断パネルモデルは，変形を比較的正確に求めることができる。

### （3）面内せん断力を受ける床構面の応力解析法

　面内せん断力を受ける枠組壁工法の床は，H 形鋼のはりに例えられる。すなわち，床板部がウェブに相当してせん断力を負担し，端根太あるいは側根太がフランジに相当し，曲げを負担する。面内せん断力を受けたときの床の変形は，床下地材のせん断変形と床下地材を留め付けるくぎのすべり変形が卓越する。端根太等の継ぎ手部引張り剛性が十分でないと，この部分の伸びによって曲げ変形が増大する。

　実際の床は，開口があったり，耐力壁がさまざまな場所に配置されたり，形が不整形であったりすることが多い。応力解析に当たっては，これらの状況を踏まえたモデル化をして応力と変形を求めることが必要である。面内せん断力を受ける床構面の応力解析法には，はり理論による方法，有限要素法等があり，以下にその概要を説明する。

#### 1）単純ばり理論

① 応力計算（図 3.4.28〜図 3.4.30 参照）

　床構面すなわちダイヤフラムを 1 本のはりとみなし，曲げ応力とせん断応力を計算する。床下地材に生じるせん断応力は，このはりのせん断力をはりせい，すなわち加力方向の床の長さ（図 3.4.28 の $d$）で除した応力に等しい。

　端根太等に生じる軸力は，このはりの曲げモーメントを加力方向の床の長さで除したものとなる。

② 変形計算

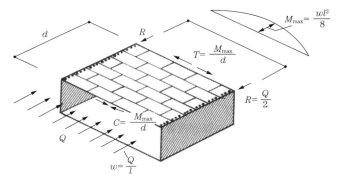

図 3.4.28　無開口床の単純ばり理論による解析

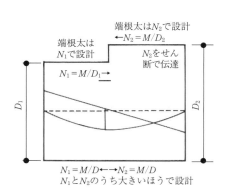
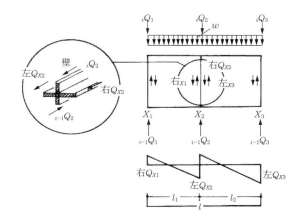

図 3.4.29　凸凹がある場合の略算　　　　図 3.4.30　2つ以上の床からなる場合の連続ばり理論による解析

ダイヤフラム中央の水平変位は以下の各変形の和となる。

$$\begin{cases} \text{ダイヤフラムの曲げ変形}: & \text{イ．端根太の軸ひずみによる変形} \\ & \text{ロ．端根太の軸方向継ぎ手のすべりによる変形} \\ \text{ダイヤフラムのせん断変形}: & \text{ハ．床面材のせん断ひずみによる変形} \\ & \text{ニ．床面材を留めているくぎのすべりによる変形} \end{cases}$$

イ）　端根太の軸ひずみによる変形

端根太だけが曲げモーメントを負担するので，この曲げ変形を端根太の軸変形から計算する。ダイヤフラムとしての断面2次モーメント $I$ は，

$$I = 2 \times \left(\frac{d}{2}\right)^2 \times A$$

ここで，$A$：端根太の断面積，$d$：ダイヤフラムのせい。

等分布荷重 $w$ を受けるときのスパン中央の変位は，スパンを $L$ とすると，

$$\delta_M = \frac{5wL^4}{384EI}$$

ロ）　端根太の軸方向継ぎ手のすべりによる変形

接合部のすべりがわかっている場合，仮想仕事の原理から次のように求められる。

$$\delta_J = \Sigma \frac{N_j \overline{N_j}}{k_n}$$

ここで，$N_J$：各接合部の軸応力

　　　　$\overline{N_j}$：ダイヤフラム中央に仮想荷重を加えたときの各接合部の仮想軸応力

　　　　$k_n$：接触部のすべり剛性

ハ）　床面材のせん断ひずみによる変形

ダイヤフラムの床面材のせん断応力分布は，H形断面のウェブの場合と同様にほぼ等分布であるから，はりとしてのせん断変形は，

$$\delta_Q = \frac{wL^2}{8GA}$$

ニ）　床面材を留めているくぎのすべりによる変形

各辺の長さが $a$ 及び $b$ で，各辺にそれぞれ $m$ 本及び $n$ 本のくぎが打たれている1枚のパネルのくぎのすべりによるせん断変形は，

$$\delta_{N'} = \frac{2bQ_b}{k_n}\left(\frac{1}{b(m-1)} + \frac{b}{a^2(n-1)}\right)$$

ここで，$Q_b$：1枚のパネルの負担せん断力

　　　　$a$：せん断パネルの横寸法

　　　　$b$：せん断パネルのたて寸法

　　　　$m, n$：せん断パネル各辺の横及びたて方向のくぎ本数

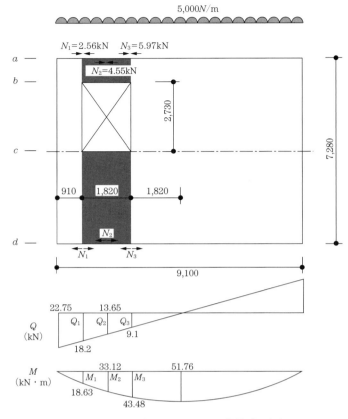

図 3.4.31 開口床ダイヤフラムの単純ばり応力

$k_n$：3.3.2（2）項に規定するくぎのすべり剛性

ダイヤフラム全体の変形は，このようなパネルの変形の総和であって，次のようになる。

$$\delta_N = \Sigma \delta_N'$$

ここで，Σはいずれかの支持端から中央までの1列のパネルについての総和を意味する。

2） 開口を考慮した修正単純ばり理論（図 3.4.31 参照）

まず，開口がないものとして，単純ばりの曲げとせん断応力，及び曲げによる縁圧縮，及び引張り軸力を求める。次に開口による応力の影響範囲を仮定し，開口周辺の力の釣り合いから，開口周辺の応力を以下のように計算する。

① ダイヤフラムを無開口の単純ばりとみなしたときの応力

$$M_2 = 22.75 \times 1.82 - \frac{5 \times 1.82^2}{2}$$

$$= 33.12 \text{ kN·m}$$

$$Q_2 = 22.75 - 5 \times 1.82 = 13.65 \text{ kN}$$

$$N_2 = \frac{33.12}{7.28} = 4.55 \text{ kN}$$

② 開口周辺部の応力計算

開口の上下の床部分（図 3.4.31 中の網掛けの部分）の曲げ応力分布を，反曲点が中央であると仮定し，中央で二分された合計4つの片持ちばりとみなして図 3.4.32 のように計算する。

次にせん断パネルとして，はりの圧縮と引張り縁応力を計算する。

③ 開口の影響範囲の仮定

次に開口の影響範囲を仮定し，周囲の釣り合い条件より応力分布を計算する。

④ 開口左右の領域の力の釣り合いよりせん断応力を計算する

開口左右の各帯状構造の左側端と右側端それぞれについて，$y$ 方向せん断力の釣り合いより，各部のせん断応力を計算する。

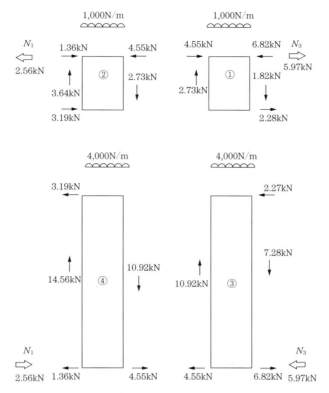

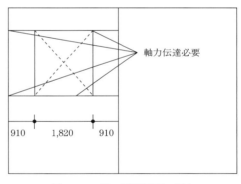

図 3.4.32 片持ちばりとしての応力

左側の開口影響範囲を 0.91 m までとすると，開口によるせん断応力の増減は，

  $a$–$b$ 間  $\Delta\tau = -1.2/0.91 = -1.32$ kN/m
  $b$–$c$ 間  $\Delta\tau = (3.19-1.2)/0.91 = 2.19$ kN/m
  $c$–$d$ 間  $\Delta\tau = -1.2/0.91 = -1.32$ kN/m

この帯状構造の左端と右端で，$y$ 方向のせん断力の釣り合いより，それぞれ

  $b$–$c$ 間  $\tau = 5.32$ kN/m（左）
      $\tau = 4.69$ kN/m

が求まる。

右側の帯状構造に対して同様の計算を行い，

図 3.4.33 開口影響範囲の仮定

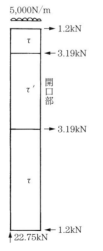

図 3.4.34 開口左側の釣り合い

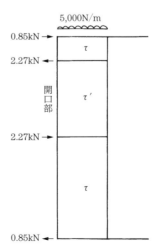

図 3.4.35 開口右側の釣り合い

$b$–$c$ 間　　$\Delta\tau = 1.56$ kN/m

　　　　　　$\tau = 2.51$ kN/m（左）

　　　　　　$\tau = 1.26$ kN/m（右）

となる。

⑤　応力解析結果とくぎ打ちの決定

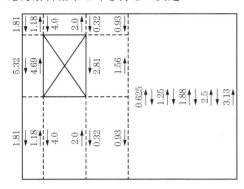

図 3.4.36　せん断応力分布（kN/m）

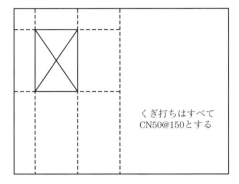

図 3.4.37　くぎ打ち決定

表 3.4.2　くぎの降伏せん断耐力　合板 $t=15$ mm（910 ごとに規定ピッチ以内に打ち，kN/m に換算）

| くぎ種別 | kN/本 | @150<br>8本/910 | @100<br>11本/910 | @75<br>14本/910 | @50<br>20本/910 |
|---|---|---|---|---|---|
| CN 50 | 0.73 | 5.84 | 8.03 | 10.22 | 14.6 |
| CN 65 | 0.88 | 7.04 | 9.68 | 12.32 | 17.6 |

### 3）有限要素法（床をブレース置換したほぼ厳密な方法）

床構面の面材のせん断変形，及びくぎのすべりを等価ブレースに置換する方法で，床開口，複数の床の組み合わせ，任意断面の側根太・端根太及びその接合変位を考慮できる。また耐力壁の水平変位に対する剛性が評価できれば，ダイヤフラム端部の耐力壁の回転拘束や立体的な解析も可能である。開口周辺の応力集中，耐力壁との接合や受け材の接合等の検討も可能である。また変形や固有振動数の評価も可能である。

① 解析法

ダイヤフラムを根太，端根太，受け材，合板，くぎ及びダイヤフラムを支持する耐力壁からなる構造として，図 3.4.38 のようにモデル化する。

境界条件は必要に応じて端部固定や下階耐力壁による弾性支持とすることができる。荷重は，風荷重を考慮し風上側と風下側に作用させる。必要に応じ上階耐力壁からのせん断力伝達を考え，任意点の荷重を指定できる。

図 3.4.38　解析モデル

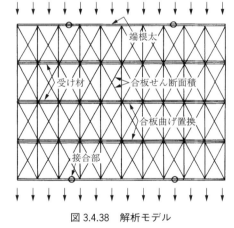

| 合板厚さ | くぎ打ち | 端根太接合 | 受け材接合 | 合板曲げ | 床相対変位(cm) | 端根太曲げ負担率 | $\tau_{max}$ (N/m) |
|---|---|---|---|---|---|---|---|
| 12 mm | | 無視 | 無視 | 無視 | 0.5442 | 93.6 | 3,544 |
| | | 無視 | 無視 | 考慮 | 0.5440 | 90.6 | 3,543 |
| | | 考慮 | 考慮 | 無視 | 0.5456 | 94.8 | 3,562 |
| | | 無視 | 考慮 | 考慮 | 0.5441 | 91.2 | 3,544 |
| | | 考慮 | 考慮 | 考慮 | 0.5452 | 90.6 | 3,549 |
| | | 無視 | 無視 | 考慮 | 0.2955 | 89.3 | 3,852 |
| | | 考慮 | 考慮 | 考慮 | 0.2965 | 89.8 | 3,863 |
| 24 mm | | 考慮 | 考慮 | 考慮 | 0.5238 | 87.6 | 3,565 |
| | | 考慮 | 考慮 | 考慮 | 0.2747 | 86.3 | 3,908 |

ダイヤフラム端部の耐力壁の水平力による層間変位は，0.6217 cm である。

② 解析例

解析上の各種特性値の設定は以下のとおり。

端根太：2-210，$A = 178.6 \text{cm}^2$，$E = 8,826 \text{ N/mm}^2$

根　太：210，$A = 89.3 \text{cm}^2$，$E = 8,826 \text{ N/mm}^2$

受け材：204，$A = 33.8 \text{cm}^2$，$E = 8,826 \text{ N/mm}^2$

合　板：$E = 4,903 \text{ N/mm}^2$，$\nu = 0.8$

合板周りのくぎ：CN 50 外周@150，内部@200，剛性は許容耐力を 373 N/1 本，すべりを 0.4 mm として，X 及び Y 方向とも 9,325 N/cm/1 本（この計算は概略であり，本来は 3.3.2（2）項の方法で計算するのがよい。）

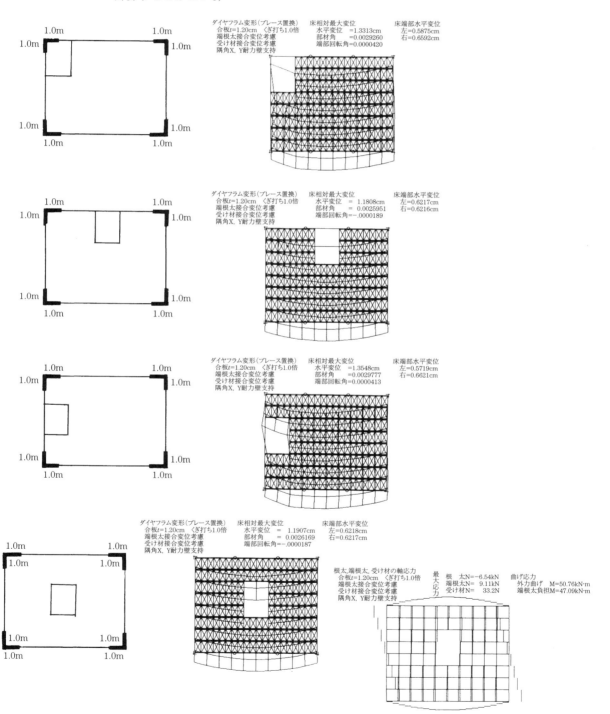

図 3.4.39

耐力壁：壁倍率1の剛性1,880 N/cm（(4/3×130 kgf×9.80665)/(270 cm/300)＝1,889 N/cm：旧来の考え方に基づく仮定値）

接合部，端根太：1本の継ぎ手を母材2本分の軸剛性の1/100と仮定した

剛性，受け材：母材軸剛性の1/100と仮定した

外力：見付け長さ当たり（風上＋風下）4.9 kN/m(500 kgf/m)（3階屋根相当よりやや大）

無開口隅角部固定の場合──合板厚さ，くぎ打ち及び接合部の影響

開口の影響（前述と同一床形状で開口位置による変位と応力への影響）

4) 床をブレース置換した簡略化有限要素法

前述の方法は詳細な要素分割であるが，実用的にはもっと粗い要素分割で十分である。またせん断変形が大きく，加力方向の軸変形は小さいので，同一加力線上のY方向変位は同じとしても誤差は小さい。

5) くぎのすべりと下地材のせん断変形を考慮した理論解法（開口を持つ床への適用例）（図3.4.40参照）

① 各パネルの剛性

パネルを枠材にくぎ打ちした耐力壁のせん断力とせん断変形の関係は，3.3.2（2）項に示されている。これを1枚のせん断パネルの変形と関係づけると次式のようになる。

$$Q_e = K_e \cdot \gamma = K_e \cdot \frac{v_j - v_i}{l_e}$$

これを図3.4.41の開口を持つ床に適用する。

② 応力計算

端部の変位が0で，等分布水平力が作用している場合は，ダイヤフラムを単純ばりとみなすと，支持反力，曲げモーメント及びせん断力は開口に関係なく計算できる。

図3.4.41のように求めたい各点の変位を，$V_1, V_2, V_3 \cdots$，区間長さを$L_1, L_2, L_3$，またせん断力を$Q_1, Q_2, Q_3 \cdots$とする。

せん断力のうち，$Q_2', Q_2''$以外は単純ばりのせん断力であるからすでに計算されている。$Q_2'$と$Q_2''$はその和が既知であるが，その負担比が未定である。この負担比はこの部分のせん断パネルの剛性の比から計算される。

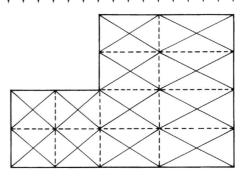

図3.4.40 粗い有限要素法分割の例

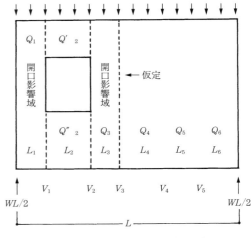

図3.4.41 開口を持つ床の計算モデル

開口周辺は，開口の影響により均一なせん断応力場が乱される。この計算は前述の2）の方法とまったく同じであるので，以下は省略する。

③ 変形の計算

各パネルのせん断力が求まっているから，変位$V_1, V_2, V_3 \cdots$は，

$$V_i = \sum_{i=1}^{i} \frac{Q_i}{K_i} \cdot L_i$$

ここで，Σは右または左端から求めたい点$i$までの総和を意味する。開口部の$Q_i'$と$Q_i''$による変形はどちらも同じであるから，いずれか一方を計算すればよい。

ここで，ひとつ問題が残る。それは，以上の計算においてはせん断変形にだけ着目してきたため，開口がスパン中央を通る線に関して非対称の位置にある場合は，上式で求めた変位は，始端で0とすると，終端では0とならない。これは非対称の場合，端部に回転が生じるからである。したがって，これを0とするように床を剛体回転させて，変位を補正する必要がある。

この計算では端根太の変形によるたわみが考慮されていない。必要なら4.2.4（3）1）の計算を追加する。

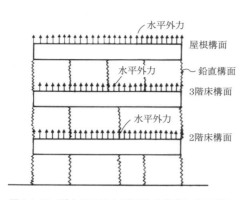

図3.4.42 耐力壁のせん断剛性を考慮したモデル

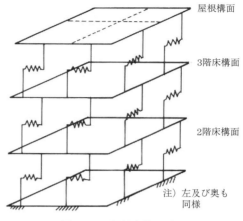

図3.4.43 擬似立体モデル

6) 床構面と鉛直構面の剛性を考慮した応力解析法

図3.4.42及び図3.4.43のモデルを想定して解析を行う方法である。

7) その他の注意

床構面の水平剛性が不足すると，水平変位が大きくなりそれによって耐力壁のせん断力分担率が壁の剛性に比例しなくなる。また，固有周期が長くなり，地震入力そのものが大きくなる。このため，床構面の面内剛性は高く，また固有周期は短くしておくべきである。

以下に，固有周期の略算式を示す。これは曲げ振動の式であり，ダイヤフラムのせん断変形を等価曲げ置換することによって，次の式を使うことができる。

$$\omega = \pi^2 \sqrt{\frac{EI}{mL^4}}$$

$E$：基準弾性係数，$I$：断面2次モーメント
$m$：質量，$L$：スパン

## 3.4.5 モデル化の詳細

### (1) 曲げトラス置換

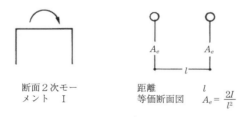

図3.4.44

### (2) せん断ブレース置換（せん断剛性が決まっている場合）

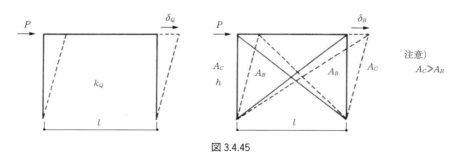

図3.4.45

$$\delta_Q = \frac{P}{k_Q}$$

$$\delta_B = \frac{(l^2+h^2)^{3/2}}{2l^2} \cdot \frac{P}{EA_B}$$

$\delta_Q = \delta_B$ より, $EA_B = k_Q \dfrac{(l^2+h^2)^{3/2}}{2l^2}$

### (3) せん断変形を含むラーメン部材の剛性マトリクス

$$\begin{bmatrix} \frac{EA}{l} & & & & & \\ 0 & \frac{12EI}{l^3(1+\Phi)} & & & & \\ 0 & \frac{6EI}{l^2(1+\Phi)} & \frac{(4+\Phi)EI}{l(1+\Phi)} & & & \\ \frac{-EA}{l} & 0 & 0 & \frac{EA}{l} & & \\ 0 & \frac{-12EI}{l^3(1+\Phi)} & \frac{-6EI}{l^2(1+\Phi)} & 0 & \frac{12EI}{l^3(1+\Phi)} & \\ 0 & \frac{6EI}{l^2(1+\Phi)} & \frac{(2-\Phi)EI}{l(1+\Phi)} & 0 & \frac{-6EI}{l^2(1+\Phi)} & \frac{(4+\Phi)EI}{l(1+\Phi)} \end{bmatrix} \begin{bmatrix} u_i \\ v_i \\ \theta_i \\ u_j \\ v_j \\ \theta_j \end{bmatrix} = \begin{bmatrix} N_i \\ Q_i \\ M_i \\ N_j \\ Q_i \\ M_j \end{bmatrix}$$

対角行列に関して対称

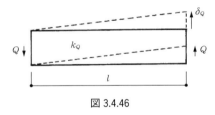

注) 部材せん断剛性と等価な次の等価せん断剛性を求めて使用する。

図 3.4.46　　　　　　　　　　図 3.4.47

$\delta_Q = \dfrac{Q}{k_Q}$

$\delta_{Qe} = \dfrac{Q}{GA_S} l$

$\delta_Q = \delta_{Qe}$ より

$GA_S = k_Q \cdot l$

# 第4章
# 層間変形角，剛性率，偏心率，及び保有水平耐力の計算法

## 4.1 層間変形角，剛性率，偏心率の計算

### 4.1.1 計算の原則

　層間変形角，剛性率，偏心率は，剛床仮定を適用することの可能な建築物を対象として，耐力壁の水平剛性を適切に評価して計算する。

　層間変形角，剛性率，偏心率の計算は，原則として剛床仮定が成り立つことを前提にしている。したがって，細長い平面形状や複雑な凹凸のある平面形状を有する建築物や，床面，屋根面の開口が大きい建築物については，以下の計算は妥当ではない場合がある。

　また，これらの計算に当たっては，耐力壁の水平剛性を用いるが，構造計算上耐力壁とはみなされない壁等でも，現実には何らかの剛性を有するような場合もある。これらの壁等の剛性が逆に建築物のねじれ振動を引き起こしたり，各層の剛性のアンバランスを生じたりすることのないよう，構造計画や計算に当たっての各部の水平剛性の算出には，十分注意する必要がある。

　耐力壁の剛性は，「3.1　許容応力度計算 – 1」による場合は，壁倍率1の壁1m当たり1/150 rad.の変形角で1.96 kNを負担するものとして算出した各耐力壁の剛性を，「3.2　許容応力度計算 – 2」による場合は，計算または実験に基づく各耐力壁の剛性，もしくは層間変形角の予想値に基づく構面剛性を用いることができる。

### 4.1.2 層間変形角の計算

　各耐力壁の水平剛性が前節のように計算され，偏心が小さく，剛床仮定が成立する場合は，建物の水平力（地震力・風圧力）に対する変形は各層の水平変位に表される。このとき各層の層間変位は，次の手順で計算される。

(1) 層剛性の計算

$$K_i = \Sigma K_{ij}$$

ここで，$i$：計算階位置
　　　　$K_i$：$i$階の層剛性
　　　　$K_{ij}$：$i$階の耐力壁$j$の層剛性
　　　　$\Sigma$：$i$階の全耐力壁についての総和

(2) 水平層間変位の計算

$$\delta_i = \frac{Q_i}{\Sigma K_{ij}} = \frac{Q_i}{K_i}$$

ここで，$\delta_i$：$i$階の層間変位
　　　　$Q_i$：$i$階の層せん断力

### （3） 層間変形角の計算

$$R_i = \frac{\delta_i}{h_i}$$

ここで，$R_i$：$i$ 階の各方向の層間変形角の最大値

$h_i$：$i$ 階の階高

保有水平耐力計算及び許容応力度等計算の方法を定める件　平19国交告第594号（以下，保有水平耐力等計算法告示という）第3第一号の規定により，各階各方向のせん断力による層間変位の当該階の高さに対する割合で求める。このとき，層間変形角は当該階の各方向で最大値をとる。すなわち，層間変形角を計算するときの各壁線の分担水平力は，各階各通りの耐力壁線毎にねじれ補正を行った分担水平力とする。

偏心があるときや床が剛床でない場合は，床の変形が剛体的な並進移動でなく水平回転変位が生じたり，床面内の複雑な弾性変位が生じることになるので，解析はそのことを考慮する。また，層間変位も平面的な位置に依存することになるので，層間変位の最大値とする。トラスやラーメン解析では，水平応力解析の結果から，（与えた層せん断力）／（生じた層間変位）で層剛性を評価することもできる。

なお，第3章の壁倍率による計算では，壁倍率が層剛性に関連していた（壁倍率1を，層間変形角が1/150 rad.のときのせん断強度を 1.96 kN/m と定義した）ので，次のように略算が成立する。

$$R_i = \frac{1}{150} \cdot \frac{L_{Ni}}{L_{Di}}$$

ここで，$L_{Ni}$：$i$ 階の水平力に対する必要壁量（Σ 壁倍率×壁長（m））

$L_{Di}$：$i$ 階の設計存在壁量（Σ 壁倍率×壁長（m））

### 4.1.3 剛性率の計算

剛性率の定義は，次のとおりである（図 4.1.1 参照）。

$$R_{si} = \frac{r_{si}}{\bar{r}_s}$$

ここに，$R_{si}$：$i$ 階の剛性率

$r_{si} = h_i/\delta_i$：$i$ 階の層間変形角の逆数

$\bar{r}_s$：$r_{si}$ の相加平均で，3階建ての場合

$$\bar{r}_s = \frac{r_{s1} + r_{s2} + r_{s3}}{3}$$

保有水平耐力等計算法告示第3第二号の規定により，ここで用いる層間変形角は，当該階の各方向に一様に変形するとして求めた平均値とする。

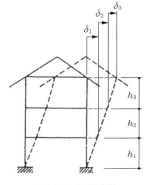

図 4.1.1　層間変位

各階の層剛性のバランスが悪いと，どこかの層に変形が集中することになる。このため剛性率を一定の値以下に納めることが望ましい。建築基準法施行令では原則として0.6以上としている。

### 4.1.4 偏心率の計算

#### （1） 偏心率の計算

偏心率は以下の手順で計算される（図 4.1.2 参照）。

1）重心 $G$ $(g_x, g_y)$

$$g_x = \frac{\Sigma(N \cdot X)}{\Sigma N} \qquad g_y = \frac{\Sigma(N \cdot Y)}{\Sigma N}$$

ここで，$N$ は，地震時の短期重量による軸力，$X$, $Y$ は，原点からの距離である。セットバックやオーバーハングのない建物では，重心はほぼ平面の中心と考えてよい。

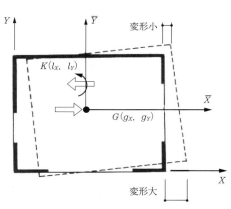

図 4.1.2　偏心率の算定

2) 剛心 $K$ $(l_x, l_y)$

$$l_x = \frac{\Sigma(D_Y \cdot X)}{\Sigma D_Y} \qquad l_y = \frac{\Sigma(D_X \cdot Y)}{\Sigma D_X} \quad \cdots\cdots ①$$

ここで，$D_X$，$D_Y$ は，$X$，$Y$ 方向の各耐力壁の剛性であり，計算ではその比が意味を持つから，剛性比で計算してもよい。ここで剛性はせん断力を変位で除したものであるから，告示仕様の耐力壁の剛性は壁倍率と壁長の積としてよいが，壁倍率5を超える等，告示仕様と異なる耐力壁を用いる場合は，「3.2 許容応力度計算-2」に示す方法により，くぎ打ち間隔から計算で剛性を算出しなければならない。また，告示仕様の耐力壁と告示仕様と異なる耐力壁を混用する建物では，耐力壁剛性は全てくぎ打ち間隔から計算で求めること。剛性の算出方法を混用してはならない。

3) 偏　心

偏心距離　$e_x = g_x - l_x$，$e_y = g_y - l_y$

「保有水平耐力等計算法告示」第5の「剛心周りのねじり剛性の計算方法」より，剛心周りのねじり剛性 $K_R$（N·m）は，

$$K_R = \Sigma(D_X \cdot \overline{Y}^2) + \Sigma(D_Y \cdot \overline{X}^2) \quad \cdots\cdots ②$$

ここで，$\overline{X}$，$\overline{Y}$ は剛心から各耐力壁への $X$ 方向，$Y$ 方向の距離を示し，

$$\overline{X} = X - l_x \qquad \overline{Y} = Y - l_y$$

これを②式に代入して解き，さらに①を加工して代入すれば③式が得られる。

ねじり剛性　$K_R = \{\Sigma(D_X Y^2) - \Sigma D_X l_y^2\} + \{\Sigma(D_Y X^2) - \Sigma D_Y l_x^2\} \quad \cdots\cdots ③$

弾力半径　$r_{eX} = \sqrt{\dfrac{K_R}{\Sigma D_X}}$，$\quad r_{eY} = \sqrt{\dfrac{K_R}{\Sigma D_Y}}$

偏心率　$R_{eX} = \left|\dfrac{e_Y}{r_{eX}}\right|$，$\quad R_{eY} = \left|\dfrac{e_X}{r_{eY}}\right|$

「設計の手引」第Ⅲ編第2章で述べた実大試験の実験(2)では，同書図2.20に見られるような大きな回転変形が生じた。これは加力方向の耐力壁の配置が通り芯ごとにアンバランスであることと，加力方向に直交する方向の耐力壁が設けられていなかったことによる。この例のように，ある階の平面内で耐力壁の配置に偏りがあると建物にねじれ変形が生じ，地震時にはこのねじれ変形の大きい階に損傷が集中して落階等の事故を招くことがある。建築基準法施行令では「偏心率」という物理量を導入し，原則として各層の偏心率を0.15以下にすることとしているが，枠組壁工法の告示仕様の建築物には法令上偏心率の検討は義務づけられていない。しかし第10第一号に該当する建築物の場合は，この点についての検討が義務づけられている。

一般に，変形能力に富みかつ強い耐力壁（構造用合板，パーティクルボード（厚7.5）等，「設計の手引」第Ⅲ編第2章図2.4参照）を外周壁に配置し，変形能力が劣る壁（ハードボード（厚5），筋かい等）や変形能力はあっても弱い壁（せっこうボード，フレキシブルボード，シージングボード等）は内部間仕切り壁に配置するようにすれば，偏心率が極度に大きくなることはない。

耐力壁のつりあいのよい配置は，平面図に耐力壁を記入してみれば，ある程度直感的に判断することができる。

この場合，図上には単に耐力壁の長さだけを表示するのではなく，水平剛性の違いによる重みづけを色や数値で表示するよう工夫してみるとよいであろう。

耐力壁の平面配置に関して，偏心率のほかに重要なことは，変形能力の大きい耐力壁と小さい耐力壁の水平力分担割合である。例えば，理論上は変形能力の小さい耐力壁のみで必要壁量を満たす設計も可能であるが，このような架構は大きな地震に対して粘りのない脆い破壊を生じやすいので，好ましくない。一方，変形能力に富む耐力壁で架構を構成する場合は，大きな地震に対して粘り強く抵抗し，人命財産の保全に有益である。

実際の架構は，両者が混用されることになるが，上のような観点から，変形能力に富む耐力壁の水平力分担率をできるだけ多くするように設計することが望ましい。

(2) ねじれ補正

偏心率が大きいとねじれが生じて，図4.1.3のように重心側の耐力壁には水平力が集中する。このような場合は，ねじれ補正を行って各部の応力を検討することが望ましい。

なお，許容応力度計算のみ適用される場合でも，耐力壁バランスが不均衡と判断される場合は，ねじれ補正を

118　第Ⅰ編　枠組壁工法建築物構造計算指針

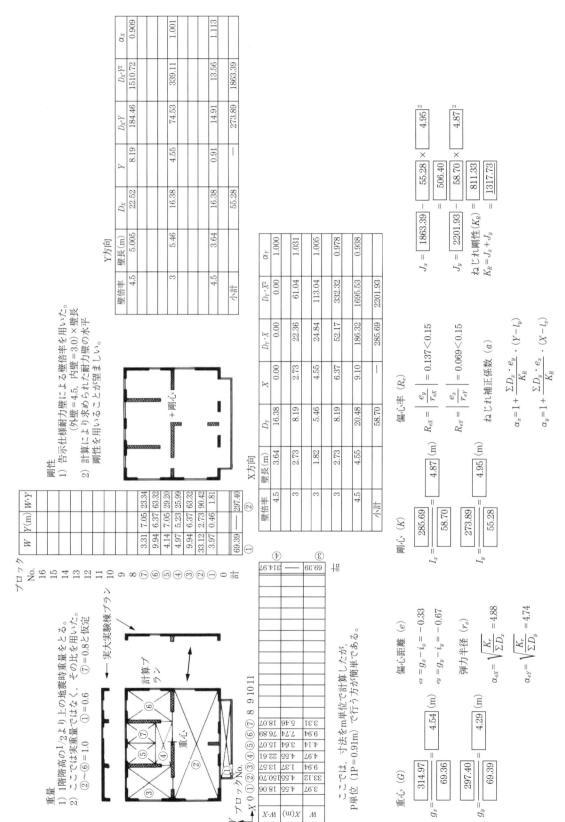

図 4.1.3　重心・剛心・ねじれ補正係数

行うことが望ましい。

$$\alpha_X = 1 + \frac{\Sigma D_X \cdot e_Y}{K_R} \bar{Y}$$

$$\alpha_Y = 1 + \frac{\Sigma D_Y \cdot e_X}{K_R} \bar{X}$$

ここで $\alpha_X$, $\alpha_Y$ は $X$ 方向, $Y$ 方向のねじれ補正係数, $\bar{X}$, $\bar{Y}$ は各耐力壁の剛心 $K$ からの $X$ 方向, $Y$ 方向の距離を示す。

### （3） 計算例

第Ⅵ編事例 2 の構造計算例の建物の 1 階について，偏心率等の計算を行った例を図 4.1.3 に示す。

なお，枠組壁工法のような壁式構造では，直交壁等の立体効果を期待できるので，立体効果を無視して有効壁量だけで計算した偏心率が大きくても，応力集中はそう大きくはならない。ちなみに，「設計の手引」第Ⅲ編第 2 章で述べた実大水平加力試験の建物の 1 階の偏心率は 0.18 であったが，図 4.1.4 に見られるように，ねじれはほとんど生じていない。

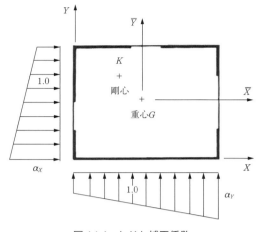

図 4.1.4　ねじれ補正係数

## 4.2 保有水平耐力の確認

### 4.2.1 計算の原則

(1) 保有水平耐力の計算は，令 81 条第 2 項第一号イ及び令 82 条の 3 第一号の規定に基づき，地震時の構造物の終局状態を表す適切なモデル化を行ったうえで，第 3 章及び第Ⅱ編に示す材料強度，接合部の終局耐力，及び耐力壁の終局耐力を用いて算出する。

(2) 必要保有水平耐力の計算は，令 82 条の 3 第二号の規定に基づき，地震時の各階の構造特性及び形状特性を適切に評価して算出する。

(3) (1)で求めた保有水平耐力が，(2)で求めた必要保有水平耐力以上であることを，各階各方向について確認する。

### 4.2.2 保有水平耐力の算出

各階，各方向の保有水平耐力は，以下のいずれかの方法で求めた当該階当該方向の耐力壁の終局耐力の和として算出する。

(1) 各耐力壁について，第 3 章で示す終局耐力まで周辺の破壊が生じない場合，その終局耐力。

(2) 第 3 章で示す耐力壁の終局耐力以下のせん断力で，耐力壁に接合された垂れ壁または腰壁が終局耐力に達する場合，そのせん断力。

(3) 第 3 章で示す耐力壁の終局耐力以下のせん断力で，耐力壁周辺の接合部が終局耐力に達する場合，そのせん断力。

枠組壁工法建築物の各階の保有水平耐力は，本来，耐力壁がその終局耐力まで持てる力を発揮できるならば，第 3 章で実験または計算により求めた終局耐力の和として算出されるはずである。本文の(1)は，そのように耐力壁周辺の破壊が生じずに，耐力壁における枠材と下地材のくぎ等接合部で終局耐力が決まる場合を想定している。

しかしながら，耐力壁がその本来の終局耐力まで耐力を負担するためには，それ以前に，接合されている腰壁，垂れ壁がせん断や曲げで破壊しないこと，耐力壁の上下や耐力壁と腰壁，垂れ壁との接合部が破壊しないことが必要である。そのような破壊が生じる場合には，その時点での耐力壁の負担せん断力をもって，当該耐力壁の終局耐力と見なす必要がある。(2)，(3)は，そのような場合を想定している。

これらの破壊モードは，次項で述べる必要保有水平耐力の計算における構造特性係数の算出にも関係するので，適切に破壊モードを把握することが必要である。

現実の設計においてはさまざまな方法が考えられるが，上記（1）の具体的な方法として，ラーメンモデルにおける反曲点高さ比の目標を例えば0.5というように設定し，終局時において腰壁，垂れ壁に必要とされる曲げモーメントを算出して，これに見合うように耐力壁と垂れ壁または腰壁との接合部設計を行う方法が考えられる。しかしながら，高倍率の耐力壁を用いた場合等は，これらの接合部において必要な耐力を確保することが困難となる。

別の方法として，1階から最上階までの耐力壁を連層耐力壁とし，耐力壁と垂れ壁または腰壁との接合部耐力に応じて垂れ壁や腰壁による曲げ戻し効果を期待し，ラーメンモデルを適用することが考えられる。1階耐力壁脚部，及び上下階の耐力壁間は，ホールダウン金物等により，耐力壁の終局耐力時に破壊しないように緊結する。終局耐力は耐力壁の枠材－面材間の接合部で決まるため，第3章で述べた方法により，層の終局耐力やじん性を評価することができる。

耐力壁と垂れ壁または腰壁との接合部において生じる終局の曲げモーメントは，以下のように算出される。
耐力壁の上部での側根太の曲げ抵抗

$$_1M_u = Z \cdot F_b$$

垂れ壁からの曲げモーメントとして，上枠が圧縮側，まぐさの側が引張り側とすると，

$$_2M_u = \min.\ (N \cdot p_u \cdot d,\ _2Z \cdot F_t)$$

ただし，$A_e$：面材有効断面積　　　　　　　　　　　　　$_2Z$：面材断面係数
　　　　$F_t$：面材の引張りの基準材料強度　　　　　　　　$d$：垂れ壁の高さ
　　　　$N$：掛け張りした面材からまぐさに打たれた接合具の本数　$A$：面材有効断面積
　　　　$p_u$：面材－まぐさのくぎ等による接合部の終局耐力

上記の加算が可能とすれば，垂れ壁からの終局の曲げモーメントは，

$$M_u = {_1M_u} + {_2M_u}$$

これを最大として，フェースモーメントとしての曲げ戻し効果が期待できる。
ただし，まぐさが圧縮側となる場合の，耐力壁内の補強については別途考える必要がある。

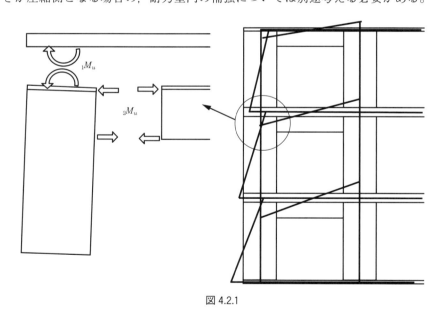

図 4.2.1

## 4.2.3　必要保有水平耐力

（1）　必要保有水平耐力の算出
各階の必要保有水平耐力は次式による。

$$Q_{un} = D_s F_{es} Q_{ud} \tag{4.1}$$

ここに，$Q_{un}$：各階の必要保有水平耐力
　　　　$D_s$：構造特性係数　昭55建告第1792号（改正平成19年5月18日）による
　　　　$F_{es}$：形状係数　同上

$Q_{ud}$：地震力によって各階に生じる水平力（令88条において標準せん断力係数 $C_0$ を1.0以上として求めた数値）

### （2） 構造特性係数

構造特性係数 $D_s$ は次のいずれかの方法により算出する。

次式により求めた数値を下回らないこととして、昭55建告第1792号第2第四号第2項の表（い）欄の数値を用いる。

$$D_s = 1/\sqrt{(2\mu-1)} \tag{4.2}$$

ただし、$\mu$ は当該層の塑性率で次式による。

$$\mu = \delta_u/\delta_o \tag{4.3}$$

ここに、$\delta_u$：層の終局変形角
　　　　$\delta_o$：層の仮想降伏変形角

耐力壁単体の仮想降伏変形角 $\delta_{oi}$ 及び終局変形角 $\delta_{ui}$ は、第Ⅳ編に示す試験法における耐力壁の水平せん断繰り返し試験に基づいて算出する。複数の耐力壁の組み合わせに対しては、以下による。

図4.2.2において、仮想降伏変形角 $\delta_{oi}$ は直線④と⑤の交点の変形角を、終局変形角は原則として荷重が $0.8P_{max}$ にまで低下した点の変形角を示す。

$\delta_{ui} \geq 1/40$（rad.）の耐力壁の組み合わせの場合

$$\delta_u = \frac{\Sigma P_{ui} \cdot L_i \cdot \delta_{ui}}{\Sigma P_{ui} \cdot L_i} \tag{4.4}$$

$$\delta_o = \frac{\Sigma P_{ui} \cdot L_i \cdot \delta_{oi}}{\Sigma P_{ui} \cdot L_i} \tag{4.5}$$

$\delta_{ui} < 1/40$（rad.）の耐力壁を含む組み合わせの場合

$$\delta_u = \min.(\delta_{ui}) \tag{4.6}$$

$$\delta_o = \max.(\delta_{oi}) \tag{4.7}$$

ここに、$P_{ui}$ は各耐力壁の終局耐力、$L_i$ は各耐力壁の壁長を示す。

既往の実験によれば、平13国交告第1541号（以下、告示1541という）第1の規定にしたがって構造用合板1級、構造用合板2級、構造用パネル4級、硬質木片セメント板、せっこうボードを円形断面スムースのくぎにより打ち付けた耐力壁の荷重変形関係を、図4.2.2に示す方法で等価な完全弾塑性に置換した結果は図4.2.3のようであり、これに対する構造特性係数 $D_s$ は、表4.2.1に示すとおりである。

構造用合板1級や構造用合板2級を単独で用いた場合には、$D_s$ が0.35から0.36となるが、実際には内壁にせっこうボードが用いられるため、荷重変形関係を加算した場合のじん性が問題となる。

実験データの荷重変形関係を比率を変えて加算し、改めて図4.2.2に示す方法によって $D_s$ を算出すると、せっこうボードの存在によって $D_s$ は低い値に落ち着く。$D_s$ が0.3を下回る面材枚数の組み合わせの例を表4.2.2に示す。例えば、構造用合板2級（CSP）の場合には、せっこうボードが構造用合板と同じ枚数かそれ以上であれば $D_s$ が0.3以下となり、構造用パネルであれば、せっこうボードが2割含まれていれば $D_s$ が0.3以下となる。

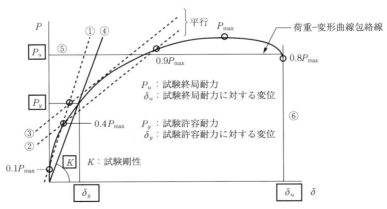

図4.2.2　耐力壁の基準許容耐力、基準終局耐力及び基準剛性の評価方法（繰り返し加力）

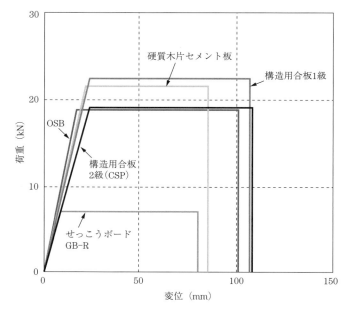

図 4.2.3 各種面材による耐力壁の荷重変形関係の完全弾塑性置換

表 4.2.1 各種面材による耐力壁の実験結果

| | | 剛 性 (kN/cm) | 終局耐力 $P_u$(kN) | 終局変位 $D_u$(mm) | $D_s$ |
|---|---|---|---|---|---|
| 構造用合板 2 級 | CN 50 | 8.07 | 19.08 | 108.10 | 0.35 |
| 構造用パネル 4 級 | CN 50 | 11.14 | 18.91 | 100.58 | 0.30 |
| 構造用合板 1 級 | CN 50 | 9.55 | 22.51 | 106.76 | 0.36 |
| 硬質木片セメント板 | CN 50 | 9.82 | 21.65 | 85.69 | 0.39 |
| せっこうボード GB-R | GNF 40 | 8.36 | 7.23 | 80.51 | 0.24 |

表 4.2.2 $D_s$ を下回る木質系面材と普通せっこうボード（GNF 40）の組み合わせ

| 面材 A | 面材 B | $D_s$ = 0.3 を下回る面材 A の比率 面材 A／(面材 A＋面材 B) |
|---|---|---|
| 構造用合板 1 級<br>9 mm　ラワン<br>CN 50　@100 | せっこうボード<br>GB-R　12.5 mm<br>GNF 40　@100 | 0.4 以下 |
| 構造用合板 2 級<br>9 mm　CSP<br>CN 50　@100 | | 0.5 以下 |
| 構造用パネル<br>9 mm<br>CN 50　@100 | | 0.8 以下 |

　ただし，せっこうボードの留め付けにビスを用いた場合には，じん性が低下する傾向があり，個々のビスによる耐力壁の荷重変形関係を用いて，同様に $D_s$ の検討を行う必要がある。

　また一般に，くぎ間隔を規定の間隔から狭めた場合には塑性率が減少する傾向があり，注意が必要である。これは，耐力壁のくぎ打ち本数が増しても，初期剛性は面材の変形があるためにくぎ打ち本数の増加分ほどには上昇せず，結果として仮想降伏点変形角 $\delta_0$ が増大するためと考えられる。第 3 章に示す耐力壁の降伏せん断耐力，及び剛性の算出式によると，厚さ 9 mm の構造用合板による耐力壁で，CN 50 のくぎ間隔を 10 cm から 5 cm に狭めた場合には，降伏変形角は約 1.3 倍となる。仮想降伏変形角もほぼ同様に増加し，終局変形角はおおむね一定であるとすれば，塑性率 $\mu$ が減少し，(4.2) 式で算出される構造特性係数 $D_s$ は 0.3 から 0.35 程度まで増大する計算となる。厚さ 9.5 mm の構造用パネルを CN 50，5 cm 間隔でくぎ打ちした耐力壁に対する静的繰り返し試験でも，10 cm 間隔にくぎ打ちした場合に比べて塑性率が減少し，$D_s$ が 0.3 を超える場合があった。

　以上から，告示 1541 第 1 に規定する構造用合板，構造用パネルを用いた耐力壁で，くぎ打ち間隔を 10 cm から 5 cm の間で狭めたものを使用した場合には，せっこうボードとの組み合わせを考えた場合でも，構造特性係数 $D_s$ は 0.35 として設計を行う必要がある。

### 4.2.4 部材の安全性の確認

大地震動時に，想定しない部材の破壊により安全性が損なわれないよう，耐力壁，ダイヤフラム及びそれらの周辺の構造部材の強度が，耐力壁の終局耐力時に想定される存在応力以上であることを確認する。

具体的には次の点について確認する。

(1) 耐力壁，腰壁，垂れ壁，耐力壁周辺接合部の終局耐力で決まる耐力壁の終局耐力（以下，本項で耐力壁の終局耐力という）時に，たて枠が曲げ，せん断，引張りで破断したり，圧縮で座屈したりしないこと。
(2) 腰壁，垂れ壁の横架材が耐力壁の終局耐力時に曲げ，せん断，引張り破断したり，圧縮で座屈したりしないこと。

### 4.2.5 接合部の安全性確認

大地震動時に，想定しない接合部の破壊により安全性が損なわれないよう，耐力壁，ダイヤフラム及びそれらの周辺の接合部の終局耐力が，4.2.2項の(1)～(3)で仮定した耐力壁の終局耐力時に想定される存在応力以上であることを確認する。

## 4.3 保有水平耐力計算時の応力算定モデル

### 4.3.1 耐力壁に作用するせん断力に関して

耐力壁に作用させるせん断力は，全層保有耐力を使用する方法と $A_i$ 分布によるせん断力分布を求める方法の2種類がある。どちらの方法を用いるかは，設計者の判断となる。

#### (1) 全層保有耐力を使用する方法

全層に保有耐力（$1.5Q_{y0}+1.2Q_{y1}$）を作用させる。以下に4層モデルの場合を示す。

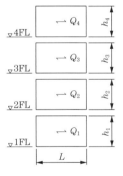

耐力壁に作用するせん断力 $Q_i$
$Q_i = 1.5Q_{y0}+1.2Q_{y1}$

図 4.3.1

#### (2) $A_i$ 分布によるせん断力分布を求める方法

耐力壁端部引張り力を算定しようとする層（以下当該層という）に関しては，耐力壁保有耐力を作用させ，それよりも上階の耐力壁に関しては，$A_i$ 分布による地震力分布に基づき水平力を算定する。なお，当該層以上の層に関しては，剛性率による $F_s$ を考慮し，地震力分布に基づく水平力に $F_s$ の値を乗ずる。以下に4層モデルの場合を示す。

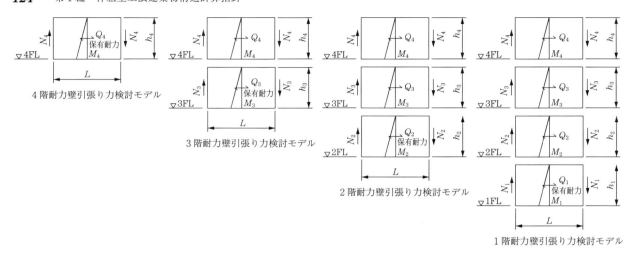

図 4.3.2

$Q_{ei}$：$i$ 層の地震力　$F_{si}$：$i$ 層の $F_s$

ただし，各階耐力壁壁せん断力 ≦ 各階耐力壁保有耐力

〈4 階耐力壁端部引張り力検討時〉

　　4 階耐力壁せん断力 = 4 階耐力壁保有耐力

〈3 階耐力壁端部引張り力検討時〉

　　3 階耐力壁せん断力 = 3 階耐力壁保有耐力

　　4 階耐力壁せん断力 = 3 階耐力壁保有耐力 $\times \dfrac{Q_{e4}}{Q_{e3}} \times F_{s4}$

〈2 階耐力壁端部引張り力検討時〉

　　2 階耐力壁せん断力 = 2 階耐力壁保有耐力

　　3 階耐力壁せん断力 = 2 階耐力壁保有耐力 $\times \dfrac{Q_{e3}}{Q_{e2}} \times F_{s3}$

　　4 階耐力壁せん断力 = 2 階耐力壁保有耐力 $\times \dfrac{Q_{e4}}{Q_{e2}} \times F_{s4}$

〈1 階耐力壁端部引張り力検討時〉

　　1 階耐力壁せん断力 = 1 階耐力壁保有耐力

　　2 階耐力壁せん断力 = 1 階耐力壁保有耐力 $\times \dfrac{Q_{e2}}{Q_{e1}} \times F_{s2}$

　　3 階耐力壁せん断力 = 1 階耐力壁保有耐力 $\times \dfrac{Q_{e3}}{Q_{e1}} \times F_{s3}$

　　4 階耐力壁せん断力 = 1 階耐力壁保有耐力 $\times \dfrac{Q_{e4}}{Q_{e1}} \times F_{s4}$

### 4.3.2　耐力壁応力算定モデル

耐力壁応力算定モデルには，まぐさ部分を単純ばりとする連層耐震壁モデルと，端（側）根太・垂れ壁の曲げ戻し効果を考慮する方法の 2 種類がある。どちらの方法を用いるかは，設計者の判断となる。

（1）連層耐震壁モデル

以下の式（4 層モデルの場合を示す）により，耐力壁端部軸力を算定する。

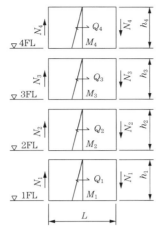

耐力壁に対するせん断力　$Q_i$
耐力壁脚部モーメント　$M_i$
$M_i = Q_i \times h_i$
水平力作用時耐力壁端部軸力 $N_i$
$N_4 = M_4 / L$
$N_3 = M_3 / L + N_4$
$N_2 = M_2 / L + N_4 + N_3$
$N_1 = M_1 / L + N_4 + N_3 + N_2$

図 4.3.3

（2）端（側）根太・垂れ壁の曲げ戻し効果を考慮する方法（上下耐力壁が一致している場合に限る）

耐力壁の上部での側（端）根太の曲げ抵抗

$_1M_u = {}_1Z \cdot {}_1F_b$

　　$_1Z$：側（端）根太の断面係数

　　$_1F_b$：側（端）根太の曲げ基準材料強度

ただし，側（端）根太は，連続した1本ものであること

垂れ壁からの曲げモーメント（有機系面材を張った耐力壁に限る）

$_2M_u = \min.(N \cdot p_u \cdot d,\ {}_2Z \cdot {}_2F_b)$

　　$N$ ：掛け張りした面材からまぐさに打たれた接合具の本数

　　$p_u$：面材－まぐさのくぎ等による接合部の終局耐力

　　$_2Z$：面材断面係数

　　$_2F_b$：面材の曲げ基準材料強度　　$d$：垂れ壁の高さ

　　$M_u = {}_1M_u + {}_2M_u$

上記で求めた $M_u$ をフェイスモーメント（図中の MF）としてはり曲げ戻し効果として見込む。

ただし，面材の曲げ戻し効果は，有機系面材のみとする。

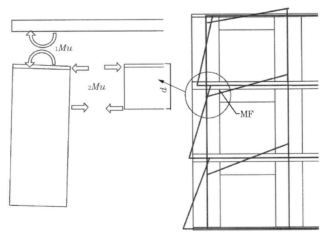

図 4.3.4

### （3） 側（端）根太曲げ戻しに有効な本数の扱い方

側（端）根太の有効本数は，根太の掛け方により定まる。右図に1例を示す。図中に示す本数が，曲げ戻しに有効に働く本数を示し，「連続した根太なし」の部分は，根太転び止め等で構成されている部分で，部材が連続していないため，曲げ戻し効果が得られない部分を示す。なお，側（端）根太を継ぐ場合，継ぎ手位置は，開口端より最低900 mm のみ込ませた位置とすること。

また，最上階は，小屋裏利用3階建てのように床根太を設ける場合以外では，連続したはりを耐力壁上部に設けることは稀であるので，側（端）根太曲げ戻し効果はないものとする。

### （4） 垂れ壁からの曲げモーメント

垂れ壁からの曲げ戻し効果は，面材が掛け渡されていることが原則で，開口部脇の面材が，いも張りの場合は，垂れ壁効果は考慮できない。また今回は，腰壁の効果については考慮しないこととする。

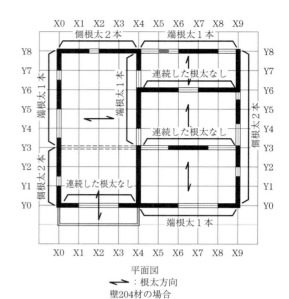

平面図
←→：根太方向
壁204材の場合

図 4.3.5

### （5） 曲げ戻し効果を考慮した計算例

図 4.3.6 に示す2層の耐力壁モデルにより，側根太・垂れ壁の曲げ戻し効果を考慮した応力算定を以下の条件により行う。

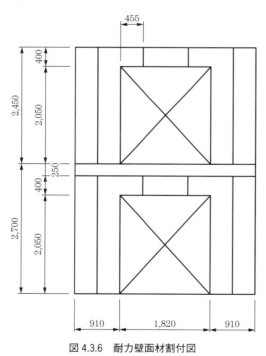

図 4.3.6　耐力壁面材割付図

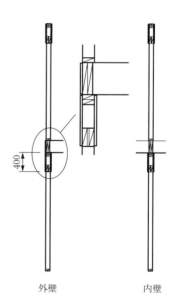

図 4.3.7　耐力壁開口部断面図

（1）外壁は，構造用合板2級厚さ9 mm（面材外周くぎ打ち CN 50@100）＋強化せっこうボード厚さ 12.5 mm（面材外周くぎ打ち GN 40@100），内壁は，強化せっこうボード厚さ 12.5 mm 両面張り（面材外周くぎ打ち GN 40@100）とする。

（2）水平力は，保有水平耐力検討を想定して，$1.5 Q_{y0} + 1.2 Q_{y1}$ とする。

（3）側根太・垂れ壁の曲げ戻しは，以下の式により算定する。なお，垂れ壁の曲げ戻し効果は構造用合板のみとし，せっこうボードについては加算しない。

〈端根太〉

$${}_1M_u = Z \cdot F_b$$

〈垂れ壁〉

$${}_2M_u = \min.(N \cdot p_u \cdot d,\ {}_2Z \cdot {}_2F_b)$$

（ⅰ）耐力壁のせん断剛性・せん断耐力の算定

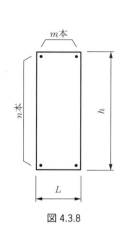

図 4.3.8

$$Q = \begin{cases} q \times S \\ f_s \times L \times t \end{cases} \quad S = \min.\left(m-1,\ (n-1)\frac{L}{h}\right)$$

$$h = 2,430\ \text{mm} \quad m = \frac{910}{100}+1 = 11\ 本 \quad n = \frac{2,430}{100}+1 = 26\ 本$$

$$S = \min.\left(11-1,\ (26-1)\times\frac{910}{2,430}\right) = 9.4$$

構造用合板 9 mm　CN 50

　せん断耐力

$$\left.\begin{array}{l} q \times S = 590 \times 9.4 = 5,546\ \text{N} \\ f_s \times L \times t = 3.2 \times 910 \times 9 = 26,208\ \text{N} \end{array}\right] \rightarrow Q = 5,546\ \text{N}$$

〈強化せっこうボード 12.5 mm　GNF 40〉

　せん断耐力

$$\left.\begin{array}{l} q \times S = 230 \times 9.4 = 2,162\ \text{N} \\ f_s \times L \times t = 0.26 \times 910 \times 12.5 = 2,958\ \text{N} \end{array}\right] \rightarrow Q = 2,162\ \text{N}$$

（ⅱ）保有水平耐力検討時耐力壁作用水平力

〈外壁〉

$$1.5\,Q_{y0} + 1.2\,Q_{y1} = 1.5 \times 5.546 + 1.2 \times 2.162 = 10.91\ \text{kN}$$

〈内壁〉

$$1.5\,Q_{y0} + 1.2\,Q_{y1} = 1.5 \times 0.0 + 1.2 \times 2.162 \times 2 = 5.19\ \text{kN}$$

（ⅲ）曲げ戻し効果

〈側根太　2-210　S. P. F 甲種 2 級〉

$$Z = 699.5\ \text{cm}^3 \quad F_b = 21.6\ \text{N/mm}^2 \quad K_2 = 0.68$$

$${}_1M_u = Z \cdot F_b \cdot K_2 = 699.5 \times 21.6 \times 10^{-3} \times 0.68 = 10.27\ \text{kN·m}$$

〈垂れ壁〉

くぎ本数 $N = \dfrac{455}{100} + 1 = 6\ 本$　CN 50 $p_u = 590\ \text{N}$

$$N \cdot p_u = 6 \times 590 \times 0.40 \times 10^{-3} = 1.42\ \text{kN·m}$$

$${}_2Z = \frac{9 \times 400^2}{6} = 240,000\ \text{mm}^2$$

構造用合板 2 級　${}_2F_b = 9.6\ \text{N/mm}^2$

$${}_2Z \cdot {}_2F_b = 240,000 \times 9.6 \times 10^{-6} = 2.30\ \text{kN·m}$$

$${}_2M_u = \min.(N \cdot p_u \cdot d,\ {}_2Z \cdot {}_2F_b) = 1.42\ \text{kN·m}$$

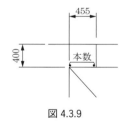

図 4.3.9

(iv) はり負担モーメントの算定

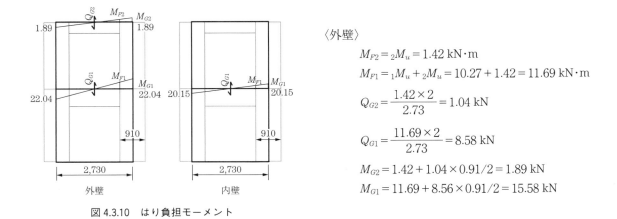

図 4.3.10 はり負担モーメント

〈外壁〉

$M_{F2} = {}_2M_u = 1.42 \text{ kN·m}$

$M_{F1} = {}_1M_u + {}_2M_u = 10.27 + 1.42 = 11.69 \text{ kN·m}$

$Q_{G2} = \dfrac{1.42 \times 2}{2.73} = 1.04 \text{ kN}$

$Q_{G1} = \dfrac{11.69 \times 2}{2.73} = 8.58 \text{ kN}$

$M_{G2} = 1.42 + 1.04 \times 0.91/2 = 1.89 \text{ kN}$

$M_{G1} = 11.69 + 8.56 \times 0.91/2 = 15.58 \text{ kN}$

〈内壁（側根太が連続した1本材で構成されている場合）〉

$M_{F1} = {}_1M_u = 10.27 \text{ kN·m}$

$Q_{G1} = \dfrac{10.27 \times 2}{2.73} = 7.52 \text{ kN}$

$M_{G1} = 10.27 + 7.52 \times 0.91/2 = 13.69 \text{ kN}$

表 4.3.1 はり曲げ戻し効果

（単位：kN·m）

| 部位 | 階 | 曲げ戻し効果 | | 曲げ戻し効果合計 | |
|---|---|---|---|---|---|
| | | 側根太（2-210）[※1] 開口際 $M_F$ | 垂れ壁（構造用面材のみ考慮）開口際 $M_F$ | 開口際 $M_F$ | 柱中心 $M$ |
| 外壁 | 2 | — | 1.42 | 1.42 | 1.89 |
| | 1 | 10.27 | 1.42 | 11.69 | 15.58 |
| 内壁 | 2 | — | — | — | — |
| | 1 | 10.27 | — | 10.27 | 13.69 |

※1：側根太は，連続した1本材であることが条件

(v) 曲げ戻し効果を考慮する応力算定

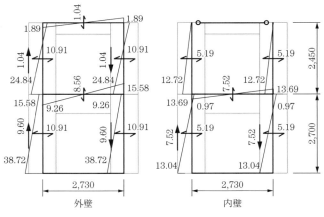

図 4.3.11

〈外壁〉

2階耐力壁柱脚モーメント $= 10.91 \times 2.45 - 1.89 = 24.84 \text{ kN·m}$

1階耐力壁柱頭モーメント $= 24.84 - 15.58 = 9.26 \text{ kN·m}$

1階耐力壁柱脚モーメント $= 10.91 \times 2.70 + 9.26 = 38.72$ kN·m

〈内壁〉

2階耐力壁柱脚モーメント $= 5.19 \times 2.45 = 12.72$ kN·m
1階耐力壁柱頭モーメント $= 13.69 - 12.72 = 0.97$ kN·m
1階耐力壁柱脚モーメント $= 5.19 \times 2.70 - 0.97 = 13.04$ kN·m

〈内壁（側根太が1本材で構成されていない場合）〉

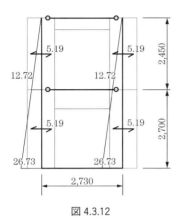

図 4.3.12

2階耐力壁柱脚モーメント $= 5.19 \times 2.45 = 12.72$ kN·m
1階耐力壁柱脚モーメント $= 5.19 \times 2.70 + 12.72 = 26.73$ kN·m

# 第5章
# 限界耐力計算

## 5.1 限界耐力計算の概要

（1） 限界耐力計算の規定

平成12年の改正建築基準法関係法令の施行に際して，新たに構造性能の検証法として限界耐力計算が導入された。令第36条第2項第二号によれば，耐久性等関係規定を満足し，限界耐力計算によって安全性が確かめられた構造方法であれば，令第3章の第1節から第7節の2までに規定する構造方法によらなくてもよいとされている。設計の自由度を格段に増すという点で，構造関係性能規定化における重要項目の1つとなっている。枠組壁工法建築物についても，令第80条の2に基づく平13国交告第1540号（改正平成30年3月26日）のうち耐久性等関係規定以外は適用しなくてもよいこととなる。

限界耐力計算は，施行令第82条の5（改正平成29年6月14日）の各号に規定されており，以下の計算，確認から成る。

また構造計算基準は，平12建告第1457号（改正平成28年5月31日）に示されており，以下のように対応している。

| ［建築基準法施行令第82条の5］ | ［平成12年建設省告示第1457号］ |
|---|---|
| 第一号　地震以外についての許容応力度計算 | 第1　　　限界耐力計算の原則（増分解析） |
| 第二号　極めて稀に発生する積雪時及び暴風時の安全性 | |
| 第三号　稀に発生する地震動に対する地上部分の損傷防止 | 第2～第5　稀に発生する地震に関する損傷限界計算 |
| 第四号　稀に発生する地震動に対する地下部分の許容応力度計算 | |
| 第五号　極めて稀に発生する地震動に対する地上部分の安全性 | 第6～第8　極めて稀に発生する地震に関する安全限界計算 |
| | 第9～第10　減衰の評価，地盤増幅の計算 |
| 第六号　使用上の支障が生じないことの確認 | 第11　　　屋根ふき材，特定天井，外装材及び屋外に面する帳壁の構造計算 |
| 第七号　屋根ふき材，特定天井，外装材及び屋外に面する帳壁の安全性 | |
| 第八号　特別計画区域内の外壁等の安全性 | 第12　　　土砂災害特別区域内における居室を有する建築物の外壁等の構造方法 |

ここで，第一号，第三号，第四号の計算等は，日常的な荷重及び稀に発生する荷重外力に対する損傷防止を，第二号及び第五号の計算等は，極めて稀に発生する外力に対する安全性の確認を意図している。

第一号及び第四号は，損傷防止の検証を従来の許容応力度計算で行うというものである。第二号は，風と雪について，極めて稀に発生する外力として許容応力度計算に用いる外力を，風は1.6倍，雪は1.4倍に増したうえで，構造耐力上主要な部分の各部の応力が，材料強度を用いて算出された各部の耐力を超えないことを確認するというものである。

木材や木質系材料では一般に，短期の許容応力度に対して基準材料強度は1.5倍またはそれ以上あり，接合部の耐力も許容耐力と終局耐力では1.5倍以上の開きがあるので，積雪荷重については許容応力度計算をしておけば，ほぼ間違いなく安全性も同時に確認されたことになる。風荷重に対してはわずかにその比率が不足するが，

それ以上に，接合部等の存在応力が風荷重の上昇と比例関係にはないという点に注意が必要である。たるきの留め付けや柱脚の接合部等における応力は，風による吹き上げや耐力壁の回転等による引張りと，固定・積載荷重による圧縮とが相殺されたものとなっている。このような箇所では，例えば許容応力度計算レベルでは圧縮が勝っていたものが，風荷重が増すことによって引張りに転じることもあり得る。したがって安全性の確認としては，一般に，割り増した外力を用いて検証を行うことが必要となる。

なお，令第82条の5の限界耐力計算の規定において大臣が定めることとなっている，$Td$, $Bd_i$, 層間変位，安全限界変位，$Ts$, $Bs_i$, $Fh$, $Gs$ の計算方法，及び屋根ふき材等の構造耐力上の安全を確かめるための構造計算の基準は，平12建告第1457号に規定されている。

### （2） 地震に対する限界耐力計算

地震に対する限界耐力計算のうち地上部分に対する計算は，地震応答予測法のひとつである等価線形化法に基づくものである。等価線形化法による地震応答予測は，簡単に言えば，地震動に対する構造物の弾塑性応答予測を，等価な1自由度系に置換された構造物の等価周期を用いて，応答スペクトルから求めるというものである。その際，荷重変形関係と応答スペクトルをともに加速度–変位関係で表しておけば，応答予測点は両者の交点で与えられる。また，応答の大きさに応じて構造物の減衰が変化するので，減衰に対応した応答スペクトルを用いる必要がある。この点については，収束計算を行うか，または等価1自由度系の荷重変形曲線上の各点で減衰を求めて，減衰を周期（または変位）の関数で表しておき，この減衰を用いて書き換えた応答スペクトル（評価用応答スペクトル）を用いるという方法がある。

建築基準法施行令では，この応答予測法を基にして以下の方法で損傷防止と安全性の確認を行うよう規定されている。

[損傷防止の検証方法]
① 部材の損傷限界耐力と損傷限界変位から各階の損傷限界耐力と損傷限界変位を求める。
② いずれかの階が損傷限界変位に達するときの損傷限界固有周期を求める。
③ 損傷限界固有周期を用いて，応答スペクトル（地盤増幅を考慮したもの）とから各階の地震力及び層間変位を求める。
④ 各階の地震力が損傷限界耐力を超えないことを確認する。
⑤ 層間変形角が1/200 rad.（建築物の部分に著しい損傷を生じるおそれのない場合は1/120 rad.）を超えないことを確認する。

[安全性の検証方法]（図5.1 参照）
① 各階の保有水平耐力と安全限界変位から建築物の安全限界耐力と安全限界変位を求める。
② 建築物の安全限界変位に対応した安全限界固有周期を求める。
③ 安全限界固有周期を用いて，応答スペクトル（地域係数や地盤増幅係数を考慮したもの）と各階の加速度分布から，各階の地震力及び層間変位を求める。
④ 各階の地震力が安全限界耐力を超えないことを確認する。

①安全限界耐力，安全限界変位の計算

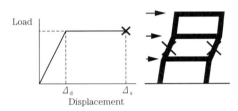

②安全限界固有周期の計算

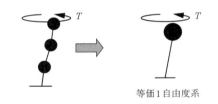

等価1自由度系

③各階地震力の計算

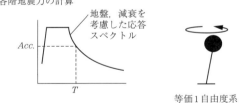

等価1自由度系

地震力 = $m_i \times B_i \times Acc.$

④耐力の比較

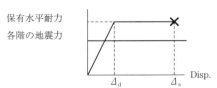

図5.1 地震に対する限界耐力計算の概要（安全性の検証方法）

## 5.2 枠組壁工法建築物への適用

(1) 適用範囲

限界耐力計算は，平13国交告第1540号第8の規定を遵守する枠組壁工法を用いた建築物に適用することができる。

限界耐力計算の適用範囲である高さ60m以下の建築物に限ることは言うまでもない。また，同告示の第11において第8の規定が耐久性等関係規定として指定されていることから，この第8の規定は限界耐力計算によっても適用除外とはならないが，その他の規定は適用除外とすることができる。したがって，同告示第9の構造計算によった場合でも建設することのできない，第2の材料の規定や第5第一号の規定によらない枠組壁工法が，この限界耐力計算によって建設可能となる。鉄筋コンクリート造や鉄骨造等，他の構造形式との併用構造も適用範囲に含まれる。

ただし，限界耐力計算の中に基準許容応力度計算や材料強度を用いた検討，及び保有水平耐力の計算が含まれるため，これらの構造計算ができない構造物は限界耐力計算も行えないことになる。また，法第37条の定める指定建築材料については法第37条の規定によることが要求される。

(2) 地震以外についての基準許容応力度計算（令82条の5第一号）

第一号に規定する構造計算すなわち令第82条第一号から第三号まで（地震に係る部分を除く）に定めるところの計算は，本指針第Ⅰ編第3章の「3.1 許容応力度計算-1」または「3.2 許容応力度計算-2」による。

(3) 極めて稀に発生する積雪時及び暴風時の安全性（令82条の5第二号）

第二号の規定により，積雪時の積雪荷重を1.4倍した場合，及び暴風時の風圧力を1.6倍した場合について，構造耐力上主要な部分に生じる力を計算し，材料強度を用いて算出した部材，接合部の耐力を超えないことを確認する。

積雪に対しては，一般に許容応力度計算がなされていれば，自動的に安全性が確認されたことになる。稀に，積雪を受ける片持ちばりの付け根側（建物内に引き込んだ部分）の端部接合部で，引張り力が固定荷重及び積載荷重により相殺されている場合等，積雪荷重の増大により思わぬ応力を生じる場合があり得るので注意を要する。

暴風時については，規定どおり風圧力を1.6倍して各部の応力を算出し，材料強度（＝短期許容応力度の1.5倍）以下であることを確認する。また，接合部応力を算出し，終局耐力以下であることを確認する。

(4) 稀に発生する地震動に対する地上部分の損傷防止（令82条の5第三号）

第三号の規定により，地震力が損傷限界耐力を超えないこと及び層間変形角が規定値を超えないことを確認する。以下，限界耐力計算の地震時損傷限界の検証法を枠組壁工法に適用する場合の方法を述べる。

なお，以下の計算において，本指針第3章「3.3 接合部及び耐力壁の設計」で述べた方法による耐力壁の許容耐力を耐力壁の損傷限界耐力とし，そこで求めた剛性を用いて変形の計算を行うことができることとする。

① 構造物の損傷限界変形の算出

限界耐力計算においては，各階の加速度の分布が$Bd_i$で与えられるため，この加速度分布に応じて地震力が増大していった場合に，ある部分が損傷限界変形に達した点を持って，構造物全体の損傷限界変形が定義される。

いずれかの壁線で耐力壁が損傷限界変形に達するときの変形時に，当該階にある他の全ての接合部及び直上の水平構面が損傷限界以下であるならば，当該階の損傷限界耐力は，耐力壁のいずれかが損傷限界耐力に達したときの耐力で定義される。さらに耐力壁がつりあいよく配置され，かつ水平構面剛性が十分である場合には，壁線ごとに変形を求める詳細な方法ではなく，各階で一様の変形であるという仮定を用いることができる。

② 損傷限界固有周期の算出

①による各階の損傷限界耐力を用いて，令第82条の5第三号及び平12建告第1457号により，損傷限界固有周期，各階地震力を求める。

具体的な手順は以下のとおりである。

一般に階数が5以下であることから，平12建告第1457号第4のただし書きの表により$Bd_i$（または$bd_i$）を

算出し，同第3により，各階に対して求めた $qd_i$ の最小値に全重量を乗じた値として $Qd$ を求める。これを用いて同第3の式により各階の水平力 $Pd_i$ を求め，これに対する各階の変位 $\delta d_i$ を各階の剛性（弾性剛性）を用いて算出する。この $\delta d_i$ と各階の質量を用いて，代表変位 $\Delta d$ 及び有効質量 $Mu_d$ を計算すれば，損傷限界固有周期 $Td$ が算出される。

なお，地盤調査により地盤の特性を求めた場合には周期調整係数 $\gamma$ を $Td$ に乗じてよいこととなっているが，木造建築物の場合には質量が小さいこともあり，この係数を乗じてもそれによる変化は極めて小さいと考えられる。

③　各階地震力の算出

各階地震力は，この損傷限界固有周期 $Td$ と先に求めた $Bd_i$ 及び平成12年建設省告示第1457号（平成19年改正）第10に規定する表層地盤による加速度の増幅率 $Gs$ を用いて，令第82条の5第三号の $Pd_i$ として算出される。

$Gs$ の算出においては，平12建告第1457号第10第二号の方法によって地盤種別から求めてよい。その際，建物の固有周期 $T$ は，損傷限界固有周期とする。

④　確　認

以上により，各階地震力が損傷限界耐力を超えないこと，及び層間変形角が規定値以下であることを確認する。層間変形角の規定値については，建築物の部分に著しい損傷が生ずるおそれがない場合には，1/200 rad. を超えて，当該階の耐力壁（のいずれか）が損傷限界変形に達したところの変形角とすることができる。

**（5）稀に発生する地震動に対する地下部分の基準許容応力度計算（令82条の5第四号）**

第四号に規定する構造計算については，地階が存在する場合には建築基準法及び鉄筋コンクリート構造設計規準・同解説（（一社）日本建築学会）その他，適切な方法によること。

**（6）極めて稀に発生する地震動に対する地上部分の安全性（令82条の5第五号）**

構造物の終局状態における変形性状，破壊性状を考慮したうえで，第五号により，各階の地震力が保有水平耐力を超えないことを確かめる。

枠組壁工法のような壁式構造では，終局状態が耐力壁の破壊で決まる場合，耐力壁周り（耐力壁脚部等）の接合部破壊で決まる場合，水平構面の破壊で決まる場合等が考えられる。このうち，耐力壁の破壊で決まる場合には，一般に計算が容易となる。すなわち，耐力壁配置のバランスがよく，水平構面の剛性も十分で，耐力壁周りの接合部の剛性耐力も十分であれば，層の荷重変形関係は耐力壁の荷重変形関係の重ね合わせで求めることができる。この場合は，「（4）稀に発生する地震動に対する地上部分の損傷防止」の計算方法で述べたのとほぼ同様に，耐力壁の荷重変形関係を用いて各階の地震力を算出し，安全性の確認を行うことができる。

①　各階の安全限界変位の算出

平12建告第1457号第6に規定する各階の安全限界変位 $Ru$ は以下の方法によるか，または適切な方法により当該階の水平耐力が最大値の80％にまで低下するときの変位として定めることができる。

枠組壁工法耐力壁または耐力壁の組み合わせに対して，その荷重変形関係を，本指針第3章「3.3　接合部及び耐力壁の設計」及び第4章「4.2　保有水平耐力の確認」に基づいて，初期剛性と終局耐力，及びじん性によって定まる終局変位を有する完全弾塑性型の荷重変形関係と仮定した場合には，その終局変位を当該階の安全限界変位と考えることができる。

また平成19年の告示改正により，安全限界時に塑性ヒンジを生じる部分の代表変位 $\Delta s$ が1.5倍になったとして計算した各階層間変位を各階高で割った層間変形角が，安全限界変形角 1/30 rad. を超えてはならないとする規定が加えられた。

②　安全限界固有周期の算出

①による各階の安全限界変位 $Ru$ 及び各階の保有水平耐力 $Qu_i$ 等を用いて，各階の加速度分布 $Bs_i$ は，損傷限界の場合の $Bd_i$ 分布と同様に算出され，これを用いて平12建告第1457号第7の規定により，各階の地震力分布が定まり，ある階が保有水平耐力に達するときの建築物の安全限界耐力 $Qs$，建築物の代表変位 $\Delta s$，建築物の有効質量 $Mu_s$ 及び安全限界固有周期 $Ts$ を計算することができる。ただし，水平力 $Ps_i$ に対する各階の変位 $\delta s_i$ の算出に際して，各階の荷重変形関係が上記のように完全弾塑性型で与えられた場合には，ある階が保有水平耐力

に達した時点で，その階のみ変形が増大して安全限界変形に達し，他の階は弾性域にとどまるという点に留意する必要がある。また，剛床とみなせる場合で偏心率が 0.15 を超える場合は，$Qs$ の算出において偏心に係る係数 $Fe$ の逆数を保有水平耐力に乗じて低減する必要がある。

③ 各階地震力の算出

各階地震力は，この安全限界固有周期 $Ts$ と先に求めた $Bs_i$，平 12 建告第 1457 号第 10 に規定する表層地盤による加速度の増幅率 $Gs$，及び減衰による加速度の低減率 $Fh$ を用いて，令第 82 条の 5 第五号の $Ps_i$ として算出される。

$Gs$ を求める場合の固有周期 $T$ には，この場合は安全限界固有周期 $Ts$ を用いる。

また，減衰による加速度の低減率 $Fh$ は，平 12 建告第 1457 号第 9 第 1 項の式によるが，その $h$ の計算は，同告示第 9 第 2 項第一号イの方法，または同告示第 9 第 2 項第二号の方法によることができる。この場合，部材の構造形式に応じた減衰を表す係数 $\gamma_1$ は，変形が進むと接合部に空隙を生じる木質構造の特徴から $\gamma_1 = 0.2$ が妥当であると言われている。

④ 確　認

以上により，各階地震力が安全限界耐力を超えないことを確認する。

その他，水平構面の剛性耐力が十分であること，接合部での先行破壊を生じないこと等の確認を行う。水平構面や接合部での先行破壊が生じるおそれがある場合には，以上の（6）の計算全般においてこれらを考慮した詳細なモデル化により，層の荷重変形関係，代表変位，減衰等を算出する必要がある。

（7）　使用上の支障が生じないことの確認

令第 82 条第四号及び平 12 建告第 1459 号第 2 の規定により，床ばり及び根太について，クリープ変形を含めた変形量を，製材，集成材等については弾性変形の 2 倍，鋼材については 1 倍とし，積載荷重を地震時の積載荷重と同じ値（居室で 600 N/m²）として，たわみがスパンの 250 分の 1 以下であることを確認する。他の特殊な材料については，クリープによる変形の増大係数は，法第 37 条の認定等に基づいて適切に定めることとする。

（8）　屋根ふき材，特定天井，外装材及び屋外に面する帳壁の安全性（令 82 条の 5 第七号）

平 12 建告第 1457 号第 11 の規定により，風圧力に対しては平 12 建告第 1458 号に規定する構造計算を行う。また，地震力に対しては令第 39 条の規定に適合し，かつ「（4）稀に発生する地震動に対する地上部分の損傷防止」で算出した層間変形角が 1/200 rad. 以下であることを確認するか，または建物の損傷限界時における加速度や層間変形角を考慮して，緊結部分に生じる応力度が短期許容応力度以下であることを確認する。

（9）　特別計画区域内の外壁等の安全性（令 82 条の 5 第八号）

自然現象の種類，最大の力の大きさ等，土石等の高さ等及び当該外壁等の高さに応じて，国土交通大臣が定める基準に従った構造計算によって当該自然現象により想定される衝撃が作用した場合においても破壊を生じないものであることを確かめること。

平 13 国交告第 383 号（改正平成 19 年 5 月 18 日）当該区域内における居室を有する建築物の外壁等の構造方法並びに門又は塀の構造方法を定める件による。

# 材料の力学特性値

第1章 軸材料の力学特性値 *139*
第2章 面材の力学特性値 *157*
第3章 各種調整係数 *161*
第4章 その他材料 *163*

# 第1章
# 軸材料の力学特性値

## 1.1 軸材料の許容応力度

建築基準法施行令第89条により，木材の繊維方向の許容応力度は表1.1の数値によらなければならない。ただし，令第82条第一号から第三号までの規定によって積雪時の構造計算をするに当たっては，長期に生ずる力に対する許容応力度は同表の数値に1.3を乗じて得た数値とし，短期に生ずる力に対する許容応力度は同表の数値に0.8を乗じて得た数値としなければならない。

表1.1 木材の繊維方向の許容応力度

| 長期に生ずる力に対する許容応力度 (単位 N/mm²) | | | | 短期に生ずる力に対する許容応力度 (単位 N/mm²) | | | |
|---|---|---|---|---|---|---|---|
| 圧縮 | 引張り | 曲げ | せん断 | 圧縮 | 引張り | 曲げ | せん断 |
| $\dfrac{1.1 F_c}{3}$ | $\dfrac{1.1 F_t}{3}$ | $\dfrac{1.1 F_b}{3}$ | $\dfrac{1.1 F_s}{3}$ | $\dfrac{2 F_c}{3}$ | $\dfrac{2 F_t}{3}$ | $\dfrac{2 F_b}{3}$ | $\dfrac{2 F_s}{3}$ |
| この表において，$F_c$, $F_t$, $F_b$ 及び $F_s$ は，それぞれ木材の種類及び品質に応じて国土交通大臣が定める圧縮，引張り，曲げ及びせん断に対する基準強度（単位 N/mm²）を表すものとする。 | | | | | | | |

## 1.2 圧縮，引張り，曲げ及びせん断に対する特性値

（1）枠組壁工法構造用製材等

　　枠組壁工法構造用製材及び枠組壁工法たて継ぎ材の日本農林規格

　　平19農水告第600号（改正平30年3月29日）木材の基準強度 $F_c$, $F_t$, $F_b$ 及び $F_s$ を定める件

　　平12建告第1452号（改正平27年8月4日）

枠組壁工法構造用製材（寸法型式104，203，204，304または404の場合）の基準強度及び基準弾性係数は**表1.2**による。また，寸法型式が104，203，204，304または404以外の枠組壁工法構造用製材の許容応力度は表1.2の数値に，寸法型式及び応力の種類に応じて**表1.3**に掲げる数値を乗じた数値とする。

MSR枠組材の基準強度及び基準弾性係数は**表1.4**による。せん断に対する基準強度は表1.2による。なお，基準弾性係数については当編集委員会にて検証，確認し設定したものである（以下同じ）。

## 表1.2 枠組壁工法構造用製材の基準強度及び基準弾性係数
（寸法形式 104, 203, 204, 304 または 404 の場合）

| 樹種 | 区分 | 等級 | 基準強度 (N/mm²) $F_c$ | $F_t$ | $F_b$ | $F_s$ | 基準弾性係数 (kN/mm²) |
|---|---|---|---|---|---|---|---|
| D Fir-L | 甲種 | 特級 | 25.8 | 24.0 | 36.0 | 2.4 | 12.6 |
| | | 1級 | 22.2 | 16.2 | 24.6 | | 11.7 |
| | | 2級 | 19.2 | 15.0 | 21.6 | | 10.7 |
| | | 3級 | 11.4 | 8.4 | 12.6 | | 9.5 |
| | 乙種 | コンストラクション | 21.6 | 11.4 | 16.2 | 2.4 | 10.0 |
| | | スタンダード | 17.4 | 6.6 | 9.6 | | 9.1 |
| | | ユーティリティ | 11.4 | 3.0 | 4.2 | | 8.5 |
| Hem-Tam | 甲種 | 特級 | 18.0 | 13.8 | 29.4 | 2.1 | 8.2 |
| | | 1級 | 15.0 | 8.4 | 18.0 | | 7.5 |
| | | 2級 | 12.6 | 6.6 | 13.8 | | 7.5 |
| | | 3級 | 7.2 | 3.6 | 8.4 | | 6.2 |
| | 乙種 | コンストラクション | 14.4 | 4.8 | 10.2 | 2.1 | 6.9 |
| | | スタンダード | 11.4 | 3.0 | 5.4 | | 6.2 |
| | | ユーティリティ | 7.2 | 1.2 | 3.0 | | 5.5 |
| Hem-Fir | 甲種 | 特級 | 24.0 | 22.2 | 34.2 | 2.1 | 10.6 |
| | | 1級 | 20.4 | 15.0 | 23.4 | | 9.8 |
| | | 2級 | 18.6 | 12.6 | 20.4 | | 9.1 |
| | | 3級 | 10.8 | 7.2 | 12.0 | | 8.1 |
| | 乙種 | コンストラクション | 19.8 | 9.6 | 15.6 | 2.1 | 9.9 |
| | | スタンダード | 16.8 | 5.4 | 9.0 | | 9.0 |
| | | ユーティリティ | 10.8 | 2.4 | 4.2 | | 8.4 |
| S-P-F または Spruce-Pine-Fir | 甲種 | 特級 | 20.4 | 16.8 | 30.0 | 1.8 | 10.5 |
| | | 1級 | 18.0 | 12.0 | 22.2 | | 10.0 |
| | | 2級 | 17.4 | 11.4 | 21.6 | | 9.6 |
| | | 3級 | 10.2 | 6.6 | 12.6 | | 9.3 |
| | 乙種 | コンストラクション | 18.6 | 8.4 | 16.2 | 1.8 | 9.8 |
| | | スタンダード | 15.6 | 4.8 | 9.0 | | 8.9 |
| | | ユーティリティ | 10.2 | 2.4 | 4.2 | | 8.3 |
| W Cedar | 甲種 | 特級 | 15.0 | 14.4 | 23.4 | 1.8 | 7.5 |
| | | 1級 | 12.6 | 10.2 | 16.8 | | 6.9 |
| | | 2級 | 10.2 | 10.2 | 16.2 | | 6.9 |
| | | 3級 | 6.0 | 6.0 | 9.6 | | 6.2 |
| | 乙種 | コンストラクション | 11.4 | 7.2 | 12.0 | 1.8 | 6.2 |
| | | スタンダード | 9.0 | 4.2 | 6.6 | | 5.5 |
| | | ユーティリティ | 6.0 | 1.8 | 3.6 | | 5.5 |
| SYP | 甲種 | 特級 | 24.1 | 26.2 | 39.0 | 2.4 | 12.4 |
| | | 1級 | 20.7 | 16.1 | 24.4 | | 11.0 |
| | | 2級 | 18.7 | 11.9 | 18.5 | | 9.7 |
| | | 3級 | 10.7 | 6.8 | 10.6 | | 9.0 |
| | 乙種 | コンストラクション | 19.9 | 8.9 | 13.9 | 2.4 | 9.7 |
| | | スタンダード | 16.5 | 5.0 | 7.8 | | 8.3 |
| | | ユーティリティ | 10.7 | 2.3 | 3.7 | | 8.3 |
| JS I | 甲種 | 特級 | 24.9 | 20.6 | 33.6 | 2.1 | 11.0 |
| | | 1級 | 21.1 | 14.1 | 23.7 | | 10.5 |
| | | 2級 | 18.2 | 12.5 | 22.2 | | 9.9 |
| | | 3級 | 10.6 | 7.3 | 12.9 | | 8.9 |
| | 乙種 | コンストラクション | 19.8 | 9.5 | 16.9 | 2.1 | 9.3 |
| | | スタンダード | 16.0 | 5.3 | 9.3 | | 8.5 |
| | | ユーティリティ | 10.6 | 2.5 | 4.4 | | 7.9 |
| JS II | 甲種 | 特級 | 15.7 | 16.0 | 28.4 | 1.8 | 8.0 |
| | | 1級 | 15.7 | 12.2 | 20.4 | | 7.4 |
| | | 2級 | 15.7 | 12.2 | 19.5 | | 6.8 |
| | | 3級 | 9.1 | 7.1 | 11.3 | | 6.1 |
| | 乙種 | コンストラクション | 15.7 | 9.3 | 14.8 | 1.8 | 6.4 |
| | | スタンダード | 13.8 | 5.1 | 8.2 | | 5.8 |
| | | ユーティリティ | 9.1 | 2.4 | 3.9 | | 5.4 |
| JS III | 甲種 | 特級 | 20.9 | 16.9 | 22.5 | 2.1 | 10.4 |
| | | 1級 | 18.3 | 11.3 | 16.1 | | 9.0 |
| | | 2級 | 17.0 | 9.7 | 15.5 | | 7.7 |
| | | 3級 | 9.8 | 5.7 | 9.0 | | 6.9 |
| | 乙種 | コンストラクション | 17.9 | 7.4 | 11.8 | 2.1 | 7.2 |
| | | スタンダード | 14.9 | 4.1 | 6.5 | | 6.6 |
| | | ユーティリティ | 9.8 | 1.9 | 3.1 | | 6.1 |

表1.3 枠組壁工法構造用製材の寸法形式及び応力の種類に応じて乗じる数値
（寸法型式104, 203, 204, 304 または 404 以外の場合）

| 寸法型式 | | | | | 圧縮：c | 引張り：t | 曲げ：b | せん断：s |
|---|---|---|---|---|---|---|---|---|
| 106 | 205 | 206 | 306 | 406 | 0.96 | 0.84 | 0.84 | 1.00 |
| 208 | 408 | | | | 0.93 | 0.75 | 0.75 | |
| 210 | | | | | 0.91 | 0.68 | 0.68 | |
| 212 | | | | | 0.89 | 0.63 | 0.63 | |

表1.4 MSR枠組材の基準強度及び基準弾性係数

| 曲げ応力等級 | 基準強度 (N/mm²) | | | | 基準弾性係数 (kN/mm²) |
|---|---|---|---|---|---|
| | $F_c$ | $F_t$ | $F_b$ | $F_s$ | |
| 900 Fb–0.6 E<br>900 Fb–1.0 E<br>900 Fb–1.2 E | 9.6 | 5.4 | 13.2 | 樹種群に応じ，枠組壁工法構造用製材及び枠組壁工法構造用たて継ぎ材の基準強度による。 | 4.1<br>6.9<br>8.2 |
| 1200 Fb–0.7 E<br>1200 Fb–0.8 E<br>1200 Fb–1.2 E<br>1200 Fb–1.5 E | 12.6 | 9.0 | 17.4 | | 4.8<br>5.5<br>8.2<br>10.4 |
| 1350 Fb–1.3 E<br>1350 Fb–1.8 E | 13.8 | 11.4 | 19.8 | | 8.9<br>12.4 |
| 1450 Fb–1.3 E | 15.0 | 12.0 | 21.0 | | 8.9 |
| 1500 Fb–1.3 E<br>1500 Fb–1.4 E<br>1500 Fb–1.8 E | 15.6 | 13.2 | 22.2 | | 8.9<br>9.6<br>12.4 |
| 1650 Fb–1.3 E<br>1650 Fb–1.4 E<br>1650 Fb–1.5 E<br>1650 Fb–1.8 E | 16.8 | 15.0 | 24.0 | | 8.9<br>9.6<br>10.4<br>12.4 |
| 1800 Fb–1.6 E<br>1800 Fb–2.1 E | 18.6 | 17.4 | 26.4 | | 11.1<br>14.5 |
| 1950 Fb–1.5 E<br>1950 Fb–1.7 E | 19.8 | 20.4 | 28.8 | | 10.4<br>11.8 |
| 2100 Fb–1.8 E | 21.6 | 23.4 | 30.6 | | 12.4 |
| 2250 Fb–1.6 E<br>2250 Fb–1.9 E | 22.8 | 25.8 | 33.0 | | 11.1<br>13.4 |
| 2400 Fb–1.7 E<br>2400 Fb–2.0 E | 24.6 | 28.2 | 34.8 | | 11.8<br>13.8 |
| 2550 Fb–2.1 E | 26.4 | 30.0 | 37.2 | | 14.5 |
| 2700 Fb–2.2 E | 27.6 | 31.2 | 39.6 | | 15.2 |
| 2850 Fb–2.3 E | 29.4 | 33.6 | 41.4 | | 15.9 |
| 3000 Fb–2.4 E | 30.6 | 34.8 | 43.8 | | 16.6 |
| 3150 Fb–2.5 E | 32.4 | 36.6 | 45.6 | | 17.2 |
| 3300 Fb–2.6 E | 35.4 | 38.4 | 48.0 | | 17.9 |

（2） 枠組壁工法構造用製材及び枠組壁工法構造用たて継ぎ材の日本農林規格

　　平19農水告第600号木材の基準強度 $F_c$，$F_t$，$F_b$ 及び $F_s$ を定める件

　　平12建告第1452号

　枠組壁工法構造用たて継ぎ材（寸法型式203または204の場合）の基準強度及び基準弾性係数は**表1.5**による。また，寸法形式が203または204以外の枠組壁工法構造用たて継ぎ材の基準強度は表1.5の数値に，寸法形式及び応力の種類に応じて，**表1.6**に掲げる数値を乗じた数値とする。

表1.5 枠組壁工法構造用たて継ぎ材の基準強度及び基準弾性係数
（寸法形式 203 または 204 の場合）

| 樹　　種 | 区分 | 等　　級 | 基準強度 (N/mm²) | | | | 基準弾性係数 (kN/mm²) |
|---|---|---|---|---|---|---|---|
| | | | $F_c$ | $F_t$ | $F_b$ | $F_s$ | $E_0$ |
| D Fir-L | 甲種 | 特級 | 25.8 | 24.0 | 36.0 | 2.4 | 12.6 |
| | | 一級 | 22.2 | 16.2 | 24.6 | | 11.7 |
| | | 二級 | 19.2 | 15.0 | 21.6 | | 10.7 |
| | | 三級 | 11.4 | 8.4 | 12.6 | | 9.5 |
| | 乙種 | コンストラクション | 21.6 | 11.4 | 16.2 | | 10.0 |
| | | スタンダード | 17.4 | 6.6 | 9.6 | | 9.1 |
| | | ユーティリティ | 11.4 | 3.0 | 4.2 | | 8.5 |
| | たて枠用たて継ぎ材 | | 17.4 | 6.6 | 9.6 | | 9.2 |
| Hem-Tam | 甲種 | 特級 | 18.0 | 13.8 | 29.4 | 2.1 | 8.2 |
| | | 一級 | 15.0 | 8.4 | 18.0 | | 7.5 |
| | | 二級 | 12.6 | 6.6 | 13.8 | | 7.5 |
| | | 三級 | 7.2 | 3.6 | 8.4 | | 6.2 |
| | 乙種 | コントラクション | 14.4 | 4.8 | 10.2 | | 6.9 |
| | | スタンダード | 11.4 | 3.0 | 5.4 | | 6.2 |
| | | ユーティリティ | 7.2 | 1.2 | 3.0 | | 5.5 |
| | たて枠用たて継ぎ材 | | 11.4 | 3.0 | 5.4 | | 6.2 |
| Hem-Fir | 甲種 | 特級 | 24.0 | 22.2 | 34.2 | 2.1 | 10.6 |
| | | 一級 | 20.4 | 15.0 | 23.4 | | 9.8 |
| | | 二級 | 18.6 | 12.6 | 20.4 | | 9.1 |
| | | 三級 | 10.8 | 7.2 | 12.0 | | 8.1 |
| | 乙種 | コントラクション | 19.8 | 9.6 | 15.6 | | 9.9 |
| | | スンダード | 16.8 | 5.4 | 9.0 | | 9.0 |
| | | ユーティリティ | 10.8 | 2.4 | 4.2 | | 8.4 |
| | たて枠用たて継ぎ材 | | 16.8 | 5.4 | 9.0 | | 9.9 |
| S-P-F または Spruce-Pine-Fir | 甲種 | 特級 | 20.4 | 16.8 | 30.0 | 1.8 | 10.5 |
| | | 一級 | 18.0 | 12.0 | 22.2 | | 10.0 |
| | | 二級 | 17.4 | 11.4 | 21.6 | | 9.6 |
| | | 三級 | 10.2 | 6.6 | 12.6 | | 9.3 |
| | 乙種 | コンストラクション | 18.6 | 8.4 | 16.2 | | 9.8 |
| | | スタンダード | 15.6 | 4.8 | 9.0 | | 8.9 |
| | | ユーティリティ | 10.2 | 2.4 | 4.2 | | 8.3 |
| | たて枠用たて継ぎ材 | | 15.6 | 4.8 | 9.0 | | 8.9 |
| W. Ceder | 甲種 | 特級 | 15.0 | 14.4 | 23.4 | 1.8 | 7.5 |
| | | 一級 | 12.6 | 10.2 | 16.8 | | 6.9 |
| | | 二級 | 10.2 | 10.2 | 16.2 | | 6.9 |
| | | 三級 | 6.0 | 6.0 | 9.6 | | 6.2 |
| | 乙種 | コントラクション | 11.4 | 7.2 | 12.0 | | 6.2 |
| | | スタンダード | 9.0 | 4.2 | 6.6 | | 5.5 |
| | | ユーティリティ | 6.0 | 1.8 | 3.6 | | 5.5 |
| | たて枠用たて継ぎ材 | | 9.0 | 4.2 | 6.6 | | 5.5 |
| SYP | 甲種 | 特級 | 24.1 | 26.2 | 39.0 | 2.4 | 12.4 |
| | | 一級 | 20.7 | 16.1 | 24.4 | | 11.0 |
| | | 二級 | 18.7 | 11.9 | 18.5 | | 9.7 |
| | | 三級 | 10.7 | 6.8 | 10.6 | | 9.0 |
| | 乙種 | コンストラクション | 19.9 | 8.9 | 13.9 | 2.4 | 9.7 |
| | | スタンダード | 16.5 | 5.0 | 7.8 | | 8.3 |
| | | ユーティリティ | 10.7 | 2.3 | 3.7 | | 8.3 |
| | たて枠用たて継ぎ材 | | 16.5 | 5.0 | 7.8 | | 8.3 |
| JS I | 甲種 | 特級 | 24.9 | 20.6 | 33.6 | 2.1 | 11.0 |
| | | 一級 | 21.1 | 14.1 | 23.7 | | 10.5 |
| | | 二級 | 18.2 | 12.5 | 22.2 | | 9.9 |
| | | 三級 | 10.6 | 7.3 | 12.9 | | 8.9 |
| | 乙種 | コンストラクション | 19.8 | 9.5 | 16.9 | | 9.3 |
| | | スタンダード | 16.0 | 5.3 | 9.3 | | 8.5 |
| | | ユーティリティ | 10.6 | 2.5 | 4.4 | | 7.9 |
| | たて枠用たて継ぎ材 | | 16.0 | 5.3 | 9.3 | | 8.5 |
| JS II | 甲種 | 特級 | 15.7 | 16.0 | 28.4 | 1.8 | 8.0 |
| | | 一級 | 15.7 | 12.2 | 20.4 | | 7.4 |
| | | 二級 | 15.7 | 12.2 | 19.5 | | 6.8 |
| | | 三級 | 9.1 | 7.1 | 11.3 | | 6.1 |
| | 乙種 | コンストラクション | 15.7 | 9.3 | 14.8 | | 6.4 |
| | | スタンダード | 13.8 | 5.1 | 8.2 | | 5.8 |
| | | ユーティリティ | 9.1 | 2.4 | 3.9 | | 5.4 |
| | たて枠用たて継ぎ材 | | 13.8 | 5.1 | 8.2 | | 5.8 |
| JS III | 甲種 | 特級 | 20.9 | 16.9 | 22.5 | 2.1 | 10.4 |
| | | 一級 | 18.3 | 11.3 | 16.1 | | 9.0 |
| | | 二級 | 17.0 | 9.7 | 15.5 | | 7.7 |
| | | 三級 | 9.8 | 5.7 | 9.0 | | 6.9 |
| | 乙種 | コンストラクション | 17.9 | 7.4 | 11.8 | | 7.2 |
| | | スタンダード | 14.9 | 4.1 | 6.5 | | 6.6 |
| | | ユーティリティ | 9.8 | 1.9 | 3.1 | | 6.1 |
| | たて枠用たて継ぎ材 | | 14.9 | 4.1 | 6.5 | | 6.6 |

表 1.6 枠組壁工法構造用たて継ぎ材の寸法形式及び応力の種類に応じて乗じる数値（寸法形式 203 または 204 以外の場合）

| 寸法形式＼応力の種類 | 圧縮：c | 引張り：t | 曲げ：b | せん断：s |
|---|---|---|---|---|
| 206 | 0.96 | 0.84 | 0.84 | 1.00 |
| 208 | 0.93 | 0.75 | 0.75 | |
| 210 | 0.91 | 0.68 | 0.68 | |
| 212 | 0.89 | 0.63 | 0.63 | |

（3） カナダの格付規格に適合する枠組壁工法構造用製材，枠組壁工法用たて継ぎ材及びカナダ CLSAB（Canadian Lumber Standard Accreditation Board）の定める NLGA 2003（枠組壁工法構造用製材），NLGA SPS 1-2003，NLGA SPS 3-2003（枠組壁工法用構造たて継ぎ材）格付規格に適合する木材の基準強度

曲げ，圧縮，引張り，せん断の各基準強度は，表 1.7 の値に表 1.8 の数値を乗じた数値とする。さらに，並列材にあっては，曲げに対する基準強度の数値 $F_b$ の数値について，当該部材群に構造用合板またはこれと同等の面材を張る場合には 1.25 を，その他の場合には 1.15 を乗じた数値とすることができる。

表 1.7 カナダの格付規格に適合する枠組壁工法構造用製材及び枠組壁工法用たて継ぎ材の基準強度及び基準弾性係数

| 記号 | 等級 | 基準強度[注1] (N/mm²) | | | | 基準弾性係数[注2] ×10³ (N/mm²) |
|---|---|---|---|---|---|---|
| | | $F_c$ | $F_t$ | $F_b$ | $F_s$ | |
| D Fir-L (N) | SS | 27.6 | 20.4 | 32.4 | 2.4 | 12.8 |
| | No. 1 | 23.4 | 13.8 | 22.2 | | 11.9 |
| | No. 2 | 20.4 | 12.6 | 19.8 | | 11.0 |
| | No. 3 | 12.0 | 7.2 | 11.4 | | 9.8 |
| | Construction | 22.2 | 9.6 | 15.0 | | 10.3 |
| | Standard | 18.0 | 5.4 | 8.4 | | 9.4 |
| | Utility | 12.0 | 2.4 | 4.2 | | 8.8 |
| Hem-Tam | SS | 18.0 | 13.8 | 29.4 | 2.1 | 8.2 |
| | No. 1 | 15.0 | 8.4 | 18.6 | | 7.6 |
| | No. 2 | 12.6 | 6.6 | 13.8 | | 7.6 |
| | No. 3 | 7.2 | 3.6 | 8.4 | | 6.2 |
| | Construction | 14.4 | 4.8 | 10.2 | | 6.9 |
| | Standard | 11.4 | 3.0 | 5.4 | | 6.2 |
| | Utility | 7.2 | 1.2 | 3.0 | | 5.5 |
| Hem-Fir (N) | SS | 24.6 | 18.6 | 32.4 | 2.1 | 12.0 |
| | No. 1 | 22.2 | 13.8 | 24.0 | | 11.5 |
| | No. 2 | 21.0 | 13.8 | 24.0 | | 11.0 |
| | No. 3 | 12.6 | 7.8 | 14.4 | | 9.9 |
| | Construction | 22.2 | 10.2 | 18.6 | | 10.4 |
| | Standard | 18.6 | 6.0 | 10.2 | | 9.5 |
| | Utility | 12.6 | 3.0 | 4.8 | | 8.8 |
| S-P-F | SS | 20.4 | 16.8 | 30.0 | 1.8 | 10.5 |
| | No. 1 | 18.0 | 12.0 | 22.2 | | 10.0 |
| | No. 2 | 17.4 | 11.4 | 21.6 | | 9.6 |
| | No. 3 | 10.2 | 6.6 | 12.6 | | 9.3 |
| | Construction | 18.6 | 8.4 | 16.2 | | 9.8 |
| | Standard | 15.6 | 4.8 | 9.0 | | 8.9 |
| | Utility | 10.2 | 2.4 | 4.2 | | 8.3 |
| W Cedar | SS | 15.0 | 14.4 | 24.0 | 1.8 | 7.6 |
| | No. 1 | 12.6 | 10.2 | 17.4 | | 6.9 |
| | No. 2 | 10.2 | 10.2 | 16.8 | | 6.9 |
| | No. 3 | 6.0 | 6.0 | 9.6 | | 6.2 |
| | Construction | 11.4 | 7.2 | 12.0 | | 6.2 |
| | Standard | 9.0 | 4.2 | 6.6 | | 5.5 |
| | Utility | 6.0 | 1.8 | 3.6 | | 5.5 |

注1) 平成 21 年 3 月 13 日国住指第 3841 号
注2) 基準弾性係数のうち，D Fir-L と Hem-Fir(N) については，1999 年 11 月 8 日にブリティッシュコロンビア大学がカナダ林産業審議会を通じて建設省（当時）に提出した値。その他については，枠組壁工法構造計算指針（1998 年）が枠組壁工法構造用製材等の日本農林規格（昭和 49 年農林水産省告示第 600 号）の値として記載していたものを SI 単位に置換した値。

表1.8 枠組壁工法構造用製材及び枠組壁工法用たて継ぎ材の
寸法形式及び応力の種類に応じて乗じる数値

| 寸法形式 | | | | 圧縮：c | 引張り：t | 曲げ：b | せん断：s |
|---|---|---|---|---|---|---|---|
| 104 | 203 | 204 | 404 | 1.00 | 1.00 | 1.00 | |
| 106 | 206 | 406 | | 0.96 | 0.84 | 0.84 | |
| 208 | 408 | | | 0.93 | 0.75 | 0.75 | 1.00 |
| 210 | | | | 0.91 | 0.68 | 0.68 | |
| 212 | | | | 0.89 | 0.63 | 0.63 | |

（4） カナダの格付規格に適合する機械による曲げ応力等級区分を行う枠組壁工法構造用製材

カナダCLSAB（Canadian Lumber Standard Accreditation Board）の定めるNLGA SPS 2-2003格付規則に適合する木材の基準強度は以下のとおりとする。

曲げ，圧縮，引張り，せん断の各基準強度は，**表1.9**及び**表1.10**の数値とする。さらに，並列材にあっては，曲げに対する基準強度の数値$F_b$の数値について，当該部材群に構造用合板またはこれと同等の面材を張る場合には1.15を乗じた数値とすることができる。

表1.9 カナダの格付規格に適合する機械による曲げ応力等級区分を行う
枠組壁工法構造用製材の基準強度及び基準弾性係数

| 曲げ応力等級 | 基準強度[注1]（N/mm²） | | | | 基準弾性係数 ×10³（N/mm²） |
|---|---|---|---|---|---|
| | $F_c$ | $F_t$ | $F_b$ | $F_s$ | |
| 1200 f-1.2 E | 18.6 | 9.0 | 17.4 | | 8.3 |
| 1350 f-1.3 E | 21.0 | 11.4 | 19.8 | | 9.0 |
| 1450 f-1.3 E | 21.6 | 12.0 | 21.0 | | 9.0 |
| 1500 f-1.4 E | 21.6 | 13.2 | 22.2 | | 9.7 |
| 1650 f-1.5 E | 22.8 | 15.0 | 24.0 | | 10.3 |
| 1800 f-1.6 E | 23.4 | 17.4 | 26.4 | | 11.0 |
| 1950 f-1.7 E | 24.0 | 20.4 | 28.8 | 樹種群に応じ，表1.10により設定 | 11.7 |
| 2100 f-1.8 E | 24.6 | 23.4 | 30.6 | | 12.4 |
| 2250 f-1.9 E | 25.2 | 25.8 | 33.0 | | 13.1 |
| 2400 f-2.0 E | 26.4 | 28.2 | 34.8 | | 13.8 |
| 2550 f-2.1 E | 27.0 | 30.0 | 37.2 | | 14.5 |
| 2700 f-2.2 E | 27.6 | 31.2 | 39.6 | | 15.2 |
| 2850 f-2.3 E | 28.2 | 33.6 | 41.4 | | 15.9 |
| 3000 f-2.4 E | 29.4 | 34.8 | 43.8 | | 16.5 |

注1）平成21年3月13日国住指第3814号

表1.10 カナダの格付規格に適合する機械による曲げ応力等級区分を行う枠組壁工法構造用製材のせん断の基準強度

| 樹　　　種 | 基準強度（N/mm²） |
|---|---|
| | $F_s$ |
| D Fir-L（N） | 2.4 |
| Hem-Tam | 2.1 |
| Hem-Fir（N） | 2.1 |
| S-P-F | 1.8 |
| WRC | 1.8 |

（5） 米国格付規格に適合する枠組壁工法構造用製材及び枠組壁工法用たて継ぎ材

製材の格付規格　NeLMA-2012　NSLB-2007　WCLIB-2004　WWPA-2011　RIS-2000　SPIB-2002 に適合する木材の基準強度。

たて継ぎ材の格付規格　WCLIB-2004　WWPA-2011　NeLMA-2012　NSLB-2007　RIS-2000　SPIB-2002　WCLIB-2004　WWPA-2011　SPIB-2002

曲げ，圧縮，引張り，せん断の各基準強度は，**表1.11** の値に**表1.12** の数値を乗じた数値とすることができる。さらに，並列材にあっては，曲げに対する基準強度の数値 $F_b$ の数値について，当該部材群に構造用合板またはこれと同等の面材を張る場合には1.25を，その他の場合には1.15を乗じた数値とすることができる。

表1.11　米国格付規格に適合する枠組壁工法構造用製材及び枠組壁工法用たて継ぎ材の基準強度及び基準弾性係数

| 記号 | 等級 | 基準強度[注1] (N/mm²) | | | | 基準弾性係数[注2] ×10³(N/mm²) |
|---|---|---|---|---|---|---|
| | | $F_c$ | $F_t$ | $F_b$ | $F_s$ | |
| D Fir-L | SS | 25.2 | 24.0 | 35.4 | 2.4 | 13.1 |
| | No. 1 | 22.2 | 16.2 | 24.0 | | 11.7 |
| | No. 2 | 20.4 | 13.8 | 21.6 | | 11.0 |
| | No. 3 | 12.0 | 7.8 | 12.6 | | 9.7 |
| | Construction | 21.6 | 9.6 | 15.0 | | 10.3 |
| | Standard | 18.6 | 5.4 | 8.4 | | 9.7 |
| | Utility | 12.0 | 3.0 | 4.2 | | 9.0 |
| Hem-Fir | SS | 22.2 | 22.2 | 33.0 | 2.1 | 11.0 |
| | No. 1 | 20.4 | 15.0 | 23.4 | | 10.3 |
| | No. 2 | 19.2 | 12.6 | 20.4 | | 9.0 |
| | No. 3 | 10.8 | 7.2 | 12.0 | | 8.3 |
| | Construction | 20.4 | 8.4 | 14.4 | | 9.0 |
| | Standard | 17.4 | 4.8 | 8.4 | | 8.3 |
| | Utility | 11.4 | 2.4 | 3.6 | | 7.6 |
| S-P-F | SS | 18.0 | 13.8 | 30.6 | 1.8 | 9.0 |
| | No. 1 | 15.6 | 9.6 | 21.0 | | 8.3 |
| | No. 2 | 15.0 | 8.4 | 18.6 | | 7.6 |
| | No. 3 | 9.0 | 4.8 | 10.2 | | 6.9 |
| | Construction | 15.6 | 6.0 | 13.2 | | 6.9 |
| | Standard | 13.8 | 3.6 | 7.8 | | 6.2 |
| | Utility | 9.0 | 2.4 | 3.6 | | 6.2 |
| W Cedar | SS | 15.0 | 14.4 | 24.0 | 1.8 | 7.6 |
| | No. 1 | 12.6 | 10.2 | 17.4 | | 6.9 |
| | No. 2 | 10.2 | 10.2 | 16.8 | | 6.9 |
| | No. 3 | 6.0 | 6.0 | 9.6 | | 6.2 |
| | Construction | 11.4 | 7.2 | 12.0 | | 6.2 |
| | Standard | 9.0 | 4.2 | 6.6 | | 5.5 |
| | Utility | 6.0 | 1.8 | 3.6 | | 5.5 |
| SYP | SS | 24.8 | 24.3 | 34.6 | 2.4 | 12.4 |
| | No. 1 | 21.6 | 14.7 | 22.1 | | 11.0 |
| | No. 2 | 18.9 | 9.9 | 16.2 | | 9.7 |
| | No. 3 | 11.1 | 5.8 | 9.5 | | 9.0 |
| | Construction | 20.9 | 6.5 | 11.4 | | 9.7 |
| | Standard | 17.0 | 3.6 | 6.2 | | 8.3 |
| | Utility | 11.1 | 1.6 | 2.9 | | 8.3 |

注1）平成25年11月19日国住指第2715号
注2）基準弾性係数はNDS（National Design Specification）で該当する樹種グループに記載されている値をSI単位に換算した値。

表1.12 米国格付規格に適合する枠組壁工法構造用製材及び枠組壁工法用たて継ぎ材の寸法形式及び応力の種類に応じて乗じる数値

| 寸法形式 | | | | 圧縮：c | 引張り：t | 曲げ：b | せん断：s |
|---|---|---|---|---|---|---|---|
| 104 | 203 | 204 | 404 | 1.00 | 1.00 | 1.00 | |
| 106 | 206 | 406 | | 0.96 | 0.84 | 0.84 | |
| 208 | 408 | | | 0.93 | 0.75 | 0.75 | 1.00 |
| 210 | | | | 0.91 | 0.68 | 0.68 | |
| 212 | | | | 0.89 | 0.63 | 0.63 | |

（6） 米国格付規格に適合する機械による曲げ応力等級区分を行う枠組壁工法構造用製材

米国格付規格　WCLIB-2004　WWPA-2011　SPIB-2002

曲げ，圧縮，引張り，せん断の各基準強度は，表1.13及び表1.14の数値とする。ただし，並列材にあっては，曲げに対する基準強度の数値$F_b$の数値について，当該部材群に構造用合板またはこれと同等の面材を張る場合には1.15を乗じた数値とすることができる。

表1.14 米国格付規格に適合する機械による曲げ応力等級区分を行う枠組壁工法構造用製材のせん断の基準強度

| 樹種 | 基準強度 (N/mm²) $F_s$ |
|---|---|
| Douglas Fir-Larch | 2.4 |
| Hem-Fir | 2.1 |
| Spruce Pine Fir (South) | 1.8 |
| Western Cedar | 1.8 |
| Southern Pine | 2.4 |

表 1.13 米国格付規格に適合する機械による曲げ応力等級区分を行う
枠組壁工法構造用製材の基準強度及び基準弾性係数

| 格付規格 | 曲げ応力等級 | 基準強度（N/mm²） | | | | 基準弾性係数 ×10³（N/mm²） |
|---|---|---|---|---|---|---|
| | | $F_c$ | $F_t$ | $F_b$ | $F_s$ | |
| WCLIB-2004 及び WWPA-2011 | 900f-1.0E | 13.8 | 5.4 | 13.2 | 樹種群に応じ表3により設定 | 6.9 |
| | 1200f-1.2E | 18.6 | 9.0 | 17.4 | | 8.3 |
| | 1350f-1.3E | 21.0 | 11.4 | 19.8 | | 9.0 |
| | 1450f-1.3E | 21.6 | 12.0 | 21.0 | | 9.0 |
| | 1500f-1.4E | 21.6 | 13.2 | 22.2 | | 9.7 |
| | 1650f-1.5E | 22.8 | 15.0 | 24.0 | | 10.3 |
| | 1800f-1.6E | 23.4 | 17.4 | 26.4 | | 11.0 |
| | 1950f-1.7E | 24.0 | 20.4 | 28.8 | | 11.7 |
| | 2100f-1.8E | 24.6 | 23.4 | 30.6 | | 12.4 |
| | 2250f-1.9E | 25.2 | 25.8 | 33.0 | | 13.1 |
| | 2400f-2.0E | 26.4 | 28.2 | 34.8 | | 13.8 |
| | 2550f-2.1E | 27.0 | 30.0 | 37.2 | | 14.5 |
| | 2700f-2.2E | 27.6 | 31.2 | 39.6 | | 15.2 |
| | 2850f-2.3E | 28.2 | 33.6 | 41.4 | | 15.9 |
| SPIB-2002 | 750f-1.4E | 12.1 | 6.1 | 10.8 | 樹種群に応じ表3により設定。 | 9.7 |
| | 850f-1.4E | 12.7 | 6.8 | 12.3 | | 9.7 |
| | 975f-1.6E | 18.9 | 7.9 | 14.1 | | 11.0 |
| | 1050f-1.2E | 16.0 | 6.5 | 15.2 | | 8.3 |
| | 1050f-1.6E | 19.6 | 8.3 | 15.2 | | 11.0 |
| | 1200f-1.3E | 18.3 | 8.6 | 17.3 | | 9.0 |
| | 1200f-1.6E | 20.3 | 9.4 | 17.3 | | 11.0 |
| | 1250f-1.6E | 20.9 | 10.4 | 18.0 | | 11.0 |
| | 1350f-1.4E | 20.9 | 10.8 | 19.5 | | 9.7 |
| | 1450f-1.3E | 20.9 | 11.9 | 20.9 | | 9.0 |
| | 1500f-1.5E | 21.6 | 13.0 | 21.7 | | 10.3 |
| | 1500f-1.6E | 21.6 | 13.0 | 21.7 | | 11.0 |
| | 1500f-1.7E | 21.6 | 13.0 | 21.7 | | 11.7 |
| | 1650f-1.5E | 22.8 | 15.0 | 24.0 | | 10.3 |
| | 1650f-1.7E | 22.9 | 14.7 | 23.8 | | 11.7 |
| | 1800f-1.6E | 23.4 | 17.4 | 26.4 | | 11.0 |
| | 1850f-1.7E | 24.2 | 17.0 | 26.7 | | 11.7 |
| | 1950f-1.5E | 23.5 | 19.9 | 28.2 | | 10.3 |
| | 1950f-1.7E | 24.0 | 20.4 | 28.8 | | 11.7 |
| | 2100f-1.8E | 24.6 | 23.4 | 30.6 | | 12.4 |
| | 2250f-1.9E | 25.2 | 25.8 | 33.0 | | 13.1 |
| | 2400f-2.0E | 26.4 | 28.2 | 34.8 | | 13.8 |
| | 2550f-1.8E | 26.2 | 20.2 | 36.9 | | 12.4 |
| | 2550f-2.1E | 27.0 | 30.0 | 37.2 | | 14.5 |
| | 2700f-2.2E | 27.6 | 31.2 | 39.6 | | 15.2 |
| | 2850f-1.8E | 27.5 | 23.1 | 41.2 | | 12.4 |
| | 2850f-2.3E | 28.2 | 33.6 | 41.4 | | 15.9 |
| | 3000f-2.4E | 28.8 | 34.7 | 43.4 | | 16.5 |

注1）平成25年11月19日国住指第2715号
注2）基準弾性係数はNDS（National Design Specification）で該当する樹種グループに記載されている値をSI単位に換算した値。

### （7） オーストラリアの格付規格に適合する機械による曲げ応力等級区分を行う枠組壁工法構造用製材

オーストラリアの格付機関 Plantation Timber Association Australia の格付規格 Industry Standard 106-1999 に適合する「機械による曲げ応力等級区分を行う枠組壁工法構造用製材」の曲げ，圧縮，引張り，せん断の各基準強度は，表1.15の数値とする。ただし，並列材にあっては，曲げに対する基準強度 $F_b$ の数値について，当該部材群に構造用合板またはこれと同等以上の面材を張る場合には1.15を乗じた数値とすることができる。

なお，オーストラリア国内規格は寸法形式が異なり，ここに示す強度はJAS寸法形式（204等）に製材することを前提に指定されていることに留意する必要がある。

表 1.15　オーストラリアの格付規格に適合する機械による
曲げ応力等級区分を行う枠組壁工法構造用製材

|  | 樹種 | 等級 | 基準強度 (N/mm²)[注1] | | | | 基準弾性係数[注2] ×10³ (N/mm²) |
|---|---|---|---|---|---|---|---|
|  |  |  | $F_c$ | $F_t$ | $F_b$ | $F_s$ |  |
| 204 | pinus | MGP 10 | 18.0 | 9.0 | 14.4 | 2.1 | 10.0 |
|  |  | MGP 12 | 23.4 | 13.8 | 24.0 | 2.1 | 12.7 |
|  |  | MGP 15 | 26.4 | 21.0 | 34.8 | 2.1 | 15.2 |
| 206 | pinus | MGP 10 | 18.0 | 9.0 | 14.4 | 2.1 | 10.0 |
|  |  | MGP 12 | 23.4 | 13.8 | 24.0 | 2.1 | 12.7 |
|  |  | MGP 15 | 26.4 | 21.0 | 34.8 | 2.1 | 15.2 |
| 208 | pinus | MGP 10 | 17.4 | 8.4 | 13.8 | 2.1 | 10.0 |
|  |  | MGP 12 | 22.2 | 13.2 | 22.2 | 2.1 | 12.7 |
|  |  | MGP 15 | 25.2 | 19.8 | 32.4 | 2.1 | 15.2 |
| 210 | pinus | MGP 10 | 16.8 | 7.8 | 12.6 | 2.1 | 10.0 |
|  |  | MGP 12 | 21.6 | 12.0 | 21.0 | 2.1 | 12.7 |
|  |  | MGP 15 | 24.6 | 18.0 | 30.0 | 2.1 | 15.2 |
| 212 | pinus | MGP 10 | 16.2 | 7.2 | 11.4 | 2.1 | 10.0 |
|  |  | MGP 12 | 21.0 | 10.8 | 19.2 | 2.1 | 12.7 |
|  |  | MGP 15 | 23.4 | 16.8 | 27.6 | 2.1 | 15.2 |

（構造部材の種類……筋かいを除くすべての構造部材（枠組材））

注1）平成12年6月1日　建設省住指発第685号
注2）基準弾性係数は Plantation Timber Association Australia の強度指定時の値
注3）現在この指定は有効であるがオーストラリアでは格付機関が廃止となり，格付規格が無効となっており事実上材料の入手はできない。

### （8） EUの格付規格に適合する資材
#### 1） 目視等級の構造用製材

表1.16の格付規格の欄に掲げる格付規格に適合するものとして，表1.16の格付機関の欄に掲げる格付機関により格付けされた，表1.16の樹種の欄に掲げる樹種について，圧縮，引張，曲げ及びせん断の各基準強度（それぞれ $F_c$，$F_t$，$F_b$ 及び $F_s$）は，表1.17の数値に表1.18の数値を乗じた値とする。さらに，並列材にあっては，曲げに対する基準強度 $F_b$ の数値について，当該部材群に構造用合板又はこれと同等以上の面材をはる場合には1.25を，その他の場合は1.15を乗じた数値とすることができる。

表 1.16

| 格付規格 | 格付機関 | 樹種群（学名） | 樹種 | 記号 |
|---|---|---|---|---|
| EN14081 | NTI SP | Spruce (Picea abies) | スプルース | PCAB |
|  |  | Scots Pine (Pinus sylvestris) | オウシュウアカマツ | PNSY |
|  | FCBA | Douglas fir (Pseudotsuga menziesii) | ダグラスファー | PSMN |

※格付機関は以下の機関を表す
　NTI（Norsk Treteknisk Institutt）　ID番号：1070
　SP（SP Technical Research Institute of Sweden）　ID番号：0402
　FCBA（Institut technologique FCBA）　ID番号：0380

表1.17

| 記号 | 等級 | 基準強度 (N/mm²) | | | | 基準弾性係数 ×10³(N/mm²) |
|---|---|---|---|---|---|---|
| | | $F_c$ | $F_t$ | $F_b$ | $F_s$ | |
| PCAB | C14 | 16.0 | 8.8 | 15.4 | 1.8 | 7.0 |
| | C16 | 17.0 | 11.0 | 17.6 | 1.8 | 8.0 |
| | C18 | 18.0 | 12.1 | 19.8 | 1.8 | 9.0 |
| | C20 | 19.0 | 13.2 | 22.0 | 1.8 | 9.5 |
| | C22 | 20.0 | 14.3 | 24.2 | 1.8 | 10.0 |
| | C24 | 21.0 | 15.4 | 26.4 | 1.8 | 11.0 |
| | C27 | 22.0 | 17.6 | 29.7 | 1.8 | 11.5 |
| | C30 | 23.0 | 19.8 | 33.0 | 1.8 | 12.0 |
| PNSY | C14 | 16.0 | 8.8 | 15.4 | 1.8 | 7.0 |
| | C16 | 17.0 | 11.0 | 17.6 | 1.8 | 8.0 |
| | C18 | 18.0 | 12.1 | 19.8 | 1.8 | 9.0 |
| | C20 | 19.0 | 13.2 | 22.0 | 1.8 | 9.5 |
| | C22 | 20.0 | 14.3 | 24.2 | 1.8 | 10.0 |
| | C24 | 21.0 | 15.4 | 26.4 | 1.8 | 11.0 |
| | C27 | 22.0 | 17.6 | 29.7 | 1.8 | 11.5 |
| | C30 | 23.0 | 19.8 | 33.0 | 1.8 | 12.0 |
| PSMN | C18 | 18.0 | 12.1 | 19.8 | 2.4 | 9.0 |
| | C24 | 21.0 | 15.4 | 26.4 | 2.4 | 11.0 |

注）PCAB・PNSY　平成24年2月6日国住指第3408号
　　PSMN　平成25年3月18日国住指第3983号

表1.18

| 寸法形式 \ 応力の種類 | $F_c$ | $F_t$ | $F_b$ | $F_s$ |
|---|---|---|---|---|
| 104, 204, 404 | 1.00 | 1.00 | 1.00 | |
| 106, 206, 406 | 0.96 | 0.84 | 0.91 | |
| 208, 408 | 0.93 | 0.75 | 0.86 | 1.00 |
| 210 | 0.91 | 0.68 | 0.82 | |
| 212 | 0.89 | 0.63 | 0.79 | |
| 上記以外の断面 | $\left(\frac{89}{h}\right)^{0.1}$ | $\left(\frac{89}{h}\right)^{0.4}$ | $\left(\frac{89}{h}\right)^{0.4}$ | |

※hは断面の2辺のうち大きいほうの長さ（mm）。

#### 2）機械等級の構造用製材

表1.19の格付規格の欄に掲げる格付規格に適合するものとして，表1.19の格付機関の欄に掲げる格付機関により格付けされた，表1.19の樹種の欄に掲げる樹種について，圧縮，引張り，曲げ及びせん断の各基準強度（それぞれ$F_c$, $F_t$, $F_b$及び$F_s$）は，表1.20の数値に表1.21の数値を乗じた値とする。さらに，並列材にあっては，曲げに対する基準強度$F_b$の数値について，当該部材群に構造用合板又はこれと同等以上の面材をはる場合には1.25を，その他の場合は1.15を乗じた数値とすることができる。

ただし，マシンコントロールにより機械等級区分された製材に限り，アウトプットコントロールにより機械等級区分された製材は除く。

表 1.19

| 格付規格 | 格付機関 | 樹種群（学名） | 樹種 | 記号 |
|---|---|---|---|---|
| EN14081 | NTI SP | Spruce (Picea abies) | スプルース | PCAB |
| | | Scots Pine (Pinus sylvestris) | オウシュウアカマツ | PNSY |
| | FCBA | Douglas fir (Pseudotsuga menziesii) | ダグラスファー | PSMN |

※格付機関は以下の機関を表す。
NTI（Norsk Treteknisk Institutt） ID番号：1070
SP（SP Technical Research Institute of Sweden） ID番号：0402
FCBA（Institut technologique FCBA） ID番号：0380

表 1.20

| 記号 | 等級 | 基準強度（N/mm²） | | | | 基準弾性係数 (×10³ N/mm²) |
|---|---|---|---|---|---|---|
| | | $F_c$ | $F_t$ | $F_b$ | $F_s$ | |
| PCAB | C14 | 16.0 | 8.8 | 15.4 | 1.8 | 7.0 |
| | C16 | 17.0 | 11.0 | 17.6 | 1.8 | 8.0 |
| | C18 | 18.0 | 12.1 | 19.8 | 1.8 | 9.0 |
| | C20 | 19.0 | 13.2 | 22.0 | 1.8 | 9.5 |
| | C22 | 20.0 | 14.3 | 24.2 | 1.8 | 10.0 |
| | C24 | 21.0 | 15.4 | 26.4 | 1.8 | 11.0 |
| | C27 | 22.0 | 17.6 | 29.7 | 1.8 | 11.5 |
| | C30 | 23.0 | 19.8 | 33.0 | 1.8 | 12.0 |
| | C35 | 25.0 | 23.1 | 38.5 | 1.8 | 13.0 |
| | C40 | 26.0 | 26.4 | 44.0 | 1.8 | 14.0 |
| | C45 | 27.0 | 29.7 | 49.5 | 1.8 | 15.0 |
| PNSY | C14 | 16.0 | 8.8 | 15.4 | 1.8 | 7.0 |
| | C16 | 17.0 | 11.0 | 17.6 | 1.8 | 8.0 |
| | C18 | 18.0 | 12.1 | 19.8 | 1.8 | 9.0 |
| | C20 | 19.0 | 13.2 | 22.0 | 1.8 | 9.5 |
| | C22 | 20.0 | 14.3 | 24.2 | 1.8 | 10.0 |
| | C24 | 21.0 | 15.4 | 26.4 | 1.8 | 11.0 |
| | C27 | 22.0 | 17.6 | 29.7 | 1.8 | 11.5 |
| | C30 | 23.0 | 19.8 | 33.0 | 1.8 | 12.0 |
| | C35 | 25.0 | 23.1 | 38.5 | 1.8 | 13.0 |
| | C40 | 26.0 | 26.4 | 44.0 | 1.8 | 14.0 |
| | C45 | 27.0 | 29.7 | 49.5 | 1.8 | 15.0 |
| PSMN | C18 | 18.0 | 12.1 | 19.8 | 2.4 | 9.0 |
| | C24 | 21.0 | 15.4 | 26.4 | 2.4 | 11.0 |
| | C30 | 23.0 | 19.8 | 33.0 | 2.4 | 12.0 |
| | C35 | 25.0 | 23.1 | 38.5 | 2.4 | 13.0 |
| | C40 | 26.0 | 26.4 | 44.0 | 2.4 | 14.0 |

注）PCAB・PNSY　平成24年2月6日国住指第3408号
　　PSMN　平成25年3月18日国住指第3983号

表 1.21

| 寸法形式＼応力の種類 | $F_c$ | $F_t$ | $F_b$ | $F_s$ |
|---|---|---|---|---|
| 104, 204, 404 | 1.00 | 1.00 | 1.00 | |
| 106, 206, 406 | 0.96 | 0.84 | 0.91 | |
| 208, 408 | 0.93 | 0.75 | 0.86 | |
| 210 | 0.91 | 0.68 | 0.82 | 1.00 |
| 212 | 0.89 | 0.63 | 0.79 | |
| 上記以外の断面 | $\left(\dfrac{89}{h}\right)^{0.1}$ | $\left(\dfrac{89}{h}\right)^{0.2}$ | $\left(\dfrac{89}{h}\right)^{0.2}$ | |

※ h は断面の2辺のうち大きいほうの長さ（mm）。

## （9） 日本農林規格に定める構造用単板積層材
単板積層材の日本農林規格　平20農水告第701号（改正平成30年3月29日）

A種構造用単板積層材の基準強度及び基準弾性係数は**表1.22**と**表1.23**による。

**表1.22　A種構造用単板積層材の繊維方向特性値**

| 基準曲げ弾性係数区分 | 等級 | 基準強度 (N/mm$^2$) | | | 基準許容応力度 (N/mm$^2$) | | | 基準弾性係数 (kN/mm$^2$) | |
|---|---|---|---|---|---|---|---|---|---|
| | | $F_c$ | $F_t$ | $F_b$ | $f_c$ | $f_t$ | $f_b$ | $E_0$ | $E_{c0.05}$* |
| 180 E | 特級 | 46.8 | 34.8 | 58.2 | 15.6 | 11.6 | 19.4 | 18.0 | 15.5 |
| | 1級 | 45.0 | 30.0 | 49.8 | 15.0 | 10.0 | 16.6 | | |
| | 2級 | 42.0 | 25.2 | 42.0 | 14.0 | 8.4 | 14.0 | | |
| 160 E | 特級 | 41.4 | 31.2 | 51.6 | 13.8 | 10.4 | 17.2 | 16.0 | 14.0 |
| | 1級 | 40.2 | 27.0 | 44.4 | 13.4 | 9.0 | 14.8 | | |
| | 2級 | 37.2 | 22.2 | 37.2 | 12.4 | 7.4 | 12.4 | | |
| 140 E | 特級 | 36.0 | 27.0 | 45.0 | 12.0 | 9.0 | 15.0 | 14.0 | 12.0 |
| | 1級 | 34.8 | 23.4 | 39.0 | 11.6 | 7.8 | 13.0 | | |
| | 2級 | 32.4 | 19.8 | 32.4 | 10.8 | 6.6 | 10.8 | | |
| 120 E | 特級 | 31.2 | 23.4 | 39.0 | 10.4 | 7.8 | 13.0 | 12.0 | 10.5 |
| | 1級 | 30.0 | 19.8 | 33.0 | 10.0 | 6.6 | 11.0 | | |
| | 2級 | 27.6 | 16.8 | 27.6 | 9.2 | 5.6 | 9.2 | | |
| 110 E | 特級 | 28.2 | 21.6 | 35.4 | 9.4 | 7.2 | 11.8 | 11.0 | 9.0 |
| | 1級 | 27.0 | 18.0 | 30.0 | 9.0 | 6.0 | 10.0 | | |
| | 2級 | 25.8 | 15.6 | 25.8 | 8.6 | 5.2 | 8.6 | | |
| 100 E | 特級 | 25.8 | 19.8 | 32.4 | 8.6 | 6.6 | 10.8 | 10.0 | 8.5 |
| | 1級 | 25.2 | 16.8 | 27.6 | 8.4 | 5.6 | 9.2 | | |
| | 2級 | 23.4 | 14.4 | 23.4 | 7.8 | 4.8 | 7.8 | | |
| 90 E | 特級 | 23.4 | 17.4 | 28.8 | 7.8 | 5.8 | 9.6 | 9.0 | 7.5 |
| | 1級 | 22.8 | 15.0 | 25.2 | 7.6 | 5.0 | 8.4 | | |
| | 2級 | 21.0 | 12.6 | 21.0 | 7.0 | 4.2 | 7.0 | | |
| 80 E | 特級 | 21.0 | 15.6 | 25.8 | 7.0 | 5.2 | 8.6 | 8.0 | 7.0 |
| | 1級 | 19.8 | 13.2 | 22.2 | 6.6 | 4.4 | 7.4 | | |
| | 2級 | 18.6 | 11.4 | 18.6 | 6.2 | 3.8 | 6.2 | | |
| 70 E | 特級 | 18.0 | 13.8 | 22.8 | 6.0 | 4.6 | 7.6 | 7.0 | 6.0 |
| | 1級 | 17.4 | 12.0 | 19.8 | 5.8 | 4.0 | 6.6 | | |
| | 2級 | 16.2 | 9.6 | 16.2 | 5.4 | 3.2 | 5.4 | | |
| 60 E | 特級 | 15.6 | 12.0 | 19.8 | 5.2 | 4.0 | 6.6 | 6.0 | 5.0 |
| | 1級 | 15.0 | 10.2 | 16.8 | 5.0 | 3.4 | 5.6 | | |
| | 2級 | 13.8 | 8.4 | 13.8 | 4.6 | 2.8 | 4.6 | | |

注1）＊：基準弾性係数の信頼水準75％における95％下側許容限界値　平20農水告第701号（改正平成30年3月29日）

注2）特殊な許容応力度及び特殊な材料強度を定める件　平13国交告第1024号（改正平成30年1月15日）

**表1.23　A種構造用単板積層材のせん断特性値**

| 水平せん断性能の区分 | 基準強度 (N/mm$^2$) | | 基準許容応力度 (N/mm$^2$) | | 基準弾性係数 (kN/mm$^2$) |
|---|---|---|---|---|---|
| | $F_{sxx}$ | $F_{syy}$ | $f_{sxx}$ | $f_{syy}$ | $G_0$ |
| 65 V-55 H | 4.2 | 3.6 | 1.4 | 1.2 | $E_0$の値の1/15とする |
| 60 V-51 H | 3.9 | 3.3 | 1.3 | 1.1 | |
| 55 V-47 H | 3.6 | 3.0 | 1.2 | 1.0 | |
| 50 V-43 H | 3.3 | 2.7 | 1.1 | 0.9 | |
| 45 V-38 H | 3.0 | 2.4 | 1.0 | 0.8 | |
| 40 V-34 H | 2.7 | 2.1 | 0.9 | 0.7 | |
| 35 V-30 H | 2.4 | 1.8 | 0.8 | 0.6 | |

出典：木質構造設計規準・同解説(一社)日本建築学会

### (10) 日本農林規格に定める構造用集成材等

構造用集成材の基準強度及び基準弾性係数は，それぞれ表1.24，表1.25，表1.26及び表1.27による。

[応力の種類及び寸法形式による許容応力度の調整]

表1.2に掲げる数値は寸法形式が104，203，204，304または404の枠組壁工法構造用製材の基準強度であり，表1.5に掲げる数値は寸法形式が203または204の枠組壁工法構造用たて継ぎ材の基準強度である。したがって，寸法形式が104，203，204，304または404以外の枠組壁工法構造用製材については表1.3，寸法形式が203または204以外の枠組壁工法用たて継ぎ材については，表1.6に定める数値を断面寸法と応力の種類に応じて乗じる。表1.24から表1.27に掲げる数値はせいが30cm以下の集成材についての基準強度である。したがって，せいが30cmを超える集成材については，寸法調整係数 $(30\,(\mathrm{cm})/せい\,(\mathrm{cm}))^{1/9}$ を乗じて基準強度を算定する必要がある。

表1.24 異等級対称構成集成材の繊維方向特性値

| 集成材の等級 | 基準強度 (N/mm²) | | | | 基準弾性係数 (kN/mm²) | | | | | |
|---|---|---|---|---|---|---|---|---|---|---|
| | $F_c$ | $F_t$ | $F_b$ | | $E_c, E_t$ | | $E_b$ | | | |
| | | | $F_{bx-x}$** | $F_{by-y}$ | $E_c, E_t$ | $E_{c0.05}^*, E_{t0.05}^*$ | $E_{bx-x}$ | $E_{by-y}$ | $E_{bx-x0.05}^*$ | $E_{by-y0.05}^*$ |
| E 170–F 495 | 38.4 | 33.5 | 49.5 | 35.4 | 15.5 | 13.0 | 17.0 | 15.5 | 14.0 | 13.0 |
| E 150–F 435 | 33.4 | 29.2 | 43.5 | 30.6 | 13.5 | 11.5 | 15.0 | 13.5 | 12.5 | 11.5 |
| E 135–F 375 | 29.7 | 25.9 | 37.5 | 27.6 | 12.0 | 10.0 | 13.5 | 12.0 | 11.5 | 10.0 |
| E 120–F 330 | 25.9 | 22.4 | 33.0 | 24.0 | 11.0 | 9.0 | 12.0 | 11.0 | 10.0 | 9.0 |
| E 105–F 300 | 23.2 | 20.2 | 30.0 | 21.6 | 9.5 | 8.0 | 10.5 | 9.5 | 9.0 | 8.0 |
| E 95–F 270 | 21.7 | 18.9 | 27.0 | 20.4 | 8.5 | 7.0 | 9.5 | 8.5 | 8.0 | 7.0 |
| E 85–F 255 | 19.5 | 17.0 | 25.5 | 18.0 | 7.5 | 6.5 | 8.5 | 7.5 | 7.0 | 6.5 |
| E 75–F 240 | 17.6 | 15.3 | 24.0 | 15.6 | 6.5 | 5.5 | 7.5 | 6.5 | 6.5 | 5.5 |
| E 65–F 225 | 16.7 | 14.6 | 22.5 | 15.0 | 6.0 | 5.0 | 6.5 | 6.0 | 5.5 | 5.0 |
| E 65–F 220 | 15.3 | 13.4 | 22.0 | 12.6 | 5.5 | 4.5 | 6.5 | 5.5 | 5.5 | 4.5 |
| E 55–F 200 | 13.3 | 11.6 | 20.0 | 10.2 | 4.5 | 4.0 | 5.5 | 4.5 | 4.5 | 4.0 |
| ME 120–F 330 | 20.2 | 17.6 | 33.0 | 12.7 | 8.3 | 6.9 | 12.0 | 8.3 | 10.0 | 6.9 |
| ME 105–F 300 | 17.9 | 15.6 | 30.0 | 11.7 | 7.5 | 6.3 | 10.5 | 7.5 | 9.0 | 6.3 |
| ME 95–F 270 | 16.6 | 14.5 | 27.0 | 11.1 | 6.9 | 5.7 | 9.5 | 6.9 | 8.0 | 5.7 |
| ME 85–F 255 | 15.9 | 13.9 | 25.5 | 11.0 | 6.3 | 5.2 | 8.5 | 6.3 | 7.0 | 5.2 |

[注] ＊：弾性係数の信頼水準75％における95％下側許容限界値
基準強度　　　平13国交告第1024号（改定平成30年1月15日）
基準弾性係数　集成材の日本農林規格　平19農水告第1152号（改定平成30年3月29日）
　　　　　　　木質構造設計規準・同解説（一社）日本建築学会

表1.25 異等級非対称構成集成材の繊維方向特性値

| 強度等級 | 基準強度 (N/mm²) | | | | | | 基準弾性係数 (kN/mm²) | | | |
|---|---|---|---|---|---|---|---|---|---|---|
| | $F_c$ | $F_t$ | 正の曲げ | | 負の曲げ | | $E_c, E_t, E_{by-y}$ | $E_{c0.05}^*, E_{t0.05}^*, E_{by-y0.05}^*$ | $E_{bx-x}$ | $E_{bx-x0.05}^*$ |
| | | | $F_{bx-x}$** | $F_{by-y}$ | $F_{bx-x}$** | $F_{by-y}$ | | | | |
| E 160–F 480 | 36.5 | 31.8 | 48.0 | 31.8 | 34.5 | 31.8 | 14.5 | 12.0 | 16.0 | 13.0 |
| E 140–F 420 | 31.7 | 27.7 | 42.0 | 27.0 | 28.5 | 27.0 | 13.0 | 11.0 | 14.0 | 11.5 |
| E 125–F 360 | 28.2 | 24.6 | 36.0 | 24.0 | 25.5 | 24.0 | 11.5 | 10.0 | 12.5 | 10.5 |
| E 110–F 315 | 24.5 | 21.3 | 31.5 | 21.6 | 24.0 | 21.6 | 10.0 | 8.5 | 11.0 | 9.0 |
| E 100–F 285 | 22.1 | 19.3 | 28.5 | 19.2 | 22.5 | 19.2 | 9.0 | 7.5 | 10.0 | 8.5 |
| E 90–F 255 | 20.7 | 18.1 | 25.5 | 18.0 | 21.0 | 18.0 | 8.0 | 6.5 | 9.0 | 7.5 |
| E 80–F 240 | 18.5 | 16.2 | 24.0 | 15.0 | 19.5 | 15.0 | 7.0 | 6.0 | 8.0 | 6.5 |
| E 70–F 225 | 16.6 | 14.5 | 22.5 | 13.8 | 18.0 | 13.8 | 6.0 | 5.5 | 7.0 | 6.0 |
| E 60–F 210 | 15.7 | 13.7 | 21.0 | 13.2 | 16.5 | 13.2 | 5.5 | 5.0 | 6.0 | 5.0 |
| E 60–F 205 | 14.3 | 12.5 | 20.5 | 10.8 | 16.0 | 10.8 | 5.0 | 4.5 | 6.0 | 5.0 |
| E 50–F 170 | 12.2 | 10.6 | 17.0 | 8.4 | 14.0 | 8.4 | 4.0 | 3.5 | 5.0 | 4.0 |

[注] ＊：弾性係数の信頼水準75％における95％下側許容限界値
基準強度　　　平13国交告第1024号（改定平成30年1月15日）
基準弾性係数　集成材の日本農林規格　平19農水告第1152号（改定平成30年3月29日）
　　　　　　　木質構造設計規準・同解説（一社）日本建築学会

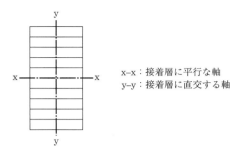

x–x：接着層に平行な軸
y–y：接着層に直交する軸

図1.1　集成材・集成柱の断面座標（出典：㈳日本建築学会「木質構造設計規準・同解説」）

表1.26　同一等級構成集成材の繊維方向特性値

| ひき板の積層数 | 強度等級 | 基準強度（N/mm²） | | | 基準弾性係数（kN/mm²） | |
|---|---|---|---|---|---|---|
| | | $F_c$ | $F_t$ | $F_b$** | $E_c, E_t, E_b$ | $E_{c0.05}{}^*, E_{t0.05}{}^*, E_{b0.05}{}^*$ |
| 4枚以上 | E 190–F 615 | 50.3 | 43.9 | 61.5 | 19.0 | 16.0 |
| | E 170–F 540 | 44.6 | 38.9 | 54.0 | 17.0 | 14.0 |
| | E 150–F 465 | 39.2 | 34.2 | 46.5 | 15.0 | 12.5 |
| | E 135–F 405 | 33.4 | 29.2 | 40.5 | 13.5 | 11.5 |
| | E 120–F 375 | 30.1 | 26.3 | 37.5 | 12.0 | 10.0 |
| | E 105–F 345 | 28.1 | 24.5 | 34.5 | 10.5 | 9.0 |
| | E 95–F 315 | 26.0 | 22.7 | 31.5 | 9.5 | 8.0 |
| | E 85–F 300 | 24.3 | 21.2 | 30.0 | 8.5 | 7.0 |
| | E 75–F 270 | 22.3 | 19.4 | 27.0 | 7.5 | 6.5 |
| | E 65–F 255 | 20.6 | 18.0 | 25.5 | 6.5 | 5.5 |
| | E 55–F 225 | 18.6 | 16.2 | 22.5 | 5.5 | 4.5 |
| 3枚 | E 190–F 555 | 45.8 | 40.3 | 55.5 | 19.0 | 16.0 |
| | E 170–F 495 | 40.5 | 35.6 | 49.5 | 17.0 | 14.0 |
| | E 150–F 435 | 35.6 | 31.4 | 43.5 | 15.0 | 12.5 |
| | E 135–F 375 | 30.4 | 26.7 | 37.5 | 13.5 | 11.5 |
| | E 120–F 330 | 27.4 | 24.1 | 33.0 | 12.0 | 10.0 |
| | E 105–F 300 | 25.5 | 22.4 | 30.0 | 10.5 | 9.0 |
| | E 95–F 285 | 23.6 | 20.8 | 28.5 | 9.5 | 8.0 |
| | E 85–F 270 | 22.1 | 19.5 | 27.0 | 8.5 | 7.0 |
| | E 75–F 255 | 20.3 | 17.8 | 25.5 | 7.5 | 6.5 |
| | E 65–F 240 | 18.8 | 16.5 | 24.0 | 6.5 | 5.5 |
| | E 55–F 225 | 16.9 | 14.9 | 22.5 | 5.5 | 4.5 |
| 2枚 | E 190–F 510 | 45.8 | 36.6 | 51.0 | 19.0 | 16.0 |
| | E 170–F 450 | 40.5 | 32.4 | 45.0 | 17.0 | 14.0 |
| | E 150–F 390 | 35.6 | 28.5 | 39.0 | 15.0 | 12.5 |
| | E 135–F 345 | 30.4 | 24.3 | 34.5 | 13.5 | 11.5 |
| | E 120–F 300 | 27.4 | 21.9 | 30.0 | 12.0 | 10.0 |
| | E 105–F 285 | 25.5 | 20.4 | 28.5 | 10.5 | 9.0 |
| | E 95–F 270 | 23.6 | 18.9 | 27.0 | 9.5 | 8.0 |
| | E 85–F 255 | 22.1 | 17.7 | 25.5 | 8.5 | 7.0 |
| | E 75–F 240 | 20.3 | 16.2 | 24.0 | 7.5 | 6.5 |
| | E 65–F 225 | 18.8 | 15.0 | 22.5 | 6.5 | 5.5 |
| | E 55–F 200 | 16.9 | 13.5 | 20.0 | 5.5 | 4.5 |

［注］＊：弾性係数の信頼水準75％における95％下側許容限界値
基準強度　平13国交告第1024号（改定平成30年1月15日）
基準弾性係数　集成材の日本農林規格　平19農水告第1152号（改定平成30年3月29日）
　　　　　　　木質構造設計規準・同解説（一社）日本建築学会

表1.27 集成材のせん断に対する特性値

| せん断応力が生じる部分の<br>ひき板の樹種 | せん断応力に対する<br>基準強度<br>(N/mm²) | | せん断応力に対する<br>基準許容応力度<br>(N/mm²) | | せん断応力に対する<br>基準弾性係数<br>(kN/mm²) |
|---|---|---|---|---|---|
| | $F_{sx-x}$ | $F_{sy-y}$ | $f_{sx-x}$ | $f_{sy-y}$ | $G_0$ |
| いたやかえで，かば，ぶな，みずなら，けやき，アピトン | 4.8 | 4.2 | 1.6 | 1.4 | $E_0$ の値の 1/15 とする |
| たも，しおじ，にれ | 4.2 | 3.6 | 1.4 | 1.2 | |
| ひのき，ひば，あかまつ，くろまつ，からまつ，ダフリカからまつ，べいまつ，サザンパイン，べいひ | 3.6 | 3.0 | 1.2 | 1.0 | |
| つが，アラスカイエローシーダー，べにまつ，ラジアタパイン，べいつが | 3.3 | 2.7 | 1.1 | 0.9 | |
| もみ，とどまつ，えぞまつ，べいもみ，スプルース，ロッジポールパイン，ポンデローサパイン，おうしゅうあかまつ，ラワン | 3.0 | 2.4 | 1.0 | 0.8 | |
| すぎ，べいすぎ | 2.7 | 2.1 | 0.9 | 0.7 | |

出典：木質構造設計規準・同解説(一社)日本建築学会

## 1.3 めり込みに対する特性値

木材のめり込みに対する基準強度は表1.28，枠組壁工法構造用製材及びたて継ぎ材に対する基準強度は表1.29，集成材のめり込みに対する基準強度は表1.30とする。

平13国交告第1024号により，木材のめり込みに対する基準許容応力度は，その繊維方向と加力方向とのなす角度に応じて次に掲げる数値としなければならない。

ただし，令第82条第一号から第三号までの規定によって積雪時の構造計算をするに当たっては，長期に生ずる力に対する許容応力度は当該数値に1.3を乗じて得た数値とし，短期に生ずる力に対する許容応力度は当該数値に0.8を乗じて得た数値としなければならない。

(1) 10°以下の場合：表1.1に掲げる圧縮の許容応力度の数値
(2) 10°を超え70°未満の場合：(1)と(3)との数値を直線的に補間した数値
(3) 70°以上90°以下の場合：
　　長期に生ずる力に対するめり込みの許容応力度（単位　N/mm²）：$1.1 F_{cv}/3$
　　短期に生ずる力に対するめり込みの許容応力度（単位　N/mm²）：$2 F_{cv}/3$

表1.28 「針葉樹の構造用製材の日本農林規格」目視等級区分製材及び機械等級区分製材，「日本建築学会木質構造設計規準」普通構造材の繊維に直角方向の特性値

| 樹 | | 種 | 基準強度 (N/mm²) | | | 基準許容応力度 (N/mm²) | | |
|---|---|---|---|---|---|---|---|---|
| | | | 部分圧縮(めり込み) | | (ハ)全面圧縮 | 部分圧縮(めり込み) | | (ハ)全面圧縮 |
| | | | (イ)材中間部 | (ロ)材端 | | (イ)材中間部 | (ロ)材端 | |
| 針葉樹 | Ⅰ類 | べいまつ，ダフリカからまつ | 9.0 | 7.2 | 2.8 | 3.0 | 2.4 | 0.93 |
| | Ⅱ類 | ひば，ひのき，べいひ | 7.8 | 6.2 | 2.6 | 2.6 | 2.1 | 0.87 |
| | Ⅲ類 | あかまつ，くろまつ，からまつ，つが，べいつが | 7.8 | 6.2 | 2.4 | 2.6 | 2.1 | 0.80 |
| | Ⅳ類 | もみ，えぞまつ，とどまつ，べにまつ，すぎ，べいすぎ，スプルース | 6.0 | 4.8 | 2.2 | 2.0 | 1.6 | 0.73 |
| 広葉樹 | Ⅰ類 | かし | 12.0 | 9.0 | 5.4 | 4.0 | 3.0 | 1.80 |
| | Ⅱ類 | くり，なら，ぶな，けやき，アピトン | 10.8 | 8.1 | 4.2 | 3.6 | 2.7 | 1.40 |
| | Ⅲ類 | ラワン | 9.0 | 6.8 | 4.2 | 3.0 | 2.3 | 1.40 |

［注］ 特性値の増減については，付図を参照のこと

出典：木質構造設計規準・同解説(一社)日本建築学会

表1.29 「枠組壁工法構造用製材及び枠組壁工法構造用たて継ぎ材の日本農林規格」製材及びたて継ぎ材の繊維に直角方向の特性値

| 樹　種 | 基準強度 | | |
|---|---|---|---|
| | 部分圧縮（めり込み） | | （ハ）全面圧縮 |
| | （イ）材中間部 | （ロ）材端 | |
| D Fir-L | 9.0 | 7.2 | 2.8 |
| Hem-Tam | 7.8 | 6.2 | 2.6 |
| Hem-Fir | 6.0 | 4.8 | 2.2 |
| S-P-F または Spruce-Pine-Fir | 6.0 | 4.8 | 2.2 |
| W Ceder | 6.0 | 4.8 | 2.2 |
| SYP | 9.0 | 7.2 | 2.8 |
| JS I | 7.8 | 6.2 | 2.6 |
| JS II | 6.0 | 4.8 | 2.2 |
| JS III | 7.8 | 6.2 | 2.6 |

| 加力状態 | 許容めり込み応力度 | | 許容圧縮応力度 |
|---|---|---|---|
| | （イ）材中間部におけるめり込み | （ロ）材端におけるめり込み | （ハ）全面圧縮 |
| | | ① $d \geq 100$ mm : $a \leq 100$ mm<br>② $d < 100$ mm : $a \leq d$ | |

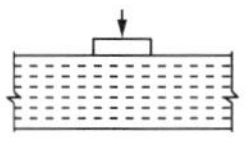

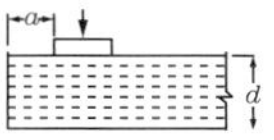

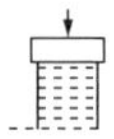

図1.2　表1.28及び表1.29の付図

表1.30　集成材の繊維に直角方向の特性値

| めり込みの応力が生じる部分のひき板の樹種 | 基準強度（N/mm²） | | | 基準許容応力度（N/mm²） | | |
|---|---|---|---|---|---|---|
| | 部分圧縮（めり込み） | | （ハ）全面圧縮 | 部分圧縮（めり込み） | | （ハ）全面圧縮 |
| | （イ）材中間部 | （ロ）材端 | | （イ）材中間部 | （ロ）材端 | |
| いたやかえで，かば，ぶな，みずなら，けやき，アピトン | 10.8 | 8.1 | 4.2 | 3.6 | 2.7 | 1.4 |
| たも，しおじ，にれ，ラワン | 9.6 | 7.2 | 3.6 | 3.2 | 2.4 | 1.3 |
| ひのき，ひば，あかまつ，くろまつ，からまつ，ダフリカからまつ，べいまつ，サザンパイン | 8.1 | 6.6 | 3.0 | 2.7 | 2.2 | 1.0 |
| つが，アラスカイエローシーダー，べにまつ，ラジアタパイン，べいつが | 7.5 | 6.0 | 2.7 | 2.5 | 2.0 | 0.9 |
| もみ，とどまつ，えぞまつ，べいもみ，スプルース，ロッジボールパイン，ポンデローサパイン，おうしゅうあかまつ | 6.6 | 5.1 | 2.4 | 2.2 | 1.7 | 0.8 |
| すぎ，べいすぎ | 6.0 | 4.8 | 2.1 | 2.0 | 1.6 | 0.7 |

1) 部分圧縮（めり込み）及び全面圧縮の状態については，図1.2を参照のこと
2) 全面圧縮の場合には，集成材を構成するひき板の中の最小値とする。

出典：木質構造設計規準・同解説（一社）日本建築学会

ここに$F_{cv}$は木材の種類に応じて平13国交告第1024号（改正平成30年1月15日）により作成した表1.29および木質構造設計基準より転載した表1.28を参考とされたい。

# 第2章
# 面材の力学特性値

## 2.1 構造用合板1級

日本農林規格に定める構造用合板1級についての基準強度は、木質構造設計規準(一社)日本建築学会等による。
日本農林規格に定める構造用合板で、等級 A, B, C, D で表す構造用合板1級についての許容応力度及び

表2.1 等級を記号 A, B, C, D で表す構造用合板1級の表板の繊維に平行方向の曲げ,引張り及び圧縮の許容応力度

| 厚さ (mm) | 積層数 | 許容応力度 (N/mm²) | | | | | | | | |
|---|---|---|---|---|---|---|---|---|---|---|
| | | 曲げ $f_b$ | | | 引張り $f_t$ | | | 圧縮 $f_c$ | | |
| | | A-A B-B | A-C B-C C-C | A-D B-D C-D D-D | A-A B-B | A-C B-C C-C | A-D B-D C-D D-D | A-A B-B | A-C B-C C-C | A-D B-D C-D D-D |
| 5.0 以上 6.0 未満 | 3 | 10.5 | 9.5 | 8.5 | 6.5 | 6.0 | 5.5 | 4.5 | 4.0 | 4.0 |
| 6.0 以上 7.5 未満 | 3 | 9.5 | 9.0 | 8.0 | 5.5 | 5.0 | 4.5 | 4.0 | 3.5 | 3.5 |
| 7.5 以上 9.0 未満 | 5 | 8.5 | 8.0 | 7.0 | 6.0 | 5.5 | 5.0 | 4.0 | 4.0 | 3.5 |
| 9.0 以上 12.0 未満 | 5 | 8.0 | 7.0 | 6.5 | 5.0 | 4.5 | 4.0 | 3.5 | 3.5 | 3.5 |
| 12.0 以上 15.0 未満 | 5 | 6.5 | 6.0 | 5.5 | 5.0 | 4.5 | 4.0 | 3.5 | 3.5 | 3.0 |
| 15.0 以上 18.0 未満 | 7 | 6.0 | 5.5 | 5.0 | 4.0 | 3.5 | 3.0 | 3.0 | 2.5 | 2.5 |
| 18.0 以上 21.0 未満 | 7 | 6.0 | 5.5 | 5.0 | 5.0 | 4.5 | 4.0 | 3.5 | 3.5 | 3.0 |
| 21.0 以上 24.0 未満 | 7 | 6.5 | 6.0 | 5.5 | 5.0 | 4.5 | 4.0 | 3.5 | 3.5 | 3.0 |
| 24 以上 | 9 | 6.5 | 6.0 | 5.5 | 5.0 | 4.5 | 4.0 | 3.5 | 3.5 | 3.0 |

[注] 記号 A, B, C, D は単板の等級を表す。合板の日本農林規格 平15 農水告233号(改定平成30年3月29日)による。

表2.2 等級を記号 A, B, C, D で表す構造用合板1級の表板の繊維に直角方向の曲げ,引張り及び圧縮の許容応力度

| 厚さ (mm) | 積層数 | 許容応力度 (N/mm²) | | | | | | | | |
|---|---|---|---|---|---|---|---|---|---|---|
| | | 曲げ $f_b$ | | | 引張り $f_t$ | | | 圧縮 $f_c$ | | |
| | | A-A B-B | A-C B-C C-C | A-D B-D C-D D-D | A-A B-B | A-C B-C C-C | A-D B-D C-D D-D | A-A B-B | A-C B-C C-C | A-D B-D C-D D-D |
| 5.0 以上 6.0 未満 | 3 | 2.0 | 2.0 | 2.0 | 3.5 | 3.5 | 3.5 | 2.5 | 2.5 | 2.5 |
| 6.0 以上 7.5 未満 | 3 | 3.5 | 3.5 | 3.5 | 4.5 | 4.5 | 4.5 | 3.5 | 3.5 | 3.5 |
| 7.5 以上 9.0 未満 | 5 | 3.0 | 3.0 | 3.0 | 3.5 | 3.5 | 3.5 | 2.5 | 2.5 | 2.5 |
| 9.0 以上 12.0 未満 | 5 | 4.0 | 4.0 | 4.0 | 4.5 | 4.5 | 4.5 | 3.5 | 3.5 | 3.5 |
| 12.0 以上 15.0 未満 | 5 | 5.0 | 5.0 | 5.0 | 4.5 | 4.5 | 4.5 | 3.5 | 3.5 | 3.5 |
| 15.0 以上 18.0 未満 | 7 | 5.0 | 5.0 | 5.0 | 5.5 | 5.5 | 5.5 | 4.0 | 4.0 | 4.0 |
| 18.0 以上 21.0 未満 | 7 | 5.0 | 5.0 | 5.0 | 4.5 | 4.5 | 4.5 | 3.5 | 3.5 | 3.5 |
| 21.0 以上 24.0 未満 | 7 | 4.5 | 4.5 | 4.5 | 4.5 | 4.5 | 4.5 | 3.5 | 3.5 | 3.5 |
| 24 以上 | 9 | 4.5 | 4.5 | 4.5 | 4.5 | 4.5 | 4.5 | 3.5 | 3.5 | 3.5 |

[注] 記号 A, B, C, D は単板の等級を表す。合板の日本農林規格 平15 農水告233号(改定平成30年3月29日)による。

表 2.3　等級を記号 A, B, C, D で表す構造用合板 1 級の表板の繊維と 45 度をなす方向の引張り，圧縮，めり込み，面内せん断及び層内せん断に対する許容応力度

| 応力の種類 | | 表板の繊維方向に対する応力の方向 | 応力の種類 | 許容応力度 (N/mm²) | | |
|---|---|---|---|---|---|---|
| | | | | A-A<br>B-B | A-C<br>B-C<br>C-C | A-D<br>B-D<br>C-D<br>D-D |
| 引張り | | 45° | $f_t$ | 1.8 | 1.6 | 1.5 |
| 圧縮 | | 45° | $f_c$ | 2.4 | 2.3 | 2.2 |
| めり込み | | 面に直角 | $f_{c\perp}$ | 2.0 | 2.0 | 2.0 |
| せん断 | 面内 | 0°, 90°<br>45° | $f_s$ | 1.4<br>2.8 | 1.3<br>2.6 | 1.2<br>2.4 |
| | 層内（ローリング） | 0°, 90°<br>45° | $f_r$ | 0.4<br>0.5 | 0.4<br>0.5 | 0.4<br>0.5 |

[注] 記号 A, B, C, D は単板の等級を表す。合板の日本農林規格　平 15 農水告 233 号（改定平成 30 年 3 月 29 日）による。

表 2.4　等級を記号 A, B, C, D で表す構造用合板 1 級の弾性係数及び面内せん断弾性係数

（単位：kN/mm²）

| 厚さ (mm) | 積層数 | 弾性係数 ($E$) | | | | 面内せん断弾性係数 ($G$) | |
|---|---|---|---|---|---|---|---|
| | | 曲げ | | 引張り及び圧縮 | | 0°, 90° | 45° |
| | | 0° | 90° | 0° | 90° | | |
| 5.0 以上 6.0 未満 | 3 | 8.5 | 0.5 | 5.5 | 3.5 | 0.4 | 2.5 |
| 6.0 以上 7.5 未満 | 3 | 8.0 | 1.0 | 4.5 | 4.5 | | |
| 7.5 以上 9.0 未満 | 5 | 7.0 | 2.0 | 5.5 | 3.5 | | |
| 9.0 以上 12.0 未満 | 5 | 6.5 | 2.5 | 4.5 | 4.5 | | |
| 12.0 以上 15.0 未満 | 5 | 5.5 | 3.5 | 4.5 | 4.5 | | |
| 15.0 以上 18.0 未満 | 7 | 5.0 | 4.0 | 3.5 | 5.5 | | |
| 18.0 以上 21.0 未満 | 7 | 5.0 | 4.0 | 4.5 | 4.5 | | |
| 21.0 以上 24.0 未満 | 7 | 5.5 | 3.5 | 4.5 | 4.5 | | |
| 24.0 以上 | 9 | 5.5 | 3.5 | 4.5 | 4.5 | | |

[注] 0°, 90°, 45° は表板の繊維方向に対する応力の方向，値は等級にかかわらない。

弾性係数は表 2.1，表 2.2，表 2.3，及び表 2.4 による。長期許容応力度は基準強度の 1/3 倍とする。荷重継続時間に係る調整係数は，木材に対する調整係数と同じ値とする。

日本農林規格に定める構造用合板で，等級を記号 E と F で表す構造用合板 1 級についての基準許容応力度及び弾性係数は表 2.5 による。長期許容応力度は基準強度の 1/3 倍とし，荷重継続時間に係る調整係数は，木材に対する調整係数と同じ値とする。

表 2.5　等級を記号 E と F で表す構造用合板 1 級の基準許容応力度，曲げ弾性係数及び面内せん断弾性係数

| 強度等級 | | 許容応力度 （N/mm²） | | | | 曲げ弾性係数 (kN/mm²) | | 面内せん断弾性係数 (0°, 90°) (kN/mm²) |
|---|---|---|---|---|---|---|---|---|
| | | 曲げ | | せん断 | | | | |
| | | 0° | 90° | 面内 | 層内 | 0° | 90° | |
| E 50 | F 160 | 4.0 | | 等級によらず 0.8 | 等級によらず 0.4 | 5.0 | | 等級によらず 0.4 |
| E 55 | F 175 | 4.3 | 単板数が 3 の場合 1.2 | | | 5.5 | 単板数が 3 の場合 0.4 | |
| E 60 | F 190 | 4.7 | 単板数が 4 の場合 1.6 | | | 6.0 | 単板数が 4 の場合 1.1 | |
| E 65 | F 205 | 5.0 | 単板数が 5 の場合 2.2 | | | 6.5 | 単板数が 5 の場合 1.8 | |
| E 70 | F 220 | 5.5 | 単板数が 6 以上の場合 2.5 | | | 7.0 | 単板数が 6 以上の場合 2.2 | |
| E 75 | F 245 | 6.1 | | | | 7.5 | | |
| E 80 | F 270 | 6.7 | | | | 8.0 | | |

① 曲げ基準強度は，日本農林規格の曲げ強さに事故的な水掛かり等を考慮した係数 3/4 を乗じた値とする。
② 面内せん断の基準強度は，日本農林規格の面内せん断強さに事故的な水掛かり等を考慮した係数 3/4 を乗じた値とする。
③ 層内せん断基準強度は，木質構造設計規準（一社）日本建築学会に定める基準強度の値とする。
④ 基準弾性係数は，日本農林規格の曲げ弾性係数の値とする。
⑤ 面内せん断弾性係数は，木質構造設計規準（一社）日本建築学会に定める面内せん断弾性係数の値とする。

## 2.2 構造用合板2級等

日本農林規格に定める構造用合板2級および化粧ばり構造用合板（以下，構造用合板2級等という）についての基準強度は，木質構造設計規準（一社）日本建築学会等による。

日本農林規格に定める構造用合板2級等の弾性係数は，木質構造設計規準によるものとし，基準強度は，単板構成に応じて木質構造設計規準の計算方法によって算出する。長期許容応力度は基準強度の1/3倍とする。荷重継続時間に係る調整係数は，木材に対する調整係数と同じ値とする。なお，表2.6及び表2.7に掲げる数値は以下の考え方に基づいて求められている。

① 曲げの基準強度は，(1.1) 式により算定される。

　　基準強度＝クリア単板の強度×欠点による低減×有効断面係数比×補正係数×3/4　　　　　(1.1)

　ここで，クリア単板の強度は，エンゲルマンスプルースの曲げ強さの信頼水準75%における95%下側許容限界値 43.9（N/mm$^2$）（448 kgf/cm$^2$）とし，欠点による低減は，単板グレードC及びDの欠点係数0.5とし，補正係数は3プライ合板で表板の繊維方向に対する応力の方向が 90°の場合 1.5，その他の場合は 1.0 とする。また，有効断面係数比は平行層理論による有効断面係数を見かけの断面係数で除した値とし，表板の繊維方向に対する応力の方向が 0°の場合と 90°の場合のそれぞれについて，最弱単板構成を考慮して求める。なお，日本農林規格に定める方法にしたがって有効断面係数比を示した構造用合板を用いる場合は，その有効断面係数比の値を用いてよい。3/4 は事故的な水掛かり等を考慮した係数である。

② 面内せん断の基準強度は，カナダCSP合板の強度 3.1 N/mm$^2$（32 kgf/cm$^2$）に事故的な水掛かり等を考慮

表2.6　構造用合板2級等の基準特性値

| 厚さ (mm) | 許容応力度 (N/mm$^2$) | | | | 曲げ弾性係数 (kN/mm$^2$) | | せん断弾性係数 (0°, 90°) (kN/mm$^2$) |
|---|---|---|---|---|---|---|---|
| | 曲げ | | せん断 | | | | |
| | 0° | 90° | 面内 | 層内 | 0° | 90° | |
| 5.0 以上 6.0 未満 | 5.2 | | | | 6.5 | 0.4 | |
| 6.0 以上 7.5 未満 | 4.8 | | | | 6.5 | 0.3 | |
| 7.5 以上 9.0 未満 | 4.3 | | | | 5.5 | 0.3 | |
| 9.0 以上 12.0 未満 | 3.9 | 厚さに よらず | 厚さに よらず | 厚さに よらず | 5.0 | 0.3 | 厚さに よらず |
| 12.0 以上 15.0 未満 | 3.3 | | | | 4.0 | 0.3 | 0.4 |
| 15.0 以上 18.0 未満 | 2.7 | 0.8 | 0.8 | 0.4 | 4.0 | 0.6 | |
| 18.0 以上 21.0 未満 | 2.4 | | | | 4.0 | 1.1 | |
| 21.0 以上 24.0 未満 | 2.2 | | | | 4.0 | 1.1 | |
| 24 以上 | 2.2 | | | | 3.5 | 1.4 | |

[注]　中間の厚さについては比例計算で求める。

表2.7　有効断面係数比表示構造用合板2級等の基準特性値

(単位：kN/mm$^2$)

| 厚さ (mm) | 曲げ弾性係数 | | 許容曲げ応力度 | | 許容せん断応力度 せん断弾性係数 |
|---|---|---|---|---|---|
| | 0° | 90° | 0° | 90° | |
| 5.0 以上 6.0 未満 | 6.5 | | | | |
| 6.0 以上 7.5 未満 | 6.5 | | | | |
| 7.5 以上 9.0 未満 | 5.5 | | | | |
| 9.0 以上 12.0 未満 | 5.0 | | | | |
| 12.0 以上 15.0 未満 | 4.0 | $E_0 \cdot \left(\dfrac{1-R_0}{R_0}\right) \cdot K$ | $\dfrac{F}{8} \cdot R_0$ | $\dfrac{F}{8} \cdot R_{90} \cdot K$ | 表2.6と同じ |
| 15.0 以上 18.0 未満 | 4.0 | | | | |
| 18.0 以上 21.0 未満 | 4.0 | | | | |
| 21.0 以上 24.0 未満 | 4.0 | | | | |
| 24 以上 | 3.5 | | | | |

[注]　$E_0$：0°方向曲げ基準弾性係数
　　　$R_0$：0°方向有効断面係数比 $(=Z_0/Z_p,\ I_0/I_p)$
　　　$R_{90}$：90°方向有効断面係数比 $(=Z_{90}/Z_p)$
　　　$K$：3 ply の場合 1.5，その他の場合 1.0
　　　$F$：使用されている樹種のなかで強度が最も低い樹種の曲げ強さの 5% 下限値。
　　　　　不明の場合はエンゲルマンスプルースの値 43.9 N/mm$^2$ を使用してもよい。
　　　式中の係数 1/8 の意味：節等の欠点による低減係数 1/2，安全係数 1/2，基準化係数 1/2。

した係数 3/4 を乗じた値とする。
③ 層内せん断の基準強度は，木質構造設計規準（一社）日本建築学会に定める基準強度の値とする。
④ 曲げの弾性係数は，表板の繊維方向と応力の方向が 0° の場合には日本農林規格における構造用合板 2 級の標準値とする。また，表板の繊維方向と応力の方向が 90° の場合には (1.2) 式により算定される。

$$\text{弾性係数} = 0°\text{方向の基準弾性係数} \times \text{断面 2 次モーメント比} \times \text{補正係数} \tag{1.2}$$

ここで，0° 方向の基準弾性係数は，日本農林規格における構造用合板 2 級標準値とし，補正係数は 3 プライ合板について 1.5 とする。また，断面 2 次モーメント比は平行層理論による有効断面 2 次モーメントを見かけの断面 2 次モーメントで除した値とし，有効断面 2 次モーメントは等厚単板構成を仮定して，表板の繊維方向と応力の方向が 90° の場合について算定するものとする。

⑤ 面内せん断の弾性係数は，木質構造設計規準（一社）日本建築学会に定める弾性係数の値とする。

## 2.3 構造用パネルの基準強度及び定数

日本農林規格に定める構造用パネルの基準強度及び弾性係数は表 2.8 による。

表 2.8 構造用パネルの基準強度，弾性係数及び面内せん断弾性係数

| 等級 | 基準強度 (N/mm²) | | | | 弾性係数 (kN/mm²) | | |
|---|---|---|---|---|---|---|---|
| | 曲げ | | 面内せん断 | 層内せん断 | 曲げ | | 面内せん断 |
| | 長辺方向（短辺方向が強軸方向であるものにあっては短辺方向） | 短辺方向（短辺方向が強軸方向であるものにあっては長辺方向） | | | 長辺方向（短辺方向が強軸方向であるものにあっては短辺方向） | 短辺方向（短辺方向が強軸方向であるものにあっては長辺方向） | |
| 1 級 | $7,056/h^2$ | $2,107/h^2$ | 4.41 | — | $29,890/h^3$ | $8,820/h^3$ | 1,400 |
| 2 級 | $5,537/h^2$ | $1,666/h^2$ | | | $13,230/h^3$ | $3,920/h^3$ | |
| 3 級 | $3,675/h^2$ | $1,127/h^2$ | | | $6,860/h^3$ | $1,960/h^3$ | |
| 4 級 | $2,156/h^2$ | $637/h^2$ | | | $3,430/h^3$ | $980/h^3$ | |

（注）$h$ は材厚 (mm) とする。　構造用パネルの日本農林規格　昭 62 農水告第 360 号（改定平成 30 年 3 月 29 日）

① 曲げの基準強度は，日本農林規格における構造用パネルの基準値とする。
② 曲げ弾性係数は，日本農林規格における構造用パネルの基準値とする。

基準強度に安全率 (2/3)，荷重継続時間に係る調整係数 (1.1/2)，事故的な水掛かり等を考慮した係数 (3/4) を乗じて長期の許容応力度とする。

## 2.4 せっこうボード

日本工業規格に定めるせっこうボードの短期許容応力度，及び弾性係数は表 2.9 による。

表 2.9 せっこうボードの基準強度及び面内せん断弾性係数

| 面内せん断の基準強度 (N/mm²) | 面内せん断弾性係数 (kN/mm²) |
|---|---|
| 0.26 | 0.7 |

## 2.5 大臣認定を受けた面材

建築基準法施行規則第 8 条の 3 により，大臣認定を受けた材料については，認定内容の範囲で使用することができる。

# 第3章
# 各種調整係数

## 3.1 劣化影響係数

　構造用材料の基準強度は，基準強度特性値に使用環境における劣化影響係数を乗じて決定する。劣化影響係数は，原則として，通常の使用環境に対応した促進劣化試験等の結果に基づいて決定する。なお，曝露状態のように，熱・温湿度繰り返し・紫外線等の環境が通常とは異なる特殊な環境で使用する場合には，その影響を勘案した劣化影響係数を設定しなければならない。

## 3.2 荷重継続時間に係る強度調整係数

　1.1項～2.3項で述べた枠組壁工法構造用製材，枠組壁工法構造用たて継ぎ材，機械による曲げ応力等級区分を行う枠組壁工法構造用製材及び枠組壁工法構造用たて継ぎ材，構造用単板積層材，構造用集成材，構造用合板，構造用パネルの使用環境Ⅱ及び使用環境Ⅲにおける荷重継続時間に係る強度調整係数（第Ⅴ編の試験法・評価法で求める50年相当の値）は1.1/2とする。これにより，荷重継続時間に応じて許容応力度を算定するために基準強度に乗じる調整係数は表3.1による。また，枠組壁工法構造用製材，機械による曲げ応力等級区分を行う枠組壁工法構造用製材，及び構造用集成材の使用環境Ⅰにおける荷重継続時間に係る強度調整係数も1.1/2であり，許容応力度を算定するための調整係数は表3.1による。

表3.1　基準強度に乗じる調整係数

| 荷重継続時間の区分 | 調整係数 |
|---|---|
| 長　　期（50年相当） | 1.1/3 |
| 積雪時長期（3ケ月相当） | 1.43/3 |
| 積雪時短期（3日相当） | 1.6/3 |
| 短　　期（5分相当） | 2/3 |

使用環境の区分については第Ⅴ編を参照されたい。

## 3.3 含水率に係る強度調整係数及び剛性調整係数

　1.1項～2.3項で述べた枠組壁工法構造用製材，枠組壁工法構造用たて継ぎ材，機械による曲げ応力等級区分を行う枠組壁工法構造用製材及び枠組壁工法構造用たて継ぎ材，構造用単板積層材，構造用集成材，構造用合板，構造用パネルの使用環境Ⅱにおける含水率に係る強度調整係数，及び剛性調整係数は表3.2による。また，枠組壁工法構造用製材，機械による曲げ応力等級区分を行う枠組壁工法構造用製材及び構造用集成材の使用環境Ⅰにおける含水率に係る強度調整係数は0.7とする。

表3.2 使用環境Ⅱにおける含水率に係る強度調整係数及び剛性調整係数

| 材料の種類 | 強度調整係数 | 剛性調整係数 |
|---|---|---|
| 枠組壁工法構造用製材 | 7/8 | 9/10 |
| 枠組壁工法構造用たて継ぎ材 | 7/8 | 9/10 |
| 機械による曲げ応力等級区分を行う枠組壁工法構造用製材 | 7/8 | 9/10 |
| 構造用集成材 | 7/8 | 9/10 |
| 構造用単板積層材 | 4/5 | 9/10 |
| 構造用合板 | 4/5 | 9/10 |
| 構造用パネル | 4/5 | 9/10 |

使用環境の区分については，第Ⅴ編を参照されたい。

## 3.4 クリープに係る剛性調整係数

　長期荷重に対するたわみ量の評価は本来，初期たわみにクリープたわみを加算して行われるべきである。一般的には，一定荷重が木材に長期にわたって作用する場合，気乾状態では変形が2倍，湿潤状態または乾湿繰り返し条件では変形が3倍になると考え設計することとしている。従来は，この長期荷重によるたわみ量の増加を便宜的に曲げ弾性係数の低下に置き換えて評価し，クリープを評価する係数に曲げ弾性係数の見かけの低下率が用いられることもあった。しかしながら，一般に一定荷重が長期にわたって作用した場合であっても，長期的に作用する荷重によって曲げ弾性係数が変化することはないので，見かけの弾性率の低下率を用いる評価方法は便宜的な手法であり，ここで取り扱うクリープに係る剛性調整係数も設計を行うための便宜的な値であることに留意されたい。また，初期たわみを割り増してクリープたわみの評価を行う方法もある。

　一方，クリープに係る長期たわみは設計者の設計方針を示すものであるので，長期たわみ量をかならずしも保証するためのものではない。したがって，実際に建物に生じる長期のたわみ量のほうが，クリープに係る剛性調整係数を用いて算定した長期たわみ量よりも大きくなることもありうる。特に，乾湿が繰り返されるような環境下では木材等のクリープたわみが大きくなるので，このような場合には設計者がクリープ変形を適正に評価し，長期たわみに対する設計方法，すなわちクリープに対する剛性調整係数を適切に定めることが望ましい。

　逆に，積雪のようにある時期にのみ作用する比較的大きな荷重を，継続した荷重として扱うと著しく大きな変位を予測することになる。木材のクリープ変形が荷重の除去によって回復するので，積雪による荷重と，その継続時間を適切に評価しないと，著しく過大な設計になることになる。積雪に対するクリープ変形の取り扱い方については，「木質構造設計ノート」（㈳日本建築学会）等を参照されたい。

## 3.5 システム係数

　床の根太や屋根のたるき等のように，比較的小さな間隔で繰り返し用いられ，かつ下地の面材が張られること等によって互いに応力を伝え合う曲げ部材では，同じ等級の材料が用いられても，材料強度と弾性係数に正の相関があることから，材料強度の大きい部材の荷重負担が増すように応力分配される。このロードシェアリングによって，全体の荷重支持能力は材料の平均値に対応した値に近づいていくので，材料強度の下限値に基づく許容応力度よりは高い許容値を設定するほうが合理的である。

　また，根太やたるきに下地の面材がくぎ打ち等によりせん断力を伝えるように張られていると，面材にも曲げ応力が分配される。このコンポジットアクションの結果，根太やたるきの曲げ応力度が面材を考慮しない場合よりもいくらか軽減される。

　このようなロードシェアリングやコンポジットアクションは，本来，部材の存在応力度の算出に関する事項であるが，一定の仕様の下では，これらの効果をあらかじめ定量化し，便宜的に許容応力度の割り増し係数として処理することが可能であり，北米における構造計算においてもそうした方法が採られている。本構造計算指針でも，一定使用の下でのシステム係数として，許容応力度の割り増し係数として扱うこととした。詳細は，「第Ⅰ編第1章　構造計算の原則」を参照されたい。

# 第4章 その他材料

## 4.1 ミディアムデンシティーファイバーボード(MDF)，火山性ガラス質複層板

屋外に面する部分（防水紙その他これに類するもので有効に防水されている部分を除く。）に用いる壁材または湿潤状態となるおそれのある部分（常時湿潤状態となるおそれのある部分を除く。）に用いる壁材や，床材または屋根下地材として，上記面材を使用することができるようになった。ただし，これらの面材を使用する場合，ミディアムデンシティーファイバーボードについては中質繊維板30タイプ（Mタイプ，Pタイプ）に，火山性ガラス質複層板についてはHⅢにそれぞれ限られているので，注意が必要である。

また，材料強度等については，各製造メーカーに確認すること。

## 4.2 木質接着成形軸材料，木質複合軸材料，木質断熱複合パネル，木質接着複合パネル

旧法38条認定を受けていたこれらの材料を構造耐力上主要な部分に使用することができる。

しかし，これらの材料については，建築基準法第37条による国土交通大臣の認定を受けなければ使用することができない。

これらの材料を使用する場合は，材料強度等について，各製造メーカーに確認すること。

## 4.3 薄板軽量形鋼

床根太，天井根太にJIS G 3302（溶融亜鉛めっき鋼板及び鋼帯）等の鋼材が使用できる。これらの鋼材は耐力壁を除く壁枠組の上枠，頭つなぎ，たて枠及び下枠に使用することもできる。

なお，これらの鋼材を使用する場合は，鋼材のサイズ，形状，材料強度等について，下記内容を参照していただきたい。

### 4.3.1 薄板軽量形鋼に使用する鋼材の機械的性質，基準強度及び許容応力度

薄板軽量形鋼に使用する鋼材の機械的性質を表4.1に示す。構造計算に使用する基準強度及び基準許容応力度は表4.2による。

薄板軽量形鋼の圧縮材の座屈の許容応力度及び曲げ材の座屈の許容応力度等は，平成13年国土交通省告示第1641号「薄板軽量形鋼造の建築物又は建築物の構造部分の構造方法に関する安全上必要な技術的基準を定める等の件」による。

表4.1 薄板軽量形鋼に使用する鋼材の機械的性質

| 降伏点 ($N/mm^2$) | 引張り強さ ($N/mm^2$) | 伸び (%) | 試験片及び方向 |
|---|---|---|---|
| 295以上 | 400以上 | 18以上 | 5号圧延方向 |

表 4.2 薄板軽量形鋼に使用する鋼材の基準強度及び許容応力度 (N/mm²)

| 基準強度 F 値 | 長期に生ずる力に対する許容応力度 | | | | 短期に生ずる力に対する許容応力度 | | | |
|---|---|---|---|---|---|---|---|---|
| | 圧 縮 | 引張り | 曲 げ | せん断 | 圧 縮 | 引張り | 曲 げ | せん断 |
| 280 | 185 | 185 | 185 | 105 | 長期に生ずる力に対する圧縮，引張り，曲げ又はせん断の許容応力度のそれぞれの数値の 1.5 倍とする。 | | | |

### 4.3.2 薄板軽量形鋼の断面性能

薄板軽量形鋼の代表的な断面形状を図 4.1 に，断面性能を表 4.3 及び表 4.4 に示す。

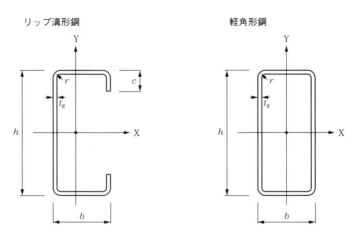

＜断面性能表の記号説明＞
- $w$ ：単位長さ当たりの質量（めっき質量含まず）
- $A$ ：全断面積
- $I_x, I_y$ ：X軸，Y軸回りの断面2次モーメント ｝ 全断面有効として算出
- $i_x, i_y$ ：X軸，Y軸回りの断面2次半径
- $A_e$ ：有効断面積
- $Z_{xe}, Z_{ye}$ ：X軸，Y軸回りの有効断面係数 ｝ 有効幅を考慮

図 4.1 薄板軽量形鋼の断面形状

第4章 その他材料

表4.3 薄板軽量形鋼の断面性能（リップ溝形鋼）

| 呼び名* | $h$ (mm) | $b$ (mm) | $c$ (mm) | $t_g$ (mm) | $r$ (mm) | $w$ (kg/m) | $A$ (cm$^2$) | $I_x$ (cm$^4$) | $I_y$ (cm$^4$) | $i_x$ (cm) | $i_y$ (cm) | $A_e$ (cm$^2$) | $Z_{xe}$ (cm$^3$) | $Z_{ye}$ (cm$^3$) |
|---|---|---|---|---|---|---|---|---|---|---|---|---|---|---|
| 235 LCW 16 | 235 | 50 | 20 | 1.6 | 1.6 | 4.58 | 5.248 | 398 | 16.5 | 8.71 | 1.77 | 2.874 | 31.4 | 3.85 |
| 235 LCW 12 | 235 | 50 | 20 | 1.2 | 1.2 | 3.46 | 3.965 | 303 | 12.8 | 8.74 | 1.79 | 1.954 | 22.5 | 2.49 |
| 235 LCW 10 | 235 | 50 | 20 | 1.0 | 1.0 | 2.89 | 3.316 | 254 | 10.8 | 8.76 | 1.80 | 1.357 | 16.0 | 1.87 |
| 235 LCM 16 | 235 | 44.5 | 20 | 1.6 | 1.6 | 4.44 | 5.090 | 376 | 12.5 | 8.60 | 1.57 | 2.715 | 29.6 | 3.27 |
| 235 LCM 12 | 235 | 44.5 | 20 | 1.2 | 1.2 | 3.35 | 3.846 | 287 | 9.69 | 8.63 | 1.59 | 1.779 | 20.5 | 2.11 |
| 235 LCM 10 | 235 | 44.5 | 20 | 1.0 | 1.0 | 2.81 | 3.217 | 241 | 8.22 | 8.65 | 1.60 | 1.357 | 16.0 | 1.58 |
| 235 LCN 16 | 235 | 40 | 20 | 1.6 | 1.6 | 4.33 | 4.960 | 359 | 9.70 | 8.50 | 1.40 | 2.586 | 28.1 | 2.82 |
| 235 LCN 12 | 235 | 40 | 20 | 1.2 | 1.2 | 3.27 | 3.749 | 273 | 7.55 | 8.54 | 1.42 | 1.682 | 19.4 | 1.81 |
| 235 LCN 10 | 235 | 40 | 20 | 1.0 | 1.0 | 2.74 | 3.136 | 230 | 6.41 | 8.56 | 1.43 | 1.288 | 15.2 | 1.36 |
| 235 LCS 16 | 239 | 30 | 20 | 1.6 | 1.6 | 4.13 | 4.730 | 333 | 4.93 | 8.40 | 1.02 | 2.298 | 25.3 | 1.91 |
| 235 LCS 12 | 238 | 30 | 20 | 1.2 | 1.2 | 3.11 | 3.565 | 252 | 3.87 | 8.40 | 1.04 | 1.466 | 17.1 | 1.22 |
| 235 LCS 10 | 237 | 30 | 20 | 1.0 | 1.0 | 2.59 | 2.974 | 209 | 3.30 | 8.39 | 1.05 | 1.108 | 13.2 | 0.907 |
| 184 LCW 16 | 184 | 50 | 20 | 1.6 | 1.6 | 3.94 | 4.514 | 221 | 15.4 | 6.99 | 1.85 | 2.874 | 23.3 | 3.85 |
| 184 LCW 12 | 184 | 50 | 20 | 1.2 | 1.2 | 2.98 | 3.414 | 168 | 11.9 | 7.02 | 1.87 | 1.954 | 17.0 | 2.49 |
| 184 LCW 10 | 184 | 50 | 20 | 1.0 | 1.0 | 2.49 | 2.857 | 141 | 10.1 | 7.04 | 1.88 | 1.357 | 12.1 | 1.87 |
| 184 LCM 16 | 184 | 44.5 | 20 | 1.6 | 1.6 | 3.80 | 4.356 | 208 | 11.7 | 6.90 | 1.64 | 2.715 | 21.8 | 3.27 |
| 184 LCM 12 | 184 | 44.5 | 20 | 1.2 | 1.2 | 2.87 | 3.295 | 158 | 9.08 | 6.93 | 1.66 | 1.779 | 15.4 | 2.11 |
| 184 LCM 10 | 184 | 44.5 | 20 | 1.0 | 1.0 | 2.41 | 2.758 | 133 | 7.69 | 6.95 | 1.67 | 1.357 | 12.1 | 1.58 |
| 184 LCN 16 | 184 | 40 | 20 | 1.6 | 1.6 | 3.69 | 4.226 | 197 | 9.10 | 6.83 | 1.47 | 2.586 | 20.7 | 2.82 |
| 184 LCN 12 | 184 | 40 | 20 | 1.2 | 1.2 | 2.79 | 3.198 | 150 | 7.08 | 6.86 | 1.49 | 1.682 | 14.5 | 1.81 |
| 184 LCN 10 | 184 | 40 | 20 | 1.0 | 1.0 | 2.33 | 2.677 | 126 | 6.01 | 6.87 | 1.50 | 1.288 | 11.5 | 1.36 |
| 140 LCW 16 | 140 | 50 | 12 | 1.6 | 1.6 | 3.18 | 3.650 | 109 | 11.4 | 5.46 | 1.77 | 2.643 | 15.5 | 2.92 |
| 140 LCW 12 | 140 | 50 | 12 | 1.2 | 1.2 | 2.41 | 2.766 | 83.2 | 8.90 | 5.49 | 1.79 | 1.877 | 11.9 | 2.18 |
| 140 LCW 10 | 140 | 50 | 12 | 1.0 | 1.0 | 2.02 | 2.317 | 70.1 | 7.55 | 5.50 | 1.81 | 1.339 | 8.76 | 1.80 |
| 140 LCW 08 | 140 | 50 | 12 | 0.8 | 0.8 | 1.62 | 1.863 | 56.6 | 6.15 | 5.51 | 1.82 | 0.868 | 5.87 | 1.33 |
| 140 LCM 16 | 140 | 44.5 | 12 | 1.6 | 1.6 | 3.05 | 3.492 | 101 | 8.59 | 5.38 | 1.57 | 2.485 | 14.4 | 2.44 |
| 140 LCM 12 | 140 | 44.5 | 12 | 1.2 | 1.2 | 2.31 | 2.647 | 77.5 | 6.70 | 5.41 | 1.59 | 1.703 | 10.7 | 1.83 |
| 140 LCM 10 | 140 | 44.5 | 12 | 1.0 | 1.0 | 1.93 | 2.218 | 65.3 | 5.69 | 5.43 | 1.60 | 1.339 | 8.76 | 1.52 |
| 140 LCM 08 | 140 | 44.5 | 12 | 0.8 | 0.8 | 1.56 | 1.784 | 52.8 | 4.64 | 5.44 | 1.61 | 0.868 | 5.87 | 1.12 |
| 140 LCN 16 | 140 | 40 | 12 | 1.6 | 1.6 | 2.93 | 3.362 | 95.0 | 6.61 | 5.32 | 1.40 | 2.355 | 13.5 | 2.08 |
| 140 LCN 12 | 140 | 40 | 12 | 1.2 | 1.2 | 2.22 | 2.550 | 72.8 | 5.17 | 5.34 | 1.42 | 1.606 | 10.1 | 1.57 |
| 140 LCN 10 | 140 | 40 | 12 | 1.0 | 1.0 | 1.86 | 2.137 | 61.4 | 4.40 | 5.36 | 1.44 | 1.271 | 8.29 | 1.30 |
| 140 LCN 08 | 140 | 40 | 12 | 0.8 | 0.8 | 1.50 | 1.719 | 49.6 | 3.60 | 5.37 | 1.45 | 0.868 | 5.87 | 0.958 |
| 140 LCS 16 | 144 | 30 | 20 | 1.6 | 1.6 | 2.93 | 3.362 | 94.2 | 4.33 | 5.29 | 1.13 | 2.298 | 13.0 | 1.91 |
| 140 LCS 12 | 143 | 30 | 20 | 1.2 | 1.2 | 2.21 | 2.539 | 71.1 | 3.39 | 5.29 | 1.16 | 1.466 | 9.18 | 1.22 |
| 140 LCS 10 | 142 | 30 | 20 | 1.0 | 1.0 | 1.85 | 2.119 | 58.9 | 2.89 | 5.27 | 1.17 | 1.108 | 7.25 | 0.907 |
| 140 LCS 08 | 142 | 30 | 20 | 0.8 | 0.8 | 1.49 | 1.704 | 47.6 | 2.36 | 5.29 | 1.18 | 0.796 | 5.46 | 0.634 |
| 100 LCM 16 | 100 | 44.5 | 20 | 1.6 | 1.6 | 2.74 | 3.146 | 48.7 | 9.58 | 3.94 | 1.75 | 2.715 | 9.76 | 3.27 |
| 100 LCM 12 | 100 | 44.5 | 20 | 1.2 | 1.2 | 2.08 | 2.388 | 37.4 | 7.44 | 3.96 | 1.77 | 1.779 | 7.27 | 2.11 |
| 100 LCM 10 | 100 | 44.5 | 20 | 1.0 | 1.0 | 1.75 | 2.002 | 31.6 | 6.31 | 3.97 | 1.78 | 1.357 | 5.89 | 1.58 |
| 100 LCM 08 | 100 | 44.5 | 20 | 0.8 | 0.8 | 1.41 | 1.611 | 25.5 | 5.13 | 3.98 | 1.79 | 0.868 | 3.96 | 1.12 |
| 100 LCN 16 | 100 | 40 | 12 | 1.6 | 1.6 | 2.43 | 2.786 | 42.9 | 5.96 | 3.92 | 1.46 | 2.355 | 8.60 | 2.08 |
| 100 LCN 12 | 100 | 40 | 12 | 1.2 | 1.2 | 1.85 | 2.118 | 33.0 | 4.67 | 3.95 | 1.48 | 1.606 | 6.59 | 1.57 |
| 100 LCN 10 | 100 | 40 | 12 | 1.0 | 1.0 | 1.55 | 1.777 | 27.9 | 3.97 | 3.96 | 1.50 | 1.271 | 5.51 | 1.30 |
| 100 LCN 08 | 100 | 40 | 12 | 0.8 | 0.8 | 1.25 | 1.431 | 22.6 | 3.25 | 3.97 | 1.51 | 0.868 | 3.96 | 0.959 |
| 89 LCM 16 | 89 | 44.5 | 12 | 1.6 | 1.6 | 2.41 | 2.757 | 35.2 | 7.42 | 3.57 | 1.64 | 2.485 | 7.92 | 2.44 |
| 89 LCM 12 | 89 | 44.5 | 12 | 1.2 | 1.2 | 1.83 | 2.096 | 27.1 | 5.80 | 3.59 | 1.66 | 1.703 | 6.09 | 1.84 |
| 89 LCM 10 | 89 | 44.5 | 12 | 1.0 | 1.0 | 1.53 | 1.759 | 22.9 | 4.93 | 3.61 | 1.67 | 1.339 | 5.06 | 1.52 |
| 89 LCM 08 | 89 | 44.5 | 12 | 0.8 | 0.8 | 1.24 | 1.416 | 18.5 | 4.02 | 3.62 | 1.68 | 0.868 | 3.44 | 1.12 |
| 89 LCN 16 | 89 | 40 | 12 | 1.6 | 1.6 | 2.29 | 2.628 | 32.7 | 5.73 | 3.53 | 1.48 | 2.355 | 7.36 | 2.08 |
| 89 LCN 12 | 89 | 40 | 12 | 1.2 | 1.2 | 1.74 | 1.999 | 25.2 | 4.49 | 3.55 | 1.50 | 1.606 | 5.67 | 1.57 |
| 89 LCN 10 | 89 | 40 | 12 | 1.0 | 1.0 | 1.46 | 1.678 | 21.3 | 3.82 | 3.56 | 1.51 | 1.271 | 4.76 | 1.30 |

* スチールハウス用形鋼の㈳日本鉄鋼連盟による規格材を示す。

表 4.4 薄板軽量形鋼の断面性能（軽角形鋼）

| 呼び名 | $h$ (mm) | $b$ (mm) | $c$ (mm) | $t_g$ (mm) | $r$ (mm) | $w$ (kg/m) | $A$ (cm$^2$) | $I_x$ (cm$^4$) | $I_y$ (cm$^4$) | $i_x$ (cm) | $i_y$ (cm) | $A_e$ (cm$^2$) | $Z_{xe}$ (cm$^3$) | $Z_{ye}$ (cm$^3$) |
|---|---|---|---|---|---|---|---|---|---|---|---|---|---|---|
| 89 LCN 08 | 89 | 40 | 12 | 0.8 | 0.8 | 1.18 | 1.352 | 17.3 | 3.12 | 3.57 | 1.52 | 0.868 | 3.44 | 0.959 |
| 100 BM 16 | 100 | 44.5 | — | 1.6 | 1.6 | 3.50 | 4.010 | 51.3 | 14.7 | 3.58 | 1.910 | 3.148 | 10.3 | 4.82 |
| 100 BM 12 | 100 | 44.5 | — | 1.2 | 1.2 | 2.65 | 3.036 | 39.4 | 11.3 | 3.60 | 1.930 | 2.011 | 7.83 | 2.93 |
| 100 BM 10 | 100 | 44.5 | — | 1.0 | 1.0 | 2.22 | 2.542 | 33.2 | 9.55 | 3.61 | 1.940 | 1.518 | 6.43 | 2.15 |
| 100 BM 08 | 100 | 44.5 | — | 0.8 | 0.8 | 1.78 | 2.043 | 26.8 | 7.75 | 3.62 | 1.950 | 0.971 | 4.41 | 1.48 |
| 89 BM 16 | 89 | 44.5 | — | 1.6 | 1.6 | 3.22 | 3.693 | 38.5 | 13.2 | 3.23 | 1.890 | 3.148 | 8.66 | 4.82 |
| 89 BM 12 | 89 | 44.5 | — | 1.2 | 1.2 | 2.44 | 2.798 | 29.6 | 10.2 | 3.25 | 1.910 | 2.011 | 6.64 | 2.93 |
| 89 BM 10 | 89 | 44.5 | — | 1.0 | 1.0 | 2.04 | 2.344 | 24.9 | 8.62 | 3.26 | 1.920 | 1.518 | 5.50 | 2.15 |
| 89 BM 08 | 89 | 44.5 | — | 0.8 | 0.8 | 1.64 | 1.884 | 20.2 | 6.99 | 3.27 | 1.930 | 0.971 | 3.79 | 1.48 |

### 4.3.3 薄板軽量形鋼のドリルねじ接合部の許容せん断力（適用板厚：0.8 mm〜1.6 mm）

表 4.5 鋼板→鋼板ドリルねじ接合部の長期許容せん断耐力

（単位：kN，短期は長期の 1.5 倍）

| ねじ頭側板厚 $t_1$ (mm) | ねじ先側板厚 $t_2$ (mm) | | | | |
|---|---|---|---|---|---|
| | 0.8 | 1.0 | 1.2 | 1.4 | 1.6 |
| 0.8 | 0.648 | 0.839 | 1.07 | 1.22 | 1.37 |
| 1.0 | 0.811 | 0.905 | 1.11 | 1.41 | 1.71 |
| 1.2 | 0.980 | 1.07 | 1.19 | 1.40 | 1.71 |
| 1.4 | 1.06 | 1.32 | 1.37 | 1.50 | 1.72 |
| 1.6 | 1.14 | 1.43 | 1.62 | 1.69 | 1.83 |

ねじ径：4.8mm

表 4.6 鋼板と面材のドリルねじ接合部の長期許容せん断耐力

（単位：kN，短期は長期の 1.5 倍）

| 構造用面材 | | 鋼板→面材 接合部 | | 面材→鋼板 接合部 | |
|---|---|---|---|---|---|
| | | 図 a | | 図 b | |
| 面材の種類 | 板厚 (mm) | ねじ径 4.2 | ねじ径 4.8 | ねじ径 4.2 | ねじ径 4.8 |
| 構造用合板，構造用パネル，MDF，パーティクルボード | 9.0 | 0.229 | 0.262 | 0.382 | 0.436 |
| | 12.0 | 0.305 | 0.349 | 0.509 | 0.582 |
| | 15.0 | 0.382 | 0.436 | 0.636 | 0.727 |
| せっこうボード | 12.5 | 0.085 | 0.097 | 0.142 | 0.162 |

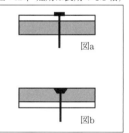

表 4.7 ③鋼板→製材 ドリルねじ接合部の長期許容せん断耐力

（単位：kN，短期は長期の 1.5 倍）

| ドリルねじ径 (mm) | 埋め込み長さ (mm) | | | | |
|---|---|---|---|---|---|
| | 20 | 25 | 30 | 40 | 50 |
| 4.2 | 0.314 | 0.393 | 0.471 | 0.628 | 0.785 |
| 4.8 | 0.359 | 0.449 | 0.539 | 0.718 | 0.898 |

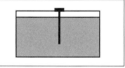

表 4.8 製材→鋼板 ドリルねじ接合部の長期許容せん断耐力

（単位：kN，短期は長期の 1.5 倍）

| ドリルねじ径 (mm) | 製材の厚さ (mm) | | | | |
|---|---|---|---|---|---|
| | 20 | 25 | 30 | 38 | 40 |
| 4.2 | 0.571 | 0.714 | 0.857 | 1.09 | 1.14 |
| 4.8 | 0.653 | 0.816 | 0.979 | 1.24 | 1.31 |

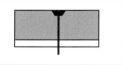

表 4.9　鋼板のドリルねじ接合部の長期許容支圧耐力

（単位：kN，短期は長期の 1.5 倍）

| ドリルねじ径 (mm) | 鋼板の厚さ（mm） | | | | | ②③④の耐力は，⑤の値を超えないこと |
|---|---|---|---|---|---|---|
| | 0.8 | 1.0 | 1.2 | 1.4 | 1.6 | |
| 4.2 | 0.889 | 1.11 | 1.33 | 1.56 | 1.78 | |
| 4.8 | 1.02 | 1.27 | 1.52 | 1.78 | 2.03 | |

### 4.3.4　薄板軽量形鋼のボルト接合部の許容せん断耐力

表 4.10　鋼板→鋼板又は木材　ボルト接合部の長期許容せん断耐力

（単位：kN，短期は長期の 1.5 倍）

| ボルト呼び径 | 薄い方の鋼板の公称厚さ（mm） | | | | |
|---|---|---|---|---|---|
| | 0.8 | 1.0 | 1.2 | 1.4 | 1.6 |
| M 8 | 1.69 | 2.12 | 2.54 | 2.96 | 3.39 |
| M 10 | 2.12 | 2.65 | 3.18 | 3.70 | 4.23 |
| M 12 | 2.54 | 3.18 | 3.81 | 4.45 | 5.08 |
| M 16 | 3.39 | 4.23 | 5.08 | 5.93 | 6.77 |
| M 20 | 4.23 | 5.29 | 6.35 | 7.41 | 8.47 |

（注意）ボルトと木材の接合部耐力は別途計算の必要がある。

## 4.4　一般構造用溶接軽量 H 形鋼（JIS G 3353-1990）

　一般構造用溶接軽量 H 形鋼（以下軽量 H 形鋼）は，連続的に高周波抵抗溶接，またはこれと高周波誘導溶接との併用によって形成する H 形鋼である。これらの他にめっき軽量 H 形鋼もある。

### 4.4.1　種類及び記号

表 4.11　種類及び記号

| 種　類 | 断面形状による分類 | |
|---|---|---|
| | 名　称 | 記　号 |
| 軽量 H 形鋼 | 軽量 H 形鋼 | SWH 400 |
| | 軽量リップ H 形鋼 | SWH 400 L |

### 4.4.2 軽量H形鋼の標準断面寸法とその断面積，単位質量

表4.12 軽量H形鋼の標準断面寸法とその断面積，単位質量

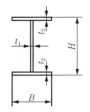

断面2次モーメント $I = ai^2$   断面係数 $Z = \dfrac{I}{e}$

断面2次半径 $i = \sqrt{\dfrac{I}{a}}$   ($a$ = 断面積)

| 高さ$H$ (mm) | 幅$B$ (mm) | 厚さ (mm) ウェブ $t_1$ | 厚さ (mm) フランジ $t_2$ | 断面積 (cm$^2$) | 単位質量 (kg/m) | 断面2次モーメント (cm$^4$) $I_x$ | $I_y$ | 断面半径 (cm) $i_x$ | $i_y$ | 断面係数 (cm$^3$) $Z_x$ | $Z_y$ |
|---|---|---|---|---|---|---|---|---|---|---|---|
| 100 | 60 | 2.3 | 4.5 | 7.493 | 5.88 | 138 | 16.2 | 4.29 | 1.47 | 27.5 | 5.40 |
|  |  | 3.2 | 4.5 | 8.312 | 6.52 | 148 | 16.2 | 4.15 | 1.50 | 28.7 | 5.41 |
| 100 | 100 | 2.3 | 4.5 | 11.09 | 8.71 | 220 | 75.0 | 4.45 | 2.60 | 44.0 | 15.0 |
|  |  | 3.2 | 4.5 | 11.91 | 9.35 | 225 | 75.0 | 4.35 | 2.51 | 45.1 | 15.0 |
| 125 | 60 | 2.3 | 4.5 | 8.068 | 6.33 | 226 | 16.2 | 5.29 | 1.42 | 36.0 | 5.40 |
|  |  | 3.2 | 4.5 | 9.112 | 7.15 | 238 | 16.2 | 5.11 | 1.33 | 38.0 | 5.41 |
| 125 | 100 | 2.3 | 4.5 | 11.67 | 9.16 | 357 | 75.0 | 5.53 | 2.54 | 57.1 | 15.0 |
|  |  | 3.2 | 4.5 | 12.71 | 9.98 | 368 | 75.0 | 5.38 | 2.43 | 59.0 | 15.0 |
| 125 | 125 | 2.3 | 4.5 | 13.92 | 10.9 | 488 | 146 | 5.61 | 3.24 | 70.2 | 23.4 |
|  |  | 3.2 | 4.5 | 14.96 | 11.7 | 450 | 147 | 5.50 | 3.13 | 72.0 | 23.4 |
| 150 | 75 | 2.3 | 4.5 | 9.993 | 7.84 | 441 | 31.6 | 6.41 | 1.78 | 54.8 | 8.44 |
|  |  | 3.2 | 4.5 | 11.26 | 8.84 | 432 | 31.7 | 6.19 | 1.68 | 57.6 | 8.45 |
|  |  | 3.2 | 6.0 | 13.42 | 10.5 | 537 | 42.2 | 6.33 | 1.77 | 71.6 | 11.3 |
| 150 | 100 | 2.3 | 4.5 | 12.24 | 9.61 | 530 | 75.0 | 6.58 | 2.48 | 70.7 | 15.0 |
|  |  | 3.2 | 4.5 | 13.51 | 10.6 | 551 | 75.0 | 6.39 | 2.36 | 73.5 | 15.0 |
|  |  | 3.2 | 6.0 | 16.42 | 12.9 | 693 | 100 | 6.50 | 2.47 | 92.3 | 20.0 |
| 150 | 150 | 2.3 | 4.5 | 16.74 | 13.1 | 768 | 253 | 6.77 | 3.89 | 102 | 33.7 |
|  |  | 3.2 | 4.5 | 18.01 | 14.1 | 789 | 253 | 6.62 | 3.75 | 105 | 33.8 |
|  |  | 3.2 | 6.0 | 22.42 | 17.6 | 1,000 | 338 | 6.69 | 3.88 | 134 | 45.0 |
| 175 | 90 | 2.3 | 4.5 | 11.92 | 9.36 | 676 | 54.7 | 7.53 | 2.14 | 77.3 | 12.2 |
|  |  | 3.2 | 4.5 | 13.41 | 10.5 | 711 | 54.7 | 7.28 | 2.02 | 81.2 | 12.2 |
| 150 | 150 | 2.3 | 4.5 | 13.39 | 10.5 | 994 | 75.0 | 8.61 | 2.37 | 99.4 | 15.0 |
|  |  | 3.2 | 4.5 | 15.11 | 11.9 | 1,050 | 75.1 | 8.32 | 2.23 | 105 | 15.0 |
|  |  | 3.2 | 6.0 | 18.02 | 14.1 | 1,310 | 100 | 8.52 | 2.36 | 131 | 20.0 |
|  |  | 4.5 | 6.0 | 20.46 | 16.1 | 1,380 | 100 | 8.21 | 2.21 | 138 | 20.0 |
| 200 | 125 | 3.2 | 6.0 | 21.02 | 16.5 | 1,590 | 195 | 8.70 | 3.05 | 159 | 31.3 |
| 200 | 150 | 2.3 | 4.5 | 17.89 | 14.05 | 1,420 | 253 | 8.92 | 3.76 | 142 | 33.7 |
|  |  | 3.2 | 4.5 | 19.61 | 15.4 | 1,480 | 253 | 8.68 | 3.59 | 148 | 33.8 |
|  |  | 3.2 | 6.0 | 24.02 | 18.9 | 1,870 | 338 | 8.83 | 3.75 | 187 | 45.0 |
|  |  | 4.5 | 6.0 | 26.46 | 20.8 | 1,940 | 338 | 8.57 | 3.57 | 194 | 45.0 |
| 250 | 125 | 3.2 | 4.5 | 18.96 | 14.9 | 2,070 | 147 | 10.4 | 2.78 | 166 | 28.5 |
|  |  | 4.5 | 6.0 | 25.71 | 20.2 | 2,740 | 195 | 10.3 | 2.76 | 219 | 31.3 |
|  |  | 4.5 | 9.0 | 32.94 | 25.9 | 3,740 | 293 | 10.7 | 2.98 | 299 | 46.9 |
| 250 | 150 | 3.2 | 4.5 | 21.21 | 16.7 | 2,410 | 253 | 10.7 | 3.45 | 193 | 33.8 |
|  |  | 4.5 | 6.0 | 28.71 | 22.5 | 3,190 | 338 | 10.5 | 3.43 | 255 | 45.0 |
|  |  | 4.5 | 9.0 | 37.44 | 29.4 | 4,390 | 506 | 10.8 | 3.68 | 351 | 67.5 |
| 300 | 150 | 3.2 | 4.5 | 22.81 | 17.9 | 3,600 | 253 | 12.6 | 3.33 | 240 | 33.8 |
|  |  | 4.5 | 6.0 | 30.96 | 24.3 | 4,790 | 338 | 12.4 | 3.30 | 319 | 45.0 |
|  |  | 4.5 | 9.0 | 39.69 | 31.2 | 6,560 | 506 | 12.9 | 3.57 | 437 | 67.5 |
| 350 | 175 | 4.5 | 6.0 | 36.21 | 28.4 | 7,660 | 536 | 14.6 | 3.85 | 438 | 61.3 |
|  |  | 4.5 | 9.0 | 46.44 | 36.5 | 10,500 | 804 | 15.1 | 4.16 | 602 | 91.9 |
| 400 | 200 | 4.5 | 6.0 | 41.46 | 32.5 | 11,500 | 800 | 16.7 | 4.39 | 575 | 80.0 |
|  |  | 4.5 | 9.0 | 53.19 | 41.8 | 15,900 | 1,200 | 17.3 | 4.75 | 793 | 120 |
|  |  | 6.0 | 9.0 | 58.92 | 46.3 | 16,500 | 1,200 | 16.8 | 4.51 | 827 | 120 |
|  |  | 6.0 | 12.0 | 70.56 | 55.4 | 20,700 | 1,600 | 17.1 | 4.76 | 1,040 | 160 |
| 450 | 200 | 4.5 | 9.0 | 55.44 | 43.5 | 20,500 | 1,200 | 19.2 | 4.65 | 912 | 120 |
|  |  | 6.0 | 12.0 | 73.56 | 57.5 | 26,900 | 1,600 | 19.1 | 4.66 | 1,200 | 160 |
| 450 | 250 | 6.0 | 12.0 | 85.56 | 67.2 | 32,600 | 3,130 | 19.5 | 6.04 | 1,450 | 250 |

# 建物形態別構造計算指針

第1章　　　枠組壁工法3階建て共同住宅構造計算指針　　　*171*

第2章の1　1階または1,2階が鉄骨造または鉄筋コンクリート造で
　　　　　2,3階または3階が枠組壁工法である建築物の構造設計方法　　　*173*

第2章の2　木造と異種工法の接合部の構造設計及び構造計算　　　*181*

第3章　　　高さ13mまたは軒高9mを超える枠組壁工法建築物構造計算指針　　　*193*

第4章　　　中層（5階建て以上）枠組壁工法建築物の構造設計上のポイント　　　*197*

# 第1章
# 枠組壁工法3階建て共同住宅 構造計算指針

## 1.1 適用範囲

本指針は枠組壁工法3階建て共同住宅の構造計算に適用する。

## 1.2 構造計算の原則

（1）3階建て共同住宅の設計に当たっては，第Ⅰ編第3章3.1または同3.2に定める構造計算に併せて，次項1.3及び1.4に定める構造計算を行うものとする。ただし，第Ⅰ編第4章4.2に定める保有水平耐力の計算をするものについては，1.4に定める構造計算を別途行う必要はない。
（2）高さが13mを超える場合，または軒高が9mを超える場合は，本章に定める構造計算に併せて，本編第3章に定める構造計算を行うこと。
（3）1階を鉄骨造または鉄筋コンクリート造とする混構造の場合は，本章に定める構造計算に併せて，本編第2章に定める構造計算を行うこと。

枠組壁工法による3階建て共同住宅（異種構造を併用した構造を含む）の設計に当たっては，その規模にかかわらず構造計算によって構造の安全を確かめることが必要である。本章はその構造計算に関する規定である。
適用する告示区分によって必要となる構造計算は異なり，本書の各編を適宜準用して行う。

## 1.3 層間変形角

建築物の地上部分について，地震力によって各階に生じる層間変形角が1/150ラジアン以内であることを確かめること。

3階建て共同住宅には高い耐火性（1時間準耐火構造）が要求されるため，壁面には耐火被覆材が取り付けられる。耐火被覆材にはせっこうボード等の無機系の材料が採用される。無機系の面材を張った壁は，合板張りの壁等に比べて，面内せん断力を受けた場合の変形追従性に劣り，大きな変形を強制されたときに破損や脱落をしやすい。このため，準耐火構造の建物は層間変形角を1/150 rad. 以内とすることが義務付けられている（令第109条の2の2）。
本項の規定は，いわゆる中地震時地震力による壁の面材の損傷を軽微にとどめることを主眼とするものである。

本規定に準じて設計された枠組壁工法建築物は，大地震時においては 1/100 rad., あるいはそれをやや上回わる層間変形角を生ずることになると予測される。耐火被覆材は，その程度の変形を経験すると相当の損傷を受けるが，脱落等の激しい破損を生じることはなく，万一その時に火災が発生しても，十分な避難時間をかせげる程度には建物の防耐火性が残存していると考えられる。

## 1.4 架構のじん性

各階各方向について，次式が満足されることを確かめること。
$$1.5 Q_{y0} + 1.2 Q_{y1} \geq 1.5 Q_e \tag{1.1}$$
ここに，$Q_{y0}$：当該方向の地震力に抵抗する有機系の面材を張った耐力壁の降伏せん断耐力の和
$Q_{y1}$：当該方向の地震力に抵抗する無機系の面材を張った耐力壁の降伏せん断耐力の和
$Q_e$：当該階の中地震時地震力

(1.1) 式の左辺は，各階各方向にある耐力壁の降伏せん断耐力の和であり，左辺に掛かる係数は，面材に合板，OSB，せっこうボードを使用し，くぎが仕様規定に準じて打たれている場合に成立する各階各方向における保有水平算定の係数と同じものをここでは準用している。

また，右辺における係数 1.5 は構造特性係数 ($D_s$) を 0.3 と仮定して，政令の規定に準じて求めた必要保有水平耐力に相当するように定めた係数である。すなわち，この場合は耐力壁の降伏せん断耐力の和が中地震時地震力の 1.5 倍以上であることを要求している。なお，ここでは，構造特性係数を 0.3 と仮定しているが，詳細に関しては第 I 編第 4 章 4.2 を参照されたい。

つまり，(1.1) 式は暗に合板等の有機系面材を建物全体に多く設けることを期待しているものである。一般に合板等の有機系面材をくぎ打ちした耐力壁は，降伏せん断耐力と終局せん断耐力との間に余裕があるため，大地震の際に繰り返し加力を受けても破壊に至る危険性は少ない。これに比べてせっこうボードに代表される無機系面材をくぎ打ちした耐力壁は，降伏せん断耐力と終局せん断耐力の間の余裕が少ない傾向があるため，大地震時に水平力が繰り返し作用すると，有機系面材をくぎ打ちした耐力壁に比べて破壊する危険性が高い。

一方，3 階建て共同住宅では，耐火性を確保する必要上，無機系の面材を張った耐力壁の量が相対的に増加しやすい。そうすると，架構全体の地震時挙動は，無機系の面材を張った耐力壁のそれに漸近する。極端な場合，そのような耐力壁だけで架構を構成するということも不可能ではない。こうした架構は耐地震性に関して不都合を生じやすく，それを排除するために本項の規定は設けられている。すなわち，本項の規定を満足するためには，合板等の降伏せん断耐力と終局せん断耐力との間に余裕のある有機系面材を張った耐力壁を多く設けるほうが経済性が高いはずであり，そのような選択がなされることを暗に期待しているのである。

なお，$Q_{y0}$ および $Q_{y1}$ に関しては，第 I 編第 3 章 3.2 の方法で構造計算を行う場合は，その計算過程で算出される量である。また，第 I 編第 3 章 3.1 の方法で構造計算を行う場合には，次式によって個々の耐力壁の許容せん断耐力を算出し，これを降伏せん断耐力と見なすことができる。

$$q_y = 1.96 \cdot \alpha \cdot l$$

ここに，$q_y$：耐力壁の降伏せん断力（kN）
$\alpha$：耐力壁の壁倍率
$l$：耐力壁の長さ（m）

# 第2章の1
# 1階または1, 2階が鉄骨造または鉄筋コンクリート造で 2,3階または3階が枠組壁工法である建築物の構造設計方法

### 2.1.1 適用の範囲

　3階建以下の建築物で1階または1, 2階が鉄骨造（以下，S造という）または鉄筋コンクリート造（以下，RC造という）で，2, 3階及び3階が枠組壁工法である建築物，および異種構造が水平方向には混合しない，いわゆる立面混構造を対象とし，本章の適用範囲内に適合する建築物であれば，平19国交告第593号（改正平成28年5月31日）に基づいた構造設計法（許容応力度等計算）で運用することを可能としている。

　本構造設計方法は，次のイからホまでの規定に適合する建築物（以下，混構造建築物という）に適用する。
1) 地階を除く階数が3以下であるもの
2) 1階または1, 2階がS造またはRC造
3) 2階，2, 3階または3階が枠組壁工法の木造
4) 高さが13m以下で，かつ，軒の高さが9m以下
5) 延べ面積が500 m² 以内（地階を有する建物は地階を含む）
6) 2階建で1階がRC造で2階が枠組壁工法で，3,000 m² 以内

なお，S造・RC造およびその他の構造部分の詳細については　木質系混構造建築物の構造設計の手引き（公財）日本住宅・木材技術センター企画・発行等を参考にされたい。

平成19年5月18日　国土交通省告示第593号（改正平成28年5月31日）

> 　建築基準法施行令（昭和二十五年政令第三百三十八号。以下「令」という。）第三十六条の二第五号の規定に基づき，その安全性を確かめるために地震力によって地上部分の各階に生ずる水平方向の変形を把握することが必要であるものとして，構造又は規模を限って国土交通大臣が指定する建築物は，次に掲げる建築物（平成十四年国土交通省告示第四百七十四号に規定する特定畜舎等建築物を除く。）とする。

### 2.1.2 各種構造規定

> 一　地階を除く階数が三以下，高さが十三メートル以下及び軒の高さが九メートル以下である鉄骨造の建築物であって，次のイからハまでのいずれか（薄板軽量形鋼造の建築物及び屋上を自動車の駐車その他これに類する積載荷重の大きな用途に供する建築物にあっては，イ又はハ）に該当するもの以外のもの
> 　イ　次の（1）から（5）までに該当するもの
> 　（1）　架構を構成する柱の相互の間隔が六メートル以下であるもの
> 　（2）　延べ面積が五百平方メートル以内であるもの
> 　（3）　令第八十八条第一項に規定する地震力について標準せん断力係数を〇・三以上とする計算をして令第八十二条第一号から第三号までに規定する構造計算をした場合に安全であることが確かめられたも

の。この場合において，構造耐力上主要な部分のうち冷間成形により加工した角形鋼管（厚さ六ミリメートル以上のものに限る。）の柱にあっては，令第八十八条第一項に規定する地震力によって当該柱に生ずる力の大きさの値にその鋼材の種別並びに柱及びはりの接合部の構造方法に応じて次の表に掲げる数値以上の係数を乗じて得た数値を当該柱に生ずる力の大きさの値としなければｆない。ただし，特別な調査又は研究の結果に基づき，角形鋼管に構造耐力上支障のある急激な耐力の低下を生ずるおそれのないことが確かめられた場合にあっては，この限りでない。（表略）

（４）　水平力を負担する筋かいの軸部が降伏する場合において，当該筋かいの端部及び接合部が破断しないことが確かめられたもの

（５）　特定天井が平成二十五年国土交通省告示第七百七十一号第三第二項若しくは第三項に定める基準に適合するもの，令第三十九条第三項の規定に基づく国土交通大臣の認定を受けたもの又は同告示第三第四項第一号に定める構造計算によって構造耐力上安全であることが確かめられたもの

ロ　次の（１）から（７）までに該当するもの

（１）　地階を除く階数が二以下であるもの

（２）　架構を構成する柱の相互の間隔が十二メートル以下であるもの

（３）　延べ面積が五百平方メートル以内（平家建てのものにあっては，三千平方メートル以内）であるもの

（４）　イ（３）及び（４）の規定に適合するもの

（５）　令第八十二条の六第二号ロの規定に適合するもの

（６）　構造耐力上主要な部分である柱若しくははり又はこれらの接合部が局部座屈，破断等によって，又は構造耐力上主要な部分である柱の脚部と基礎との接合部がアンカーボルトの破断，基礎の破壊等によって，それぞれ構造耐力上支障のある急激な耐力の低下を生ずるおそれのないことが確かめられたもの

（７）　イ（５）の規定に適合するもの

（１）　S造の構造部分

地階を除く階数が3以下，高さが13m以下で，かつ，軒の高さが9m以下。

イ．①架構を構成する柱のスパン6m以下
　②延べ面積500m²以下
　③地震力についてC₀を0.3以上とし許容応力度計算（冷間成型角形鋼管柱はさらに所定の応力の割り増し）
　④筋交端部の降伏時に端部，接合部が破壊しない
　⑤規則第1条の3第1項第一号ロ（2）の規定に基づく大臣認定取得

ロ．①地階を除く階数2階以下
　②架構を構成する柱スパン12m以下
　③延べ面積500m²以下，平屋の場合は3,000m²以下
　④イ③，④に適合
　⑤偏心率0.15以下
　⑥柱・梁，接合部等が構造耐力上支障のある急激な耐力低下を生じない
　⑦規則第1条の3第1項第一号ロ（2）の規定に基づく大臣認定取得

二　高さが二十メートル以下である鉄筋コンクリート造（壁式ラーメン鉄筋コンクリート造，壁式鉄筋コンクリート造及び鉄筋コンクリート組積造を除く。）若しくは鉄骨鉄筋コンクリート造の建築物又はこれらの構造を併用する建築物であって，次のイ又はロに該当するもの以外のもの

イ　次の（１）から（３）までに該当するもの

（１）　地上部分の各階の耐力壁（平成十九年国土交通省告示第五百九十四号第一第三号イ（１）に規定する開口周比が〇・四以下であるものに限る。以下この号において同じ。）並びに構造耐力上主要な部分である柱及び耐力壁以外の鉄筋コンクリート造又は鉄骨鉄筋コンクリート造の壁（上端及び下端が構造耐力上主要な部分に緊結されたものに限る。）の水平断面積が次の式に適合するもの。ただし，

鉄骨鉄筋コンクリート造の柱にあっては，同式中「0.7」とあるのは「1.0」とする。

$$\Sigma 2.5\alpha A_w + \Sigma 0.7\alpha A_c \geq ZWA_i$$

この式において，$\alpha$，$A_w$，$A_c$，$Z$，$W$ 及び $A_i$ は，それぞれ次の数値を表すものとする。

> $\alpha$：コンクリートの設計基準強度による割り増し係数として，設計基準強度が一平方ミリメートルにつき十八ニュートン未満の場合にあっては一・〇，一平方ミリメートルにつき十八ニュートン以上の場合にあっては使用するコンクリートの設計基準強度（単位一平方ミリメートルにつきニュートン）を十八で除した数値の平方根の数値（当該数値が二の平方根の数値を超えるときは，二の平方根の数値）
> $A_w$：当該階の耐力壁のうち計算しようとする方向に設けたものの水平断面積（単位平方ミリメートル）
> $A_c$：当該階の構造耐力上主要な部分である柱の水平断面積及び耐力壁以外の鉄筋コンクリート造又は鉄骨鉄筋コンクリート造の壁（上端及び下端が構造耐力上主要な部分に緊結されたものに限る。）のうち計算しようとする方向に設けたものの水平断面積（単位平方ミリメートル）
> $Z$：令第八十八条第一項に規定する$Z$の数値
> $W$：令第八十八条第一項の規定により地震力を計算する場合における当該階が支える部分の固定荷重と積載荷重との和（令第八十六条第二項ただし書の規定により特定行政庁が指定する多雪区域においては，更に積雪荷重を加えるものとする。）（単位ニュートン）
> $A_i$：令第八十八条第一項に規定する当該階に係る$A_i$の数値

（2） 構造耐力上主要な部分が，地震力によって当該部分に生ずるせん断力として次の式によって計算した設計用せん断力に対して，せん断破壊等によって構造耐力上支障のある急激な耐力の低下を生ずるおそれのないことが確かめられたものであること。

$$Q_D = \min\{Q_L + nQ_E, Q_O + Q_y\}$$

この式において，$Q_D$，$Q_L$，$n$，$Q_E$，$Q_O$ 及び $Q_y$ は，それぞれ次の数値を表すものとする。

> $Q_D$：設計用せん断力（単位ニュートン）
> $Q_L$：固定荷重と積載荷重との和（令第八十六条第二項ただし書の規定により特定行政庁が指定する多雪区域においては，更に積雪荷重を加えるものとする。以下この号において「常時荷重」という。）によって生ずるせん断力。ただし，柱の場合には零とすることができる。（単位ニュートン）
> $n$：鉄筋コンクリート造にあっては一・五（耐力壁にあっては二・〇），鉄骨鉄筋コンクリート造にあっては一・〇以上の数値
> $Q_E$：令第八十八条第一項の規定により地震力を計算する場合における当該地震力によって生ずるせん断力（単位ニュートン）
> $Q_O$：柱又ははりにおいて，部材の支持条件を単純支持とした場合に常時荷重によって生ずるせん断力。ただし，柱の場合には零とすることができる。（単位ニュートン）
> $Q_y$：柱又ははりにおいて，部材の両端に曲げ降伏が生じた時のせん断力。ただし，柱の場合には柱頭に接続するはりの曲げ降伏を考慮した数値とすることができる。（単位ニュートン）

（3） 前号イ（5）の規定に適合するもの

ロ 施行規則第一条の三第一項第一号ロ（2）の規定に基づき，国土交通大臣があらかじめ安全であると認定した構造の建築物又はその部分

（2） RC造の構造部分（壁式ラーメンRC造，壁式RCおよびRC組積造を除く）

高さ20m以下 SRC造，RC造とSRC造の併用

イ．① $\Sigma 2.5\alpha A_w + \Sigma 0.7\alpha A_c \geq ZWA_i$（耐力壁の開口周比0.4以下，SRC造の柱は0.7を1.0とする）

② $Q_D = \min\{Q_L + nQ_E, Q_O + Q_y\}$ によるせん断力に対しせん断破壊等による構造耐力上支障のある急激な耐力低下を生じない。

ロ．規則第1条の3第1項第一号ロ（2）の規定に基づく大臣認定取得

> 三　木造，組積造，補強コンクリートブロック造及び鉄骨造のうち二以上の構造を併用する建築物又はこれらの構造のうち一以上の構造と鉄筋コンクリート造若しくは鉄骨鉄筋コンクリート造とを併用する建築物であって，次のイからへまでに該当するもの以外のもの（次号イ又はロに該当するものを除く。）
> 　　イ　地階を除く階数が三以下であるもの
> 　　ロ　高さが十三メートル以下で，かつ，軒の高さが九メートル以下であるもの
> 　　ハ　延べ面積が五百平方メートル以内であるもの
> 　　ニ　鉄骨造の構造部分を有する階が第一号イ（1），（3）及び（4）に適合するもの
> 　　ホ　鉄筋コンクリート造及び鉄骨鉄筋コンクリート造の構造部分を有する階が前号イ（1）及び（2）に適合するもの
> 　　ヘ　第一号イ（5）の規定に適合するもの

（3）木造，組積造，補強CB造，S造の併用またはこれらとRC造，SRC造の併用

　イ．地階を除く階数が3以下
　ロ．高さが13m以下で，かつ，軒の高さが9m以下
　ハ．延べ面積500 m² 以下
　ニ．S造の階が（1）イ．①，②，③に適合
　ホ．RC造・SRC造の階が（2）イ．に適合
　ヘ．規則第1条の3第1項第一号ロ（2）の規定に基づく大臣認定取得

> 四　木造と鉄筋コンクリート造の構造を併用する建築物であって，次のイ又はロに該当するもの以外のもの（前号イからへまでに該当するものを除く。）
> 　　イ　次の（1）から（11）までに該当するもの
> 　（1）　次の（i）又は（ii）に該当するもの
> 　　（i）　地階を除く階数が二又は三であり，かつ，一階部分を鉄筋コンクリート造とし，二階以上の部分を木造としたもの
> 　　（ii）　地階を除く階数が三であり，かつ，一階及び二階部分を鉄筋コンクリート造とし，三階部分を木造としたもの
> 　（2）　高さが十三メートル以下で，かつ，軒の高さが九メートル以下であるもの
> 　（3）　延べ面積が五百平方メートル以内であるもの
> 　（4）　地上部分について，令第八十二条の二に適合することが確かめられたもの
> 　（5）　（1）（i）に該当するもののうち地階を除く階数が三であるものにあっては二階及び三階部分について，令第八十二条の六第二号イに適合することが確かめられたもの。この場合において，同号イ中「当該建築物」とあるのは，「二階及び三階部分」と読み替えるものとする。
> 　（6）　（1）（ii）に該当するものにあっては，一階及び二階部分について，令第八十二条の六第二号イに適合することが確かめられたもの。この場合において，同号イ中「当該建築物」とあるのは，「一階及び二階部分」と読み替えるものとする。
> 　（7）　地上部分について，各階の偏心率が令第八十二条の六第二号ロに適合することが確かめられたもの
> 　（8）　鉄筋コンクリート造の構造部分について，昭和五十五年建設省告示第千七百九十一号第三第一号に定める構造計算を行ったもの
> 　（9）　木造の構造部分について，昭和五十五年建設省告示第千七百九十一号第一に定める構造計算を行ったもの
> 　（10）　CLTパネル工法を用いた建築物の構造部分について，平成二十八年国土交通省告示第六百十一号第九第二号に定める構造計算を行ったもの
> 　（11）　第一号イ（5）の規定に適合するもの
> 　　ロ　次の（1）から（5）までに該当するもの
> 　（1）　地階を除く階数が二であり，かつ，一階部分を鉄筋コンクリート造とし，二階部分を木造としたも

の
　(2)　イ (2),(4) 及び (7) から (10) までに該当するもの
　(3)　延べ面積が三千平方メートル以内であるもの
　(4)　二階部分の令第八十八条第一項に規定する地震力について，標準せん断力係数を〇・三以上（同項ただし書の区域内における木造のもの（令第四十六条第二項第一号に掲げる基準に適合するものを除く。）にあっては，〇・四五以上）とする計算をし，当該地震力によって令第八十二条第一号から第三号までに規定する構造計算をした場合に安全であることが確かめられたもの又は特別な調査若しくは研究の結果に基づき当該建築物の振動特性を適切に考慮し，安全上支障のないことが確かめられたもの
　(5)　第一号イ (5) の規定に適合するもの

(4)　木造とRC造の併用で，イ．ロ．の基準に該当する場合 (3) を含む

イ．①(i)　地階を除く階数が2または3かつ1階がRC造，2階以上が木造
　　　(ii)　地階を除く階数が3，1，2階がRC造，3階が木造
　②高さが13 m 以下で，かつ，軒の高さが9 m 以下
　③延べ面積 500 m² 以下
　④地上部分の層間変形角 1/200（1/120）以内
　⑤1階がRC造，2，3階が木造の場合2階以上の剛性率が0.6以上
　⑥1，2階がRC造，3階が木造の場合2階以下の剛性率が0.6以上
　⑦各階の偏心率が0.15以下
　⑧RC造部分について $\Sigma 2.5\alpha A_w + \Sigma 0.7\alpha A_c \geq 0.75 ZWA_i$（耐力壁の開口周比0.4以下，SRC造の柱は0.7を1.0とする）
　⑨木造の構造部分について，筋かい $\beta$ による水平力の割り増し，筋かい端部の降伏時に端部・接合部が破壊しない，地上部分の塔状比4以下とする（昭55建告第1791号　第1）
　⑩CLTパネル工法で平28国交告第611号第9第二号の構造計算を実施
　⑪規則第1条の3第1項第一号ロ (2) の規定に基づく大臣認定取得

ロ．①地階を除く階数2階かつ1階がRC造，2階が木造
　②イ．②，④，⑦，⑧，⑨に適合
　③延べ面積 3,000 m² 以下
　④2階部分については $C_0$ を 0.3 以上として地震力の許容応力度計算を実施
　⑤規則第1条の3第1項第一号ロ (2) の規定に基づく大臣認定取得

五　構造耐力上主要な部分である床版又は屋根版にデッキプレート版を用いた建築物であって，デッキプレート版を用いた部分以外の部分（建築物の高さ及び軒の高さについては当該屋根版を含む。以下同じ。）が次のイからヘまでのいずれか及びトに該当するもの以外のもの
　イ　高さが十三メートル以下で，かつ，軒の高さが九メートル以下である木造のもの
　ロ　地階を除く階数が三以下である組積造又は補強コンクリートブロック造のもの
　ハ　地階を除く階数が三以下，高さが十三メートル以下及び軒の高さが九メートル以下である鉄骨造のものであって，第一号イ又はロ（薄板軽量形鋼造のもの及び屋上を自動車の駐車その他これに類する積載荷重の大きな用途に供するものにあっては，イ）に該当するもの
　ニ　高さが二十メートル以下である鉄筋コンクリート造（壁式ラーメン鉄筋コンクリート造，壁式鉄筋コンクリート造及び鉄筋コンクリート組積造を除く。）若しくは鉄骨鉄筋コンクリート造のもの又はこれらの構造を併用するものであって，第二号イに該当するもの
　ホ　木造，組積造，補強コンクリートブロック造及び鉄骨造のうち二以上の構造を併用するもの又はこれらの構造のうち一以上の構造と鉄筋コンクリート造若しくは鉄骨鉄筋コンクリート造とを併用するものであって，第三号イ (1) から (5) までに該当するもの
　ヘ　木造と鉄筋コンクリート造の構造を併用するものであって，前号イ (1) から (10) まで又は前号ロ

　　　　（1）から（4）までに該当するもの
　　ト　第一号イ（5）の規定に適合するもの
六　構造耐力上主要な部分である床版又は屋根版に軽量気泡コンクリートパネルを用いた建築物であって，軽量気泡コンクリートパネルを用いた部分以外の部分（建築物の高さ及び軒の高さについては当該屋根版を含む。以下同じ。）が前号イ若しくはハ又はホ（木造と鉄骨造の構造を併用するものに限る。）及びトに該当するもの以外のもの
七　屋根版にシステムトラスを用いた建築物であって，屋根版以外の部分（建築物の高さ及び軒の高さについては当該屋根版を含む。以下同じ。）が第五号イからへまでのいずれか及びトに該当するもの以外のもの
八　平成十四年国土交通省告示第六百六十六号に規定する骨組膜構造の建築物であって，次のイ又はロに該当するもの以外のもの
　　イ　次の（1）及び（2）に該当するもの
　　（1）　平成十四年国土交通省告示第六百六十六号第一第二項第一号ロ（1）から（3）までに規定する構造方法に該当するもの
　　（2）　骨組の構造が第五号イからへまでのいずれかに該当し，天井がトに該当するもの
　　ロ　次の（1）及び（2）に該当するもの
　　（1）　平成十四年国土交通省告示第六百六十六号第五第一項各号及び第二項から第六項まで（第四項を除く。）に規定する構造計算によって構造耐力上安全であることが確かめられたもの
　　（2）　第一号イ（5）の規定に適合するもの

（5）　床版または屋根版にデッキプレート版を用いた建築物でとその他の部分の基準
（6）　床版または屋根版にALC版を用いた建築物でとその他の部分の基準
（7）　屋根版にシステムトラスを用いた建築物でとその他の部分の基準
（8）　骨組膜構造に関する基準

## 2.1.3　設計荷重について

（1）　鉛直荷重

鉛直荷重は，主に建物重量（固定荷重＋積載荷重）と積雪荷重を考慮する。これらの重量は実状によるほか，令第84～86条および「建築物荷重指針・同解説」（一社）日本建築学会　等による。

（2）　水平荷重

水平荷重は，主に風圧力と地震力を考慮する。地階（半地下も含む）が存在するときは，土圧等も考慮する。

イ．風圧力　（略）

ロ．地震力

①建物に作用する地上部分の地震力は，令第88条により，下式で求められる。

$Q_i = C_i \cdot \Sigma W_i$

$Q_i$：$i$階の層せん断力

$C_i$：$i$階の層せん断力係数　$C_i = Z \cdot R_t \cdot A_i \cdot C_0$

　　　$Z$：地震地域係数　$Z = 0.7 \sim 1.0$　　　（昭55建告第1793号第1）

　　　$R_t$：振動特性係数地盤種別と建物の剛性で決定　（昭55建告第1793号第2）

　　　＊高さが13m以下の場合は，一次固有周期が0.4秒以下になるため，$R_t = 1.0$となる

　　　$A_i$：高さ方向の分布係数で，下式による　　（昭55建告第1793号第3）

$$A_i = 1 + \left(\frac{1}{\sqrt{\alpha_i}} - \alpha_i\right) \frac{2T}{1+3T}$$

　　　$\alpha_i$：$i$階の支える全重量を，地上部分の建物全重量で除した値

　　　$T$：建物の1次固有周期（秒）　略算式　$T = h(0.02 + 0.01\alpha)$

　　　　　　　　　　$\alpha$：木造または鉄骨造である階の高さの合計の$h$に対する比

　　　　　　　　　　$h$：建築物の高さ（m）勾配屋根では軒高さと高さの平均をとる

$C_0$：標準せん断力係数，一般に $C_0 = 0.2$

$\Sigma W_i$：$i$ 階の支える全重量

（3） S造との混構造

下層が鉄骨造で上層が木造の混構造の場合，設計用一次固有周期は，$T = 0.03h$ で求められ，この値より $A_i$ を算出し地震力を求める。なお，計算ルート1の場合は，鉄骨造部分については標準せん断力係数を $C0 \geq 0.3$ として検討を行
う必要がある。

（4） RC造との混構造

イ．1階がRC造で，2，3階が木造の混構造においては，昭55建告第1793号第3のただし書きを適用して，1階部分の地震力算定用重量が，2階部分の地震力算定用重量の2倍を超える場合には，木造部分の $A_i$ は1階部分の地震力算定用重量を2階部分の地震力算定用重量の2倍とみなして計算し，1階部分の $A_i$ は1.0 とすることができる。

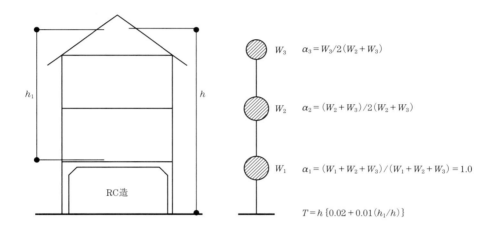

ロ．1・2階がRC造で，3階が木造の混構造においては，地震力算定用重量が，2階部分の地震力算定用重量が3階部分の地震力算定用重量の2倍を超える場合には，3階部分の $A_i$ は1・2階部分の地震力算定用重量を3階部分の地震力算定用重量のそれぞれ5倍，3倍とみなして計算することができる。

上記地震力算定用重量の詳細については，2015年版　建築物の構造関係技術基準解説書（6.6.2（5））（一財）建築行政情報センター編　を参照されたい。

S造・RC造およびその他の構造部分の詳細については　木質系混構造建築物の構造設計の手引き（公財）日本住宅・木材技術センター　企画・発行等を参考にされたい。

## 第2章の2
# 木造と異種工法の接合部の構造設計及び構造計算

### 2.2.1 接合部の構造計画

#### 2.2.1.1 一般事項

原則として，枠組壁は，RC造またはS造部分の大ばり，小ばり，耐力壁等構造耐力上主要な部分に緊結する。緊結に当たっては，耐力壁線の下に土台を設け，それらをその直下にある大ばり，小ばり，土台受けばり等にアンカーボルトで緊結する。土台をRC造のスラブに緊結する場合は，構造計算によって応力伝達上の支障がないことを確かめる。打ち継ぎをした土台受けばりはその断面内に適切な補強筋を配するとともに，鉄筋コンクリートスラブと一体化するように，打ち継ぎ面を鉄筋で適切に補強しなければならない。枠組壁の脚部に大きな引き抜き力が作用する場合には，格別の注意が必要である。

#### 2.2.1.2 アンカーボルトの配置計画

土台を下部構造に緊結するアンカーボルトは暴風時，あるいは地震時のせん断力によって土台と下部構造とが互いにずれるのを防ぐ役目をもっている。土台を緊結する相手が鉄筋コンクリート造の場合は，2m以下の間隔でアンカーボルトを配置すれば，土台とコンクリートの間の摩擦抵抗によってずれは防止することができる。しかしながら，相手が鉄骨の場合，あるいは土台とコンクリート間に一定の間隙を設ける場合は，十分な摩擦抵抗を期待できないので，土台が置かれる面に作用するせん断力に安全に抵抗しうるような本数のアンカーボルトを配置しなければならない。アンカーボルトは，その間隔を2m以下とし，隅角部及び土台の継ぎ手の部分には必ず配置する（図2.2.1参照）。

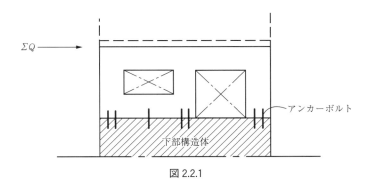

図 2.2.1

〔アンカーボルト必要本数の算定〕

地震時あるいは暴風時の土台底面のせん断力は，耐力壁を介してアンカーボルトに伝わる。したがって，ある耐力壁線上に必要なアンカーボルトの本数$n$は，その耐力壁線上の耐力壁が負担する水平力の合計に基づいて以下のように算出する。

$$n = \frac{Q}{P_a}$$

$n$：耐力壁線上に必要なアンカーボルトの必要本数
$Q$：その耐力壁線上にある耐力壁が負担する水平力の合計
$P_a$：アンカーボルトの短期許容せん断耐力

アンカーボルトの短期許容せん断耐力は，次式により求められる。

$$P_a = (2/3) \times C \times F_{c2} \times d \times l \quad (N)$$

$F_c$：土台の圧縮基準材料強度（繊維方向）
$d$：ボルト径
$l$：土台の有効せい
$C$：接合形式とその破壊形式によって決まる係数（1面せん断）

$$C = \min\left(1, \sqrt{2 + \frac{4 M_y}{F_c d l^2}} - 1, \frac{d}{l}\sqrt{\frac{4 M_y}{F_c d^3}}\right)$$

$M_y$：ボルトの曲げ降伏モーメント，$M_y = F d^3/6$

〈参考例〉ボルト M 12，土台 404 Hem-Fir 2級 ($F_c = 18.6$, $d = 12$, $l = 90$, $M_y = 235 \times 12^3/6$, $C = 0.388$)

$$P_a = \frac{2}{3} \times 0.388 \times 18.6 \times 12 \times 9 = 5,196 \quad (N)$$

### 2.2.1.3 浮き上がりに対する緊結方法（図2.2.2，図2.2.3参照）

耐力壁に生じる浮き上がり力は，引き寄せ金物等でたて枠と下部構造を直結することによって処理するか，または土台を介してアンカーボルトに力を伝達することによって処理する。

図2.2.2の場合，耐力壁に生じる引き抜き力は，引き寄せ金物から座金付きボルトに伝わり，さらに土台を介して2本のアンカーボルトに伝わる。したがって，1本のアンカーボルトに伝わる引き抜き力は，土台の最大せん断耐力以下にしなければならない。

断面が $a \times b$ である土台の最大せん断耐力は以下のように算定する。

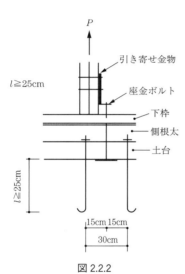

図 2.2.2

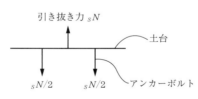

図 2.2.3

$$\tau_s = \frac{1.5 \times Q}{A}$$

より，土台の最大せん断耐力は次式のようになる。

$$Q_{\max} = \frac{\tau_s \times A}{1.5} > {}_sN/2$$

$\tau_s$：短期許容せん断応力度（N/mm²）
$A$：土台の断面積で，ボルトの座彫り 20 mm を考慮して，$a \times (b - 20)$ (mm)

〔計算例〕
土台：Hem-Fir 404 の場合

$$Q_{\max} = \frac{1.4 \times 90 \times 70}{1.5} = 5,880 \quad (N)$$

${}_sN/2 \leq 5,880$ より，${}_sN \leq 11,760 \text{ N}$

## 2.2.2　S造との接合部の設計

### 2.2.2.1　土台と下部構造体との緊結方法

(1) アンカーボルト形状例（図 2.2.4 参照）

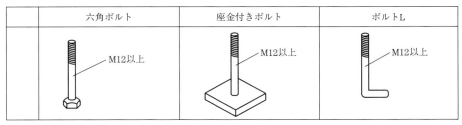

(注)・ボルトLは引張り用としては使えない。
　　・アンカーボルトの取り付け：六角ボルトはフランジ貫通
　　　座金付きボルト及びボルトLはフランジ上に溶接

図 2.2.4

(2) ボルト，ナット及び座金の寸法と品質

ボルト・ナットは，JIS B 1180（六角ボルト），JIS B 1181（六角ナット）の規格による。ボルトに使用する座金の寸法・厚さは表 2.2.1 による。

表 2.2.1　ボルト座金の寸法及び厚さ（mm）

| 座金の大きさ | | ボルト径 | 8 | 10 | 12 | 16 | 20 | 24 |
|---|---|---|---|---|---|---|---|---|
| 引張りを受けるボルト | 厚さ | | 4.5 | 4.5 | 6 | 9 | 9 | 13 |
| | 角座金の一辺 | | 40 | 50 | 60 | 80 | 105 | 125 |
| | 丸座金の直径 | | 45 | 60 | 70 | 90 | 120 | 140 |
| せん断を受けるボルト | 厚さ | | 3.2 | 3.2 | 3.2 | 4.5 | 6 | 6 |
| | 角座金の一辺 | | 25 | 30 | 35 | 50 | 60 | 70 |
| | 丸座金の直径 | | 30 | 35 | 40 | 60 | 70 | 80 |

(3) アンカーボルト緊結方法例

アンカーボルトの緊結方法は図 2.2.9 のように，はりに直接緊結する，スラブを介してはりに緊結する，敷きげたを介してはりに緊結する等の方法がある。

TYPE 2 においてデッキプレートに打つコンクリートの設計基準強度は，$F_c = 18\,\mathrm{N/mm^2}$ 以上とする。また，図 2.2.5 のように土台下立ち上がりが高い場合，アンカーボルトは，はりに緊結し，立ち上がり部のコンクリート設計基準強度は，$F_c = 18\,\mathrm{N/mm^2}$ 以上とする。

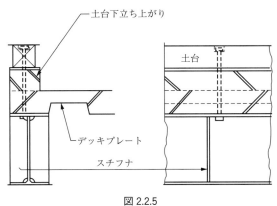

図 2.2.5

(4) 納まり上の注意

イ．鉄骨ばりとデッキプレートの結合

デッキプレートは鉄骨ばりに溶接する（図 2.2.6 参照）。

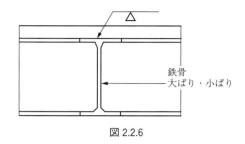

図 2.2.6

ロ．デッキプレートとアンカーボルトの納まり

デッキプレートを切り欠いて，座金付きボルトまたはボルト L を直接鉄骨ばりに溶接する（図 2.2.7）。または，六角ボルトをフランジの下から通す（図 2.2.8，図 2.2.9 参照）。

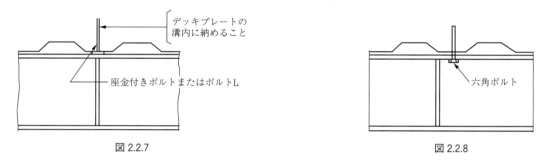

図 2.2.7　　　　　　　　　　　　　　図 2.2.8

ハ．鉄骨ラーメン構造の場合の土台の欠き込み（図 2.2.10 参照）

はりに直接土台を緊結するときは，はり上にスプライスプレートやボルトが突き出てくるために土台下端を欠き込むことが必要になる場合がある。断面欠損部の土台の曲げ耐力は著しく低下するので，土台を欠き込む場合はその場所に大きな曲げ応力が作用しないように配慮する。

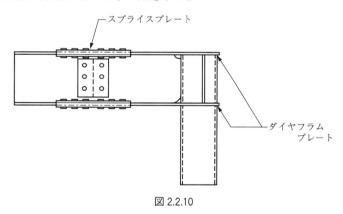

図 2.2.10

ニ．鉄骨ラーメン構造の場合の外壁の納まり（図 2.2.11 参照）

柱とはりの接合部では，ダイヤフラムプレートが 20 mm 程度柱の外面より外側へ突出する。外壁仕上げの納まりについてはこの点を考慮して詳細を検討すること。

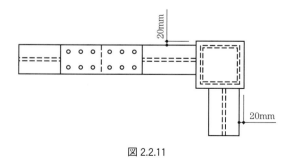

図 2.2.11

第2章の2　木造と異種工法の接合部の構造設計及び構造計算

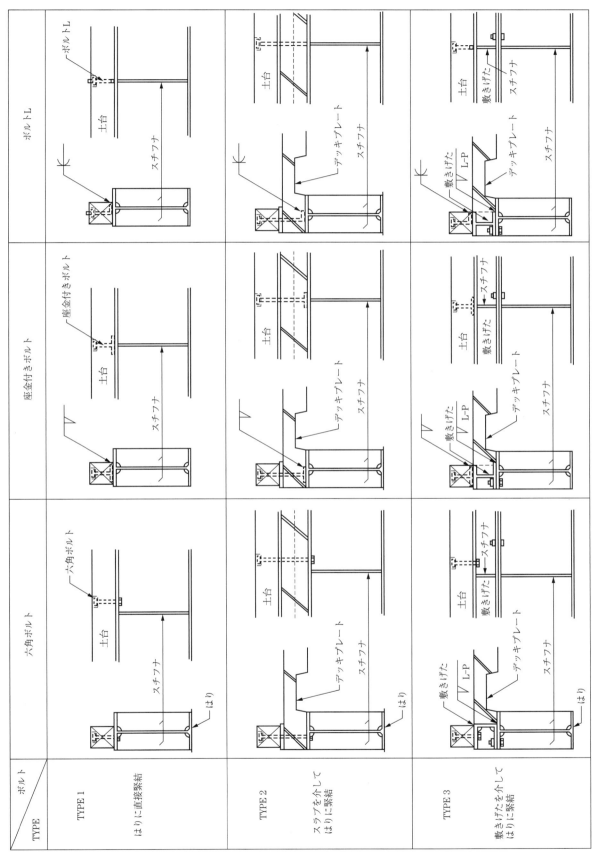

図2.2.9

ホ．デッキプレートを使う場合の床下換気（図2.2.12参照）

デッキプレートを床に使う場合は，床下換気が十分行われるように詳細を設計すること。

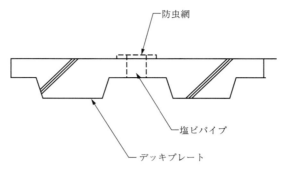

図2.2.12 床下換気の例

### （5） アンカーボルトの耐力計算

アンカーボルト及び接合部の耐力は，鋼構造設計規準及び木質構造設計規準(一社)日本建築学会に準拠して算定すること。

図2.2.13は前述のTYPE 2の計算例である。ただし鉄骨はSN 400B，土台はHem-Fir 2級404である。

| | 六角ボルト | 座金付きボルト | ボルト L |
|---|---|---|---|
| 納まり図 | 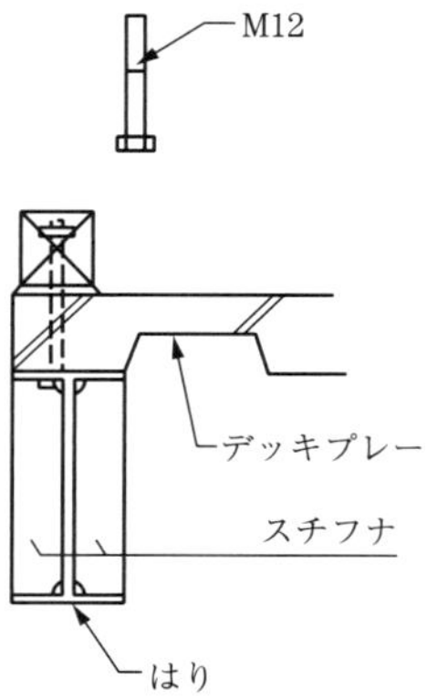 M12、デッキプレート、スチフナ、はり | 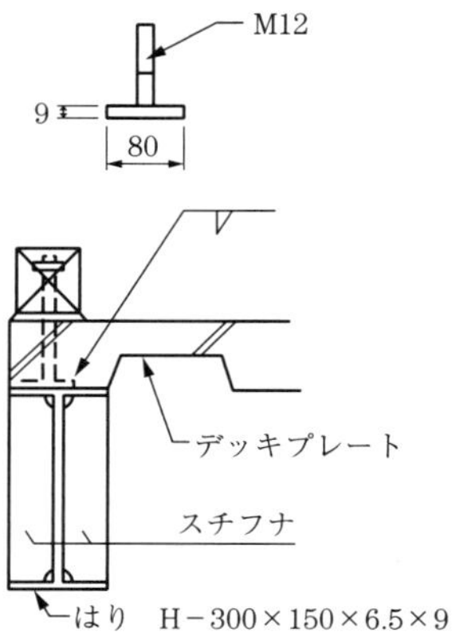 M12、9×80、デッキプレート、スチフナ、はり H−300×150×6.5×9 | 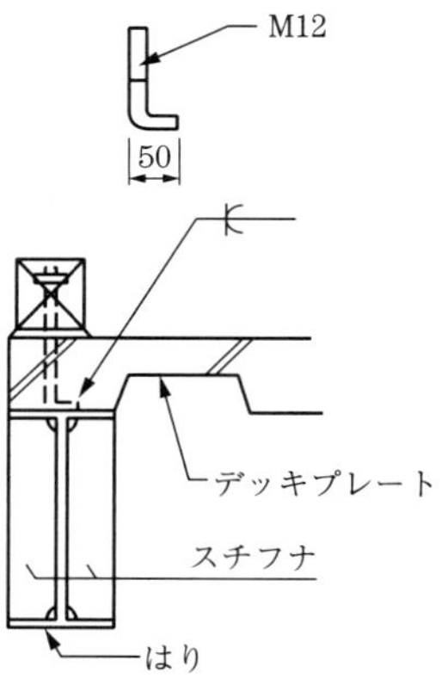 M12、50、デッキプレート、スチフナ、はり |
| 計算 | 引張り耐力<br>・M12耐力 = 19,894N* <br><br><br><br><br>せん断耐力<br>　土台がHem-Fir 2級より<br>　M12耐力 = 5,196N<br>　（2.2.1.2　アンカーボルトの配置計画参照） | 引張り耐力<br>・M12耐力 = 19,894N<br>・ボルトとプレート ㋐9の溶接<br>　21,168×0.9×1.13 = 21,530N<br>・プレート ㋐9耐力<br>　$M = \frac{1}{8} \times P \times 8$<br>　$\left(Z = \frac{1}{6} \times 8 \times 0.9^2 = 1.08\right)$<br>　$P = 23,520 \times 1.08 = 25,400N$<br>・プレート ㋐9とはりとの溶接<br>　$0.7 \times 0.9 \times 12,250 \times (8 \times 4)$<br>　　　　　　　= 246,960N<br>せん断耐力<br>　土台がHem-Fir 2級より<br>　M12耐力 = 5,196N | せん断耐力<br>　土台がHem-Fir 2級より<br>　M12耐力 = 5,196N |
| 耐力 | 引張り耐力（N）　19,894<br>せん断耐力（N）　5,196 | 引張り耐力（N）　19,894<br>せん断耐力（N）　5,196 | 引張り耐力（N）　─<br>せん断耐力（N）　5,196 |

＊ボルトの許容耐力　$F = 235 \text{ N/mm}^2$

図2.2.13

表 2.2.2 ボルトの短期許容耐力（ボルトの材質　400 N 級の場合）

| ボルト呼び径 | ボルト軸径(mm) | ボルト穴径(mm) | ボルト軸断面積(cm²) | 許容せん断力(kN) | | 許容支圧力 (kN) | | | | | | | | | | 許容引張り力(kN) |
|---|---|---|---|---|---|---|---|---|---|---|---|---|---|---|---|---|
| | | | | 1面せん断 | 2面せん断 | 板　厚 (mm) | | | | | | | | | | |
| | | | | | | 1.6 | 2.3 | 3.2 | 4.0 | 4.5 | 6.0 | 8.0 | 9.0 | 10.0 | 12.0 | |
| M 12 | 12 | 12.5 | 1.13 | 14.99 | 29.89 | 8.43 | 12.15 | 16.95 | 21.17 | 23.81 | 31.75 | | | | | 19.89 |
| M 16 | 16 | 16.5 | 2.01 | 26.56 | 53.21 | 11.27 | 16.27 | 22.54 | 28.22 | 31.75 | 42.34 | 56.45 | | | | 35.48 |
| M 20 | 20 | 20.5 | 3.14 | 41.55 | 83.10 | 14.11 | 20.29 | 28.22 | 35.28 | 39.69 | 52.92 | 70.56 | 79.38 | 88.20 | | 55.37 |
| M 22 | 22 | 22.5 | 3.80 | 50.27 | 100.94 | 15.48 | 22.34 | 31.07 | 38.81 | 43.71 | 58.21 | 77.62 | 87.32 | 97.02 | 116.6 | 67.03 |
| M 24 | 24 | 24.5 | 4.52 | 59.78 | 119.56 | 16.95 | 24.30 | 33.91 | 42.34 | 47.63 | 63.50 | 84.67 | 95.26 | 105.8 | 127.4 | 79.77 |

#### 2.2.2.2　引き寄せ金物と下部構造体との緊結方法

引き抜き力が比較的大きい場合には，引き寄せ金物と鉄骨ばりとの間を座金付きボルト，または六角ボルトを用いて，土台を介さずに直接緊結する。

〈TYPE-1　座金付きボルトを用いた納まり例（引き抜き力が比較的大きい場合，図 2.2.14 参照）〉

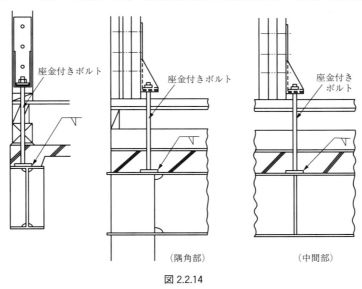

図 2.2.14

〈TYPE-2　六角ボルトを用いた納まり例（引き抜き力が比較的大きい場合）（図 2.2.15 参照）〉

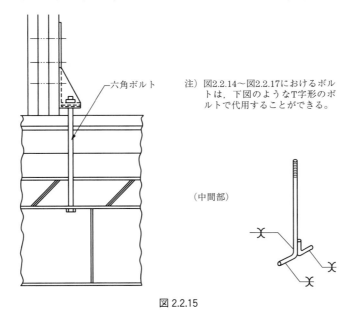

注）図2.2.14〜図2.2.17におけるボルトは，下図のようなT字形のボルトで代用することができる。

図 2.2.15

引き抜き力が比較的小さい場合には，土台を介してアンカーボルトにより鉄骨ばりに力を伝達することができる。

〈TYPE-3　座金付きボルトを用いた納まり例（引き抜き力が比較的小さい場合）（図 2.2.16 参照）〉

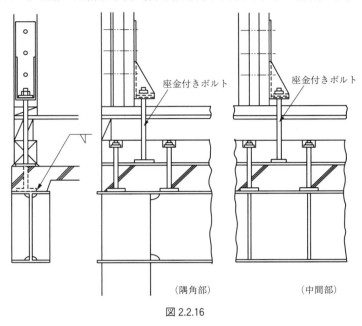

図 2.2.16

〈TYPE-4　座金付きボルトと六角ボルトを用いた納まり例（引き抜き力が比較的小さい場合）（図2.2.17参照）〉

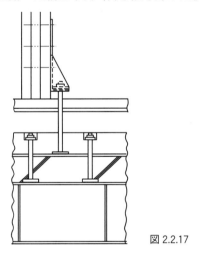

図 2.2.17

### 2.2.3　RC 造との接合部の設計

#### 2.2.3.1　土台と下部構造体との緊結方法

アンカーボルトと土台の緊結方法は，次の 4 種類が考えられる。いずれの場合においてもアンカーボルトのコンクリートへの埋め込み長さは 250mm 以上とする。

〈TYPE-1　大ばり・小ばりに土台を緊結する場合（図 2.2.18 参照）〉

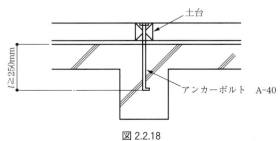

図 2.2.18

〈TYPE-2　土台受けばりに土台を緊結する場合（立ち上がり部分一体打ち，図 2.2.19 参照）〉

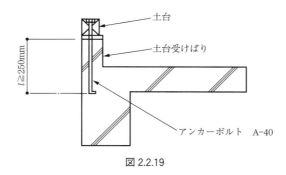

図 2.2.19

土台受けばり（立ち上がり部分）は RC 造とすること。

〈TYPE-3　土台受けばりに土台を緊結する場合（立ち上がり部分後打ち，図 2.2.20 参照）〉

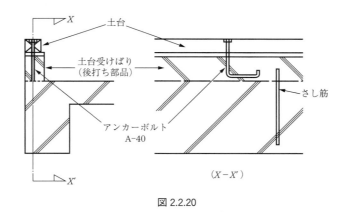

図 2.2.20

土台受けばり（後打ち部分）は，RC 造とし，はりからの差し筋によって下部構造体と一体化すること。

〈TYPE-4　スラブに土台を緊結する場合（図 2.2.21 参照）〉

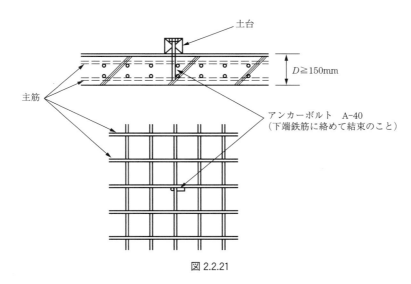

図 2.2.21

TYPE-3 および TYPE-4 では，アンカーボルトのコンクリートへの埋め込み長さを十分に確保できないので，引き抜き力を生じるアンカーボルトの施工は入念にかつ確実に行う。

スラブに直接土台を取り付ける場合は，スラブを図 2.2.22 のような有効幅をもつはりと考え，有効幅内に上部からの荷重に対して必要な配筋を行うこと。

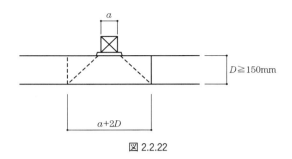

図 2.2.22

### 2.2.3.2 引き寄せ金物と下部構造体との緊結方法

引き寄せ金物は，風圧力や地震力が作用したときに耐力壁脚部に生じる引き抜き力を下部構造体に伝達するものである。したがって，引き抜き力以上の耐力をもったものを選択する（**表 2.2.3** 参照）。

アンカーボルトのコンクリートへの埋め込み長さは，360 mm 以上とする。ただし，実験または計算によって，構造耐力上安全であることが確かめられた場合においては，この限りではない。

**表 2.2.3 引き寄せ金物と下部コンクリート造との緊結方法一覧**

| | | 緊 結 位 置 | | |
|---|---|---|---|---|
| | | 隅 部 ※ | 中 央 部 | |
| | | | 比較的引き抜き力が小さい場合 | 比較的引き抜き力が大きい場合 |
| 緊結方法 | 大ばり・小ばりに緊結 | TYPE-1 | TYPE-2 | TYPE-3 |
| | 土台受けばりに緊結 | TYPE-4 | TYPE-5 | TYPE-6 |

※隅部の場合，アンカーボルトを2本配置できないため，比較的引き抜き力が小さい場合でも，直接アンカーボルトから引き寄せ金物を繋ぐ。

〈TYPE-1 大ばり・小ばりに緊結する場合（隅部）（**図 2.2.23** 参照）〉

アンカーボルトが2本配置できないため，直接，引き寄せ金物のアンカーボルトとなる。

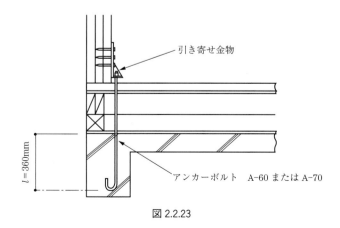

図 2.2.23

〈TYPE-2　大ばり・小ばりに緊結する場合（比較的引き抜き力が小さい場合）（図 2.2.24 参照）〉
土台のせん断力の検討を行うこと（2.2.1.3 項参照）。

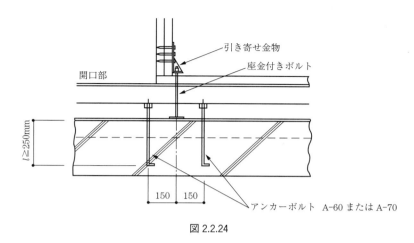

図 2.2.24

〈TYPE-3　大ばり・小ばりに緊結する場合（比較的引き抜き力が大きい場合）（図 2.2.25 参照）〉

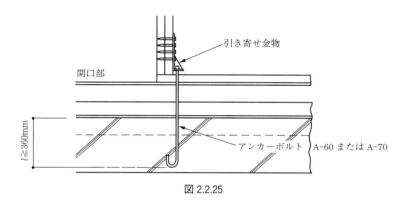

図 2.2.25

〈TYPE-4　土台受けばりに緊結する場合（隅部）（図 2.2.26 参照）〉

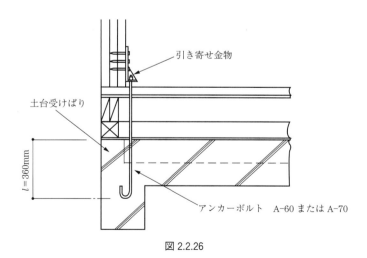

図 2.2.26

〈TYPE-5　土台受けばりに緊結する場合（比較的引き抜き力が小さい場合）（図2.2.27参照）〉
土台のせん断耐力の検討を行うこと（2.2.1.3項参照）。

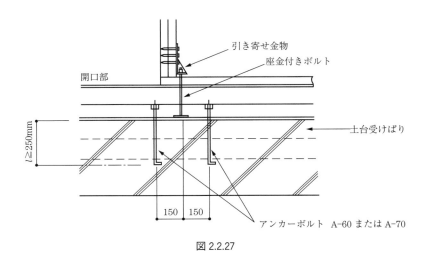

図 2.2.27

〈TYPE-6　土台受けばりに緊結する場合（比較的引き抜き力が大きい場合）（図2.2.28参照）〉

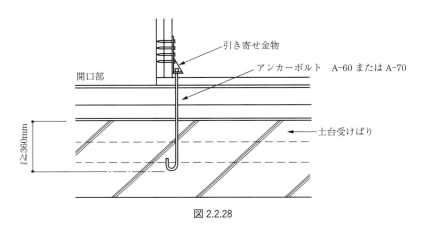

図 2.2.28

## 第3章
# 高さ13mまたは軒高9mを超える枠組壁工法建築物構造計算指針

## 3.1 適用範囲

　本指針は高さ13mまたは軒高9mを超える枠組壁工法建築物のうち，地上3階以下のものの構造計算に適用し，構造計算適合性判定を受けるものとする。ただし許容応力度等計算が適用される建築物の場合，いわゆるルート2審査対応確認検査機関等が審査する場合は構造計算適合性判定は不要となる。

## 3.2 構造計算の原則

　高さ13mまたは軒高が9mを超える枠組壁工法の設計に当たっては，以下の構造計算を行うものとする。
（1）平13国交告第1540号第9または第10の規定を適用しない建築物については，第I編第3章3.1または同3.2の構造計算
（2）平13国交告第1540号第10第二号の規定を適用する建築物については，第I編第3章3.2の構造計算
（3）平13国交告第1540号第10第一号の規定を適用する建築物については，上記（2）に併せて第I編第4章4.1の構造計算
（4）平13国交告第1540号第9第一号から第五号の規定を適用する建築物については，上記（2）に併せて第I編第4章4.1及び4.2の構造計算
（5）1階をS造またはRC造とする場合は，上記（1）に併せて本編第2章の1の構造計算
（6）次項3.3以降に定める構造計算

　高さ13mまたは軒高9mを超える場合は，第I編の構造計算に併せて，（混構造の場合は本編第2章の1の構造計算を行い，さらに）次項3.3以降に定める構造計算を行う。

## 3.3 層間変形角

　建築物の地上部分について，地震力によって各階に生じる層間変形角が1/150ラジアン以内であることを確かめること。

　高さ13mまたは軒高9mを超える枠組壁工法建築物には，3階建て共同住宅の場合と同様に高い耐火性が要求される。したがって，本編第1章の1.3節に述べたことと同様の趣旨で，ここでも層間変形角の上限を規定す

ることとした。

## 3.4 剛性率，偏心率等

(1) 各階の剛性率を次の式によって計算し，それらの剛性率がそれぞれ0.6以上であることを確かめること。

$$R_S = \frac{r_S}{\overline{r_S}} \tag{3.1}$$

ここに，$R_s$：各階の剛性率
$r_S$：各階の層間変形角の逆数
$\overline{r_S}$：$r_S$ の相加平均

(2) 各階の偏心率を次の式によって計算し，それらの偏心率がそれぞれ0.15を超えないことを確かめること。

$$R_e = \frac{e}{r_e} \tag{3.2}$$

ここに，$R_e$：各階の偏心率
$e$：各階の固定荷重及び積載荷重（多雪区域にあっては固定荷重，積載荷重及び積雪荷重）の重心と当該各階の剛心との水平距離の，計算をしようとする方向に直交する方向の成分
$r_e$：各階の剛心周りのねじり剛性を当該各階の計算をしようとする方向の水平剛性で除した数値の平方根

(3) 次項3.5及び3.6に定める構造計算を行ったものについては，上記（1）及び（2）の規定は適用しない。

高さ13mまたは軒高9mを超える枠組壁工法建築物は，建築基準法第20条第二号に定める建築物であるので，令第82条の6の規定により剛性率，偏心率について検討することが要求される。剛性率，偏心率が規定を満足しない場合は，次項の構造計算を行うことが必要である。

剛性率，偏心率の計算方法については，第Ⅰ編第4章4.1を参照されたい。

## 3.5 保有水平耐力

各階方向について，次式が満足されることを確かめること。

$$1.5\,Q_{y0} + 1.2\,Q_{y1} \geq D_s\,F_{es}\,Q_{ud} \tag{3.3}$$

ここに，$Q_{y0}$：当該方向の地震力に抵抗する有機系の面材を張った耐力壁の降伏せん断耐力の和
$Q_{y1}$：当該方向の地震力に抵抗する無機系の面材を張った耐力壁の降伏せん断耐力の和
$D_s$：構造特性係数…昭55建告第1792号による
$F_{es}$：形状係数…昭55建告第1792号による
$Q_{ud}$：地震力により各階に生じる水平力（令第88条において標準せん断力係数 $C_0$ を1.0以上として求めた数値）

(1) (3.3)式の左辺は，面材に合板，OSB，せっこうボードを使用し，くぎが仕様規定に準じて打たれている場合に成立する，建物各階方向における保有水平耐力の算定式である。この範囲から逸脱する仕様の耐力壁を有する建物の保有水平耐力は第Ⅰ編第4章4.2を参照されたい。$Q_{y0}$，$Q_{y1}$ に関しては，第Ⅰ編第3章3.2の方法で構造計算を行う場合は，その計算過程で算出される量である。また，第Ⅰ編第3章3.1の方法で構造計算を行う場合には，次式によって個々の耐力壁の降伏せん断耐力を算出すればよい。

$$q_y = 1.96 \cdot \alpha \cdot l$$

ここに，$q_y$：耐力壁の降伏せん断力（kN）
$\alpha$：耐力壁の壁倍率

$l$ ：耐力壁の長さ（m）

（2）(3.3)式の左辺は，耐力壁の終局耐力まで周辺部の破壊が生じないことを前提として成立している。つまり，終局耐力時に耐力壁の脚部等を緊結しているホールダウン金物等が破断しないように設計する必要があるということである。その際の架構モデルは1～3階までの耐力壁を基礎から固定された片持ちばりの連層耐力壁とみなして解析を行う。この考え方以外の終局時のモデル化については，第Ⅰ編第4章4.2を参照されたい。

## 3.6 耐力壁の終局耐力

> 外周壁面内に配置される各耐力壁について，以下のことを確かめること。
> （1）中地震時地震力によってたて枠材に生じる応力の $1.5F_{es}$ 倍が，たて枠材の圧縮強度を超えないこと
> （2）中地震時地震力によって耐力壁脚部の各接合部に生じる応力の $1.5F_{es}$ 倍が，当該各接合部の強度を超えないこと

　前項では架構の保有水平耐力の大きさを検討した。この検討は，耐力壁脚部の接合部等が終局状態において適切にその機能を果たすということを前提としたものである。この前提は，従来わが国で建設されてきた高さ13m及び軒高9m以下の枠組壁工法建築物について行われた実大実験等の結果に基づいている。高さが高くなるとこのような前提が満されるかどうか現状では不明であり，したがって，本項では建物外周の耐力壁が転倒等の破壊を起こすことなく，大地震時に自立しうるかどうかの検討を要求している。

　本節では大地震時地震力を中地震時地震力の $1.5F_{es}$ 倍として接合部などの安全性を検討することとしているが，耐力壁の終局せん断耐力（有機系面材を張った耐力壁については降伏せん断耐力の1.5倍，無機系の場合は1.2倍）に見合うように接合部等の終局強度を設計することが望ましいことは言うまでもない。

　なお，本項の検討に係る材料等の終局強度は以下のとおりである。
　イ．たて枠材の強度：短期許容応力度の1.5倍
　ロ．くぎ接合，ボルト接合：短期許容耐力の1.5倍
　ハ．鋼材の強度：短期許容応力度の1.1倍

　耐力壁の終局耐力の計算方法については，第Ⅰ編第3章3.3を参照すること。

# 第4章

# 中層（5階建て以上）枠組壁工法建築物の構造設計上のポイント

近年，木造建築物の中高層化が進んでおり，平成27年に日本ツーバイフォー建築協会とカナダ林産業審議会と共同で枠組壁工法の外壁，間仕切壁，床の2時間耐火構造の大臣認定を取得したことにより，枠組壁工法のみで5階建て以上の中層建築物の設計が可能となった。

新たなこの章では，これまでの実験や研究によって得られた知見を基に，構造設計をする際のポイントをまとめたので参考とされたい。

## 4.1 対象建築物

高さ31m以下の枠組壁工法建築物

## 4.2 構造計算の原則

対象建築物の構造計算は，前章の「高さ13mまたは軒高が9mを超える枠組壁工法建築物構造計算指針」を適用する。

## 4.3 構造設計におけるポイント

枠組壁工法による5階建て以上の中層建築物の構造計画において，全層を枠組壁工法で計画する場合の他，応力条件の厳しい下層を鉄筋コンクリート造や鉄骨造などを用いた立面混構造，枠組壁工法部分の水平力負担を軽減するためにコア部分に他工法を用いた平面混構造などが考えられる。どのような構造方法を採用するかについては，建築物の用途やプラン，設備等の要件に応じて適切に選択することが重要である。枠組壁工法建築物の構造計画上のポイントをまとめるにあたり，全層を枠組壁工法とした場合を対象建築物とし，中層建築物の構造計画等において留意すべき項目について①～④に示した。

① 建物重量の増加
- 2時間耐火構造による建物重量の増加
   最上階から数えて4層まで1時間耐火構造，5層目より下階は2時間耐火構造が求められる。
   耐火被覆材の重量増加を考慮し，構造計画の段階から鉛直荷重の支持や耐力壁の配置についての検討が必要である。
- 建物重量の増加に伴い，設計用地震力が大きくなる。風圧力より地震力の検討が厳しくなる。
- 地震力算定用の建物重量は，プランによって変動するが，概ね4～6 kN/m$^2$ 程度に達する。

② 鉛直荷重の増加にともなう構造計画上の留意点
- たて枠の座屈，下枠のめり込みによる影響に配慮した設計が必要。
   局部的な壁又はたて枠への鉛直荷重集中を避ける（壁の配置，根太掛け方向，壁線間距離）
   必要に応じてたて枠および上下枠に集成材等を用いるなどの対応も想定される。

- 建物全体の沈み込みの影響を考慮した設計が必要である。
  施工時及び長期の沈み込みによる影響を考慮する。特に外部階段に鉄骨を用いる場合など異種構造との併用は，沈み込み量の違いにより床レベルの差が生じるため注意する。また，沈み込みを量を抑えるため，壁上部の側，端根太には集成材または単板積層材（LVL）等を用いる。

③ 水平荷重の増加にともなう構造計画上の留意点
- 高い耐力を有する耐力壁等（以下，高耐力壁という）の導入の検討が必要である。
  「両面構造用合板張耐力壁」「有開口耐力壁」「Midply Wall System（MPW 耐力壁）」を紹介する。
- 高耐力壁が連層配置となることにより，下層の耐力壁では壁端部に生じる引張偶力が上層から累加され，既存のホールダウン金物では耐力が不足する場合がある。多層階にわたり鋼材のロッドを通して基礎に直接引抜力を伝達するタイダウン金物等の導入の検討が必要である。
- 高耐力壁が連層配置となることにより，下層の耐力壁では壁端部に生じる圧縮偶力が上階から累加されるとともに，建物の固定荷重や積載荷重も低層の建築物より増加し，特に耐力壁端部のたて枠に生じる圧縮力が増加する。たて枠の座屈および下段のめり込みに対しては特に配慮した検討が必要である。

④ その他，構造耐力上主要な部分についての検討
- 高耐力壁を用いる場合や大スパン部では水平構面の面内応力が増大することを考慮した設計が必要である。特に鉛直構面と床構面の接合部におけるせん断力の伝達について適切な検討が必要である。

構造計算は原則として従前の方法と同様に行うことができるが，建物の規模や階数の増加にともない，鉛直荷重や水平荷重が増大し，部材や金物の必要断面が総じて大きくなる。特に，高耐力壁を用いる場合や連層配置となる耐力壁の下層部では，耐力壁端部に生じる過大な引抜力に対応する金物は，前述のとおりタイダウン金物等が必要となる。

タイダウン金物は，耐力壁がせん断力を受けてロッキング挙動する際に壁端部に生じる引張力を，当該耐力壁の上部の側，端根太の上部下枠上に設置する座金により浮上がりを抑え込み，多層にわたる浮上がりに抵抗する力としてたて枠の圧縮軸力で伝達する金物である。

このような構造上の理由により中層建築物の計画にあたっては，意匠設計と並行して耐力壁量や配置について検討を進めることが重要である。併せてたて枠の必要断面の確認や引抜抵抗金物の選定などはプランニングの段階で決めておくことが必要である。特に，たて枠の配置や壁交差部の納まり等，選定する部材に応じた納まりの検討を予め行なっておくことも重要である。参考に全層を枠組壁工法とした中層建築物による想定プランとして，事務所，ホテル，ワンルームマンションの3ケースを設定し，建物重量，地震力，必要壁量，たて枠の軸力及び必要断面等について検討したものをホームページに参考例として掲載しているので中層建築物の計画に当たり，耐力壁の配置，たて枠の断面，引抜抵抗金物の断面検討において参照されたい。

本書巻末掲載の「ホームページのご案内」を参照

## 4.4　高耐力壁の導入の検討

### 4.4.1　両面構造用合板張り耐力壁

2013年から2016年にかけて，（国研）建築研究所と日本ツーバイフォー建築協会が共同で枠組壁工法耐力壁の実験を実施した。検討した耐力壁の面材は，構造用合板特類2級12 mm（全層カラマツ）と構造用パネル3級（11.1 mm）の2種類，面材を留め付ける釘は JIS A 5508 CN 75 である。

**表4.4.1** に耐力壁の仕様および第Ⅰ編 3.3.2（3）耐力壁の耐力及び剛性—3　2)～4)に従い評価した耐力壁の降伏せん断耐力，終局せん断耐力を示す。なお，降伏せん断耐力，終局せん断耐力には，試験結果に耐力壁構成材料の耐久性・使用環境の影響，施工性の影響，壁量計算の前提条件を満たさない場合の影響等を勘案して定める係数を乗じてある。

耐力壁試験の評価方法は真のせん断変形角による方法を用いている。一方，高耐力壁では，たて枠と上下枠材とのめり込み等により剛性・耐力が低減するため，これらの影響を適切に考慮して設計する必要がある。また，本実験で検討した耐力壁の仕様と同様な場合であっても，壁高や壁幅が異なる耐力壁を用いる場合は，壁高や壁

幅の違いを考慮する必要がある。

表 4.4.1　耐力壁仕様と各種特性値

| 試験体名 | 仕様1 | 仕様2 | 仕様3 | 仕様4 | 仕様5 | 仕様6 | 仕様7 | 仕様8 | 仕様9 | 仕様10 | 仕様11 | 仕様12 |
|---|---|---|---|---|---|---|---|---|---|---|---|---|
| くぎ | JIS A 5508 CN 75 | | | | | | | | | | | |
| くぎピッチ | 100 mm | 50 mm（千鳥） | | 50 mm | | 50 mm | | | 50 mm 千鳥 | | 50 mm | |
| 面材 | 構造用合板特類2級 12 mm 全層カラマツ（4プライ） | | | | | | OSB 3級 t = 11.1 mm | | 構造用合板特類2級カラマツ t = 12 mm | | OSB 3級 t = 11.1 mm | |
| 面材張り方 | 片面 | 両面 | 片面 | 両面 | 両面 | 両面 | 両面 | 両面 | 片面 | 両面 | 両面 | 両面 |
| たて枠 | 甲種枠組材2級　JSⅡ（スギ）306（面材周囲のみ，他は206） | | | | 同一等級構成集成材 E 105　カラマツ | | 甲種2級　製材（D·fir） | | | | 甲種2級 製材（Hem·fir） | |
| 端部たて枠 | 1-306 | 1-306 | 1-306 | 1-306 | 1-306 | 1-306 | 1-306 | 1-306 | 2-306 | 2-306 | 1-306 | 1-306 |
| | | 1-206 | 1-206 | 3-206 | | | | | | | | |
| 緊結釘 | | 2-CN 90 | 2-CN 90 | 2-PX 6 | | | | | 2-CN 90 | 2-CN 90 | | |
| | | @150 | @150 | @200 | | | | | @300 | @300 | | |
| 上下枠 | 同一等級集成材 E 95-F 315 | | | | 同一等級構成集成材 E 105 カラマツ | B種LVL カラマツ | 甲種2級 製材（D·fir） | B種LVL カラマツ | 甲種2級 製材（D·fir） | | 甲種2級 製材（Hem·fir） | B種LVL カラマツ |
| | ベイマツ　306 | | | | | | | | | | | |
| 頭つなぎ | 同一等級集成材 E 95-F 315 ベイマツ　206 | | | | 同一等級構成集成材 E 105　カラマツ | | 甲種2級　SPF | | | | | |
| 桁 | 対称異等級構成集成材 E 120-F 330 | | | | 対称異等級構成集成材 E 120-F 330 SPF　610 | | | | | | | |
| | オウシュウアカマツ　610 | | | | | | | | | | | |
| 土台 | 対称異等級構成集成材 E 105-F 300 | | | | 対称異等級構成集成材 E 95-F 270 オウシュウアカマツ　406 | | | | | | | |
| | オウシュウアカマツ　406 | | | | | | | | | | | |
| 降伏せん断耐力 $P_y$ (kN/m) | 13.5 | 26.6 | 25.9 | 50.5 | 46.4 | 46.5 | 48.4 | 43.4 | 24.9 | 47.6 | 37.8 | 46.6 |
| 許容せん断耐力 $P_a$ (kN/m) | 10.5 | 20.6 | 16.9 | 29.5 | 28.6 | 32.3 | 27.4 | 30.9 | 17.3 | 33.2 | 30.2 | 25.7 |
| 終局せん断耐力 $P_u$ (kN/m) | 23.3 | 45.1 | 43.9 | 84.0 | 69.6 | 72.6 | 80.5 | 65.6 | 39.9 | 72.7 | 64.0 | 73.8 |
| 面内せん断剛性 $K$ ((kN/m)/mrad) | 2.08 | 4.24 | 2.96 | 5.69 | 6.27 | 5.45 | 9.06 | 8.65 | 4.21 | 6.69 | 8.93 | 6.50 |

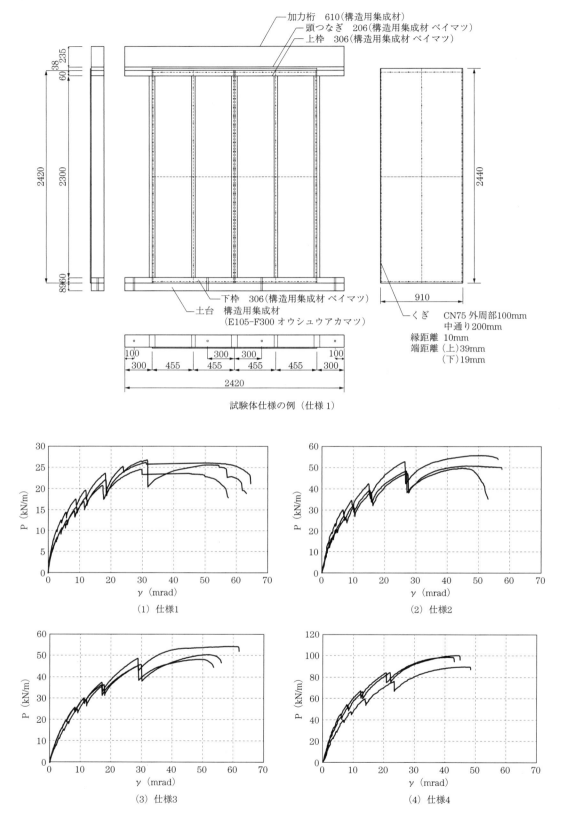

試験体仕様の例（仕様1）

(1) 仕様1

(2) 仕様2

(3) 仕様3

(4) 仕様4

図 4.4.1　荷重変形関係（その1）

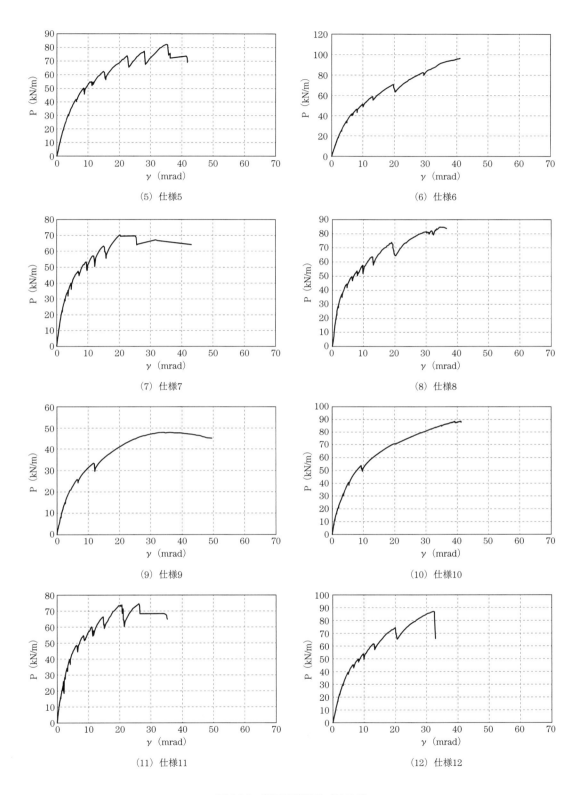

図 4.4.1　荷重変形関係（その 2）

## 4.4.2 有開口耐力壁に対する設計法（軸力抵抗要素の設置を軽減するための設計法）

### 4.4.2.1 技術的な背景

枠組壁工法においては原則，所定の長さを有する無開口壁を耐力壁とし，耐力壁とみなす無開口壁の両端部に壁の耐力に見合った軸力抵抗要素（ホールダウン金物やタイダウン金物）を設置する。すべての無開口の耐力壁の両端部に例えば，タイダウン金物を設置する場合，図 4.4.2 に示すようにその数は多くなる。軸力抵抗要素の設置数量を軽減する一つの方法として，図 4.4.3 に示すように開口を有する壁を 1 つの耐力壁（以下，「有開口耐力壁」と呼ぶ）とみなし，有開口耐力壁の両端にのみ軸力抵抗要素を設置するという方法がある。この場合，有開口耐力壁を構成する無開口壁の中にはその端部に軸力抵抗要素がない壁が生じ，水平力が作用したときの浮き上がり等により当該無開口壁の耐力が低下する。このような耐力低下を考慮し，有開口耐力壁の両端にのみ軸力抵抗要素を設置する場合には，有開口耐力壁を構成する無開口壁の耐力を低減するという設計法が杉山[1]によって提案され，北米[2]において耐力壁の設計法の一つとして用いられている。

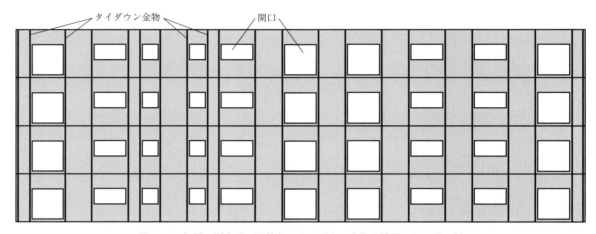

図 4.4.2　無開口耐力壁の両端部にタイダウン金物を設置した 4 層の例

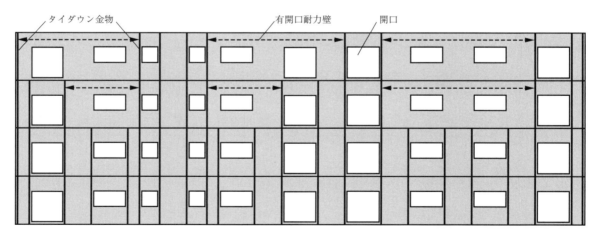

図 4.4.3　無開口耐力壁と有開口耐力壁の両端部にタイダウン金物を設置した 4 層の例

杉山は一連の有開口壁の実験の分析に基づき，有開口耐力壁の耐力を当該有開口耐力壁と同じ仕様かつ同じ長さの無開口耐力壁の耐力に所定の係数を乗じて算定する方法を提案している。具体的には，有開口耐力壁の耐力を求める際に，無開口耐力壁の耐力に乗じる係数としてせん断耐力比を定め，せん断耐力比を式 4.4.1 により求めることを提案している。

$$F = \frac{r}{3-2r} \tag{4.4.1}$$

ここで，$F$ はせん断耐力比

$r$ は開口係数（式(4.4.2)による求まる）

$$r = \frac{1}{1+\alpha/\beta} \tag{4.4.2}$$

ここで，$\alpha$ は開口面積比（式(4.4.3)により求まる）
　　　　$\beta$ は壁長さ比（式(4.4.4)により求まる）

$$\alpha = \frac{\Sigma A_{Openning}}{A_{Wall}} \tag{4.4.3}$$

ここで，$A_{Openning}$ は有開口耐力壁に占める開口部分の面積
　　　　$A_{Wall}$ は有開口耐力壁の全面積

$$\beta = \frac{\Sigma L_{Full-Hight-Wall}}{L_{Wall}} \tag{4.4.4}$$

ここで，$L_{Full-Hight-Wall}$ は有開口耐力壁に占める開口部分の長さ
　　　　$L_{Wall}$ は有開口耐力壁の長さ

なお，杉山は式(4.4.1)を誘導するにあたり，袖壁の長さが極端に狭いもの（窓開口や掃き出し開口の長さの和が75%を超えるもの）は対象外としているので，式(4.4.1)は，有開口耐力壁に占める窓開口や掃き出し開口の割合が極端に大きい壁には適用しないのが良い。

一方，北米では杉山が提案する式(4.4.1)に多少の変更を加え，実設計に用いている。杉山の提案と北米で用いられている設計式の違いは以下の2点となる。

(1) 杉山が有開口耐力壁と同じ仕様かつ同じ長さの無開口耐力壁の耐力に所定の係数を乗じて有開口耐力壁の耐力を算定する方法を提案しているのに対して，北米で用いられている設計式では，有開口耐力壁に占める無開口部分の耐力を足し合わせた値に所定の係数を乗じて有開口耐力壁の耐力を算定する方法を採用している。すなわち，開口を含む壁を一つの耐力壁と見なすかわりに，無開口部分の耐力を低減するという考え方になっている。

(2) 開口面積比を算定する場合に，一つの有開口耐力壁に高さ寸法が異なる複数の開口がある場合，最も開口高さが大きい開口の高さに個々の開口の幅を乗じて足し合わせた面積を有開口耐力壁に占める開口の面積として用いることとしている。すなわち，杉山が提案する方法よりも幾分安全側となっている。

### 4.4.2.2 設計法

有開口耐力壁を用いて設計を行う場合には，有開口耐力壁の中の無開口壁の耐力を加算して当該有開口耐力壁の耐力とする。なお，無開口壁の耐力を加算する際には，壁仕様などによって定まる無開口壁の耐力に式(4.4.5)により求まるせん断耐力比を乗じることとする。

$$F = \frac{r}{3-2r} \cdot \frac{L_{Perforated-Shear-Wall}}{\Sigma L_{Full-Hight-Walls}} \tag{4.4.5}$$

ここで，$F$ はせん断耐力比
　　　　$r$ は開口係数（式(4.4.6)による求まる）
　　　　$L_{Full-Hight-Walls}$ は有開口耐力壁に占める無開口壁の長さ
　　　　$L_{Perforated-Shear-Wall}$ は有開口耐力壁の長さ

$$r = \frac{1}{1+\alpha/\beta} \tag{4.4.6}$$

ここで，$\alpha$ は開口面積比（式(4.4.7)により求まる）
　　　　$\beta$ は壁長さ比（式(4.4.8)により求まる）

$$\alpha = \frac{H_{Maximum-Hight-of-Opennings} \times \Sigma L_{Walls-with-Opennings}}{H_{Perforated-Shear-Wall} \times L_{Perforated-Shear-Wall}} \tag{4.4.7}$$

ここで，$H_{Maximum-Hight-of-Opennings}$ は有開口耐力壁に含まれる開口部分の中で最も開口高さが大きい開口の高さ
　　　　$L_{Walls-with-Opennings}$ は有開口耐力壁に含まれる開口部分の長さ
　　　　$H_{Perforated-Shear-Wall}$ は有開口耐力壁の高さ

$$\beta = \frac{\Sigma L_{Full-Hight-Walls}}{L_{Perforated-Shear-Wall}} \tag{4.4.8}$$

ここで，$L_{Full-Hight-Walls}$ は有開口耐力壁に占める無開口壁の長さ

$L_{Perforated-Shear-Wall}$ は有開口耐力壁の長さ

なお，式(4.4.5)〜(4.4.8)に用いる有開口耐力壁の各部の長さと高さの求め方の例を図4.4.4に示す。

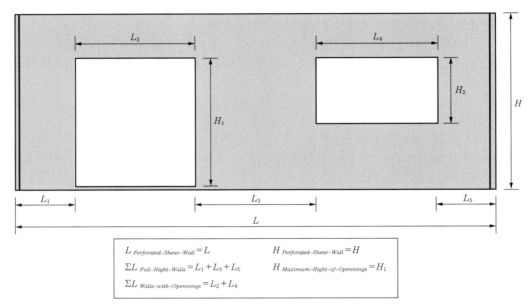

$L_{Perforated-Shear-Wall} = L$ 　　$H_{Perforated-Shear-Wall} = H$
$\Sigma L_{Full-Hight-Walls} = L_1 + L_3 + L_5$ 　　$H_{Maximum-Hight-of-Opennings} = H_1$
$\Sigma L_{Walls-with-Opennings} = L_2 + L_4$

図4.4.4　せん断耐力比を求める際の各部の寸法の取り方の例

#### 4.4.2.3　適用条件

現段階で得られた知見による有開口耐力壁を用いた設計を以下に記す。以下に記す適用条件が満たされない場合は，別途，実験や解析を行い，適用の妥当性についての検討を行う必要がある。

［適用条件］
(1) せん断耐力比は降伏耐力，および，終局耐力を求める際に用いることができるものとする。
(2) 有開口耐力壁の両端部には長さ910 mm以上の耐力壁とみなすことができる無開口部分があること。
(3) 耐力壁とみなすことができる無開口部分の寸法形状は，長さが910 mm以上であり，かつ，長さに対する高さの比が3.5以下であること。
(4) 有開口耐力壁に中の有開口部分の長さが，有開口耐力壁の長さに対して3/4以下であること。
(5) 有開口耐力壁を構成する枠材，面材，釘，釘間隔などの仕様は壁全面を通して同じであること。
(6) 長さに対する高さの比が2を超える無開口部分については，耐力を計算する際の長さとして，無開口部分の長さの2倍を壁高さで除した値を実長さに乗じた値を用いること。
(7) 有開口耐力壁と水平構面との間に生じるせん断力を求める際には，せん断耐力比を乗じていない壁のせん断耐力を用いること。
(8) 有開口耐力壁と水平構面との間に生じるせん断力が，有開口耐力壁の全長にわたり同じように（片寄りなく）伝達されるよう，両者が接合されていること。
(9) 地震力に対する設計を行う際の有開口耐力壁の最大耐力は，片面張り仕様の場合25.8 kN/mを超えないこと。
(10) 風圧力に対する設計を行う際の有開口耐力壁の最大耐力は，片面張り仕様，両面張り仕様ともに36.4 kN/mを超えないこと。
(11) 有開口耐力壁の両端に設ける軸力抵抗要素の必要耐力を求める際には，有開口耐力壁の両端に設ける無開口部分（(2)による）が負担する水平耐力によって当該無開口部分に生じる軸力を計算し，当該軸力を用いて軸力抵抗要素の必要耐力を求めること。

## 文 献
1) 杉山英男,木質開口壁のせん断耐力評価,木材工業,Vol. 36, No. 7, p309-314.
2) Special Design Provision for Wind & Seismic- 2015 Edition, American Wood Council, 2015.
3) Wood Frame Construction Manual for One-and Two-Family Dwellings- 2018 Edition, American Wood Council, 2018.

### 4.4.3 Midply Wall System（ミッドプライウォールシステム）

#### 4.4.3.1 部材構成と設計概要
**（1）背景と概要**

Midply Wall System（ミッドプライウォールシステム）（以下，MPW 耐力壁という）は，カナダ・FPInnovations とブリティッシュコロンビア大学で開発された高耐力壁である。MPW 耐力壁は，面材を枠組材で両側からはさみ込む構成で，枠組材の側面から面材を貫通して打ち付けることで図 4.4.5 のように，釘の2面せん断接合を構成し，効率よく高い面内せん断耐力が得られる。さらに，枠組材の平部に面材釘を打ち付けるため，釘列と枠材や面材のへりあきが十分に確保されることから，枠組材の割裂破壊や釘頭のパンチングアウトが抑えられ，安定した面内せん断耐力性能が得られることが特長である。

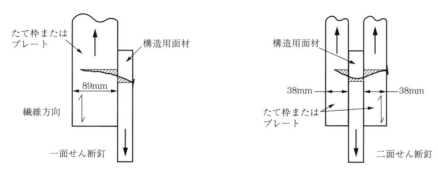

図 4.4.5 一般的な耐力壁と MPW 耐力壁の面内せん断耐力発現の仕組みの比較

一方，MPW 耐力壁の設計に際しては，高耐力壁であることについての配慮が必要である。例えば，壁端部に生じる引抜力に抵抗するため引張耐力の高いタイダウン金物等の配置や，端部たて枠のめり込みに伴うロッキング挙動による水平剛性の低下について適切に考慮する。また，MPW 耐力壁では図 4.4.6 のようにたて枠の広幅面が壁面に対して平行方向の配置となるため，一般的な耐力壁のたて枠の場合と比べて低下することがたて枠の圧縮座屈試験等で明らかとなっている。

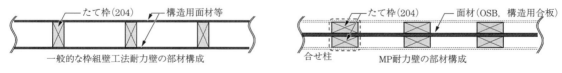

図 4.4.6 一般的な耐力壁と MPW 耐力壁のたて枠構成の比較

このように MPW 耐力壁は各部構成が一般的な耐力壁と異なることから，設計に際して構造計算を前提としている。本項では，MPW 耐力壁の設計および MPW 耐力壁を用いた建築物の構造計算の留意点について概要を示す。

なお MPW 耐力壁は，FPInnovations が知的所有権を有しており，"Open Design" という概念のもとで技術公開を行っている。"Open Design" の概念とは，下記 1)～3) を要件として，誰でも Midply Wall System を使うことができるものである。

1) "Midply Wall System" という用語を一貫して用い，このとおりの表記とすること。
2) FPInnovations の Dr. Erol Varoglu とブリティッシュコロンビア大学の Dr. Siegfried Stiemer が "Midply Wall System" の開発者であり，知的所有権を保持している。"Midply Wall System" に関連する記述を行う場合はこれらのことを注釈として記入すること。
3) "Midply Wall System" をさらに発展させる技術開発が推奨される。その場合も以降，"Open Design" の要件が適用される。

## （2） 部材構成と部材名の定義

MPW 耐力壁は，図 4.4.7 のように枠組材の間に挟み込む壁材（面材）を設計に応じて 1 枚～4 枚の範囲で設定でき，順にそれぞれ「シングル仕様（-S）」「ダブル仕様（-D）」「トリプル仕様（-T）」「クワドラプル仕様（-Q）」と称する。面材の枚数に応じて高いせん断耐力性能を得られる。また，上記の各 MPW 耐力壁は，挟み込む面材厚を 12 mm 程度として構成することで，それぞれ 204 材，206 材，208 材，210 材に概ね一致する。納まりの観点からも一般的な構成の壁と併用する場合にも優れている。

また，面材 2 枚を配置したダブル仕様の MPW 耐力壁（MPW-D）を例として，部材構成要領および各部の部材名称を図 4.4.8 に示す。また，標準的な構成部材および接合具等の規格・等級，寸法等（既往の面内せん断試験で確認した部材および接合方法等）を表 4.4.2 に示す。

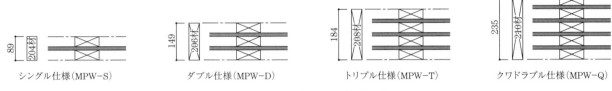

図 4.4.7 MPW 耐力壁の層構成と壁厚

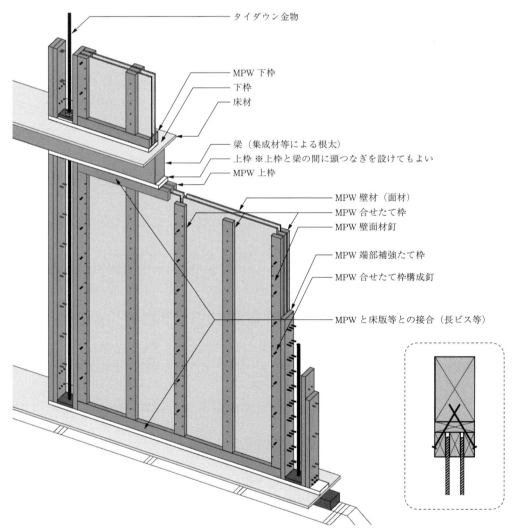

図 4.4.8 MPW 耐力壁の標準的な部材構成例（MPW-D の場合）と各部の名称

表 4.4.2 MPW 耐力壁の標準的な構造部材リスト

| 種類 | 構造部材の名称 | 寸法等 | 規格・等級など |
|---|---|---|---|
| 枠組材 | MPW 下枠，MPW 上枠 | 204，206（仕様共通）※1 | 枠組壁工法構造用製材，SPF 甲種 2 級（又は同等以上） |
| | MPW 合せたて枠 | | |
| | MPW 補強たて枠 | 204（-S），206（-D），208（-T），210（-Q）※2 | |
| | 下枠，上枠 | | |
| 面材 | MPW 壁材 | $t = 11.1$ mm 又は 12 mm | 構造用パネル，JAS 3 級以上<br>構造用合板，特類 2 級 |
| 接合具 | MPW 壁面材釘 | 太め鉄丸くぎ CN 75 | JIS A 5508 |
| | MPW 合せたて枠構成釘 | 太め鉄丸くぎ CN 75 又は CN 90 | |

※1：設計に応じて寸法形式 204 又は 206 のいずれかの枠組材を選択可能。208，210，212 材は，たて枠のモーメント抵抗の増大について未検証であるため，特別な検討又は実験等で確認された場合を除き原則として適用範囲外とする。
※2：MPW 耐力壁の面材枚数の構成に応じ，壁厚に広幅面の幅が概ね一致する寸法形式の各枠組材を用いる。

### （3） 部材構成に関する留意点

#### 1） MPW 合せたて枠

①部材の組合せ

MPW 合せたて枠を構成する枠組材は，寸法形式 204 材または 206 材とし，図 4.4.9 のように壁面外方向に平使いとして壁面材を挟み込むように配置する。面材の両端部に配置する合せたて枠では，MPW 面材釘とは別途の MPW 合せたて枠構成釘として扱い，MPW 壁材の外周に設けたクリアランス部分を介して隣り合う次の層のたて枠に打ち付ける。MPW 合せたて枠構成釘は CN 75 または CN 90 とし，いずれの層を打ち付ける場合にも MPW 合せたて枠を構成する枠組材のどちらか片面から施工できる。また，ダブル仕様以上（面材 2 枚以上）の MPW 耐力壁の合せたて枠を構成する場合，MPW 合せたて枠構成釘の干渉を避けるため，図 4.4.10 のように釘ピッチの 1/2 を交互にずらして打ち付ける。MPW 合せたて枠を構成する枠組材が 204 材の場合，合せたて枠構成釘の釘列は 1 列，206 材の場合は 2 列打ちとなる。釘のピッチや釘列の間隔は，NDS による適用範囲（後述，

(a) MPW一般部（面材の中央位置）

(b) MPW一般部（面材の継ぎ目位置）

(c) MPW端部

図 4.4.9　MPW 合せたて枠構成の標準構成例（MPW-S の場合）

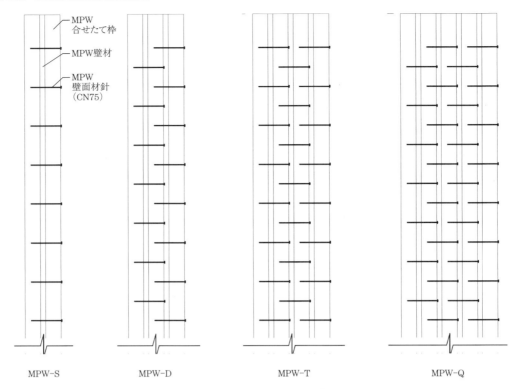

図 4.4.10　MPW 合せたて枠の構成例

図 4.4.14，図 4.4.15）を満足することを要件とする。

　1 組の MPW 合せたて枠を構成する枠組材は，寸法形式 204 材または 206 材のいずれかで統一する。ただし，同一壁内の MPW 合せたて枠は，設計上の必要に応じてこれら異なる寸法を混在できる。また，MPW 合せたて枠を構成する枠組材は，鉛直荷重支持性能を著しく低下させる要因となるため，特別な検討又は実験等で安全性が確認された場合を除き，原則として欠込みや孔開けなどの欠損を設けてはならない。

　2)　MPW 上下枠と床版の接合による水平力の伝達

　MPW 耐力壁が負担するせん断力を上下階の床版に伝達するために，MPW 上下枠材と床版等を MPW 耐力壁の面内せん断耐力に対して長ビスや鋼板添えビス接合等の方法により適切に接合する。検討例はホームページに掲載する。

　3)　MPW 耐力壁の継手部の接合によるせん断力の伝達

　MPW 耐力壁の継手部（MPW 耐力壁が連続する部分で，左右の壁材がそれぞれ異なる MPW 合せたて枠に接合，または，強軸使いのたて枠により MPW 耐力壁が左右に分割される部分で，壁端部のホールダウン金物等の補強金物を設けない部分：図 4.4.11 左）では，連続する一体の耐力壁として扱うために，両側の MPW 耐力壁の端部補強たて枠および合せたて枠を長ビスや鋼板添えビス接合等の方法により接合する。検討例はホームページに掲載する。

　4)　MPW 耐力壁端部の補強金物

　MPW 耐力壁の水平力の負担によって生じる偶力による引抜力に抵抗する補強金物として，MPW 耐力壁端部には面内せん断耐力に応じたタイダウン金物またはホールダウン金物を配置する。タイダウン金物を配置する場合は，一般的な耐力壁と異なり耐力壁内（端部たて枠の内側）に金物を収めることができないため，MPW 端部補強たて枠の両外側に配置する。この場合の耐力壁長さは端部補強たて枠の内法長さを有効耐力壁とする。さらに，タイダウン金物の両外側に壁面外方向に MPW 耐力壁の壁厚と同じ強軸使いのたて枠を 2 本以上とし，必要に応じてたて枠を追加し補強する（図 4.4.11 右）。

　5)　MPW 耐力壁の周辺部材等

　MPW 耐力壁とする壁構面の上部の端（側）根太は，壁厚と同幅の集成材または LVL 等を配置することが望ましい。また，補強等により構造耐力上安全であることが確かめられた場合を除き，原則として端（側）根太の継手は MPW 耐力壁外の位置に設けるものとする。

第 4 章　中層（5 階建て以上）枠組壁工法建築物の構造設計上のポイント　　**209**

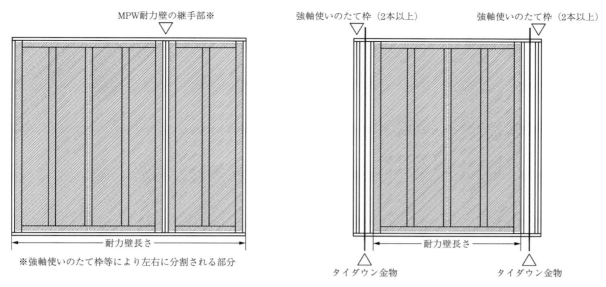

図 4.4.11　MPW 耐力壁の継手部（左）とタイダウン金物の配置要領（右）および有効耐力壁長さ

### 4.4.3.2 構造計算概要
(1) 構造計算フロー

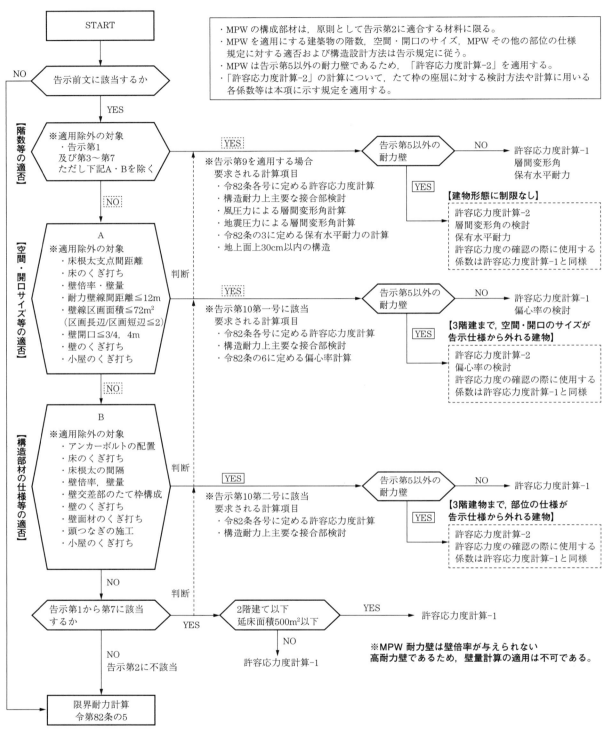

図 4.4.12 MPW を用いる建築物の構造計算フロー

### （2） 面材釘の2面せん断性能

MPW耐力壁の面材くぎ CN 75 による2面せん断接合について，許容耐力，降伏耐力及び剛性を，枠材，面材のめり込み強度から算出する場合に適用する。また，2面せん断耐力および剛性の算出例を例示する。

このほか，面材釘接合部の2面せん断性能実験等の結果により，面材及び枠組材の規格等の組合せに応じてMPW耐力壁の設計において MPW面材釘の2面せん断降伏耐力及び釘接合部のすべり剛性として適用できるものとする。

#### 1） 適用範囲

終端の主材に対する MPW 面材釘の打込み長さは 25 mm 以上かつ $6.5d$ 以上とする。また，構造計算指針に記載の材料と JIS 規格のくぎで構成することを前提とする。

#### 2） 降伏耐力

面材を枠組材で両面から挟み込み釘打ちする MPW 耐力壁の面材釘は2面せん断となる。この部分の2面せん断降伏耐力は，式(4.4.9)による。ただし，使用環境等に応じて調整係数 $K_{j1}$ を乗じる。

$$P_y = N \cdot C \cdot F_{e1} \cdot d \cdot t \tag{4.4.9}$$

ここに

$P_y$ ：2面せん断降伏耐力（N）

$N$ ：くぎの打ち方に応じた低減係数で，平打ちとして $N=1$ とする。

$F_{e1}$ ：面材のめり込み強度（N/mm$^2$）で，構造計算指針表 3.3.4 を適用する。

$d$ ：くぎの径（mm）

$t$ ：面材の厚さ（mm）

$C$ ：くぎ接合部の降伏モードに応じた係数で，MPW 耐力壁の場合は下記のうち最小値とする。

$$C = \min \begin{cases} 2\alpha\beta \\ 1 \\ \sqrt{\dfrac{8\alpha^2\beta^2(1+\beta)}{(2\beta+1)^2}} + \dfrac{8\beta\gamma(d/t)^2}{3(2\beta+1)} - \dfrac{2\alpha\beta}{2\beta+1} \\ \dfrac{d}{l}\sqrt{\dfrac{8\beta\gamma}{3(1+\beta)}} \end{cases} \tag{4.4.10}$$

$\alpha$ ：面材に対する枠組材の有効厚さの比（$l/t$）で，$l$ は終端のたて枠に対する打込み深さとする。

$\beta$ ：面材に対する枠組材のめり込み終局強度の比（$F_{e2}/F_{e1}$）で，第Ⅰ編 表 3.3.7 による。

$\gamma$ ：くぎの降伏曲げ強度と面材の支圧強度の比（$F_y/F_{e1}$）

#### 3） 枠組材等と面材のくぎ接合部すべり剛性

MPW 壁面材釘のすべり剛性は，第Ⅰ編式(3.3.12)（「くぎ接合部のすべり剛性計算式」と呼ぶ）を準用し，1面せん断の2倍であるものとして式(4.4.11)により算定する。

$$k_n = 2 \times C \cdot \dfrac{k_1 \cdot d}{\lambda} \tag{4.4.11}$$

$k_n$ ：MPW 壁面材釘のすべり剛性

$d$ ：くぎの直径（mm）

$E$ ：くぎの基準弾性係数（N/mm$^2$）

$\gamma$ ：枠組材と面材のめり込み剛性の比（$=k_2/k_1$）

$k_1, k_2$ ：面材および枠組材のめり込み剛性（N/mm$^3$）で，第Ⅰ編 表 3.3.10 による

$\lambda, C, L, J, H$ ：くぎ接合部のすべり剛性計算式内で定義されるパラメータ

表 4.4.3 MPW 面材釘の 2 面せん断耐力

| 記号 | 項目 | 単位 | MPW 二面せん断耐力 | |
|---|---|---|---|---|
| | | | CN 75–$t$12 | CN 75–$t$11.1 |
| 接合形式係数 $C$ | 下記第 1 項～第 4 項の最小値 | — | 1.000 | 1.000 |
| | 式(4.4.10),第 1 項 | — | 3.557 | 3.984 |
| | 式(4.4.10),第 2 項 | — | 1.000 | 1.000 |
| | 式(4.4.10),第 3 項 | — | 1.441 | 1.597 |
| | 式(4.4.10),第 4 項 | — | 1.317 | 1.424 |
| $F_{e1}$ | 面材（主材）のめり込み終局強度（平均） | N/mm$^2$ | 41 | 41 |
| $F_{e2}$ | 枠組材（側材）のめり込み終局強度（平均） | N/mm$^2$ | 35 | 35 |
| $F_y$ | 面材くぎの降伏強度 | N/mm$^2$ | 590 | 590 |
| $d$ | 釘径 | mm | 3.76 | 3.76 |
| $t_1$ | 面材（主材）の厚さ | mm | 12.0 | 11.1 |
| $t_2$ | 枠組材（側材）の厚さ（くぎの打込み深さ $l$） | mm | 25.0 | 25.9 |
| $\alpha$ | $t_2/t_1$ | — | 2.08 | 2.33 |
| $\beta$ | $F_{e2}/F_{e1}$ | — | 0.85 | 0.85 |
| $\gamma$ | $F_y/F_{e1}$ | — | 14.39 | 14.39 |
| $P_y$ | 面材釘の 2 面せん断降伏耐力 | N/本 | 1850 | 1710 |

表 4.4.4 MPW 壁面材釘の 2 面せん断すべり剛性計算例

| 記号 | 項目 | 単位 | MPW 二面せん断耐力剛性 | |
|---|---|---|---|---|
| | | | CN 75–$t$12 | CN 75–$t$11.1 |
| $k_1$ | 面材のめり込み剛性 | N/mm$^3$ | 71 | 71 |
| $k_2$ | 枠組材のめり込み剛性 | N/mm$^3$ | 61 | 61 |
| $E$ | くぎの弾性係数 | N/mm$^2$ | 205000 | 205000 |
| $d$ | くぎ径（CN 75） | mm | 3.76 | 3.76 |
| $\gamma$ | 枠組材と面材のめり込み剛性の比 | — | 0.859 | 0.859 |
| $\lambda$ | くぎ接合部のすべり剛性計算式による | — | 0.076 | 0.076 |
| $C$ | 〃 | — | 0.186 | 0.186 |
| $L$ | 〃 | — | 2.21 | 2.39 |
| $J$ | 〃 | — | 3.71 | 4.31 |
| $H$ | 〃 | — | 4.33 | 5.35 |
| $k_n$ | くぎ接合部のすべり剛性 | N/mm/本 | 1320 | 1300 |

### （3） MPW 耐力壁の設計

#### 1） 適用範囲

MPW 耐力壁の設計において，壁全面に面材が張られる無開口壁について，許容せん断耐力，終局せん断耐力及び剛性を接合部の特性値から算出する場合に適用できる。なお，壁倍率からせん断剛性およびせん断耐力に換算する本評価法は MPW 耐力壁には適用しない。

#### 2） 耐力壁の許容せん断耐力

MPW 耐力壁の許容せん断耐力 $Q_a$ は，降伏せん断耐力 $Q_y$ に靭性による低減係数 $K_d$ を乗じて算出する。

$$Q_a = K_d \times Q_y \tag{4.4.12}$$

靭性による低減係数 $K_d$ は，MPW 耐力壁の枠組材の構成本数等によって変動することが面内せん断試験の分析により確認されている。既往の面内せん断実験と同様の構成による MPW 耐力壁では，仕様に応じて**表 4.4.5**の数値を用いることができる。

表 4.4.5 MPW 耐力壁の靭性による低減係数 $K_d$

| 靭性による低減係数 | MPW 耐力壁の仕様 | | | |
|---|---|---|---|---|
| | MPW–S | MPW–D | MPW–T | MPW–Q |
| $K_d$ | 0.85 | 0.80 | 0.75 | 0.75 |

### 3）耐力壁の降伏せん断耐力

MPW 耐力壁の降伏せん断耐力 $Q_y$ は，従前と同様の方法で求めることができる。ただし，垂壁や腰壁の効果を考慮した有開口耐力壁の評価法は適用しないものとする。また，一般耐力壁と同様に開口部を有さない MPW 耐力壁については降伏せん断耐力の算定式を適用できるが，その際 MPW 壁面材釘の間隔は 100 mm 以上とする。既往の実験では面材釘のピッチ 100 mm 評価結果の妥当性を検証している。釘間隔 100 mm 未満に狭めた仕様については，第 I 編 3.3.2（3）「耐力壁の耐力及び剛性-3」に基づき実験による確認が必要である。

### 4）耐力壁の面内せん断剛性

MPW 耐力壁の面内せん断剛性 $K_e$ は，第 I 編式(3.3.39)により算定する $K_0$ に面内せん断剛性の低減係数 $K_r$ を乗じて求めることができる。

$$K_e = K_r \times K_0 \tag{4.4.13}$$

MPW 耐力壁は，MPW 合せたて枠と MPW 上下枠部分のめり込み剛性ほか，各部接合部等に介在する剛性により，一般的な壁と比較して面内せん断剛性の低下率が大きいことが確認されている。既往の面内せん断実験と同様の構成による MPW 耐力壁では，仕様に応じて表 4.4.6 の数値を用いることができる。

**表 4.4.6 MPW 耐力壁の仕様ごとに設定する面内せん断剛性の低減係数 $K_r$**

| 面内せん断剛性の低減係数 | MPW 耐力壁の仕様 | | | |
|---|---|---|---|---|
| | MPW-S | MPW-D | MPW-T | MPW-Q |
| $K_r$ | 0.85 | 0.80 | 0.75 | 0.75 |

### 5）耐力壁の終局せん断耐力および構造特性係数

MPW 耐力壁の終局せん断耐力 $Q_u$ は，既往の実験に基づき，MPW 耐力壁の仕様によらず 2）で算定した許容せん断耐力 $Q_a$ の 1.5 倍とすることができる。また，MPW 端部の引寄せ金物を設計する場合のせん断力にあっては，終局耐力以後の耐力上昇を考慮し，$Q_u$ の 1.15 倍とすることができる。

MPW 耐力壁の構造特性係数 $D_s$ は，既往の実験に基づき，MPW 耐力壁の仕様によらず $D_s = 0.35$ とすることができる。

### 6）代表的な仕様の MPW 耐力壁の設計例

MPW 耐力壁の代表的な仕様（構造用パネルの厚さ 11.1 mm，高さ 2470 mm）の設計例として，表 4.4.7，表 4.4.8 に示す。また，設計例によるせん断耐力及びせん断剛性と面内せん断実験の結果を図 4.4.13 に比較する。

**表 4.4.7 代表的な仕様の MPW の設計例（面内せん断耐力）**

| | 項目 | 記号 | 単位 | MPW 耐力壁の仕様 構造用パネル(OSB)-$t$11.1，CN 75@100 mm | | | |
|---|---|---|---|---|---|---|---|
| | | | | MPW-S | MPW-D | MPW-T | MPW-Q |
| 面材の耐力 | 面材の短期許容応力度 | $f_s$ | N/mm² | 3.20 | 3.20 | 3.20 | 3.20 |
| | 面材の厚さ | $t$ | mm | 11.10 | 11.10 | 11.10 | 11.10 |
| | 面材で決まる短期許容耐力 | $Q_1$ | kN/m | 35.52 | 35.52 | 35.52 | 35.52 |
| くぎによる耐力 | 基準パネルの長さ | $l_o$ | mm | 910 | 910 | 910 | 910 |
| | くぎ等接合部の 2 面せん断降伏耐力 | $q$ | N | 1710 | 1710 | 1710 | 1710 |
| | くぎの本数により定まる数値 | $s$ | 本 | 8 | 8 | 8 | 8 |
| | 壁面材の高さ | $h_1$ | mm | 2470 | 2470 | 2470 | 2470 |
| | 高さ方向の面材外周部のくぎ本数 | $n_1$ | 本 | 25 | 25 | 25 | 25 |
| | 長さ方向の面材外周部のくぎ本数 | $m$ | 本 | 9 | 9 | 9 | 9 |
| | 算定用耐力壁の長さ（単位壁長） | $L$ | mm | 1000 | 1000 | 1000 | 1000 |
| | くぎピッチ | $a$ | mm/本 | 100 | 100 | 100 | 100 |
| | 面材くぎで決まる降伏せん断耐力 | $\Delta Q_o$ | kN/m | 15.03 | 15.03 | 15.03 | 15.03 |
| MPW の耐力算定 | 面材あたりの降伏せん断耐力 | $Q_y$ | kN/m | 15.03 | 15.03 | 15.03 | 15.03 |
| | 面材の枚数 | $n_w$ | 枚 | 1 | 2 | 3 | 4 |
| | 靱性による低減係数 | $K_d$ | — | 0.85 | 0.80 | 0.75 | 0.75 |
| | 短期許容せん断耐力 | $\Delta Q_a$ | kN/m | 12.78 | 24.05 | 33.82 | 45.10 |
| | 換算壁倍率（参考値） | $C$ | 倍 | 6.5 | 12.3 | 17.3 | 23.0 |

表 4.4.8 代表的な仕様の MPW の設計例（面内せん断剛性）

| 項　目 | | 記号 | 単位 | MPW 耐力壁の仕様 | | | |
|---|---|---|---|---|---|---|---|
| | | | | 構造用パネル(OSB)−$t$11.1，CN 75@100 mm | | | |
| | | | | MPW-S | MPW-D | MPW-T | MPW-Q |
| 面材釘と面材によるせん断剛性 | 面材釘のすべり剛性 | $k_n$ | N/mm | 1300 | 1300 | 1300 | 1300 |
| | 面材のせん断弾性係数 | $G$ | N/mm² | 1400 | 1400 | 1400 | 1400 |
| | 面材釘と面材によるせん断剛性 | $K_1$ | N/mm | 1191.6 | 1191.6 | 1191.6 | 1191.6 |
| | 面内せん断剛性（片面） | $K_o'$ | N/mm/m | 1309.4 | 1309.4 | 1309.4 | 1309.4 |
| 面内せん断剛性 | 面材の枚数 | $n_w$ | 枚 | 1 | 2 | 3 | 4 |
| | 面内せん断剛性の低減係数 | $K_r$ | — | 0.85 | 0.80 | 0.75 | 0.75 |
| | 面内せん断剛性 | $K_{oe}$ | N/mm/m | 1113.0 | 2095.0 | 2946.2 | 3928.2 |

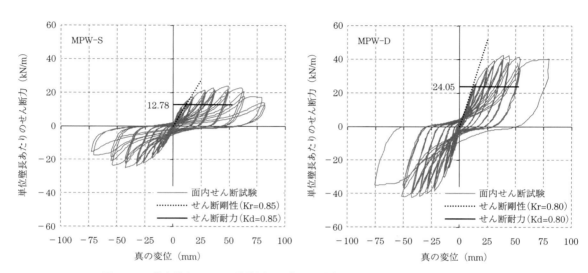

図 4.4.13　代表的な MPW の設計例と面内せん断実験 P-δ の比較（単位壁長あたり）

### （4）　MPW 合せたて枠の圧縮座屈耐力

MPW 合せたて枠の座屈に対する検討については，たて枠の広幅面が壁面に並行の配置となるため，たて枠の弱軸方向の座屈を考慮した検討が必要である。MPW 合せたて枠は，所定の MPW 合せたて枠構成釘により一体化するが，完全な一体断面として扱えるほどの断面性能は有していない。MPW 合せたて枠のようにくぎ打ちにより一体化する複合柱の座屈耐力の評価法として，北米の規準である NDS（American Wood Council: National Design Specification, for Wood Construction 2015 Edition）による評価法（以降，「NDS 座屈耐力評価法」と示す）が知られている。MPW 耐力壁の合せたて枠についても，以降に示す適用範囲内で NDS 座屈耐力評価法を準用することが可能である。

MPW 合せたて枠の圧縮座屈耐力は，下記図 4.4.14 に示す適用範囲を遵守した構成としたうえで，NDS 座屈耐

■ くぎ接合による MPW 合せたて枠の適用範囲

(a) MPW 合せたて枠を構成するたて枠断面は矩形，部材の厚さ $t \geq 38$ mm（1−1/2 inch）とする。
(b) 1 組の MPW 合せたて枠を構成するたて枠は同一断面とする。
(c) たて枠間に設ける壁材の厚さは，12 mm 以下とする。
(d) 全てのたて枠の長さ（柱の長さ $l$）は統一する。
(e) くぎ終端となるたて枠材には，材厚の 0.65 倍以上くぎを打ちこむ。
(f) 材端のくぎの繊維方向端あき距離は，$15D$ 以上 $18D$ 以下とする。
(g) くぎピッチは，$20D$ 以上 $6t_{min}$ 以下とする。
(h) くぎ列の間隔は，$10D$ 以上 $20D$ 以下とする。
(i) くぎとたて枠側面の端あき間隔は，$5D$ 以上 $20D$ 以下とする。
(j) たて枠の縦横比が 3 以上の場合（$d \geq 3t_{min}$），くぎ列を 2 以上とする。
　　$D$ ：くぎ径（nail diameter）[mm]
　　$t_{min}$ ：組立柱を構成するたて枠の幅（thickness）の最小値 [mm]
　　$d$ ：組立柱を構成するたて枠のせい（face width）[mm]

図 4.4.14　MPW 合せたて枠を構成する枠組材および釘打ちに関する適用範囲

■ NDS-15.3.2　組立柱の安定係数 $Cp$

◇ 15.3.2.1　柱の有効長さ $le$
　柱の有効長さ $le$ は，工学的判断の下で適切に設定する。材端の支持条件が明らかな場合は，下表の係数 $Ke$ を用い，$le = Ke \cdot l$ とすることができる。（下表は，NDS「Appendix G」より抜粋）

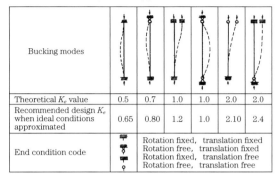

| Bucking modes | | | | | | |
|---|---|---|---|---|---|---|
| Theoretical $K_e$ value | 0.5 | 0.7 | 1.0 | 1.0 | 2.0 | 2.0 |
| Recommended design $K_e$ when ideal conditions approximated | 0.65 | 0.80 | 1.2 | 1.0 | 2.10 | 2.4 |
| End condition code | \multicolumn{6}{l}{Rotation fixed,  translation fixed / Rotation free,  translation fixed / Rotation fixed,  translation free / Rotation free,  translation free} |

◇ 15.3.2.2　柱の有効細長比
　組立柱の各方向の有効座屈長さ $lei$ を用いて細長比を $lei/di$ とする。また，各方向の $lei$ を用いて柱の安定係数 $Cp$（15.3.2.4）を求め，小さい方の $Cp$ を繊維方向の基準圧縮強度 $Fc'$ に乗じる係数とする。組立て柱の $Fc'$ は，3.7 節で定義されるたて枠が単独の場合の $Fc'$ 以下としなくてもよい。

◇ 15.3.2.3　細長比の制限
　組立柱の細長比 $le/d$ は 50 以下，また施工途中段階では 75 以下とする。

◇ 15.3.2.4　柱の安定係数 $Cp$
　$Cp$ は下式によって算定する。
$$C_p = K_f \left[ \frac{1+(F_{cE}/F_c^*)}{2c} - \sqrt{\left\{\frac{1+(F_{cE}/F_c^*)}{2c}\right\}^2 - \frac{F_{cE}/F_c^*}{c}} \right] \quad \cdots\cdots (15.3\text{-}1)$$

$F_c^*$：繊維方向の基準圧縮強度（使用環境，劣化等の低減係数を乗じて補正した強度）
$F_{cE}$：座屈を考慮した圧縮強度 $\left(= \dfrac{0.822 \cdot E_{\min}}{(l_e/d)^2}\right)$
$K_f$：強軸方向の場合 $(l_e/d = l_{e1}/d_1) = 1.0$
　　　弱軸方向の場合 $(l_e/d = l_{e2}/d_2)$ かつ，くぎ接合の場合 = 0.6
$c$：挽き材（製材）の場合 = 0.8，集成材または構造用複合材料の場合 = 0.9

※付録 H：$Cp$ の算定の背景・根拠
　・柱の破壊形式：①圧壊，②圧壊と座屈の複合，③座屈またはたわみ
　　これらの破壊形式を踏まえて，柱の安定係数 $Cp$ が決定されている。
　・座屈に対しては，オイラーの座屈式に基づき $F_{cE}$ として設定されている。
　　$F_{cE}$：座屈荷重時圧縮応力度 $\left(= \dfrac{0.822 \cdot E_{\min}}{(l_e/d)^2}\right)$，$0.822 = \pi^2/12$

図 4.4.15　NDS 圧縮座屈耐力評価法による低減係数 $Cp$ の計算方法

力評価法によりたて枠材の基準圧縮強度に対する低減係数 $Cp$ として評価できる。
　NDS 座屈耐力評価法による MPW 合せたて枠の圧縮座屈耐力の算定例を表 4.4.9 に示す。なお，表 4.4.9 に示す仕様の MPW 合せたて枠については圧縮座屈試験により，同評価結果を実験結果の座屈耐力が上回ることを確認している。詳しくはホームページ参考資料を参照されたい。
　MPW 耐力壁の端部においては，MPW 端部補強たて枠として一般耐力壁と同様のたて枠（たて枠の広幅面を壁面外に対して直交）が配置されるが，当該部位の合せたて枠の座屈耐力は，NDS による MPW 合せたて枠の座屈耐力に，MPW 端部補強たて枠の強軸方向の座屈耐力（「第Ⅰ編　3.1.4（1）2）圧縮材」に示される許容座屈応力度に MPW 端部補強たて枠の断面積を乗じて求める）を単純和して評価できる。
　また，MPW 合せたて枠に軸力と面外風圧力等による曲げ応力が複合的に作用する場合については，既往の実験等による検証はなされていない。MPW 耐力壁を外壁等の面外曲げ応力が生じる部分に用いる場合は，軸力と曲げの複合応力に対する安全性について検討が必要である。

表 4.4.9 NDS による座屈耐力算定例（評価項目②による座屈耐力の算定過程）

| 項目 | 記号 | 単位 | 合せたて枠の仕様（206 材による場合） | | | | 備 考 |
|---|---|---|---|---|---|---|---|
| | | | MPW-S | MPW-D | MPW-T | MPW-Q | |
| 面材 ($t=11.1$) | $n_1$ | 本 | 1 | 2 | 3 | 4 | 面材の積層数 |
| | 厚 | mm | 11.1 | 11.1 | 11.1 | 11.1 | 面材の厚さ |
| たて枠 (206 材) | $n_2$ | 本 | 2 | 3 | 4 | 5 | たて枠の積層数（$=n_1+1$） |
| | 厚 | mm | 38 | 38 | 38 | 38 | たて枠の厚さ |
| | 幅 | mm | 140 | 140 | 140 | 140 | たて枠の幅 |
| 基準強度 | $F_c$ | N/mm² | 17.40 | 17.40 | 17.40 | 17.40 | 圧縮強度 |
| | $\gamma$ | — | 0.96 | 0.96 | 0.96 | 0.96 | 低減係数（告示第 1452 号第 3 表 2） |
| | $F_c{}^*$ | N/mm² | 16.70 | 16.70 | 16.70 | 16.70 | 低減係数考慮後の圧縮強度（$Fc\times\gamma$） |
| 断面性能 | $d$ | mm | 87.1 | 136.2 | 185.3 | 234.4 | 座屈方向の部材せい |
| | $L_e/d$ | — | 29.74 | 19.02 | 13.98 | 11.05 | 座屈方向の細長比 |
| | $E_{min}$ | N/mm² | 7231 | 7231 | 7231 | 7231 | ヤング係数（5%下限値）※ |
| | $F_{cE}$ | N/mm² | 6.72 | 16.44 | 30.43 | 48.69 | 座屈を考慮した圧縮強度 |
| | $A$ | mm² | 10640 | 15960 | 21280 | 26600 | 合わせたて枠の断面積（たて枠のみ） |
| 座屈長さ | $L_e$ | mm | 2590 | 2590 | 2590 | 2590 | 座屈長さ（横架材間距離） |
| 座屈低減係数 | $K_f$ | — | 0.6 | 0.6 | 0.6 | 0.6 | 接合種別による係数（釘接合の場合 0.6） |
| | $c$ | — | 0.8 | 0.8 | 0.8 | 0.8 | 木材種別による係数（製材の場合 0.8） |
| | $C_p$ | — | 0.22 | 0.41 | 0.51 | 0.55 | 基準圧縮強度に乗じる係数 |
| 座屈応力度 | $F_k$ | N/mm² | 3.62 | 6.87 | 8.53 | 9.18 | 座屈強度（$=C_p\times F_c{}^*$） |
| | $_sf_k$ | N/mm² | 2.42 | 4.58 | 5.68 | 6.12 | 短期許容応力度（$F_k\times 2/3$） |
| | $_lf_k$ | N/mm² | 1.33 | 2.52 | 3.13 | 3.37 | 長期許容応力度（$F_k\times 1.1/3$） |
| 座屈耐力 | $A\cdot F_k$ | kN | 38.6 | 109.6 | 181.5 | 244.2 | 終局耐力（座屈耐力） |
| | $A\cdot {}_sf_k$ | kN | 25.7 | 73.1 | 121.0 | 162.8 | 短期許容耐力（＝座屈耐力×2/3） |
| | $A\cdot {}_lf_k$ | kN | 14.1 | 40.2 | 66.5 | 89.5 | 長期許容耐力（＝座屈耐力×1.1/3） |

※本算定例では，SPF 甲種 2 級の基準弾性係数に対する 5%下限値（$=9600\times(1-1.645\times 0.15)$），$CV=15\%$ を採用する場合を示す

## 4.5 浮上りに対する緊結方法

枠組壁工法の耐力壁の端部に生じる浮上り力は，通常耐力壁端部のたて枠を，たて枠の上下端に設けた引き寄せ金物（以下，ホールダウン金物）で，上下の耐力壁と連続的に直結することによって，基礎まで伝達される（図 4.5.1 左）。多層建築物の場合などでは，特に下階の耐力壁端部には大きな浮上り力が生じる場合があり，そ

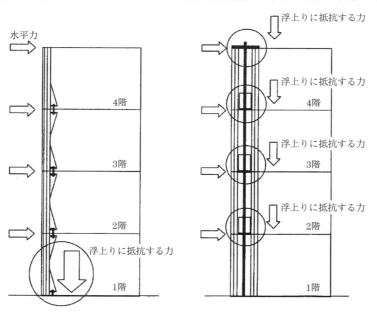

図 4.5.1 ホールダウン金物（左）とタイダウン金物（右）の 1 階における浮上りに対する抵抗機能

の設計には十分な注意が必要となる。現行のCマーク金物HDB-25等のホールダウン金物では，対応できる浮上り力は25 kNまでとなっている。この浮上り力の処理方法として，タイダウン金物を用いる場合がある（図4.5.1右）。タイダウン金物を用いた方法では，鋼製のロッドを各階の耐力壁の上下方向に，たて枠と平行して連続的に設け，ロッドと各層の下枠との間を固定する金物を各層ごとに配置して，各層の浮上り力を全て鋼製ロッドに集約して，基礎等まで伝達する。この方法を用いた場合，枠組壁工法部分の縮みにより，ロッドが緩むなどの影響を受ける場合がある。これらに対応した金物等を使用するなどの対応が必要である。タイダウン金物の方法を用いる場合，耐力壁の圧縮側端部には，作用する軸力（圧力）に対応したたて枠の設置が必要となる。

　タイダウン金物の設計例はホームページに掲載があるので参照されたい。

（本書巻末掲載の「ホームページのご案内」を参照）

# 第Ⅳ編

# 建築基準法第37条に規定する指定建築材料及び建築基準法施行規則第8条の3に基づく耐力壁の試験・評価方法

第1章　関係法令の概要　　221

第2章　平12建告第1446号別表第二に規定された指定建築材料の品質基準と測定方法　　225

第3章　施行規則第8条の3に基づく大臣認定における指定性能評価機関の耐力壁の試験・評価方法　　255

# 第1章
# 関係法令の概要

## 1.1 法第37条及び令第144条の3の概要

> 建築基準法
> （建築材料の品質）
> 第37条 建築物の基礎，主要構造物その他安全上，防火上又は衛生上重要である政令で定める部分に使用する木材，鋼材，コンクリートその他の建築材料として国土交通大臣が定めるもの（以下この条において「指定建築材料」という。）は次の各号の一に該当するものでなければならない。
> 一 その品質が，指定建築材料ごとに国土交通大臣の指定する日本工業規格又は日本農林規格に適合するもの
> 二 前号に掲げるもののほか，指定建築材料ごとに国土交通大臣が定める安全上，防火上又は衛生上必要な品質に関する技術基準に適合するものであることについて国土交通大臣の認定を受けたもの

平成12年の法改正において，建築材料のうち，建築物の基礎，主要構造部その他安全上，防火上又は衛生上重要であると考えられる部位（＝政令で定める部分）において，木材，鋼材，コンクリート等建築材料として国土交通大臣が指定するもの（＝指定建築材料）は，日本工業規格（JIS）または日本農林規格（JAS）に適合するものであるか，当該材料ごとに国土交通大臣が定める品質に関する技術的基準に適合するもので国土交通大臣の認定を受けたものでなければならないとされた。

この法改正を受けて，政令及び告示において，基礎及び主要構造部以外の安全上，防火上または衛生上重要である部分として構造耐力上主要な部分等について定められた令第144条の3，平12建告示第1444号（改正平成29年2月20日）。また，平12建告第1446号において，指定建築材料と各材料のJIS，JAS及び品質に関する技術的基準が規定された。

> 建築基準法施行令
> （安全上，防火上又は衛生上重要である建築の部分）
> 第144条の3 法第37条の規定により政令で定める安全上，防火上又は衛生上重要である建築物の部分は，次に掲げるものとする。
> 一 構造耐力上主要な部分で基礎及び主要構造部以外のもの
> 二 耐火構造，準耐火構造又は防火構造の構造部分で主要構造部以外のもの
> 三 第109条に定める防火設備又はこれらの部分
> 四 建築物の内装又は外装の部分で安全上又は防火上重要であるものとして建設大臣が定めるもの
> 五 主要構造部以外の間仕切壁，揚げ床，最下階の床，小ばり，ひさし，局部的な小階段，屋外階段，バルコニーその他これらに類する部分で防火上重要であるものとして建設大臣が認めるもの
> 六 建設設備又はその部分（略）

## 1.2 平12建告第1446号の概要

平12建告第1446号（改正　平成29年9月29日）
　建築物の基礎，主要構造部等に使用する建築材料並びにこれらの建築材料が適合すべき日本工業規格又は日本農林規格及び品質に関する技術的基準を定める件
第1　建築基準法（以下「法」という。）第37条の建築物の基礎，主要構造部その他安全上，防火上又は衛生上重要である部分に使用する建築材料で同条第1号又は第2号のいずれかに該当すべきものは，次に掲げるものとする。
　　一～九　略
　　十　　木質接着成形軸材料（木材の単板を積層接着又は木材の小片を集成接着した軸材をいう。以下同じ。）
　　十一　木質複合軸材料（製材，集成材，木質接着成形軸材料その他の木材を接着剤によりI形，角形その他所要の断面形状に複合構成した軸材をいう。以下同じ。）
　　十二　木質断熱複合パネル（平板状の有機発泡剤の両面に構造用合板その他これに類するものを接着剤により複合構成したパネルのうち，枠組がないものをいう。以下同じ。）
　　十三　木質接着複合パネル（製材，集成材，木質接着成形軸材料その他の木材を使用した枠組に構造用合板その他これに類するものを接着剤により複合構成したパネルをいう。以下同じ。）
　　十四～二十二　略
第2　法第37条第一号の日本工業規格又は日本農林規格は，別表第1（い）欄に掲げる建築材料の区分に応じ，それぞれ同表（ろ）欄に掲げるものとする。
第3　法第37条第二号の品質に関する技術的基準は，次のとおりとする。
　　一　別表第2（い）欄に掲げる建築材料の区分に応じ，それぞれ同表（は）欄に掲げる測定方法等により確認された同表（ろ）欄に掲げる品質基準に適合するものであること。
　　二　別表第3（い）欄　略

　法第37条の規定に基づき，平12建告第1446号において，構造用鋼材及び鋳鋼，高力ボルトまたはボルトその他の建築材料が指定建築材料として規定され，それぞれについて適合すべき日本工業規格，日本農林規格及び品質に関する技術的基準が定められた。
　建築物の基礎，主要構造部等に用いる材料については，品質の明確化の必要性という観点から，規格（基準値）が明確であり，かつ，規格中に建築物に必要な性能（強度，剛性，じん性及び耐久性等）が示されている以下の材料が，現在のところ選定されている。

　　一　　構造用鋼材及び鋳鋼
　　二　　高力ボルト及びボルト
　　三　　構造用ケーブル
　　四　　鉄筋
　　五　　溶接材料（炭素鋼，ステンレス鋼及びアルミニウム合金材の溶接）
　　六　　ターンバックル
　　七　　コンクリート
　　八　　コンクリートブロック
　　九　　免震材料
　　十　　木質接着成形軸材料
　　十一　木質複合軸材料
　　十二　木質断熱複合パネル
　　十三　木質接着複合パネル
　　十四　タッピンねじその他これに類するもの
　　十五　打込み鋲
　　十六　アルミニウム合金材
　　十七　トラス用機械式継ぎ手
　　十八　膜材料及びテント倉庫用膜材料
　　十九　セラミックメーソンリーユニット
　　二十　石綿飛散防止剤

二十一　緊張材
二十二　軽量気泡コンクリートパネル
二十三　直交集成板

なお，上記に指定建築材料として指定されていない材料については，建築物の基礎，主要構造部等に使用して差し支えない。ただし，材料によっては，材料強度，弾性係数等の規定がないものがあり，こうした材料については構造計算が実施できないため，構造計算を必要とする部位等には結果として使用できないこととなっている。

上記以外にも，今後指定が必要と考えられる材料については随時指定が行われることになっている。

## 1.3 平13国交告第1540号第2（材料）第三号に規定された指定建築材料の解説

> 平13国交告第1540号（改正　平成30年3月26日）
> 第2　材料
> 　三　次のいずれかに該当するもののうち，建築基準法第三十七条第一号の規定に適合するもの（トに該当するものに限る）若しくは同条第二号の国土交通大臣の認定を受けたもの（ハからへまでのいずれかに該当するものにあっては，国土交通大臣がその基準許容応力度及び材料強度の数値を指定したものに限る。），建築基準法施行規則第八条の三の国土交通大臣の認定を受けた耐力壁に使用するもの又は前二号に掲げるもの以外の木材で国土交通大臣がその樹種，区分及び等級等に応じてそれぞれ許容応力度及び材料強度の数値を指定したものについては，前二号の規定にかかわらず，当該材料を構造耐力上主要な部分に使用する材料とすることができる。
> 　　イ　構造用鋼材のうち厚さ二・三ミリメートル未満の鋼板又は鋼帯としたもの（床根太，天井根太，耐力壁以外の壁の上枠頭つなぎ，耐力壁以外の壁のたて枠及び耐力壁以外の壁の下枠に用いる場合に限る。）
> 　　ロ　構造用鋼材の厚さを二・三ミリメートル以上六ミリメートル以下としたもの（床根太及び天井根太に用いる場合に限る。）
> 　　ハ　木質接着成形軸材料
> 　　ニ　木質複合軸材料
> 　　ホ　木質断熱複合パネル
> 　　ヘ　木質接着複合パネル
> 　　ト　直交集成材（平成十二年建設省告示第4四百四十六号第一第二十三号に規定する直交集成板という以下同じ。）（床版又は屋根版に用いる場合に限る。）

それまで旧法第38条に基づく大臣認定材料であった木質接着成形軸材料，木質複合軸材料，木質断熱複合パネル等は，その使用実績等から，平12国交告第1446号の平成13年の改正に伴い，「指定建築材料」に加えられ，平成29年9月26日の改正で，直交集成材が追加された。

平13国交告第1540号では，法第37条に規定する指定建築材料のうち次のものの使用を認めるものとしている。

（1）構造用鋼材のうち厚さ2.3 mm未満の鋼板または鋼帯としたもの
（2）構造用鋼材のうち厚さ2.3 mm～6.0 mm（床根太，天井根太のみ）
（3）木質接着成形軸材料
（4）木質複合軸材料
（5）木質断熱複合パネル
（6）木質接着複合パネル
（7）直交集成材（CLT）

以下に，上記材料（3）～（7）の説明を記す。

（3）木質接着成形軸材料
接着剤を用いて単板またはストランドを成形した軸材料。LVL，PSL，OSL等を含む。

（4）木質複合軸材料
製材，集成材，木質接着成形軸材料その他の木質の材料を接着剤を用いて複合した軸材料。I型ジョイスト，ボックスビーム，LVL等を二次接着積層した軸材料を含む。

（5）木質断熱複合パネル
平板状の有機系発泡剤の両面に構造用合板その他これに類するものを接着した材料で，枠組がないもの。

（6）木質接着複合パネル
木材で組まれた枠組に構造用合板その他これに類するものを接着した材料。

(7) 直交集成材（CLT）
　ひき板または小角材を繊維方向に平行に幅方向に並べ板状にした物を板の繊維方向を互いに直角にして積層接着した3層以上の構造材料。

## 1.4 施行規則第8条の3に基づく大臣認定の概要

> 建築基準法施行規則
> （枠組壁工法を用いた建築物等の構造方法）
> 第8条の3　構造耐力上主要な部分である壁及び床版に，枠組壁工法（木材を使用した枠組に構造用合板その他これに類するものを打ち付けることにより，壁及び床版を設ける工法をいう）により設けられるものを用いる場合における当該壁及び床版の構造は，国土交通大臣が定める技術的基準に適合するもので，国土交通大臣が定めた構造方法を用いるもの又は<u>国土交通大臣の認定を受けたもの</u>としなければならない。

　平成13年の枠組壁工法に関連する法令の整理に伴い，耐力壁の壁倍率等の大臣認定は，施行規則第8条の3に基づく認定（性能評価）に位置づけられた。
　これにより，新規面材等の壁倍率等は，指定性能評価機関が「施行規則第8条の3の認定に係る性能評価」を行ったのち，大臣が認定を行うこととなる。
　性能評価（壁倍率等の評価）は，各指定性能評価機関の業務方法書に記載されている評価方法に則り評価される。詳細は，「第3章　施行規則第8条の3に基づく大臣認定における指定性能評価機関の耐力壁の試験・評価方法」を参照のこと。

## 第2章

# 平12建告第1446号別表第二に規定された指定建築材料の品質基準と測定方法

平12建告第1446号では，法第37条に基づき，構造耐力上主要な部分，安全上，防火上，衛生上重要な部分に用いる指定建築材料として，平成13年の改正で新たに以下に示す4材料が指定された。第十号から第十三号に示される材料を以下に具体的に示す。

十 木質接着成形軸材料

　単板を接着積層した材料とは，LVLをいう。木材小片を集成接着した材料とは，LSL，PSL等をいう。ただし，製材，集成材を含まない。

十一 木質複合軸材料

　製材，集成材，木質接着成形軸材料その他の木質材料を接着剤により複合した材料のことを指し，例えばI型ジョイスト，ボックスビーム等が該当する。形状は，代表例としてI形，角形等が想定されているが，それ以外の形状も認めている。この他，集成材，LVL等を2次接着した軸材料などもこれに該当するが，集成材や，木質材料以外を複合構成した材料は含まない。

十二 木質断熱複合パネル

　平板状の発泡材の両側面に構造用合板，OSB等を接着した面材料または部材のうち，工場生産時に枠組を含まないものを指す。一般に，フォームコアパネルまたはサンドウィッチパネルと称される材料または部材がこれに該当する。

十三 木質接着複合パネル

　製材，集成材，木質接着成形軸材料等を使用して枠組を構成し，この側面に構造用合板，OSB等を接着した材料または部材を指す。主にプレファブ建築に使用されている接着パネルがこれに該当する。

---

　第2　法第37条第一号の日本工業規格又は日本農林規格は，別表第1（い）欄に掲げる建築材料の区分に応じ，それぞれ同表（ろ）欄に掲げるものとする。

| （い） | （ろ） |
|---|---|
| 第1第10号に掲げる建築材料 | 単板積層材の日本農林規格（平成20年農林水産省告示第701号）に改定する構造用単板積層材の規格 |

---

　第3　法第37条第二号の品質に関する技術的基準は，次のとおりとする。
　一　別表第2（い）欄に掲げる建築材料の区分に応じ，それぞれ同表（は）欄に掲げる測定方法等により確認された同表（ろ）欄に掲げる品質基準に適合するものであること。
　二　別表第3（い）欄　略

別表第2抜粋。

| （い） | （ろ） | （は） |
|---|---|---|
| 建築材料の区分 | 品　質　基　準 | 測　定　方　法　等 |
| 第1第10号に掲げる建築材料 | 1　寸法及び曲りの基準値が定められていること。ただし、湾曲部を有する形状に成形した木質接着成形軸材料の曲りの基準値については、この限りでない。 | 1　寸法及び曲りの測定は、次に掲げる方法又はこれと同等以上の精度を有する測定方法によること。<br>イ　試験体は、次に掲げる方法により採取すること。<br>　（1）標本は、…… |

　平12建告第1446号第2では、指定建築材料毎の品質基準として第一号で大臣が定めるとしたJIS、JAS等基準、規格類を示している。別表第1に示す基準規格類によらない材料については、大臣が認定することになるが、その際の品質基準及び測定方法等を別表第2で示している。（い）欄に掲げる材料（指定建築材料）ごとに（ろ）に示す品質基準を満たすことが要求され、その測定方法等が（は）欄に示されている。

## 2.1　木質接着成形軸材料

（い）　10　木質接着成形軸材料

| 1 | （ろ） | 寸法及び曲りの基準値が定められていること。ただし、湾曲部を有する形状に成形した木質接着成形軸材料の曲りの基準値については、この限りでない。 |
|---|---|---|
| | （は） | 寸法及び曲りの測定は、次に掲げる方法又はこれと同等以上の精度を有する測定方法によること。<br>イ　試験体は、次に掲げる方法により採取すること。<br>　（1）標本は、生産の段階で同定可能な母集団から、当該母集団の材料特性を適切に表すものとなるように採取すること。<br>　（2）同一の標本から採取する試験体の数は、母集団の特性値を適切に推定できる数とすること。<br>ロ　試験体は、温度摂氏20℃±2℃、相対湿度65%±5%の環境下で平衡状態になるまで静置すること。<br>ハ　寸法の測定は、ノギス、マイクロメータ又はこれらと同等以上の測定精度を有する測定器具を用いて行うこと。<br>ニ　曲りの測定は、平3農水告第143号第6条に規定する測定方法によって行うこと。 |

（ろ）　材料の断面寸法及び、長さの基準値を定めることを求めている。ここでいう基準値とは、〇〇mm±△mmというように当然許容差を含めた表記となる。また、曲りの基準値においては、直線性の確保を求めている。ただし、湾曲LVL等、湾曲形状を意図して製造されたものは適用を除外している。

（は）イ　以降の各号に共通であるが、生産された製品ロットから、標本を取り出し、標本から試験体を切り出す過程で、あらゆる面での偏りを排除し、バラツキ等を統計的に処理しうる数量にて試験することを求めている。試験体の抽出において考慮しなければならないのは、例えば、①製造時刻（同ロットでも製造時刻によって（工場内温度の変化等により）特性値が異なる可能性がある場合には、同ロット内で先に製造したものと、後で製造したものを同様の割合で抽出しなければならない）。②標本内における位置（熱圧等の各工程により、標本内で材料特性にバラツキがある場合には、各試験体は標本内の異なった位置から切り出す必要がある）などである。

ロ　試験体の養生条件を示しており、温度20℃±2℃、相対湿度65%±5%の恒温恒湿環境で平衡状態にすることを要求している。平衡状態とは、継続的に測定した試験体の質量が24時間前の質量に対して0.1%以内の変化量であった場合をいう。ただし、平衡状態でなくても同等以上の精度をもって測定できる場合には、この限りではない。

ハ　寸法の測定精度は、測定値に依存する。幅、せい、長さのうちノギス（精度0.05 mm）、マイクロメーター（精度0.001 mm）で測定して精度が最も低い測定値が例えば38 mmであったとすると、ノギスで測定しても1/760の精度と同等以上の精度で幅や長さを測定すればよいことになる。例えば910 mmは1.2 mm以上の精

度で測定すればよく，巻尺で正しく測定すれば十分にこの精度は満足していることになる。

| 2 | （ろ） | 曲げ強さ及び曲げ弾性係数の基準値が定められていること。 |
|---|---|---|
|   | （は） | 曲げ強さ及び曲げ弾性係数の測定は，次に掲げる方法又はこれと同等以上に曲げ強さ及び曲げ弾性係数を測定できる方法によること。<br>イ　試験体は，（は）欄第1号イに掲げる方法により採取すること。<br>ロ　試験体は，（は）欄第1号ロに掲げる方法により静置すること。<br>ハ　試験を行う環境は，ロで試験体を静置した環境と同一とすること。<br>ニ　単板積層材の日本農林規格別記3（9）に掲げる方法によること。この場合において，「曲げヤング係数」とあるのは，「曲げ弾性係数」と読み替えるものとする。 |

（ろ）　曲げ強度と曲げ弾性係数の基準値を要求している。

（は）　イ〜ニに従う方法で基準値を求めるか，若しくはこれと同等以上に評価できる方法によって測定することを要求している。同等以上に評価できる方法とは，異なる測定方法のうち，イ〜ニで得られる値と同じ値が得られるか，または，これより低い値が得られる場合をいう。

イ，ロ　前号と同様。

ハ　温度20℃±2℃，相対湿度65%±5%の恒温恒湿環境下で測定を行うことを要求している。ただし，これと同等以上の評価ができる場合には，これによらなくてよい。例えば木質材料においては，含水率の低下とともに強度，弾性係数とも上昇することが知られているので，温度20℃±2℃，相対湿度65%±5%より低温または，高湿度の環境で実施しても差し支えないことになる。

ニ　単板積層材の日本農林規格　平20農水告第701号（改正平成30年3月29日）に示す曲げ試験の方法によって測定することとしている。具体的には，以下の手順に従って求めることを要求している。なお，単板積層材のJASでは，曲げ弾性係数を「曲げヤング係数」と記述しているが，同一のものを指しているとしている。

① 試験体の形状は図2.1に従い，平使い方向と縦使い方向の試験を実施する。標本の厚さ（圧縮方向）$t$ に対して，各寸法は（2.1）式を満たすものとする。

$$\text{平使い}\begin{cases} d_f = t \\ w_f \geqq 90 \text{ mm} \\ l_f \geqq 23\, d_f \end{cases}$$

$$\text{縦使い}\begin{cases} d_e = w_e = t \\ l_e \geqq 23\, d_e \end{cases} \quad (2.1)$$

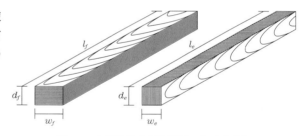

図2.1　木質接着成形軸材料の曲げ試験体

② 図2.2に従って，3等分点4点曲げ試験を実施する。

③ 得られた荷重と変形関係より，（2.2）式，（2.3）式を用いて，それぞれ曲げ強さ及び弾性係数に関する基準値を得る。

$$F_b = \frac{P_{\max} l}{b h^2} \quad (2.2)$$

$$E_b = \frac{23 \Delta P l^3}{108\, b h^3 \Delta y} \quad (2.3)$$

ここで，$P_{\max}$：最大荷重
$l$：スパン
$b$：試験体幅
$h$：試験体厚さ
$\Delta P$：荷重の増分
$\Delta y$：変位の増分

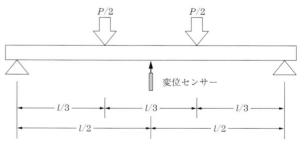

図2.2　木質接着成形軸材料の曲げ試験方法

| | | |
|---|---|---|
| 3 | (ろ) | せん断強さ及びせん断弾性係数の基準値が定められていること。 |
| | (は) | せん断強さ及びせん断弾性係数の測定は，次に掲げる方法又はこれと同等以上にせん断強さ及びせん断弾性係数を測定できる方法によること。<br>イ　試験体は，(は)欄第1号イに掲げる方法により採取すること。<br>ロ　試験体は，(は)欄第1号ロに掲げる方法により静置すること。<br>ハ　試験を行う環境は，ロで試験体を静置した環境と同一とすること。<br>ニ　せん断強さは，単板積層材の日本農林規格別記3(9)に掲げる方法によること。この場合において，「水平せん断強さ」とあるのは，「せん断強さ」と読み替えるものとする。<br>ホ　せん断弾性係数は，ハに規定する方法により得られた荷重―変形関係を用いて求めること。 |

(ろ)　せん断強度及びせん断弾性係数を要求している。

(は)　イ～ニに従う方法で基準値を求めるか，若しくはこれと同等以上に評価できる方法によって測定することを要求している。同等以上に評価できる方法とは，異なる測定方法のうち，イ～ニで得られる値と同じ値が得られるか，または，これより低い値が得られる場合をいう。

イ～ハ　前号と同様。

ニ　単板積層材の日本農林規格に示す水平せん断試験の方法によって測定することとしている。同規格では，せん断強度を「水平せん断強度」と記述しているが，同一のものを指しているとしている。具体的には以下の手順に従って試験を行うことを要求している。

① 試験体の形状は図2.3に従い，平使い方向と縦使い方向の試験を実施する。標本の厚さ（圧縮方法）$t$ に対して，各寸法は (2.4)式を満たすものとする。

$$\text{平使い} \begin{cases} d_f = t \\ w_f = 40 \text{ mm} \\ l_f = 6\,t \end{cases}$$
$$\text{縦使い} \begin{cases} d_e \leq 40 \text{ mm} \\ w_e = t \\ l_e \geq 23\,d_e \end{cases} \quad (2.4)$$

ただし，縦使いの場合に標本の厚さ $t$ が40 mm より大きい場合は，標本の中央層が残るように切削し，厚さを40 mm とする。

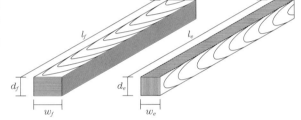

図2.3　木質接着成形軸材料の水平せん断試験体

② 図2.4に従い，水平せん断試験を実施する。このときの平均荷重速度は 125 kgf/cm² とする。

③ 得られた最大荷重 $P_{max}$ から，(2.5)式を用いて水平せん断強度 $F_s$ を得る。

$$F_s = \frac{3\,P_{max}}{4\,bh} \quad (2.5)$$

ここで，$P_{max}$：最大荷重
　　　　$b$：試験体幅
　　　　$h$：試験体厚さ

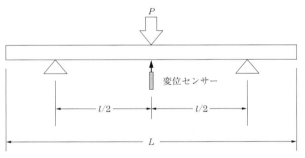

図2.4　木質接着成形軸材料の水平せん断試験方法

ホ　ニで行った水平せん断試験で得られた包絡線（荷重－変形関係）の初期線形域の傾きから，(2.6)式を用いてせん断弾性係数 $G$ を求めることとしている。

$$G = \frac{1}{\left( \dfrac{10\,bh}{3\,l} \dfrac{\Delta y}{\Delta P} - \dfrac{5\,l^2}{6\,h^2 E_b} \right)} \quad (2.6)$$

ここで，$l$：スパン
　　　　$b$：試験体幅

$h$：試験体厚さ
$\Delta P$：荷重の増分
$\Delta y$：変位の増分
$E_b$：曲げ弾性係数

| 4 | (ろ) | めりこみの応力の生ずる部分に用いる場合にあっては，めりこみ強さの基準値が定められていること。 |
|---|---|---|
|   | (は) | めりこみ強さの測定は，次に掲げる方法又はこれと同等以上にめり込み強さを測定できる方法によること。<br>イ　試験体は，(は)欄第1号イに掲げる方法により採取すること。<br>ロ　試験体は，(は)欄第1号ロに掲げる方法により静置すること。<br>ハ　試験を行う環境は，ロで試験体を静置した環境と同一とすること。<br>ニ　試験体の形状は，1辺が2センチメートル以上の正方形の断面であり，当該辺の長さの3倍の数値の長さを有するものとすること。<br>ホ　試験は，次に掲げる方法によること。<br>　(1)　試験体の長さ方向の直角方向を荷重方向とし，試験体は底面による全面支持とすること。<br>　(2)　荷重は，試験体の幅と等しい幅及び当該幅より大きな長さを有する鋼製ブロックを試験体の上面におき，当該鋼製ブロックの上から試験体の中央に加えること。この場合において，試験体の長さ方向の直角方向を鋼製ブロックの長さ方向としなければならない。<br>　(3)　試験体に作用する荷重及び収縮量を適切な精度を有する方法で測定すること。<br>ヘ　めりこみ強さの基準値は，ホに規定する試験による試験体の収縮量が試験体の厚さの5％に達したときの荷重を試験体の受圧面積で除して得た各試験体ごとのめりこみ強さの信頼水準75％の95％下側許容限界値とすること。 |

(ろ)　めりこみ応力（部分圧縮応力）が作用する部位に使用する材料とする場合には，めりこみ強度の基準値を求めておくことを要求している。めりこみ応力が作用する部位とは，例えば横架材などが支承される箇所にはめりこみ応力が作用する。

(は)　イ～ニに従う方法で基準値を求めるか，若しくはこれと同等以上に評価できる方法によって測定することを要求している。同等以上に評価できる方法とは，異なる測定方法のうち，イ～ニで得られる値と同じ値が得られるか，または，これより低い値が得られる場合をいう。

イ～ハ　前号と同様。

ニ　一辺が2cm以上の正方形断面を有するような試験体とし，一辺の長さを$a$（cm）とすると，長さ方向は$3a$以上の長さを有するような試験片（図2.5参照）を切り出すこととしている。

ホ　試験方法は以下の各条件に従うものとしている。
　(i)　試験体の下面全面を十分の剛性，強度を有する鋼製などの試験台に設置する。
　(ii)　荷重面が$a \times a$ cm以上の断面を有する鋼製ブロック等（図2.5参照）で加力する。
　(iii)　荷重と変形量を測定する。

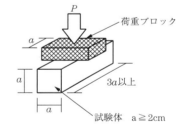

図2.5　めりこみ試験方法

ヘ　ホで行った試験において，試験体の収縮量が試験体の厚さの5％に達したときの荷重を試験体の受圧面積で除して各試験体ごとのめりこみ強さを得る。これについて信頼水準75％の95％下側許容限界値を求め，これをめりこみ強さの基準値とすることとしている。

| 5 | (ろ) | 含水率の基準値が定められていること。 |
|---|---|---|
|   | (は) | 含水率の測定は，JIS Z 2101（木材の試験方法）—1994の3.2の含水率の測定方法又はこれと同等以上に含水率を測定できる方法によること。 |

(ろ)　含水率の基準値を要求している。

(は)　含水率の測定方法は，JIS Z 2101（木材の試験方法）—1994の3.2の含水率の測定方法（絶乾法）によるか，これと同等以上に測定できる方法によるとしている。含水率計などによる場合は，当該材料の層構成，生産条件等を考慮して，絶乾法による値との相関性に関する合理的な検証を行うことにより，同等以上の効力を

有するといえる。

JIS に規定される絶乾法は，具体的に以下の手順に従う。

① 試験体の乾燥前の質量 $m_1$ を測定する。
② 試験体を換気が良好な乾燥機の中で 100～150℃ で乾燥し，恒量に達したときの質量 $m_2$ を求める。
③ 含水率を以下の (2.7) 式に従って算出し，0.5% 刻みまで求める。

$$u = \frac{m_1 - m_2}{m_2} \times 100 \quad (2.7)$$

| 6 | (ろ) | 湿潤状態となるおそれのある部分に用いる場合にあっては，第2号に規定する曲げ強さ及び曲げ弾性係数，第3号に規定するせん断強さ及びせん断弾性係数並びに第4号に規定するめりこみ強さに対する含水率の調整係数が定められていること。ただし，せん断強さ若しくはめりこみ強さ又はせん断弾性係数に対する含水率の調整係数は，合理的な方法により曲げ強さ又は曲げ弾性係数に対する含水率の調整係数と同等以上であることが確かめられた場合にあっては，曲げ強さ又は曲げ弾性係数に対する含水率の調整係数により代替することができる。 |
|---|---|---|
| | (は) | 曲げ強さ，曲げ弾性係数，せん断強さ，せん断弾性係数及びめりこみ強さ（以下この号において「各力学特性値」という。）に対する含水率の調整係数の測定は，次に掲げる方法又はこれと同等以上に含水率の調整係数を測定できる方法によること。<br>　イ　試験体は，（は）欄第1号イによるほか，次に掲げる方法により採取すること。<br>　　(1) 標本の数は，10以上とすること。<br>　　(2) 各標本より採取する調整係数用本試験体の数は，1とすること。<br>　　(3) (2)の調整係数用本試験体に隣接する位置又は材料特性の差が最も小さくなる位置から採取するサイドマッチング用試験体の数は，2とすること。<br>　ロ　サイドマッチング用試験体は，（は）欄第1号ロに規定する方法により静置し，当該環境下で（は）欄第2号から第4号まで（試験及び試験体ごとの各力学特性値の測定に係る部分に限る。）に規定する方法により各力学特性値を求めること。<br>　ハ　調整係数用本試験体は，次に掲げる使用環境に応じて，(1)又は(2)のいずれかに定める環境下で平衡状態となるまで静置し，当該環境下で（は）欄第2号から第4号まで（試験及び試験体ごとの各力学特性値の測定に係る部分に限る。）に規定する方法により各力学特性値を求めること。<br>　　(1) 常時湿潤状態となるおそれのある環境（以下「常時湿潤環境」という。）気温摂氏 20℃ ±2℃ 及び相対湿度 95% ±5%<br>　　(2) 屋外に面する部分（防水紙その他これに類するもので有効に防水されている部分を除く。）における環境又は湿潤状態となるおそれのある環境（常時湿潤状態となるおそれのある環境を除く。）（以下「断続湿潤環境」という。）気温摂氏 20℃ ±2℃ 及び相対湿度 85% ±5%<br>　ニ　各力学特性値に対する含水率の調整係数は，ハで得られた調整係数用本試験体ごとの各力学特性値のロで得られた対応するサイドマッチング用試験体の各力学特性値の平均値に対する比率を各標本ごとに求め，それらの数値を平均して得た数値（1.0 を超える場合は 1.0 とする。）とすること。 |

(ろ) 湿潤状態となるおそれのある部分とは，以下の①，②に該当する部分であり，③に該当する部分のみに使用する場合には，本号は適用除外となる。

① 直接外気にさらされるなどして常時湿潤状態となるおそれのある環境（常時湿潤環境）
② 屋外に面する部分（防水紙その他これに類するもので有効に防水されている部分を除く。）における環境又は湿潤状態となるおそれのある環境（常時湿潤状態となるおそれのある環境を除く。）（断続湿潤環境）
③ ①，②以外の部分における環境（乾燥環境）

①は直接外気にさらされる部分であって，例えば外装仕上げ，外構部材などがこれに該当する。②は外壁や屋根などに防水紙等を使用しない工法によって施工される部材が該当する。③は内壁や床等の屋内部分や，外壁，屋根等のうち防水紙等で有効な防水措置を施す工法で施工される部材が該当する。

調整係数を求める対象となる力学特性値は，本材料の基準値を出すことが要求されている全ての項目，即ち第2号に規定する曲げ強さ及び曲げ弾性係数，第3号に規定するせん断強さ及びせん断弾性係数並びに第4号に規定するめりこみ強さに対するものが必要である。ただし，せん断強さ若しくはめりこみ強さ又はせん断弾性係数に対する含水率の調整係数は，合理的な方法により曲げ強さ又は曲げ弾性係数に対する含水率の調整係数と同等以上であることが確かめられた場合は，曲げ強さ又は曲げ弾性係数に対する含水率の調整係数により代替することができるとしている。なお，めりこみ応力が存在しないとして，前号を適用除外とする材料にあ

っては，本号もめりこみ強さに対する調整係数は適用除外とする。
(は) 含水率に係る強度及び弾性係数の調整係数の求め方が示されているが，同等以上に効力を有する方法であれば，本項に示す方法以外でもよいとしている。同等以上が意味するところは，本項に示す方法で求めた調整係数と同じ値又はそれより小さい数値を算出する方法のことをいう。一般的に，含水率が高い木質材料の強度・弾性係数は，低含水率のそれより低い値が得られることが知られているので，(1)，(2)に示す方法より高い平衡含水率が得られる環境下で試験を行う場合が同等以上の評価を与える試験方法と認められることになる。言うまでもないが，(1)で得た数値を(2)の数値として転用することには何ら支障はない。一方，ここで注意しなければならないのは，(1)又は(2)に示す方法に対して温度と湿度の両方を変化させて評価を行う場合は，温度とともに飽和水蒸気圧が変化することを留意しなければならない。

イ 試験体の抽出方法は，(は)欄第1号イによるものとし，加えて以下の条件が付与されている。
　(i) 標本の数は10以上とする。
　(ii) 各標本から切り出す試験体は，調整用本試験1体とサイドマッチング用試験体2体とする。なお，サイドマッチング用試験体は，本試験体と比べて材料特性値の差が最も小さくなる位置から採取することとしている。例えば軸材料の場合，本試験体の軸方向の両隣に位置するものをサイドマッチング用試験体として採取することになる。ただし，同一標本長さが不足して，調整係数用本試験体1体とサイドマッチング用試験体2体が同一標本より得られない場合は，力学特性値のばらつき等を考慮し，試験体数を増やすなどして，異なる標本から本試験体，サイドマッチング用試験体を別々に抽出しても良い。

ロ サイドマッチング用試験体とは，いわばコントロールであり，常態下（20℃±2℃，相対湿度85%±5%）で各力学特性値を求め，2体の平均値 $Amc$ を算出してこれを評価の元の数値とする。

ハ 調整係数用本試験体は，想定する使用環境毎に(1)，(2)の条件で調湿して各力学特性値 $Bmc$ を得る。
　(1) 常時湿潤環境：20℃±2℃，相対湿度95%±5%
　(2) 断続湿潤環境：20℃±2℃，相対湿度85%±5%

ニ $Bmc$ を $Amc$ で除した値を各試験体について平均値を求め，含水率の調整係数とする。ただし，1.0を超える場合は1.0とする。

| 7 | (ろ) | 第2号に規定する曲げ強さ，第3号に規定するせん断強さ及び第4号に規定するめりこみ強さに対する荷重継続時間の調整係数が定められていること。ただし，せん断強さ又はめりこみ強さに対する荷重継続時間の調整係数は，合理的な方法により曲げ強さに対する荷重継続時間の調整係数と同等以上であることが確かめられた場合にあっては，曲げ強さに対する荷重継続時間の調整係数により代替することができる。 |
|---|---|---|
| | (は) | 曲げ強さ，せん断強さ及びめりこみ強さ（以下この号において「各力学特性値」という。）に対する荷重継続時間の調整係数の測定は，次に定める方法又はこれと同等以上に荷重継続時間の調整係数を測定できる方法によること。<br>イ 試験体は，(は)欄第6号イに掲げる方法により採取すること。<br>ロ 試験体は，(は)欄第1号ロに掲げる方法により静置すること。<br>ハ 試験を行う環境は，ロで試験体を静置した環境と同一とすること。<br>ニ サイドマッチング用試験体について，(は)欄第2号から第4号まで（試験及び試験体ごとの各力学特性値の測定に係る部分に限る。）に規定する方法により各力学特性値を求めること。<br>ホ 1を超えない範囲内の数値（以下「応力レベル」という。）を3以上選択し，これを各調整係数用本試験体に対応するサイドマッチング用試験体の各力学特性値の平均値に乗じた応力に対応する荷重を調整係数用本試験体に加え，当該試験体が破壊するまでの時間（以下「破壊荷重継続時間」という。）を測定すること。この場合において，少なくとも1以上の応力レベルにつき，すべての試験体の半数以上の破壊荷重継続時間を6ヶ月以上としなければならない。<br>ヘ 各力学特性値に対する荷重継続時間の調整係数は，ホの規定により測定した各調整係数用本試験体の応力レベルごとの破壊荷重継続時間の常用対数と応力レベルとの関係について回帰直線を求め，回帰直線上において破壊継続時間が50年に相当する応力レベルの数値（1.0を超える場合は，1.0とする。）とすること。 |

(ろ) 曲げ強さ，せん断強さ，めりこみ強さに関する荷重継続時間の調整係数を求めることを要求している。せん断強さ又はめりこみ強さに関する調整係数については，曲げ強さに関する調整係数よりもそれぞれ高い値をとることが合理的に確かめられた場合には，曲げ強さに関する調整係数で代替できる。合理的な方法とは，高度な数値解析による場合や，社会的に信頼できる既往のデータによる場合などがあげられる。

（は）　イ，ロ，ハ　試験体の抽出条件，数量，養生条件，試験環境条件については前号と同様である。以下に示す手順に従って荷重継続時間の調整係数を求める。

① サイドマッチング用試験体から，常態下で各力学特性値を求め，2体の平均値 $A_{dl}$ を算出する。（ニ）

② 1を超えない範囲内の数値（以下「応力レベル」という。）を3以上選択し，これを各々の調整係数用本試験体に対応する $A_{dl}$ に乗じた応力を調整係数用本試験体に与える。（ホ）

③ 当該試験体が破壊するまでの時間（以下「破壊荷重継続時間」$T$ という。）を測定する。このとき，少なくとも1以上の応力レベルについて，その応力レベルを与えた試験体の半数以上の破壊荷重継続時間が6ケ月以上となるようにしなければならない。（ホ）

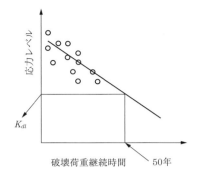

図 2.6　荷重継続時間の調整係数の算出方法

ここで，製材の荷重継続時間の調整係数は0.55といわれている（Woodのカーブ）ので，これを目安にすると良い。製材に性状が近い材料であれば，応力レベルとして0.55を選択すると，破壊荷重継続時間は50年程度かかることになる。

④ $\log T$ と応力レベルの回帰直線を求め，図2.6に示すように回帰直線上において破壊荷重継続時間が50年に相当する応力レベルを得る。これを各試験体について平均値を求め，荷重継続時間の調整係数とする。ただし1.0を超える場合は，1.0とする。（ヘ）

| 8 | （ろ） | 第2号に規定する曲げ弾性係数及び第3号に規定するせん断弾性係数に対するクリープの調整係数が定められていること。ただし，せん断弾性係数に対するクリープの調整係数は，合理的な方法により曲げ弾性係数に対するクリープの調整係数と同等以上であることが確かめられた場合にあっては，曲げ弾性係数に対するクリープの調整係数により代替することができる。 |
|---|---|---|
|  | （は） | 曲げ弾性係数及びせん断弾性係数（以下この号において「各力学特性値」という。）に対するクリープの調整係数の測定は，次に定める方法又はこれと同等以上にクリープの調整係数を測定できる方法によること。<br>　イ　試験体は，（は）欄第6号イに掲げる方法により採取すること。<br>　ロ　試験体は，（は）欄第1号ロに掲げる方法により静置すること。<br>　ハ　試験を行う環境は，ロで試験体を静置した環境と同一とすること。<br>　ニ　サイドマッチング用試験体について，（は）欄第2号及び第3号（試験及び試験体ごとの各力学特性値の測定に係る部分に限る。）に規定する方法により各力学特性値を求めること。<br>　ホ　調整係数用本試験体について，対応するサイドマッチング用試験体のニで求めた各力学特性値の平均値に（ろ）欄第6号に規定する含水率の調整係数，（ろ）欄第7号に規定する荷重継続時間の調整係数及び3分の2を乗じて得られる応力に相当する荷重を加え，各力学特性値を測定する際に用いた部分に相当する部分の変形を，荷重を加え始めてから，1分，5分，10分，100分及び500分後並びにその後24時間ごとに5週間以上測定すること。<br>　ヘ　ホの調整係数用本試験体それぞれについて，各時間ごとに測定された変形に対する荷重を加え始めて1分後に測定された変形の比（以下「クリープ変形比」という。）を計算すること。<br>　ト　ヘにより計算した各調整係数用本試験体のそれぞれの時間に対応したクリープ変形比（1分及び5分に対応するものを除く。）の常用対数と，時間の常用対数との関係について，回帰直線を求めること。<br>　チ　各力学特性値に対するクリープの調整係数は，トで得られた回帰直線上の，時間が50年に相当するクリープ変形比の数値（1.0を超える場合は1.0とする。）とすること。 |

（ろ）　曲げ弾性係数及びせん断弾性係数についてクリープの調整係数を測定することを要求している。せん断弾性係数に関する調整係数については，曲げ弾性係数に関する調整係数よりも高い値をとることが合理的に確かめられた場合には，曲げ弾性係数に関する調整係数で代替できる。合理的な方法とは，高度な数値解析による場合や，社会的に信頼できる既往のデータによる場合などがあげられる。

（は）　イ，ロ，ハ　試験体の抽出条件，数量，養生条件，試験環境条件については前号と同様である。以下に示す手順に従ってクリープの調整係数を求める。

① サイドマッチング用試験体から，常態下で各力学特性値を求め，2体の平均値 $A_{cr}$ を算出する。（ニ）

② 調整係数用本試験体に対して，(2.8)式で得られる応力 $\sigma$ に相当する荷重をかける。（ホ）

$$\sigma = A_{cr} \times K_{dl} \times K_{aw} \times (2/3) \quad (2.8)$$

ここで，$K_{dl}$：荷重継続時間の調整係数

$K_{aw}$：事故的な水掛りを考慮した調整係数

③ 各力学特性値を測定する際に測定した部分の変形を，荷重を加え始めてから，1分，5分，10分，100分及び500分後並びにその後24時間ごとに5週間以上測定する。（ホ）

④ ③で測定した変形に対する1分の変形の比（クリープ変形比）を求める。（ヘ）

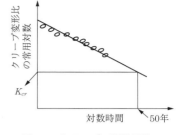

図2.7 クリープの調整係数の算出方法

⑤ ④で求めたクリープ変形比のうち，1分と5分を除くものについて，常用対数を算出し，図2.7に示すように対数時間との回帰直線を求める。回帰直線を延長して50年に相当するクリープ変形比を得る。（チ）

⑥ 各試験体についての平均値を求めてクリープの調整係数とする。ただし，1.0を超える場合は1.0とする。（チ）

| 9 | （ろ） | 第2号に規定する曲げ強さ及び曲げ弾性係数，第3号に規定するせん断強さ及びせん断弾性係数並びに第4号に規定するめりこみ強さに対する事故的な水掛りを考慮した調整係数が定められていること。ただし，せん断強さ若しくはめりこみ強さ又はせん断弾性係数に対する事故的な水掛りを考慮した調整係数は，合理的な方法により曲げ強さ又は曲げ弾性係数に対する事故的な水掛りを考慮した調整係数と同等以上であることが確かめられた場合にあっては，曲げ強さ又は曲げ弾性係数に対する事故的な水掛りを考慮した調整係数により代替することができる。 |
|---|---|---|
|   | （は） | 曲げ強さ，曲げ弾性係数，せん断強さ，せん断弾性係数及びめりこみ強さ（以下この号において「各力学特性値」という。）に対する事故的な水掛りを考慮した調整係数の測定は，次に定める方法又はこれと同等以上に事故的な水掛りを考慮した調整係数を測定できる方法によること。<br>イ 試験体は，（は）欄第6号イに掲げる方法により採取すること。<br>ロ 試験体は，（は）欄第1号ロに掲げる方法により静置すること。<br>ハ 試験を行う環境は，ロで試験体を静置した環境と同一とすること。<br>ニ サイドマッチング用試験体について，（は）欄第2号から第4号まで（試験及び試験体ごとの各力学特性値の測定に係る部分に限る。）に規定する方法により各力学特性値を求めること。<br>ホ 調整係数用本試験体は，採取後に試験体の片面に均一に散水できる装置により72時間散水した後，自然乾燥，熱風による乾燥その他これらに類する方法で当該試験体の質量がロに規定する方法により静置された当該試験体の質量を下回るまで乾燥させること。<br>ヘ ホの処理後の調整係数用本試験体について，（は）欄第2号から第4号まで（試験及び試験体ごとの各力学特性値の測定に係る部分に限る。）に規定する方法により各力学特性値を求めること。<br>ト 各力学特性値に対する事故的な水掛りを考慮した調整係数は，ヘで得られた調整係数用本試験体ごとの力学特性値のニで得られた対応するサイドマッチング試験体の各力学特性値の平均値に対する比率を各標本ごとに求め，それらの数値を平均して得た数値（1.0を超える場合は，1.0とする。）とすること。 |

（ろ）調整係数を求める対象となる力学特性値は，本材料の基準値を出すことが要求されている全ての項目，即ち第2号に規定する曲げ強さ及び曲げ弾性係数，第3号に規定するせん断強さ及びせん断弾性係数並びに第4号に規定するめりこみ強さに対するものが必要である。ただし，せん断強さ若しくはめりこみ強さ又はせん断弾性係数に対する含水率の調整係数は，合理的な方法により曲げ強さ又は曲げ弾性係数に対する含水率の調整係数と同等以上であることが確かめられた場合は，曲げ強さ又は曲げ弾性係数に対する含水率の調整係数により代替することができるとしている。なお，めりこみ応力が存在しないとして，前号を適用除外とする材料にあっては，本号も適用除外とする。

（は）72時間散水→乾燥後の力学特性値を常態試験で得た力学特性値で除した値を事故的な水掛りを考慮した調整係数とする。

| 10 | （ろ） | 接着耐久性に関する強さの残存率が，それぞれ0.5以上として定められていること。 |
|---|---|---|
|   | （は） | 接着耐久性に関する強さの残存率の測定は，次に定める方法又はこれと同等以上に接着耐久性に関する強さの残存率を測定できる方法によること。<br>イ 試験体は，（は）欄第6号イに掲げる方法により採取すること。 |

ロ　サイドマッチング用試験体について，（は）欄第2号（試験及び試験体ごとの曲げ強さの測定に係る部分に限る。）に規定する方法により（ろ）欄第2号に規定する曲げ強さを求めること。

ハ　調整係数用本試験体について，ホに規定する劣化処理を行うこと。

ニ　ハの劣化処理後の試験体について，（は）欄第2号（試験及び試験体ごとの曲げ強さの測定に係る部分に限る。）に規定する方法により（ろ）欄第2号に規定する曲げ強さを求めること。

ホ　劣化処理は，次の分類に応じ，(1)から(3)までに掲げる方法とすること。
　(1)　加熱冷却法　次の(i)から(vi)までの処理を順に行う方法
　　(i)　摂氏49℃±2℃の水中に1時間浸せきする。
　　(ii)　摂氏93℃±3℃の水蒸気中に3時間静置する。
　　(iii)　摂氏マイナス12℃±3℃の空気中に20時間静置する。
　　(iv)　摂氏99℃±2℃の乾燥空気中に3時間静置する。
　　(v)　摂氏93℃±3℃の水蒸気中に3時間静置する。
　　(vi)　摂氏99℃±2℃の乾燥空気中に18時間静置する。
　(2)　煮沸法　次の(i)から(iii)までの処理を順に行う方法
　　(i)　沸騰水中に4時間以上浸せきする。
　　(ii)　常温水中に1時間以上浸せきする。
　　(iii)　摂氏70℃±3℃に設定した恒温乾燥器中で当該試験体の質量がロに規定する方法により静置されたサイドマッチング用試験体の質量を下回るまで乾燥する。
　(3)　減圧加圧法　次の(i)から(iii)までの処理を順に行う方法
　　(i)　635水銀柱ミリメートルに減圧した常温水中に5分間以上浸せきする。
　　(ii)　1平方センチメートルあたり51±2.9ニュートンに加圧した常温水中に1時間以上浸せきする。
　　(iii)　摂氏70℃±3℃に設定した恒温乾燥器中で当該試験体の質量がロに規定する方法により静置されたサイドマッチング用試験体の質量を下回るまで乾燥する。

ヘ　接着耐久性に関する強さの残存率は，ニで得られた調整係数用本試験体ごとの曲げ強さのロで得られた対応するサイドマッチング試験体の曲げ強さの平均値に対する比率を各標本ごとに求め，それらの数値を平均して得た数値のうち，使用する環境に応じて，それぞれ次の(1)から(3)までの条件を満たす数値とすること。
　(1)　常時湿潤環境　加熱冷却法を6回繰り返し行った調整係数用本試験体を用いて得られた数値
　(2)　断続湿潤環境　煮沸法を2回繰り返し行った調整係数用本試験体を用いて得られた数値及び減圧加圧法を2回繰り返し行った調整係数用本試験体を用いて得られた数値のうちいずれか小さい数値
　(3)　乾燥環境（(1)又は(2)以外の環境をいう。以下同じ。）　煮沸法を行った調整係数用本試験体を用いて得られた数値及び減圧加圧法を行った調整係数用本試験体を用いて得られた数値のうちいずれか小さい数値

（ろ）　接着耐久性についての使用環境毎の合否判定試験を課している。促進劣化試験による強度残存率が0.5以上であることを必要としている。

（は）　使用環境毎に各促進劣化試験を実施し，そのときの力学特性値の常態時に対する残存率を求める方法を示している。使用環境毎に異なる劣化処理の方法は**表2.1**に示すとおりである。

表2.1　木質接着成形軸材料に要求される使用環境毎の劣化処理の方法

| 使用環境 | 劣化処理の方法 |
|---|---|
| 常時湿潤環境 | 加熱冷却法6回を行って得られる値 |
| 断続湿潤環境 | 煮沸法2回又は減圧加圧法2回を行って得られる数値のうちいずれか小さい値 |
| 乾燥環境 | 煮沸法1回又は減圧加圧法1回を行って得られる数値のうちいずれか小さい値 |

イ　試験体採取方法は，前述のとおりである。

ロ　サイドマッチング用試験体について，試験体ごとの曲げ強さを測定することとしているが，接着部分の強さが測定できる方法であれば，曲げ試験にこだわる必要はない。例えば，接着剥離試験，接着せん断試験などは曲げ試験よりも正確に接着強さの残存率を測定しうる場合もあると推測される。なお，ここで得たサイドマッチング試験体の曲げ強さ又はこれと同等以上に接着強さの残存率を評価できる試験による強度の各組毎の平均値を$A_{du}$としておく。

ハ，ニ　調整係数用本試験体について，ホに規定する劣化処理を行った後，ロで行った強度試験を行うこととしている。

ホ　表2.1に示す劣化処理の方法は，具体的には(1)から(3)に示すとおりである。

(1) 加熱冷却法——次の処理を順に行う

(2) 煮沸法——次の処理を順に行う

(3) 減圧加圧法——次の処理を順に行う。

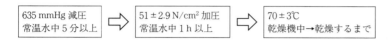

ヘ　使用環境毎の劣化処理を表 2.1 に従って所定の回数実施し，ロで行った試験と同様の試験を劣化処理後の調整係数用本試験体について実施し，曲げ強さ又はこれと同等以上に接着強さの残存率を評価できる試験による強度を $B_{du}$ とする。

各標本ごとに $B_{du}/A_{du}$ を求め，それらの平均値を求めて接着耐久性に関する強さの残存率とする。

| 11 | (ろ) | 防腐処理（インサイジングを含む。以下同じ。）による力学特性値の低下率の基準値が定められ，かつ，防腐処理に用いる木材防腐剤の名称が明らかにされていること。この場合において，注入処理による場合にあっては，当該木材防腐剤の有効成分の含有量の基準値が定められていること。 |
|---|---|---|
| | (は) | 防腐処理による力学特性値の低下率の測定及び木材防腐剤の有効成分の含有量の測定は，次に掲げる方法又はこれと同等以上に防腐処理による力学特性値の低下率及び木材防腐剤の有効成分の含有量を測定できる方法によること。<br>イ　防腐処理による各力学特性値の低下率は，防腐処理を施したものについての（ろ）欄第 2 号から第 4 号までの各基準値の防腐処理を施さないものについての当該基準値に対する比率とすること。<br>ロ　注入処理に用いる木材防腐剤の種類及びその有効成分の含有量の測定は，JIS K 1570（木材防腐剤）—1998 の 7. 試験方法によること。 |

(ろ)　加圧又は減圧するなどして防腐処理材等を注入した材料に限って，防腐処理による力学特性値の低下率の基準値が定められていることを要求している。同時に，防腐処理に用いる木材防腐剤の名称を把握しておくことを求めている。加えて，注入処理による場合は，当該木材防腐剤の有効成分の含有量の基準値が定められていることを要求している。

インサイジングを行った場合についても同様に基準値を求めておく必要がある。

(は)　防腐処理による力学特性値の低下率は処理材の特性値を無処理材の特性値で除すことで得られるとしている。なお，前号までの各特性値が処理による力学特性値の低下を既に反映したものである場合は適用除外となる。

注入処理に用いる木材防腐剤の種類及びその有効成分の含有量の測定は，JIS K 1570（木材防腐剤）—1998 の 7. 試験方法によることとしている。

## 2.2　木質複合軸材料

(い)　11　木質複合軸材料

| 1 | (ろ) | 各部の寸法及び曲りの基準値が定められていること。ただし，湾曲部を有する形状に成形した木質複合軸材料の曲りの基準値については，この限りでない。 |
|---|---|---|
| | (は) | 第 1 第 10 号に掲げる建築材料の項（は）欄第 1 号に掲げる方法によること。 |

第 10 号　木質接着成形軸材料の寸法及び曲りの基準値と同様である。

| 2 | （ろ） | 各部の曲げ強さ及びせん断強さの基準値，曲げ弾性係数及びせん断弾性係数の基準値並びにめりこみ強さの基準値（めりこみの応力が生ずる部分に用いる場合に限る。）が定められていること。 |
|---|---|---|
|   | （は） | 各部の曲げ強さ，せん断強さ及びめりこみ強さの基準値並びに曲げ弾性係数及びせん断弾性係数の基準値は，各部の受入時に，納品書，検査証明書又は試験証明書等の書類によること。 |

　木質複合軸材料を構成する各要素の曲げ強さ及びせん断強さの基準値，曲げ弾性係数及びせん断弾性係数の基準値並びにめりこみ強さの基準値が原料入荷時に納品書，検査又は試験証明書などの書類で確認されていることを要求している。ただし，めりこみ強さについては，めりこみ応力が生ずる部分に使用する部材とする場合に限っている。ここで，複合軸材料を構成する要素とは，例えば図2.8のような断面形状を有する材料の場合，フランジとウェブに使用する材料のことをいう。

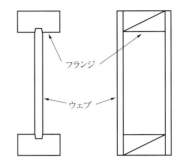

図2.8　木質複合軸材料の例

| 3 | （ろ） | 各部相互の接着に用いる接着剤について，接着の性能を維持させるのに必要となる次に掲げる事項が定められていること。<br>　イ　接着剤の名称（一般的名称があるものにあっては，その一般的名称）<br>　ロ　pH（接着剤フィルムの場合は，2.5以上とする。）<br>　ハ　調合及び貯蔵の過程<br>　ニ　必要最小限度の塗布量<br>　ホ　必要最小限度の圧締圧<br>　ヘ　被着材の条件<br>　ト　被着材の含水率の許容最大値及び許容最小値<br>　チ　可使時間（使用環境温度及び被着材の含水率に応じて，当該接着剤を塗布した面が空気にさらされて溶剤が蒸発し得る状態で放置されている時間及び当該接着剤を塗布した面が空気にさらされない状態で圧縮されるまで放置されている時間をいう。）<br>　リ　接着時の最低温度及び最低養生時間<br>　ヌ　せん断強さ（含水率が12％のベイマツ（比重0.43以上の無欠点材とする。）を被着材とした圧縮せん断試験によるものとし，当該試験により得られるせん断強さが1平方ミリメートルにつき7.38ニュートン以上の数値を満たすこと。ただし，被着材の種類に応じて，含水率が12％のベイマツを被着材とした圧縮せん断試験により得られるせん断強さと同等以上のせん断強さを有する接着となることを確かめた場合にあっては，この限りでない。）<br>　ル　促進劣化試験の方法と当該試験による強さの残存率<br>　ヲ　促進劣化試験後のはく離試験による木部破断率 |
|---|---|---|
|   | （は） | 接着の性能を維持させるのに必要となる事項は，接着剤の受入時に，納品書，検査証明書又は試験証明書等の書類によること。 |

　接着剤の品質として上記のイ〜ヲが，その受け入れ時に納品書，検査証明書又は試験証明書等の書類によって確認されていることを要求している。言うまでもないことであるが，上記イ〜ヲに示される条件に則り製造されていることが必要不可欠である。

　一般論であるが，接着剤及びこれが発現する接着強度は，その種類や些細な調合過程や貯蔵条件によって大きく差異が生じる場合が少なくない。これに加えて塗布量，圧締圧，被着材の表面性状や吸着性能等の条件，被着材の含水率，可使時間との関係，接着時の気温，養生時間などの使用条件にも左右される。これらは，接着剤製造者がその特性に応じて指定するものである。この指定条件通りに製造してあることが最低条件であり，この条件を満たした場合の接着せん断強さ，促進劣化試験による強さの残存率，促進劣化後の木部破断率を把握しておくことが重要である。以下に，各条件の詳細を示す。

チ　可使時間とは，使用環境温度及び被着材の含水率に応じて，その接着剤が使用可能な時間のことをいい，開放堆積時間（接着剤を塗布した面が空気にさらされて溶剤が蒸発し得る状態で放置されている時間）及び閉鎖堆積時間（接着剤を塗布した面が空気にさらされない状態で圧縮されるまで放置されている時間）の両方を指定することになる。

ヌ　接着せん断強さの基準値を，含水率12％のベイマツ（比重0.43以上の無欠点材）に対して7.38 N/mm² と

しているが，これと同等以上と見なせる接着せん断強さは次の**表2.2**による。

**表2.2 木質複合軸材料に使用する接着剤に要求される接着せん断強さ**

| 樹　　種 | 許容最低密度 ($g/cm^3$) | 接着せん断強さ （$N/mm^2$） | | | 含水率低下1％当たりの接着強度増加率（％） |
|---|---|---|---|---|---|
| | | 含水率8％ | 含水率12％ | 含水率16％ | |
| ベイマツ | 0.43 | 8.14 | 7.38 | 6.62 | 1.7 |
| ベイツガ | 0.41 | 8.83 | 8.07 | 7.31 | 2.5 |
| ウェスタンラーチ | 0.55 | 10.69 | 9.73 | 8.83 | 2.9 |
| ホワイトオーク | 0.68 | 15.18 | 13.80 | 12.42 | 3.4 |
| サザンパイン | 0.51 | 9.94 | 9.04 | 8.14 | 3.7 |
| セコイア | 0.40 | 7.11 | 6.49 | 5.86 | 2.3 |

| 4 | (ろ) | 最大曲げモーメント及び曲げ剛性の基準値が定められていること。 |
|---|---|---|
| | (は) | 最大曲げモーメント及び曲げ剛性の測定は，各部の曲げ強さ及び曲げ弾性係数並びに各部間の接着強さ及び接着剛性に基づいて統計的に合理性を有する方法で計算し，当該計算により得られた数値が，基準値の種類に応じて，次の表に掲げる条件式を満たすことを確かめる方法又はこれと同等以上に最大曲げモーメント及び曲げ剛性を測定できる方法によること。ただし，次に掲げる方法により試験を行った場合における数値とすることができる。<br>　イ　試験体の数は，ロに規定する試験を行う試験体の厚さごとにそれぞれ10以上とすること。ただし，当該厚さを3以下とする場合にあっては，試験体の合計を53以上としなければならない。<br>　ロ　試験は，次に掲げる方法によること。<br>　(1)　支点間距離は，試験体の厚さの17倍以上21倍以下とすること。<br>　(2)　載荷点は，(1)の支点間距離を3等分する位置に2点設け，局部的な損傷が生ずるおそれのある場合にあってはクロスヘッド（載荷点及び支点に用いる十分な曲率を有する鋼材をいう。以下同じ。）の使用その他の有効な損傷防止措置を講ずること。この場合において，載荷点における荷重が分散しないものとすること。<br>　(3)　(2)の2点の載荷点にはそれぞれ等しい荷重を，試験体が破壊するまで漸増して加えること。この場合において，荷重を加え始めてから試験体が破壊するまでの時間は，1分以上としなければならない。<br>　ハ　最大曲げモーメントの基準値は，ロに規定する試験により得られた最大荷重から，試験体ごとの最大曲げモーメントの信頼水準75％の95％下側許容限界値とすること。<br>　ニ　曲げ剛性は，ロに規定する試験により得られた荷重―変形関係から，試験体ごとの平均値として求めること。<br>表<br><br>\| 基準値の種類 \| 条　件　式 \|<br>\|---\|---\|<br>\| 最大曲げモーメント \| $T_1 < E_1$ \|<br>\| 曲げ剛性 \| $\dfrac{T_2}{E_2} < 1.0 + \dfrac{\sigma\left(\dfrac{T_2}{E_2}\right)}{\sqrt{n}}$ \|<br><br>この表において，$T_1$，$E_1$，$T_2$，$E_2$，$\sigma\left(\dfrac{T_2}{E_2}\right)$ 及び$n$は，それぞれ次の数値を表すものとする。<br>$T_1$：計算により得られた最大曲げモーメント（単位　ニュートンメートル）<br>$E_1$：3以上の試験体についてイからハまでに規定する試験により得られた最大曲げモーメント（単位：ニュートンメートル）<br>$T_2$：計算により得られた曲げ剛性（単位　ニュートン平方ミリメートル）<br>$E_2$：3以上の試験体についてイ，ロ及びニに規定する試験により確認された曲げ剛性（単位　ニュートン平方ミリメートル）<br>$\sigma\left(\dfrac{T_2}{E_2}\right)$：$T_2/E_2$の標準偏差<br>$n$：イに規定する試験体の数 |

（ろ）　木質複合軸材料は，例えば横架材として使用する場合に，使用するスパンによってはりせいを変えて製造

することが可能であり，それが特徴となっている。また，その断面は図2.8に示すようにI形，中空部分を有する角形など変断面であることが予想されるので，曲げ強度及び弾性係数の基準値が一定の値で決まらない。これにより，はりせいを変えて試験を実施し，はりせいによらず一定の基準値を決めうる曲げ最大モーメント及び曲げ剛性を求めることとしている。

（は）測定方法については，各構成要素の曲げ及びせん断の強さ及び弾性係数の基準値に基づいて合理的な計算方法によって求めた値が，「表」に掲げる条件式を満たせば良いこととしている。合理的な計算方法とは，接着部が完全に剛接となっている場合においては，古典材料力学における組合せはりの理論に基づく計算などを基にして，構成要素の最大応力点を求め，これが構成要素に担保された基準材料強度に達した点を最大曲げモーメントとする方法等がこれに該当する。

実験のみから求める方法も認められている。以下に実験による手順を示す。

イ　試験体の数は，4以上の試験体の厚さ（はりせい）ごとにそれぞれ10以上としている。或いは，試験体の厚さ（はりせい）の種類を3以下とする場合は試験体数の合計を53以上としなければならないとしている。

ロ　試験は，以下の手順に従って行うこととしている（図2.9）。
(1) 支点間距離 $l$ は，試験体の厚さ $h$ の17倍以上21倍以下とする。
(2) 3等分点4点曲げ試験を行う。ただし，クロスヘッドは局部破壊を生じさせない形状とし，2点の載荷点にはそれぞれ等しい荷重をかけるものとする。
(3) 荷重を加え始めてから試験体が破壊するまでの時間は，1分以上かけるものとする。

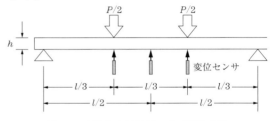

図2.9　木質複合軸材料の曲げ試験方法

ハ　最大曲げモーメント $M_{max}$ の基準値は，ロに規定する試験により得られた最大荷重 $P_{max}$ から，試験体ごとの最大曲げモーメントの信頼水準75%の95%下側許容限界値とする。最大曲げモーメントは次式（2.9）から求められる。

$$M_{max} = P_{max} l/6 \quad (2.9)$$

ここで，$l$：スパン

ニ　曲げ剛性は荷重―変形関係から得られる $\Delta P/\Delta y$ に基づいて次式（2.10）から算出し，試験体ごとの平均値として求める。

$$EI = \frac{\Delta P}{\Delta y} \frac{l^3}{48} \quad (2.10)$$

ここで，$\Delta P$：荷重の増分
　　　　$\Delta y$：変位（中央の変位から載荷点直下2点の平均変位を差し引いたもの）の増分

| 5 | (ろ) | せん断強さ及びせん断弾性係数の基準値が定められていること。 |
|---|---|---|
| | (は) | せん断強さ及びせん断弾性係数の測定は，次に掲げる方法又はこれと同等以上にせん断強さ及びせん断弾性係数を測定できる方法によること。<br>イ　試験体の数は，ロに規定する試験を行う試験体の厚さごとにそれぞれ10以上とすること。ただし，当該厚さを3以下とする場合にあっては，試験体の合計を53以上としなければならない。<br>ロ　試験は，次に掲げる方法によること。<br>(1) 載荷点は，試験体の中央に1点又は中央から等しい距離だけ離した2点とすること。<br>(2) 支点は，(1)の載荷点から試験体の端部側にそれぞれ試験体の厚さの1.5倍以上の距離だけ離して設けること。<br>(3) 荷重（載荷点を2点とした場合は，それぞれ等しい荷重とする。）は，(1)の載荷点の上面にクロスヘッドを置き，当該クロスヘッドの上から試験体が破壊するまで漸増して加えること。この場合において，荷重を加え始めてから試験体が破壊するまでの時間は，1分以上としなければならない。<br>(4) (3)のクロスヘッドの形状は，試験体に局部的な損傷が生ずるおそれのないものとすること。<br>(5) I形の断面形状に複合構成された建築材料であって，ウェブが継手を設けている場合にあっては，これを(2)の載荷点と支点による応力集中がない部分に位置しなければならない。<br>ハ　せん断強さの基準値は，ロに規定する試験により得られた荷重―変形関係から，回帰分析により各試験体ごとのせん断強さの信頼水準75%の95%下側許容限界値とすること。<br>ニ　せん断弾性係数は，ロに規定する試験により得られた各試験体の最大荷重から，各試験体ごとのせん断弾性係数の平均値とすること。 |

せん断強さ及び弾性係数ははりせいによらず一定の基準値を決めうる。イ〜ニに示す各条件を満たす方法で測定することを要求している。

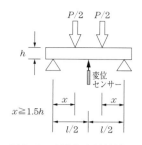

図 2.10 木質複合軸材料のせん断試験方法

イ　4種類以上のはりせいについて試験する場合は，各はりせいごとに 10 本以上の試験を実施し，はりせいを 3 種類以下とする場合は，各試験体の合計を 53 体以上とすることを要求している。

ロ　(1)　中央集中荷重 3 点曲げ，又は 4 点曲げ試験によることを要求している。
　　(2)　両端の支持点と載荷点の距離をはりせいの 1.5 倍以上としている（図 2.10）。
　　(3)　2 点で載荷する場合は，両載荷点に等しい荷重を与え，破壊するまで徐々に荷重を増加させていき，荷重を加え始めてから試験体が破壊するまでの時間は，1 分以上とすることを要求してる。
　　(4)　載荷点には局部のめりこみ破壊が生じないようなクロスヘッドを用いて載荷することとしている。
　　(5)　例えば，I 形の断面形状に複合構成された建築材料等で，ウェブに継手を設けているような場合は，その継手は載荷点付近や両端の支持点付近など応力が集中する位置を避けるように配置する。

ハ　せん断強さの基準値は，試験で得られた最大荷重から，回帰分析により各試験体ごとのせん断強さの信頼水準 75% の 95% 下側許容限界値とする。

ニ　せん断弾性係数は，試験で得られた各試験体の荷重―変形関係から，回帰分析により各試験体ごとのせん断弾性係数の平均値とする。

| 6 | （ろ） | めりこみの応力が生ずる部分に用いる場合にあっては，めりこみ強さの基準値が定められていること。 |
|---|---|---|
|   | （は） | めりこみ強さの測定は，第 1 第 10 号に掲げる建築材料の項（は）欄第 4 号に掲げる方法（この場合において，試験体の寸法は，長さを試験体の幅の 3 倍とするものとする。）又はこれと同等以上にめりこみ強さを測定できる方法によること。ただし，各部の組合せに対するめりこみの応力の影響を考慮し，めりこみの応力の生ずる各部のめりこみ強さの基準値を用いて計算する場合は，当該数値とすることができる。 |

（ろ）　めりこみ応力が生ずる部分に用いる場合に限って，めりこみ強さの基準値を求めることを要求している。

（は）　測定方法は基本的に第 10 号 木質接着成形軸材料の項（は）欄第 4 号（めりこみ強さの基準値）と同様であるが，試験体断面は正方形である必要はなく，標本自体の断面でよいとする。長さは試験体幅の 3 倍以上とする。

なお，構成要素のめりこみ強さの基準値が明らかになっていれば，この値を基に合理的な計算を行うことで代用できるとしている。

| 7 | （ろ） | 含水率の基準値が定められていること。ただし，各部ごとに含水率の基準値が定められている場合は，この限りでない。 |
|---|---|---|
|   | （は） | 第 1 第 10 号に掲げる建築材料の項（は）欄第 5 号に掲げる方法によること。 |

第 10 号 木質接着成形軸材料の含水率の基準値と同様であるが，構成要素ごとに含水率の基準値が定められている場合は，適用除外としている。

| 8 | （ろ） | 湿潤状態となるおそれのある部分に用いる場合にあっては，第 4 号に規定する最大曲げモーメント及び曲げ剛性，第 5 号に規定するせん断強さ及びせん断弾性係数並びに第 6 号に規定するめりこみ強さに対する含水率の調整係数が定められていること。ただし，せん断強さ若しくはめりこみ強さ又はせん断弾性係数に対する含水率の調整係数は，合理的な方法により最大曲げモーメント又は曲げ剛性に対する含水率の調整係数と同等以上であることが確かめられた場合にあっては，最大曲げモーメント又は曲げ剛性に対する含水率の調整係数により代替することができる。 |
|---|---|---|
|   | （は） | 第 1 第 10 号に掲げる建築材料の項（は）欄第 6 号に掲げる方法によること。この場合において，同号中「曲げ強さ，曲げ弾性係数，せん断強さ，せん断弾性係数及びめりこみ強さ」とあるのは，「最大曲げモーメント，曲げ剛性，せん断強さ，せん断弾性係数及びめりこみ強さ」と，「（は）欄第 2 号から第 4 号まで」とあるのは，「第 1 号第 11 号に掲げる建築材料の項（は）欄第 4 号から第 6 号まで」とそれぞれ読 |

み替えるものとする。ただし、各部の組合せに対する含水率の影響を考慮し、各部の含水率の調整係数を用いて計算した場合は、当該数値とすることができる。

(ろ)　常時湿潤環境又は断続湿潤環境に使用する材料とする場合に限って、含水率の調整係数を求めることを要求している。

　調整係数を求める対象となる力学特性値は、本材料の基準値を出すことが要求されている全ての項目、即ち第4号に規定する最大曲げモーメント及び曲げ剛性、第5号に規定するせん断強さ及びせん断弾性係数並びに第6号に規定するめりこみ強さに対するものが必要である。ただし、せん断強さ若しくはめりこみ強さ又はせん断弾性係数に対する含水率の調整係数は、合理的な方法により最大曲げモーメント又は曲げ剛性に対する含水率の調整係数と同等以上であることが確かめられた場合は、最大曲げモーメント又は曲げ剛性に対する含水率の調整係数により代替することができるとしている。なお、めりこみ応力が存在しないとして、前号を適用除外とする材料にあっては、本号もめりこみ強さに対する調整係数は適用除外とする。

(は)　測定方法は第10号 木質接着成形軸材料と基本的に同様であるが、曲げ強さは最大曲げモーメントと、曲げ弾性係数は曲げ剛性と、「(は)欄第2号から第4号まで」は、「第1第11号に掲げる建築材料の項（は）欄第4号から第6号まで」とそれぞれ読み替えることとしている。

　なお、各構成要素の同調整係数から、構成要素の組合せ、応力分担性状等について考慮して本調整係数を合理的に算出した場合は、これで代用できるとしている。

| 9 | (ろ) | 第4号に規定する最大曲げモーメント、第5号に規定するせん断強さ及び第6号に規定するめりこみ強さに対する荷重継続時間の調整係数が定められていること。ただし、せん断強さ及びめりこみ強さに対する荷重継続時間の調整係数は、合理的な方法により最大曲げモーメントに対する荷重継続時間の調整係数と同等以上であることが確かめられた場合にあっては、最大曲げモーメントに対する荷重継続時間の調整係数により代替することができる。 |
|---|---|---|
|  | (は) | 第1第10号に掲げる建築材料の項（は）欄第7号に掲げる方法によること。この場合において、同号中「曲げ強さ、せん断強さ及びめりこみ強さ」とあるのは、「最大曲げモーメント、せん断強さ及びめりこみ強さ」と、「(は)欄第2号から第4号まで」とあるのは、「第1第11号に掲げる建築材料の項（は）欄第4号から第6号まで」とそれぞれ読み替えるものとする。ただし、各部の組合せに対する荷重継続時間の影響を考慮し、各部の荷重継続時間の調整係数を用いて計算した場合は、当該数値とすることができる。 |

第10号 木質接着成形軸材料の荷重継続時間の調整係数と同様である。

　なお、各構成要素の同調整係数から、構成要素の組合せ、応力分担性状等について考慮して本調整係数を合理的に算出した場合は、これで代用できるとしている。

| 10 | (ろ) | 第4号に規定する曲げ剛性及び第5号に規定するせん断弾性係数に対するクリープの調整係数が定められていること。ただし、せん断弾性係数に対するクリープの調整係数は、合理的な方法により曲げ剛性に対するクリープの調整係数と同等以上であることが確かめられた場合にあっては、曲げ剛性に対するクリープの調整係数により代替することができる。 |
|---|---|---|
|  | (は) | 第1第10号に掲げる建築材料の項（は）欄第8号に掲げる方法によること。この場合において、同号中「曲げ弾性係数及びせん断弾性係数」とあるのは、「曲げ剛性及びせん断弾性係数」と、「(は)欄第2号及び第3号」とあるのは、「第1第11号に掲げる建築材料の項（は）欄第4号及び第5号」とそれぞれ読み替えるものとする。ただし、各部の組合せに対するクリープの影響を考慮し、各部のクリープの調整係数を用いて計算した場合は、当該数値とすることができる。 |

第10号 木質接着成形軸材料のクリープの調整係数と同様である。

　なお、各構成要素の同調整係数から、構成要素の組合せ、応力分担性状等について考慮して本調整係数を合理的に算出した場合は、これで代用できるとしている。

| 11 | (ろ) | 第4号に規定する最大曲げモーメント及び曲げ剛性，第5号に規定するせん断強さ及びせん断弾性係数並びに第6号に規定するめりこみ強さに対する事故的な水掛りを考慮した調整係数が定められていること。ただし，せん断強さ若しくはめりこみ強さ又はせん断弾性係数に対する事故的な水掛りを考慮した調整係数は，合理的な方法により最大曲げモーメント又は曲げ剛性に対する事故的な水掛りを考慮した調整係数と同等以上であることが確かめられた場合にあっては，最大曲げモーメント又は曲げ剛性に対する事故的な水掛りを考慮した調整係数により代替することができる。 |
|---|---|---|
| | (は) | 第1第10号に掲げる建築材料の項（は）欄第9号に掲げる方法によること。この場合において，同号中「曲げ強さ，曲げ弾性係数，せん断強さ，せん断弾性係数およびめりこみ強さ」とあるのは，「最大曲げモーメント，曲げ剛性，せん断強さ，せん断弾性係数及びめりこみ強さ」と，「（は）欄第2号から第4号まで」とあるのは，「第1第11号に掲げる建築材料の項（は）欄第4号から第6号まで」とそれぞれ読み替えるものとする。ただし，各部の組合せに対する事故的な水掛りの影響を考慮し，各部の事故的な水掛りを考慮した調整係数を用いて計算した場合は，当該数値とすることができる。 |

第10号　木質接着成形軸材料の事故的な水掛りを考慮した調整係数と同様である。
　なお，各構成要素の同調整係数から，構成要素の組合せ，応力分担性状等について考慮して本調整係数を合理的に算出した場合は，これで代用できるとしている。

| 12 | (ろ) | 接着耐久性に関する強さの残存率が，それぞれ0.5以上として定められていること。ただし，第3号に掲げる接着剤の品質が確認され，かつ，促進劣化試験による強さの残存率が接着の性能を維持するために必要な数値である場合にあっては，この限りでない。 |
|---|---|---|
| | (は) | 第1第10号に掲げる建築材料の項（は）欄第10号に掲げる方法によること。この場合において，「（は）欄第2号（試験及び試験体ごとの曲げ強さの測定に係る部分に限る。）に規定する方法により（ろ）欄第2号に規定する曲げ強さ」とあるのは，「第1第11号に掲げる建築材料の項（は）欄第4号（試験及び試験体ごとの最大曲げモーメントの測定に係る部分に限る。）に規定する方法により第1第11号に掲げる建築材料の項（ろ）欄第4号に規定する最大曲げモーメント」と読み替えるものとする。ただし，各部の組合せに対する接着の影響を考慮し，各部及び接着剤の強さの残存率を用いて計算した場合は，当該数値とすることができる。 |

第10号　木質接着成形軸材料の接着耐久性に関する強さの残存率と同様である。
　なお，各構成要素の同調整係数から，構成要素の組合せ，応力分担性状等について考慮して本調整係数を合理的に算出した場合は，これで代用できるとしている。

| 13 | (ろ) | 防腐処理による力学特性値の低下率の基準値が定められ，かつ，防腐処理に用いる木材防腐剤の名称が明らかにされていること。この場合において，注入処理による場合にあっては，当該木材防腐剤の有効成分の含有量の基準値が定められていること。 |
|---|---|---|
| | (は) | 第1第10号に掲げる建築材料の項（は）欄第11号に掲げる方法によること。この場合において，同号中「（ろ）欄第2号から第4号まで」とあるのは，「第1第11号に掲げる建築材料の項（ろ）欄第4号から第6号まで」と読み替えるものとする。 |

第10号　木質接着成形軸材料の防腐処理による力学特性値の低下率の基準値と同様である。

## 2.3　木質断熱複合パネル

| (い) | 12　木質断熱複合パネル |
|---|---|

| 1 | (ろ) | 寸法の基準値が定められていること。 |
|---|---|---|
| | (は) | 寸法の測定は，ノギス，マイクロメータ又はこれらと同等以上の精度を有する測定器具を用いて行うこと。 |

第10号　木質接着成形軸材料の寸法の基準値と同様である。

| 2 | (ろ) | 各部の品質が定められていること。 |
|---|---|---|
|   | (は) | 各部の受入時に，納品書，検査証明書又は試験証明書等の書類によること。 |

第 11 号 木質複合軸材料における各部の品質に関する規定と同様である。

| 3 | (ろ) | 面内圧縮の応力が生ずる部分に用いる場合にあっては，面内圧縮強さの基準値が定められていること。 |
|---|---|---|
|   | (は) | 面内圧縮強さの測定は，JIS A 1414-2（建築用パネルの性能試験方法―第 2 部：力学特性に関する試験）―2010 の 5.1 の軸方向圧縮試験又はこれと同等以上に面内圧縮強さを測定できる方法によること。 |

（ろ）　面内圧縮応力が生ずるような部分に使用する部材に限って，面内圧縮強さの基準値を求めることを要求している。パネルに面内圧縮応力が生ずる部分とは，主に壁に使用する場合などが想定されている。

（は）　JIS A 1414-2 建築用パネルの性能試験方法―第 2 部：力学特性に関する試験）―2010 による。

| 4 | (ろ) | 面外曲げ強さ及び曲げ弾性係数の基準値が定められていること。 |
|---|---|---|
|   | (は) | 面外曲げ強さ及び曲げ弾性係数の測定は，JIS A 1414-2（建築用パネルの性能試験方法―第 2 部：力学特性に関する試験）―2010 の 5.3 の曲げ試験又はこれと同等以上に面外曲げ強さ及び曲げ弾性係数を測定できる方法によること。ただし，試験体に加える荷重については，エアバッグ等を用いた等分布荷重とすることができる。 |

JIS A 1414-2（建築用パネルの性能試験方法―第 2 部：力学特性に関する試験）―2010 の「5.3　単純曲げ試験」に規定される面外曲げ強さ及び弾性係数の測定方法による。

| 5 | (ろ) | めりこみの応力が生ずる部分に用いる場合にあっては，めりこみ強さの基準値が定められていること。 |
|---|---|---|
|   | (は) | めりこみ強さの測定は，JIS A 1414-2（建築用パネルの性能試験方法―第 2 部：力学特性に関する試験）―2010 の 5.2 の局部圧縮試験又はこれと同等以上にめりこみ強さを測定できる方法によること。 |

（ろ）　めりこみの応力が生ずる部分に使用する場合に限り，めりこみ強さの基準値を求めることを要求している。

（は）　JIS A 1414-2（建築用パネルの性能試験方法―第 2 部：力学特性に関する試験）―2010 の「5.2　局部圧縮試験」に規定されるめりこみ厚さの測定方法による。

| 6 | (ろ) | せん断の応力が生ずる部分に用いる場合にあっては、せん断耐力及びせん断剛性の基準値が定められていること。 |
|---|---|---|
|   | (は) | せん断耐力及びせん断剛性の測定は、次に掲げる方法又はこれと同等以上にせん断耐力及びせん断剛性を測定できる方法によること。 |

イ 試験体の幅は、同一の仕様ごとに910ミリメートル、1000ミリメートル、1820ミリメートル及び2000ミリメートルとすること。
ロ 試験体の数は、イに規定する試験体の幅の区分ごとにそれぞれ3以上とすること。
ハ 試験体の各部の含水率が、それぞれ20%以下となるまで静置すること。
ニ 試験は、次に掲げる方法により行うこと。
  (1) 試験体は、下部の3以上の箇所において試験台に固定し、ストッパーの位置その他の有効な拘束措置を講ずること。
  (2) 試験体の頂部における一方の端部を、正負両方向への繰り返し載荷を行うことが可能な油圧ジャッキで加力すること。この場合において、当該試験体が回転することにより耐力が低減するおそれのある場合は、当該試験体の端部を次の(i)若しくは(ii)のいずれか又はこれらと同等以上に当該試験体が回転することを防止する方法により拘束しなければならない。
    (i) 両端部付近のタイロッドによる締付け
    (ii) 頂部への1メートルあたり2キロニュートンの載荷
  (3) ローラーの設置その他の試験体の面外方向への変形を拘束するための措置を行うこと。
  (4) 加力は、回転の拘束の方法に応じて、それぞれ次の表に掲げる式により計算したせん断変形角を600分の1ラジアン、450分の1ラジアン、300分の1ラジアン、200分の1ラジアン、150分の1ラジアン、100分の1ラジアン、75分の1ラジアン及び50分の1ラジアンの順に生じさせることとなる力で正負両方向への繰り返し載荷をそれぞれ3回以上行うことにより得られる荷重—変形関係を適切な精度を有する方法で測定すること。

|   | 回転の拘束の方法 | せん断変形角（単位 ラジアン） |
|---|---|---|
| (1) | ニ(2)(i)に掲げる方法 | $\dfrac{d_1 - d_2}{H} - \dfrac{d_3 - d_4}{V}$ |
| (2) | (1)以外の方法 | $\dfrac{d_1 - d_2}{H}$ |

この表において、$d_1$、$d_2$、$H$、$d_3$、$d_4$ 及び $V$ は、それぞれ次の数値を表すものとする。
  $d_1$ 試験体の頂部の水平方向の変位（単位 ミリメートル）
  $d_2$ 試験体の脚部の水平方向の変位（単位 ミリメートル）
  $H$ 水平方向の変位を測定する計測機器相互間の鉛直距離（単位 ミリメートル）
  $d_3$ 加力点から遠いほうの脚部の鉛直変位（単位 ミリメートル）
  $d_4$ 加力点から近いほうの脚部の鉛直変位（単位 ミリメートル）
  $V$ 鉛直方向の変位を測定する計測機器相互間の水平距離（単位 ミリメートル）

  (5) (4)に掲げる方法により荷重—変形関係を測定した後、荷重を漸増して加え、最大荷重が測定された後に測定される最大荷重の80%に相当する荷重又はせん断変形角が15分の1ラジアンに達するまでの荷重—変形関係を適切な精度を有する方法で測定すること。
ホ 当該試験体の仕様ごとに、ニに規定する試験により求めたそれぞれの試験体の荷重—変形関係のうち、ニ(5)に掲げる方法により測定された最大荷重の80%に相当する荷重又は15分の1ラジアンとなるせん断変形角を有する荷重の軸と変形の軸により囲まれる荷重—変形関係から得た包絡線（以下この号において「耐力曲線」という。）を用い、次に定めるところにより、当該試験体の最大耐力、降伏耐力、降伏変位、終局耐力及び塑性率の数値を計算すること。
  (1) 最大耐力は、耐力曲線上における最大荷重とする。
  (2) 降伏耐力及び降伏変位は、次による。
    (i) 耐力曲線上における(1)の最大荷重が測定される前に測定された荷重のうち、(1)の最大荷重のそれぞれ0.1倍及び0.4倍となる荷重に対応する2点を通る直線を第Ⅰ直線とする。
    (ii) 耐力曲線上における(1)の最大荷重が測定される前に測定された荷重のうち、(1)の最大荷重のそれぞれ0.4倍及び0.9倍となる荷重に対応する2点を通る直線を第Ⅱ直線とする。
    (iii) 耐力曲線上における接線のうち、第Ⅱ直線に平衡となる直線を第Ⅲ直線とする。
    (iv) 降伏耐力は、第Ⅰ直線と第Ⅲ直線との交点における荷重とする。
    (v) 降伏変位は、降伏耐力を表す直線を第Ⅳ直線とし、Ⅳ直線と耐力曲線との交点における変位（複数の交点が得られる場合にあっては、最小となる変位）とする。
  (3) 終局耐力は、次による。
    (i) ニ(5)に掲げる方法による加力の終了時の変位を終局変位とする。
    (ii) 耐力曲線、終局変位を表す直線及び変形の軸により囲まれる部分の面積を計算する。
    (iii) 原点と(2)(v)で得た降伏変位となる点を通る直線を第Ⅴ直線とする。

(iv) 終局耐力は，当該終局耐力を表す直線，変形の軸，第Ⅴ直線及び終局変位を表す直線で囲まれる台形の部分の面積が(ii)で計算した面積と等しくなる場合の耐力とする。
(4) 塑性率は，(2)(v)の第Ⅳ直線と(3)(iii)の第Ⅴ直線との交点における変位を求め，当該変位の数値で(3)(i)で得た終局変位の数値を除して得た数値とする。

ヘ　せん断耐力の基準値は，当該試験体の仕様ごとに，ホに規定するそれぞれの数値を用いて次の表の(1)項から(4)項までの式によって計算した数値の信頼水準75％の50％下側許容限界値のうちいずれか小さい数値とすること。

| (1) | $P = P_y$ |
| (2) | $P = 0.2 P_u \sqrt{2\mu - 1}$ |
| (3) | $P = \dfrac{2}{3} P_{\max}$ |
| (4) | $P = P'$ |

この表において，$P$，$P_y$，$P_u$，$\mu$，$P_{\max}$ 及び $P'$ は，それぞれ次の数値を表すものとする。
$P$　　せん断耐力の計算に用いる数値（単位　キロニュートン）
$P_y$　　ホ(2)に規定する降伏耐力（単位　キロニュートン）
$P_u$　　ホ(3)に規定する終局耐力（単位　キロニュートン）
$\mu$　　ホ(4)に規定する塑性率
$P_{\max}$　ホ(1)に規定する最大耐力（単位　キロニュートン）
$P'$　　耐力曲線上におけるニ(4)に規定するせん断変形角が150分の1（回転の拘束の方法をニ(2)(i)に掲げる方法以外の方法とした場合にあっては，120分の1）ラジアンとなる変形に対応した耐力（単位　キロニュートン）

ト　せん断剛性は，当該試験体の仕様ごとに，ホ(3)(iii)に規定する第Ⅴ直線の傾きの数値を求め，それらの平均値とすること。

（ろ）　面内せん断応力が生ずるような部分に使用する部材に限って，面内圧縮強さの基準値を求めることを要求している。パネルに面内せん断応力が生ずる部分とは，主に壁，水平構面とする床，屋根に使用する場合などが想定されている。

（は）　面内せん断耐力及び剛性の基準値の測定方法は，指定性能評価機関における「耐力壁の壁倍率等の試験評価業務方法書」のうち，倍率の算出に係る部分を除いた方法によるものとする。

| 7 | （ろ） | 温度による著しい変形のおそれがある部分に用いる場合にあっては，耐熱性能の基準値が定められていること。 |
|---|---|---|
|   | （は） | 耐熱性能の測定は，JIS A 1414-3（建築用パネル性能試験方法—第3部：温湿度・水分に対する試験）—2010の5.1の温度に対する性能試験又はこれと同等以上に耐熱性能を測定できる方法によること。 |

（ろ）　温度による著しい変形のおそれがある部分に用いる部材とする場合に限って，耐熱性能の基準値を求めることを要求している。温度による著しい変形のおそれがある部分とは，主として屋根に使用する部材とする場合などが想定されている。

（は）　測定は，JIS A 1414-3（建築用パネル性能試験方法—第3部：温湿度・水分に対する試験）—2010の5.1の温度に対する性能試験のうち，温度試験に関する部分に基づく方法，又はこれと同等以上に耐熱性能を測定できる方法によるものとしている。

| 8 | （ろ） | 湿潤状態となるおそれのある部分に使用する場合にあっては，第4号に規定する面外曲げ強さ及び曲げ弾性係数に対する含水率の調整係数が定められていること。 |
|---|---|---|
|   | （は） | 面外曲げ強さ及び曲げ弾性係数（以下この号において「各力学特性値」という。）に対する含水率の調整係数は，次に定める方法又はこれと同等以上に含水率の調整係数を測定できる方法によること。ただし，各部の組合せに対する含水率の影響を考慮し，有機発泡剤及び当該建築材料の表層面に用いる構造用合板その他これに類するものに対する含水率の調整係数から計算した場合は，当該数値とすることができる。<br>　イ　試験体は，次に掲げる方法により採取すること。<br>　　(1)　標本は，生産の段階で同定可能な母集団から，当該母集団の材料特性を適切に表すものとなるように10以上を採取すること。<br>　　(2)　各標本より採取する調整係数用本試験体の数は，1とすること。<br>　　(3)　(2)の調整係数用本試験体に隣接する位置又は材料特性の差が最も小さくなる位置から採取するサイドマッチング用試験体の数は，2とすること。<br>　　(4)　試験体の形状及び寸法はすべて同一とし，次に掲げるものによること。<br>　　　(i)　試験体の厚さは，当該建築材料の厚さと同じとすること。<br>　　　(ii)　試験体の幅は，当該建築材料の厚さの2倍以上とすること。<br>　　　(iii)　試験体の長さは，ロ及びハに規定する試験における支点間距離（試験体の厚さの12倍以上とする。）に5センチメートル又は試験体の厚さの2分の1を加えた長さとすること。ただし，支点間距離及び当該建築材料の厚さが試験に与えるせん断の影響を適切に考慮してこれと同等以上の精度で試験の結果が得られる長さであることが確かめられた場合にあっては，この限りでない。<br>　ロ　サイドマッチング用試験体は，温度摂氏20℃±2℃，相対湿度65%±5%の環境下で平衡状態となるまで静置し，当該環境下で（は）欄第4号（試験及び試験体ごとの各力学特性値の測定に係る部分に限る。）に規定する方法により各力学特性値を求めること。<br>　ハ　調整係数用本試験体は，次に掲げる使用環境に応じて(1)又は(2)のいずれかに定める環境下で静置し，当該環境下で（は）欄第4号（試験及び試験体ごとの各力学特性値の測定に係る部分に限る。）に規定する方法により各力学特性値を求めること。<br>　　(1)　常時湿潤環境　気温摂氏20℃±2℃及び相対湿度95%±5%<br>　　(2)　断続湿潤環境　気温摂氏20℃±2℃及び相対湿度85%±5%<br>　ニ　各力学特性値に対する含水率の調整係数は，ハで得られた調整係数用本試験体ごとの各力学特性値のロで得られた対応するサイドマッチング試験体の各力学特性値の平均値に対する比率を各標本ごとに求め，それらの数値を平均して得た数値（1.0を超える場合は1.0とする。）とすること。 |

第10号　木質接着成形軸材料の含水率の調整係数と同様としている。

　ただし，各構成要素の同調整係数から，構成要素の組合せ，応力分担性状等について考慮して本調整係数を合理的に算出した場合は，これで代用できるとしている。

| 9 | （ろ） | 第3号に規定する面内圧縮強さ，第4号に規定する面外曲げ強さ及び第5号に規定するめりこみ強さに対する荷重継続時間の調整係数が定められていること。 |
|---|---|---|
|   | （は） | 面内圧縮強さ，面外強さ及びめりこみ強さ（以下この号において「各力学特性値」という。）に対する荷重継続時間の調整係数の測定は，次に定める方法又はこれと同等以上に荷重継続時間の調整係数を測定できる方法によること。ただし，各部の組合せに対する荷重継続時間の影響を考慮し，有機発泡剤及び当該建築材料の表層面に用いる構造用合板その他これに類するものに対する荷重継続時間の調整係数から計算した場合は，当該数値とすることができる。<br>　イ　試験体は，（は）欄第8号イに掲げる方法により採取すること。<br>　ロ　試験体は，温度摂氏20℃±2℃，相対湿度65%±5%の環境下で平衡状態となるまで静置すること。<br>　ハ　試験を行う環境は，ロで試験体を静置した環境と同一とすること。<br>　ニ　サイドマッチング用試験体について，（は）欄第3号から第5号まで（試験及び試験体ごとの各力学特性値の測定に係る部分に限る。）に規定する方法により各力学特性値を求めること。<br>　ホ　1を超えない範囲内の数値（以下「応力レベル」という。）を3以上選択し，これを各調整係数用本試験体に対応するサイドマッチング用試験体の各力学特性値の平均値に乗じた応力に対応する荷重をそれぞれ10本以上の調整係数用本試験体に加え，破壊荷重継続時間を測定すること。この場合において，少なくとも1以上の応力レベルにつき，すべての試験体の半数以上の破壊荷重継続時間を6ヶ月以上としなければならない。<br>　ヘ　各力学特性値に対する荷重継続時間の調整係数は，ホの規定により測定した各調整係数用本試験体の応力レベルごとの破壊荷重継続時間の常用対数と応力レベルとの関係について回帰直線を求め，回帰直線上において破壊荷重継続時間が50年に相当する応力レベルの数値（1.0を超える場合は，1.0とする。）とすること。 |

第10号 木質接着成形軸材料の荷重継続時間の調整係数と同様としている。

　ただし，各構成要素の同調整係数から，構成要素の組合せ，応力分担性状等について考慮して本調整係数を合理的に算出した場合は，これで代用できるとしている。

| 10 | (ろ) | 第4号に規定する曲げ弾性係数に対するクリープの調整係数が定められていること。 |
|---|---|---|
| | (は) | 　曲げ弾性係数に対するクリープの調整係数の測定は，次に掲げる方法又はこれと同等以上にクリープの調整係数を測定できる方法によること。ただし，各部の組合せに対するクリープの影響を考慮し，有機発泡剤及び当該建築材料の表層面に用いる構造用合板その他これに類するものに対するクリープの調整係数から計算した場合は，当該数値とすることができる。<br>　イ　試験体は，(は)欄第8号イに掲げる方法により採取すること。<br>　ロ　試験体は，温度摂氏20℃±2℃，相対湿度65%±5%の環境下で平衡状態となるまで静置すること。<br>　ハ　試験を行う環境は，ロで試験体を静置した環境と同一とすること。<br>　ニ　サイドマッチング用試験体について，(は)欄第4号（試験及び試験体ごとの曲げ弾性係数の測定に係る部分に限る。）に規定する方法により曲げ弾性係数を求めること。<br>　ホ　調整係数用本試験体について，対応するサイドマッチング用試験体のニで求めた曲げ弾性係数の平均値に(ろ)欄第8号に規定する含水率の調整係数，(ろ)欄第9号に規定する荷重継続時間の調整係数及び3分の2を乗じて得られる応力に相当する荷重を加え，曲げ弾性係数を測定する際に用いた部分に相当する部分の変形を，荷重を加え始めてから1分，5分，10分，100分及び500分後並びにその後24時間ごとに5週間以上測定すること。<br>　ヘ　ホの調整係数用本試験体それぞれについて，クリープ変形比を計算すること。<br>　ト　ヘにより計算した各調整係数用本試験体のそれぞれの時間に対応したクリープ変形比（1分及び5分に対応するものを除く。）の常用対数と，時間の常用対数との関係について，回帰直線を求めること。<br>　チ　曲げ弾性係数に対するクリープの調整係数は，トで得られた回帰直線上の，時間が50年に相当するクリープ変形比の数値（1.0を超える場合は1.0とする。）とすること。 |

第10号 木質接着成形軸材料のクリープの調整係数と同様としている。

　ただし，各構成要素の同調整係数から，構成要素の組合せ，応力分担性状等について考慮して本調整係数を合理的に算出した場合は，これで代用できるとしている。

| 11 | (ろ) | 第3号に規定する面内圧縮強さ，第4号に規定する面外曲げ強さ及び曲げ弾性係数並びに第5号に規定するめりこみ強さに対する事故的な水掛りを考慮した調整係数が定められていること。 |
|---|---|---|
| | (は) | 　面内圧縮強さ，面外曲げ強さ，曲げ弾性係数及びめりこみ強さ（以下この号において「各力学特性値」という。）に対する事故的な水掛りを考慮した調整係数の測定は，次に定める方法又はこれと同等以上に事故的な水掛りを考慮した調整係数を測定できる方法によること。ただし，各部の組合せに対する事故的な水掛りの影響を考慮し，有機発泡剤及び当該建築材料の表層面に用いる構造用合板その他これに類するものに対する事故的な水掛りを考慮した調整係数から計算した場合は，当該数値とすることができる。<br>　イ　試験体は，(は)欄第8号イに掲げる方法により採取すること。<br>　ロ　試験体は，温度摂氏20℃±2℃，相対湿度65%±5%の環境下で平衡状態となるまで静置すること。<br>　ハ　試験を行う環境は，ロで試験体を静置した環境と同一とすること。<br>　ニ　サイドマッチング用試験体について，(は)欄第3号から第5号まで（試験及び試験体ごとの各力学特性値の測定に係る部分に限る。）に規定する方法により各力学特性値を求めること。<br>　ホ　調整係数用本試験体は，採取後に試験体の片面に均一に散水できる装置により72時間散水した後，自然乾燥，熱風による乾燥その他これらに類する方法で当該試験体の質量がロに規定する方法により静置された当該試験体の質量を下回るまで乾燥させること。<br>　ヘ　ホの処理後の調整係数用本試験体について，(は)欄第3号から第5号まで（試験及び試験体ごとの各力学特性値の測定に係る部分に限る。）に規定する方法により各力学特性値を求めること。<br>　ト　各力学特性値に対する事故的水掛りを考慮した調整係数は，ヘで得られた調整係数用本試験体ごとの各力学特性値のニで得られた対応するサイドマッチング試験体の各力学特性値の平均値に対する比率を各標本ごとに求め，それらの数値を平均して得た数値（1.0を超える場合は，1.0とする。）とすること。 |

第10号 木質接着成形軸材料の事故的な水掛かりを考慮した調整係数と同様としている。

　ただし，各構成要素の同調整係数から，構成要素の組合せ，応力分担性状等について考慮して本調整係数を合理的に算出した場合は，これで代用できるとしている。

| 12 | (ろ) | 接着耐久性に関する強さの残存率が，それぞれ0.5以上として定められていること。 |
|---|---|---|
|  | (は) | 接着耐久性に関する強さの残存率の測定は，次に定める方法又はこれと同等以上に接着耐久性に関する強さの残存率を測定できる方法によること。ただし，各部の組合せに対する接着の影響を考慮し，有機発泡剤及び当該建築材料の表層面に用いる構造用合板その他これに類するもの並びに接着剤の強さの残存率から計算した場合は，当該数値とすることができる。<br>イ 試験体は，(は)欄第8号イに掲げる方法により採取すること。ただし試験体の形状及び寸法については，次に掲げるところによること。<br>　(1) 試験体の厚さは，当該建築材料の厚さと同じとすること。<br>　(2) 試験体の上面及び底面は矩形とし，辺の長さは25ミリメートル以上とすること。<br>ロ サイドマッチング用試験体について，次に掲げる方法によりはく離強さを求めること。<br>　(1) 試験体は，温度摂氏20℃±2℃，相対湿度65％±5％の環境下で平衡状態となるまで静置すること。<br>　(2) 試験は，次に掲げる方法によること。<br>　　(i) 試験体の底面を試験台に，上面を荷重ブロックに接着すること。<br>　　(ii) (i)の荷重ブロックの上から，当該試験体の厚さ方向に引張荷重を漸増して加えること。<br>　　(iii) 試験は，当該試験体が破壊するまで行い，当該試験体に加える荷重を適切な精度を有する計測機器で測定すること。<br>　(3) サイドマッチング用試験体のはく離強さは，(2)の試験で当該試験体に加えた最大の荷重を受圧面積で除した数値とすること。<br>ハ 調整係数用本試験体について，ホに規定する劣化処理を行うこと。<br>ニ ハの劣化処理後の試験体について，ロ（試験及び試験体ごとのはく離強さの測定に係る部分に限る。）に規定する方法によりはく離強さを求めること。<br>ホ 劣化処理は，次の分類に応じ，(1)から(3)までに掲げる方法によること。<br>　(1) 加熱冷却法　次の(i)から(vi)までの処理を順に行う方法<br>　　(i) 摂氏49℃±2℃の水中に1時間浸せきする。<br>　　(ii) 摂氏93℃±3℃の水蒸気中に3時間静置する。<br>　　(iii) 摂氏マイナス12℃±3℃の空気中に20時間静置する。<br>　　(iv) 摂氏99℃±2℃の乾燥空気中に3時間静置する。<br>　　(v) 摂氏93℃±3℃の水蒸気中に3時間静置する。<br>　　(vi) 摂氏99℃±2℃の乾燥空気中に18時間静置する。<br>　(2) 煮沸法　次の(i)から(iii)までの処理を順に行う方法<br>　　(i) 沸騰水中に4時間以上浸せきする。<br>　　(ii) 常温水中に1時間以上浸せきする。<br>　　(iii) 摂氏70℃±3℃に設定した恒温乾燥器中で当該試験体の質量がロ(1)に規定する方法により静置されたサイドマッチング用試験体の質量を下回るまで乾燥する。<br>　(3) 減圧法　次の(i)から(iii)までの処理を順に行う方法<br>　　(i) 635水銀柱ミリメートルに減圧した常温水中に30分間以上浸せきするか又は635水銀柱ミリメートルに減圧した後温度摂氏65℃の水中に1時間以上浸せきする。<br>　　(ii) 常温水中に30分以上浸せきする。<br>　　(iii) 摂氏70℃±3℃に設定した恒温乾燥器中で6時間以上（偶数サイクル及び最終サイクルは15時間以上とする。）当該試験体の質量がロ(1)に規定する方法により静置されたサイドマッチング用試験体の質量を下回るまで乾燥する。<br>ヘ 接着耐久性に関する強さの残存率は，ニで得られた調整係数用本試験体ごとのはく離強さのロで得られた対応するサイドマッチング試験体のはく離強さの平均値に対する比率を各標本ごとに求め，それらの数値を平均して得た数値のうち，使用する環境に応じて，それぞれ次の(1)から(3)までの条件を満たす数値とすること。<br>　(1) 常時湿潤環境　加熱冷却法を6回繰り返し行った調整係数用本試験体を用いて得られた数値<br>　(2) 断続湿潤環境　煮沸法を行った調整係数用本試験体を用いて得られた数値及び減圧法を6回繰り返し行った調整係数用本試験体を用いて得られ数値のうちいずれか小さい数値（接着剤の品質がJIS K 6806（水性高分子—イソシアネート系木材接着剤）—1995に規定する1種1号に適合する場合にあっては，減圧法を6回繰り返し行った調整係数用本試験体を用いて得られた数値）<br>　(3) 乾燥環境　減圧法を行った調整係数用本試験体を用いて得られた数値 |

第10号 木質接着成形軸材料の含水率の調整係数と同様としている。
　ただし，劣化処理の方法は次の**表2.3**によることとしている。
　また，各種構成要素の接着耐久性に関する強さの残存率から，構成要素の組合せ，応力分担性状等について考慮して本調整係数を合理的に算出した場合は，これで代用できるとしている。

表 2.3 木質断熱複合パネルに要求される使用環境毎の劣化処理の方法

| 使用環境 | 劣 化 処 理 の 方 法 |
|---|---|
| 常時湿潤環境 | 加熱冷却法を 6 回行って得られる値 |
| 断続湿潤環境* | 煮沸法 1 回又は減圧法 6 回を行って得られる数値のうちいずれか小さい値 |
| 乾 燥 環 境 | 減圧法を 1 回行って得られる数値 |

＊：ただし，JIS K 6806（水性高分子―イソシアネート系木材接着剤）―2003 に規定する 1 種 1 号に適合する接着剤を使用している場合は，減圧法を 6 回繰り返し行った調整係数用本試験体を用いて得られた数値

| 13 | （ろ） | 防腐処理による力学特性値の低下率の基準値が定められ，かつ，防腐処理に用いる木材防腐剤の名称が明らかにされていること。この場合において，注入処理による場合にあっては，当該木材防腐剤の有効成分の含有量の基準値が定められていること。 |
|---|---|---|
|  | （は） | 防腐処理による力学的特性値の低下率の測定及び木材防腐剤の有効成分の含有量の測定は，次に掲げる方法又はこれと同等以上に防腐処理による力学特性値の低下率及び木材防腐剤の有効成分の含有量を測定できる方法によること。<br>イ 防腐処理による各力学特性値の低下率は，防腐処理を施したものについての（ろ）欄第 3 号から第 6 号までの各基準値の防腐処理を施さないものについての当該基準値に対する比率とすること。<br>ロ 注入処理に用いる木材防腐剤の種類及びその有効成分の含有量の測定は，JIS K 1570（木材防腐剤）―1998 の 7．試験方法によること。 |

第 10 号 木質接着成形軸材料の防腐処理による力学特性値の低下率の基準値と同様である。

## 2.4 木質接着複合パネル

| （い） | 13 木質接着複合パネル |
|---|---|

| 1 | （ろ） | 寸法の基準値が定められていること。 |
|---|---|---|
|  | （は） | 第 1 第 12 号に掲げる建築材料の項（は）欄第 1 号に掲げる方法によること。 |

第 10 号 木質接着成形軸材料の寸法の基準値と同様としている。

| 2 | （ろ） | 各部の品質が定められていること。各部相互を接着する接着剤について，その品質が JIS K 6806（水性高分子―イソシアネート系木材接着剤）―2003 に規定する 1 種 1 号に適合する接着剤と同等以上に接着の性能を維持させることができるものを用いていること。 |
|---|---|---|
|  | （は） | 第 1 第 12 号に掲げる建築材料の項（は）欄第 2 号に掲げる方法によること。 |

各種構成要素の品質の確保に関する事項は第 11 号 木質複合軸材料の当該部分と同様としている。

構成要素を相互に接着する接着剤については，その品質が JIS K 6806（水性高分子―イソシアネート系木材接着剤）―2003 に規定する 1 種 1 号に適合する接着剤，又はこれと同等以上の品質が確保された接着剤を使用することを要求している。

| 3 | （ろ） | 面内圧縮の応力が生ずる部分に用いる場合にあっては，面内圧縮強さの基準値が定められていること。 |
|---|---|---|
|  | （は） | 第 1 第 12 号に掲げる建築材料の項（は）欄第 3 号に掲げる方法によること。 |

第 12 号 木質断熱複合パネルの面内圧縮強さの基準値と同様としている。

| 4 | （ろ） | 面外曲げ強さ及び曲げ弾性係数の基準値が定められていること。 |
|---|---|---|
|  | （は） | 第 1 第 12 号に掲げる建築材料の項（は）欄第 4 号に掲げる方法によること。 |

第2章 平12建告第1446号別表第二に規定された指定建築材料の品質基準と測定方法

第12号 木質断熱複合パネルの面内曲げ強さ及び曲げ弾性係数の基準値と同様としている。

| 5 | （ろ） | せん断の応力が生ずる部分に用いる場合にあっては，せん断耐力及びせん断剛性の基準値が定められていること。 |
|---|---|---|
| | （は） | 第1第12号に掲げる建築材料の項（は）欄第6号に掲げる方法によること。 |

第12号 木質断熱複合パネルのせん断耐力及びせん断剛性の基準値と同様としている。

| 6 | （ろ） | 湿潤状態となるおそれのある部分に用いる場合にあっては，第4号に規定する面外曲げ強さ及び曲げ弾性係数に対する含水率の調整係数が定められていること。 |
|---|---|---|
| | （は） | 第1第12号に掲げる建築材料の項（は）欄第8号に掲げる方法によること。この場合において，同号中「有機発泡剤及び当該建築材料の表層面に用いる構造用合板その他これに類するもの」とあるのは，「当該建築材料の表層面に用いる構造用合板その他これに類するもの及び枠組材」と，「（は）欄第4号」とあるのは，「第1第13号に掲げる建築材料の項（は）欄第4号」とそれぞれ読み替えるものとする。 |

第10号 木質接着成形軸材料の含水率の調整係数と同様としている。

| 7 | （ろ） | 第3号に規定する面内圧縮強さ及び第4号に掲げる面外曲げ強さに対する荷重継続時間の調整係数が定められていること。 |
|---|---|---|
| | （は） | 第1第12号に掲げる建築材料の項（は）欄第9号に掲げる方法によること。この場合において，同号中「面内圧縮強さ，面外曲げ強さ及びめりこみ強さ」とあるのは，「面内圧縮強さ及び面外曲げ強さ」と，「有機発泡剤及び当該建築材料の表層面に用いる構造用合板その他これに類するもの」とあるのは，「当該建築材料の表層面に用いる構造用合板その他これに類するもの及び枠組材」と，「（は）欄第8号イ」とあるのは，「第1第13号に掲げる建築材料の項（は）欄第6号イ」と，「（は）欄第3号から第5号まで」とあるのは，「第1第13号に掲げる建築材料の項（は）欄第3号及び第4号」とそれぞれ読み替えるものとする。 |

第10号 木質接着成形軸材料の荷重継続時間の調整係数と同様としている。

| 8 | （ろ） | 第4号に規定する曲げ弾性係数に対するクリープの調整係数が定められていること。 |
|---|---|---|
| | （は） | 第1第12号に掲げる建築材料の項（は）欄第10号に掲げる方法によること。この場合において，同号中「有機発泡剤及び当該建築材料の表層面に用いる構造用合板その他これに類するもの」とあるのは，「当該建築材料の表層面に用いる構造用合板その他これに類するもの及び枠組材」と，「（は）欄第8号イ」とあるのは，「第1第13号に掲げる建築材料の項（は）欄第6号イ」と，「（は）欄第4号」とあるのは，「第1第13号に掲げる建築材料の項（は）欄第4号」と，「（ろ）欄第8号」とあるのは，「第1第13号に掲げる建築材料の項（ろ）欄第6号」と，「（ろ）欄第9号」とあるのは，「第1第13号に掲げる建築材料の項（ろ）欄第7号」とそれぞれ読み替えるものとする。 |

第10号 木質接着成形軸材料のクリープの調整係数と同様としている。

| 9 | （ろ） | 第3号に規定する面内圧縮強さ，第4号に規定する面外曲げ強さ及び曲げ弾性係数に対する事故的な水掛りを考慮した調整係数が定められていること。 |
|---|---|---|
| | （は） | 第1第12号に掲げる建築材料の項（は）欄第11号に掲げる方法によること。この場合において，同号中「面内圧縮強さ，面外曲げ強さ，曲げ弾性係数及びめりこみ強さ」とあるのは，「面内圧縮強さ，面外曲げ強さ及び曲げ弾性係数」と，「有機発泡剤及び当該建築材料の表層面に用いる構造用合板その他これに類するもの」とあるのは，「当該建築材料の表層面に用いる構造用合板その他これに類するもの及び枠組材」と，「（は）欄第8号イ」とあるのは，「第1第13号に掲げる建築材料の項（は）欄第6号イ」と，「（は）欄第3号から第5号まで」とあるのは，「第1第13号に掲げる建築材料の項（は）欄第3号及び第4号」とそれぞれ読み替えるものとする。 |

第10号 木質接着成形軸材料の事故的な水掛かりを考慮した調整係数と同様としている。

| 10 | (ろ) | 防腐処理による力学特性値の低下率の基準値が定められ，かつ，防腐処理に用いる木材防腐剤の名称が明らかにされていること。この場合において，注入処理による場合にあっては，当該木材防腐剤の有効成分の含有量の基準値が定められていること。 |
|---|---|---|
| | (は) | 第1第12号に掲げる建築材料の項（は）欄第13号に掲げる方法によること。この場合において，同号中「（ろ）欄第3号から第6号まで」とあるのは，「第1第13号に掲げる建築材料の項（ろ）欄第3号から第5号まで」と読み替えるものとする。 |

第10号 木質接着成形軸材料の防腐処理による力学特性値の低下率の基準値と同様である。

## 2.5 直交集成板（CLT）

| (い) | 23 直交集成板 |
|---|---|

以下告示のみを記載する。

| 1 | (ろ) | 寸法の基準値が定められていること。 |
|---|---|---|
| | (は) | 第1第12号に掲げる建築材料の項（は）欄第1号に掲げる方法によること。 |

| 第1第二十三号に掲げる建築材料 | 一 寸法の基準値が定められていること。 | 一 第1第十二号に掲げる建築材料の項（は）欄第一号に掲げる方法によること。 |
|---|---|---|
| | 二 面内圧縮の応力が生ずる部分に用いる場合にあっては，面内圧縮強さ及び面内圧縮の弾性係数の基準値が定められていること。 | 二 面内圧縮強さ及び面内圧縮の弾性係数の測定は，次に掲げる方法又はこれと同等以上に面内圧縮強さ及び面内圧縮の弾性係数を測定できる方法によること。<br>イ 面内圧縮強さは，第1第十二号に掲げる建築材料の項（は）欄第三号に掲げる方法によること。<br>ロ 面内圧縮の弾性係数は，イに掲げる方法により得られた荷重─変形関係を用いて求めること。 |
| | 三 面外曲げ強さ及び面外曲げ弾性係数の基準値が定められていること。面内曲げの応力が生ずる部分に用いる場合にあっては，面内曲げ強さ及び面内曲げ弾性係数の基準値が定められていること。 | 三 面外曲げ強さ，面外曲げ弾性係数，面内曲げ強さ及び面内曲げ弾性係数の測定は，次のいずれかに掲げる方法又はこれらと同等以上に面外曲げ強さ，面外曲げ弾性係数，面内曲げ強さ及び面内曲げ弾性係数を測定できる方法によること。<br>イ JIS A 1414-2（建築用パネルの性能試験方法─第2部：力学特性に関する試験）─2010の5.3の曲げ試験によること。ただし，試験体に加える荷重については，エアバッグ等を用いた等分布荷重とすることができる。<br>ロ 直交集成板規格別記第3項(6)に掲げる方法によること。この場合において，「曲げヤング係数」とあるのは，「曲げ弾性係数」と読み替えるものとする。 |
| | 四 めりこみの応力が生ずる部分に用いる場合にあっては，めりこみ強さの基準値が定められていること。 | 四 第1第十号に掲げる建築材料の項（は）欄第四号に掲げる方法によること。 |

| | |
|---|---|
| 五　面外せん断の応力が生ずる部分に用いる場合にあっては，面外せん断強さ及び面外せん断弾性係数の基準値が定められていること。面内せん断の応力が生ずる部分に用いる場合にあっては，面内せん断強さ及び面内せん断弾性係数の基準値が定められていること。 | 五　面外せん断強さ，面外せん断弾性係数，面内せん断強さ及び面内せん断弾性係数の測定は，次に掲げる方法又はこれと同等以上に面外せん断強さ，面外せん断弾性係数，面内せん断強さ及び面内せん断弾性係数を測定できる方法によること。<br>イ　面外せん断強さは，直交集成板規格別記第3項(8)に掲げる方法によること。<br>ロ　面外せん断弾性係数は，イに掲げる方法により得られた荷重―変形関係を用いて求めること。<br>ハ　面内せん断強さ及び面内せん断弾性係数は，次に定める方法によること。<br>　(1)　試験体は，次に掲げる方法により採取すること。<br>　　(i)　標本は，生産の段階で同定可能な母集団から，当該母集団の材料特性を適切に表すものとなるように採取すること。<br>　　(ii)　同一の標本から採取する試験体の数は，母集団の特性値を適切に推定できる数とすること。<br>　(2)　試験体は，温度20℃±2℃，相対湿度65%±5%の環境下で平衡状態となるまで静置すること。<br>　(3)　試験を行う環境は，(2)で試験体を静置した環境と同一とすること。<br>　(4)　試験体の形状及び寸法は，次によること。<br>　　(i)　試験体の短辺は，400mm程度とすること。<br>　　(ii)　試験体の長辺は，600mm±1mmとすること。<br>　　(iii)　幅100mm程度で長さ600mm以上の鋼板を試験体の両長辺に接着その他の方法により緊結し，試験体の短辺（鋼板が接していない部分に限る。）を200mm±0.5mm以上とすること。この場合において，(5)の試験により，鋼板及び緊結部分が当該試験体よりも先に塑性化しないものとすること。<br>　(5)　試験は，次の方法によること。<br>　　(i)　試験体の両長辺に緊結した鋼板をそれぞれ平行に，かつ逆方向に引くこと。<br>　　(ii)　試験体に作用する荷重及びせん断ひずみを適切な精度を有する方法で測定すること。<br>　(6)　面内せん断強さの基準値は，(5)に掲げる試験による最大荷重を試験体のせん断面積で除して得た各試験体ごとのせん断強さの信頼水準75%の95%下側許容限界値とすること。<br>　(7)　面内せん断弾性係数は，(5)に掲げる試験により得られた荷重―変形関係を用いて求めること。 |
| 六　含水率の基準値が定められていること。 | 六　第1第十号に掲げる建築材料の項（は）欄第五号に掲げる方法によること。 |

| | |
|---|---|
| 七　湿潤状態となるおそれのある部分に用いる場合にあっては，第二号に規定する面内圧縮強さ及び面内圧縮の弾性係数，第三号に規定する面外曲げ強さ，面外曲げ弾性係数，面内曲げ強さ及び面内曲げ弾性係数，第四号に規定するめりこみ強さ並びに第五号に規定する面外せん断強さ，面外せん断弾性係数，面内せん断強さ及び面内せん断弾性係数に対する含水率の調整係数が定められていること。ただし，面内圧縮強さ，面内曲げ強さ，めりこみ強さ，面外せん断強さ若しくは面内せん断強さ又は面内圧縮の弾性係数，面内曲げ弾性係数，面外せん断弾性係数若しくは面内せん断弾性係数に対する含水率の調整係数は，合理的な方法により面外曲げ強さ又は面外曲げ弾性係数に対する含水率の調整係数と同等以上であることが確かめられた場合にあっては，面外曲げ強さ又は面外曲げ弾性係数に対する含水率の調整係数により代替することができる。 | 七　第1第十号に掲げる建築材料の項（は）欄第六号に掲げる方法によること。この場合において，同号中「曲げ強さ，曲げ弾性係数，せん断強さ，せん断弾性係数及びめりこみ強さ」とあるのは「面内圧縮強さ，面内圧縮の弾性係数，面外曲げ強さ，面外曲げ弾性係数，面内曲げ強さ，面内曲げ弾性係数，めりこみ強さ，面外せん断強さ，面外せん断弾性係数，面内せん断強さ及び面内せん断弾性係数」と，「（は）欄第二号から第四号まで」とあるのは「第1第二十三号に掲げる建築材料の項（は）欄第二号から第五号まで」と読み替えるものとする。ただし，各部の組合せに対する含水率の影響を考慮し，各部の含水率の調整係数を用いて計算した場合は，当該数値とすることができる。 |
| 八　長期に生ずる力を受ける部分に用いる場合にあっては，第二号に規定する面内圧縮強さ，第三号に規定する面外曲げ強さ及び面内曲げ強さ，第四号に規定するめりこみ強さ並びに第五号に規定する面外せん断強さ及び面内せん断強さに対する荷重継続時間の調整係数が定められていること。ただし，面内圧縮強さ，面外曲げ強さ，めりこみ強さ，面外せん断強さ又は面内せん断強さに対する荷重継続時間の調整係数は，合理的な方法により面外曲げ強さに対する荷重継続時間の調整係数と同等以上であることが確かめられた場合にあっては，面外曲げ強さに対する荷重継続時間の調整係数により代替することができる。 | 八　第1第十号に掲げる建築材料の項（は）欄第七号に掲げる方法によること。この場合において，同号中「曲げ強さ，せん断強さ及びめりこみ強さ」とあるのは「面内圧縮強さ，面外曲げ強さ，面内曲げ強さ，めりこみ強さ，面外せん断強さ及び面内せん断強さ」と，「（は）欄第二号から第四号まで」とあるのは「第1第二十三号に掲げる建築材料の項（は）欄第二号から第五号まで」と読み替えるものとする。ただし，各部の組合せに対する荷重継続時間の影響を考慮し，各部の荷重継続時間の調整係数を用いて計算した場合は，当該数値とすることができる。 |
| 九　長期に生ずる力を受ける部分に用いる場合にあっては，第二号に規定する面内圧縮の弾性係数，第三号に規定する面外曲げ弾性係数及び面内曲げ弾性係数並びに第五号に規定する面外せん断弾性係数及び面内せん断弾性係数に対するクリープの調整係数が定められていること。ただし，面内圧縮の弾性係数，面内曲げ弾性係数，面外せん断弾性係数又は面内せん断弾性係数に対するクリープの調整係数は，合理的な方法により面外曲げ弾性係数に対するクリープの調整係数と同等以上であることが確かめられた場合にあっては，面外曲げ弾性係数に対するクリープの調整係数により代替することができる。 | 九　第1第十号に掲げる建築材料の項（は）欄第八号に掲げる方法によること。この場合において，同号中「曲げ弾性係数及びせん断弾性係数」とあるのは「面内圧縮の弾性係数，面外曲げ弾性係数，面内曲げ弾性係数，面外せん断弾性係数及び面内せん断弾性係数」と，「（は）欄第二号及び第三号」とあるのは「第1第二十三号に掲げる建築材料の項（は）欄第三号及び第五号」と，「（ろ）欄第六号」とあるのは「第1第二十三号に掲げる建築材料の項（ろ）欄第七号」と，「（ろ）欄第七号」とあるのは「同欄第八号」と読み替えるものとする。ただし，各部の組合せに対するクリープの影響を考慮し，各部のクリープの調整係数を用いて計算した場合は，当該数値とすることができる。 |

| | |
|---|---|
| 十　第二号に規定する面内圧縮強さ及び面内圧縮の弾性係数，第三号に規定する面外曲げ強さ，面外曲げ弾性係数，面内曲げ強さ及び面内曲げ弾性係数，第四号に規定するめりこみ強さ並びに第五号に規定する面外せん断強さ，面外せん断弾性係数，面内せん断強さ及び面内せん断弾性係数に対する事故的な水掛りを考慮した調整係数が定められていること。ただし，面内圧縮強さ，面内曲げ強さ，めりこみ強さ，面外せん断強さ若しくは面内せん断強さ又は面内圧縮の弾性係数，面内曲げ弾性係数，面外せん断弾性係数若しくは面内せん断弾性係数に対する事故的な水掛りを考慮した調整係数は，合理的な方法により面外曲げ強さ又は面外曲げ弾性係数に対する事故的な水掛りを考慮した調整係数と同等以上であることが確かめられた場合にあっては，面外曲げ強さ又は面外曲げ弾性係数に対する事故的な水掛りを考慮した調整係数により代替することができる。 | 十　第1第十号に掲げる建築材料の項（は）欄第九号に掲げる方法によること。この場合において，同号中「曲げ強さ，曲げ弾性係数，せん断強さ，せん断弾性係数及びめりこみ」とあるのは「面内圧縮強さ，面内圧縮の弾性係数，面外曲げ強さ，面外曲げ弾性係数，面内曲げ強さ，面内曲げ弾性係数，めり込み強さ，面外せん断強さ，面外せん断弾性係数，面内せん断強さ及び面内せん断弾性係数」と，「（は）欄第二号から第四号まで」とあるのは「第1第二十三号に掲げる建築材料の項（は）欄第二号から第五号まで」と読み替えるものとする。ただし，各部の組合せに対する事故的な水掛りの影響を考慮し，各部の事故的な水掛りを考慮した調整係数を用いて計算した場合は，当該数値とすることができる。 |
| 十一　接着耐久性に関する強さの残存率が，それぞれ0.5として定められていること。ただし，直交集成板規格第3条に規定する品質のうち，接着の程度の基準に適合する場合にあっては，この限りでない。 | 十一　接着耐久性に関する強さの測定は，第1第十号に掲げる建築材料の項（は）欄第十号に掲げる方法によること。この場合において，同号中「（は）欄第二号」とあるのは「第1第二十三号に掲げる建築材料の項（は）欄第三号」と，「（ろ）欄第二号」とあるのは「同号（ろ）欄第三号」と読み替えるものとする。 |
| 十二　防腐処理による力学特性値の低下率の基準値が定められ，かつ，防腐処理に用いる木材防腐剤の名称が明らかにされていること。この場合において，注入処理による場合にあっては，当該木材処理剤の有効成分の含有量の基準値が定められていること。 | 十二　第1第十号に掲げる建築材料の項（は）欄第十一号に掲げる方法によること。この場合において，同号中「（は）欄第二号から第四号まで」とあるのは，「第1第二十三号に掲げる建築材料の項（は）欄第二号から第五号まで」と読み替えるものとする。 |

# 第3章
# 施行規則第8条の3に基づく大臣認定における指定性能評価機関の耐力壁の試験・評価方法

## 3.1 試験体

試験体の仕様は，実状に合わせた現実的なものとする。標準的な試験体の仕様は次のとおりとする（図3.1〜図3.3参照）。

(1) 試験体の寸法：長さ—1,820 mm，2,000 mm または 2,400 mm 程度
　　　　　　　　高さ—2,460 mm 程度
(2) 枠組構成木材の寸法，樹種及び品質
　　たて枠・上枠・頭つなぎ：
　　　　断面寸法：寸法型式204材（厚38 mm×幅89 mm）を標準とする。
　　　　樹　　種：樹種グループ　SⅡ　樹種群　S.P.F.（Spruce-Pine-Fir）

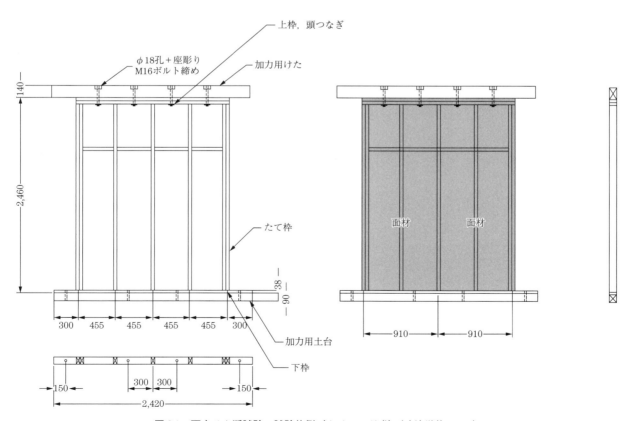

図3.1　面内せん断試験　試験体例（タイロッド式）（寸法単位：mm）

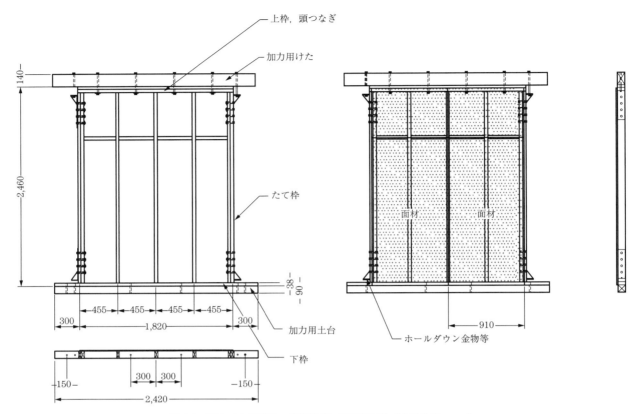

図 3.2　面内せん断試験　試験体例（無載荷式）（寸法単位：mm）

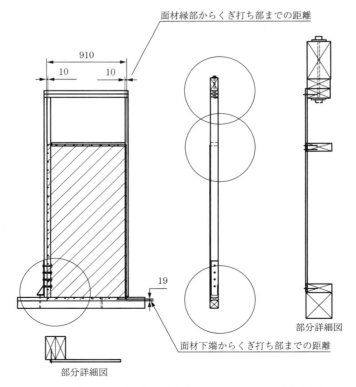

図 3.3　面材くぎ打ちの縁端距離及び土台，けたとの納まり（寸法単位：mm）

品　　質：枠組壁工法用構造用製材の日本農林規格に規定する乙種スタンダード，乾燥材

下　枠：

　　断面寸法：寸法型式 204 材（厚 38 mm×幅 89 mm）を標準とする。

　　樹　　種：樹種グループ　SⅡ　樹種群　S.P.F.（Spruce-Pine-Fir）

　　品　　質：枠組壁工法用構造用製材の日本農林規格に規定する乙種ユーティリティ，乾燥材

(3) 試験用の加力用材

　加力用土台：断面寸法：89 mm×89 mm

　　　　　　　樹　　種：樹種群　Hem-Fir または D Fir-L を標準とする。

　加力用けた：断面寸法：89 mm×140 mm

　　　　　　　樹　　種：樹種群　Hem-Fir または D Fir-L を標準とする。

(4) 枠組材の緊結方法

　枠組材の緊結は，平 13 国交告第 1540 号の第 5 第十五号の規定に準じる。

　なお，面内せん断試験をタイロッドを用いない方法（無載荷式）で実施する場合は，枠組材の緊結部分が先行破壊しないように引き寄せ金物等で補強した構造方法とする。

(5) くぎ等の縁端距離

　面材を緊結するくぎ等の縁端距離は，たて枠では見付け幅の 1/4 程度もしくは 10 mm 程度，上枠及び下枠では見付け幅の 1/2 程度を原則とする。

(6) 試験体数：3 体とする。

## 3.2　試験装置

（1）タイロッドを用いる方法（タイロッド式）（図 3.4 参照）

　加力装置は適切に繰り返しの荷重を加えることができるものとする。

　A：油圧ジャッキ（正負交番加力が可能なもの）

　B：ロードセル（試験体の荷重を的確に測定できるもの）

　C：クレビス（油圧ジャッキから試験体に力を無理なく伝えるもの）

　D：ローラー（加圧板と試験体の間の摩擦を軽減する）

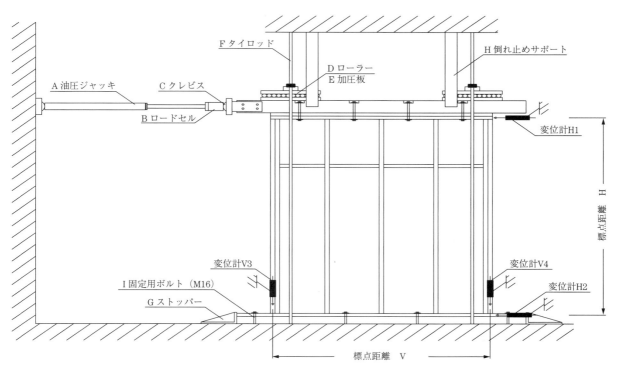

図 3.4　面内せん断試験装置概要（タイロッド式）

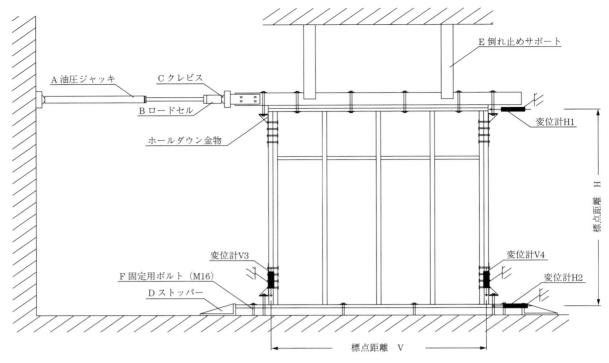

図 3.5　面内せん断試験装置概要（無載荷式）

E：加圧板（タイロッドに取り付き，めり込みを防止する）
F：タイロッド（φ20 mm 程度。試験体の浮き上がりを拘束する）
G：すべり止め又はストッパー（試験体の水平移動を防止する）
H：面外拘束治具（試験体の横倒れを防ぐ）
I：固定用ボルト（M16 ボルト及び座金 6.0 t×54 wmm を用いて，試験体を試験装置に固定する。下枠と土台を合わせて 4 か所程度で固定する）

（2）　タイロッドを用いない場合（無載荷式）（図 3.5 参照）
加力装置は適切に繰り返しの荷重を加えることができるものとする。
A：油圧ジャッキ（正負交番加力が可能なもの）
B：ロードセル（試験体の荷重を的確に測定できるもの）
C：クレビス（油圧ジャッキから試験体に力を無理なく伝えるもの）
D：すべり止め又はストッパー（試験体の水平移動を防止する）
E：面外拘束治具（試験体の横倒れを防ぐ）
F：固定用ボルト（M16 ボルト及び座金 6.0 t×54 wmm を用いて，試験体を試験装置に固定する。下枠と土台を合わせて 4 か所程度で固定する）

（3）　変位測定装置
JIS B 7503 に準じるダイヤルゲージまたはこれに相当する電気式変位計等を用いる。測定位置は図 3.4 及び図 3.5 に示す。変位計 H1 で上枠部の水平方向変位，H2 で下枠部の水平方向変位を，変位計 V3，V4 で柱脚部の鉛直方向変位を測定できるように取り付け，各変位計間の標点距離（$H$, $V$）を計測する（変位は絶対変位を測定する）。

## 3.3　試験方法

試験方法は，以下の（1）または（2）とする。

(1) タイロッド式
① 加力方法は正負交番繰り返し加力とし，繰り返しの原則は真のせん断変形角が1/600, 1/450, 1/300, 1/200, 1/150, 1/100, 1/75, 1/50 rad. の正負変形時に行うことを原則とする。
② 試験は，同一変形段階で3回の繰り返し加力を行うことを原則とする。
③ 最大荷重に達した後，最大荷重の80%の荷重に低下するまで加力するか，試験体の変形角が1/15 rad.以上に達するまで加力することを原則とする。
④ タイロッドの浮き上がり拘束力を測定することが望ましい。

(2) 無載荷式
① 加力方法は正負交番繰り返し加力とし，繰り返しの原則はみかけのせん断変形角が1/450, 1/300, 1/200, 1/150, 1/100, 1/75, 1/50 rad. の正負変形時に行うことを原則とする。
② 試験は，同一変形段階で3回の繰り返し加力を行うことを原則とする。
③ 最大荷重に達した後，最大荷重の80%の荷重に低下するまで加力するか，試験体の変形角が1/15 rad.以上に達するまで加力することを原則とする。

## 3.4 測定項目

(1) 荷重及び変位
(2) 荷重―変形曲線
(3) 試験中に試験体に生じた破壊の状況
(4) 枠組材及び面材等の種類，規格，含水率，密度等
(5) くぎ等の接合具の規格，寸法等

## 3.5 評価方法

### 3.5.1 せん断変形角の算出

面内せん断試験における見かけのせん断変形（$\gamma$），脚部の回転による変形角（$\theta$），真のせん断変形角（$\gamma_0$）は次式により求める。

見かけのせん断変形角　$\gamma$
$$\gamma = (\delta_1 - \delta_2)/H \tag{3.1}$$
脚部の回転による変形角　$\theta$
$$\theta = (\delta_3 - \delta_4)/V \tag{3.2}$$
真のせん断変形角　$\gamma_0$
$$\gamma_0 = \gamma - \theta \tag{3.3}$$

ただし，
$\delta_1$：上枠部の水辺変位（mm）　　（変位計H1）
$\delta_2$：下枠部の水辺変位（mm）　　（変位計H2）
$H$　：変位計H1とH2の間の標点距離　（mm）
$\delta_3$：たて枠脚部の鉛直方向変位（mm）　（変位計V3）
$\delta_4$：たて枠脚部の鉛直方向変位（mm）　（変位計V4）
$V$　：変位計V3とV4の間の標点距離　（mm）
なお，$\delta_3$，$\delta_4$は浮き上がりを正とする。

### 3.5.2 短期基準せん断耐力の算定

短期基準せん断耐力$P_0$は，下記の(a)〜(d)で求めた耐力の平均値に，それぞれのばらつき係数を乗じて算出した値のうち最も小さい値とする。なお，ばらつき係数は，母集団の分布形を正規分布とみなし，統計的処理に基

づく信頼水準75%の50%下側許容限界をもとに次式により求める。

　　　　ばらつき係数 $= 1 - CV \cdot k$

ここで，$CV$：変動係数

　　　　$k$：試験体数に依存する定数（$n=3$の場合 0.471）

(a) 降伏耐力 $P_y$
(b) 終局耐力 $P_u$ を $1/\sqrt{(2\mu-1)}$ で除し，0.2を乗じた値
(c) 最大耐力 $P_{\max}$ の 2/3
(d) 特定変形時の耐力

　　　タイロッド式：真のせん断変形角　1/150（rad.）時の耐力
　　　無　載　荷　式：見かけのせん断変形角　1/120（rad.）時の耐力

上記の降伏耐力 $P_y$ 及び終局耐力 $P_u$ は，荷重―変形曲線の終局加力を行った側の包絡線より，下記の手順によって求める（図 3.6 参照）。

① 包絡線上の $0.1 P_{\max}$ と $0.4 P_{\max}$ を結ぶ直線（第Ⅰ直線）を引く。
② 包絡線上の $0.4 P_{\max}$ と $0.9 P_{\max}$ を結ぶ直線（第Ⅱ直線）を引く。
③ 包絡線に接するまで第Ⅱ直線を平行移動し，これを第Ⅲ直線とする。
④ 第Ⅰ直線と第Ⅲ直線の交点の荷重を，降伏耐力 $P_y$ とし，この点から X 軸に平行に第Ⅳ直線を引く。
⑤ 第Ⅳ直線と包絡線の交点の変位を降伏変位 $\delta_y$ とする。
⑥ 原点と $(\delta_y, P_y)$ を結ぶ直線（第Ⅴ直線）を初期剛性 $K$ と定める。
⑦ 最大荷重後の $0.8 P_{\max}$ 荷重低下域の包絡線上の変位または 1/15 rad. のいずれかの小さい変位を終局変位 $\delta_u$ と定める。
⑧ 包絡線と X 軸及び $X = \delta_u$ で囲まれる面積を $S$ とする。
⑨ 第Ⅴ直線と $X = \delta_u$ と X 軸に平行な直線で囲まれる台形の面積が $S$ と等しくなるように X 軸に平行な直線（第Ⅵ直線）を引く。
⑩ 第Ⅴ直線と第Ⅵ直線との交点の荷重を完全弾塑性モデルの降伏耐力 $P_u$ と定め，そのときの変位を完全弾塑性モデルの降伏変位 $\delta_v$ とする。
⑪ $(\delta_u/\delta_v)$ を塑性率 $\mu$ とする。
⑫ 試験体の変形角が 1/15 rad. を超えても最大荷重に達しない場合には，1/15 rad. の荷重を $P_{\max}$ とする。

### 3.5.3　短期許容せん断耐力の算出

短期許容せん断耐力 $P_a$ は次式より算出する。

$$P_a = P_o \times \alpha \tag{3.4}$$

ここで，$P_o$：実験により決定された耐力壁の短期基準せん断耐力（kN）

　　　　$\alpha$：考えられる耐力低減の要因を評価する係数で，枠組壁工法耐力壁の構成材料の耐久性，使用環境

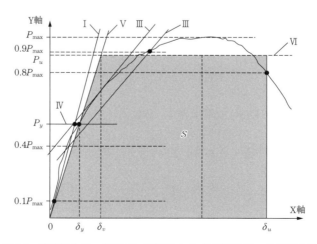

図 3.6　降伏耐力 $P_y$，剛性 $K$，終局耐力 $P_u$ 及び塑性率 $\mu$ の算出方法

の影響，施工性の影響，壁量計算の前提を満たさない場合の影響等を勘案して定める係数

### 3.5.4 壁倍率の算出

壁倍率は，下式により算出する。

$$\text{壁倍率} = P_a \times (1/1.96) \times (1/L) \tag{3.5}$$

ただし，$P_a$：3.5.3 より求めた短期基準せん断耐力（kN/m）
　　　1.96：壁倍率＝1 を算定する数値（kN/m）
　　　　$L$：試験体の壁の長さ（m）

算出された数値は，0.5 から 5.0 までの範囲内の数値とし，原則として 0.1 毎に端数を切り捨てることとする。

# 第V編

# 材料及び接合部の許容応力度等を定める試験・評価方法とその解説

第1章　材料及び接合部の許容応力度等を定める試験・評価方法　265
第2章　材料及び接合部の許容応力度等を定める試験・評価方法の解説　289

# 第1章
# 材料及び接合部の許容応力度等を定める試験・評価方法

枠組壁工法を用いた建築物の構造耐力上主要な部分において、告示に示される仕様規定の構造方法とせず、性能規定を準用した構造方法とする場合、許容応力度計算等により構造的な確認を行うこととしているが、構造計算に当たっては、下記のような各構造要素の許容応力度等が適切に定められている必要がある。

(1) 枠組材または面材の許容応力度、材料強度及び弾性係数
(2) 構造部材相互の接合部の許容応力、終局耐力及び剛性

(1)、(2)に掲げる各構造要素の許容応力度等のうち、一部枠組材・面材の基準材料強度等は、告示やJAS規格並びに本書第Ⅱ編に規定しており、本基準では、それら以外の接合部について許容応力度等を定めるための試験・評価方法を述べる。

また、(イ)または(ロ)に該当する方法により算出された許容応力度等は、本基準で定める方法による結果と同等以上の扱いができるものとする。

(イ) 評価結果が、本基準に定める方法によるものと同等、またはそれ以下となることが明らかな場合。
(ロ) 評価結果を本基準に定める方法によるものとして換算する方法が、特別な調査・研究により明らかにされている場合であって、評価結果を当該方法により換算して使用する場合。

## 1.1 枠組材または面材の材料強度及び許容応力度と弾性係数

枠組材または面材の材料強度及び許容応力度と弾性係数は、それぞれ表1.1に掲げる構造部材の使用環境の区分に応じて、材料強度及び基準許容応力度にあっては表1.2に、弾性係数にあっては表1.3によることとする。この場合において、これらの数値に係る次の1.1.1項から1.1.6項までの基準は、品質基準とその管理の方法が

表1.1 構造部材の使用環境区分

| 構造部材の使用環境の区分 | 構造部材が使用される環境 |
|---|---|
| 使用環境Ⅰ | 直接外気に曝される環境または常時湿潤状態に置かれる環境 |
| 使用環境Ⅱ | 屋外に面する部分(防水シートその他これに類するもので有効に防水されていない床材、壁材及び屋根下地材を含む。)に使われる下地材または断続的に湿潤の状態となるおそれのある部分における環境 |
| 使用環境Ⅲ | 使用環境Ⅰ、Ⅱ以外の環境 |

表1.2 枠組材または面材の許容応力度及び材料強度

| | 長期の応力に対する許容応力度 | 短期の応力に対する許容応力度 | 材料強度 |
|---|---|---|---|
| 使用環境Ⅰ | $2/3 \times F \times K_{1-1} \times K_2$ | $2/3 \times F \times K_{1-1}$ | $F \times K_{1-1}$ |
| 使用環境Ⅱ | $2/3 \times F \times K_{1-2} \times K_2$ | $2/3 \times F \times K_{1-2}$ | $F \times K_{1-2}$ |
| 使用環境Ⅲ | $2/3 \times F \times K_2$ | $2/3 \times F$ | $F$ |

この表において、$F$, $K_{1-1}$, $K_{1-2}$ 及び $K_2$ は、それぞれ、次の数値を表すものとする。
 $F$：1.1.1項に定める枠組材または面材の基準材料強度
 $K_{1-1}$：使用環境Ⅰにおける1.1.2項に定める枠組材または面材の含水率の強度調整係数
 $K_{1-2}$：使用環境Ⅱにおける1.1.2項に定める枠組材または面材の含水率の強度調整係数
 $K_2$：1.1.3項に定める枠組材または面材の荷重継続時間の強度調整係数

表1.3 枠組材または面材の弾性係数

| | 長期の応力に対する弾性係数 | 短期の応力に対する弾性係数 |
|---|---|---|
| 使用環境Ⅰ | $E \times K_{a-1} \times K_b$ | $E \times K_{a-1}$ |
| 使用環境Ⅱ | $E \times K_{a-2} \times K_b$ | $E \times K_{a-2}$ |
| 使用環境Ⅲ | $E \times K_b$ | $E$ |

この表において，$E$，$K_{a-1}$，$K_{a-2}$ 及び $K_b$ は，それぞれ，次の数値を表すものとする。
　$E$：1.1.1項における枠組材または面材の基準弾性係数
　$K_{a-1}$：使用環境Ⅰにおける1.1.5項に定める枠組材または面材の含水率の剛性調整係数
　$K_{a-2}$：使用環境Ⅱにおける1.1.5項に定める枠組材または面材の含水率の剛性調整係数
　$K_b$：1.1.6項に定める枠組材または面材のクリープの剛性調整係数

明らかにされている枠組材，または面材に限り適用されるものとし，**表1.2**及び**表1.3**による数値は，当該枠組材または面材の品質基準と同等以上の基準により品質の管理が行われているものについて適用できるものとする。

### 1.1.1 基準材料強度及び基準弾性係数

（1） 試験を行う標本の収集

（ⅰ） 試験を行う標本は，生産，加工，流通及び施工のすべての段階で同定可能な母集団から，当該母集団の材料特性を適切に表すものとなるように収集するものとし，その数は（ⅱ）による。なお，95％下側許容限界を求めるための標本の数については（ⅲ）によってもよい。

（ⅱ） 標本数は，それぞれの基準材料強度に係る試験結果の母平均の区間推定において，信頼率95％の信頼区間が標本平均の±5％以内に収まるように定める。特に，母平均の分布形を正規分布とみなすことができる場合においては，収集する標本の数は次の式（1.1）によるものとする。

$$\text{標本の数} \geq 0.1537 \times CV^2 \tag{1.1}$$

この式において，$CV$ は変動係数（単位：％）を表す。

（ⅲ） 標本数は，順序統計量仮定に基づいて信頼水準75％における95％下側許容限界を求めるのに必要な数量とする。

（2） 試験体の形状及び寸法並びに試験装置

枠組材の曲げ，圧縮，引張り，せん断，及びめりこみの基準材料強度については図1.1から図1.5までに，面材の曲げ，面内せん断及び層内せん断の基準材料強度については図1.6から図1.8までに，枠組材の曲げの基準剛性については図1.9に，枠組材のせん断の基準剛性については図1.10に，面材の曲げ及び面内せん断の基準剛性については図1.11及び図1.12に示すとおりとする。

（3） 試験体の作成

図1.1から図1.12までに示す試験体は，枠組材または面材の標本から，それぞれ次の（ⅰ）から（ⅴ）までに定めるところに基づき作成する。

（ⅰ） 図1.1及び図1.9にあっては，枠組材の最大の欠点が支点（外側荷重点）の内側に位置するものとすること。

（ⅱ） 図1.2及び図1.3にあっては，枠組材の最大の欠点が荷重点の内側に位置するものとすること。

（ⅲ） 図1.4及び図1.5にあっては，試験体における枠組材の欠点の有無は任意としてよい。

（ⅳ） 図1.6から図1.8まで，または図1.11及び図1.12にあっては，同一の面材の標本からそれぞれの図に示す試験体を作成するものとし，かつ，それぞれの試験体は，標本ごとに標本の異なる部分から作成すること。

（ⅴ） 試験体の断面積及び長さは（4）に定める散水乾燥処理及び養生の前に計測すること。

（4） 試験体の散水乾燥処理及び養生

試験体は，あらかじめ72時間の散水及び乾燥（以下，「散水乾燥処理」という。）を行ったものを用いて，気温20±2℃，かつ，湿度65±5％の環境下で，24時間ごとに測定した試験体の質量の24時間ごとの変化量が，24時間前の試験体の質量の1/1,000以下となるまで養生する。

ただし，散水乾燥処理は，内壁に用いる材料については適用しない。また，この過程においては，熱風による

乾燥も可能である。

この処理は，内壁などに使用する枠組材，仕上げ材には適用しない。

この処理は，事故的な水掛かりを考慮した強度調整係数（$K_3$）の試験と剛性調整係数（$K_c$）の試験は省略できる。

$$F = F_s \times K_3$$
$$E = E_s \times K_c$$

ここで，$F_s$：散水乾燥処理をしていない材料強度
　　　　$E_s$：散水乾燥処理をしていない弾性係数

### （5）試験方法

荷重は，荷重点の移動速度がほぼ一定となるように加え，荷重の最大値に達するまで（図1.5にあってのみ，試験体の収縮量が図1.5に示す $a$ の長さの5％に達するまで）の時間が5分±2分となるように（図1.4にあってのみ1分以上となるように）試験を行うこととする。また，図1.10については比例限度内で荷重を加えるものとし，荷重速度は，荷重点の1秒間当たりの移動速度（mm/秒）が支点間距離の2乗に0.00005を乗じた値をはりせいの6倍で除した値以下となるようにする。図1.1から図1.4まで及び図1.6から図1.8までにあっては荷重の最大値を，図1.5にあっては試験体の収縮量が加力方向の辺長の5％に達した時の荷重を，図1.9及び図1.11から図1.12までにあっては，比例域における下限荷重及び上限荷重並びにこれらに対応する変位を計測する。また，支点間距離は支点間距離に対するはりせいの比の2乗がほぼ同じ割合で変化するよう，0.0025≦（支点間距離に対するはりせいの比の2乗）≦0.035の範囲内で4つ以上定めることとする。

### （6）基準材料強度の評価

枠組材の曲げ，圧縮，引張り，せん断及びめりこみそれぞれの基準材料強度は，次の式（1.2）から式（1.6）までにより算出される各試験体ごとの曲げ試験強度，圧縮試験強度，引張り試験強度，せん断試験強度及びめりこみ試験強度から，面材の曲げ，面内せん断及び層内せん断それぞれの基準材料強度は，それぞれ次の式（1.7）から式（1.9）までにより，算出される各試験体ごとの曲げ試験強度，面内せん断試験強度，層内せん断試験強度から得られる統計量に基づき算出される信頼水準75％の95％下側許容限界の値とする。この場合において，面材の曲げ試験強度及び面内せん断強度，層内せん断強度については，長辺方向，短辺方向等の材料の使用される方向ごとの数値を定めるものとする。

$$曲げ試験強度 = P_b \times L1/(2 \times Z) \tag{1.2}$$

この式において，$P_b$ は図1.1における荷重 $P$ の最大値を，$L1$ は外側荷重点から内側荷重点までの距離を，$Z$ は試験体の断面係数を表すものとする。

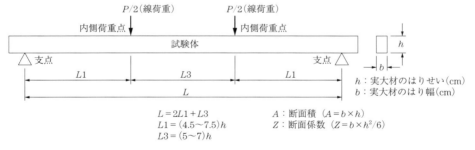

図1.1　枠組材の曲げの基準材料強度に関する試験

$$圧縮試験強度 = P_c/A \tag{1.3}$$

この式において，$P_c$ は図1.2における荷重 $P$ の最大値を，$A$ は試験体の断面積を表すものとする。

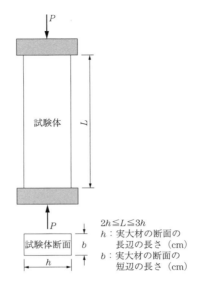

図1.2　枠組材の圧縮の基準材料強度に関する試験

$$引張り試験強度 = P_t/A \tag{1.4}$$

この式において，$P_t$ は図1.3における荷重 $P$ の最大値を，$A$ は試験体の断面積を表すものとする。

図1.3　枠組材の引張りの基準材料強度に関する試験

$$せん断試験強度 = (1/2) \times P_s/A \tag{1.5}$$

この式において，$P_s$ は図1.4における荷重 $P$ の最大値を，$A$ は試験体におけるせん断面積を表すものとする。

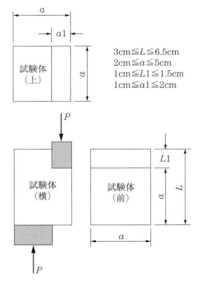

図1.4　枠組材のせん断の基準材料強度に関する試験

$$めりこみ試験強度 = P_e/A \tag{1.6}$$

この式において，$P_e$ は図1.5における試験体の収縮量が加力方向の辺長の5%に達した時の荷重 $P$ の値を，$A$ は試験体における荷重の作用面積を表すものとする。

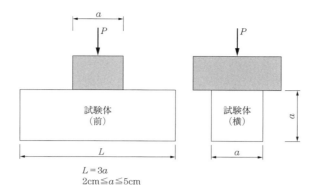

図1.5 枠組材のめりこみの基準材料強度に関する試験

曲げ試験強度 $= P_b \times L1/(2 \times Z)$ (1.7)

この式において，$P_b$ は図 1.6 における荷重 $P$ の最大値を，$L1$ は外側荷重点から内側荷重点までの距離を，$Z$ は試験体の断面係数を表すものとする。

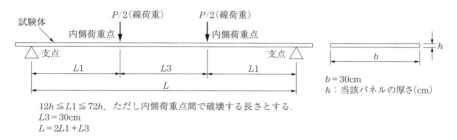

図1.6 面材の長辺方向及び短辺方向の曲げの基準材料強度に関する試験

面内せん断試験強度 $= P_p/A$ (1.8)

この式において，$P_p$ は図 1.7 における荷重 $P$ の最大値を，$A$ は試験体におけるせん断面積を表すものとする。

層内せん断試験強度 $= P_r/A$ (1.9)

この式において，$P_r$ は図 1.8 における荷重 $P$ の最大値を，$A$ は試験体におけるせん断面積を表すものとする。

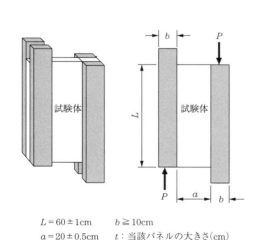

図1.7 面材の長辺方向及び短辺方向の面内せん断の基準材料強度に関する試験

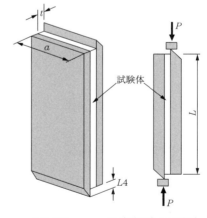

図1.8 面材の長辺方向及び短辺方向の層内せん断の基準材料強度に関する試験

（7） 基準弾性係数の評価

枠組材の曲げ及びせん断の基準弾性係数は，次の式（1.10）及び式（1.11）により算出される各試験体ごとの曲げ試験弾性係数，及びせん断試験弾性係数のそれぞれについて，面材の曲げ及び面内せん断の基準弾性係数は，次の式（1.13）から式（1.14）までにより，算出される各試験体ごとの曲げ試験弾性係数，及び面内せん断試

弾性係数のそれぞれについて，全部の試験体における平均値として定める。

この場合において，面材の曲げ試験弾性係数，及び面内せん断試験弾性係数については，長辺方向，短辺方向等の材料の左右される方向ごとの数値を定めるものとする。

$$曲げ試験弾性係数 = \Delta P \times L1 \times L2^2/(16 \times \Delta\delta \times I) \tag{1.10}$$

この式において，$\Delta P$ は図 1.9 における試験の比例域における下限荷重と上限荷重との差を，$L1$ は内側荷重点と支点（外側荷重点）との距離を，$L2$ はヨークの長さを，$h$ ははりせいを，$\Delta\delta$ は比例域における下限荷重と上限荷重のそれぞれに対応する変位の差を，$I$ は断面 2 次モーメントを表すものとする。

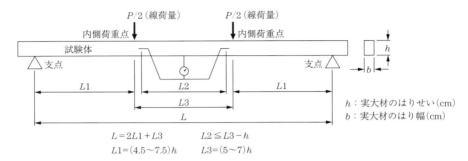

図 1.9　枠組材の曲げの基準弾性係数に関する試験

$$せん断試験弾性係数 = k/K_g \tag{1.11}$$

この式において，$k$ は断面形状によって定まる係数で矩形断面で 1.2，円形断面で 1.55 とする。また，$K_g$ は，図 1.10 における試験の支点間距離に対するはりせいの比の 2 乗を横軸，見かけの曲げ試験弾性係数の逆数を縦軸とした直交座標上に，異なる 4 つ以上のスパンで測定した値をプロットし，直線回帰した直線の傾きで，各試験体ごとに求めた値とする。なお，見かけの曲げ試験弾性係数は式 (1.12) により算定する。また，支点間距離は支点間距離に対するはりせいの比の 2 乗がほぼ同じ割合で変化するよう，0.0025 ≦（支点間距離に対するはりせいの比の 2 乗）≦ 0.035 の範囲で 4 つ以上定めることとする。

$$見かけの曲げ試験弾性係数 = \Delta P \times Li^2/(\Delta\delta \times 48 \times I) \tag{1.12}$$

この式において，$\Delta P$ は図 1.10 における試験の比例域における下限荷重と，比例限度内における特定の荷重との差を，$L_i(i=1, 2, 3, 4)$ は支点間距離を，$\Delta\delta$ は比例域における下限荷重と比例限度内における特定の荷重のそれぞれに対応する変位の差を，$I$ は断面 2 次モーメントを表すものとする。

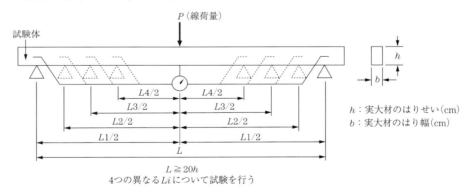

図 1.10　枠組材のせん断の基準弾性係数に関する試験

$$曲げ試験弾性係数 = \Delta P \times L1 \times L2^2/(16 \times \Delta\delta \times I) \tag{1.13}$$

この式において，$\Delta P$ は図 1.11 における試験の比例域における下限荷重と上限荷重との差を，$L1$ は内側荷重点と支点（外側荷重点）との距離を，$L2$ はヨークの長さを，$h$ ははりせいを，$\Delta\delta$ は比例域における下限荷重と上限荷重のそれぞれに対応する変位の差を，$I$ は断面 2 次モーメントを表すものとする。

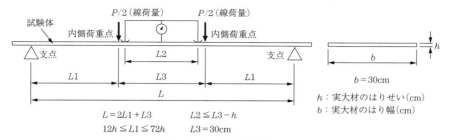

図 1.11　面材の曲げの基準弾性係数に関する試験

面内せん断試験弾性係数 $= 0.5 \times \Delta P \times L_G / (\Delta \delta \times L \times t)$ 　　　　(1.14)

この式において，$\Delta P$ は図 1.12 における試験の比例域における下限荷重と上限荷重との差を，$L_G$ は変位計の長さを，$\Delta \delta$ は比例域における下限荷重と上限荷重のそれぞれに対応する変位の差を，$L$ は試験体の加力方向の長さ，$t$ は試験体の厚さを表すものとする。

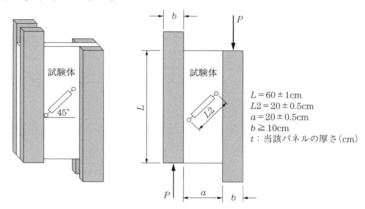

図 1.12　面材の面内せん断の基準弾性係数に関する試験

## 1.1.2　含水率の強度調整係数

### （1）　試験を行う標本の収集

試験を行う標本は，枠組材または面材の母集団から，これらの母集団の材料特性を適切に表すものとなるように 10 以上収集する。

### （2）　試験体の形状及び寸法並びに試験装置

枠組材にあっては図 1.13 に，面材にあっては図 1.14 に示すとおりとする。
なお，標本の断面積及び長さは（4）に定める養生の前に測定すること。

### （3）　試験体の作成

図 1.13 及び図 1.14 に示す試験体は，枠組材または面材の 1 個の標本につき，当該標本における任意の隣接する 3 つの部分から 3 体の試験体を作成する。この場合において，中央の試験体を本試験体とし，残りの試験体をサイドマッチング用試験体とする。

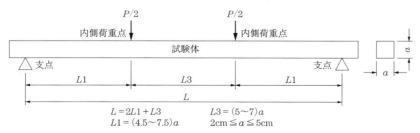

図 1.13　枠組材の含水率の強度調整係数及びサイドマッチングに関する試験

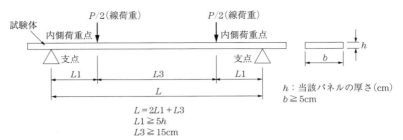

図 1.14 面材の含水率の強度調整係数及びサイドマッチングに関する試験

(4) 試験体の養生
調整係数用本試験体は，表 1.4 に示す使用環境 I または II に対応する試験体を養生する環境の下で，サイドマッチング試験体は使用環境 III に対応する試験体を養生する環境の下で，24 時間ごとに測定した試験体の質量の 24 時間ごとの変化量が，24 時間前の質量の 1/1,000 以下になるまで養生する。

表 1.4 試験体を養生する環境

| 使用環境の区分の名称 | 試験体を養生する環境 |
|---|---|
| 使用環境 I | 気温 20±2℃，かつ，湿度 95±5% |
| 使用環境 II | 気温 20±2℃，かつ，湿度 85±5% |
| 使用環境 III | 気温 20±2℃，かつ，湿度 65±5% |

(5) 試験方法
荷重は，荷重点の移動速度がほぼ一定となるように加え，荷重の最大値に達するまでの時間が 5 分±2 分となるように行い，荷重の最大値を計測する。

(6) 含水率の強度調整係数の評価
(i) 枠組材または面材の標本のそれぞれについて，同一の標本から作成された調整係数用本試験体，及び 2 体のサイドマッチング用試験体のそれぞれについての基準に定める方法により，計測された最大荷重を用いて，次の式 (1.15) により含水率の試験強度調整係数を算出する。

$$K_1(_{-1} または _{-2}) = f(_{-1} または _{-2})/f_s(_{-1} または _{-2}) \tag{1.15}$$

この式において，$K_1$ は含水率の試験強度調整係数を，$f$ は次の式 (1.16) により算出される調整係数用本試験体の曲げ小試験片強度を，$f_s$ は式 (1.16) により算出される 2 体のサイドマッチング用試験体の曲げ小試験片強度の平均値を表す。

$$曲げ小試験片強度 = P_b \times L1/(2 \times Z) \tag{1.16}$$

この式において，$P_b$ は図 1.12 または図 1.13 における荷重の最大値を，L1 は支点（外側荷重点）から内側荷重点までの距離を，$Z$ はサイドマッチング用試験体の養生後の断面係数を表すものとする。

(ii) 含水率の強度調整係数は，各標本ごとの含水率の試験強度調整係数から得られる統計量に基づき算出される標本平均とする。ただし，当該値が 1.0 を超える場合には，当該値を 1.0 とする。

(7) 含水率の強度調整係数 ($K_1$) と事故的な水掛かりを考慮した強度調整係数 ($K_3$) の組み合わせに係るオプション

(i) 試験体は，イ (4) にしたがって片面散水乾燥処理を行う。
(ii) 試験体は，(4) と (5) による環境条件とする。
(iii) 曲げ小試験片強度の試験を行う。
(iv) 組み合わせ低減係数は $K_1 \times K_3 = f/f_s$ によって計算する。
　　ここで，$f$：散水乾燥と湿潤状態の組み合わせ試験による曲げ小試験片強度の平均
　　　　　$f_s$：当該条件の試験による曲げ小試験片強度の平均

### 1.1.3　荷重継続時間の強度調整係数

**（1）　試験を行う標本の収集**

試験を行う標本は，使用環境ごとに枠組材または面材の母集団から，これらの母集団の材料特性を適切に表すものとなるように30以上収集する。

**（2）　試験体の形状及び寸法並びに試験装置**

次の（3）により作成した本試験体について枠組材は図1.15に，面材は図1.16に示すとおりとし，サイドマッチング用試験体については，枠組材は図1.13に，面材は図1.14に示すとおりとする。

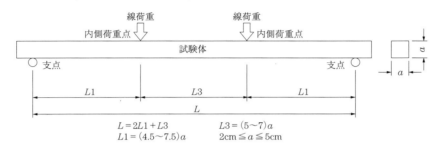

図1.15　枠組材の荷重継続時間の強度調整係数に関する試験

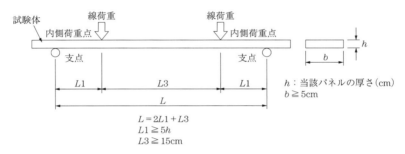

図1.16　面材の荷重継続時間の強度調整係数に関する試験

**（3）　試験体の作成**

1.1.2項（3）の規定を準用する。

**（4）　試験体の養生**

試験体は，使用環境Ⅲの平衡状態となるまで養生する。

**（5）　試験方法**

(i)　1.1.2項（5）の方法により，サイドマッチング用試験体について試験を行い，最大荷重を計測する。

(ii)　2体のサイドマッチング用試験体の最大荷重の平均値に対する割合（以下「応力レベル」という）を3種類以上選択し，対応するおもり（支持棒の重さを含む。以下同じ）をそれぞれ10体以上の試験体に載せ，試験体が破壊するまでの時間（以下「破壊荷重継続時間」という）を計測する。この場合，3以上の応力レベルのうち少なくとも1以上の応力レベルは，すべての試験体の半数以上の破壊荷重継続時間が6か月以上となるよう設定する。

**（6）　荷重継続時間の強度調整係数の評価**

(i)　（5）の方法により，それぞれの調整係数用本試験体について計測された応力レベルごとの破壊荷重継続時間と，応力レベルの関係について，次の式（1.17）による回帰直線を求める。

$$SL = c - d \log_{10} t \tag{1.17}$$

この式において，$t$ は時間（単位：分）を，$c$ 及び $d$ は，それぞれ回帰直線の切片及び傾きを，$SL$ は応力レ

ベル（単位：％）を表すものとする。

(ii) 荷重継続時間の強度調整係数は，式（1.17）における $c$ 及び $d$ の値を用いて，次の式（1.18）により定める。

$$K_2 = c - d \times \log_{10} 26{,}280{,}000 = c - 7.42\,d \tag{1.18}$$

この式において，$K_2$ は荷重継続時間の強度調整係数を表すものとする。

### 1.1.4 接着耐久性の合否判定試験

#### （1） 試験を行う標本の収集

試験を行う標本は，接着剤を用いた枠組材または面材の母集団から，これらの母集団の材料特性を適切に表すものとなるように収集するものとし，その数は，（5）の(ii)の基準に基づき行う。劣化処理のそれぞれの方法につき10以上とする。

#### （2） 試験体の形状及び寸法並びに試験装置

試験体の形状及び試験装置は，枠組材にあっては図1.17に，面材にあっては図1.18に示すとおりとする。

#### （3） 試験体の作成

1.1.2項（3）に定めるところによる。この場合において「図1.13及び図1.14」とあるのは「図1.17及び図1.18」と読み替えるものとする。

表1.5　枠組材の使用環境に対応した劣化処理の方法と処理回数

| 劣化処理の方法 | 使用環境Ⅰ | 使用環境Ⅱ | 使用環境Ⅲ |
| --- | --- | --- | --- |
| 加熱冷却法 | 処理回数6回 | — | — |
| 煮沸法 | — | 処理回数2回 | 処理回数1回 |
| 減圧加圧法 | — | 処理回数2回 | 処理回数1回 |

この表において，加熱冷却法，煮沸法及び減圧加圧法は，それぞれ次に定める劣化処理の方法を表すものとする。

加熱冷却法：試験体を49±2℃の水中に1時間浸漬し，さらに93±3℃の水蒸気中に3時間曝し，さらに－12±3℃で20時間置き，さらに99±2℃の乾燥空気中で3時間加熱する。その後，再度93±3℃の水蒸気中に3時間曝し，さらに99±2℃の乾燥空気中で18時間加熱する。

煮　沸　法：試験体を沸騰水中に4時間以上浸漬し，さらに常温水中に1時間以上浸漬した後，恒温乾燥器を用いて，気温70±3℃の環境の下で，試験体の質量が，養生後のサイドマッチング用試験体の質量を下回るまで乾燥する。

減圧加圧法：試験体を635 mmHgに減圧した常温水中に5分間以上浸漬し，さらに51±2.9 N/cm²に加圧された常温水中に1時間以上浸漬した後，恒温乾燥器を用いて，気温70±3℃の環境の下で，試験体の質量が養生後のサイドマッチング用試験体の質量を下回るまで乾燥する。

表1.6　面材の使用環境に対応した劣化処理の方法と処理回数

| 劣化処理の方法 | 使用環境Ⅰ | 使用環境Ⅱ | 使用環境Ⅲ |
| --- | --- | --- | --- |
| 加熱冷却法 | 処理回数6回 | — | — |
| 煮沸法 | — | 処理回数1回 | — |
| 減圧法 | — | 処理回数6回 | 処理回数1回 |

一　この表において，加熱冷却法，煮沸法及び減圧法は，それぞれ次に定める劣化処理の方法を表すものとする。

加熱冷却法：試験体を49±2℃の水中に1時間浸漬し，さらに93±3℃の水蒸気中に3時間曝し，さらに－12±3℃で20時間置き，さらに99±2℃の乾燥空気中で3時間加熱する。その後，再度93±3℃の水蒸気中に3時間曝し，さらに99±2℃の乾燥空気中で18時間加熱する。

煮　沸　法：試験体を沸騰水中に4時間以上浸漬し，さらに常温水中に1時間以上浸漬した後，恒温乾燥器を用いて，気温70±3℃の環境の下で，試験体の質量が，養生後のサイドマッチング用試験体の質量を下回るまで乾燥する。

減　圧　法：試験体を635 mmHgに減圧した常温水中に30分間以上浸漬するかまたは635 mmHgに減圧した後65℃の水中に1時間以上浸漬する。さらに圧力を気圧と等価とした常温水中に30分間以上浸漬した後，恒温乾燥器を用いて，気温70±3℃の環境の下に，6時間以上（劣化処理の偶数回及び最終回においては15時間以上）の時間をかけて，試験体の質量が，養生後のサイドマッチング用試験体の質量を下回るまで乾燥する。

二　この表において，せっこうボードまたはこれに類するものにあっては，使用環境Ⅲの場合のみ劣化処理の方法を次に定める加湿法とすることができる。

加　湿　法：試験体を，恒温加湿器を用いて，気温40±2℃，相対湿度87.5±2.5％の環境の下で96時間加湿する。

（4） 試験体の養生

サイドマッチング用試験体は，表1.4に示す使用環境Ⅲに対応する試験体を養生する環境の下で，24時間ごとに測定した質量の24時間ごとの変化量が24時間前の試験体の質量の1/1,000以下になるまで養生する。

（5） 試験方法

（ⅰ） サイドマッチング用試験体について1.1.2項（5）に定めるところにより試験を行い，最大荷重を計測する。

（ⅱ） 本試験体について，枠組材にあっては表1.5に示す劣化処理の方法により，面材にあっては表1.6に示す劣化処理の方法により，その使用環境の区分に応じて劣化処理を行う。この場合において，それぞれの劣化処理方法ごとに10以上の本試験体について処理を行うこととする。

（ⅲ） 本試験体について，1.1.2項（5）の定めるところにより試験を行い，最大荷重を計測する。

（6） 接着耐久性の合否判定基準

（ⅰ） 枠組材または面材の標本の強度残存率を，それぞれの標本について（5）に定める試験で測定された最大荷重を用いて，式（1.19）により算出する。

$$K_{ad} = f/f_s \tag{1.19}$$

この式において，$K_{ad}$は試験強度残存率を，$f$は式（1.20）により算出される劣化試験体の曲げ小試験片強度を，$f_s$は式（1.20）により算出される2体のサイドマッチング用試験体の曲げ小試験片強度の平均値を表す。

$$曲げ小試験片強度 = P_b \times L1/(2 \times Z) \tag{1.20}$$

この式において，$P_b$は図1.17または図1.18における荷重の最大値を，$L1$は外側荷重点から内側荷重点までの距離を，$Z$は養生後のサイドマッチング用試験体の断面係数を表すものとする。

（ⅱ） 枠組材または面材の使用環境の区分に応じて，劣化処理のそれぞれの方法について，各標本ごとの試験強度残存率から得られる標本平均を平均強度残存率とする。

（ⅲ） それぞれの使用環境の区分に対するそれぞれの劣化処理方法の平均強度残存率は，0.5以上でなければならない。

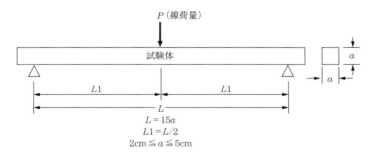

図1.17　枠材の接着耐久性に係る強度調整係数及びサイドマッチングに関する試験

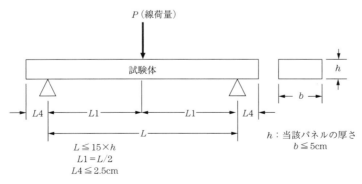

図1.18　面材の接着耐久性に係る強度調整係数及びサイドマッチングに関する試験

### 1.1.5 含水率の剛性調整係数

**（1） 試験を行う標本の収集**
1.1.2項（1）の定めるところによる。

**（2） 試験体の形状及び寸法並びに試験装置**
枠組材にあっては図1.19に，面材にあっては図1.20に示すとおりとする。

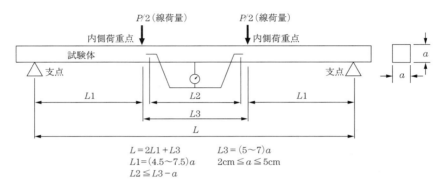

図1.19　枠組材の含水率の剛性調整係数に関する試験

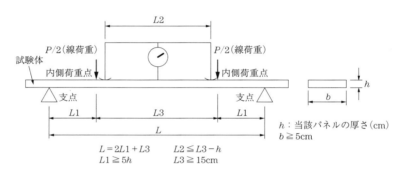

図1.20　面材の含水率の剛性調整係数に関する試験

**（3） 試験体の作成**
1.1.2項（3）の定めるところによる。

**（4） 試験体の養生**
1.1.2項（4）の定めるところによる。

**（5） 試験方法**
荷重は，荷重点の移動速度をほぼ一定として，荷重の最大値に達するまでの時間が5分±2分となるように行い，比例域における下限荷重，及び上限荷重に対応する変位を計測する。

**（6） 含水率の剛性調整係数の評価**
（i）枠組材または面材の標本のそれぞれについて，同一の標本から作成された本試験体，及び2体のサイドマッチング用試験体のそれぞれについて，（5）の方法により計測された変位を用いて，次の式（1.21）に係る試験剛性調整係数を算出する。

$$K_a = R/R_s \tag{1.21}$$

この式において，$K_a$ は含水率の試験剛性調整係数を，$R$ は次の式（1.22）により算出される調整係数用本試験体の剛性を，$R_s$ は式（1.22）により算出される2体のサイドマッチング用試験体の試験片剛性の平均値を表す。

$$試験片剛性 = \Delta P / \Delta \delta \tag{1.22}$$

この式において，$\Delta P$ は図 1.19 または図 1.20 における上限荷重と下限荷重の差，$\Delta \delta$ は上限荷重と下限荷重に対応する変位の差を表すものとする。

(ii) 含水率の剛性調整係数は，各標本ごとの含水率の試験剛性調整係数から得られる統計量の標本平均とする。ただし，当該が 1.0 を超える場合には当該係数を 1.0 とする。

### 1.1.6　クリープの剛性調整係数

（1）　試験を行う標本の収集

試験を行う標本は，枠組材または面材の母集団から，これらの母集団の材料特性を適切に表すものとなるように 10 以上収集する。

（2）　試験体の形状及び寸法並びに試験装置

枠組材にあっては図 1.21 に，面材にあっては図 1.22 に示すとおりとする。

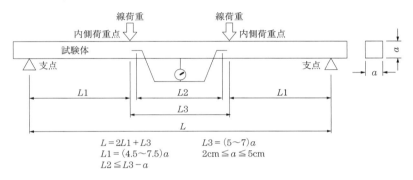

図 1.21　枠組材のクリープの調整係数に関する試験

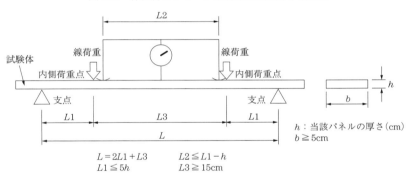

図 1.22　面材のクリープの調整係数に関する試験

（3）　試験体の作成

1.1.2 項（3）によるものとする。

（4）　試験体の養生

1.1.3 項（4）によるものとする。

（5）　試験方法

(i)　1.1.3 項（5）(i)によるものとする。

(ii)　それぞれ 10 体以上の本試験体について，枠組材及び面材に係る試験体に次の式（1.23）により算出した応力レベルのおもりを載せ，内側荷重点の変位を，おもりを積載してから，1 分，5 分，10 分，100 分及び 500 分後に，さらに，その後 24 時間ごとに 5 週間以上計測する。

$$応力レベル = (2/3) \times K_1 \times K_2 \tag{1.23}$$

この式において，$K_1$ は含水率の強度調整係数を表し，$K_2$ は荷重継続時間の強度調整係数を表す。

### （6） クリープの剛性調整係数の評価

（i） （5）に定める方法により，それぞれの調整係数用試験体について，それぞれの時間ごとに計測された変位を用いて，次の式（1.24）によりそれぞれの時間に対応した試験剛性低減係数を求める。

$$K_{bt} = a_1/a_t \tag{1.24}$$

この式において，$K_{bt}$ はクリープの試験剛性低減係数を，$a_t$ はそれぞれの時間ごとに計測された変位を，$a_1$ はおもりの積載1分後の変位を表すものとする。

（ii） （i）の基準に基づき算出されたそれぞれの調整係数用本試験体のそれぞれの時間に対応した試験剛性低減係数（10分未満に対応するもの（1分と5分）を除く）と時間との関係について，次の式（1.25）により回帰直線を求める。

$$\log_{10} K_{bt} = e + f \log_{10} t \tag{1.25}$$

この式において，$t$ は時間（単位：分）を，$e$ 及び $f$ は，それぞれ回帰直線の切片及び傾きを，$K_{bt}$ はクリープの試験剛性低減係数を表す。

（iii） クリープの剛性調整係数は，式（1.25）における $e$ 及び $f$ の値を用いて，次の式（1.26）により定める。

$$K_b = 10^e t_{50}{}^f \tag{1.26}$$

（ただし，$t_{50}$ は，26,280,000 とする。）

この式において，$K_b$ はクリープの剛性調整係数を表す。

## 1.1.7 事故的な水掛かりを考慮した強度調整係数及び剛性調整係数

### （1） 試験を行う標本の収集

試験を行う標本は，接着剤と用いた枠組材または面材の母集団から，これらの母集団の材料特性を適切に表すものとなるように収集するものとし，その数は1.1.1項の（4）の基準に基づき行う。劣化処理のそれぞれの寸法につき10以上とする。

### （2） 試験体の形状及び寸法並びに試験装置

試験体の形状及び寸法並びに試験装置は，枠組材にあっては図1.17に，面材にあっては図1.18に示すとおりとする。

### （3） 試験体の作成

1.1.2項（3）に定めるところによる。この場合において「図1.13及び図1.14」とあるのは「図1.17及び図1.18」と読み替えるものとする。

### （4） 試験体の養生

事故的な水掛かりを考慮した試験用試験体及びサイドマッチング用試験体は，表1.4に示す使用環境Ⅲに対応する試験体を養生する環境の下で，24時間ごとに測定した試験体の質量の24時間ごとの変化量が，24時間前の試験体の質量の1/1,000以下になるまで養生する。

### （5） 試験方法

（i） 片面散水乾燥処理は，1.1.1項（4）に従って行う。
（ii） 試験体の最大荷重は，1.1.2項（5）に従って行う。

### （6） 事故的な水掛かりを考慮した強度調整係数の評価

（i） 枠組材または面材の標本それぞれについて，同一の標本から作成された調整係数用試験体，及びサイドマッチング用試験体のそれぞれについて（5）に定める方法により計測された最大荷重を用いて，次の式（1.27）より事故的な水掛かりを考慮した試験強度調整係数を算出する。

$$K_3 = f/f_s \tag{1.27}$$

この式において，$K_3$ は事故的な水掛かりを考慮した試験体強度調整係数を，$f$ は式（1.28）により算出される調整係数用本試験体の曲げ小試験片強度を，$f_s$ は式（1.28）により算出される2体のサイドマッチング用試験体

の曲げ小試験片強度の平均値を表す。

$$曲げ小試験片強度 = P_b \times L1/(2 \times Z) \tag{1.28}$$

この式において，$P_b$ は図 1.17 または図 1.18 における荷重の最大値を，$L1$ は支点（外側荷重点）から内側荷重点までの距離を，$Z$ はサイドマッチング用試験体の養生後の断面係数を表すものとする。

（ⅱ）事故的な水掛かりを考慮した強度調整係数は，各標本ごとの事故的な水掛りを考慮した試験強度調整係数から得られる総計量の標本平均とする。ただし，当該値が 1.0 を超える場合には，当該係数を 1.0 とする。

### （7）事故的な水掛かりを考慮した剛性調整係数の評価

（ⅰ）枠組材または面材の標本のそれぞれについて，同一の標本から作成された本試験体及び 2 体のサイドマッチング用試験体のそれぞれについて（5）の方法により計測された変位を用いて，次の式（1.29）により事故的な水掛かりを考慮した試験剛性調整係数を算出する。

$$K_c = R/R_s \tag{1.29}$$

この式において，$K_c$ は事故的な水掛かりを考慮した試験剛性調整係数を，$R$ は次の式（1.30）により算出される調整係数用本試験体の剛性を，$R_s$ は式（1.30）により算出される 2 体のサイドマッチング用試験体の平均値を表す。

$$試験片剛性 = \Delta P / \Delta \delta \tag{1.30}$$

この式において，$\Delta P$ は図 1.17 または図 1.18 における上限荷重と下限荷重の差，$\Delta \delta$ は上限荷重と下限荷重に対応する変位の差を表すものとする。

（ⅱ）含水率の剛性調整係数は，各標本ごとの含水率の試験剛性調整係数から得られる統計量の標本平均とする。ただし，当該値が 1.0 を超える場合には，当該係数を 1.0 とする。

### （8）含水率の強度調整係数（$K_a$）と事故的な水掛かりを考慮した強度調整係数（$K_c$）の組み合わせに係るオプション

（ⅰ）試験体は，1.1.1 項（4）にしたがって片面散水乾燥処理を行う。
（ⅱ）試験体は，（4）と（5）により環境条件とする。
（ⅲ）曲げ試験片強度の試験を行う。
（ⅳ）組み合わせ低減係数は $K_a \times K_c = E/E_s$ によって計算する。
　　ここで，$E$：散水乾燥と湿潤状態の組み合わせ試験による曲げ小試験片弾性係数の平均
　　　　　$E_s$：当該条件の試験による曲げ小試験片弾性係数の平均

## 1.2 接合部の許容応力，終局耐力及び剛性

接合部の許容応力，終局耐力及び剛性は，それぞれ表 1.1 に掲げる構造部材の使用環境の区分に応じて，許容応力及び終局耐力にあっては表 1.7 に，剛性にあっては表 1.8 によることとする。

この場合において，これらの数値に係る次の 1.2.1 項から 1.2.5 項までの基準は，品質基準とその管理の方法が明らかにされている枠組材，もしくは面材並びにくぎ，もしくはこれに類する接合具を用いた接合部に限り適用されるものとし，表 1.7 及び表 1.8 による数値は，当該枠組材もしくは面材並びにくぎ，もしくはこれに類する接合具の品質基準と同等以上の基準により，品質の管理が行われているものを用いた接合部について適用でき

表 1.7　接合部の許容応力及び終局耐力

| | 長期の応力に対する許容応力 | 短期の応力に対する許容応力 | 終 局 耐 力 |
|---|---|---|---|
| 使用環境Ⅰ | $F_{jy} \times K_{j1-1} \times K_{j2}$ | $F_{jy} \times K_{j1-1}$ | $F_{ju} \times K_{j1-1}$ |
| 使用環境Ⅱ | $F_{jy} \times K_{j1-2} \times K_{j2}$ | $F_{jy} \times K_{j1-2}$ | $F_{ju} \times K_{j1-2}$ |
| 使用環境Ⅲ | $F_{jy} \times K_{j2}$ | $F_{jy}$ | $F_{ju}$ |

この表において，$F_{jy}$，$F_{ju}$，$K_{j1-1}$，$K_{j1-2}$ 及び $K_{j2}$ は，それぞれ，次の数値を表すものとする。
　$F_{jy}$：1.2.1 項，1.2.2 項または 1.2.3 項のいずれかの方法により定めた接合部の基準許容応力
　$F_{ju}$：1.2.3 項に定める接合部の基準終局耐力
　$K_{j1-1}$：使用環境Ⅰにおける 1.2.4 項に定める接合部の含水率の耐力調整係数
　$K_{j1-2}$：使用環境Ⅱにおける 1.2.4 項に定める接合部の含水率の耐力調整係数
　$K_{j2}$：使用環境Ⅰにおける 1.2.4 項に定める接合部の荷重継続時間の耐力調整係数

表1.8 接合部の剛性

| | 長期の応力に対する剛性 | 短期の応力に対する剛性 |
|---|---|---|
| 使用環境Ⅰ | $K_j \times K_{ja-1} \times K_{jb}$ | $K_j \times K_{ja-1}$ |
| 使用環境Ⅱ | $K_j \times K_{ja-2} \times K_{jb}$ | $K_j \times K_{ja-2}$ |
| 使用環境Ⅲ | $K_j \times K_{jb}$ | $K_j$ |

この表において，$K_j$，$K_{ja-1}$，$K_{ja-2}$及び$K_{jb}$は，それぞれ，次の数値を表すものとする。
$K_j$：1.2.1項，1.2.2項または1.2.3項のいずれかの方法により定めた接合部の含水率の剛性調整係数
$K_{ja-1}$：使用環境Ⅰにおける1.2.5項に定める接合部の含水率の剛性調整係数
$K_{ja-2}$：使用環境Ⅱにおける1.2.5項に定める接合部の含水率の剛性調整係数
$K_{jb}$：使用環境Ⅰにおける1.2.5項に定める接合部のクリープの剛性調整係数

るものとする。

### 1.2.1 接合部の基準許容応力及び基準剛性（単調加力接合部試験によるもの）

#### （1） 試験体の作成と数

試験体は，母集団から式（1.31）に示す条件に適合するように収集された枠組材，または木材を用いた面材（以下「木材等」という。）の標本と母集団の材料特性を適切に表すものとなるように収集された木材等以外の材料の標本を，それぞれ用いて6以上作成する。

$$\rho \geqq \rho_a \tag{1.31}$$

この式において，$\rho$は標本の樹種に応じた基準比重を，$\rho_a$は標本それぞれの比重の全部の標本での平均値を表す。

#### （2） 試験体の形状及び寸法並びに試験装置

図1.23に示すとおり，試験体の形状及び寸法は，建築物に使用される状態と同じものとし，試験装置は，当該接合部が実際に建物に使用される場合に受ける応力を再現できるものとする。

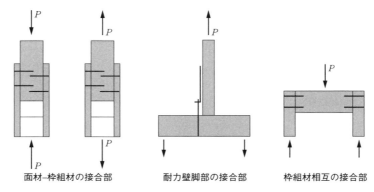

図1.23 接合部の基準許容応力及び基準剛性に関する試験

#### （3） 試験体の養生

試験体は気温20±2℃，かつ湿度65±5%の環境の下で，24時間ごとに測定した試験体の質量の24時間ごとの変化量が24時間前の試験体の質量の1/1,000以下となるまで養生する。

#### （4） 試験方法

荷重は，荷重点の移動速度がほぼ一定となるように加え，正負どちらか一方の側に，荷重の最大値に達するまでの時間が5分±2分となるように試験を行う。その際，荷重と変位（接合される部材間の相対変位をいう。以下同じ。）の関係の推移が把握されるよう適切な間隔で，変位とこれに対応する荷重を計測する。荷重が最大値に達し，その後最大値の8割まで低減するか，または最大値の8割まで低減する以前で，かつ変位が30 mm以上の任意の変位に達した場合に試験を終了することとする。この場合において，変位は試験体表裏それぞれ1点以上の箇所で計測されたものの平均値とする。

### （5） 接合部の基準許容応力の評価

(i) 縦軸に荷重を，横軸に変位を表す直交平面上に計測された荷重を，それぞれの変位ごとに記し，荷重の大きさがその最大値の0.1倍，及び0.4倍に相当する点を直線で結ぶ。この場合において，当該直交平面上に記された荷重と変位の関係を荷重変形包絡曲線とし，当該直線を第Ⅰ直線とする。

(ii) 荷重の大きさが，その最大値に0.9を乗じた値に相当する点と，当該最大値の0.4倍に相当する点を結ぶ直線（第Ⅱ直線）の傾きと等しい傾きで荷重変形包絡曲線に接する直線（第Ⅲ直線）と，第Ⅰ直線との交点の荷重の値を試験許容応力（$P_y$）とする。

(iii) 耐力壁及び床版の枠組材と面材との接合部にあっては，各試験体ごとの試験許容応力（$P_y$）の統計量値に基づき算出される信頼水準75%の50%下側許容限界値（以下，「50%下限値」という。）を求め，それ以外の接合部にあっては，各試験体ごとの試験許容応力の統計量から得られる信頼水準75%の95%下側許容限界値（以下，「5%下限値」という。）を求める。

(iv) 耐力壁及び床版の枠組材と面材との接合部にあっては，各試験体ごとに計測された荷重の最大値に2/3を乗じた値の50%下限値とする。それら以外の接合部にあっては同じく5%下限値とする。

(v) 接合部の基準許容応力は，耐力壁及び床版の枠組材と面材の接合部にあっては，(iii)における試験許容応力の50%下限値，それらの接合部以外の接合部にあっては，試験許容応力の5%下限値と(iv)においても同様に，それぞれ小さい値を基準許容応力とする。

### （6） 接合部の基準剛性の評価

(i) 荷重変形包絡曲線において，荷重の大きさが試験許容応力となる点と荷重変形包絡曲線が記された直交平面の原点とを結ぶ直線の傾きを試験剛性とする。

(ii) 接合部の基準剛性は，各試験体ごとの試験剛性の統計量から得られる標本平均として定める。

## 1.2.2 接合部の基準許容応力及び基準剛性（くぎ，ねじまたはこれらに類する接合具の曲げ試験並びに枠組材及び面材のめりこみ試験によるもの）

### （1） くぎまたはこれに類する接合具の降伏モーメント及び弾性係数

(i) 試験を行う標本の収集

試験を行う標本は，くぎまたはこれに類する接合具（以下この節において「接合具」という。）の母集団から，これらの母集団の材料特性を適切に表すものとなるように収集し，その数は6以上とする。

(ii) 試験体の形状及び寸法並びに試験装置は，図1.24に示すとおりとする。

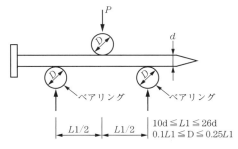

**図1.24 接合具の曲げ試験**

(iii) 試験方法

載荷は，荷重点の移動速度をほぼ一定として，荷重点の変位が接合具の小径と等しくなるまで，それまでの時間が1分以上となるように行い，荷重と変位の関係の推移が把握されるよう適切な間隔で，変位とこれに対応する荷重を計測する。

(iv) 接合具の曲げ降伏強度の評価

（イ） 計測された荷重と変位の関係を，縦軸に荷重を，横軸に変位を表す直交平面上に記し，荷重の大きさがその最大値の0.1倍及び0.4倍に相当する2点を直線で結ぶ。この場合において，当該直交平面上に記された荷重と変位の関係を荷重変形包絡曲線とし，当該直線を剛性直線とする。

(ロ) 次の式（1.32）により算出される値を，接合具の試験曲げ降伏モーメントとする。
$$M_y = P_{max} \times L/4 \tag{1.32}$$
この式において，$P_{max}$ は荷重の最大値を，$L$ は支点間の距離を表すものとする。

(ハ) 接合具の曲げ降伏モーメントは，各試験体ごとの試験曲げ降伏モーメントの統計量から 5% 下限値として定める。

(v) 接合具の弾性係数の評価

(イ) 次の式（1.33）により算出される値を，接合具の試験弾性係数とする。
$$接合具の試験弾性係数 = \Delta P \times L^3 / (48 \times I \times \Delta \delta) \tag{1.33}$$
この式において，$\Delta P$ は比例域における下限荷重と上限荷重との差を，$L$ は支点間の距離を，$I$ は接合具の断面2次モーメントを，$\Delta \delta$ は下限荷重と上限荷重のそれぞれに対応する変位の差を表すものとする。

(ロ) 接合具の弾性係数は，各試験体ごとの試験弾性係数から得られる標本平均として求める。

### （2） 枠組材または面材のめりこみ終局強度及び弾性係数

(i) 試験を行う標本の収集

試験を行う標本は，枠組材または面材の母集団から，式（1.31）に示す条件に適合するように6以上収集する。

(ii) 試験体の形状及び寸法並びに試験装置

枠組材にあっては図1.25に，面材にあっては図1.26に示すとおりとする。

(iii) 試験体の作成

図1.25及び図1.26に示す試験体は，これらの図に示す載荷方向と枠組材または面材の試験体の繊維方向との関係が実際に建築物に使用される場合と同じものとなるように作成すること。

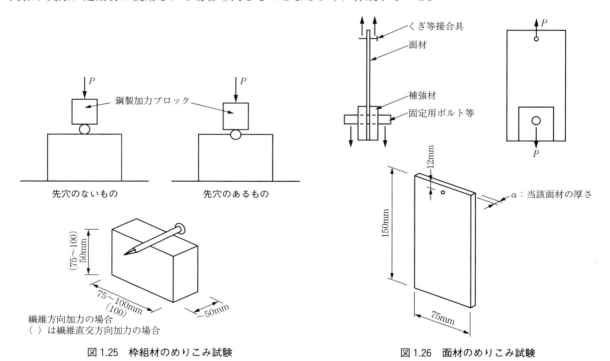

図1.25 枠組材のめりこみ試験　　　図1.26 面材のめりこみ試験

(iv) 試験方法

荷重は，荷重点の移動速度がほぼ一定となるように加え，正負どちらか一方の側に，荷重の最大値に達するまでの時間が5分±2分となるように試験を行う。荷重が最大値に達し，その後最大値の8割まで低減するかまたは最大値の8割まで低減する以前で変位（接合具と枠組材の相対変位をいう。以下同じ。）が先穴をあけない場合には接合具の小径に，先穴をあける場合には接合具の小径の1/2に達するまで，荷重と変位の関係の推移が把握されるよう適切な間隔で，変位とこれに対応する荷重を計測する。

(v) 枠組材または面材のめりこみ終局強度の評価

(イ) 計測された荷重と変位の関係を，縦軸に荷重を，横軸に変位を表す直交平面上に記し，荷重の大きさ

がその最大値の 0.1 倍及び 0.4 倍に相当する 2 点を直線で結ぶ。この場合において，当該直交平面上に記された荷重と変位の関係を荷重変形包絡曲線とし，当該直線を剛性直線とする。
(ロ) 荷重変形包絡曲線，横軸及び変位の最大値において縦軸と平行する直線（以下「終局変位直線」という）との囲む面積が等しくなるように終局耐力直線を求め，その荷重の値を，接合具の小径と枠組材または面材の厚さとの積で除した値を，枠組材または面材のめりこみの試験終局強度とする。
(ハ) 枠組材または面材のめりこみ終局強度は，各試験体ごとの枠組材または面材のめりこみの試験終局強度から得られる統計量に基づき算出される信頼水準 75% の 95% 下側許容限界とする（以下「めりこみ終局強度の下限値」という）。ただし，耐力壁及び床版の枠組材と面材との接合部に用いるものにあっては，当該終局強度は，各試験体ごとの枠組材または面材の試験終局強度の統計量から得られる信頼水準 75% の 50% 下側許容限界として求めてもよい（以下「めりこみ終局強度の平均値」という）。

(vi) 枠組材または面材のめりこみ基準剛性の評価

枠組材または面材のめりこみ基準剛性は，剛性直線の傾きをめりこみの試験剛性として，各試験体ごとの試験剛性の統計量から得られる標本平均として求める。

### （3） 接合部の基準許容応力の算出

接合部の基準許容応力は，（1）及び（2）の基準に基づく接合具の曲げ降伏モーメント及び枠組材または面材のめりこみ終局強度を用いて，次の(i)から(ii)までの基準に基づき算出することができる。

(i) 枠組材相互または枠組材と面材とのくぎによる基準許容応力

枠組材相互または枠組材と面材とのくぎによる基準許容応力は，次の式（1.34）により算出することができる。ただし，くぎの打ち込み長さは，くぎの径の 9 倍以上としなければならない。

$$F_{jy} = (2/3) NCF_{e1} dt \tag{1.34}$$

この式において，$N$，$F_{e1}$，$d$，$t$ 及び $C$ は，それぞれ次に定める数値を表すものとする。

$N$：表 1.9 に定めるくぎの打ち方による耐力低減率

表 1.9

| くぎの打ち方 | 低減率 |
|---|---|
| 平打ち | 1.0 |
| 斜め打ち | 5/6 |
| 木口打ち | 2/3 |

$F_{e1}$：側材のめりこみ終局強度
$d$：くぎの径
$t$：側材の厚さ
$C$：次の式（1.35）による数値

$$C = 次のいずれかの最小の値 \tag{1.35}$$

$$\begin{cases} 1 \\ \dfrac{1}{2+\beta}\left\{\sqrt{2\beta(1+\beta)+\dfrac{4\beta(2+\beta)M_y}{F_{e1}dt^2}}-\beta\right\} \\ \dfrac{1}{t}\sqrt{\dfrac{4\beta M_y}{(1+\beta)F_{e1}d}} \end{cases}$$

この式において，$\beta$ 及び $M_y$ は，それぞれ次に定める数値を表すものとする。

$\beta$：主材と側材のめりこみ終局強度の比（$F_{e2}/F_{e1}$）
　　ただし，$F_{e2}$ は主材のめりこみ終局強度
$M_y$：くぎの曲げ降伏モーメント

(ii) 鋼板を添え板とするくぎによる接合部の基準許容応力

鋼板を添え板とするくぎによる接合部の基準許容応力は，次の式（1.36）により算出することができる。ただし，くぎの打ち込み長さは，くぎ径の 9 倍としなければならない。

$$F_{jy} = \dfrac{4}{3}\sqrt{F_{e2}dM_y} \tag{1.36}$$

この式において，$F_{e2}$, $d$ 及び $M_y$ は，それぞれ次に定める数値を表すものとする。

$F_{e2}$：主材のめりこみ終局強度

$d$ ：くぎの径

$M_y$：くぎの曲げ降伏モーメント

(iii) 枠組材相互のボルトによる接合部の基準許容応力

枠組材相互のボルトによる接合部の基準許容応力は，次の式（1.37）により算出することができる。

$$F_{jy} = (2/3)CF_{c2}dl \tag{1.37}$$

この式において，$F_{c2}$, $l$, $d$ 及び $C$ は，それぞれ次に定める数値を表すものとする。

$F_{c2}$：主材の圧縮の基準材料強度（ただし，応力の方向が枠組材の繊維方向に対し直交する場合には，めりこみの基準材料強度とする）

$d$ ：ボルトの径

$l$ ：主材の厚さ

$C$ ：次の（イ）から（ホ）までの基準による数値

（イ） 主材及び側材が枠組材である 2 面せん断接合部の場合

$C =$ 次のいずれかの最小の値 \hfill (1.38)

$$\begin{cases} 2\alpha\beta \\ 1 \\ \sqrt{\dfrac{8\alpha^2\beta^2(1+\beta)}{(2\beta+1)^2} + \dfrac{16\beta M_y}{(2\beta+1)F_{c2}dl^2}} - \dfrac{2\alpha\beta}{2\beta+1} \\ \dfrac{d}{l}\sqrt{\dfrac{16\beta M_y}{(1+\beta)F_{c2}d^3}} \end{cases}$$

この式において，$\alpha$, $\beta$ 及び $M_y$ は，それぞれ次に定める数値を表すものとする。

$\alpha$：側材と主材の厚さの比（$l'/l$）。ただし $l'$ は側材の厚さ。

$\beta$：側材と主材の圧縮の基準材料強度（ただし，応力の方向が枠組材の繊維方向に対し直交する場合には，めりこみの基準材料強度とする）の比（$F_{c1}/F_{c2}$）。ただし，$F_{c1}$ は側材の圧縮の基準材料強度。（ただし，応力の方向が枠組材の繊維方向に対し直交する場合には，めりこみの基準材料強度とする）

$M_y$：ボルトの曲げ降伏モーメント

（ロ） 主材が枠組材で，側材が鋼板である 2 面せん断接合部の場合

$C =$ 次のいずれかの最小の値 \hfill (1.39)

$$\begin{cases} 1 \\ \dfrac{d}{l}\sqrt{\dfrac{16 M_y}{F_{c2}d^3}} \end{cases}$$

（ハ） 主材が枠組材であって，その中心に鋼板を挿入した接合部の場合

$C =$ 次のいずれかの最小の値 \hfill (1.40)

$$\begin{cases} 1 \\ \sqrt{2 + \dfrac{16 M_y}{F_{c2}dl^2}} - 1 \\ \dfrac{d}{l}\sqrt{\dfrac{16 M_y}{F_{c2}d^3}} \end{cases}$$

（ニ） 主材及び側材が枠組材である 1 面せん断接合部の場合

$C =$ 次のいずれかの最小の値 \hfill (1.41)

$$\left\{\begin{array}{l} 1 \\ \alpha\beta \\ \dfrac{\sqrt{\beta+2\beta^2(1+\alpha+\alpha^2)+\alpha^2\beta^2}-\beta(1+\alpha)}{1+\beta} \\ \sqrt{\dfrac{2\beta(1+\beta)}{(2+\beta)^2}+\dfrac{4\beta M_y}{(\beta+2)F_{c2}dl^2}}-\dfrac{\beta}{2+\beta} \\ \sqrt{\dfrac{2\alpha^2\beta^2(1+\beta)}{(2\beta+1)^2}+\dfrac{4\beta M_y}{(2\beta+1)F_{c2}dl^2}}-\dfrac{\alpha\beta}{2\beta+1} \\ \dfrac{d}{l}\sqrt{\dfrac{4\beta M_y}{(1+\beta)F_{c2}d^3}} \end{array}\right.$$

（ホ）　主材が枠組材で，側材が鋼板である１面せん断接合部
　　$C=$次のいずれかの最小の値 　　　　　　　　　　　　　　　　　　　　　　　　　　(1.42)

$$\left\{\begin{array}{l} 1 \\ \sqrt{2+\dfrac{4M_y}{F_{c2}dl^2}}-1 \\ \dfrac{d}{l}\sqrt{\dfrac{4M_y}{F_{c2}d^3}} \end{array}\right.$$

### （4）接合部の基準剛性の算出

円形断面のくぎによる接合部のくぎ１本当たりの基準剛性は，次の式（1.43）により算出することができる。

$$k_j = C\frac{k_1 \cdot d}{\lambda} \tag{1.43}$$

この式において，$k_1$，$d$，$\lambda$ 及び $C$ は，それぞれ次に定める数値を表すものとする。

　$k_1$：面材のめりこみ基準剛性
　$d$　：くぎの径
　$\lambda$　：次の式（1.44）に定める数値

$$\lambda = 1.5\frac{k_1^{0.25}}{E^{0.25} \cdot d^{0.75}} \tag{1.44}$$

　　この式において，$E$ はくぎの弾性係数を表すものとする。
　$C$：次の式（1.45）に定める数値

$$C = \frac{\gamma(\gamma H + \gamma^{0.75})}{2(\gamma L + \gamma^{0.25})(\gamma H + \gamma^{0.75}) - (\gamma J - \gamma^{0.5})^2} \tag{1.45}$$

$$L = \frac{\sin h(\lambda t)\cos h(\lambda t) - \sin(\lambda t)\cos(\lambda t)}{\sin h^2(\lambda t) - \sin^2(\lambda t)}$$

$$J = \frac{\sin h^2(\lambda t) + \sin^2(\lambda t)}{\sin h^2(\lambda t) - \sin^2(\lambda t)}$$

$$H = \frac{\sin h(\lambda t)\cos h(\lambda t) + \sin(\lambda t)\cos(\lambda t)}{\sin h^2(\lambda t) - \sin^2(\lambda t)}$$

　　ここで，$\gamma$：枠組材と面材のめりこみ剛性の比（$k_2/k_1$）
　　　　　$k_1$, $k_2$：枠組材と面材のめりこみ基準剛性

## 1.2.3　接合部の基準許容応力及び基準終局耐力並びに基準剛性（繰り返し加力接合部試験によるもの）

### （1）試験体の作成と数

試験体は，枠組材または面材に用いる木材にあっては，これらの母集団から式（1.31）に示す条件に適合するように収集された７以上の標本を，くぎまたはこれに類する接合具等の木材以外の材料にあっては，その母集団から当該母集団の材料特性を適切に表すものとなるように収集された７以上の標本を用いて７体以上作成する。

この場合において，これら試験体のうちの1体を予備試験用試験体とする。

### （2） 試験体の形状及び寸法並びに試験装置
1.2.1項（2）の規定を準用する。

### （3） 試験体の養生
1.2.1項（3）の規定を準用する。

### （4） 試験方法
(i) 予備試験用試験体について，1.2.1項（4）に基づき試験を行い，1.2.1項（5）により接合部の試験許容応力を求め，荷重包絡曲線において荷重の大きさが試験許容応力となる点の変位を予備試験降伏点変位と定める。

(ii) 予備試験用試験体以外の試験体のそれぞれについて，変位が正負両方向に生じるように繰り返し加力を行うこととし，まず，25％及び50％の変位が生じるよう1回ずつ繰り返し載荷を行う。さらに正負ともにそれぞれ75％，100％，200％，400％，600％，800％の変位が生じるように3回ずつ繰り返し載荷を行い，以後は400％ずつ割合を漸増させた変位ごとに3回ずつ繰り返し載荷を行う。その際，荷重と変位の関係の推移が把握されるよう適切な間隔で，変位とこれに対応する荷重を計測する。この場合において繰り返し載荷は，1回当たり1秒以上の時間をかけて行うこととし，1回目の載荷を行った場合の荷重がその最大値に達し，その後8割まで低減するか，または最大値の8割まで低減する以前で，変位が30mm以上の任意の変位に達した場合に試験を終了することとする。

### （5） 接合部の基準許容応力及び基準終局耐力の評価
(i) 縦軸に荷重を，横軸に変位を表す直交平面上に計測された荷重（予備試験降伏変位の75％以上の変位に対応して3回ずつ繰り返し載荷を行ったものについては，その第1回目の繰り返し載荷を行って得た荷重）をそれぞれの変位ごとに記す。その直交平面上の点を包絡する曲線を，正負それぞれの方向で求め，当該曲線を荷重変形包絡曲線とする。

(ii) 荷重変形包絡曲線から，正負それぞれの方向について，1.2.1項（5）(i)及び同(ii)に基づき接合部の試験許容応力を求める。

(iii) 荷重変形包絡曲線の正負それぞれの方向において，荷重の大きさが試験許容応力に相当する点と，直交平面上における原点とを結ぶ直線を剛性直線とする。

(iv) 正負それぞれの方向について，荷重包絡曲線，横軸及び変位の最大値において縦軸と平行する直線（以下「終局変位直線」という。）の囲む面積と，剛性直線，横軸及び終局変位直線と横軸に平行する直線（以下「終局耐力直線」という。）が囲む面積が等しくなるように終局耐力直線を求める。その直線と縦軸の交点の荷重の値を接合部の正負それぞれの方向の試験終局耐力とする。

(v) 形状が対称のものにあっては，各試験体ごとに求められた正負の方向のそれぞれの試験終局耐力の平均値を，標準試験終局耐力とする。

(vi) 接合部の基準終局耐力は，耐力壁及び床版の枠組材と面材との接合部にあっては，各試験体ごとの標準試験終局耐力から得られる統計量に基づき算出される信頼水準75％の50％下側許容限界として，これらを除く接合部にあっては，各試験体ごとの標準試験終局耐力から得られる統計量に基づき算出される信頼水準75％の95％下側許容限界とする。

(vii) 接合部の基準許容応力は，(i)の基準に基づく荷重包絡曲線を用いて，1.2.1項（5）の規定により定めてもよい。

### （6） 接合部の基準剛性の評価
接合部の基準剛性は，各試験体ごとに形状が対称のものにあっては，正負それぞれの方向の剛性直線の傾きの平均値を求め，すべての試験体についての平均値とする。形状が非対称のものにあっては，正負のそれぞれの方向についての剛性直線の傾きのすべての試験体についての平均値を求め，それぞれの方向の基準剛性とする。

### 1.2.4 接合部の含水率の耐力調整係数及び荷重継続時間の耐力調整係数

接合部の含水率の耐力調整係数は，当該接合部を構成する枠組材及び面材の含水率の強度調整係数のうちの最小値とし，接合部の荷重継続時間の耐力調整係数は，当該接合部を構成する枠組材，及び面材の含水率の強度調整係数のうちの最小値として，それぞれ定める。

### 1.2.5 接合部の含水率の剛性調整係数及びクリープの剛性調整係数

接合部の含水率の剛性調整係数は，当該接合部を構成する枠組材及び面材の含水率の調整係数のうちの最小値とし，接合部のクリープの剛性調整係数は，当該接合部を構成する枠組材及び面材のクリープの剛性調整係数のうちの最小値として，それぞれ定める。

# 第2章
# 材料及び接合部の許容応力度等を定める試験・評価方法の解説

本基準では，枠組材と面材，接合部に関する以下の性能値を求めるための標準試験法と評価方法が規定されている。なお，本基準で対象とする接合部とは，くぎ，ねじまたはこれに類するものを用いた接合部であり，これ以外の方法による接合部は対象としない。

(a) 枠組材の許容応力度 (b) 枠組材の材料強度 (c) 枠組材の弾性係数
(d) 面材の許容応力度 (e) 面材の材料強度 (f) 面材の弾性係数
(g) 接合部の許容応力 (h) 接合部の終局耐力 (i) 接合部の剛性

## 2.1 枠組材または面材の材料強度及び許容応力度と弾性係数

### (1) 概要

本基準に定める許容応力度，材料強度，弾性係数の評価方法は，明確な品質基準と管理方法に基づいて製造された枠組材と面材についてのみ適用され，品質基準やその管理方法等が適切に定められていない材料については適用してはならない。

枠組材または面材の許容応力度，材料強度，弾性係数は枠組材または面材が使用される環境と荷重の作用時間を考慮して定める。また，合板，構造用パネル，パーティクルボード，ハードボード，シージングボード，せっこうボードや単板積層材等の接着形成された材料については，材料の接着耐久性についても評価する。本基準では，本基準に定める参考試験法によって求められる基準材料強度，基準弾性係数に「使用環境を考慮した係数」及び「荷重の作用時間を考慮した係数」を各々乗じて，枠組材または面材の許容応力度，材料強度，弾性係数を算定することにより，使用環境，荷重継続時間を考慮した各性能値が得られるようになっている。

### (2) 使用環境

一般に木材及び木質材料の強度と弾性係数は材の含水率が高くなると低下する傾向にあるので，木材及び木質材料の強度と弾性係数を定めるときには，このような含水率状態の違いによる強度と弾性係数の変化を適切に評価する必要がある。すなわち，建築物の中で含水率が高くなるような部位に用いられる材料については，含水率状態にあわせて強度と弾性係数を低減しなければならない。

本基準では木材及び面材が使用される環境を3つに分類し，各使用環境ごとに基準許容応力度，材料強度，弾性係数を定めることとしている。使用環境Ⅰは直接外気に曝される環境または多湿な環境を想定した使用環境であり，設定温湿度は20±2℃，95±5%である。使用環境Ⅱは屋外に面する部分その他で，断続的に湿潤の状態となるおそれがある環境で，設定温湿度は20±2℃，85±5%である。また，使用環境Ⅲは通常の環境（常態）を想定した環境であり，設定温湿度は20±2℃，65±5%である。

### (3) 荷重継続時間とクリープ

図2.1は木材（無欠点材）の強度比と荷重の載荷時間との関係を求めた曲線である。木材の強度は荷重の載荷時間が長いほど低くなる傾向にある。一般に木材及び木質材料では，載荷時間が長い荷重が作用した場合のほう

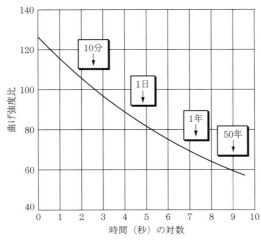
図2.1 荷重載荷時間と曲げ強度比との関係

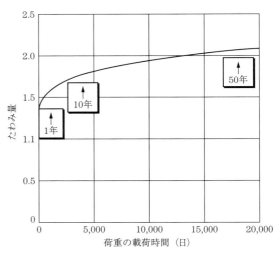
図2.2 木材などのクリープ挙動

が，短い載荷時間の荷重が作用した場合よりも小さな荷重で材が破壊する。建築物の中で固定荷重，積載荷重，多雪地の積雪荷重等の長期的な荷重が作用する材の強度は，荷重継続時間を考慮して適切に低減して評価する必要がある。

一方，図2.2に製材に荷重を長期的に載荷したときの材のたわみ量と荷重載荷時間との関係を示す。荷重を継続して載荷すると，時間の経過とともに変形量が徐々に増加する。この変形はクリープ変形と呼ばれるものであり，建築物の中では固定荷重，積載荷重，多雪地の積雪荷重等，長期的な荷重が作用する材については，材のクリープ特性を考慮してたわみ量を適切に評価する必要がある。

### （4） 接着耐久性

合板，構造用パネル，パーティクルボード，ハードボード，シージングボード，せっこうボードや単板積層材等の接着剤を用いて製造された枠組材と面材では，単板，チップ，ファイバーの接着部分が時間の経過とともに経年劣化し，材料の強度と弾性係数が低下することがある。したがって，本基準では枠組材及び面材の接着耐久性についての合否判定試験を行うこととしている。

### （5） 各性能値の算定方法

材料の許容応力度，材料強度，弾性係数は，基準材料強度（$F$）または基準弾性係数（$E$）に含水率，荷重継続時間（またはクリープ）の各強度調整係数（または剛性調整係数）を乗じて求める。また，許容応力度については安全率を考慮してさらに2/3を乗じる。表2.1に許容応力度，材料強度，弾性係数を算定する際の係数の乗じ方のルールを示す。

表2.1 許容応力度，材料強度，弾性係数を算定する際の係数の乗じ方のルール

| 乗じる係数 | 許容応力度 | | | | 材料強度 | | 弾性係数 | | | |
|---|---|---|---|---|---|---|---|---|---|---|
| | 使用環境Ⅰ及びⅡ | | 使用環境Ⅲ | | 使用環境Ⅰ及びⅡ | 使用環境Ⅲ | 使用環境Ⅰ及びⅡ | | 使用環境Ⅲ | |
| | 長期 | 短期 | 長期 | 短期 | | | 長期 | 短期 | 長期 | 短期 |
| 含水率の強度調整係数（$K_1(_{-1}$または$_{-2})$） | ○ | ○ | — | — | ○ | — | — | — | — | — |
| 荷重継続時間の強度調整係数（$K_2$） | ○ | — | ○ | — | ○ | — | — | — | — | — |
| 含水率の剛性調整係数（$Ka(_{-1}$または$_{-2})$） | — | — | — | — | — | — | ○ | ○ | — | — |
| クリープの剛性調整係数（$Kb$） | — | — | — | — | — | — | ○ | — | ○ | — |

（注）○のある係数を乗じる。

### 2.1.1 基準材料強度及び基準弾性係数

#### (1) 試験を行う標本の収集

試験を行うための標本を収集するに当たっては，収集した標本の材料特性が母集団の材料特性を適切に表しているよう注意する。本基準では標本数を定める基準として，「基準材料強度に係る試験結果の母平均を区間推定した場合の信頼率95％の信頼区間が標本平均の5％以内に収まること」と定めており，この基準にしたがって標本数を決めることにしている。母集団の分布形が正規分布と仮定できる場合には，標本数は変動係数の2乗の0.1537倍以上とすればよい。また，順序統計量仮定に基づいて下限値を求める場合には，標本数をそのために必要な数量としてもよい。

#### (2) 試験体の形状及び寸法並びに試験装置

本基準では基準材料強度と基準弾性係数を測定するための枠組材，及び面材の寸法形状と試験装置を定めている。枠組材の基準材料強度は曲げ，圧縮，引張り，せん断，めりこみについて測定し，面材の基準材料強度は曲げ，面内せん断，層内せん断について測定する。枠組材の曲げ強度は床根太，たるき，まぐさなど曲げ荷重を受ける材の設計を行うのに必要であり，枠組材の圧縮強度はたて枠など繊維方向に軸力を受ける材の設計を行うのに必要となる。また，枠組材の引張り強度はトラスの斜材や下弦材等引張り力が作用する材の設計を行うのに必要となり，せん断強度は床根太やまぐさ等が比較的短スパンで用いられ，曲げ応力におけるせん断応力の比率が大きくなるような材の設計を行う際に必要となる。枠組材のめりこみ強度はたて枠と接する下枠や頭つなぎなど繊維直角方向に部分圧縮を受ける材の設計を行う際に必要となる。一方，面材の曲げ強度は曲げ荷重を受ける床面材や屋根面材等の設計を行う際に必要となり，面材の面内せん断強度は面内のせん断力を受ける耐力壁を構成する面材等の設計を行う際に必要となる。また，面材の層内せん断強度は床面材等，比較的短スパンで用いられ集中荷重を受ける材の設計に必要となる。

枠組材の基準弾性係数は曲げとせん断について測定し，面材の基準弾性係数は曲げとせん断について測定する。枠組材の曲げ弾性係数は床根太やたるきなどのたわみ量を計算する際に必要であり，せん断弾性係数は床根太やまぐさなどが比較的短スパンで用いられ，曲げ変形成分の中のせん断変形成分の比率が大きくなるような場合のたわみ計算に必要となる。一方，面材の面内せん断弾性係数は耐力壁等の剛性を計算により求める場合に必要となる。枠組材と面材の試験は，枠組材のせん断試験とめりこみ試験を除き実大断面材を用いて行うこととする。

●枠組材の曲げ試験

枠組材の曲げ試験は4点荷重試験により行う。この場合に内側荷重点（加力点）間の距離ははりせいの5倍から7倍とし，内側荷重点と支点間の距離ははりせいの4.5倍から7.5倍とする。試験体の長さは支点間の距離よりもいくぶん長くし，試験を行う間，試験体が支点からはずれないようにする。荷重方向は枠組材が実際に使用される方向を考慮して，$T$方向，$R$方向のうちいずれかを選択するか，両方向とする。試験体の支持方法は単純支持とし，支点と加力点の形状は試験体に局部的な変形を与えないものとする。ヨークを用いた内側基準点間のたわみ量は純曲げに対する曲げ弾性係数を求めるために用いられる。4つ以上のスパンで測定した中央たわみはせん断弾性係数を求めるのに用いられる。

●枠組材の圧縮試験

枠組材の圧縮試験は繊維方向に試験体を圧縮して行う。試験体の長さは試験体断面の長辺の2から3倍とする。

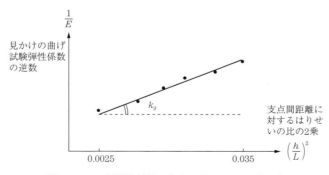

図2.3 せん断弾性係数の算出に用いる $k_g$ の求め方

荷重は試験体の軸方向に平行に加え，偏心荷重が作用しないように注意する。

●枠組材の引張り試験

　枠組材の引張り試験は繊維方向に試験体を引張って行う。引張り治具間の距離は試験体断面の長辺の9倍以上とし，試験体の長さは治具間距離に治具取付部分の長さを加えた長さとする。荷重は試験体の軸方向に平行に加え，偏心荷重が作用しないようにする。また，試験体と治具との間にはすべりが生じないように注意する。

●枠組材のせん断試験

　枠組材のせん断試験は小試験片を用いた椅子型せん断試験による。せん断面の長さと幅はともに20 mm以上50 mm以下とし，せん断面及び荷重方向は木材が実際に使用される方向を考慮して，LT面L方向，LR面L方向のいずれか，または両方とする。せん断試験の試験装置の詳細についてはJIS Z 2114の「木材せん断試験方法」等を参考にする。

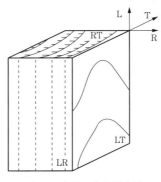

図2.4　木材の直交異方性

●枠組材のめりこみ試験

　枠組材のめりこみ試験は小試験片を用いて行う。試験体の木口の形状は正方形とし，一辺の長さは20 mm以上50 mm以下とする。また，試験体の繊維方向の長さは木口断面の幅の3倍とし，同じ幅の金属ブロック等で試験体の中央部を部分的に圧縮する。加力に用いる金属ブロック等は十分な剛性を有するものとする。加力面は枠組材が実際に使用される方向を考慮して，LT面，LR面のいずれか，または両方とする。

●面材の曲げ試験

　面材の曲げ試験は4点荷重試験により行う。この場合に内側荷重点（加力点）間の距離は300 mmとし，内側荷重点と支点間の距離は面材厚の12倍から72倍とする。試験体の長さは支点間距離よりもいくぶん長くし，試験を行う間，試験体が支点からはずれないようにする。試験体の支持方法は単純支持とし，支点と加力点の形状は試験体に局部的な変形を与えないものとする。試験体の変形は内側荷重点間のたわみ量を変位計，ダイヤルゲージ等を用いて測定し，純曲げに対する曲げ弾性係数を求める。

●面材の面内せん断試験

　面材の面内せん断試験は試験をしようとする面材の両側面に補強材（レール）を取り付け，補強材に平行な偶力（モーメント）を補強材に加え，面材にせん断応力を与えるレールシア試験による。せん断長さ600±10 mm，せん断幅は200±5 mmとし，補強材の幅を考慮して試験体の寸法を定める。補強材は木材または鋼材とし，接着接合または機械接合により試験体に取り付ける。この際に，補強材と試験体との間にすべりが生じないように適切な接合方法を用いる。補強材の幅は100 mmを標準とし，試験体と補強材の接合部間にすべりが生じる場合には，補強材の幅を大きくする。試験体は補強材間でせん断破壊するようにし，この破壊が生じない場合には，補強材の幅等について補強方法を再度検討する必要がある。加力方向は面材の長手方向に平行な方向，短手方向に平行な方向の両方向とする。

　試験体のせん断変形量は長さ200±5 mmの変位計，またはひずみゲージを用いて試験体の両面について測定する。測定器は試験片の長さ方向に対して45°傾けて取り付ける。また，測定器はせん断面の中心を通る対角線のうち，圧縮変形を受ける対角線上の中央に取り付ける。変位計等を取り付ける際に，試験体の対角線上に直径3 mm以下の穴をあけてもよい。また，ひずみゲージは直に試験体の対角線中央に接着する。試験体の両面で測定されたせん形変形量の平均値を試験体のせん断変形量とする。

● 面材の層内せん断試験

　面材の層内せん断試験は試験片の両面に補強材（金属板等）を接着し，2枚の補強材を互いに反対方向に加力することによって行う。試験体の寸法は，長さ225 mm以上，幅100 mm以上とする。補強用の金属板の幅は試験体の幅と同じとし，金属板の一端にはナイフエッジ加工を施す。金属板は平らな面において試験体と接着し，ナイフエッジ加工を施した端部を約6 mm試験体端部より突出させる。金属板の他端は矩形とし，試験体の端部と底面を合わせる。2枚の金属板はナイフエッジのある端部が互いに反対側になるように試験体を接着する。金属板の厚さは試験時に十分な剛性と強度が得られる厚さとする。V字型のブロックを介してナイフエッジに等分に圧力を加え，試験体に層内せん断力を加えることによって加力する。この場合において，試験体上下に設置する2つのV字型ブロックを結ぶ線は，試験機の荷重軸に対して平行とする。試験片は荷重軸に対して傾斜することとなるので，試験体の設置部分が，回転するような支持方法を採用してはならない。このように支持した場合，試験体が加力時に試験機より飛び出し，試験者が危険にさらされる可能性がある。

（3）　試験体の作成

　試験体の作成に際しては，材料強度及び剛性の測定に最も不利に働く位置に欠点等を配し，試験による評価が安全側になるようにする。枠組材の曲げ試験においては節等の欠点のうち最大のものが支点間に位置するように試験体を作成する。欠点は引張り側に配置するのが望ましい。枠組材の圧縮試験と引張り試験において最大の欠点が荷重点の内側に位置するように試験体を作成する。枠組材のせん断試験とめりこみ試験については試験体の欠点に対する規定はない。一方，面材の試験体を作成する際には，1枚の標本から曲げ，面内せん断，層内せん断用の試験体を切り取るようにする。パネルの製造条件等によりパネルの端部と中央部の強度性状が異なる可能性があるので，試験体の切り出し方はパネルごとに違えるようにする。

（4）　試験体と散水乾燥処理及び養生

　試験体は，使用環境Ⅲの設定温湿度条件下にて十分養生する。養生条件はJISに定める標準試験環境と同じであり，温度20±2℃，相対湿度65±5%とする。養生が十分に行えたかどうかの確認は試験体の重量を測定して行い，重量変化がおおよそなくなった時点をもって養生が完了したものとする。重量変化の有無を判断する基準は，養生中に24時間間隔で測定した重量の変化率が0.1%（1/1,000）以下になることとする。図2.5に重量変化の有無を判断する基準の概要を示す。

　なお，内壁に用いる材料を除き，事故的な水掛かり等による耐力剛性の低下を考慮して，試験体の養生に先がけて72時間の散水及び乾燥の処理を行うことを原則とする。ただし，事故的な水掛かりを考慮した強度調整係数，剛性調整係数を，別途曲げ試験から求めて材料強度，弾性係数に乗ずる場合は，この散水乾燥処理を行う必要はない。

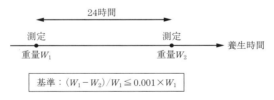

図2.5　重量変化の有無を判断する基準

（5）　試験方法

　本基準では，各試験における荷重速度を規定している。荷重速度は基本的には最大荷重に達するまで要する時間を規定することによって定めている。したがって，経験により最大荷重に至る時間がおおむねわかっている材料については経験から判断される荷重速度で試験を行い，過去に試験の実績のない材料については，数体予備的に試験を行い最大荷重に達するまでの時間をあらかじめ推定し，荷重速度を定める。最大荷重に達するまでの時間は，枠組材の曲げ，圧縮，引張り試験，及び面材の曲げ，面内せん断，層内せん断試験については5分±2分とする。一方，枠組材のめりこみ試験については，最大荷重の判定が困難な場合が多いので，試験体の収縮量が加力方向の辺長の5%に達するまでの時間が5分±2分となるように試験を行う。また，枠組材せん断試験については破壊に至るまでの時間を1分まで短縮してもよいこととする。

枠組材の曲げ，せん断，圧縮，引張り試験，及び面材の曲げ，面内せん断，層内せん断試験については最大荷重を測定し，枠組材のめりこみ試験については試験体の収縮量が加力方向の辺長の5%に達した時点での荷重を測定する。また，枠組材の曲げ，面材の曲げ及び面内せん断については弾性係数を求めるので，各試験において比例域における下限荷重とこれに対応する変位，並びに上限荷重とこれに対応する変位も測定する。

### （6） 基準材料強度の評価

枠組材の曲げ，せん断，圧縮，引張りの各試験と面材の曲げ，面内せん断，層内せん断の各試験において測定される最大荷重と，枠組材のめりこみ試験において測定される5%変形時の荷重を本基準に定める算定式に代入して，各試験体ごとに強度を算定する。本基準ではこのようにして算定した強度を試験強度と定義し，試験強度データに対して適切な母集団分布形を仮定して，信頼水準75%の95%下側許容限界を求め基準材料強度とする。

母集団を正規分布と仮定した場合の信頼水準75%の95%下側許容限界は下式により求められる。

$$TL = \chi - Ks$$

ここで，$TL$ は許容限界，$\chi$ は試験より得られた平均値，$s$ は標準偏差，$K$ は試験体数に依存する定数で**表2.2**による。

表2.2 95%下側許容限界を求める際の$K$の値

| 試験体数 | $K$ | 試験体数 | $K$ | 試験体数 | $K$ |
|---|---|---|---|---|---|
| 3 | 3.152 | 11 | 2.074 | 50 | 1.811 |
| 4 | 2.681 | 12 | 2.048 | 100 | 1.758 |
| 5 | 2.464 | 15 | 1.991 | 200 | 1.732 |
| 6 | 2.336 | 20 | 1.932 | 500 | 1.693 |
| 7 | 2.251 | 25 | 1.895 | 1000 | 1.679 |
| 8 | 2.189 | 30 | 1.869 | 1500 | 1.672 |
| 9 | 2.142 | 35 | 1.849 | 2000 | 1.669 |
| 10 | 2.104 | 40 | 1.834 | 3000 | 1.664 |

### （7） 基準弾性係数の評価

枠組材の曲げ試験と面材の曲げ，面内せん断の各試験において測定される比例域における下限荷重とそれに対応する変位，並びに上限荷重とそれに対応する変位をそれぞれ本基準に定める算定式に代入して，各試験体ごとに弾性係数を算定する。本基準では，このように算定して弾性係数を試験弾性係数と定義し，試験弾性係数データの標本平均を基準弾性係数とする。

枠組材のせん断試験弾性係数は1つの試験体に対していくつかのスパンで小荷重載荷（比例域内で荷重載荷）による曲げ試験を行い弾性係数を求めることとしている。

## 2.1.2 含水率の強度調整係数

### （1） 試験を行う標本の収集

標本の数は使用環境ⅠまたはⅡそれぞれについて10以上とし，収集された標本がその材料の特性を適切に表すものであるよう収集し，偏った収集を行わないよう注意する。

### （2） 試験体の形状及び寸法並びに試験装置

含水率の強度調整係数を求めるための試験体の寸法は，枠組材については正方形断面の小試験体，面材についてはパネル厚と同じ厚さの小試験体とする。枠組材用の試験体の寸法は木口断面の一辺が20 mm以上50 mm以下，長さが本基準で規定する支点間距離に対して試験体が十分に支持される長さ以上とする。また，内側荷重点間の距離と内側荷重点と支点間の距離は，枠組材の曲げ試験と同じとし，加力点と支点の形状についても枠組材の曲げ試験と同じ注意を払う。一方，面材用の試験体の寸法は幅が50 mm以上，長さが本基準で規定する支点間距離に対して試験体が十分に支持される長さ以上とする。また，内側荷重点間の距離は150 mm以上とし，内側荷重点と支点間の距離は面材厚の5倍以上とする。荷重点と支点との形状については面材の曲げ試験と同様，面材の局部的な変形が生じないものとする。

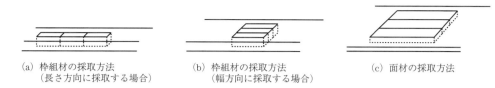

図 2.6　サイドマッチング用試験体と調整係数用本試験体の採取方法

（3）試験体の作成

（2）で定める寸法の試験体を1つの標本から枠組材について3体，面材について長手方向3体，短手方向3体の計6本ずつ作成する。枠組材については図 2.6 に示すように枠組材の長さ方向あるいは幅方向に隣接して採取する。また，面材については図 2.6 に示すように隣接して採取する。採取された3体1組の試験体のうち中央に位置する1体を調整係数を算定するための試験体（以下，調整係数用本試験体と呼ぶ）とし，両サイドに位置する2体の試験体をサイドマッチングの試験体（以下，サイドマッチング用試験体と呼ぶ）とする。

なお，パネル（標本）から試験体を収集する際には，各パネル（標本）ごとに切り出す位置を異ならせる。

（4）試験体の養生

調整係数用本試験体は使用環境ⅠまたはⅡの設定温湿度環境下にて養生し，サイドマッチング用試験体は使用環境Ⅲの設定温湿度環境下にて養生する。養生時間に関する基準は，2.1.1の（4）に定める基準とする。

（5）試験方法

荷重速度は枠材と面材の曲げ試験と同じとし，最大荷重を計測する。

（6）含水率の強度調整係数の評価

含水率の強度調整係数は，使用環境ⅠまたはⅡの設定温湿度条件下にて養生した試験体と使用環境Ⅲの設定温湿度条件下にて養生した試験体の強度の比によって表す。具体的な算定基準に定める算定式を用いて算定し，サイドマッチング用試験体の曲げ強度の平均値（1つの標本について2体あるので）に対する調整係数用本試験体の曲げ強度の比を求める。一般的に曲げ強度の比が1よりも大きくなることはほとんどないが，含水率による影響が少ない材料にあっては，試験体ごとの強度等のばらつきにより曲げ強度の比が1を超えることもありうる。このような場合には曲げ強度の比を1とする。本基準では，個々の標本ごとに求められる曲げ強度の比を含水率の試験強度調整係数と定義し，試験の結果得られる試験強度調整係数の標本平均を含水率の強度調整係数とする。

## 2.1.3　荷重継続時間の強度調整係数

（1）試験を行う標本の収集

標本の数は30以上とし，収集された標本がその材料の特性を適切に表すものであるよう収集し，偏った収集を行わないよう注意する。

（2）試験体の形状及び寸法並びに試験装置

荷重継続時間の強度調整係数を求めるための試験体の寸法は，枠組材について正方形断面の小試験体，面材についてはパネル厚と同じ厚さの小試験体とする。枠組材用の試験体の寸法は木口断面の一辺が 20 mm 以上 50 mm 以下，長さが本基準で規定する支点間の距離で試験体が十分に支持される長さ以上とする。また内側荷重点間の距離と内側荷重点と支点間の距離は，枠組材の曲げ試験と同じとし，荷重点と支点の形状についても枠組材の曲げ試験と同じ注意を払う。一方，面材用の試験体の寸法は幅が 50 mm 以上，長さが本基準で規定する支点間距離で試験体が十分に支持される長さ以上とする。

また，内側荷重点間の距離は 150 mm 以上とし，内側荷重点と支点間の距離は面材厚の5倍以上とする。荷重点と支点の形状については面材の曲げ試験と同様，面材に局部的な変形が生じない形状とする。

### （3） 試験体の作成

（2）で定める寸法の試験体を1つの標本から枠組材については3体，面材については長手方向3体，短手方向3体の計6本ずつ作成する。枠組材については図2.6に示すように枠組材の長さ方向あるいは幅方向に隣接して採取する。また，面材については図2.6に示すように隣接して採取する。採取された3体1組の試験体のうち中央に位置する1体を調整係数用試験体とし，両サイドに位置する2体の試験体をサイドマッチング用試験体とする。なお，パネル（標本）から試験体を収集する際には，各パネル（標本）ごとに切り出す位置を異ならせる。

### （4） 試験体の養生

調整係数用本試験体とサイドマッチング用試験体は使用環境Ⅲの設定温湿度環境下にて，平衡状態となるまで養生を行う。

### （5） 試験方法

調整係数用本試験体に3種類以上の異なるレベルの応力を継続的に作用させ，使用環境Ⅲに対応した状態において，破壊に至るまでの時間を計測する。荷重を作用させる荷重棒は支点と同形状の円柱形のものとし，荷重棒は軸を中心に回転できる構造とする。荷重棒に取り付けたフレームにおもりを載荷する。おもりの載荷は静かに行う。荷重開始時間と試験体が破壊する時間を分の精度にて記録し，荷重を載荷してから破壊するまでの時間を求める。荷重比（応力レベル）には，サイドマッチングにより推定した調整係数用本試験体の破壊荷重の例えば50％，60％，70％，80％，90％のうち3つ以上選択することとする。この荷重レベルを選択する際には，少なくとも1つの荷重レベルについては，破壊に至るまでの時間の平均値が半年以上となるように注意する。選択したすべての応力レベルについて10体以上試験を行う。

なお，サイドマッチング用試験体については，あらかじめ，それぞれの使用環境に対応した状態において，本基準に定める含水率の強度調整係数を求めるための曲げ試験と同じ方法によって曲げ試験を行い，最大荷重を求める。また，1つの標本から採取される2体のサイドマッチング用試験体の平均値を算定し，調整係数用本試験の破壊荷重の推定値とする。

### （6） 荷重継続時間の強度調整係数の評価

荷重継続時間の強度調整係数（$K_2$）の算定は，次の①から④の手順にしたがって求める。

① 荷重比（応力レベル）を縦軸，破壊に至るまでの時間（分）の常用対数を横軸にとり，試験結果をプロットする。図2.7にプロットの一例を示す。

② 荷重比（応力レベル）を変数として，すべての測定点についての回帰直線を求め，次の回帰式の係数$c$及び$d$を求める。

$$SL = c - d \log_{10} t$$

ただし，$c$：回帰直線の切片，$d$：傾き，$SL$：応力レベル（％），$t$：破壊までの時間（分）である。

③ 本基準では，長期の荷重継続時間を50年と定め，②の式を用いて，50年の荷重継続時間に対する荷重比

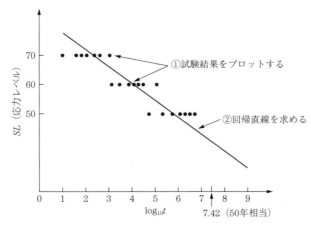

図2.7 荷重継続時間の強度調整係数の求め方

（応力レベル）を算定する。すなわち，②の式において $t$ に 50 年×365 日×24 時間×60 分＝26,280,000 分を代入して $K_2$ とする。

④ 繊維方向と繊維直角方向について試験を行った場合には，両者について各々荷重継続時間に対する係数を算定する。

### 2.1.4 接着耐久性の合否判定試験

（1） 試験を行う標本の収集

接着剤を用いた材料について，（5）に示すそれぞれの劣化処理ごとに，10 以上の標本を収集する。

（2） 試験体の形状及び寸法並びに試験装置

含水率の強度調整係数を求めるための試験と同様，小試験片に対する曲げ試験であるが，3 点荷重試験を行うための試験体，及び試験装置とする。

（3） 試験体の作成

含水率の強度調整係数を求めるための試験と同様に，（1）の標本のそれぞれから，1 片の本試験体と 2 片のサイドマッチング用試験体を作成する。

（4） 試験体の養生

サイドマッチング用試験体は，使用環境Ⅲに対応する環境で養生する。

（5） 試験方法

サイドマッチング用試験体は，含水率の強度調整係数を求めるための試験と同様の方法で，3 点荷重の曲げ試験を行う。

本試験体については，枠組材と面材のそれぞれに対して定められた，使用環境の区分に応じた劣化処理を，定められた回数だけ行った後，3 点荷重の曲げ試験を行う。

（6） 接着耐久性の合否判定基準

サイドマッチング用試験体，2 体の曲げ強度の平均値と，本試験体の曲げ強度の比から，劣化処理のそれぞれについて，強度残存率の平均値を算出する。

それぞれの使用環境において，すべての劣化処理に対する強度残存率がいずれも 0.5 以上であることをもって，接着耐久性の合否判定基準とする。

### 2.1.5 含水率の剛性調整係数

（1） 試験を行う標本の収集

含水率の強度調整係数と同じ方法による。

（2） 試験体の形状及び寸法並びに試験装置

試験体の寸法，支持方法，荷重方法は含水率の強度調整係数と同じである。試験体の変形は内側荷重点間のたわみ量を変位計，ダイヤルゲージ等を用いて測定する。たわみを測定する範囲は荷重点による影響がない部分とし，少なくとも荷重点とたわみ量を測定するスパンの端部との間にははりせいの半分以上の隙間を設ける。

（3） 試験体の作製

含水率の強度調整係数と同じ方法による。

（4） 試験体の養生

含水率の強度調整係数と同じ方法による。

### （5） 試験方法

調整係数用本試験体とサイドマッチング用試験体について，比例域における下限荷重と上限荷重並びに両者に対応するたわみ量を測定する。荷重速度，荷重及びたわみ量の測定方法は枠組材と面材の曲げ試験と同じとする。

### （6） 含水率の剛性調整係数の評価

含水率の剛性調整係数は，使用環境ⅠまたはⅡの設定温湿度条件下にて養生した試験体と使用環境Ⅲの設定温湿度条件下にて養生した試験体の剛性の比によって表す。具体的な算定方法は，標本ごとに調整係数用本試験体とサイドマッチング用試験体の曲げ剛性を本基準に定める算定式を用いて算定し，サイドマッチング用試験体の曲げ剛性の平均値（1つの標本について行った2体の平均値）に対する調整係数用本試験体の曲げ剛性の比を求める。一般的に曲げ剛性の比が1よりも大きくなることはほとんどないが，含水率による影響が少ない材料にあっては，試験体ごとの剛性などのばらつきにより曲げ剛性の比が1を超えることもありうる。このような場合には曲げ剛性の比を1とする。本基準では個々の標本ごとに求められる曲げ剛性の比を含水率の試験剛性調整係数と定義し，試験の結果得られる試験剛性調整係数の標本平均を含水率の剛性調整係数とする。

## 2.1.6 クリープの剛性調整係数

### （1） 試験を行う標本の収集

標本の数は10以上とし，収集された標本がその材料の特性を適切に表すものであるよう収集し，偏った収集を行わないよう注意する。

### （2） 試験体の形状及び寸法並びに試験装置

試験体の形状及び寸法は，本基準に定める荷重継続時間に係る強度調整係数を求めるためのものと同じとする。また，荷重方法と支持方法も同試験法と同じとする。試験体のクリープ変形は内側荷重点間のたわみ量を変位計，ダイヤルゲージ等を用いて測定する。たわみを測定する範囲は荷重点による影響がない部分とし，少なくとも荷重点とたわみ量を測定するスパンの端部の間にははりせいの半分以上の隙間を設ける。

なお，サイドマッチング用試験体の寸法及び形状，並びに試験方法は，含水率の強度調整係数と同じとする。

### （3） 試験体の作成

本基準に定める荷重継続時間の強度調整係数を求めるための試験法における方法と同じ方法による。

### （4） 試験体の養生

本基準に定める荷重継続時間の強度調整係数を求めるための試験法における方法と同じ方法による。

### （5） 試験法

試験体の支持方法，荷重方法は荷重比の条件を除き，本基準に定める荷重継続時間の強度調整係数を求めるための試験法と同じ方法による。荷重比は材料強度に対する長期基準許容応力度の比とし，時間経過に伴うたわみ量の変化を測定する。

### （6） クリープの剛性調整係数の評価

クリープの調整係数（$K_b$）の算定は，次の①から⑥までによることとする。

① 各時間に対応したクリープの試験剛性低減係数を各試験体ごとに次式により算定する。

$K_{bt} = a_1/a_t$

ただし，$a_t$：荷重載荷後$t$分のたわみ，$a_1$：荷重載荷後1分の初期たわみである。

② 荷重載荷後の個々の時間について$K_{bt}$を算定し，縦軸に$K_{bt}$の常用対数，横軸に荷重載荷後の時間（分）の対数をとり，図2.8に示すように試験結果をプロットする。

③ 荷重載荷後10分間未満（すなわち，1分と5分）のデータを除いた部分について，回帰直線を求める。

④ 回帰直線について26,280,000（分，50年相当分）の荷重載荷時間に対する$K_{bt}$を求め，本基準に定める式を用いてクリープの試験剛性調整係数を定める。

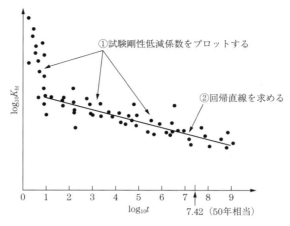

図 2.8 クリープの剛性調整係数の求め方

⑤ 上記のようにして，各試験体について求めたクリープの試験剛性調整係数の標本平均をクリープの剛性調整係数とする。
⑥ 繊維方向と繊維直交方向について試験を行った場合には，両者についておのおのクリープの剛性調整係数を算定する。

## 2.2 接合部の許容応力，終局耐力及び剛性

### （1） 概　要

本基準では接合部の許容応力，終局耐力及び剛性を求める方法を定めている。接合部の許容応力と剛性については，接合部の単調加力試験または接合部の繰り返し加力試験の結果を用いて直接求めるか，接合具の曲げ試験と枠組材，及び面材のめりこみ試験の結果を用いて計算によって求めるかのいずれかの方法によって算定することとする。また，終局耐力は接合部の繰り返し加力試験の結果を用いて直接求めることとする。

本基準では使用環境，荷重継続時間を考慮し，接合部の許容応力，終局耐力及び剛性の算定方法を定めている。その際，一般に接合部では降伏耐力の 5% 下限値（すなわち 95% 下側許容限界）の 2/3 を許容応力とするが，耐力壁，床版及び屋根の枠組材と面材のくぎ等による接合部では，最大耐力の 50% 下側許容限界の 2/3 を超えない範囲で，降伏耐力の 50% 下側許容限界をとって設計に用いる値としてよい。

### （2） 含水率による影響

一般に接合部の強度と剛性は，接合部に用いられる木材と木質材料の含水率が高くなるほど低下する。そこで，本基準では接合部が存在する環境を前述の 3 つの使用環境に区分し，使用環境 I または II にある接合部については，許容応力，終局耐力を「接合部の含水率の耐力調整係数（$K_{j1}$（$_{-1}$ または $_{-2}$））」を用いて低減し，剛性を「接合部の含水率の剛性調整係数（$K_{ja}$（$_{-1}$ または $_{-2}$））」を用いて低減することとしている。

### （3） 荷重継続時間による影響

一般に接合部においても載荷時間が長い荷重が作用した場合のほうが，短い載荷時間の荷重が作用した場合よりも小さな荷重で接合部が破壊する。本基準ではこのような荷重継続時間に対する接合部の強度低下を考慮し，長期の応力に対しては「接合部の荷重継続時間の耐力調整係数（$K_{j2}$）」を定め，許容応力を低減している。一方，継続荷重が作用する接合部の変形は時間とともに増加し，いわゆるクリープ変形をする。本基準ではこのような接合部のクリープ変形を考慮し，長期の応力に対しては「接合部のクリープの剛性調整係数（$K_{jb}$）」を定め，接合部の変形の割り増しを行っている。

これらの含水率，荷重継続時間，クリープの調整係数は，本来接合部に対する試験結果から求めるほうが確かであろうが，本基準では試験の煩雑さを避ける目的もあって，接合部に用いる材料の各調整係数から求めることとしている。

表 2.3 接合部の許容応力, 終局耐力, 剛性を算定する際の係数の乗じ方のルール

| 乗じる係数 | 許容応力 | | | | 終局耐力 | | 剛性 | | | |
|---|---|---|---|---|---|---|---|---|---|---|
| | 使用環境Ⅰ及びⅡ | | 使用環境Ⅲ | | 使用環境Ⅰ及びⅡ | 使用環境Ⅲ | 使用環境Ⅰ及びⅡ | | 使用環境Ⅲ | |
| | 長期 | 短期 | 長期 | 短期 | | | 長期 | 短期 | 長期 | 短期 |
| 含水率の耐力調整係数 ($K_{j1(-1 または -2)}$) | ○ | ○ | | | ○ | | — | — | — | — |
| 荷重継続時間の耐力調整係数 ($K_{j2}$) | ○ | | ○ | | ○ | | — | — | — | — |
| 含水率の剛性調整係数 ($K_{ja(-1 または -2)}$) | — | — | — | — | — | — | ○ | ○ | | |
| クリープの剛性調整係数 ($K_{jb}$) | — | — | — | — | — | — | ○ | | ○ | |

(注) ○のある係数を乗じる

### （4） 各性能値の算定方法

含水率の各調整係数及び荷重継続時間の各調整係数を基準許容応力 ($F_{jy}$), 基準終局耐力 ($F_{ju}$) 及び基準剛性 ($K_j$) に乗じ, 接合部の許容応力, 終局耐力, 剛性を算定する。表 2.3 に許容応力, 終局耐力, 剛性を算定する際の係数の乗じ方のルールを示す。

## 2.2.1　接合部の基準許容応力及び基準剛性（単調加力接合部試験によるもの）

### （1） 試験体の作成と数

本基準では試験体と構成する枠組材, 面材, 並びに接合具等の各材料を収集するのに際して, 収集された材料がその母集団の材料特性を適切に表すように考慮することを定めている。特に, 木材については母集団から比較的比重の高い材のみを収集して, 接合部試験体を作成すると接合部の耐力と剛性の評価が危険側に評価されることになる。そこで, 本基準では収集する木材の比重について, 収集した木材の平均比重がその樹種の基準比重以下であることを規定している。

ここでいう基準比重とは, その樹種の比重の平均値をいい, 表 2.4 に平均比重の参考値を示す。

表 2.4 木材の平均比重

| 樹　種　名 | 比重 | 樹　種　名 | 比重 |
|---|---|---|---|
| アラスカシーダー | 0.49 | イースタンヘムロック | 0.45 |
| インセンスシーダー | 0.41 | ロッジボールパイン | 0.46 |
| ポートオーフォードシーダー | 0.47 | ポンデローサパイン | 0.45 |
| ウェスタンレッドシーダー | 0.37 | ウェスタンホワイトパイン | 0.43 |
| ダグラスファー | 0.54 | レッドウッド | 0.45 |
| バルサムファー | 0.40 | シトカスプルース | 0.45 |
| グランドファー | 0.45 | エンゲルマンスプルース | 0.38 |

注）木材工業ハンドブックより（含水率 12% における比重）

### （2） 試験体の形状及び寸法並びに試験装置

本基準では, 実際に建物の中で用いられている状態と同じ状態で接合部の試験を行うこととしている。また, 荷重方法も建築物の中で実際に接合部に作用する応力と同じ応力が作用するように定めることとしている。接合部の代表的なものとしては, 枠材と面材のくぎ等による接合部, 耐力壁脚部におけるホールダウン金物による接合部, 枠材相互のくぎ等による接合部等がある。

### （3） 試験体の養生

試験体は使用環境Ⅲの設定温湿度環境下にて養生する。養生時間に関する基準は, 材料の場合と同じとする。ただし散水乾燥処理は行わなくてもよい。

### （4） 試験方法

本基準では荷重速度を最大荷重に達するまでに要する時間を規定することによって定めている。したがって,

経験により最大荷重に至る時間がおおよそわかっている接合部については，経験から判断される荷重速度で試験を行い，過去に試験の実績のない接合部については，数体予備的に試験を行い最大荷重に達するまでの時間をあらかじめ推定し，荷重速度を定める。最大荷重に達するまでの時間は5分±2分とする。

荷重方向は正負いずれかの方向とし，荷重をやめる基準は最大荷重到達後最大荷重の80％まで荷重が低下するか，接合される部材間の相対変位が30 mm以上の任意の値に達するまでとする。測定項目は荷重と変位であり，試験時の荷重と変位を最大変位の5％以下の刻みで測定することとする。

### （5） 接合部の基準許容応力の評価

図2.9に接合部の基準許容応力の評価方法を示す。基準許容応力は以下の(i)から(v)にしたがって求めることとする。

(i) 試験により得られる荷重変形曲線において，最大荷重の0.1倍と0.4倍に相当する点を直線（図の①の直線）で結ぶ。

(ii) 最大荷重の0.4倍と0.9倍に相当する点を直線（図の②の直線）で結び，同じ傾きで荷重変形包絡曲線と接する直線（図の③の直線）を引く。直線③と直線①との交点の荷重値を試験許容応力（$P_y$）とする。

(iii) 各試験体ごとに得られる試験許容応力に対して，耐力壁，床版及び屋根の枠組材と面材との接合部については信頼水準75％の50％下側許容限界を求め，それ以外の接合部については信頼水準75％の95％下側許容限界を求める。

(iv) 耐力壁，床版及び屋根の枠組材と面材との接合部については，各試験体ごとに最大荷重に2/3を乗じた値について信頼水準75％の50％下側許容限界を求める。

(v) (iii)で得られた値に2/3を乗じた値を接合部の基準許容応力とする。

なお，母集団を正規分布と仮定した場合の信頼水準75％の95％下側許容限界は，2.1.1項（6）に示すとおりであり，母集団を正規分布と仮定した場合の信頼水準75％の50％下側許容限界は下式により求められる。

$$TL = \chi - Ks$$

ここで，$TL$：許容限界，$\chi$：試験より得られた平均値，$s$：標準偏差，$K$：試験体に依存する定数で表2.5による。

### （6） 接合部の基準剛性の評価

図2.9に接合部の基準剛性の評価方法を示した。基準剛性は以下の(i)から(ii)にしたがって求めることとする。

(i) 原点と試験許容応力（$P_y$）に相当する荷重変形包絡曲線上の点を直線（図の④の直線）で結び，直線の傾きを求め，試験剛性（$K$）とする。

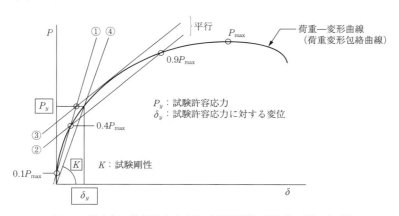

図2.9 接合部の基準許容応力及び基準剛性の評価法（単調加力）

表2.5 50％下側許容限界を求める際のKの値

| 試験体数 | K | 試験体数 | K | 試験体数 | K |
|---|---|---|---|---|---|
| 3 | 0.471 | 6 | 0.297 | 9 | 0.235 |
| 4 | 0.383 | 7 | 0.271 | 10 | 0.222 |
| 5 | 0.331 | 8 | 0.251 | 17 | 0.167 |

(ii) 試験体ごとの試験剛性の標本平均を接合部の基準剛性とする。

## 2.2.2 接合部の基準許容応力及び基準剛性（くぎまたはこれに類する接合具の曲げ試験並びに枠組材及び面材のめりこみ試験によるもの）

（1） くぎまたはこれに類する接合具の降伏モーメント及び弾性係数

くぎまたはこれに類する接合具の降伏強度及び弾性係数は，接合具の3点曲げ試験の結果から直接求める。

(i) 試験を行う標本の収集

試験体を選定するに当たっては，試験を行うとする接合具の材料特性が適切に表されるよう配慮し，極端に強度が高い接合具や極端に強度が低い接合具を収集しないように注意する。また，収集する標本（接合具）の数は6以上とする。

(ii) 試験体の形状及び寸法並びに試験装置

試験体の形状及び寸法は，実際に使用する接合具と同じとする。また，試験は3点曲げ試験とし，スパンは接合具径の10倍以上26倍以下とする。支点及び荷重点は円柱とし，その径はスパンの0.1以上0.25以下とする。

(iii) 試験方法

荷重速度は荷重点の変位が接合具の小径と等しくなるのに要する時間を規定することによって定めている。したがって，接合具の径から荷重速度を定めることが可能である。荷重点の変位が接合具の小径と等しくなる時間は1分以上とする。測定項目は荷重と変位とし，試験時の荷重と変位は接合具の小径の5％以下の刻みで測定することとする。

(iv) 接合具の曲げ降伏モーメントの評価

接合具の曲げ降伏モーメントは，最大荷重時の曲げモーメントによって求めることとし，各試験体ごとに得られる試験曲げ降伏モーメントに対して，信頼水準75％の95％下側許容限界を求め，接合部の曲げ降伏モーメントとする。

(v) 接合具の弾性係数の評価

接合部の弾性係数は以下の(イ)から(ロ)にしたがって求めることとする。

　(イ) 試験体ごとに荷重変形包絡曲線の比例域における下限荷重と上限荷重の差と，両荷重に対する変位の差を求め，本基準に示す弾性係数の算定式を用いて試験弾性係数を求める。

　(ロ) 接合具の弾性係数は試験体ごとの試験弾性係数の標本平均とする。

（2） 枠組材または面材のめりこみ終局強度及びめりこみ基準剛性

(i) 試験を行う標本の収集

試験を行う標本の収集は2.2.1項（1）による。また，収集する標本（枠組材または面材）の数は6以上とする。

(ii) 試験体の形状及び寸法並びに試験装置

枠組材については圧縮型のめりこみ試験を行い，面材については引張り型の側面抵抗試験を行う。

(iii) 試験体の作成

枠組材用の試験体は実際の接合部の形状に合わせ，枠組材に先穴がある場合と先穴がない場合のいずれかについて試験を行う。また，枠組材の繊維方向に対する加力方向は実際の建築物での使用状況と同じとする。試験体の寸法は繊維方向に加力する場合は幅を75 mm以上100 mm以下とし，厚さを50 mm以下，高さを50 mmとする。繊維直角方向に加力する場合は木材の幅を100 mm，厚さを50 mm以下，高さを75 mm以上100 mm以下とする。

面材用の試験体の寸法は長さ150 mm，幅75 mmとし，厚さは面材の厚さとする。また，接合具は試験用の面材の幅方向の中央に長さ方向の端部から12 mmの位置に取り付ける。面材に対する加力方向は建築物での使用状況と同じとする。

(iv) 試験方法

荷重速度は最大荷重に達するまでの時間が5分±2分となるように定める。経験により最大荷重に至る時間がおおよそわかってる材料については経験から判断される荷重速度で試験を行い，過去に試験の実績のない材料については，予備試験を数本行い荷重に達するまでの時間をあらかじめ推定し，荷重速度を定める。荷重は正負い

ずれかの方向に加え，最大荷重到達後最大荷重の80％まで荷重が低下するか，接合具と枠組材または面材の相対変位が先穴をあけない場合には接合具の小径，先穴をあける場合には接合具の小径の1/2に達するまで行う。上記の2つの変位は試験が可能な最大変位量と等しい。試験時の荷重と変位を最大変位の5％以下の刻みで測定することとする。

(v) 枠組材または面材のめりこみ終局強度の評価

図2.10に枠組材または面材のめりこみ終局強度の評価方法を示す。枠組材または面材のめりこみ終局強度は以下の(イ)から(ハ)にしたがって求めることとする。

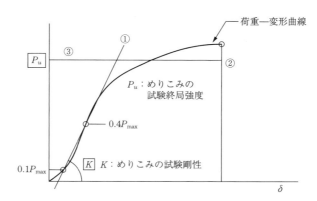

図2.10 枠組材または面材のめりこみ終局強度と基準剛性の評価方法

(イ) 試験により得られる荷重変形曲線において，最大荷重の0.1倍と0.4倍に相当する点を直線（図の①の直線）で結ぶ。

(ロ) 直線①と変位の最大値で荷重軸（縦軸）に平行な直線（図の②の直線）と変位軸（横軸）に平行な直線（図の③の直線）と横軸によって囲まれる面積が荷重変形包絡曲線と横軸と直線②によって囲まれる面積と等しくなるように，直線③の位置を定め，直線③と縦軸との交点における荷重を求める。この荷重を接合具の小径と枠組材または面材の厚さで除した値を枠組材または面材のめりこみの試験終局強度（$P_u$）とする。

(ハ) 各試験体ごとに得られる枠組材または面材のめりこみの試験終局強度に対して，適切な母集団分布を仮定し，耐力壁及び床の枠組材と面材との接合部については信頼水準75％の50％下側許容限界を求め，それ以外の接合部については，信頼水準75％の95％下側許容限界を求め，おのおのめりこみ終局強度とする。

(vi) 枠組材または面材のめりこみ基準剛性の評価

図2.10の直線①の傾きを試験めりこみ剛性（$K$）とし，枠組材または面材の試験体ごとの試験めりこみ剛性の標本平均をめりこみ基準剛性とする。

（3） 接合部の基準許容応力の算出

本基準に定める各算定式に基づいて算定するものとする。

（4） 接合部の基準剛性の算出

本基準に定める各算定式に基づいて算定するものとする。

## 2.2.3 接合部の基準許容応力及び基準終局耐力並びに基準剛性（繰り返し加力接合部試験によるもの）

（1） 試験体の作成と数

試験体を構成する枠組材，面材，並びに接合具等の各材料を収集方法は2.2.1項（1）に定める基準に準じる。試験体は7体以上作成し，このうちの1体を予備試験（すなわち，単調加力試験）用の試験体とする。

### (2) 試験体の形状及び寸法並びに試験装置
2.2.1項（2）に定める基準による。

### (3) 試験体の養生
2.2.1項（3）に定める基準による。

### (4) 試験方法
繰り返し加力接合部試験においては，単調加力接合部試験による予備試験を行い，接合部の試験許容応力に対応する変位（以下，予備試験降伏点変位と呼ぶ）をあらかじめ求め，この予備試験降伏点変位を基準として繰り返し加力接合部の試験の荷重スケジュールを定める。単調加力接合部試験の試験方法は2.2.1項（4）に準じる。

図2.11に繰り返し加力接合部試験の荷重スケジュールを示す。荷重スケジュールは，試験降伏点変位の25%と50%の変位に対して正負両方向に1回ずつ加力し，その後75%，100%，200%，400%，600%，800%，以下400%おきに正負両方向に3回ずつ加力する。荷重速度は1つの繰り返し加力に要する時間が1秒以上となるように定める。また，加力は最大荷重到達後，最大荷重の80%まで荷重が低下するか，接合される部材間の相対変位が30mm以上の任意の値に達するまで行う。試験時の荷重と変位を予備試験降伏点変位の5%以下の刻みで測定することとする。

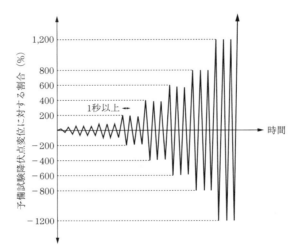

図2.11　接合部及び耐力壁の繰り返し加力試験の荷重スケジュール

### (5) 接合部の基準許容応力及び基準終局耐力の評価
図2.12に接合部の基準許容応力及び基準終局耐力の評価方法を示す。基準許容応力及び基準終局耐力は以下の(i)から(vi)にしたがって求めることとする。

(i) 縦軸に荷重，横軸に変位をとり測定結果をプロットし，荷重変形曲線の包絡線を正負の両方向について求める。この際に予備試験降伏点変位の75%以上の変位については3回の繰り返し加力を行っているので，初回の荷重載荷時の荷重変形曲線について包絡線を求める。

(ii) 荷重変形包絡曲線から正負両方向について，2.2.1項の（5）(i)及び(ii)の基準にしたがって，接合部の試験許容応力（$P_y$）を求める。

(iii) 試験許容応力に対応する荷重変形包絡曲線上の点と原点を結ぶ直線（図の④の直線）を引く。

(iv) 荷重が最大荷重の0.8まで低下する荷重変形包絡曲線上の点を通り，縦軸に平行な直線（図の⑤の直線）を引く。図の直線④と横軸と直線⑤と横軸に平行な直線⑥によって囲まれる部分の面積が，荷重変形包絡曲線と横軸と直線⑤で囲まれる部分の面積と等しくなるように直線⑥の位置を決め，直線⑥と縦軸との交点の荷重の値を読み，試験終局耐力（$P_u$）とする。試験終局耐力は，上記の方法によって正負両方向の荷重変形包絡曲線について求める。

(v) 1つの試験体につき2つの試験終局耐力が求まるので，荷重変形包絡曲線が正負対称な場合には両者を平均し，非対称な場合にはそれぞれの値を求め，この値を標準試験終局耐力と定義する。

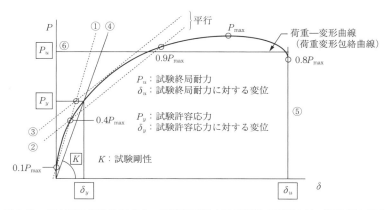

図 2.12　接合部の基準許容応力，基準終局耐力及び剛性の評価方法（繰り返し加力）

(vi)　各試験体ごとに得られる標準試験終局耐力に対して，耐力壁及び床版の枠組材と面材との接合部については，信頼水準 75％の 50％下側許容限界を求め，それ以外の接合部については信頼水準 75％の 95％下側許容限界を求め，おのおの基準終局耐力とする。

（6）　接合部の基準剛性の評価

図 2.12 に示す直線④の傾きを正負両方向について求め，荷重変形包絡曲線が正負対称な場合には正負両方向について求められた平均値，非対称な場合にはそれぞれの値を求める。このようにした求めた直線④の傾きの全標本について標本平均を基準剛性とする。

### 2.2.4　接合部の含水率の耐力調整係数及び荷重継続時間の耐力調整係数

接合部の含水率の耐力調整係数は接合部を構成する枠組材と面材の含水率の強度調整係数のうちの最も小さいものとする。また，接合部の荷重継続時間の耐力調整係数も同様に接合部を構成する枠組材と面材の荷重継続時間の強度調整係数のうち最も小さいものとする。接合部に係る上記の調整係数の算定は厳密には使用環境ごとに接合部の試験を行い，求めることが望ましいが，試験に要する時間と労力を勘案し材料に関する両調整係数を用いて代用することとした。

### 2.2.5　接合部の含水率の剛性調整係数及びクリープの剛性調整係数

接合部の含水率の剛性調整係数は接合部を構成する枠組材と，面材の含水率の剛性調整係数のうちの最も小さいものとする。また，接合部のクリープの剛性調整係数も同様に接合部を構成する枠組材と，面材のクリープの剛性調整係数のうち最も小さいものとする。接合部に係る上記の調整係数の算定は厳密には使用環境ごとに接合部の試験を行い，求めることが望ましいが，試験に要する時間と労力を勘案し材料に関する両調整係数を用いて代用することとした。

ここでは，試験方法・評価方法の概略をまとめる。詳細は第Ⅴ編の第1章及び第2章を参照のこと。

**枠組材及び面材**

| 項　目 | 試　験　体　数 | 養　　生 | 評　　価 |
|---|---|---|---|
| 基準材料強度 | 標本の数$\geq 0.1537 \times CV^2$ | 必要に応じ散水処理の後，24 hr 毎の重量変化が 1/1,000 以下 ($20 \pm 2$℃, $65 \pm 5$% RH) | 各種試験を実施し，試験強度を求め，それらの信頼率 75% の 95% 下側許容限界（5% 下限値）が基準材料強度となる。 |
| 基準弾性係数 | 標本の数$\geq 0.1537 \times CV^2$ | 必要に応じ散水処理の後，24 hr 毎の重量変化が 1/1,000 以下 ($20 \pm 2$℃, $65 \pm 5$% RH) | 各種試験を実施し，試験弾性係数を求め，それらの標本平均が基準弾性係数となる。 |
| 含水率の強度調整係数 $K_1(_{-1}$または$_{-2})$ | 使用環境（ⅠまたはⅡ）に応じて各 10 体の標本を収集し，各標本からおのおの 3 体の試験体を切り出す。中央の 1 体を本試験体と呼び，他の 2 体をサイドマッチング用試験体と呼ぶ。 | 〈サイドマッチング用試験体〉使用環境Ⅲに対応した環境〈本試験体〉使用環境に対応した状態 | 各標本より採取された 3 つの試験体について曲げ試験を行い，サイドマッチング用と本試験体の曲げ小試験体強度比を求め，試験強度調整係数とする。$K_1(_{-1}$または$_{-2})$ は，その試験強度調整係数の標本平均とする。 |
| 荷重継続時間の強度調整係数 $K_2$ | 母集団の材料特性を適切に表すものとなるように 30 以上収集。各標本から本試験体とサイドマッチング用試験体を作成する。 | 使用環境Ⅲに対応した環境 | 各標本より採取された 3 つの試験体について曲げ試験を行い，サイドマッチング用と本試験体の応力レベル及び本試験体の破壊時間を計測，その後応力レベルと破壊時間の関係をグラフにプロットし回帰直線を求め，その直線の切片と傾きから $K_2$ を算出する。 |
| 含水率の剛性調整係数 $K_a(_{-1}$または$_{-2})$ | $K_1$ と同じ | $K_1$ と同じ | 各標本について，曲げ試験を行いサイドマッチング用試験体と本試験体の曲げ剛性の比を求め，試験剛性調整係数とする。$K_a(_{-1}$または$_{-2})$ はその試験剛性調整係数の標本平均とする。 |
| クリープの剛性調整係数 $K_b$ | 母集団の特性を適切に表すように 10 体以上収集。各標本から本試験体とサイドマッチング用試験体を作成する。 | $K_2$ と同じ | 各標本について本試験体の 1 分後の変位と時間ごとの変位を計測し，その比をとって試験剛性低減係数とする。その後試験剛性低減係数と時間の関係をグラフにプロットし回帰直線を求め，その直線の切片と傾きから試験剛性調整係数を算出する。$K_b$ は試験剛性調整係数の標本平均とする。 |

**接合部**（ここにあげたもの以外にも接合具と枠組材及び面材の試験を行い，計算する方式もある）

| 項　目 | 試　験　体　数 | 養　　生 | 評　　価 |
|---|---|---|---|
| 基準許容応力 | $\rho \geq \rho_a$ とし，単調加力：6 体以上，または繰り返し加力：7 体以上 | 24 hr 毎の重量変化が 1/1,000 以下 ($20 \pm 2$℃, $65 \pm 5$% RH) | 各標本の荷重変形包絡曲線より試験許容応力を求め，耐力壁，床版及び屋根に関しては試験許容応力の 50% 下限値の 2/3，それ以外は 5% 下限値の 2/3 を基準許容応力とする。 |
| 基 準 剛 性 | $\rho \geq \rho_a$ とし，単調加力：6 体以上，または繰り返し加力：7 体以上 | 24 hr 毎の重量変化が 1/1,000 以下 ($20 \pm 2$℃, $65 \pm 5$% RH) | 各標本の荷重変形包絡曲線より試験剛性を求め，基準剛性はその標本平均とする。 |
| 基準終局耐力 | $\rho \geq \rho_a$ とし，繰り返し加力：7 体以上 | 24 hr 毎の重量変化が 1/1,000 以下 ($20 \pm 2$℃, $65 \pm 5$% RH) | 各標本ごとに荷重変形包絡曲線より試験終局耐力を求め，荷重変形包絡曲線の形状が正負対称なものに関しては正負の試験終局耐力の平均値，非対称なものについては各方向の試験終局耐力を標準試験終局耐力とする。基準終局耐力は，耐力壁及び床版に関しては標準試験終局耐力の 50% 下限値，それ以外は 5% 下限値とする。 |

# 第Ⅵ編

# 計算事例

本編には，事例1，事例2を掲載しています。

事例1　　基礎の簡略設計例　　309
事例2　　枠組壁工法3階建て構造計算例　　315
その他　　ホームページに掲載する計算事例等　　359

## 事例 1

# 基礎の簡略設計例

## 1 布基礎形状とフーチング配筋

許容応力度と鉛直荷重により次頁の表の 12 種の設計条件を設定し，それぞれについて基礎配筋例を示す。

（1）使用材料は下記のとおりとし，計算方法は鉄筋コンクリート構造計算規準（一社）日本建築学会による。

  コンクリート：$F = 18 \text{ N/mm}^2$

  鉄筋   ：異形鉄筋  SD 295 A

   許容せん断応力度  $f_s = 0.6 \text{ N/mm}^2$

   許容引張り応力度  $f_t = 195 \text{ N/mm}^2$

（2）各部の設計は，応力集中を考慮し各鉛直荷重グループの最大荷重の 1.1 倍の値です。

（3）計算

 1) 基礎フーチング幅の決定

  作用荷重  $W_{\max}$（布基礎単位長さ当たりの有効荷重）kN/m

  有効許容応力度  $f_e' = f_e - 20 \text{ kN/m}^3 \times h \text{ kN/m}^2$  根入れ深さ h m  許容応力度 $f_e$ kN/m$^2$

  布基礎フーチング幅  $b = 1.1 \times W_{\max} / f_e'$ m

      計算値→決定値

 2) フーチング曲げ配筋の計算

  フーチングに作用する反力  $w_{\max} = W_{\max} / b$ kN/m$^2$

  フーチングの曲げ  $M_c = 1.1 w_{\max} \cdot l^2 / 2$ kN·m/m

ここで，$l =$（フーチング幅 − 基礎ばり幅）/2 m

基礎ばり幅は未定であるので，小さ目の値を用いた。

  必要鉄筋  $a_t = M_c \times 10^6 / (f_t \times 10 j)$ cm$^2$/m

ここで，$d =$ フーチング厚 − 7 cm，$j = (7/8)d$ cm

  配筋  D 10—@300 $a_t = 2.367$ cm$^2$/m

     D 10—@200 $a_t = 3.550$ cm$^2$/m

 3) フーチングのせん断応力度の検討

  フーチングのせん断力  $Q = 1.1 w_{\max} \cdot l$ kN/m

  フーチングのせん断応力度  $\tau = 1{,}000 Q / (1{,}000 \times 10 j)$ N/mm$^2$

| 許容応力度 $f_e$ (kN/m²) | | | 30 | 50 | 70 |
|---|---|---|---|---|---|
| 根入れ深さ $h$ (cm) | | | 30 | 40 | 50 |
| 有効許容応力度 $f_e'$ (kN/m²) | | | 24 | 42 | 60 |
| 鉛直荷重 $W$ (kN/m) | $0 \leq W \leq 10$ | $b$ | 458→500 | 262→450 | 183→450 |
| | | $M_c$ | 0.34 | 0.28 | 0.28 |
| | | $\alpha_t$ | 0.241 | 0.196 | 0.196 |
| | | 配筋 | D 10-@300 | D 10-@300 | D 10-@300 |
| | | $Q$ | 3.85 | 3.67 | 3.67 |
| | | $\tau$ | 0.055<0.6 | 0.052<0.6 | 0.052<0.6 |
| | | 形状 | ≥150 / 150 / 500 | ≥150 / 150 / 450 | ≥150 / 150 / 450 |
| | $10 \leq W \leq 20$ | $b$ | 917→950 | 524→550 | 367→450 |
| | | $M_c$ | 1.85 | 0.80 | 0.55 |
| | | $\alpha_t$ | 1.32 | 0.571 | 0.393 |
| | | 配筋 | D 10-@300 | D 10-@300 | D 10-@300 |
| | | $Q$ | 9.26 | 8.00 | 7.33 |
| | | $\tau$ | 0.132<0.6 | 0.114<0.6 | 0.105<0.6 |
| | | 形状 | ≥150 / 150 / 950 | ≥150 / 150 / 550 | ≥150 / 150 / 450 |
| | $20 \leq W \leq 30$ | $b$ | 1,375→1,400 | 786→800 | 550→550 |
| | | $M_c$ | 4.24 | 1.86 | 0.92 |
| | | $\alpha_t$ | 1.865 | 0.816 | 0.656 |
| | | 配筋 | D 10-@300 | D 10-@300 | D 10-@300 |
| | | $Q$ | 14.14 | 12.38 | 10.5 |
| | | $\tau$ | 0.124<0.6 | 0.109<0.6 | 0.15<0.6 |
| | | 形状 | ≥200 (250) / 200 / 1,400 | ≥200 / 200 / 800 | ≥200 / 150 / 550 |
| | $30 < W \leq 40$ | $b$ | — | 1,048→1,050 | 733→750 |
| | | $M_c$ | — | 3.78 | 2.22 |
| | | $\alpha_t$ | — | 1.201 | 0.975 |
| | | 配筋 | — | D 10-@200 | D 10-@300 |
| | | $Q$ | — | 17.81 | 16.13 |
| | | $\tau$ | — | 0.113<0.6 | 0.142<0.6 |
| | | 形状 | — | ≥200 (250) / 200 / 1,050 | ≥200 / 200 / 750 |

使用方法

① 基礎ばりより上の建物重量 $W_L$ kN（鉛直荷重）を計算する。
② 布基礎の有効総延長長さ $L_L$ m を計算する。
　壁開口長さが 3.64 m 以上のときは，中央部の布基礎フーチングは設けず基礎ばりだけとする。そして，この部分は総延長長さに算入しない。
　また，基礎配置が平面的に不均一で，地盤への鉛直荷重の伝達が不均等になり，応力集中が起こりやすいときは，適当に有効総延長長さを低減評価する。
③ 布基礎 $W = W_L/L_L$ の単位長さ当たりの鉛直軸力を計算する。
④ 計算された $W$ と許容地耐力から，上表の該当する基礎を選定する。
　表の計算は，その区分範囲の上限の鉛直荷重で計算され，応力集中を 1.1 と想定している。

# 2 基礎ばりの設計

## 2.1 鉛直荷重について

〈仮定条件〉
- フーチングが付く場合とフーチングが付かないつなぎばり形式の2つを考える。つなぎばりは、鉛直荷重による地反力は小さいものとして、水平荷重だけについて検討する（ここでは省略）。
- 基礎フーチング付きのはりについて、1階が壁開口となっているところの直下のはりについて検討する。
- 大きな開口の直下はつなぎばりのみとする。以下の標準設計では、3,640 mm までの開口について行った。
- 開口直下のはりに作用する鉛直上向きの荷重は、精算を行わないときは下記のように仮定する。
    $w'$ = 基礎上面に作用する鉛直下向きの荷重 － 1階床面の鉛直荷重
    （単位布基礎長さ当たりの荷重）
    ＝鉛直荷重 － 1/6 鉛直荷重
    ＝5/6 鉛直荷重
- 最大開口 3,640 mm の両端には、910 mm 以上に耐力壁が設置されている。またこの耐力壁は、直交または連続する耐力壁や基礎ばりがあり、910 mm で両端固定とみなす。

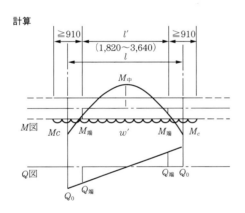

$$w' = \frac{5}{6} W$$

ここで $W$ は、前項（1. フーチング配筋）の値である。

$$M_中 = \frac{w'l^2}{24} \quad Q_0 = \frac{w'l}{2}$$

|  | $l' = 1{,}820$ | $l' = 2{,}730$ | $l' = 3{,}640$ |
|---|---|---|---|
| $M_端$ | $\dfrac{w'l^2}{18}$ | $\dfrac{w'l^2}{16}$ | $\dfrac{w'l^2}{15}$ |
| $Q_端$ | $\dfrac{w'l'}{2}$ | $\dfrac{w'l'}{2}$ | $\dfrac{w'l'}{2}$ |

## 2.2 水平荷重について

〈仮定条件〉
- 1階壁開口部直下の基礎ばりを検討する。
- 標準的な基礎ばりを用いる場合は、耐力壁の最大開口幅は、3,640 mm とし、以下の条件と計算によるものとする。
- 開口の両端は、耐力壁 910～1,820 mm とし、さらにこの壁には直交または連続する壁や、布基礎が存在するものとする。
- 基礎ばりと開口両端の耐力壁の中心を通るラーメン部材として応力計算する。
- 耐力壁の負担する水平力は、0～9.8 kN/m とし4つのランクに分けて標準化し計算する。

〔計　算〕

● タイプ I

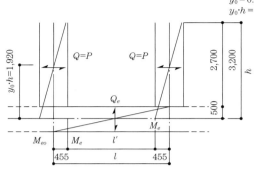

$M_{e0} = Py_0h$
$Q_e = \dfrac{2Py_0h}{l}$

|  | $l' = 1.820$ | $l' = 2.730$ | $l' = 3.640$ |
|---|---|---|---|
| $M_e$ | $(2/3) \cdot Py_0h$ | $(3/4) \cdot Py_0h$ | $(4/5) \cdot Py_0h$ |

● タイプ II

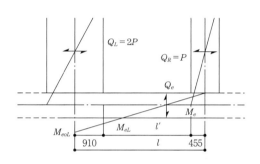

$M_{e0L} = 2Py_0h$
$Q_e = \dfrac{3Py_0h}{l}$

|  | $l' = 1.820$ | $l' = 2.730$ | $l' = 3.640$ |
|---|---|---|---|
| $M_{eL}$ | $(8/7) \cdot Py_0h$ | $(4/3) \cdot Py_0h$ | $(16/11) \cdot Py_0h$ |
| $M_{eR}$ | $(4/7) \cdot Py_0h$ | $(2/3) \cdot Py_0h$ | $(8/11) \cdot Py_0h$ |

● タイプ III

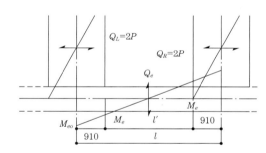

$M_{e0} = 2Py_0h$
$Q_e = \dfrac{4Py_0h}{l}$

|  | $l' = 1.820$ | $l' = 2.730$ | $l' = 3.640$ |
|---|---|---|---|
| $M_e$ | $Py_0h$ | $(6/5) \cdot Py_0h$ | $(4/3) \cdot Py_0h$ |

(単位：kN・m, kN)

|  | 開口寸法 $l'$ (mm) | タイプ I | タイプ II | タイプ III |
|---|---|---|---|---|
| 最大曲げモーメント $M_e$ | 1,820 | $\dfrac{2}{3}Py_0h$ | ◎$\dfrac{8}{7}Py_0h$ | $Py_0h$ |
|  | 2,730 | $\dfrac{3}{4}Py_0h$ | ◎$\dfrac{4}{3}Py_0h$ | $\dfrac{6}{5}Py_0h$ |
|  | 3,640 | $\dfrac{4}{5}Py_0h$ | ◎$\dfrac{16}{11}Py_0h$ | $\dfrac{4}{3}Py_0h$ |
| せん断力 $Q_e$ | 1,820 | $0.733Py_0h$ | $0.942Py_0h$ | ◎$0.099Py_0h$ |
|  | 2,730 | $0.549Py_0h$ | $0.733Py_0h$ | ◎$0.879Py_0h$ |
|  | 3,640 | $0.440Py_0h$ | $0.599Py_0h$ | ◎$0.733Py_0h$ |

## 2.3 基礎ばりの断面設計

(1) 付　表

- 1 階階高＝3.2 m（2 階床・基礎ばり芯間距離）
- 反曲点高さ比 $y_0=0.6$ とした場合
- 1 階壁開口　　　上段：1,820 mm，中段：2,730 mm，下段：3,640 mm

| 長期＼短期地震・風　荷重 | 耐力壁のせん断力 | $0<Q\leq2.94$ kN/m $P=2.68$ kN | $2.94<Q\leq5.88$ kN/m $P=5.35$ kN | $5.88<Q\leq8.82$ kN/m $P=8.03$ kN | $8.82<Q\leq9.8$ kN/m $P=8.92$ kN |
|---|---|---|---|---|---|
| $_LM$ ＼ $_sM$ | | 5.48 kN·m<br>6.56 kN·m<br>7.47 kN·m | 11.74 kN·m<br>13.70 kN·m<br>14.95 kN·m | 17.61 kN·m<br>20.55 kN·m<br>22.41 kN·m | 19.57 kN·m<br>22.83 kN·m<br>24.90 kN·m |
| $_LQ$ ＼ $_sQ$ | | 5.64 kN<br>4.52 kN<br>3.76 kN | 11.29 kN<br>9.03 kN<br>7.53 kN | 16.93 kN<br>13.64 kN<br>11.29 kN | 18.82 kN<br>15.05 kN<br>12.54 kN |
| $0\leq w'\leq \frac{5}{6}\times10$ | 3.45 kN·m<br>7.58 kN | 1 | 1 | 2 | 2 |
|  | 6.90 kN·m<br>11.38 kN | 1 | 2 | 2 | 2 |
|  | 11.5 kN·m<br>15.17 kN | 2 | 2 | 2 | 3 |
| $\frac{5}{6}\times10<w'\leq\frac{5}{6}\times20$ | 6.90 kN·m<br>17.58 kN | 1 | 2 | 2 | 2 |
|  | 13.80 kN·m<br>22.75 kN | 2 | 2 | 2 | 3 |
|  | 23.00 kN·m<br>30.33 kN | 2 | 3 | 4 | 4 |
| $\frac{5}{6}\times20<w'\leq\frac{5}{6}\times30$ | 10.35 kN·m<br>22.75 kN | 1 | 2 | 2 | 2 |
|  | 20.70 kN·m<br>34.14 kN | 2 | 2 | 3 | 4 |
|  | 34.50 kN·m<br>45.50 kN | 4 | 4 | 4 | 4 |
| $\frac{5}{6}\times30<w'\leq\frac{5}{6}\times40$ | 13.80 kN·m<br>30.33 kN | 2 | 2 | 2 | 2 |
|  | 27.60 kN·m<br>45.50 kN | 3 | 3 | 4 | 4 |
|  | 46.01 kN·m<br>60.67 kN | 4 | 4 | 4 | 4 |

注）表内の数字 1～4 は，次ページの標準部材断面 No. を示す。

## （2） 標準断面

| | 1 | 2 | 3 | 4 |
|---|---|---|---|---|
| 断面形状 | 620 × 150 | 620 × 200 | 700 × 200 | 800 × 220 |
| 上端筋 | 1-D13 | 2-D13 | 2-D13 | 2-D16 |
| 下端筋 | 1-D13 | 2-D13 | 2-D13 | 2-D16 |
| あばら筋 | D10@300 | D10@300 | D10@300 | D10@300 |
| 腹筋 | 1-D10 | 2-D10 | 2-D10 | 2-D10 |

## （3） 断面設計計算例

・長期設計応力
　　曲げモーメント　$(_LM) = 23.00$ kN·m　　せん断力$(_LQ) = 30.33$ kN

・短期設計応力
　　曲げモーメント　$(_sM) = 7.47$ kN·m　　せん断力$(_sQ) = 3.76$ kN

・断面形状
　　はり幅, せい $(b \times D):200 \times 620$ (mm)　　有効はりせい $(d = D - 7\ \text{cm}) = 55$ cm　$j = (7/8)d$

・曲げ必要主筋断面積
　　長期：$_La_t = {_LM}/({_Lf_t} \times j) = 2.45$ (cm²)
　　短期：$_sa_t = ({_LM} + {_sM})/({_sf_t} \times j) = 2.15$ (cm²)　　＜主筋：2-D13 (2.54 cm²)　O.K.

・せん断応力度
　　長期：$_L\tau = {_LQ}/(b \times j) = 0.315$ (N/mm²)　　＜$_Lf_s = 0.6$ (N/mm²)　O.K.
　　短期：$_s\tau = ({_LQ} + 1.5 \times {_sQ})/(b \times j) = 0.374$ (N/mm²)　＜$_sf_S = 0.9$ (N/mm²)　O.K.　あばら筋 D10@300 とする。

### 事例2
# 枠組壁工法 3 階建て構造計算例

## 1 一般事項

### 1.1 建物概要

(1) 名　称
(2) 建築地
(3) 用途：専用住宅
(4) 面　積
　建築面積： 66.24 m²
　延床面積：194.58 m²
　各階床面積　1 階：66.24 m², 2 階：66.24 m², 3 階：66.24 m²
(5) 高　さ
　最高高さ：10.52 m
　軒の高さ： 8.70 m
(6) 構造種別：木造（枠組壁工法）

### 1.2 設計方針

枠組壁工法建築物構造計算指針による。

### 1.3 計算ルート

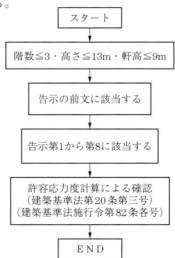

## 1.4 使用材料及び基準材料強度・許容応力度

(1) 枠組材基準材料強度及び基準弾性係数

**枠組壁工法用製材基準材料強度及び基準弾性係数**

| 樹種グループの略号 | 樹種群 | 等級 | 基準材料強度 (N/mm²) ||| 基準弾性係数 ×10³(N/mm²) |
| --- | --- | --- | --- | --- | --- | --- |
|  |  |  | 圧縮 $F_c$ | 引張り $F_t$ | 曲げ $F_b$ |  |
| SⅡ | Hem-Fir | 甲種 | 2級 | 18.6 | 12.6 | 20.4 | 9.10 |
|  | S-P-F 又は Spruce-Pine-Fir | 甲種 | 2級 | 17.4 | 11.4 | 21.6 | 9.60 |

**枠組壁工法用製材の寸法型式及び応力の種類に応じて乗じる係数**
**（寸法型式 104　203　204　404 以外の場合）**

| 寸法形式 \ 応力の種類 | 圧縮 | 引張り | 曲げ | せん断 |
| --- | --- | --- | --- | --- |
| 106　206　406 | 0.96 | 0.84 | 0.84 | 1.00 |
| 208　408 | 0.93 | 0.75 | 0.75 |  |
| 210 | 0.91 | 0.68 | 0.68 |  |
| 212 | 0.89 | 0.63 | 0.63 |  |

**集成材の基準材料強度及び基準弾性係数**

| 集成材規格 | 強度等級 | 基準材料強度 $F$ (N/mm²) |||| 基準弾性係数 ×10³(N/mm²) |
| --- | --- | --- | --- | --- | --- | --- |
|  |  | 圧縮 $F_c$ | 引張り $F_t$ | 曲げ $F_b$ | せん断 $F_s$ |  |
| 対称異等級 | E 120-F 330 | 25.2 | 22.2 | 32.4 | 3.6 | 11.76 |

**枠組壁工法用製材・集成材の基準許容応力度**

| 長期に生ずる力に対する許容応力度 (N/mm²) |||| 短期に生ずる力に対する許容応力度 (N/mm²) ||||
| --- | --- | --- | --- | --- | --- | --- | --- |
| 圧縮 | 引張り | 曲げ | せん断 | 圧縮 | 引張り | 曲げ | せん断 |
| $1.1F_c/3$ | $1.1F_t/3$ | $1.1F_b/3$ | $1.1F_s/3$ | $2F_c/3$ | $2F_t/3$ | $2F_b/3$ | $2F_s/3$ |

(2) 鉄筋・コンクリートの許容応力度

〈鉄筋〉

SD 295 A　異形鉄筋　　基準材料強度　$F = 295$ N/mm²　　　　(N/mm²)

| 長期許容応力 || 短期許容応力 |
| --- | --- | --- |
| 引張り | 195 | 長期に対する 1.5 倍 |
| 圧縮 | 195 |  |

SR 235　丸鋼　　基準材料強度　$F = 235$ N/mm²　　　　(N/mm²)

| 長期許容応力 || 短期許容応力 |
| --- | --- | --- |
| 引張り | 155 | 長期に対する 1.5 倍 |
| 圧縮 | 155 |  |

〈コンクリート〉

基準材料強度　$F = 21\ \text{N/mm}^2$　　　　　　　　　　　　　　　(N/mm²)

| 長期許容応力 | | | | 短期許容応力 |
|---|---|---|---|---|
| 圧　縮 | | | 7 | 長期に対する2倍 |
| せん断 | | | 0.7 | |
| 付　着 | 異形鉄筋 | 曲げ材上端 | 1.4 | |
| | | その他 | 2.1 | |
| | 丸　鋼 | 曲げ材上端 | 0.7 | |
| | | その他 | 0.7 | |

(3) 許容地耐力

長期許容応力度　$_L f_e = 50\ \text{kN/m}^2$

短期許容応力度　$_s f_e = 100\ \text{kN/m}^2$

## 2　建物概要

(1) 平面および略伏図

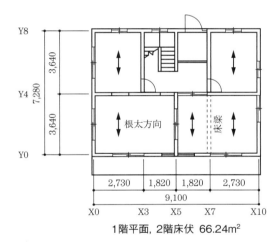

1階平面, 2階床伏 66.24m²

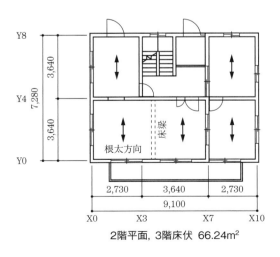

2階平面, 3階床伏 66.24m²

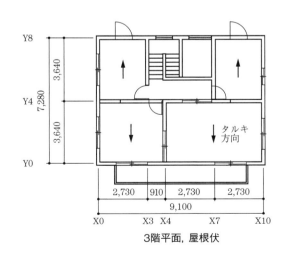

3階平面, 屋根伏

(2) 略立面図

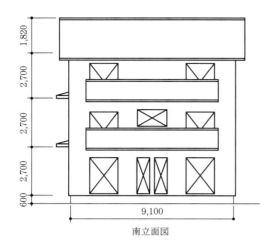

南立面図

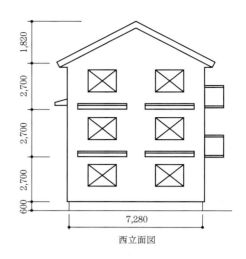

西立面図

(3) 略断面図

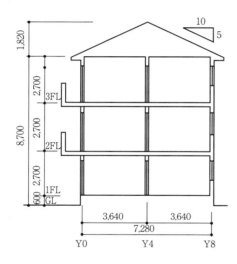

（4） 壁枠組略図

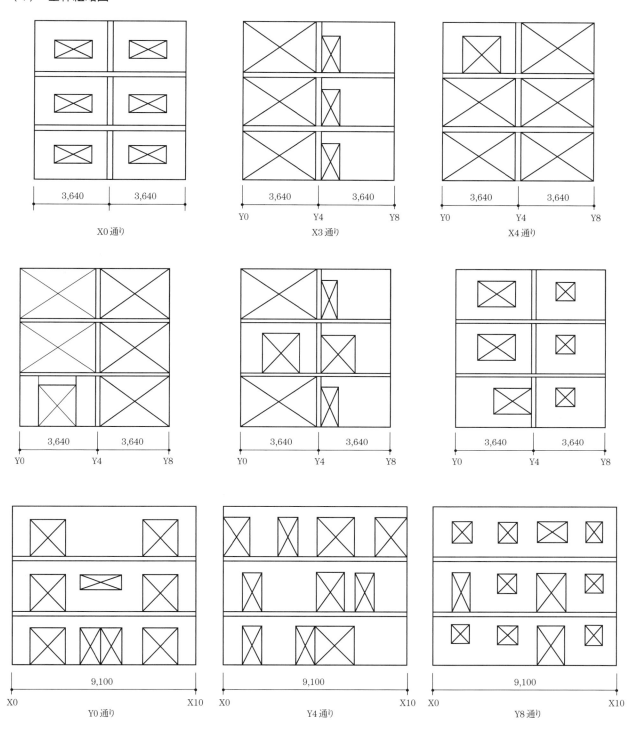

# 3 設計荷重

## 3.1 固定荷重

（1） 屋　根

| | |
|---|---|
| 仕上げ：住宅屋根用化粧スレート　6 mm | 255 |
| 構造用合板　12 mm | 78 |
| たるき：206@455 mm（くぎ受け材含む） | 98 |
| 合計 | 431 N/m²（屋根面） |
| 水平面　　431×1/cos θ ＝ | 482 N/m² |

| | |
|---|---|
| 天井 | |
| 天井根太：206@455（くぎ受け材含む） | 98 |
| せっこうボード　12.5 mm | 118 |
| 断熱材：グラスウール 10 K　100 mm | 20 |
| 合計 | 236 N/m² |
| 482＋236＝ | 718 N/m²→720 N/m²（屋根＋天井　水平面当り） |

（2） 床（2．3 階）

| | |
|---|---|
| 仕上：フローリング（畳） | 178 |
| 構造用合板　15 mm | 98 |
| 床根太：210@455 mm | 118 |
| 吊木，野縁等 | 48 |
| 吸音材：ロックウール　50 mm | 20 |
| せっこうボード　9.5 mm＋9.5 mm | 176 |
| 合計 | 638 N/m²→640 N/m² |

（3） 外　壁

| | |
|---|---|
| 仕上：軽量モルタル　25 mm　（サイディングも含む） | 245 |
| 構造用合板　9 mm | 59 |
| 枠組：204@455 | 98 |
| 断熱材：グラスウール　10 K　50 mm | 10 |
| せっこうボード　12.5 mm | 118 |
| 合計 | 530 N/m²→530 N/m² |

（4） 内　壁

| | |
|---|---|
| 枠組：204@455 | 98 |
| せっこうボード　12.5 mm　両面 | 236 |
| 合計 | 334 N/m²→340 N/m² |

## 3.2 積載荷重

(N/m²)

| 床用 | 床ばり・まぐさ・たて枠・基礎用 | 地震用・たて枠浮き上がり検討用 |
|---|---|---|
| 1,800 | 1,300 | 600 |

## 3.3 積雪荷重（一般地）

設計積雪量　30 cm
単位重量　20 N/m²/cm
積雪荷重　30×20＝600 N/m²＝0.6 kN/m²

## 3.4 風圧力

風荷重算定一般式　　$q = 0.6 \cdot E \cdot V_0^2$

　$q$：速度圧（N/m²）
　$V_0$：基準風速（36 m/s）
$E = E_r^2 \cdot G_f$　　$E_r = 1.7 \times [H/Z_G]^\alpha$
　$G_f$：構造骨組用ガスト影響係数
　$H$：建築物の高さと軒の高さとの平均（m）
　$Z_G$ 及び $\alpha$：地表面粗度区分に応じて与えられる数値

〈地表面粗度区分 III〉

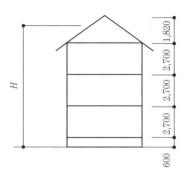

| $Z_b$ (m) | 5 |
| --- | --- |
| $Z_G$ (m) | 450 |
| $\alpha$ | 0.20 |

$H = (10.52 - 8.70)/2 + 8.70 = 9.61$ m
$H \leqq 10.0$ m にてガスト影響係数　$G_f = 2.5$
$H \geqq Z_b$ にて $E_r = 1.7 \times [H/Z_G]^\alpha$

$E_r = 1.7 \times (9.61/450)^{0.20} = 0.788$
$E = 0.788^2 \times 2.5 = 1.551$
$q = 0.6 \times 1.551 \times 36^2 = 1,206$ N/m²

**風力係数**
**壁面に対する風力係数**　　風上側　$0.8 Kz$
　　　　　　　　　　　　　　風下側　$-0.4$
**屋根面に対する風力係数**　屋根勾配　5寸（$\theta = 26.6$ 度）

| 勾配 | 風上面 | | 風下面 |
| --- | --- | --- | --- |
| | 正の係数 | 負の係数 | |
| 10 度以下 | 0 | $-1.0$ | $-0.5$ |
| 30 度 | 0.2 | $-0.3$ | |

直線補間を行い屋根面の風力係数の算定を行う。
　風上面　正の係数
　　$0.20/(30-10) \times (26.6-10) = 0.17$
　　　負の係数
　　$-1.0 + (1.0-0.3)/(30-10) \times (26.6-10) = -0.42$

*Kz* の値

| $Z \leqq Z_b$ | $Z_b < Z$ |
| --- | --- |
| $(Z_b/H)^{2\alpha}$ | $(Z/H)^{2\alpha}$ |

　$Z$：当該高さ（m）

## 各階風圧力の算定（風力係数を考慮）

| 階 | 壁高さ | $q$ (N·m²) | $Z_b$ | $\alpha$ | $H$ (m) | $Kz$ | 風力係数 | 風荷重 (N/m²) |
|---|---|---|---|---|---|---|---|---|
| 屋根（X方向）（Y方向） | 9.61 | 1,206 | 5 | 0.20 | 9.61 | — | 1.20 | 1,447 |
|  |  |  |  |  |  | 1 | 0.67 | 803 |
| 3階外壁 | 7.35 | 1,206 | 5 | 0.20 | 9.61 | 0.898 | 1.12 | 1,349 |
| 2階外壁 | 4.65 | 1,206 | 5 | 0.20 | 9.61 | 0.770 | 1.02 | 1,225 |
| 1階外壁 | 1.95 | 1,206 | 5 | 0.20 | 9.61 | 0.770 | 1.02 | 1,225 |

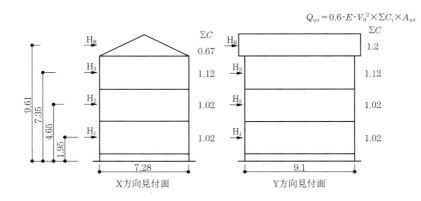

## 風圧力の計算

| 方向 | 階 | 風荷重 (N/m²) | 面積 (m²) |  | $Q_w$ (kN) | $iQ_w$ (kN) | $\Sigma Q_w$ (kN) |
|---|---|---|---|---|---|---|---|
| X方向 | 3 | 1,447 | 7.28×1.82×1/2 | =6.63 | 9.60 | 22.86 | 22.86 |
|  |  | 1,349 | 7.28×1.35 | =9.83 | 13.26 |  |  |
|  | 2 | 1,349 | 〃 | =9.83 | 13.26 | 25.31 | 48.17 |
|  |  | 1,225 | 〃 | =9.83 | 12.05 |  |  |
|  | 1 | 1,225 | 〃 | =9.83 | 12.05 | 24.09 | 72.26 |
|  |  | 1,225 | 〃 | =9.83 | 12.05 |  |  |
| Y方向 | 3 | 803 | (9.10+2×0.45)×1.82 | =18.2 | 14.62 | 31.20 | 31.20 |
|  |  | 1,349 | 9.10×1.35 | =12.29 | 16.58 |  |  |
|  | 2 | 1,349 | 〃 | =12.29 | 16.58 | 31.64 | 62.85 |
|  |  | 1,225 | 〃 | =12.29 | 15.06 |  |  |
|  | 1 | 1,225 | 〃 | =12.29 | 15.06 | 30.12 | 92.97 |
|  |  | 1,225 | 〃 | =12.29 | 15.06 |  |  |

## 3.5 地震力

### （1）各階重量の計算

| 階 | 部位 | $W$ $(D+L)$ (kN/m²) | 長さまたは面積 (m), (m²) | $H$ (m) | 下 $H/2$ (kN) | $W_i$ または 上 $H/2$ (kN) | $\Sigma W_i$ (kN) |
|---|---|---|---|---|---|---|---|
| R F | 屋根 | 0.72 | $(9.1+0.91)\times(7.28+0.91)$ | | | 59.0 | |
| | 外壁（矢切り） | 0.53 | $7.28\times 2\times 1/2$ | 1.82 | | 7.0 | |
| | 外壁 | 0.53 | $(9.1+7.28)\times 2$ | 2.70 | 23.4 | 23.4 | |
| | 外部建具 | 0.40 | 外壁とみなす | | | | |
| | 間仕切り壁 | 0.34 | $9.1+3.64\times 3$ | 2.42 | 8.2 | 8.2 | |
| | 内部建具 | 0.2 | 内壁とみなす | | | | |
| | | | | | 31.7 | 97.7 | 97.7 |
| 3 F | 床 | 0.64+0.6 | $9.1\times 7.28-1.82\times 2.275$ | | | 31.7 77.0 | |
| | バルコニー | 0.64+0.6 | $7.28\times 0.91$ | | | 8.2 | |
| | 〃 手すり | 0.53 | $7.28+0.91\times 2$ | 1.30 | | 4.8 | |
| | 外壁 | 0.53 | $(9.1+7.28)\times 2$ | 2.70 | 23.4 | 23.4 | |
| | 外部建具 | 0.40 | 外壁とみなす | | | | |
| | 間仕切り壁 | 0.34 | $9.1+3.64\times 3$ | 2.42 | 8.2 | 8.2 | |
| | 内部建具 | 0.2 | 内壁とみなす | | | | |
| | | | | | 31.7 | 153.4 | 251.1 |
| 2 F | 床 | 0.64+0.6 | $9.1\times 7.28$ | | | 31.7 82.1 | |
| | バルコニー | 0.64+0.6 | $7.28\times 0.91$ | | | 8.2 | |
| | 〃 手すり | 0.53 | $7.28+0.91\times 2$ | 1.30 | | 4.8 | |
| | 外壁 | 0.53 | $(9.1+7.28)\times 2$ | 2.70 | 23.4 | 23.4 | |
| | 外部建具 | 0.40 | 外壁とみなす | | | | |
| | 間仕切り壁 | 0.34 | $9.1+3.64\times 3$ | 2.42 | 8.2 | 8.2 | |
| | 内部建具 | 0.2 | 内壁とみなす | | | | |
| | | | | | 31.7 | 158.5 | 409.7 |

### （2）地震力の計算

$C_i = Z \times R_i \times A_i \times C_0 \quad Z=1.0, \ R_i=1.0, \ C_0=0.2$

$T = 0.03h = 0.03 \times (8.7 + 1.82 \times 1/2) = 0.29$ 秒

$A_i = 1 + (1/\sqrt{\alpha_i} - \alpha_i) \times 2T/(1+3\times T)$

| 階 | $W_i$ | $\Sigma W_i$ | $\alpha_i$ | $A_i$ | $C_0$ | $C_i$ | $Q_E$ (kN) |
|---|---|---|---|---|---|---|---|
| 3 | 97.7 | 97.7 | 0.239 | 1.561 | 0.2 | 0.312 | 30.51 |
| 2 | 153.4 | 251.1 | 0.613 | 1.206 | 0.2 | 0.241 | 60.57 |
| 1 | 158.5 | 409.7 | 1.000 | 1.000 | 0.2 | 0.200 | 81.93 |

# 4 必要壁量及び分担水平力の算定

## 4.1 耐力壁仕様

4.5倍壁；構造用合板1級（厚9 mm）＋せっこうボード厚12.5 mm

2.0倍壁；せっこうボード厚12.5 mm×2　両面

（耐力壁たて枠相互の間隔　厚455 mm以下）

## 4.2 耐力壁配置

3階

| 壁倍率 | | 設計壁量 $LD_Y$(m) | | | | | | |
|---|---|---|---|---|---|---|---|---|
| 4.5 | 2.0 | 16.38 | 5.46 | 3.64 | 5.46 | | 20.475 | 51.415 |
| 4 | | | 3 | 2 | 3 | | 5 | — |
| | | | | | | | | — |

(凡例)
- ■ 倍率 4.5
- ▨ 倍率 2.0

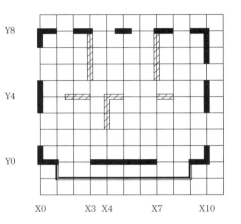

| 壁倍率 | | 設計壁量 $LD_X$(m) |
|---|---|---|
| 4.5 | 2.0 | |
| 5 | | 20.475 |
| | 3.5 | 6.37 |
| 6 | | 24.57 |
| — | — | 51.415 |

2階

| 壁倍率 | | 設計壁量 $LD_Y$(m) | | | | |
|---|---|---|---|---|---|---|
| 4.5 | 2.0 | 16.38 | 5.46 | 7.28 | 20.475 | 49.595 |
| 4 | | | 3 | 4 | 5 | — |

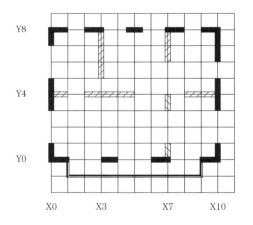

| 壁倍率 | | 設計壁量 $LD_X$(m) |
|---|---|---|
| 4.5 | 2.0 | |
| 5 | | 20.475 |
| | 6 | 10.92 |
| 4 | | 16.38 |
| — | — | 47.775 |

4.5倍耐力壁：構造用合板1級厚9 mm＋せっこうボード厚12.5 mm
2.0倍耐力壁：せっこうボード厚12.5 mm＋せっこうボード厚12.5 mm

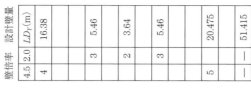
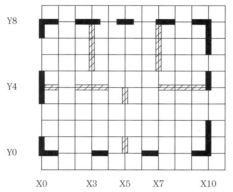

4.5倍耐力壁：構造用合板1級厚9mm+せっこうボード厚12.5mm
2.0倍耐力壁：せっこうボード厚12.5mm+せっこうボード厚12.5mm

## 4.3 必要壁量及び分担水平力の算定

（1） X方向

| 階 | 地 震 時 | | 暴 風 時 | | $L_D$ | $L_{NE}/L_D$ | $L_{NW}/L_D$ |
| --- | --- | --- | --- | --- | --- | --- | --- |
| | $Q_E$ | $L_{NE}$ | $Q_W$ | $L_{NW}$ | | | |
| 3 | 30.51 | 15.57<br>(11.92) | 22.86 | 11.66<br>(8.20) | 51.415 | 0.30 | 0.23 |
| 2 | 60.57 | 30.90<br>(22.52) | 48.17 | 24.58<br>(18.00) | 47.775 | 0.65 | 0.51 |
| 1 | 81.93 | 41.80<br>(30.47) | 72.26 | 36.87<br>(27.84) | 55.51 | 0.75 | 0.66 |
| 単位 | kN | m | kN | m | m | | |

（ ）内は，告示で要求される必要壁量

（2） Y方向

| 階 | 地 震 時 | | 暴 風 時 | | $L_D$ | $L_{NE}/L_D$ | $L_{NW}/L_D$ |
| --- | --- | --- | --- | --- | --- | --- | --- |
| | $Q_E$ | $L_{NE}$ | $Q_W$ | $L_{NW}$ | | | |
| 3 | 30.51 | 15.57<br>(11.92) | 31.20 | 15.92<br>(15.25) | 51.415 | 0.30 | 0.31 |
| 2 | 60.57 | 30.90<br>(22.52) | 62.85 | 32.06<br>(27.55) | 49.595 | 0.62 | 0.65 |
| 1 | 81.93 | 41.80<br>(30.47) | 92.97 | 47.43<br>(39.85) | 51.415 | 0.81 | 0.92 |
| 単位 | kN | m | kN | m | m | | |

（ ）内は，告示で要求される必要壁量

## 4.4 分担水平力一覧

3階

| | 分担水平力 (kN) | | | | | | |
|---|---|---|---|---|---|---|---|
| 風圧力 | 9.94 | | 3.31 | 2.21 | | 3.31 | 12.42 | 31.19 |
| 地震力 | 9.72 | | 3.24 | 2.16 | | 3.24 | 10.64 | 30.51 |
| | | | | | | | | 合計 |

(凡例)
- ■ 倍率 4.5
- ▨ 倍率 2.0

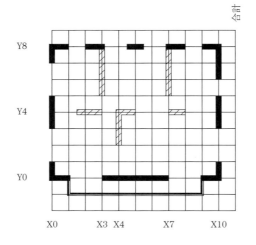

| 分担水平力 (kN) | |
|---|---|
| 地震力 | 風圧力 |
| 12.15 | 9.10 |
| | |
| | |
| 3.78 | 2.83 |
| | |
| | |
| 14.58 | 10.92 |
| | |
| 30.51 合計 | 22.85 |

2階

| | 分担水平力 (kN) | | | | | |
|---|---|---|---|---|---|---|
| 風圧力 | 20.76 | 6.92 | | 9.23 | 25.95 | 62.86 |
| 地震力 | 20.00 | 6.67 | | 8.89 | 25.01 | 60.57 |
| | | | | | | 合計 |

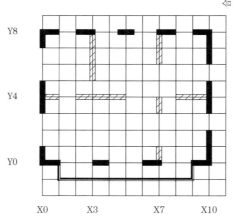

| 分担水平力 (kN) | |
|---|---|
| 地震力 | 風圧力 |
| 25.96 | 20.64 |
| | |
| 13.84 | 11.01 |
| | |
| | |
| 20.77 | 16.52 |
| | |
| 60.57 合計 | 48.17 |

1階

| 分担水平力 (kN) | | |
|---|---|---|
| | 風圧力 | 地震力 |
| | 29.62 | 26.10 |
| | 9.87 | 8.70 |
| | 6.58 | 5.80 |
| | 9.87 | 8.70 |
| | 37.02 | 32.63 |
| 合計 | 92.96 | 81.93 |

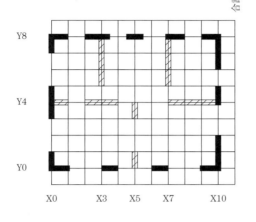

| 分担水平力 (kN) | |
|---|---|
| 地震力 | 風圧力 |
| 37.04 | 32.67 |
| | |
| 17.96 | 15.84 |
| | |
| 26.94 | 23.76 |
| | |
| 合計 81.93 | 72.27 |

# 5 木造部分の設計

## 5.1 暴風時，地震時外周壁応力解析

X方向は地震力，Y方向は風圧力が卓越するので，X方向については地震時応力図，Y方向については暴風時応力図を示す。応力算定は，本来全通りを行うことを原則としているが，本計算事例では，建物外周耐力壁のみを示す（以降の耐力壁端部引張り力等の検討も同じ）。

### （1） 地震時応力図

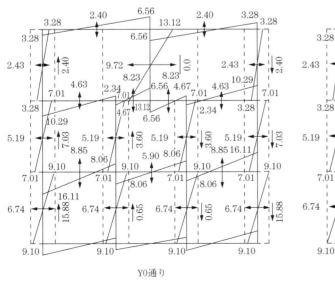

Y0通り

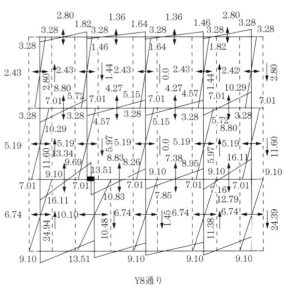

Y8通り

## （2） 暴風時応力図

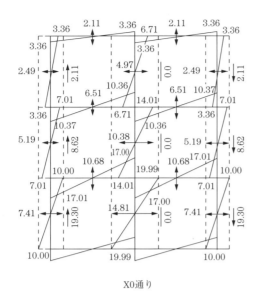

X0通り

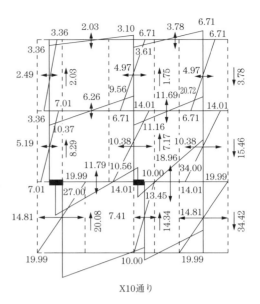

X10通り

## 5.2 壁の軸力分担（（ ）は浮き上がり検討用）

（1） 3階軸力分担図

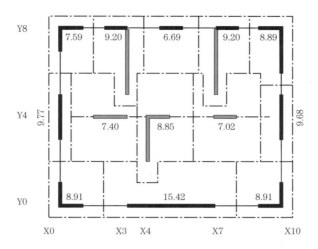

（2） 2階軸力分担図

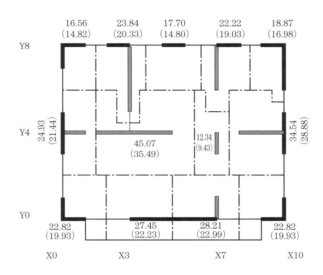

（3） 1階軸力分担図

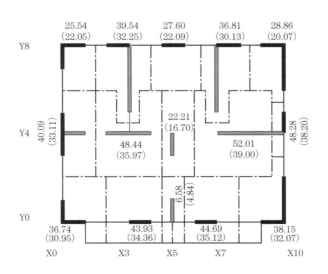

## 5.3 屋根の設計

### 5.3.1 屋根下張り

- 構造用合板㋐9 mm（たるき間隔@455）
- くぎ CN 50 くぎ間隔周辺部 150 mm 中間部 300 mm 間隔，合板受け木あり。

（1） X方向

必要壁量計算より $Q_w < Q_E$ であるので，

$$R = \frac{Q_E}{2} = \frac{30.51}{2} = 15.26 \text{ kN}$$

1 m 当たりのせん断力　　$Q = \dfrac{15,260}{9.1} = 1677 \text{ N/m}$

1 m 当たりのくぎの許容耐力　$P = \dfrac{7}{0.91} \times 590$

（S.P.F.）　　　　　　　　　　　$= 4,538 \text{ N/m} > 1,677 \text{ N/m}$　　O. K.

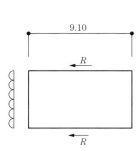

（2） Y方向

必要壁量計算より $Q_w > Q_E$ であるので，

$$R = \frac{Q_w}{2} = \frac{31.20}{2} = 15.60 \text{ kN}$$

1 m 当たりのせん断力　　$Q = \dfrac{15,600}{7.28} = 2,143 \text{ N/m}$

1 m 当たりのくぎの許容耐力　$P = \dfrac{7}{0.91} \times 590$

（S.P.F.）　　　　　　　　　　　$= 4,538 \text{ N/m} > 2,143 \text{ N/m}$　　O. K.

### 5.3.2 たるき

- たるき S.P.F. 甲種2級 206 間隔@455
- 住宅屋根用化粧スレート 勾配5/10 軒の出 455 mm スパン4P 積雪30 cm 以下（短期）

〈一般部分〉

屋根荷重
　　431 N/m² （屋根面）
　　$431 \times \cos \theta = 385$ N/m²（屋根面 垂直荷重）
屋根風上側　正の荷重
　　$385 + (0.17 \times 1,206) = 590$ N/m²
屋根風上側　負の荷重
　　$385 + (-0.42 \times 1,206) = -120$ N/m²
屋根風下側
　　$385 + (-0.50 \times 1,206) = -218$ N/m²
長期許容応力度　$1.1 \times F/3$
短期許容応力度　$F \times 2/3$
　　$(2/3)/(1.1/3) = 1.818$
　　$385 \times 1.818 = 701$ kN/m² $> 590$ N/m²　　よって長期荷重にて検討する。

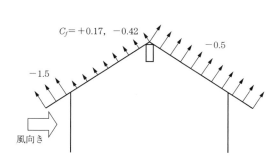

〈軒先部分〉

　　　$385 + (-1.50 \times 1,206) = -1,424 \text{ N/m}^2$

　　　$385 \times 1.818 = 701 \text{ kN/m}^2 < 1,424 \text{ N/m}^2$　　よって短期荷重にて検討する。

〈一般部分の断面算定（長期荷重にて検討）〉

たるきスパン　4 P = 3.64 m

　　$L = 3.64/\cos\theta = 4.07 \text{ m}$

　　$w = 385 \times 0.455 = 175 \text{ N/m}$

　　$M = 1/8 \times w \times L^2 = 1/8 \times 175 \times 4.07^2 = 363 \text{ N·m}$

　　$Q = 1/2 \times w \times L = 1/2 \times 175 \times 4.07 = 357 \text{ N}$

使用材料　206　S.P.F. 甲種　2 級

基準材料強度（$F$）　　曲げ＝21.6 N/mm²　　せん断＝1.8 N/mm²

長期荷重時に対する許容応力度＝基準材料強度（$F$）×1.1/3

　　$A = 53.2 \text{ cm}^2$, $Z = 124.1 \text{ cm}^3$, $I = 868.9 \text{ cm}^4$, $E = 9,600 \text{ N/mm}^2$

　　$Kz = 0.84$　　$ks = 1.25$

　　$\tau = 1.5 \times 357/53.2 = 10.06 \text{ N/cm}^2 = 0.101 \text{ N/mm}^2 < 1.8 \times 1.1/3 = 0.66 \text{ N/mm}^2$　　O. K.

　　$\sigma = 363 \times 10^2/124.1 = 292.5 \text{ N/cm}^2 = 2.925 \text{ N/mm}^2 < 21.6 \times 1.1/3 \times 0.84 \times 1.25 = 8.316 \text{ N/mm}^2$　　O. K.

〈軒先部分の断面算定（短期荷重にて検討）〉

軒の出　455 mm

　　$L = 0.455/\cos\theta = 0.509 \text{ m}$

　　$w = -1424 \times 0.455 = -648 \text{ N/m}$

　　$M = 1/2 \times w \times L^2 = 1/2 \times 648 \times 0.509^2 = 84 \text{ N·m}$

　　$Q = w \times L = 648 \times 0.509 = 330 \text{ N}$

短期荷重時に対する許容応力度＝基準材料強度（$F$）×2/3

　　$\tau = 1.5 \times 330/53.2 = 9.291 \text{ N/cm}^2 = 0.093 \text{ N/mm}^2 < 1.8 \times 2/3 = 1.2 \text{ N/mm}^2$　　O. K.

　　$\sigma = 84 \times 10^2/124.1 = 67.52 \text{ N/cm}^2 = 0.675 \text{ N/mm}^2 < 21.6 \times 2/3 \times 0.84 \times 1.25 = 15.1 \text{ N/mm}^2$　　O. K.

〈けらば部分〉

吹き上げ　風力係数

　　$(-1.0 - 0.8) \times 1.0 = -1.80$

屋根荷重

　　$L = 0.455 \text{ m}$

　　431 N/m²（屋根面）

　　$431/\cos\theta = 482 \text{ N/m}^2$

　　$w = 482 \times 0.455 = 219 \text{ N/m}$（長期荷重）

　　$482 + (-1.80 \times 1,206) = -1,689 \text{ N/m}^2$

　　$w = (-1,689) \times 0.455 = -769 \text{ N/m}$（短期荷重）

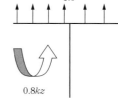

長期荷重の検討

　　$M = 1/2 \times w \times L^2 = 1/2 \times 219 \times 0.455^2 = 23 \text{ N·m}$

　　$Q = w \times L = 219 \times 0.455 = 100 \text{ N}$

　　$\tau = 1.5 \times 100/53.2 = 2.813 \text{ N/cm}^2 = 0.028 \text{ N/mm}^2 < 1.8 \times 1.1/3 = 0.66 \text{ N/mm}^2$　　O. K.

　　$\sigma = 23 \times 10^2/124.1 = 18.28 \text{ N/cm}^2 = 0.183 \text{ N/mm}^2 < 21.6 \times 1.1/3 \times 0.84 \times 1.25 = 8.316 \text{ N/mm}^2$　　O. K.

短期荷重の検討

　　$M = 1/2 \times w \times L^2 = 1/2 \times 769 \times 0.455^2 = 80 \text{ N·m}$

　　$Q = w \times L = 769 \times 0.455 = 350 \text{ N}$

　　$\tau = 1.5 \times 350/53.2 = 9.86 \text{ N/cm}^2 = 0.099 \text{ N/mm}^2 < 1.8 \times 2/3 = 1.2 \text{ N/mm}^2$　　O. K.

$\sigma = 80 \times 10^2/124.1 = 64.09 \text{ N/cm}^2 = 0.641 \text{ N/mm}^2 < 21.6 \times 2/3 \times 0.84 \times 1.25 = 15.1 \text{ N/mm}^2$    O. K.

### 5.3.3 接合部

（1） 吹き上げ

（ⅰ） 軒先

軒先たるきの吹き上げは，

$V_{(上)} = 330 \text{ N} < 4{,}070 \text{ N}$ （あおり止め金物 TS）

（ⅱ） けらば

$V_{(上)} = 350 \text{ N} < 4{,}070 \text{ N}$ （あおり止め金物 TS）

（ⅲ） たるきと天井根太　m–CN 90 F

スラスト値を 1.5 倍する。たるき，天井根太はそれぞれ 2–CN 75 T で緊結されていることから，CN 90 F の必要くぎ本数 $m$ は下記による。

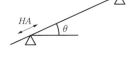

スラスト値　HA

$431 \times \sin\theta = 193 \text{ N/m}^2$（屋根面　平行荷重）

$HA = 193 \times 0.455 \times (3.64/\cos\theta + 0.455/\cos\theta) = 193 \times 0.455 \times (4.07 + 0.509) = 402 \text{ N}$

$m = \dfrac{402 \times 1.5 - 2 \times 5/6 \times 330}{400} = 0.14 \quad \rightarrow \quad 1\text{本} \quad \rightarrow \quad 3\text{本}$

（ⅳ） 妻矢切りと頭つなぎ S–45 の耐力

金物 S–45 をたて枠 2 本に 1 個取り付ける。

$2 \times 350 = 699 \text{ N} < 3{,}050 \text{ N}$ （帯金物 S–45）

（2） せん断力（頭つなぎへの緊結）m–CN 75 T

X 方向

1 m 当たりのせん断力　$Q = 1{,}677 \text{ N/m}$

たるき間隔　@455

くぎ　CN 75 T の耐力（S.P.F.）

$N = 330 \times 5/6 \times 2 = 550$　N/本

必要くぎ本数

$m = \dfrac{1{,}677 \times 0.455}{550} = 1.39 \quad \rightarrow \quad 2\text{本}$

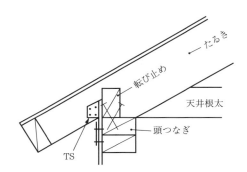

Y 方向

1 m 当たりのせん断力　$Q = 2143 \text{ N/m}$

必要くぎ本数

$m = \dfrac{2{,}143 \times 0.455}{550} = 1.77 \quad \rightarrow \quad 2\text{本}$

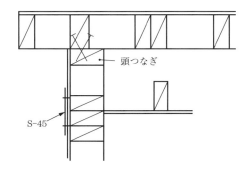

## 5.4　3 階の設計

### 5.4.1　頭つなぎ・上枠

（1）　X 方向の頭つなぎ・上枠

$M = \dfrac{4.19 \times 7.28^2}{8} = 27.76 \text{ kN/m}$

$T = C = \dfrac{27{,}770}{9.1} = 3{,}052 \text{ N/m}$

S.P.F. 甲種 2 級　204

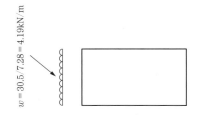

$$f_t = F \times 2.0/3 = 11.4 \times 2/3 = 7.6 \text{ N/mm}^2$$
$$f_c = F \times 2.0/3 = 17.4 \times 2/3 = 11.6 \text{ N/mm}^2$$
$$T < T_{cap} = 760 \times 33.8 = 25,688 \text{ N}$$
$$C < C_{cap} = 1,160 \times 33.8 = 39,208 \text{ N}$$

（2） Y方向の頭つなぎ・上枠

$$M = \frac{3.43 \times 9.1^2}{8} = 35.49 \text{ kN/m}$$

$$T = C = \frac{35,490}{7.28} = 4,875 \text{ N/m}$$

S.P.F. 甲種2級　204

$$f_t = F \times 2.0/3 = 11.4 \times 2/3 = 7.6 \text{ N/mm}^2$$
$$f_c = F \times 2.0/3 = 17.4 \times 2/3 = 11.6 \text{ N/mm}^2$$
$$T < T_{cap} = 760 \times 33.8 = 25,688 \text{ N}$$
$$C < C_{cap} = 1,160 \times 33.8 = 39,208 \text{ N}$$

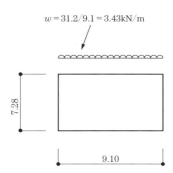

（3）　継ぎ手

くぎ　CN 90 の必要本数

$$m = \frac{4,875}{2 \times 400} = 6.09 \text{ 本} \quad \rightarrow \quad 7 \text{ 本}$$

## 5.4.2　たて枠（204　@455）

（1）　長期荷重

（ i ）　外　壁

● 一般　たて枠1本にかかる軸力　　　● 開口脇

南　$N = \dfrac{33,240}{\dfrac{12.74}{0.455}+1} = 1,146 \text{ N/本}$ 　　$N = \dfrac{1,146 \times 3}{2.5 \text{ 本}} = 1,375 \text{ N/本}$

北　$N = \dfrac{41,570}{\dfrac{13.195}{0.455}+1} = 1,386 \text{ N/本}$ 　　$N = \dfrac{1,386 \times 3}{2.5 \text{ 本}} = 1,663 \text{ N/本}$

西　$N = \dfrac{9,770}{\dfrac{3.64}{0.455}+1} = 1,086 \text{ N/本}$ 　　$N = \dfrac{1,086 \times 3}{2.5 \text{ 本}} = 1,303 \text{ N/本}$

東　$N = \dfrac{9,680}{\dfrac{3.185}{0.455}+1} = 1,210 \text{ N/本}$ 　　$N = \dfrac{1,210 \times 3}{2.5 \text{ 本}} = 1,452 \text{ N/本}$

S.P.F. 甲種2級　204

$$i = \frac{8.9}{3.46} = 2.57 \qquad \lambda = \frac{233.6}{2.57} = 90.9$$

$$_L f_c = F \times 1.1/3 = 17.4 \times 1.1/3 = 6.38 \text{ N/mm}^2$$
$$f_k = f_c \times (1.3 - 0.01 \times \lambda) = 2.49 \text{ N/mm}^2$$
$$\omega = \frac{_L f_c}{f_k} = \frac{6.38}{2.49} = 2.56$$
$$\sigma = \frac{\omega N}{A} = \frac{2.56 \times 1,663}{33.8} = 126.0 \text{ N/cm}^2 = 1.26 \text{ N/mm}^2 < {_L f_c} = 6.38 \text{ N/mm}^2 \qquad \text{O. K.}$$

（ ii ）　内　壁

天井荷重のみ負担　外壁仕様どおり

## （2） 短期荷重

(単位：kN)

| 階 | 通り | Y0 | | | | | | | | | | | |
|---|---|---|---|---|---|---|---|---|---|---|---|---|---|
| | 耐力壁脚部検討部位 | X0 | | X1 | | X3 | | X7 | | X9 | | X10 | |
| | 加力方向 | R | L | R | L | R | L | R | L | R | L | R | L |
| 3 | $M_s/L$ | -3.60 | 3.60 | 3.60 | -3.60 | -3.60 | 3.60 | 3.60 | -3.60 | -3.60 | 3.60 | 3.60 | -3.60 |
| | $N_s/2$ | -1.20 | 1.20 | -1.20 | 1.20 | 0.00 | 0.00 | 0.00 | 0.00 | 1.20 | -1.20 | 1.20 | -1.20 |
| | $\Sigma N_s$ | -4.84 | 4.84 | 2.40 | -2.40 | -3.60 | 3.60 | 3.60 | -3.60 | -2.40 | 2.40 | 4.84 | -4.84 |
| | $NL_t/2$ | 4.46 | | 4.46 | | 7.71 | | 7.71 | | 4.46 | | 4.46 | |
| | $\Sigma N_t$ | -0.38 | | | 2.06 | 4.11 | | | 4.11 | 2.06 | | | -0.38 |
| | $NL_c/2$ | 4.46 | | 4.46 | | 7.71 | | 7.71 | | 4.46 | | 4.46 | |
| | $\Sigma N_c$ | | 13.76 | 6.86 | | | 11.31 | 11.31 | | | 6.86 | 13.76 | |
| | 脚部金物の配置及びたて枠検討 | S-65 | ＊1 | ＊1 | | | ＊1 | ＊1 | | | ＊1 | ＊1 | S-65 |

| 階 | 通り | Y8 | | | | | | | | | | | |
|---|---|---|---|---|---|---|---|---|---|---|---|---|---|
| | 耐力壁脚部検討部位 | X0 | | X1 | | X2 | | X3 | | X4.5 | | X5.5 | |
| | 加力方向 | R | L | R | L | R | L | R | L | R | L | R | L |
| 3 | $M_s/L$ | -3.60 | 3.60 | 3.60 | -3.60 | -3.60 | 3.60 | 3.60 | -3.60 | -3.60 | 3.60 | 3.60 | -3.60 |
| | $N_s/2$ | -1.40 | 1.40 | -1.40 | 1.40 | 0.72 | -0.72 | 0.72 | -0.72 | 0.00 | 0.00 | 0.00 | 0.00 |
| | $\Sigma N_s$ | -5.00 | 5.00 | 2.20 | -2.20 | -2.88 | 2.88 | 4.32 | -4.32 | -3.60 | 3.60 | 3.60 | -3.60 |
| | $NL_t/2$ | 3.80 | | 3.80 | | 4.60 | | 4.60 | | 3.35 | | 3.35 | |
| | $\Sigma N_t$ | -1.20 | | | 1.60 | 1.72 | | | 0.28 | -0.25 | | | -0.25 |
| | $NL_c/2$ | 3.80 | | 3.80 | | 4.60 | | 4.60 | | 3.35 | | 3.35 | |
| | $\Sigma N_c$ | | 8.80 | 6.00 | | | 7.48 | 8.92 | | | 6.95 | 6.95 | |
| | 脚部金物の配置及びたて枠検討 | 2×S-65 | ＊1 | ＊1 | | | ＊1 | ＊1 | | S-65 | ＊1 | ＊1 | S-65 |

| 階 | 通り | Y8 | | | | | | | | X0 | | | |
|---|---|---|---|---|---|---|---|---|---|---|---|---|---|
| | 耐力壁脚部検討部位 | X7 | | X8 | | X9 | | X10 | | Y0 | | Y1 | |
| | 加力方向 | R | L | R | L | R | L | R | L | R | L | R | L |
| 3 | $M_s/L$ | -3.60 | 3.60 | 3.60 | -3.60 | -3.60 | 3.60 | 3.60 | -3.60 | -3.69 | 3.69 | 3.69 | -3.69 |
| | $N_s/2$ | -0.72 | 0.72 | -0.72 | 0.72 | 1.40 | -1.40 | 1.40 | -1.40 | -1.06 | 1.06 | -1.06 | 1.06 |
| | $\Sigma N_s$ | -4.32 | 4.32 | 2.88 | -2.88 | -2.20 | 2.20 | 5.00 | -5.00 | -4.75 | 4.75 | 2.63 | -2.63 |
| | $NL_t/2$ | 4.60 | | 4.60 | | 4.45 | | 4.45 | | 4.46 | | 4.46 | |
| | $\Sigma N_t$ | 0.28 | | | 1.72 | 2.25 | | | -0.55 | -0.29 | | | 1.83 |
| | $NL_c/2$ | 4.60 | | 4.60 | | 4.45 | | 4.45 | | 4.46 | | 4.46 | |
| | $\Sigma N_c$ | | 8.92 | 7.48 | | | 6.65 | 9.45 | | | 9.17 | 7.13 | |
| | 脚部金物の配置及びたて枠検討 | | ＊1 | ＊1 | | | ＊1 | ＊1 | S-65 | | ＊1 | ＊1 | |

＊1 別途圧縮に対する検討を行う。
加力方向 R→
加力方向 L←

| 階 | 通り | X0 | | | | | | | | X10 | | | |
|---|---|---|---|---|---|---|---|---|---|---|---|---|---|
| | 耐力壁脚部検討部位 | Y3 | | Y5 | | Y7 | | Y8 | | Y0 | | Y1 | |
| | 加力方向 | R | L | R | L | R | L | R | L | R | L | R | L |
| 3 | $M_s/L$ | −3.69 | 3.69 | 3.69 | −3.69 | −3.69 | 3.69 | 3.69 | −3.69 | −3.69 | 3.69 | 3.69 | −3.69 |
| | $N_s/2$ | 0.00 | 0.00 | 0.00 | 0.00 | 1.06 | −1.06 | 1.06 | −1.06 | −1.02 | 1.02 | −1.02 | 1.02 |
| | $\Sigma N_s$ | −3.69 | 3.69 | 3.69 | −3.69 | −2.63 | 2.63 | 4.75 | −4.75 | −4.71 | 4.71 | 2.67 | −2.67 |
| | $NL_t/2$ | 4.89 | | 4.89 | | 3.80 | | 3.80 | | 4.46 | | 4.46 | |
| | $\Sigma N_t$ | 1.20 | | | 1.20 | 1.17 | | | −0.95 | −0.25 | | | 1.79 |
| | $NL_c/2$ | 4.89 | | 4.89 | | 3.80 | | 3.80 | | 4.46 | | 4.46 | |
| | $\Sigma N_c$ | | 8.58 | 8.58 | | | 6.43 | 8.55 | | | 9.17 | 7.13 | |
| | 脚部金物の配置及びたて枠検討 | | *1 | *1 | | | *1 | *1 | S−65 | | *1 | *1 | |

| 階 | 通り | X10 | | | | | | | | | | | |
|---|---|---|---|---|---|---|---|---|---|---|---|---|---|
| | 耐力壁脚部検討部位 | Y3 | | Y5 | | Y6 | | Y8 | | | | | |
| | 加力方向 | R | L | R | L | R | L | R | L | | | | |
| 3 | $M_s/L$ | −3.69 | 3.69 | 3.69 | −3.69 | −3.69 | 3.69 | 3.69 | −3.69 | | | | |
| | $N_s/2$ | −0.88 | 0.88 | −0.88 | 0.88 | 1.89 | −1.89 | 1.89 | −1.89 | | | | |
| | $\Sigma N_s$ | −4.57 | 4.57 | 2.81 | −2.81 | −1.80 | 1.80 | 5.58 | −5.58 | | | | |
| | $NL_t/2$ | 4.84 | | 4.84 | | 4.45 | | 4.45 | | | | | |
| | $\Sigma N_t$ | 0.27 | | | 2.03 | 2.65 | | | −1.13 | | | | |
| | $NL_c/2$ | 4.84 | | 4.84 | | 4.45 | | 4.45 | | | | | |
| | $\Sigma N_c$ | | 9.41 | 7.65 | | | 6.25 | 10.03 | | | | | |
| | 脚部金物の配置及びたて枠検討 | | *1 | *1 | | | *1 | *1 | 2×S−65 | | | | |

*1 別途圧縮に対する検討を行う。
加力方向 R →
加力方向 L ←

（ⅰ）浮き上がり

　　帯金物 S−65 を建物隅角部両面に設ける。その他，外周耐力壁の両端に設ける。
　　　S−65 の耐力　6,090 N×2 面＝12,180 N＞1,130 N（X10 通り　Y8 端）
　　　　　　　　　　　　　　　　　　　　　　　1,200 N（Y8 通り　X0 端）

（ⅱ）圧　縮

　　たて枠1本当たりの軸力
　　　（Y0 通り，X0 端　Y0 通り，X10）　　（Y0 通り，X3 端　Y0 通り，X7 端）
　　　$N = 13{,}760/2.5 = 5{,}504$ N/本　　　＞　　$11{,}310/5.5 = 2{,}056$ N/本
　　　　　　　　　　　　　　　　　　　　　　（X10 通り，Y3 端）
　　　　　　　　　　5,504 N/本　　　＞　　$9{,}410/4.5 = 2{,}091$ N/本

$$\sigma = \frac{2.56 \times 5{,}504}{33.8} = 417 \text{ N/cm}^2 = 4.17 \text{ N/mm}^2$$

$$_sf_c = F_c \times 2/3 = 17.4 \times 2/3 = 11.6 \text{ N/mm}^2 > \sigma \quad \text{O.K.}$$

（ⅲ）面外曲げ圧縮

●妻（X10，Y3）

S.P.F. 甲種2級　204

　　$N = 1{,}452$ N

　　$W = 0.80 \times 0.898 \times 1{,}206 \times 1.365 = 1{,}183$ N/m

　　$Q_{max} = \dfrac{1{,}183 \times 2.33}{2} = 1{,}378$ N

$$M_{max} = \frac{1{,}183 \times 2.33^2}{8} = 803 \text{ N·m}$$

$$\tau = \frac{1.5 \times 1{,}378}{2.5 \times 33.8} = 24.5 \text{ N/cm}^2 = 0.25 \text{ N/mm}^2$$

$$_sf_s = F \times 2/3 = 1.8 \times 2/3 = 1.2 \text{ N/mm}^2 > \tau \qquad \text{O. K.}$$

$$\sigma = \frac{2.54 \times 1{,}452}{33.8} + \frac{11.6}{14.4} \times \frac{80{,}300}{50.2 \times 2.5}$$

$$= 109 + 516 = 625 \text{ N/cm}^2 = 6.25 \text{ N/mm}^2$$

$$_sf_c = F \times 2/3 = 17.4 \times 2/3 = 11.6 \text{ N/mm}^2$$

$$_sf_b = F \times 2/3 = 21.6 \times 2/3 = 14.4 \text{ N/mm}^2$$

$$_sf_c = 11.6 \text{ N/mm}^2 > \sigma = 6.25 \text{ N/mm}^2 \qquad \text{O. K.}$$

(3) 吹抜部通したて枠（Ｘ 5.5，Ｙ 8）

$$N = \frac{1{,}386 \times 3.0}{2.0 \text{ 本}} = 2{,}079 \text{ N/本}$$

$$W = 0.80 \times 0.898 \times 1{,}206 \times 1.1375 = 986 \text{ N/m}$$

$$Q_{max} = \frac{986 \times 5.1}{2} = 2{,}514 \text{ N}$$

$$M_{max} = \frac{986 \times 5.1^2}{8} = 3{,}206 \text{ N·m}$$

S.P.F. 甲種 2 級　206

$$i = \frac{14}{3.46} = 4.05 \qquad \lambda = \frac{496}{4.05} = 122.6$$

$$_Lf_k = \frac{0.3 \times 6.38}{1.226^2} = 1.27 \text{ N/mm}^2 \qquad \omega = \frac{_Lf_c}{_Lf_k} = \frac{6.38}{1.27} = 5.01$$

〈長期〉

$$\sigma = \frac{\omega N}{A} = \frac{5.01 \times 2{,}079}{53.2} = 196 \text{ N/cm}^2 = 1.96 \text{ N/mm}^2$$

$$_Lf_c = 0.96 \times 6.38 = 6.12 \text{ N/mm}^2 > \sigma = 1.96 \text{ N/mm}^2 \qquad \text{O. K.}$$

〈短期〉

$$\tau = \frac{1.5 \times 2{,}514}{1.5 \times 53.2} = 47.3 \text{ N/cm}^2 = 0.47 \text{ N/mm}^2$$

$$_sf_s = F_s \times 2/3 = 1.8 \times 2/3 = 1.2 \text{ N/mm}^2 > \tau \qquad \text{O. K.}$$

$$\sigma = \frac{5.01 \times 1{,}386}{53.2} + \frac{11.6}{14.4} \times \frac{320{,}600}{124.1 \times 2.5}$$

$$= 130 + 832 = 963 \text{ N/cm}^2 = 9.63 \text{ N/mm}^2$$

$$_sf_c = F_c \times 2/3 = 17.4 \times 2/3 = 11.6 \text{ N/mm}^2$$

$$_sf_b = F_b \times 2/3 = 21.6 \times 2/3 = 14.4 \text{ N/mm}^2$$

（補正）$_sf_c = 0.96 \times 11.6 = 11.14 \text{ N/mm}^2 > \sigma = 9.63 \text{ N/mm}^2 \qquad \text{O. K.}$

端部のくぎ　CN 90 E（添え木補強）

$$9 \times 2 \times 400 \times 2/3 = 4{,}800 \text{ N} > 2{,}514 \text{ N}$$

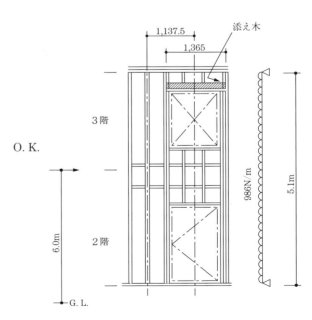

### 5.4.3 まぐさ

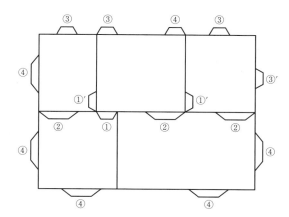

- まぐさ① (S.P.F. 甲種 2 級　2-204) (まぐさ①は，①'より荷重が大きい)

$$w = 236 \text{ N/m}^2 \times 3.64 \text{ m} \overset{\text{天井}}{} + \frac{60 \text{ N/m} \times 3.64 \text{ m} \times 2 \text{ 本}}{0.91} \overset{\text{天井根太　長さ}}{} + 340 \times \frac{2.45}{2} \text{ N/m} \overset{\text{内壁}}{}$$

$$= 859 + 480 + 417 = 1{,}756 \text{ N/m}$$

$$Q = \frac{1{,}756 \times 0.91}{2} = 799 \text{ N}$$

$$M = \frac{1{,}756 \times 0.91^2}{8} = 182 \text{ N·m}$$

$$\tau = \frac{1.5 \times 799}{2 \times 33.8} = 17.7 \text{ N/cm}^2 = 0.18 \text{ N/mm}^2 < 0.66 \text{ N/mm}^2$$

$$\sigma = \frac{18{,}200}{2 \times 50.1} = 181.6 \text{ N/cm}^2 = 1.82 \text{ N/mm}^2 < 7.92 \text{ N/mm}^2$$

$$\delta = \frac{5 \times 17.56 \times 91^4}{384 \times 9.6 \times 10^5 \times 2 \times 223} = 0.037 \text{ cm} < L/300 = 0.303 \text{ cm}$$

- まぐさ② (S.P.F. 甲種 2 級　2-206)

$$Q = \frac{1{,}756 \times 1.82}{2} = 1{,}598 \text{ N}$$

$$M = \frac{1{,}756 \times 1.82^2}{8} = 727 \text{ N·m}$$

$$\tau = \frac{1.5 \times 1{,}598}{2 \times 53.2} = 22.5 \text{ N/cm}^2 = 0.23 \text{ N/mm}^2 < 0.66 \text{ N/mm}^2$$

$$\sigma = \frac{72{,}700}{2 \times 124.1} = 292.9 \text{ N/cm}^2 = 2.93 \text{ N/mm}^2 < 6.65 \text{ N/mm}^2$$

$$\delta = \frac{5 \times 17.56 \times 182^4}{384 \times 9.6 \times 10^5 \times 2 \times 869} = 0.15 \text{ cm} < L/300 = 0.607 \text{ cm}$$

- まぐさ③ (S.P.F. 甲種 2 級　404) (まぐさ③は，③'より荷重が大きい)

（ⅰ）鉛直力による曲げ

$$w = 720 \times 4.09 + 530 \times \frac{2.45}{2}$$

$$= 2{,}945 + 649 = 3{,}594 \text{ N/m}$$

$$Q_1 = \frac{3{,}594 \times 0.91}{2} = 1{,}635 \text{ N}$$

$$M_1 = \frac{3,594 \times 0.91^2}{8} = 372 \text{ N·m}$$

$$\tau_1 = \frac{1.5 \times 1,635}{79.2} = 31.0 \text{ N/cm}^2 = 0.31 \text{ N/mm}^2 < 0.66 \text{ N/mm}^2$$

$$\sigma_1 = \frac{37,200}{117.5} = 316.6 \text{ N/cm}^2 = 3.17 \text{ N/mm}^2 < 7.92 \text{ N/mm}^2$$

$$\delta_1 = \frac{5 \times 35.94 \times 91^4}{384 \times 9.6 \times 10^5 \times 1 \times 522.9} = 0.06 \text{ cm} < L/300 = 0.303 \text{ cm}$$

(ⅱ) 風圧力による曲げ

$$W = 0.80 \times 0.898 \times 1,206 \times \frac{2.336}{2} = 1,012 \text{ N/m}$$

$$Q_2 = \frac{1,012 \times 0.91}{2} = 460 \text{ N}$$

$$M_2 = \frac{1,012 \times 0.91^2}{8} = 105 \text{ N·m}$$

$Q_2 < Q_1$
$M_2 < M_1$

● まぐさ④（構造用集成材　E 120–F 330　406）

(ⅰ) 鉛直力による曲げ

$w = 720 \times 4.09 + 649 = 3,594 \text{ N/m}$

$$Q = \frac{3,594 \times 1.82}{2} = 3,271 \text{ N}$$

$$M = \frac{3,594 \times 1.82^2}{8} = 1,488 \text{ N·m}$$

$$\tau = \frac{1.5 \times 3,271}{124.6} = 39.4 \text{ N/cm}^2 = 0.40 \text{ N/mm}^2 < 1.32 \text{ N/mm}^2$$

$$\sigma = \frac{148,800}{290.7} = 511.9 \text{ N/cm}^2 = 5.12 \text{ N/mm}^2 < 11.88 \text{ N/mm}^2$$

$$\delta = \frac{5 \times 35.94 \times 182^4}{384 \times 12.0 \times 10^5 \times 1 \times 2,035} = 0.210 \text{ cm} < L/300 = 0.607 \text{ cm}$$

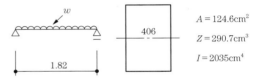

$A = 124.6 \text{cm}^2$
$Z = 290.7 \text{cm}^3$
$I = 2035 \text{cm}^4$

(ⅱ) 風圧力による曲げ

$$W = 0.80 \times 0.898 \times 1,206 \times \frac{2.336}{2} = 1,012 \text{ N/m}$$

$$Q = \frac{1,012 \times 1.82}{2} = 921 \text{ N}$$

$$M = \frac{1,012 \times 1.82^2}{8} = 419 \text{ N·m}$$

$$\tau = \frac{1.5 \times 921}{124.6} = 11.1 \text{ N/cm}^2 = 0.11 \text{ N/mm}^2 < 2.40 \text{ N/mm}^2$$

$$\sigma = \frac{41,900}{184.8} = 226.7 \text{ N/cm}^2 = 2.27 \text{ N/mm}^2 < 21.60 \text{ N/mm}^2$$

$$\delta = \frac{5 \times 10.12 \times 182^4}{384 \times 12.0 \times 10^5 \times 1 \times 822.5} = 0.146 \text{ cm} < L/150 = 1.213 \text{ cm}$$

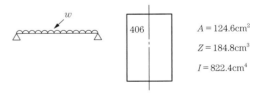

$A = 124.6 \text{cm}^2$
$Z = 184.8 \text{cm}^3$
$I = 822.4 \text{cm}^4$

(ⅲ) まぐさ端部の接合

たて枠からまぐさへ　CN 90 E（木口打ち）

$$m = \frac{921}{2 \times 400 \times 2/3} = 1.73 \text{ 本} \quad \rightarrow \quad 2 \text{ 本}$$

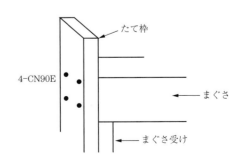

## 5.4.4 床下張り

構造用合板@12 mm（根太間隔 @455）
- くぎ CN 50 くぎ間隔周辺部 150 mm 中間部 200 mm，合板受木あり

(1) X方向

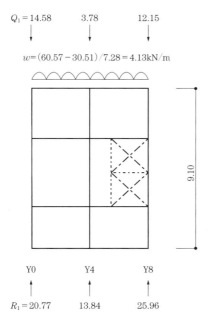

(2) Y方向

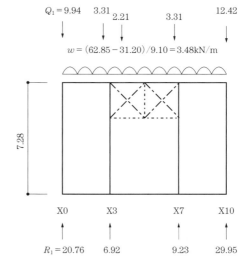

せん断力図

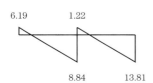

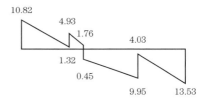

Y 4 通りの1m当たりのせん断力

$$Q = \frac{8,840}{9.10} = 971 \text{ N/m}$$

1m当たりのくぎ耐力

$$N = \frac{13\,\text{本}}{1.82} \times 650 = 4,642 \text{ N/m} > 971 \text{ N/m}$$

Y 8 通りの1m当たりのせん断力

$$Q = \frac{13,810}{2.73 \times 2} = 2,529 \text{ N/m}$$

X 7 通りの1m当たりのせん断力

$$Q = \frac{9,950}{7.28} = 1,367 \text{ N/m}$$

1m当たりのくぎ耐力

$$N = \frac{7\,\text{本}}{0.91} \times 650 = 5,000 \text{ N/m} > 1,367 \text{ N/m}$$

X 10 通りの1m当たりのせん断力

$$Q = \frac{13,530}{7.28} = 1,859 \text{ N/m}$$

## 5.4.5 根太

- 根太 S.P.F.甲種2級 間隔 @455 接着剤併用
- たたみまたは板張り

$$w = (640 + 1,800) \times 0.455 = 1,110 \text{ N/m}$$

$$Q = \frac{1,110 \times 3.64}{2} = 2,020 \text{ N}$$

$$M = \frac{1,110 \times 3.64^2}{8} = 1,838 \text{ N·m}$$

$$\tau = \frac{1.5 \times 2{,}020}{89.3} = 33.9 \text{ N/cm}^2 = 0.34 \text{ N/mm}^2 < 0.66 \text{ N/mm}^2$$

$$\sigma = \frac{183{,}800}{349.8} = 525.4 \text{ N/cm}^2 = 5.25 \text{ N/mm}^2 < 5.39 \text{ N/mm}^2$$

$$\delta = \frac{5 \times 11.1 \times 364^4}{384 \times 9.6 \times 10^5 \times 1 \times 4{,}110} = 0.643 \text{ cm} < L/400 = 0.91 \text{ cm}$$

● 3階床梁

耐力壁端部軸力

$N = M_S/L + N_S/2$

$\quad = 3.52/1.82 + 1.29/2 = 2.58 \text{ kN}$

長期荷重

$\omega = (720 + 640 + 1300) \times 0.455/2 + 340 \times 2.70 = 1{,}523 \text{ N/m}$

地震荷重

$P = 2{,}580 \text{ N}$

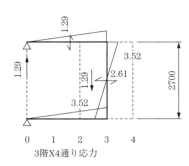

3階X4通り応力

長期応力

$$Q = \frac{1{,}523 \times 3.64}{2} = 2{,}772 \text{ N}$$

$$M = \frac{1{,}523 \times 3.64^2}{8} = 2{,}522 \text{ N} \cdot \text{m}$$

短期応力

$$Q = \frac{1{,}523 \times 3.64 + 2{,}580}{2} = 4{,}062 \text{ N}$$

$$M = \frac{1{,}523 \times 3.64^2}{8} + \frac{2{,}580 \times 3.64}{4} = 4{,}870 \text{ N} \cdot \text{m}$$

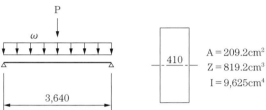

$A = 209.2 \text{cm}^2$
$Z = 819.2 \text{cm}^3$
$I = 9{,}625 \text{cm}^4$

長期検討

$$\tau = \frac{1.5 \times 2{,}772}{20920} = 0.20 \text{ N/mm}^2 < 3.0/3 \times 1.1 = 1.1 \text{ N/mm}^2 \quad \text{O.K}$$

$$\sigma = \frac{2{,}522}{819.2} = 3.08 \text{ N/mm}^2 < 33/3 \times 1.1 = 12.1 \text{ N/mm}^2 \quad \text{O.K}$$

短期検討

$$\tau = \frac{1.5 \times 4{,}062}{20920} = 0.29 \text{ N/mm}^2 < 3.0/3 \times 2.0 = 2.0 \text{ N/mm}^2 \quad \text{O.K}$$

$$\sigma = \frac{4{,}870}{819.2} = 5.94 \text{ N/mm}^2 < 33/3 \times 2.0 = 22.0 \text{ N/mm}^2 \quad \text{O.K}$$

建設省告示第1459号より　梁せい＝235　梁せい／スパン＝235/3640＝1/15＜1/12

従って，クリープ変形考慮する。

$\omega_{クリープ} = (720 + 640 + 600) \times 0.455/2 + 340 \times 2.70 = 1{,}364 \text{ N/m}$

$$\delta_{長期} = \frac{5 \times 1.523 \times 3640^4}{384 \times 9625 \times 10^4 \times 12000} = 3.0 \text{ mm} = L/1213 < L/400$$

$$\delta_{クリープ} = \frac{5 \times 1.364 \times 3640^4}{384 \times 9625 \times 10^4 \times 12000} \times 2 = 5.4 \text{ mm} = L/674 < L/250$$

## 5.4.6 端（側）根太（S.P.F. 甲種2級 210）

(1) X方向側根太

$w = 4.13 \text{ kN/m}$

$M = \dfrac{4{,}130 \times 3.64^2}{8} = 6{,}840 \text{ N·m}$

$T = C = \dfrac{6{,}840}{9.1} = 752 \text{ N}$

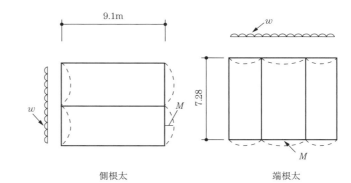

側根太　　　　　端根太

(2) Y方向端根太

$w = 3.48 \text{ kN/m}$

$M = \dfrac{3{,}480 \times 3.64^2}{8} = 5{,}764 \text{ N·m}$

$T = C = \dfrac{5{,}764}{7.28} = 792 \text{ N}$

$T_{cap} = 760 \times 0.68 \times 89.3 = 46{,}150 \text{ N} > T$

$C_{cap} = 1{,}160 \times 0.91 \times 89.3 = 94{,}265 \text{ N} > C$

(3) 吹き抜け部（通したて枠ブロッキング補強）

ブロッキング　S.P.F. 甲種2級　206

$C_{cap} = 1{,}160 \times 0.96 \times 53.2 = 56{,}158 \text{ N} > C$

合板の長期許容耐力　$\dfrac{Lf_c}{2} = \dfrac{441}{2} \text{ N/cm}^2$ とすると

$T_{cap} = 0.75 \times 27 \times 2 \times \dfrac{441}{2} = 8{,}930 \text{ N} > T = 792 \text{ N}$

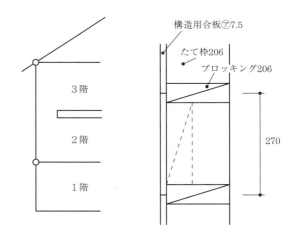

(4) 継ぎ手

構造用合板側から　CN 90　2本

くぎの耐力

$N = 2 \text{ 本} \times 400 \times 2 = 1{,}600 > T = 792 \text{ N}$

## 5.5　2階の設計

### 5.5.1　頭つなぎ・上枠（S.P.F. 甲種2級　204）

$T_{cap} = 760 \times 33.8 = 25{,}688 \text{ N} > T$ 　　（5.4.6(2) より $T = 792 \text{ N}$）

$C_{cap} = 1{,}160 \times 33.8 = 39{,}208 \text{ N} > C$ 　　（5.4.6(2) より $C = 792 \text{ N}$）

継ぎ手のくぎ本数

$m = \dfrac{792}{2 \times 400} = 0.99 \text{ 本} \rightarrow 1 \text{ 本}$

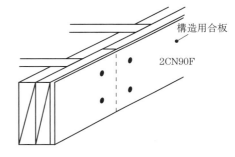

## 5.5.2 たて枠（S. P. F. 甲種2級　204　@455）

(1) 長期荷重

(i) 外壁

● 一般　たて枠1本にかかる軸力

南　$N = \dfrac{101{,}300}{\dfrac{12.74}{0.455}+1} = 3{,}493$ N/本

北　$N = \dfrac{99{,}190}{\dfrac{13.20}{0.455}+1} = 3{,}306$ N/本

西　$N = \dfrac{24{,}930}{\dfrac{3.64}{0.455}+1} = 2{,}770$ N/本

東　$N = \dfrac{34{,}540}{\dfrac{3.185}{0.455}+1} = 4{,}318$ N/本

● 開口脇

$N = \dfrac{3{,}493 \times 3}{2.5\,\text{本}} = 4{,}192$ N/本

$N = \dfrac{3{,}306 \times 3}{2.5\,\text{本}} = 3{,}968$ N/本

$N = \dfrac{2{,}770 \times 3}{2.5\,\text{本}} = 3{,}324$ N/本

$N = \dfrac{4{,}318 \times 3}{2.5\,\text{本}} = 5{,}181$ N/本

S. P. F.　2級　204

$\sigma = \dfrac{\omega N}{A} = \dfrac{2.56 \times 5{,}181}{33.8} = 392.4\ \text{N/cm}^2 = 3.92\ \text{N/mm}^2 < {}_L f_c = 6.38\ \text{N/mm}^2$　　O. K.

(ii) 内壁

● 一般　たて枠1本にかかる軸力

Y 4 通り　$N = \dfrac{45{,}070}{\dfrac{8.19}{0.455}+1} = 2{,}372$ N/本

● 開口脇

$N = \dfrac{2{,}372 \times 3}{2.5\,\text{本}} = 2{,}847$ N/本 < 5,181 N/本

(2) 短期荷重

(単位：kN)

| 階 | 通り | \multicolumn{12}{c}{Y 0} |||||||||||| |
|---|---|---|---|---|---|---|---|---|---|---|---|---|---|
| | 耐力壁脚部検討部位 | \multicolumn{2}{c}{X 0} || \multicolumn{2}{c}{X 1} || \multicolumn{2}{c}{X 3} || \multicolumn{2}{c}{X 4} || \multicolumn{2}{c}{X 6} || \multicolumn{2}{c}{X 7} || |
| | 加力方向 | R | L | R | L | R | L | R | L | R | L | R | L |
| 2 | $M_s/L$ | -7.70 | 7.70 | 7.70 | -7.70 | -7.70 | 7.70 | 7.70 | -7.70 | -7.70 | 7.70 | 7.70 | -7.70 |
| | $N_s/2$ | -3.52 | 3.52 | -3.52 | 3.52 | -1.80 | 1.80 | -1.80 | 1.80 | 1.80 | -1.80 | 1.80 | -1.80 |
| | $\Sigma N_s$ | -11.22 | 11.22 | 4.18 | -4.18 | -9.50 | 9.50 | 5.90 | -5.90 | -5.90 | 5.90 | 9.50 | -9.50 |
| | $NL_t/2$ | 9.97 || 9.97 || 11.12 || 11.12 || 14.11 || 14.11 || |
| | $\Sigma N_t$ | -1.25 | | | 5.79 | 1.62 | | | 5.22 | 8.21 | | | 4.61 |
| | $NL_c/2$ | 11.41 || 11.41 || 13.73 || 13.73 || 11.50 || 11.50 || |
| | $\Sigma N_c$ | | 22.63 | 15.59 | | | 23.23 | 19.63 | | | 17.40 | 21.00 | |
| | 脚部金物の配置及びたて枠検討 | S-65 | *1 | *1 | | *1 | *1 | | | *1 | *1 | | |

*1　別途圧縮に対する検討を行う。
加力方向 R →
加力方向 L ←

事例2 枠組壁工法3階建て構造計算例

| 階 | 通り | Y0 | | | | Y8 | | | | | | | |
|---|---|---|---|---|---|---|---|---|---|---|---|---|---|
| | 耐力壁脚部検討部位 | X9 | | X10 | | X0 | | X1 | | X2 | | X3 | |
| | 加力方向 | R | L | R | L | R | L | R | L | R | L | R | L |
| | $M_s/L$ | -7.70 | 7.70 | 7.70 | -7.70 | -7.70 | 7.70 | 7.70 | -7.70 | -7.70 | 7.70 | 7.70 | -7.70 |
| | $N_s/2$ | 3.52 | -3.52 | 3.52 | -3.52 | -5.80 | 5.80 | -5.80 | 5.80 | 2.99 | -2.99 | 2.99 | -2.99 |
| 2 | $\Sigma N_s$ | -4.18 | 4.18 | 11.22 | -11.22 | -13.50 | 13.50 | 1.90 | -1.90 | -4.71 | 4.71 | 10.69 | -10.69 |
| | $NL_t/2$ | 9.97 | | 9.97 | | 7.41 | | 7.41 | | 10.17 | | 10.17 | |
| | $\Sigma N_t$ | 5.79 | | | -1.25 | -6.09 | | | 5.51 | 5.46 | | | -0.52 |
| | $NL_c/2$ | 11.41 | | 11.41 | | 8.28 | | 8.28 | | 11.92 | | 11.92 | |
| | $\Sigma N_c$ | | 15.59 | 22.63 | | | 21.78 | 10.18 | | | | | |
| | 脚部金物の配置及びたて枠検討 | | *1 | *1 | S-65 | S-65 | *1 | *1 | | | *1 | *1 | |

| 階 | 通り | Y8 | | | | | | | | | | | |
|---|---|---|---|---|---|---|---|---|---|---|---|---|---|
| | 耐力壁脚部検討部位 | X4.5 | | X5.5 | | X7 | | X8 | | X9 | | X10 | |
| | 加力方向 | R | L | R | L | R | L | R | L | R | L | R | L |
| | $M_s/L$ | -7.70 | 7.70 | 7.70 | -7.70 | -7.70 | 7.70 | 7.70 | -7.70 | -7.70 | 7.70 | 7.70 | -7.70 |
| | $N_s/2$ | 0.00 | 0.00 | 0.00 | 0.00 | -2.99 | 2.99 | -2.99 | 2.99 | 5.80 | -5.80 | 5.80 | -5.80 |
| 2 | $\Sigma N_s$ | -7.70 | 7.70 | 7.70 | -7.70 | -10.69 | 10.69 | 4.71 | -4.71 | -1.90 | 1.90 | 13.50 | -13.50 |
| | $NL_t/2$ | 7.40 | | 7.40 | | 9.52 | | 9.52 | | 8.49 | | 8.49 | |
| | $\Sigma N_t$ | -0.30 | | | -0.30 | -1.17 | | | 4.81 | 6.59 | | | -5.01 |
| | $NL_c/2$ | 8.85 | | 8.85 | | 11.11 | | 11.11 | | 9.44 | | 9.44 | |
| | $\Sigma N_c$ | | 16.55 | 16.55 | | | 21.80 | 15.82 | | | 11.34 | 22.94 | |
| | 脚部金物の配置及びたて枠検討 | S-65 | *1 | *1 | S-65 | S-65 | *1 | *1 | | | *1 | *1 | S-65 |

| 階 | 通り | X0 | | | | | | | | | | | |
|---|---|---|---|---|---|---|---|---|---|---|---|---|---|
| | 耐力壁脚部検討部位 | Y0 | | Y1 | | Y3 | | Y5 | | Y7 | | Y8 | |
| | 加力方向 | R | L | R | L | R | L | R | L | R | L | R | L |
| | $M_s/L$ | -7.70 | 7.70 | 7.70 | -7.70 | -7.70 | 7.70 | 7.70 | -7.70 | -7.70 | 7.70 | 7.70 | -7.70 |
| | $N_s/2$ | -4.31 | 4.31 | -4.31 | 4.31 | 0.00 | 0.00 | 0.00 | 0.00 | 4.31 | -4.31 | 4.31 | -4.31 |
| 2 | $\Sigma N_s$ | -12.01 | 12.01 | 3.39 | -3.39 | -7.70 | 7.70 | 7.70 | -7.70 | -3.39 | 3.39 | 12.01 | -12.01 |
| | $NL_t/2$ | 9.97 | | 9.97 | | 10.72 | | 10.72 | | 7.41 | | 7.41 | |
| | $\Sigma N_t$ | -2.04 | | | 6.58 | 3.02 | | | 3.02 | 4.02 | | | -4.60 |
| | $NL_c/2$ | 11.41 | | 11.41 | | 12.47 | | 12.47 | | 8.28 | | 8.28 | |
| | $\Sigma N_c$ | | 23.42 | 14.80 | | | 20.17 | 20.17 | | | 11.67 | 20.29 | |
| | 脚部金物の配置及びたて枠検討 | S-65 | *1 | *1 | | *1 | *1 | | | *1 | *1 | 2×S-65 | |

| 階 | 通り | X10 | | | | | | | | | | | |
|---|---|---|---|---|---|---|---|---|---|---|---|---|---|
| | 耐力壁脚部検討部位 | Y0 | | Y1 | | Y3 | | Y5 | | Y6 | | Y8 | |
| | 加力方向 | R | L | R | L | R | L | R | L | R | L | R | L |
| | $M_s/L$ | -7.70 | 7.70 | 7.70 | -7.70 | -7.70 | 7.70 | 7.70 | -7.70 | -7.70 | 7.70 | 7.70 | -7.70 |
| | $N_s/2$ | -4.15 | 4.15 | -4.15 | 4.15 | -3.59 | 3.59 | -3.59 | 3.59 | 7.73 | -7.73 | 7.73 | -7.73 |
| 2 | $\Sigma N_s$ | -11.85 | 11.85 | 3.55 | -3.55 | -11.29 | 11.29 | 4.11 | -4.11 | 0.03 | -0.03 | 15.43 | -15.43 |
| | $NL_t/2$ | 9.97 | | 9.97 | | 14.44 | | 14.44 | | 8.49 | | 8.49 | |
| | $\Sigma N_t$ | -1.88 | | | 6.42 | 3.15 | | | 10.33 | 8.52 | 8.46 | | -6.97 |
| | $NL_c/2$ | 11.41 | | 11.41 | | 17.27 | | 17.27 | | 9.44 | | 9.44 | |
| | $\Sigma N_c$ | | 23.26 | 14.96 | | | 28.56 | 21.38 | | 9.47 | 9.41 | 24.87 | |
| | 脚部金物の配置及びたて枠検討 | S-65 | *1 | *1 | | *1 | *1 | | | *1 | *1 | S-65 | |

*1 別途圧縮に対する検討を行う。
加力方向 R→
加力方向 L←

（ i ）浮上がり
（X0通り　Y8通り，X10通り　Y8端）

　隅角部はS-65を2本，その他耐力壁の両端部にS-65を設ける。
　　S-65の耐力　$6,090\,\text{N} \times 2\,\text{面} = 12,180\,\text{N} > 4,600\,\text{N}$ （X0通り　Y8通り）
　　　　　　　　　　　　　　　　　　　　　　$6,970\,\text{N}$ （X10通り　Y8通り）

（ ii ）圧縮
（X10通り，Y3端）

$$N = \frac{28,560}{2.5} = 11,424\,\text{N/本}$$

$$\sigma = \frac{\omega N}{A} = \frac{2.54 \times 11,424}{33.8} = 858\,\text{N/cm}^2 = 8.58\,\text{N/mm}^2 \quad \text{O. K.}$$

$$_sf_c = F \times 2/3 = 17.4 \times 2/3 = 11.6\,\text{N/mm}^2 > \sigma \quad \text{O. K.}$$

（iii）面外曲げ圧縮
●妻（X10, Y3）
S. P. F. 甲種2級　204

$N = 5,181\,\text{N}$

$W = 0.80 \times 0.898 \times 1,206 \times 1.365 = 1,183\,\text{N/m}$

$$Q_{\max} = \frac{1,183 \times 2.336}{2} = 1,382\,\text{N}$$

$$M_{\max} = \frac{1,183 \times 2.336^2}{8} = 807\,\text{N} \cdot \text{m}$$

$$\tau = \frac{1.5 \times 1382}{1.5 \times 33.8} = 40.9\,\text{N/cm}^2 = 0.41\,\text{N/mm}^2$$

$$_sf_s = F \times 2/3 = 1.8 \times 2/3 = 1.2\,\text{N/mm}^2 > \tau \quad \text{O. K.}$$

$$\sigma = \frac{2.56 \times 5,181}{33.8} + \frac{11.6}{14.4} \times \frac{80,700}{50.2 \times 2.5}$$

$$= 392 + 518 = 910\,\text{N/cm}^2 = 9.10\,\text{N/mm}^2$$

$_sf_c = F_c \times 2/3 = 17.4 \times 2/3 = 11.6\,\text{N/mm}^2$

$_sf_b = F_b \times 2/3 = 21.6 \times 2/3 = 14.4\,\text{N/mm}^2$

$_sf_c = 11.6\,\text{N/mm}^2 > \sigma = 9.10\,\text{N/mm}^2 \quad \text{O. K.}$

### 5.5.3　まぐさ

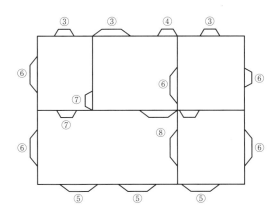

●まぐさ⑤　（S. P. F. 甲種2級　2-210）
（ i ）鉛直力による曲げ

$$w = 1940 \times \overset{\text{床,バルコニー}}{(1.82 + 0.91)} + \overset{\text{外壁,手すり}}{530} \times (2.7 + 1.3) - \overset{\text{サッシ}}{300} \times 1.82 = 6,870\,\text{N/m}$$

$$Q = \frac{6{,}870 \times 1.82}{2} = 6{,}252 \text{ N}$$

$$M = \frac{6{,}870 \times 1.82^2}{8} = 2{,}845 \text{ N·m}$$

$$\tau = \frac{1.5 \times 6{,}252}{2 \times 89.3} = 52.5 \text{ N/cm}^2 = 0.53 \text{ N/mm}^2 < 0.66 \text{ N/mm}^2$$

$$\sigma = \frac{284{,}500}{2 \times 349.8} = 406.7 \text{ N/cm}^2 = 4.07 \text{ N/mm}^2 < 5.39 \text{ N/mm}^2$$

$$\delta = \frac{5 \times 68.7 \times 182^4}{384 \times 9.6 \times 10^5 \times 2 \times 4{,}110} = 0.124 \text{ cm} < L/300 = 0.607 \text{ cm}$$

（ii）風圧力による曲げ

$$W = 0.80 \times 0.77 \times 1{,}206 \times \frac{2.336}{2} = 868 \text{ N/m}$$

$$Q = \frac{868 \times 1.82}{2} = 790 \text{ N}$$

$$M = \frac{868 \times 1.82^2}{8} = 359 \text{ N·m}$$

$$\tau = \frac{1.5 \times 790}{2 \times 89.3} = 6.6 \text{ N/cm}^2$$
$$= 0.07 \text{ N/mm}^2 < 1.20 \text{ N/mm}^2$$

$$\sigma = \frac{35{,}900}{2 \times 56.5} = 317.7 \text{ N/cm}^2$$
$$= 3.18 \text{ N/mm}^2 < 9.79 \text{ N/mm}^2$$

$$\delta = \frac{5 \times 8.68 \times 182^4}{384 \times 9.6 \times 10^5 \times 2 \times 107} = 0.60 \text{ cm} < L/150 = 1.213 \text{ cm}$$

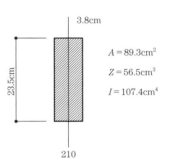

● まぐさ⑥（S.P.F. 甲種2級　1-204）

（i）鉛直力による曲げ

側根太 S.P.F. 甲種2級　2-210 が荷重負担する。

（ii）風圧力による曲げ

$$W = 0.80 \times 0.77 \times 1{,}206 \times \frac{2.336}{2} = 868 \text{ N/m}$$

$$Q = \frac{868 \times 1.82}{2} = 790 \text{ N}$$

$$M = \frac{868 \times 1.82^2}{8} = 359 \text{ N·m}$$

$$\tau = \frac{1.5 \times 790}{1 \times 33.8} = 35.1 \text{ N/cm}^2$$
$$= 0.35 \text{ N/mm}^2 < 1.20 \text{ N/mm}^2$$

$$\sigma = \frac{35{,}900}{1 \times 50.2} = 715.1 \text{ N/cm}^2$$
$$= 7.15 \text{ N/mm}^2 < 14.40 \text{ N/mm}^2$$

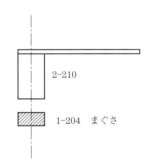

$$\delta = \frac{5 \times 8.68 \times 182^4}{384 \times 9.6 \times 10^5 \times 1 \times 223} = 0.58 \text{ cm} < L/150 = 1.213 \text{ cm}$$

（iii）まぐさ端部の接合

たて枠からまぐさへ CN 90 E

$$m = \frac{790}{2 \times 400 \times 2/3} = 1.48 \text{ 本} \quad \rightarrow \quad 2 \text{ 本}$$

## 第Ⅵ編 計算事例

● まぐさ⑦ （S. P. F. 2級 2-206）

$$w = 1,940 \times 3.64 + 340 \times \frac{2.45}{2} = 7,478 \text{ N/m}$$

$$Q = \frac{7,478 \times 0.91}{2} = 3,402 \text{ N}$$

$$M = \frac{7,478 \times 0.91^2}{8} = 774 \text{ N·m}$$

$$\tau = \frac{1.5 \times 3,402}{2 \times 53.2} = 48.0 \text{ N/cm}^2 = 0.48 \text{ N/mm}^2 < 0.66 \text{ N/mm}^2$$

$$\sigma = \frac{77,400}{2 \times 124.1} = 311.8 \text{ N/cm}^2 = 3.12 \text{ N/mm}^2 < 6.65 \text{ N/mm}^2$$

$$\delta = \frac{5 \times 74.78 \times 91^4}{384 \times 9.6 \times 10^5 \times 2 \times 869} = 0.040 \text{ cm} < L/300 = 0.303 \text{ cm}$$

● まぐさ⑧ （S. P. F. 甲種2級 2-210）

$$Q = \frac{7,478 \times 1.365}{2} = 5,104 \text{ N}$$

$$M = \frac{7,478 \times 1.365^2}{8} = 1,742 \text{ N·m}$$

$$\tau = \frac{1.5 \times 5,104}{2 \times 89.3} = 42.1 \text{ N/cm}^2 = 0.42 \text{ N/mm}^2 < 0.66 \text{ N/mm}^2$$

$$\sigma = \frac{174,200}{2 \times 349.7} = 249.1 \text{ N/cm}^2 = 2.49 \text{ N/mm}^2 < 5.39 \text{ N/mm}^2$$

$$\delta = \frac{5 \times 74.78 \times 136.5^4}{384 \times 9.6 \times 10^5 \times 2 \times 4,110} = 0.043 \text{ cm} < L/300 = 0.455 \text{ cm}$$

## 5.5.4 床下張り

構造用合板厚 12 mm（根太間隔　@455）
- くぎ　CN 50　くぎ間隔　周辺部 150 mm　中間部 200 mm，合板受け木あり

(1) X方向

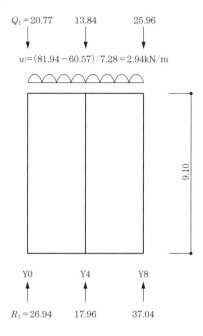

(2) Y方向

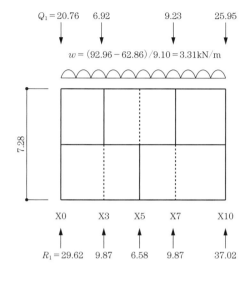

せん断力図

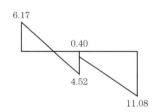

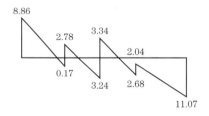

Y4通りの1m当たりのせん断力

$$Q = \frac{4{,}520}{9.10} = 497 \text{ N/m}$$

1m当たりのくぎ耐力

$$N = \frac{7\text{本}}{0.91} \times 650 = 5{,}000 \text{ N/m} > 497 \text{ N/m}$$

Y8通りの1m当たりのせん断力

$$Q = \frac{11{,}080}{9.10} = 1{,}218 \text{ N/m}$$

X10通りの1m当たりのせん断力

$$Q = \frac{11{,}070}{3.64} = 3{,}041 \text{ Nm}$$

1m当たりのくぎ耐力

$$N = \frac{7\text{本}}{0.91} \times 650 = 5{,}000 \text{ N/m} > 3{,}041 \text{ N/m}$$

## 5.5.5 根太

3階と同じ。

● 2階床梁

耐力壁端部軸力

$N = T = M_S/L \pm N_S/2$
$= 4.67/0.91 - 3.42/2 = 3.42$ kN

長期荷重

$\omega = (720 + 640 + 1300) \times 0.455/2 + 340 \times 2.70 = 1,523$ N/m

地震荷重

$P = 3,420$ N

長期応力

$Q = \dfrac{1,523 \times 3.64}{2} = 2,772$ N

$M = \dfrac{1,523 \times 3.64^2}{8} = 2,522$ N·m

短期応力

$Q = \dfrac{1,523 \times 3.64}{2} + \dfrac{3,420 \times 1.82}{3.64} = 4,482$ N

$M = 4,482 \times 0.91 - \dfrac{1,523 \times 0.91^2}{2} = 3,448$ N·m

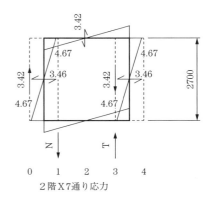

2階X7通り応力

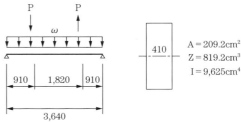

$A = 209.2$ cm$^2$
$Z = 819.2$ cm$^3$
$I = 9,625$ cm$^4$

長期検討

$\tau = \dfrac{1.5 \times 2,772}{20920} = 0.20$ N/mm$^2$ < $3.0/3 \times 1.1 = 1.1$ N/mm$^2$　O.K

$\sigma = \dfrac{2,522}{819.2} = 3.08$ N/mm$^2$ < $33/3 \times 1.1 = 12.1$ N/mm$^2$　O.K

短期検討

$\tau = \dfrac{1.5 \times 4,482}{20920} = 0.32$ N/mm$^2$ < $3.0/3 \times 2.0 = 2.0$ N/mm$^2$　O.K

$\sigma = \dfrac{3448}{819.2} = 4.21$ N/mm$^2$ < $33/3 \times 2.0 = 22.0$ N/mm$^2$　O.K

建設省告示第1459号より　梁せい=235　梁せい/スパン=235/3640=1/15＜1/12
従って、クリープ変形考慮する。

$\omega_{クリープ} = (720 + 640 + 600) \times 0.455/2 + 340 \times 2.70 = 1,364$ N/m

$\delta_{長期} = \dfrac{5 \times 1.523 \times 3640^4}{384 \times 9625 \times 10^4 \times 12000} = 3.0$ mm = L/1213 < L/400

$\delta_{クリープ} = \dfrac{5 \times 1.364 \times 3640^4}{384 \times 9625 \times 10^4 \times 12000} \times 2 = 5.4$ mm = L/674 < L/250

## 5.5.6　端（側）根太（S.P.F. 甲種2級　210）

(1) X方向側根太

$w = 2.94$ kN/m

$M = \dfrac{2,940 \times 3.64^2}{8} = 4,869$ N·m

$T = C = \dfrac{4,869}{9.1} = 535$ N

$T_{cap} = 760 \times 0.68 \times 89.3 = 46,150$ N > $T$
$C_{cap} = 1,160 \times 0.91 \times 89.3 = 94,265$ N > $C$

(2) Y方向側根太

$w = 3.31$ kN/m

$M = \dfrac{3,310 \times 3.64^2}{8} = 5,482$ N·m

$T = C = \dfrac{5,482}{7.28} = 753$ N

## 5.6 1階の設計

### 5.6.1 頭つなぎ・上枠

〈S. P. F. 甲種2級　206 使用時〉

$T_{cap} = 760 \times 0.84 \times 53.2 = 33,963 \text{ N} > T$　　（5.5.6 項より $T = 753$ N）
$C_{cap} = 1,160 \times 0.96 \times 53.2 = 59,244 \text{ N} > C$　　（5.5.6 項より $C = 753$ N）

〈S. P. F.　2級　204 使用時〉

$T_{cap} = 760 \times 1.00 \times 33.8 = 25,703 \text{ N} > T$　　（5.5.6 項より $T = 753$ N）
$C_{cap} = 1,160 \times 1.00 \times 33.8 = 39,231 \text{ N} > C$　　（5.5.6 項より $C = 753$ N）

∴頭つなぎ部材は，206，204 どちらも使用可とする。

### 5.6.2 たて枠

（1）長期荷重

（i）外　壁

● 一般　たて枠1本にかかる軸力　　　　　　　　　● 開口脇

南　$N = \dfrac{163,710}{\dfrac{13.65}{0.455}+1} = 5,281 \text{ N/本}$　　　　　$N = \dfrac{5,281 \times 3}{2.5 \text{ 本}} = 6,337 \text{ N/本}$

北　$N = \dfrac{158,350}{\dfrac{13.20}{0.455}+1} = 5,278 \text{ N/本}$　　　　　$N = \dfrac{5,278 \times 3}{2.5 \text{ 本}} = 6,334 \text{ N/本}$

西　$N = \dfrac{40,090}{\dfrac{3.64}{0.455}+1} = 4,454 \text{ N/本}$　　　　　$N = \dfrac{4,454 \times 3}{2.5 \text{ 本}} = 5,345 \text{ N/本}$

東　$N = \dfrac{22,270}{\dfrac{2.275}{0.455}+1} = 3,712 \text{ N/本}$　　　　　$N = \dfrac{3,712 \times 3}{2.5 \text{ 本}} = 4,454 \text{ N/本}$

（ii）内　壁

● 一般　たて枠1本にかかる軸力　　　　　　　　　● 開口脇

Y4通り　$N = \dfrac{100,450}{\dfrac{7.735}{0.455}+1} = 5,581 \text{ N/本}$　　　　$N = \dfrac{5,581 \times 3}{2.5 \text{ 本}} = 6,697 \text{ N/本}$

〈S. P. F. 甲種2級　206 使用時〉

$A = 53.2 \text{ cm}^2,\ Z = 124.1 \text{ cm}^3,\ I = 868.9 \text{ cm}^4$

$i = \dfrac{14}{3.46} = 4.05$　　　　$\lambda = \dfrac{233.6}{4.05} = 57.7$

$_Lf_c = F \times 1.1/3 = 17.4 \times 1.1/3 = 6.38 \text{ N/mm}^2$

$f_k = f_c \times (1.3 - 0.01 \times \lambda) = 4.61 \text{ N/mm}^2$

$\omega = \dfrac{_Lf_c}{f_k} = \dfrac{6.38}{4.61} = 1.38$

$\sigma = \dfrac{\omega N}{A} = \dfrac{1.38 \times 6,697}{53.2} = 173.8 \text{ N/cm}^2 = 1.74 \text{ N/mm}^2$

　　$< _Lf_c = 6.38 \times 0.96 = 6.12 \text{ N/mm}^2$　　O. K.

〈S. P. F. 2級　204 使用時〉

$A = 33.82 \text{ cm}^2, \ Z = 50.17 \text{ cm}^3, \ I = 223.2 \text{ cm}^4$

$i = \dfrac{8.9}{3.46} = 2.57 \qquad \lambda = \dfrac{233.6}{2.57} = 90.9$

$_Lf_c = F_c \times 1.1/3 = 17.4 \times 1.1/3 = 6.38 \text{ N/mm}^2$

$f_k = f_c \times (1.3 - 0.01 \times \lambda) = 2.49 \text{ N/mm}^2$

$\omega = \dfrac{_Lf_c}{f_k} = \dfrac{6.38}{2.49} = 2.56$

$\sigma = \dfrac{\omega N}{A} = \dfrac{2.56 \times 6{,}697}{33.8} = 507.2 \text{ N/cm}^2 = 5.07 \text{ N/mm}^2$

$\qquad\qquad\qquad < Lf_c = 6.38 \times 1.00 = 6.38 \text{ N/mm}^2 \qquad$ O. K.

∴たて枠部材は，206，204 どちらも使用可とする。

## (2) 短期荷重

| 階 | 通り | \multicolumn{12}{c}{Y 0} | | | | | | | | | | | |
|---|---|---|---|---|---|---|---|---|---|---|---|---|---|
| | 耐力壁脚部検討部位 | \multicolumn{2}{c}{X 0} | \multicolumn{2}{c}{X 1} | \multicolumn{2}{c}{X 3} | \multicolumn{2}{c}{X 4} | \multicolumn{2}{c}{X 6} | \multicolumn{2}{c}{X 7} |
| | 加力方向 | R | L | R | L | R | L | R | L | R | L | R | L |
| | $M_s/L$ | −10.00 | 10.00 | 10.00 | −10.00 | −10.00 | 10.00 | 10.00 | −10.00 | −10.00 | 10.00 | 10.00 | −10.00 |
| | $N_s/2$ | −7.94 | 7.94 | −7.94 | 7.94 | −0.33 | 0.33 | −0.33 | 0.33 | 0.33 | −0.33 | 0.33 | −0.33 |
| | $\Sigma N_s$ | −17.94 | 17.94 | 2.06 | −2.06 | −10.33 | 10.33 | 9.67 | −9.67 | −9.67 | 9.67 | 10.33 | −10.33 |
| 1 | $NL_t/2$ | \multicolumn{2}{c}{15.48} | \multicolumn{2}{c}{15.48} | \multicolumn{2}{c}{17.18} | \multicolumn{2}{c}{17.18} | \multicolumn{2}{c}{17.56} | \multicolumn{2}{c}{17.56} |
| | $\Sigma N_t$ | −2.46 | | | 13.42 | 6.85 | | | 7.51 | 7.89 | | | 7.23 |
| | $NL_c/2$ | \multicolumn{2}{c}{18.37} | \multicolumn{2}{c}{18.37} | \multicolumn{2}{c}{21.97} | \multicolumn{2}{c}{21.97} | \multicolumn{2}{c}{22.35} | \multicolumn{2}{c}{22.35} |
| | $\Sigma N_c$ | | 36.31 | 20.43 | | | 32.30 | 31.64 | | | 32.02 | 32.68 | |
| | 脚部金物の配置及び たて枠検討 | S−65 | ∗1 | ∗1 | | | ∗1 | ∗1 | | | ∗1 | ∗1 | |

| 階 | 通り | \multicolumn{4}{c}{Y 0} | \multicolumn{8}{c}{Y 8} | | | | | | | | |
|---|---|---|---|---|---|---|---|---|---|---|---|---|---|
| | 耐力壁脚部検討部位 | \multicolumn{2}{c}{X 9} | \multicolumn{2}{c}{X 10} | \multicolumn{2}{c}{X 0} | \multicolumn{2}{c}{X 1} | \multicolumn{2}{c}{X 2} | \multicolumn{2}{c}{X 3.5} |
| | 加力方向 | R | L | R | L | R | L | R | L | R | L | R | L |
| | $M_s/L$ | −10.00 | 10.00 | 10.00 | −10.00 | −10.00 | 10.00 | 10.00 | −10.00 | −9.90 | 9.90 | 9.90 | −9.90 |
| | $N_s/2$ | 7.94 | −7.94 | 7.94 | −7.94 | −12.47 | 12.47 | −12.47 | 12.47 | 5.24 | −5.24 | 5.24 | −5.24 |
| | $\Sigma N_s$ | −2.06 | 2.06 | 17.94 | −17.94 | −22.47 | 22.47 | −2.47 | 2.47 | −4.66 | 4.66 | 15.14 | −15.14 |
| 1 | $NL_t/2$ | \multicolumn{2}{c}{16.04} | \multicolumn{2}{c}{16.04} | \multicolumn{2}{c}{11.03} | \multicolumn{2}{c}{11.03} | \multicolumn{2}{c}{16.13} | \multicolumn{2}{c}{16.13} |
| | $\Sigma N_t$ | 13.98 | | | −1.90 | −11.44 | | 8.56 | 13.50 | 11.47 | | | 0.99 |
| | $NL_c/2$ | \multicolumn{2}{c}{19.08} | \multicolumn{2}{c}{19.08} | \multicolumn{2}{c}{12.77} | \multicolumn{2}{c}{12.77} | \multicolumn{2}{c}{19.77} | \multicolumn{2}{c}{19.77} |
| | $\Sigma N_c$ | | 21.14 | 37.02 | | | 35.24 | 10.30 | 15.24 | | 24.43 | 34.91 | |
| | 脚部金物の配置及び たて枠検討 | ∗1 | ∗1 | S−65 | | S−HD 15 | ∗1 | ∗1 | | | ∗1 | ∗1 | |

∗1　別途圧縮に対する検討を行う。
加力方向 R →
加力方向 L ←

| 階 | 通り | Y8 | | | | | | | | | | | |
|---|---|---|---|---|---|---|---|---|---|---|---|---|---|
| | 耐力壁脚部検討部位 | X 4.5 | | X 5.5 | | X 7 | | X 8 | | X 9 | | X 10 | |
| | 加力方向 | R | L | R | L | R | L | R | L | R | L | R | L |
| 1 | $M_s/L$ | −10.00 | 10.00 | 10.00 | −10.00 | −10.00 | 10.00 | 10.00 | −10.00 | −10.00 | 10.00 | 10.00 | −10.00 |
| | $N_s/2$ | 0.73 | −0.73 | 0.73 | −0.73 | −5.69 | 5.69 | −5.69 | 5.69 | 12.20 | −12.20 | 12.20 | −12.20 |
| | $\Sigma N_s$ | −9.27 | 9.27 | 10.73 | −10.73 | −15.69 | 15.69 | 4.31 | −4.31 | 2.20 | −2.20 | 22.20 | −22.20 |
| | $NL_t/2$ | 11.05 | | 11.05 | | 15.07 | | 15.07 | | 10.04 | | 10.04 | |
| | $\Sigma N_t$ | 1.78 | | | 0.32 | −0.62 | | | 10.76 | 12.24 | 7.84 | | −12.16 |
| | $NL_c/2$ | 13.80 | | 13.80 | | 18.41 | | 18.41 | | 14.43 | | 14.43 | |
| | $\Sigma N_c$ | | 23.07 | 24.53 | | | 34.10 | 22.72 | | 16.63 | 12.23 | 36.63 | |
| | 脚部金物の配置及びたて枠検討 | | *1 | *1 | | S−65 | *1 | *1 | | | *1 | *1 | S-HD 15 |

| 階 | 通り | X0 | | | | | | | | | | | |
|---|---|---|---|---|---|---|---|---|---|---|---|---|---|
| | 耐力壁脚部検討部位 | Y 0 | | Y 1 | | Y 3 | | Y 5 | | Y 7 | | Y 8 | |
| | 加力方向 | R | L | R | L | R | L | R | L | R | L | R | L |
| 1 | $M_s/L$ | −10.99 | 10.99 | 10.99 | −10.99 | −10.99 | 10.99 | 10.99 | −10.99 | −10.99 | 10.99 | 10.99 | −10.99 |
| | $N_s/2$ | −9.65 | 9.65 | −9.65 | 9.65 | 0.00 | 0.00 | 0.00 | 0.00 | 9.65 | −9.65 | 9.65 | −9.65 |
| | $\Sigma N_s$ | −20.64 | 20.64 | 1.34 | −1.34 | −10.99 | 10.99 | 10.99 | −10.99 | −1.34 | 1.34 | 20.64 | −20.64 |
| | $NL_t/2$ | 15.48 | | 15.48 | | 16.56 | | 16.56 | | 11.03 | | 11.03 | |
| | $\Sigma N_t$ | −5.16 | | | 14.14 | 5.57 | | | 5.57 | 9.69 | | | −9.61 |
| | $NL_c/2$ | 18.37 | | 18.37 | | 20.05 | | 20.05 | | 12.77 | | 12.77 | |
| | $\Sigma N_c$ | | 39.01 | 19.71 | | | 31.04 | 31.04 | | | 14.11 | 33.41 | |
| | 脚部金物の配置及びたて枠検討 | S−65 | *1 | *1 | | | *1 | *1 | | | *1 | *1 | S-HD 10 |

| 階 | 通り | X10 | | | | | | | | | | | |
|---|---|---|---|---|---|---|---|---|---|---|---|---|---|
| | 耐力壁脚部検討部位 | Y 0 | | Y 2 | | Y 4 | | Y 5 | | Y 6 | | Y 8 | |
| | 加力方向 | R | L | R | L | R | L | R | L | R | L | R | L |
| 1 | $M_s/L$ | −10.99 | 10.99 | 10.99 | −10.99 | −10.99 | 10.99 | 10.99 | −10.99 | −10.99 | 10.99 | 10.99 | −10.99 |
| | $N_s/2$ | −10.04 | 10.04 | −10.04 | 10.04 | −7.17 | 7.17 | −7.17 | 7.17 | 17.21 | −17.21 | 17.21 | −17.21 |
| | $\Sigma N_s$ | −21.03 | 21.03 | 0.95 | −0.95 | −18.16 | 18.16 | 3.82 | −3.82 | 6.22 | −6.22 | 28.20 | −28.20 |
| | $NL_t/2$ | 16.04 | | 16.04 | | 19.10 | | 19.10 | | 10.04 | | 10.04 | |
| | $\Sigma N_t$ | −4.99 | | | 15.09 | 0.94 | | | 15.28 | 16.26 | 3.82 | | −18.16 |
| | $NL_c/2$ | 19.08 | | 19.08 | | 24.14 | | 24.14 | | 14.43 | | 14.43 | |
| | $\Sigma N_c$ | | 40.11 | 20.03 | | | 42.30 | 27.96 | | 20.65 | 8.21 | 42.63 | |
| | 脚部金物の配置及びたて枠検討 | 2×S−65 | *1 | *1 | | | *1 | *1 | | | *1 | *1 | S-HD 20 |

*1 別途圧縮に対する検討を行う。
加力方向 R→
加力方向 L←

(ⅰ) 浮き上がり
(X10通り,Y8端)に引き寄せ金物　S-HD 20　耐力　20.01 kN＞18.16 kN
(Y8通り,X0端)に引き寄せ金物　S-HD 15　耐力　15.00 kN＞11.44 kN
(Y8通り,X10端)に引き寄せ金物　S-HD 15　耐力　15.00 kN＞12.16 kN
(X0通り,Y8端)に引き寄せ金物　S-HD 10　耐力　10.00 kN＞9.61 kN
　その他耐力壁の両端部にS-65を設ける。
　土台 Hem-Fir ZN 40　3本×770×1.25=2,888 N=2.89 kN

(ii) 圧縮
（X 10 通り，Y 4 端）

$$N = \frac{40,090}{2.5} = 16,036 \text{ N/本}$$

〈S. P. F. 甲種 2 級　206　使用時〉

$$\sigma = \frac{\omega N}{A} = \frac{1.38 \times 16,036}{53.2} = 416 \text{ N/cm}^2 = 4.16 \text{ N/mm}^2$$

$$_sf_c = F_c \times 2/3 \times 0.96 = 17.4 \times 2/3 \times 0.96 = 11.1 \text{ N/mm}^2 > \sigma \quad \text{O. K.}$$

〈S. P. F. 甲種 2 級　2-204　使用時〉

$$\sigma = \frac{\omega N}{A} = \frac{2.56 \times 16,036}{2 \times 33.8} = 607 \text{ N/cm}^2 = 6.07 \text{ N/mm}^2$$

$$_sf_c = F_c \times 2/3 = 17.4 \times 2/3 = 11.6 \text{ N/mm}^2 > \sigma \quad \text{O. K.}$$

∴ たて枠短期圧縮部位　部材は，206，2-204 どちらも使用可とする。

(iii) 面外曲げ圧縮

● 妻（X 0，Y 3）

〈S. P. F. 甲種 2 級　206 使用時〉

$$N = 5345 \text{ N}$$

$$W = 0.80 \times 0.77 \times 1,206 \times 1.365 = 1,014 \text{ N/m}$$

$$Q_{max} = \frac{1,014 \times 2.336}{2} = 1,184 \text{ N}$$

$$M_{max} = \frac{1,014 \times 2.336^2}{8} = 692 \text{ N·m}$$

$$\tau = \frac{1.5 \times 1,184}{1.5 \times 53.2} = 22.3 \text{ N/cm}^2 = 0.22 \text{ N/mm}^2$$

$$_sf_s = F_s \times 2/3 = 1.8 \times 2/3 = 1.2 \text{ N/mm}^2 > \tau \quad \text{O. K.}$$

$$\sigma = \frac{1.38 \times 5,345}{53.2} + \frac{17.4}{21.6} \times \frac{69,200}{124.1 \times 2.5}$$

$$= 139 + 180 = 319 \text{ N/cm}^2 = 3.19 \text{ N/mm}^2$$

$$_sf_c = F_c \times 2/3 = 17.4 \times 2/3 = 11.6 \text{ N/mm}^2$$

$$_sf_b = F_b \times 2/3 = 21.6 \times 2/3 = 14.4 \text{ N/mm}^2$$

$$_sf_c = 11.6 \text{ N/mm}^2 \times 0.96 = 11.14 \text{ N/mm}^2 > \sigma = 3.18 \text{ N/mm}^2 \quad \text{O. K.}$$

〈S. P. F. 甲種 2 級　204 使用時〉

$$\tau = \frac{1.5 \times 1,182}{1.5 \times 33.8} = 34.9 \text{ N/cm}^2 = 0.35 \text{ N/mm}^2$$

$$_sf_s = F_s \times 2/3 = 1.8 \times 2/3 = 1.2 \text{ N/mm}^2 > \tau \quad \text{O. K.}$$

$$\sigma = \frac{2.56 \times 5,345}{33.8} + \frac{17.4}{21.6} \times \frac{69,200}{50.2 \times 2.5}$$

$$= 405 + 444 = 849 \text{ N/cm}^2 = 8.49 \text{ N/mm}^2$$

$$_sf_c = F_c \times 2/3 = 17.4 \times 2/3 = 11.6 \text{ N/mm}^2$$

$$_sf_b = F_b \times 2/3 = 21.6 \times 2/3 = 14.4 \text{ N/mm}^2$$

$$_sf_c = 11.6 \text{ N/mm}^2 \times 1.00 = 11.60 \text{ N/mm}^2 > \sigma = 8.43 \text{ N/mm}^2 \quad \text{O. K.}$$

∴ たて枠短期面外曲げ圧縮部位　部材は，206，204 どちらも使用可とする。

### 5.6.3　まぐさ

荷重条件は 2 階と同様。

風圧力は 2 階以下には，2 階と同様。

右図まぐさ配置による。

- まぐさ⑦ （S. P. F. 甲種2級　3-210）

    $w = 7,702.9 \text{ N/m}$

    $Q = \dfrac{7,703 \times 1.82}{2} = 7,010 \text{ N}$

    $M = \dfrac{7,703 \times 1.82^2}{8} = 3,189 \text{ N·m}$

    $\tau = \dfrac{1.5 \times 7,010}{3 \times 89.3} = 39.2 \text{ N/cm}^2 = 0.39 \text{ N/mm}^2 < 0.66 \text{ N/mm}^2$

    $\sigma = \dfrac{318,900}{3 \times 349.8} = 303.9 \text{ N/cm}^2 = 3.04 \text{ N/mm}^2 < 5.39 \text{ N/mm}^2$

    $\delta = \dfrac{5 \times 77.0 \times 182^4}{384 \times 9.6 \times 10^5 \times 3 \times 4,110} = 0.093 \text{ cm} < L/300 = 0.607 \text{ cm}$

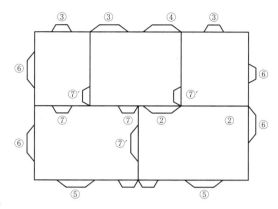

### 5.6.4　床下張り

2階と同様。

### 5.6.5　根　太

〈S. P. F. 甲種2級　204　@455　スパン　0.91 m〉

$w = (500 + 1,800) \times 0.455 = 1,047 \text{ N/m}$

$Q = \dfrac{1,047 \times 0.91}{2} = 476 \text{ N}$

$M = \dfrac{1,047 \times 0.91^2}{8} = 108 \text{ N·m}$

$\tau = \dfrac{1.5 \times 476}{1 \times 33.8} = 21.1 \text{ N/cm}^2 = 0.21 \text{ N/mm}^2 < 0.66 \text{ N/mm}^2$

$\sigma = \dfrac{10,800}{1 \times 50.2} = 215.1 \text{ N/cm}^2 = 2.15 \text{ N/mm}^2 < 7.92 \text{ N/mm}^2$

$\delta = \dfrac{5 \times 10.5 \times 91^4}{384 \times 9.6 \times 10^5 \times 1 \times 223} = 0.044 \text{ cm} < L/400 = 0.227 \text{ cm}$

### 5.6.6　大引き

〈S. P. F. 甲種2級　404　@910　スパン　0.91 m〉

$w = (500 + 1,800) \times 0.91 = 2,093 \text{ N/m}$

$Q = \dfrac{2,093 \times 0.91}{2} = 952 \text{ N}$

$M = \dfrac{2,093 \times 0.91^2}{8} = 217 \text{ N·m}$

$\tau = \dfrac{1.5 \times 952}{1 \times 79.2} = 18.0 \text{ N/cm}^2 = 0.18 \text{ N/mm}^2 < 0.66 \text{ N/mm}^2$

$\sigma = \dfrac{21,700}{1 \times 117.5} = 184.7 \text{ N/cm}^2 = 1.85 \text{ N/mm}^2 < 7.92 \text{ N/mm}^2$

$\delta = \dfrac{5 \times 20.9 \times 91^4}{384 \times 9.6 \times 10^5 \times 1 \times 523} = 0.037 \text{ cm} < L/300 = 0.303 \text{ cm}$

### 5.6.7 土台

●土台　Hem-Fir 甲種2級　406　加圧注入処理材
浮き上がり力（X 10, Y 8）　$P = 18,160$ N

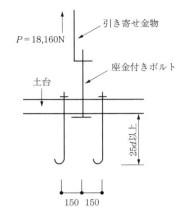

$$Q = \frac{18,160}{2} = 9,080 \text{ N}$$

$$M = \frac{18,160 \times 0.3}{4} = 1,362 \text{ N·m}$$

$$\tau = \frac{1.5 \times 9,080}{124.6} = 109.3 \text{ N/cm}^2 = 1.09 \text{ N/mm}^2 < 1.4 \text{ N/mm}^2$$

$$\sigma = \frac{136,200}{184.8} = 737 \text{ N/cm}^2 = 7.37 \text{ N/mm}^2 < 13.6 \text{ N/mm}^2$$

●土台と基礎の取り付け
アンカーボルト（$12\phi$　$a = 1.13$ cm$^2$,　$\phi = 3.77$ cm,　SR 235）
丸鋼の短期許容付着応力度（上端筋以外）$f_a = 1.35$ N/mm$^2$

$$l_{ab} = \frac{Q}{f_a \times \phi} = \frac{9,080}{1.35 \times 37.7} = 178.4 \text{ mm} \qquad 25 d = 25 \times 12 = 300 \text{ mm}$$

∴300 mm 以上とする。

# 6　基　礎

## 6.1　鉛直荷重

| 通り名 | 軸力（kN） | 基礎長さ（m） | $W'$（kN/m） | 1階床（kN/m） | $\Sigma W$（kN/m） |
|---|---|---|---|---|---|
| Y 0 | 163.51 | 13.65 | 11.98 | 0.91 | 12.89 |
| Y 4 | 100.45 | 7.735 | 12.99 | 1.82 | 14.81 |
| Y 8 | 158.35 | 13.195 | 12.00 | 0.91 | 12.91 |
| X 0 | 40.09 | 3.64 | 11.01 | 0.91 | 11.92 |
| X 5 | 28.79 | 3.64 | 7.91 | 1.82 | 9.73 |
| X 10 | 48.28 | 2.275 | 9.79 | 0.91 | 10.70 |

床（外）＝ $2.0 \times 0.455 = 0.91$ kN/m
床（内）＝ $2.0 \times 0.91 = 1.82$ kN/m
　MAX($\Sigma W$) ＝ 14.81 kN/m（Y 4 通り）

## 6.2　フーチングの設計

(1)　フーチング幅の算定
　　長期地耐力　　$f_e = 50.0$ kN/m$^2$
　　根入れ深さ　　$h = 40$ cm
　　有効地耐力　　$f_e' = f_e - 20 \times h = 50.0 - 20 \times 0.4 = 42$ kN/m$^2$
　　鉛直荷重最大値＝14.81 kN/m（Y 4 通り）
　　GL 上基礎立ち上がり
　　　幅＝15 cm　　基礎 GL 上立ち上がり＝40 cm　　　$24 \times 0.15 \times 0.4 = 1.44$ kN/m
　　フーチング幅の算定
　　$\Sigma W = 14.81 + 1.44 = 16.25$ kN/m
　　フーチング幅　$L = \Sigma W / f_e' = 16.25 / 42 = 0.387$ m ＝ 38.7 cm

荷重の偏りを考慮して10%の割増を行う。
38.7×1.1＝42.6 cm → 全て同幅55 cmとする。

(2) フーチングの断面算定

$L = (550 - 150) \times 1/2 = 200$ mm
$W = f_e' = 42$ kN/m
$Q = 42 \times 0.2 = 8.4$ kN
$M = 1/2 \times 42 \times 0.2^2 = 0.84$ kN·m
$t = 200$ mm
$d = 130$ mm
$j = 113.8$ mm
$at = 0.379$ cm² → D 10−@200
$\tau = 6.86$ N/cm² $= 0.0686$ N/mm² $< f_s$ ($= 0.7$ N/mm²)
($F_C = 21$ N/mm²)

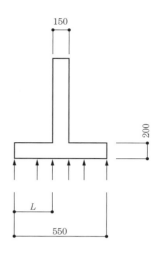

## 6.3 基礎ばりの設計

〈X 10 通りにて検討〉

●水平力作用時地中ばり応力

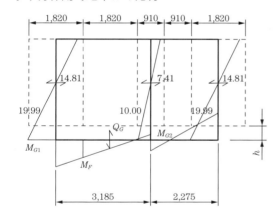

$h = 600 - 400 + 800/2 = 600$ mm

地中ばりモーメント

$M_{G1} = 19.99 + 14.81 \times 0.60 = 28.88$ kN·m

$M_{G2} = (10.00 + 7.41 \times 0.60) \times \left(\dfrac{2.275}{3.185 + 2.275}\right)$

$\quad\quad = 6.02$ kN·m

$Q_G = \dfrac{2.88 + 6.02}{3.185} = 10.96$ kN

$M_F = 28.88 - 10.96 \times 0.91 = 18.91$ kN·m

●長期地反力による応力

$\omega = 10.70$ kN/m

$C = \dfrac{10.70 \times 1.82^2}{12} = 2.95$ kN·m

$Q = \dfrac{10.70 \times 1.82}{2} = 9.74$ kN

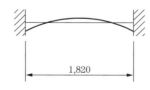

●組み合わせ応力

短期

$M = 2.95 + 18.91 = 21.86$ kN·m　　$Q = 9.74 + 10.96 \times 1.5 = 26.18$ kN

$D = 800$ mm　$d_t = 70$ mm　$d = 730$ mm　$j = 7/8\,d = 639$ mm

$a_t = \dfrac{21.86 \times 10^6}{295 \times 639} = 116$ mm² → 1−D 13 ($A_t = 127$ mm²)

$\tau = \dfrac{21.86}{150 \times 639} = 0.3$ N/mm² < $f_s = 0.7 \times 1.5 = 1.1$ N/mm²　OK

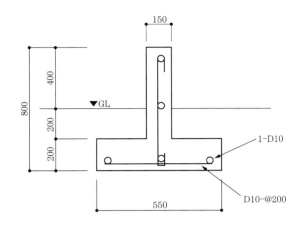

| 基礎ばり | |
|---|---|
| $b \times D$ | 150×800 |
| 上端筋 | 1-D13 |
| 下端筋 | 1-D13 |
| あばら筋 | D10-@200 |
| 腹筋 | 1-D10 |

# 7　建物の転倒

1階部分の荷重と布基礎重量
　　1階部分の荷重　31.70 kN
　　布基礎荷重　$24 \times (0.15 \times 0.6 + 0.2 \times 0.55) = 4.80$ kN/m
　　$NF = 31.70 + 4.80 \times 43.68 = 241.36$ kN

建物全体荷重
　　$W = 97.70 + 153.40 + 158.50 + 241.36 = 650.96$ kN

鉛直方向の力のつり合い
　　$100 \times 0.55 \times 9.1 + 3 \text{本} \times 1/2 \times 100 \times X \times 0.55 = 650.96$ kN
　　$\therefore X = 1.8238$

0点周りの転倒モーメント（Y方向の転倒モーメント　$sM$）
　　$sM = 31.20 \times 9.1 + 31.64 \times 6.4 + 30.12 \times 3.7 = 598$ kN·m

安定モーメント
　　$M_0 = 100 \times 0.55 \times 9.1 \times 3.64 + 3\text{本} \times 1/2 \times 100 \times 1.82381 \times 0.55 \times \left(3.64 - \dfrac{0.55}{2} - \dfrac{1.8238}{3}\right)$
　　　　$= 1,822 + 415 = 2,237$ kN·m

$M_0 > sM$ であるので転倒しない。

事例2　枠組壁工法3階建て構造計算例

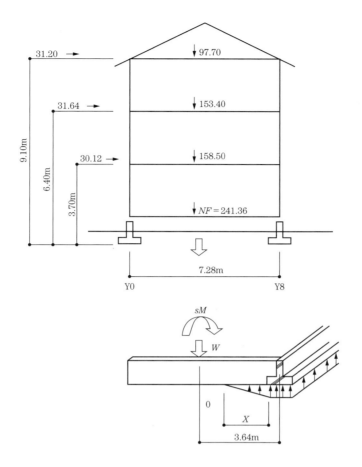

### その他
# ホームページに掲載する計算事例等

＜計算事例＞

**事例3**　枠組壁工法4階建て構造計算例（平13国交告1540号第9号に基づく保有水平耐力の計算）

**事例4**　枠組壁工法3階建て共同住宅構造計算例

**事例5**　軒高9mを超える枠組壁工法建築物構造計算例

**事例6**　枠組壁工法4階建て構造計算例（限界耐力計算例）

＜付属資料＞

1. "Midply Wall System" の設計に関する資料

2. 枠組壁工法6階建て仮想プランによる建物重量等参考例

3. タイダウン金物の計算例

（本書巻末の「ホームページのご案内」を参照）

# 第Ⅶ編
# 参考計算例

第1章　接合部　*363*
第2章　耐火建築物の壁量考察　*375*

# 第1章

# 接合部

　本章では接合部についての考え方の解説を行うとともに，令第3章第8節第2款に規定する荷重，及び外力によって計算（以下，基準許容応力度計算という）した場合に，接合部に生じる応力に対する設計方法の解説を行う。

　それぞれの接合部については，告示によって**表 1.1**～**表 1.4** のように規定されている。本書では，平13国交告第1540号第4第七号，第5第十五号，平13国交告第1541号第1第五号，第7第九号のそれぞれの表に規定されている接合部位について，力の伝達の種類によって次のように分類して考える。

(1)　枠組材相互間の接合
(2)　水平構面と垂直構面との接合
(3)　枠組材と構造用面材との接合

　なお，接合部の許容耐力についての構造計算方法は，本書第Ⅰ編第3章3.3を，実験方法については第Ⅵ編を参照されたい。

表 1.1

●床に関する接合方法

| 該当告示 | 部位 | | 種類 | 本数または間隔 | 打ち方 | 許容せん断応力 | 分類 |
|---|---|---|---|---|---|---|---|
| 平13国交告第1540号第4第七号 | (1) 床根太と土台または頭つなぎ | | CN 75, CNZ 75 | 2本 | T | 1,100 N/箇所 | (2) |
| | | | CN 65, CNZ 65, BN 75 | 3本 | T | | |
| | | | BN 65 | 4本 | T | | |
| | (2) 端根太または側根太と土台または頭つなぎ | 3階建ての1階 | CN 75, CNZ 75 | @250 | T | 2,200 N/m | (2) |
| | | | BN 75 | @180 | T | | |
| | | 上記以外 | CN 75, CNZ 75 | @500 | T | 1,100 N/m | |
| | | | BN 75 | @360 | T | | |
| | (3) 床の枠組と床材 | 床材の外周部分 | CN 50, CNZ 50 | @150 | F | 2,800 N/m | (3) |
| | | | BN 50 | @100 | F | | |
| | | その他の部分 | CN 50, CNZ 50 | @200 | F | 2,100 N/m | |
| | | | BN 50 | @150 | F | | |

くぎ打ち方法　F：平打ち，T：斜め打ち，E：木口打ち　なお，種類の欄に2つ以上の種類があるものは，それらのうちのいずれかでよい。

表 1.2

●壁に関する接合方法（枠材間）

| 該当告示 | 部位 | | 種類 | 本数または間隔 | 打ち方 | 許容せん断応力 | 分類 |
|---|---|---|---|---|---|---|---|
| 平13国交告第1540号第5第十五号 及び 平13国交告第1541号第1第十五号 | (1) たて枠と上枠または下枠 | | CN 90, CNZ 90, | 2本 | E | 1,000 N/箇所 | (1) |
| | | | CN 75, CNZ 75, BN 90, CN 65, CNZ 65, BN 75, | 3本 | T | | |
| | | | BN 65 | 4本 | T | | |
| | (2) 下枠と床の枠組 | 3階建ての1階 | CN 90, CNZ 90 | @250 | F | 3,200 N/m | (2) |
| | | | BN 90 | @170 | F | | |
| | | 上記以外 | CN 90, CNZ 90 | @500 | F | 1,600 N/m | |
| | | | BN 90 | @340 | F | | |
| | (3) 上枠と頭つなぎ | | CN 90, CNZ 90 | @500 | F | 1,600 N/m | (2) |
| | | | BN 90 | @340 | F | | |
| | (4) たて枠とたて枠またはまぐさ受け | | CN 75, CNZ 75 | @300 | F | 2,200 N/m | (1) |
| | | | BN 75 | @200 | F | | |
| | (5) 壁の枠組と筋かい | | CN 65, CNZ 65 | 2本 | F | 1,100 N/箇所 | (1) |
| | | | BN 65 | 3本 | F | | |

くぎ打ち方法　F：平打ち，T：斜め打ち，E：木口打ち　なお，種類の欄に2つ以上の種類があるものは，それらのうちのいずれかでよい。

表 1.3

●壁に関する接合方法（枠材と面材）

| 該当告示 | 壁材の種類 | 種類 | 接合部分 | 本数または間隔 | 打ち方 | 分類 |
|---|---|---|---|---|---|---|
| 平13国交告第1541号第1第十六号 | 構造用合板，化粧ばり構造用合板，パーティクルボード，ハードボード，構造用パネル，硬質木片セメント板，ラスシート | CN 50, CNZ 50 | 壁材の外周部分 | @100 | F | (3) |
| | | | その他の部分 | @200 | | |
| | | BN 50 | 壁材の外周部分 | @100 | | |
| | | | その他の部分 | @200 | | |
| | パルプセメント板 | GNF 40 SFN 45 | 壁材の外周部 | @100 | | |
| | | | その他の部分 | @200 | | |
| | せっこうボード | GNF 40 SFN 45 WSN DTSN | 壁材の外周部 | @100 | | |
| | | | その他の部分 | @200 | | |
| | シージングボード | SN 40 | 壁材の外周部 | @100 | | |
| | | | その他の部分 | @200 | | |
| | フレキシブル板 | GNF 40 SFN 45 | 壁材の外周部分 | @150 | | |
| | | | その他の外周部分 | @300 | | |
| | 製材 | CN 50, CNZ 50 | 下枠，たて枠及び上枠 | 2本 | | |
| | | BN 50 | 下枠，たて枠及び上枠 | 3本 | | |

くぎ打ち方法　F：平打ち，T：斜め打ち，E：木口打ち　なお，種類の欄に2つ以上の種類があるものは，それらのうちのいずれかでよい。

表 1.4

●小屋に関する接合方法

| 該当告示 | 部位 | | 種類 | 本数または間隔 | 打ち方 | 許容せん断応力 | 分類 |
|---|---|---|---|---|---|---|---|
| 平13国交告第1540号第7第九号 | (1) たるきと天井根太 | | CN 90, CNZ 90 | 3本 | F | 2,400 N/箇所 | (1) |
| | | | CN 75, CNZ 75 | 4本 | F | | |
| | | | BN 90, BN 75 | 5本 | F | | |
| | (2) たるきとむなぎ | | CN 75, CNZ 75 | 3本 | T | 1,700 N/箇所 | (1) |
| | | | BN 75 | 4本 | T | | |
| | (3) たるき，天井根太またはトラスと頭つなぎ | | CN 75, CNZ 75 | 2本 | T | 1,100 N/箇所 | (2) |
| | | | CN 65, CNZ 65, BN 75, BN 65 | 3本 | T | | |
| | (4) たるきまたはトラスと屋根下地材 | 屋根下地材の外周部分 | CN 50, CNZ 50 | @150 | F | 2,600 N/m | (3) |
| | | | BN 50 | @100 | F | | |
| | | その他の部分 | CN 50, CNZ 50 | @300 | F | 1,300 N/m | |
| | | | BN 50 | @200 | F | | |

くぎ打ち方法　F：平打ち，T：斜め打ち，E：木口打ち　なお，種類の欄に2つ以上の種類があるものは，それらのうちのいずれかでよい。

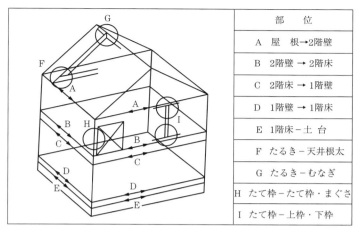

図 1.1

# 1.1 枠組材の相互間の接合について

以下，計算例の CN くぎは CNZ くぎと読替えても良い。

### 1.1.1 たて枠と上枠または下枠との接合

外壁に作用する面外の風圧力は，たて枠から上枠及び下枠に伝達される。

平13国交告第1540号では，接合部で伝達しなければならないせん断力を1箇所当たり1,000 N と規定しており，同告示第1から第7の規定を遵守する限りこの値で接合部の設計ができる。

なお，許容応力度計算により接合部に生じる応力を計算する場合は次のように行う。

〔例1〕 図1.2のような建物の3階部分に，暴風時に生じる接合部の応力は次のように求められる。

$wl/2 = 1{,}050 \times 0.91 \times 2.45 \times 0.455 \times 1/2 = 532$ N

（速度圧　風力係数　壁高さ　たて枠間隔）

なお，枠組材が S-P-F で CN 90 による緊結を行う場合の接合部の耐力は，次のように求められる。

1本当たりの短期許容耐力：$400 \times 2/3 \times 2 = 533$ N

以上の結果より，緊結方法は CN 90 E となる。

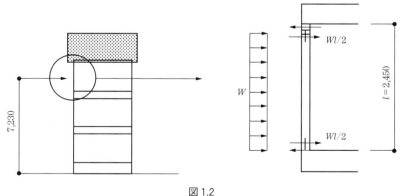

図 1.2

### 1.1.2 たて枠とたて枠またはまぐさ受け

開口部のサッシ等に作用する面外の風圧力は，まぐさ受けからたて枠に伝達される。

平13国交告第1540号では，接合部で伝達しなければならないせん断力を1m当たり2,200 N と規定しており，

同告示号第1から第7の規定を遵守する限りこの値で接合部の設計ができる。
　なお，基準許容応力度計算により接合部に生じる応力を計算する場合は次のように行う。

〔例2〕　図1.3のような2階建ての建物の2階部分に4m幅の開口部がある場合に，この部位1m当たりに生じる応力は次のように求められる。

$$w = \{1{,}050 \times 0.91 \times (1.23 + 2.23) \times 2.0 \times 1/2\}/2 = 1{,}653 \text{ N/m}$$

　　　　　　速度圧　　風力係数　　　見付面積　　　まぐさ受け長さ

　なお，枠組材がS-P-FでCN 75による緊結を行う場合の接合部の耐力は，次のように求められる。
　　1本当たりの短期許容耐力：$330 \times 2 = 660$ N
　よって，必要なくぎ打ちの間隔は，次のように求められる。
　　$1{,}000/(1{,}653/660) = 399$ mm
　以上の結果より，緊結方法はCN 75@300となる。

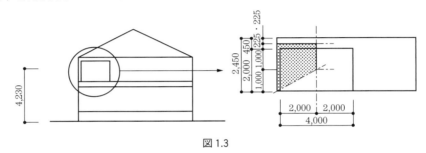

図1.3

### 1.1.3　たるきと天井根太

　たるき方式の小屋組は，たるきと天井根太で二等辺三角形のトラスを構成し，屋根荷重に抵抗させる。たるきが上弦材，天井根太が下弦材の役割をすることから，それらの交差部は，屋根荷重によってトラスが押し開かれないように接合する必要がある。
　平13国交告第1540号では，接合部で伝達しなければならないせん断力を1箇所当たり2,400 N（短期換算）と規定しており，同告示第1から第7の規定を遵守する限りこの値で接合部の設計ができる。
　なお，許容応力度計算により，接合部に生じる応力を計算する場合は次のように行う。

〔例3〕　図1.4のような建物の屋根において，屋根仕上げ材を住宅屋根用化粧スレート，屋根勾配を5/10，トラスの支点間距離を10mとした場合に，この部位に生じる応力は次のように求められる。

$$P = 323 \times 1.12 \times 10 \times 1/2 \times 0.65 = 1{,}176 \text{ N}$$

　　　　屋根荷重　$1/\cos\theta$　支点間距離　たるき間隔

　$\Sigma Y = 0$ より $P - P/2 - C \cdot \sin\theta = 0$
　$\therefore C = P/2 \times 1/\sin\theta$
　$\Sigma X = 0$ より $T - C \cdot \cos\theta = 0$
　$\therefore T = C \cdot \cos\theta = P/2 \times 1/\tan\theta = 1{,}176/2 \times 2 = 1{,}176$ N

　なお，枠組材がS-P-FでCN 90による緊結を行う場合の接合部の耐力は，次のように求められる。
　　1本当たりの設計許容耐力：$400 \times 1.1 = 440$ N
　よって，必要なくぎ本数は次のように求められる。
　　$1176/440 = 2.67 \rightarrow 3$本
　以上の結果より，緊結方法は3-CN 90 Fとなる。

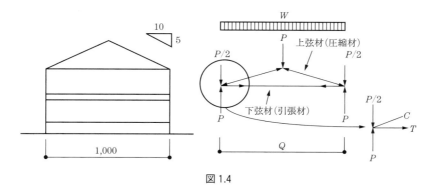

図 1.4

## 1.1.4 たるきとむなぎ

この部位には，両方向からのたるきによる圧縮力が互いにせり合っているため，長期荷重によるたるきの引き抜き力は生じないが，風圧力による屋根の吹き上げ力が生じる。

平13国交告第1540号では，接合部で伝達しなければならないせん断力を1箇所当たり1700Nと規定しており，同告示第1から第7の規定を遵守する限りこの値で接合部の設計ができる。

なお，許容応力度計算により接合部に生じる応力を計算する場合は次のように行う。

〔例4〕 図1.5のような建物の屋根において，この部位に生じる応力は次のように求められる。

$$T = 1{,}081 \times 0.5 \times 0.65 \times 5 \times 1.12/2 = 984 \text{ N}$$

なお，枠組材が S-P-F で CN 75 による緊結を行う場合の接合部の耐力は，次のように求められる。

　　1本当たりの短期設計許容耐力：$330 \times 5/6 \times 2 = 550$ N

よって，必要なくぎの本数は次のように求められる。

　　$984/550 = 1.79 \rightarrow 2$ 本

以上の結果より，緊結方法は 2–CN 75 T となる。

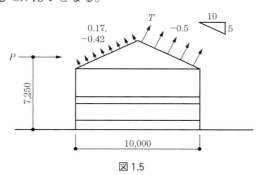

図 1.5

## 1.2 水平構面と垂直構面との接合について

枠組壁工法建築物は，枠組材と構造用面材をくぎ等により緊結した水平構面と垂直構面によって構成されている。これらの構面間の接合部位は図1.6のようになる。

【水平力の伝達部位】
- イ．屋根→2階壁
- ロ．2階壁→2階床
- ハ．2階床→1階壁
- ニ．1階壁→1階床
- ホ．1階床→土台

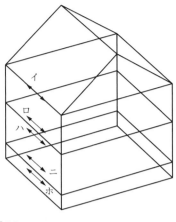

図1.6

### 1.2.1 屋根から壁への水平力の伝達（イの部位）

屋根から壁への水平力の伝達は，たるき，天井根太またはトラスと頭つなぎの接合により行われる。平13国交告第1540号では，接合部で伝達しなければならないせん断力を1箇所当たり1,100 Nと規定しており，同告示第1から第7の規定を遵守する限りこの値で接合部の設計ができる。

なお，許容応力度計算により接合部に生じる応力を計算する場合は，この部位に生じるせん断応力の値に見合った設計を行うことが必要となる。

この場合の設計については，たるき間の転び止めから頭つなぎへのくぎ打ち等を考慮することによって，せん断力の伝達が確実に行われるような設計を行うことが望ましい。

また，せん断力の伝達には摩擦力を考慮することも可能であり，その場合には，この部位の固定荷重から，暴風時の屋根の吹き上げ力分を差し引いた値を鉛直荷重として計算する必要がある。なお，摩擦係数の設定には，接触部材の材質及び接触の状態を考慮する等十分な注意が必要である。

〔例1〕 図1.7のような建物のイの部位に，暴風時に生じる接合部の応力に対する設計は次のように行う。

水平力は風圧力により決定され，その値は次のように計算される。

屋根部分に生じる風圧力：$Q_w = 1,198 \times 1.2 \times 10 \times 2 \times 1/2 = 14,376$ N

イの部位に生じるせん断応力：$q_イ = Q_w/6 \times 1/2 = 1,198$ N/m

たるきの間隔が500 mmで，たるき間1本おきに設けられた転び止め（S-P-F）からCN 75斜め打ちによる緊結を行う場合のくぎ打ち本数は，次のように求められる。

1本当たりの短期設計許容耐力：$330 \times 5/6 \times 2 = 550$ N

くぎ打ち本数：$1,198/550 = 2.18$ 本

以上の結果より，緊結方法は3-CN 75 T@1,000となる（図1.8参照）。

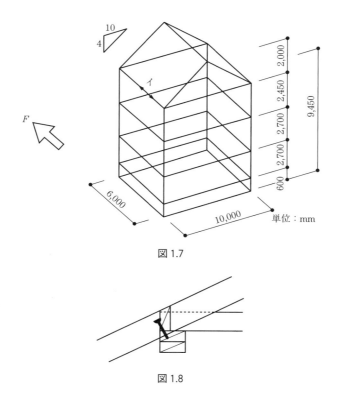

図 1.7

図 1.8

### 1.2.2　壁から床への水平力の伝達（ロ及びニの部位）

　耐力壁から床構面への水平力の伝達は，下枠と床の枠組の接合により行われる。平13国交告第1540号では，伝達しなければならないせん断力を3階建ての1階では3,200 N/m，それ以外の階では1,600 N/mと規定しており，同告示第1から第7の規定を遵守する限りこの値で接合部の設計ができる。

　なお，許容応力度計算により接合部に生じる応力を計算する場合は，この部位に生じるせん断応力の値に見合った設計を行うことが必要となる。

　この場合の設計については，下枠から床の枠組へのくぎ打ち間隔を適宜決定すること等が有効である。また，摩擦力を考慮する場合は，1.2.1項と同様な配慮が必要である。

〔例2〕　3階の壁配置が図1.9のような建物で，$y$方向の外力が風圧力23,478 Nにより決定される場合の3階耐力壁脚部と3階床構面との接合部についての計算例を示す。

　もっとも不利な通りについて検討を行う。

　　　X10通りの単位せん断力：9,991/(2.0＋2.0)＝2,498 N/m

　耐力壁から床構面への水平力の伝達を，下枠から床の枠組へのくぎ打ちにより行う場合のくぎ打ち本数は，次のように求められる。ただし，くぎはCN 90，枠組材はS-P-F，たて枠間隔は500 mmとする。

　　　1本当たりの短期設計許容耐力：400×2＝800 N
　　　くぎ打ち本数　　　　　　　　：2,498×0.5/800＝1.56本

　以上の結果より，緊結方法は2-CN 90 F@500となる。

　なお，開口部の下部に腰壁がある場合は，その部分の下枠からのくぎ打ちも有効なので，次のようになる。

　　　X10通りの単位せん断力：9,991/6＝1,110 N/m
　　　くぎ打ち本数　　　　　　　　：1,110×0.5/800＝0.69本

　よって，この場合の緊結方法はCN 90@500となる（図1.10参照）。

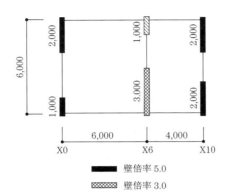

$y$ 方向外力 = 23,478N

| 通り | 壁倍率 | 壁長さ | 壁量 | 負担せん断力 |
|---|---|---|---|---|
| X0 | 5.0 | 3.0m | 15.0m | 7,493N |
| X6 | 3.0 | 4.0m | 12.0m | 5,994N |
| X10 | 5.0 | 4.0m | 20.0m | 9,991N |

＊負担せん断力 = $y$ 方向外力 × 当該壁量 / $\Sigma$ 壁量

図 1.9

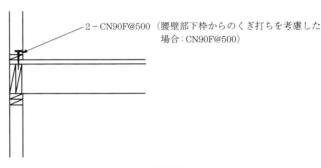

図 1.10

### 1.2.3　床から壁及び土台への水平力の伝達（ハ及びホの部位）

　床から壁及び土台への水平力の伝達は，端根太または側根太と土台または頭つなぎの接合によって行われる。平 13 国交告第 1540 号では，伝達しなければならないせん断力を 3 階建ての 1 階では 2,200 N/m，それ以外の階では 1,100 N/m，と規定しており，同告示第 1 から第 7 の規定を遵守する限りこの値で接合部の設計ができる。

　なお，許容応力度計算により接合部に生じる応力を計算する場合は，この部位に生じるせん断応力に見合った設計を行うことが必要となる。

　この場合の設計については，この部位のくぎ打ち間隔を密にすることや，床根太間の転び止めから土台，または頭つなぎへのくぎ打ち等を考慮することによって，せん断力の伝達が確実に行われるような設計を行う。また，平 13 国交告第 1540 号第 4 第七号(1)による接合も，床から壁，及び土台への水平力の伝達に有効なので，設計者の判断により適宜考慮しても良い。なお，摩擦力を考慮する場合は，7.2.1 と同様な配慮が必要である。

〔例 3〕　2 階の壁配置が図 1.11 のような建物で，$y$ 方向の外力が風圧力 56,264 N により決定される場合の 3 階床構面と 2 階耐力壁頂部との接合部についての計算例を示す。

　もっとも不利な通りについて検討を行う。

　　　X 0，X 10 通りの単位せん断力：20,460/6 = 3,410 N/m

　3 階床構面から 2 階耐力壁への水平力の伝達を端根太，または側根太から頭つなぎへのくぎ打ちにより行う場合のくぎ打ち本数は，次のように求められる。ただし，くぎは CN 75 斜め打ち，枠組材は S-P-F，たて枠間隔は 500 mm とする。

　　　1 本当たりの短期許容耐力：330 × 5/6 × 2 = 550 N
　　　くぎ打ち間隔　　　　　　：1,000/(3,410/550) = 161 mm

以上の結果より，緊結方法は CN 75@100 となる。

　なお，床根太転び止めからのくぎ打ちが行える場合は，そのくぎ打ちも有効なので，次のように設計してもよい（この例での床根太間隔は 500 mm とする）（図 7.12 参照）。

端根太からのくぎ打ち　　：CN 75 T@250→330×5/6×2×1,000/250＝2,200 N/m……①
転び止めからのくぎ打ち：3-CN 75@500→550×3×1,000/500＝3,300 N/m……②
①＋②＝2,200×3,300＝5,500 N/m≧3,410 N/m

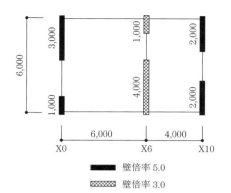

$y$方向外力＝56,264N

| 通り | 壁倍率 | 壁長さ | 壁量 | 負担せん断力 |
|---|---|---|---|---|
| X0 | 5.0 | 4.0m | 20.0m | 20,460N |
| X6 | 3.0 | 5.0m | 15.0m | 15,345N |
| X10 | 5.0 | 4.0m | 20.0m | 20,460N |

＊負担せん断力＝$y$方向外力×当該壁量／$\Sigma$壁量

図 1.11

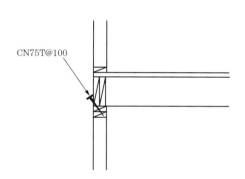
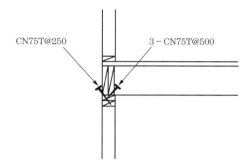

図 1.12

## 1.3　枠組材と構造用面材との接合について

ここでは，水平構面及び垂直構面を構成するための接合についての解説を行う。

### 1.3.1　床の枠組と床材

枠組壁工法では，地震力や風圧力等の水平力は，床構面を通って壁構面に伝達される。このため，床構面には面内せん断に対する強度及び剛性が要求される。床構面は床の枠組と床材とが接合されることにより構成され，平13国交告第1540号では，この部分の接合で伝達しなければならないせん断応力を，床材の外周部分では2,800 N/m，その他の部分では2,100 N/mと規定しており，同告示第1から第7の規定を遵守する限り，この値で接合部の設計ができる。

なお，許容応力度計算により接合部に生じる応力を計算する場合は，この部位に生じるせん断応力の値に見合った設計を行うことが必要となる。

応力の計算は，床構面が，耐力壁線間をスパン及びせいとする水平のはりとして行われ，床構面の支持点となる耐力壁線上に生じる最大せん断応力に対して，床の枠組と床材との接合方法の設計を行う。この接合をくぎ打ちにより行う場合は，各種面材を側材とする1面せん断くぎ接合部の降伏せん断耐力の値を使用する（図1.13参照）。

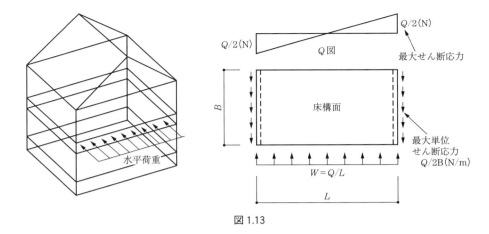

図1.13

〔例1〕 図1.9及び図1.11が，おのおの3階及び2階の平面形状となるような建物の，3階床の枠組と床材との$y$方向の接合部についての計算例を示す（**図1.14**参照）。

最大単位せん断応力
$q = 12.97/6 = 2.16$ kN/m $= 2,160$ N/m

床材を構造用合板15 mm，枠材をS-P-Fとした場合のCN 65@150の降伏せん断耐力$wF$は，
$wF = 880/0.15 = 5,867$ N/m $\geqq q$

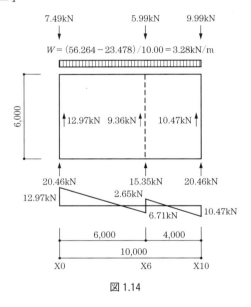

図1.14

### 1.3.2 屋根の枠組と屋根下地材

屋根構面についても床構面と同様，面内せん断に対する強度及び剛性が要求される。屋根構面は，屋根の枠組と屋根下地材との接合により構成され，平13国交告第1540号では，この部分で伝達しなければならないせん断応力を，屋根下地材の外周分では2,600 N/m，その他の部分では1,300 N/mと規定しており，同告示第1から第7までの規定を遵守する限りこの値で接合部の設計ができる。

なお，許容応力度計算により接合部に生じる応力を計算する場合は，この部位に生じるせん断応力の値に見合った設計を行うことが必要となり，設計方法は床構面の場合と同様である。

〔例2〕 図1.11が3階の平面形状となるような建物の屋根の枠組と，屋根下地材との$y$方向の接合部についての計算例を示す（**図1.15**参照）。

最大単位せん断応力

$q = 9.99/6 = 1.67 \text{ kN/m} = 1{,}670 \text{ N/m}$

屋根下地材を構造用合板 12 mm，枠材を S-P-F とした場合の CN 50@150 の降伏せん断耐力 $wF$ は，

$wF = 650/0.15 = 4{,}333 \text{ N/m} \geqq q$

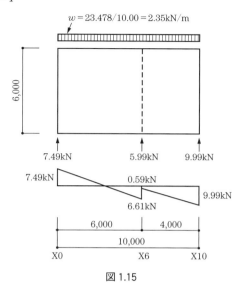

図 1.15

### 1.3.3 壁の枠組と壁材

耐力壁の壁倍率は，平 13 国交告第 1541 号第 1 第五号により規定されている。また，同告示第 1 第十六号では壁材と枠組との接合方法が規定されており，平 13 国交告第 1540 号第 1 から第 7 までの規定で設計する場合は，これによらなくてはならない。また，5 以上の壁倍率を用いて設計を行う場合は，平 13 国交告第 1540 号第 9 第三号の規定により，平屋建て及び 2 階建ての建物においても許容応力度等を計算することが必要となる。なお，その場合の計算方法などは，本書第 I 編第 3 章及び 4 章を参照されたい。

## 第2章
# 耐火建築物の壁量考察

　日本ツーバイフォー建築協会の大臣認定による耐火建築の固定荷重増加分を考慮した必要壁量と平13国交告第1540号に記載されている必要壁量表の値との比較検討を行う。

　必要壁量算定は，告示必要壁量表の算定方法に準じ木質構造設計規準・同解説(一社)日本建築学会に記載されている方法を使用する。

　本検討例は，必要壁量表に対する検討のみで，実際の耐火建築の設計に関しては，たて枠・まぐさ・床根太等重量増加による鉛直力支持部材，水平力作用等の耐力壁端部金物に対して，十分配慮して設計を行う必要がある。

## 2.1　検討結果

表2.1　建物重量の比較（一般地）

| 建物 | 屋根仕上げ | 階 | 建物重量 | | 重量比 |
|---|---|---|---|---|---|
| | | | 告示基準 | 耐火建築物 | |
| 平屋建て | 軽い屋根 | — | 1,080 | 1,908 | 1.77 |
| | 重い屋根 | — | 1,470 | 2,350 | 1.60 |
| 2階建て | 軽い屋根 | 2 | 1,080 | 1,908 | 1.77 |
| | | 1 | 2,780 | 5,548 | 2.00 |
| | 重い屋根 | 2 | 1,470 | 2,350 | 1.60 |
| | | 1 | 3,170 | 5,990 | 1.89 |

表2.2　建物重量の比較（多雪区域　垂直積雪量100 cm）

| 建物 | 階 | 告示基準 | | | 耐火建築物 | | | 重量比 |
|---|---|---|---|---|---|---|---|---|
| | | 建物重量 | 積雪重量 | 合計重量 | 建物重量 | 積雪重量 | 合計重量 | |
| 平屋建て | — | 1,080 | 1,365 | 2,445 | 1,908 | 1,365 | 3,273 | 1.34 |
| 2階建て | 2 | 1,080 | | 2,445 | 1,908 | | 3,273 | 1.34 |
| | 1 | 2,780 | | 4,145 | 5,548 | | 6,913 | 1.67 |

積雪重量 $= 100 \times 30 \times 0.35 \times 1.3 = 1,365 \text{ N/m}^2$

表2.3　建物重量の比較（多雪区域　垂直積雪量200 cm）

| 建物 | 階 | 告示基準 | | | 耐火建築物 | | | 重量比 |
|---|---|---|---|---|---|---|---|---|
| | | 建物重量 | 積雪重量 | 合計重量 | 建物重量 | 積雪重量 | 合計重量 | |
| 平屋建て | — | 1,080 | 2,730 | 3,810 | 1,908 | 2,730 | 4,638 | 1.22 |
| 2階建て | 2 | 1,080 | | 3,810 | 1,908 | | 4,638 | 1.22 |
| | 1 | 2,780 | | 5,510 | 5,548 | | 8,278 | 1.50 |

積雪重量 $= 200 \times 30 \times 0.35 \times 1.3 = 2,730 \text{ N/m}^2$

　告示基準と耐火建築物の建物重量比は，表2.1から表2.3のようになる。以下の詳細検討部分で示すように，

床面積に対する必要壁量は，上記の重量比分増加となる。したがって，耐火建築物において，耐力壁の余裕率（設計壁量／必要壁量）をこの重量比以上として扱うことが考えられる。

なお，多雪区域での耐火建築物について，実際稀なことと考えられるが，表2.2，表2.3に示す。積雪量が100 cmから200 cmの間の地域は，告示基準同様，重量比（余裕率）を積雪100 cmと積雪200 cmの数値の直線補間として扱う。

## 2.2 詳細検討

### 2.2.1 耐火建築物の固定荷重（以下のように仮定する）

〈軽い屋根〉

| | | |
|---|---|---|
| 化粧屋根用スレート | 260 N/m² | |
| 屋根下地（構造用合板　厚 9 mm） | 60 N/m² | 420 N/m² |
| たるき（206 材@455） | 100 N/m² | |

〈重い屋根〉

| | | |
|---|---|---|
| 瓦（葺き土なし） | 600 N/m² | |
| 屋根下地（構造用合板　厚 9） | 60 N/m² | 760 N/m² |
| たるき（206 材@455） | 100 N/m² | |

〈天井〉

| | | |
|---|---|---|
| ロックウール　厚 50 | 20 N/m² | |
| ボード用天井根太（204 材@455） | 50 N/m² | 340 N/m² |
| 強化せっこうボード　厚 15 | 150 N/m² | |
| 強化せっこうボード　厚 12.5 | 120 N/m² | |

〈床〉

| | | |
|---|---|---|
| 床仕上げ材（畳・フローリング） | 180 N/m² | |
| 強化せっこうボード　厚 15 | 150 N/m² | |
| 強化せっこうボード　厚 21 | 200 N/m² | |
| 床下地（構造用合板　厚 15） | 100 N/m² | 1,200 N/m² |
| 床根太（210 材@455） | 120 N/m² | |
| 天井根太（204 材@227.5） | 100 N/m² | |
| 強化せっこうボード　厚 21 | 200 N/m² | |
| 強化せっこうボード　厚 15 | 150 N/m² | |

〈外壁（高さ 2.7 m）〉

| | | |
|---|---|---|
| 窯業系サイディング　厚 15 | 170 N/m² | |
| ALC パネル　厚 35 | 230 N/m² | |
| 外壁下地（構造用合板　厚 9） | 60 N/m² | |
| 枠組（206 材@455） | 100 N/m² | 940 N/m² |
| ロックウール　厚 90 | 30 N/m² | |
| 強化せっこうボード　厚 15 | 150 N/m² | |
| 強化せっこうボード　厚 21 | 200 N/m² | |

〈内壁（2.45 m）〉

| | | |
|---|---|---|
| 枠組（206 材@455） | 100 N/m² | |
| ロックウール　厚 90 | 30 N/m² | 830 N/m² |
| 強化せっこうボード　厚 15×2 | 300 N/m² | |
| 強化せっこうボード　厚 21×2 | 400 N/m² | |

〈屋根重量〉

　　　軽い屋根 = 420 + 340 = 760 N/m²　　　重い屋根 = 760 + 340 = 1,100 N/m²

床重量 = 1,200 + 600 = 1,800 N/m²

〈床面積に対する壁重量※1〉

　　床面積当たり壁長　　外壁：0.53 m/m²　　内壁：0.23 m/m²　とする。
　　外壁 = 940 × 2.7/2 × 0.53 = 680 N/m²　　内壁 = 830 × 2.45/2 × 0.23 = 240 N/m²
　　　→　壁 = 675 + 240 = 920 N/m²

※1：品確法の必要壁量を求める際，床面積当たりの内外壁の重量を土塗り壁 1,200 N/m²，内壁 200 N/m² として地震荷重算定を行っている。したがって，壁面積当たりの重量がわかれば以下の式で床面積当たり壁長を算定することができる。

$$\text{床面積当たり壁長} = \frac{\text{床面積当たりの重量}^{N/m^2}}{\text{壁面積当たりの重量}^{N/m^2} \times \text{壁高さ}^m}$$

壁面積当たり土塗り壁重量　　850 N/m²

壁面積当たり内壁重量　　壁下地　　　　　60 ⎫
　　　　　　　　　　　　枠組　　　　　　70 ⎬ 370 N/m²
　　　　　　　　　　　　せっこうボード両面 240 ⎭

以上のことから，床面積当たりの壁長を算定する。

外壁高さ = 2.7 m　内壁高さ = 2.45 m とすると，

$$\text{床面積当たり外壁長} = \frac{1,200}{850 \times 2.70} \times 100 = 53 \text{ cm}$$

$$\text{床面積当たり内壁長} = \frac{200}{370 \times 2.45} \times 100 = 23 \text{ cm}$$

### 2.2.2　建物重量の算定

1）　軽い屋根の場合の建物重量
　　　1.3 × 760 + 920 = 1,908 N/m²
2）　重い屋根の場合の建物重量
　　　1.3 × 1,100 + 920 = 2,350 N/m²　　1.3：屋根面積と床面積の比
3）　居室の場合
　　　1,800 + 920 × 2 = 3,640 N/m²

## 2.3　必要壁量表の検証

告示必要壁量表は，2階建て部分の $\alpha_2$（$a_2$）・1次固有周期をそれぞれ 0.3，0.2 秒と仮定し，$A_i$（$A_2$）を 1.4 と算出しているが，固定荷重変更により $A_i$ を再計算し，$A_i$ 値変更の必要性について検証を行う。

〈軽い屋根の場合〉

2階重量 = 1,908 N/m²　　1階重量 = 1,908 + 3,640 = 5,548 N/m²　　$\alpha_2 = \dfrac{1,908}{5,548} = 0.34$

$$A_2 = 1 + \left(\frac{1}{\sqrt{\alpha_2}} - \alpha_2\right)\frac{2T}{1+3T} = 1 + \left(\frac{1}{\sqrt{0.34}} - 0.34\right)\frac{2 \times 0.2}{1+3 \times 0.2} = 1.34$$

〈重い屋根の場合〉

2階重量 = 2,350 N/m²　　1階重量 = 2,350 + 3,640 = 5,990 N/m²　　$\alpha_2 = \dfrac{2,350}{5,990} = 0.39$

$$A_2 = 1 + \left(\frac{1}{\sqrt{\alpha_2}} - \alpha_2\right)\frac{2T}{1+3T} = 1 + \left(\frac{1}{\sqrt{0.39}} - 0.39\right)\frac{2 \times 0.2}{1+3 \times 0.2} = 1.30$$

1.34，1.30 と告示必要壁量算定根拠となる $A_i = 1.4$ をやや下まわるが概ね一致していると判断し，$A_i$ 値による補正は行わないものとする。

以上の計算結果より，告示必要壁量表の根拠となる計算仮定（$A_i$，1次固有周期）を変更していないため，耐火建築物の必要壁量は，告示必要壁量表の数値の建物重量比により求めることができる。

# ホームページのご案内

2018年枠組壁工法建築物『設計の手引』および『構造計算指針』に関するホームページをご用意いたしました。

http://www.2x4assoc.or.jp/builder/technology/green_book/index.html

以下の計算事例，付属資料をダウンロードできます。

＜計算事例＞
**事例3** 枠組壁工法4階建て構造計算例（平13国交告1540号第9号に基づく保有水平耐力の計算）
**事例4** 枠組壁工法3階建て共同住宅構造計算例
**事例5** 軒高9mを超える枠組壁工法建築物構造計算例
**事例6** 枠組壁工法4階建て構造計算例（限界耐力計算例）

＜付属資料＞
1. "Midply Wall System"の設計に関する資料
2. 枠組壁工法6階建て仮想プランによる建物重量等参考例
3. タイダウン金物の計算例

なお，本ホームページの内容は予告なく変更することもあります。ご了承ください。

2018 年枠組壁工法建築物 構造計算指針

平成 30 年 11 月 15 日　発　行

編　者　　一般社団法人　日本ツーバイフォー建築協会

発行者　　池　田　和　博

発行所　　丸善出版株式会社
　　　　　〒101-0051　東京都千代田区神田神保町二丁目 17 番
　　　　　編集：電話（03）3512-3266／FAX（03）3512-3272
　　　　　営業：電話（03）3512-3256／FAX（03）3512-3270
　　　　　https://www.maruzen-publishing.co.jp

© JAPAN 2×4 HOME BUILDERS ASSOCIATION, 2018

組版印刷・製本／美研プリンティング株式会社

ISBN 978-4-621-30345-0　C 2052　　　　　　Printed in Japan

本書の無断複写は著作権法上での例外を除き禁じられています．